Theresa Schütz – Theater der Vereinnahmung

Der Druck des vorliegenden Buches wurde ermöglicht durch eine Ko-Finanzierung für Open-Access-Monografien der Freien Universität Berlin und des von der Deutschen Forschungsgemeinschaft (DFG) geförderten SFB 1171 *Affective Societies* der Freien Universität Berlin. Zugleich: Dissertation im Fach Theaterwissenschaft an der Freien Universität Berlin, 2021.

Theresa Schütz
**Theater der Vereinnahmung**
Publikumsinvolvierung im immersiven Theater

Recherchen 164

Verlag Theater der Zeit
Verlagsleiter Harald Müller
Winsstraße 72 | 10405 Berlin | Germany
www.theaterderzeit.de

Gestaltung: Tabea Feuerstein
Korrektorat: Iris Weißenböck
Umschlagabbildung: Das Ensemble von SIGNAs *Das Heuvolk* während der Abschlussszene
Titelfoto: Erich Goldmann
Grafische Konzeption und Gestaltung der Buchreihe: Agnes Wartner, kepler studio

Printed in Germany

ISBN 978-3-95749-405-4 (Taschenbuch)
ISBN 978-3-95749-427-6 (ePDF)
ISBN 978-3-95749-428-3 (EPUB)
ISBN 978-3-95749-429-0 (Open Access)

Recherchen 164

Theresa Schütz

# Theater der Vereinnahmung

## Publikumsinvolvierung im immersiven Theater

Theater der Zeit

Inhalt

# Dank

Die vorliegende Studie ist die gekürzte, überarbeitete Publikation meiner im Sommer 2021 verteidigten gleichnamigen Dissertation und das Ergebnis meiner Mitarbeit im theaterwissenschaftlichen Projekt *Reenacting Emotions. Strategies and Politics of Immersive Theater*, das 2015 bis 2019 am Sonderforschungsbereich *Affective Societies. Dynamiken des Zusammenlebens in bewegten Welten* an der Freien Universität Berlin angesiedelt war und seit 2019 unter dem Titel *Reenacting Emotions II. Lebensformen und Technologien der Immersion in den performativen Künsten* fortgesetzt wird. Mein erster und wichtigster Dank geht an Doris Kolesch, die das Projekt initiiert und geleitet hat, für ihr Vertrauen, ihre Wertschätzung, Geduld, vielseitige Unterstützung und stete Gesprächsbereitschaft.

In einem Sonderforschungsbereich zu promovieren, ist mit einigen Privilegien verbunden. Das größte ist sicherlich das dichte Umfeld von engagierten Kolleg*innen, die aus unterschiedlichen Disziplinen zusammenkommen, um mit Offenheit, gegenseitigem Interesse und akademischer Leidenschaft etwas gemeinsam zu erarbeiten. In diesem Sinne danke ich dem SFB-Kollegium für die zahlreichen Austauschformate, Impulse, Feedbackrunden und Einzelgespräche, darunter zuvorderst meinem Zweitgutachter Matthias Wartstat, der von Beginn an ein wichtiger fachlicher Begleiter und produktiv-kritischer Impulsgeber meines Dissertationsprojekts war. Darüber hinaus gilt mein Dank den Kolleg*innen Christian von Scheve, Antje Kahl und Coline Kuche aus der Soziologie für ihre Unterstützung bei der Durchführung von Zuschauer*innen-Befragungen; Jan Slaby und Hauke Lehmann für ihr Interesse an meiner Arbeit und ihre hilfreichen theoriebezogenen Tipps; Ulrike Geiger für ihren perfekten administrativen Einsatz; den beiden studentischen Projektmitarbeiter*innen Marisa Burkhardt und Thore Walch für ihre Unterstützung sowie – last but not least: den theaterwissenschaftlichen Kolleg*innen Friederike Oberkrome, Hans Roth und Sophie Nikoleit für die zahlreichen anregenden Gespräche und Hinweise.

Die wichtigsten inhaltlichen Sparring-Partner*innen für dieses Buch waren Rainer Mühlhoff und Karina Rocktäschel. Ihnen gebührt ein besonders großer Dank: Karina Rocktäschel für die vielen gemeinsamen Reisen zu immersiven Aufführungen, die bereichernden Gespräche und vor allem die vielen klugen kritischen Nachfragen; Rainer Mühlhoff für die großartige Erfahrung, gemeinsam zu denken, zu schreiben, Ideen zu entwickeln und auch direkt in die Tat umzusetzen.

Neben dem SFB-Arbeitskontext gibt es so viele weitere Menschen, denen ein Dank gebührt, weil sie mich an verschiedenen Punkten dieser Reise begleitet und unterstützt haben. Ohne alle namentlich einzeln nennen zu können, möchte ich den Teilnehmer*innen der Kolloquien von Doris Kolesch und Matthias Warstat danken, den Teilnehmer*innen der Spring School »The Power of Immersion« (2017), hier insbesondere Adam Alston, Ágnes Bakk, Hilko Eilts und Jos Porath. Ich möchte all meinen Interviewpartner*innen, die sich mit mir über ihre Aufführungserfahrungen bei SIGNA unterhalten haben, wie auch allen Künstler*innen, die mit mir im Austausch standen, Danke sagen; großen Dank möchte ich auch Edda Willamowski und Anne Ebert aus meiner Schreibgruppe aussprechen, die insbesondere im letzten Jahr während der Pandemie so wichtig waren, um Motivation und Arbeitsstruktur aufrechtzuerhalten.

Danken möchte ich auch Signa Köstler für die zahlreichen erhellenden, auch persönlichen Gespräche sowie SIGNA ganz grundsätzlich dafür, eine Kunst(form) zu produzieren, die so komplex und wertvoll ist, dass sie es trägt, sich mit ihr über so viele Jahre hinweg zu beschäftigen.

Ich danke dem Verlag und der Redaktion von Theater der Zeit, dafür, dass ich bereits seit vielen Jahren für sie reisen und über Theater schreiben und nun auch meine Arbeit in der Recherchen-Reihe publizieren kann. Das freut mich wirklich sehr. Dank an Nicole Gronemeyer und Iris Weißenböck für die professionelle Zusammenarbeit.

Und zu guter Letzt danke ich Kerstin Roose für ihr gründliches Lektorat und ihre großartige Rundumunterstützung als inzwischen gleichfalls promovierte Leidensgenossin und Freundin. Ebenso danke ich meinen Freund*innen Julia Hütter, Yvonne Döring, Viviane Otto, Enrico Blasnik, Rosa Volkmann und Jessica Piggott dafür, dass sie mir – auch in den vielen Phasen des Zweifelns – stets mit Schulter, Herz und Verstand zur Seite standen. Ohne sie, und ohne den Rückhalt meiner Familie(n) und meines Freundes, wäre diese Unternehmung sehr viel schwerer gewesen. Danke!

# Einleitung

Teile des Ökosystems des Grand Barrier Reefs aus nächster Nähe zu betrachten, ohne dafür selbst an der Nordostküste Australiens in den Pazifik abzutauchen, das ermöglicht Künstler und Architekt Yadegar Asisi seit 2015 in zwei seiner inzwischen mehr als zwölf 360-Grad-»Panometern«[1] in ganz Deutschland und Frankreich. Seit 2016 bietet das Unternehmen LesMills eine »Fitness-Experience« an, die *movie rides*, wie man sie aus IMAX-Kinos der neunziger Jahre kennt, mit Spinning-Kursen kombiniert, sodass die Illusion einer Fahrradtour nicht mehr nur über den Takt der Musik, sondern über einen Screen, der eine Berg- und Talfahrt simuliert, erzeugt wird. Einen Kinofilm wie *Dirty Dancing* oder *The Great Gatsby* im Rahmen eines thematischen Party-Events gemeinsam im Look der Zeit zum Leben zu erwecken, bieten britische Veranstalter seit 2007 unter dem Label »Secret Cinema« an. 2013 folgt Berlin anderen europäischen Metropolen und eröffnet den Berlin Dungeon, der Tourist*innen einlädt, in einer Mischung aus Laufgeschäft, Geisterbahn und interaktivem Theater in die schaurigen Abschnitte des mittelalterlichen Berlins einzutauchen. Mit der Fortsetzung *Jurassic World* (USA 2015) der *Jurassic Park*-Filme aus den neunziger Jahren und der Serie *Westworld* (USA 2016)[2] erlebt das Phänomen des Vergnügungs- und Themenparks eine Renaissance. Beide Fiktionen thematisieren und aktualisieren futuristische Resorts als eskapistische Parallelwelten, die ihre Besucher*innen räumlich umschließen und von ihnen am eigenen Leib erfahren und erspürt werden können. Das Eintauchen in alternative, simulierte, virtuelle Welten, die nicht real sind, sich aber real anfühlen können und so für den eintauchenden Protagonisten temporär zur Wirklichkeit werden, ist seit den siebziger Jahren ein wiederkehrendes filmisches Sujet, das aktuell vor dem Hintergrund neuester VR-Technologien mit Blockbustern wie *Ready Player One* (USA 2018) ebenso fortgeschrieben wird wie in Mark Zuckerbergs unternehmerischer Vision der Realisierung eines »Metaverse«. Populäre Angebote spielförmigen Eintauchens in Parallelwelten erfreuten sich in den vergangenen Jahren nicht nur über das Aufkommen zahlreicher »Escape Rooms«[3], sondern auch am Beispiel sogenannter »Alternate Reality Games« (ARG) steigender Beliebtheit.[4] Mal werden Mitspieler*innen über E-Mails, Werbe-Trailer oder Nachrichtendienste zu einer Art virtueller Schnitzeljagd eingeladen, die sie in ein umfängliches Netz von Fake-Homepages oder -Accounts in sozialen Netzwerken mit diversen Handlungsaufträgen, Gesprächsimpulsen oder Plot-Indizien führt. Mal greift das ARG in den Alltag der Teilnehmenden ein, ohne dass diese um Zeitpunkt, Ort, Umfang oder Gegenstand der spielerischen Intervention wissen. Auf diese Weise wird Wirklichkeit und Spielrealität systematisch miteinander verflochten, ohne dass die Verflechtung selbst erkennbar wäre. Eine dritte ARG-Variante, die sogenannten »extreme hunts«, bietet u. a. Russ McKamey seit mehr als einer Dekade auf seinem Anwesen in Südkalifornien an. Die *McKamey Manor-Tour* lädt ihre Teilnehmer*innen zu einem realen Horrortrip ein, bei dem diese gekidnappt, eingesperrt und gefoltert werden.[5] Vergleichbar zu bestimmten Spielarten des NordicLARP[6] gibt es lediglich ein Codewort, das die real durchlebte Simulation stoppen kann.

All diese sehr unterschiedlichen Beispiele der zeitgenössischen, populären, kommerziellen »experience industry« (Pine/Gilmore, 1999) zielen darauf ab, ihre Rezipient*innen, Nutzer*innen oder Mitspieler*innen multisensorisch zu umgeben, räumlich oder narrativ einzuschließen sowie körperlich und/oder mental in Beschlag zu nehmen. Sie alle firmieren als Gegenwartsphänomene unter dem, was man als Immersion bezeichnen kann. Gemeinsam ist ihnen die Privilegierung eines möglichst unmittelbaren, intensiven Erlebens, das auf Distanzminimierung und eine temporäre Verschmelzung von Fiktion und Realität setzt. Gegenstand des Erlebens ist dabei ein bestimmtes Selbst-/Weltverhältnis. Schließlich dominiert in allen Beispielen die Existenz einer gestalteten und/oder simulierten Umgebung, Fiktion oder Parallelwelt, zu der Zuschauende, Teilnehmende oder Spielende in ein Verhältnis gesetzt werden. Und dieses scheint auf einen ersten Blick einem körperlichen Spüren und intensiven emotionalen Fühlen einer distanziert-reflexiven Teilhabe den Vorzug zu geben.

»Immersion [ist] ein ubiquitäres Phänomen geworden [...], insofern als damit sowohl Erfahrungen mit Texten, mit Virtual Reality, mit Kunst und Kino gleichermaßen charakterisiert werden können« (Curtis, 2008a, S. 78). Es ist gegenwärtig auch die Rede von einem »Schlüsselphänomen unserer Zeit« (Oberender, 2016) oder einer »kulturellen Dominante« (Werry/Schmidt, 2014, S. 478, dt. TS). Spätestens mit Beginn der zehner Jahre setzt sich Immersion als Begriff und Phänomenkomplex auch im Feld des Theaters durch. 2011 feiert die Produktion *Sleep no more* der britischen Company Punchdrunk in New York ihre US-amerikanische Erstaufführung, im Londoner Battersea Arts Center findet erstmals ein *One-on-One*-Festival und im französischen Lyon die Auftaktausgabe des Festivals *Micromondes. Festival des Arts Immersifs* statt. Bereits ein Jahr zuvor brachten unabhängig voneinander der französische Szenograf Marcel Freydefont den Begriff »théâtre immersif« (Freydefont, 2010) in den französischsprachigen und Josephine Machon das englischsprachige Pendant »immersive theatre«[7] in den Diskurs ein.

Die Theaterwissenschaftler*innen Josephine Machon, Gareth White, Marvin Carlson und Daniel Schulze sind sich einig, dass die Bezeichnung »immersive theatre« ab 2011 beginnt, die Begriffe »site-specific« und/oder »promenade theatre« abzulösen (vgl. Machon, 2013, S. 65; White, 2012, S. 223; Carlson, 2012, S. 18; Schulze, 2017, S. 129). Als ein entscheidendes Merkmal von »immersive theatre«-Aufführungen kristallisiert sich die physische und multisensorische Einbindung der Zuschauenden heraus: »Immersive theatre invites audiences directly into its scenographic, installation-like environments, to explore and participate, effectively becoming performers themselves« (Allain/Harvie, 2014, S. 192). Hervorzuheben sei ferner eine damit einhergehende, signifikante »Intensivierung der Erfahrung« (Frieze, 2016, S. 5, dt. TS), nicht zuletzt im Sinne der Provokation starker Emotionen wie Aufregung, Abenteuerlust, Intimität oder Verlangen (vgl. Allain/Harvie, 2014, S. 193). Während Josephine Machon auf eine eigene Welthaftigkeit (*in-its-own-worldness*) von »immersive theatre« insistiert (vgl. Machon, 2013, S. 31) und Daniel Schulze von theatralen Heterotopien spricht, die Zuschauer*innen für die Dauer der Aufführung im Modus des »Fake« durchleben könnten (vgl. Schulze, 2017, S. 140, 153), zeigt sich Gareth White skeptisch gegenüber der im Immersionsbegriff angelegten Suggestion zweier distinkter Sphären, wonach es irgendein »Inneres« geben müsse, in das Zuschauer*innen während der Aufführung eintauchen könnten (vgl. White, 2012, S. 233).

Sowohl die Monografie von Josephine Machon als auch die beiden Sammelbände *Reframing Immersive Theatre. The Politics and Pragmatics of Participatory Performance* (2016) von James Frieze und *Immersive Theatre. Engaging the Audience* (2017) von Josh Machamer kartografieren das Feld partizipativer, ortsspezifischer und experimenteller Performances im britischen und US-amerikanischen Gegenwartstheater. »Immersive theatre« wird dabei zu einem *umbrella term*, unter dem formal äußerst diverse Aufführungen versammelt werden, in denen es auf verschiedene Weisen zu einer Mobilisierung und Beteiligung des Publikums und damit zu einer »Rückkehr von Techniken der Publikumspartizipation« (White, 2012, S. 222, dt. TS) seit den sechziger Jahren komme.

Neben den beiden Monografien von Rose Biggin (2017) und Carina E. I. Westling (2020) zu Punchdrunks Theaterarbeiten gibt es bislang nur eine weitere Studie, die sich explizit mit »immersive theatre« im Sinne des von Machon kartografierten Korpus beschäftigt, um zuvorderst eine Kritik der Zuschauer*innen-Partizipation in Arbeiten von Punchdrunk, Ray Lee oder Lundahl & Seitl zu entfalten. In *Beyond Immersive Theatre. Aesthetics, Politics and Productive Participation* vertritt Adam Alston die These, dass es sich bei »immersive theatre«-Inszenierungen um neoliberale »experience machines« (Alston, 2016, S. 2) handle, bei denen Zuschauer*innen in eine künstlerisch gestaltete Umgebung eingelassen und ihren sinnlichen, imaginativen und explorativen Fähigkeiten überlassen würden, um bestimmte intensive Erfahrungen zu machen, die anschließend als »Kunst« objektifiziert (vgl. ebd., S. 7) und entsprechend valorisiert würden. Für die Produktion solcher ästhetisierten Erfahrungen bedürfe es teilnehmender Zuschauer*innen, die sich auf einem schmalen Grad von Unterwerfung und Offenheit mit sich und ihrer eigenen Geschichte in das Begegnungsgeschehen einbrächten (vgl. ebd., S. 3). Wenn die Erfahrung »[f]eeling thrilled or feeling affected« (ebd., S. 50) allein zum Zweck des Kunstereignisses werde, dann begünstige dies zwei dominante Teilnahmeweisen: eine *narzisstische*, auf das eigene intensive Erleben bezogene, und eine *unternehmerische*, die sich dadurch auszeichne, dass Risiken eingegangen, Mut aufgebracht und Verantwortung übernommen würden (vgl. ebd., S. 10). So übe »immersive theatre« sein Publikum in Risikobereitschaft, Flexibilität, Ellenbogenmentalität und Egoismus ein und partizipiere damit selbst an einer Form neoliberaler Subjektivierung (vgl. Alston, 2013). Aus dieser Warte heraus betrachtet, kritisiert Alston Formen der Partizipation im »immersive theatre« als immaterielle Arbeit, bei der Zuschauer*innen in der neoliberalen Logik von Produktion und Konsum, das Produkt, das sie konsumieren, maßgeblich selbst hervorbringen. Und dies liegt wesentlich daran, dass im »immersive theatre« insbesondere durch gezieltes Affizieren und Emotionalisieren der Körper der Zuschauenden zum Ort und Medium der Aufführungserfahrung wird.

Die vorliegende Studie ergänzt den existierenden Korpus, der als »immersive theatre« verhandelt wird, um künstlerische Beispiele aus dem deutschsprachigen Raum und führt sie in der Analyse mit »immersive theatre«-Klassikern wie *Sleep no more* von Punchdrunk zusammen. Mit dem Einbeziehen der Produktionen von SIGNA oder Paulus Manker ist dabei nicht nur eine Ergänzung des Aufführungsspektrums, sondern zuvorderst die Anregung zu einer Eingrenzung verbunden. So werde ich vorschlagen, einen bestimmten Kreis gesichteter Arbeiten als immersives Theater *im engeren Sinne* zu begreifen.

Für sie gelten alle bereits genannten Merkmale des von Machon und Co. kartografierten »immersive theatre«. Neben der Mobilisierung, der multisensorischen Einbeziehung und der Intensivierung der Aufführungserfahrung liegt ihre Spezifik allerdings darin, dass sie mit der theatralen Realisierung einer fiktiven oder fiktionalisierten Weltversion arbeiten, die im Rahmen der Aufführung als durchgestaltete Wirklichkeitssimulation behauptet und von allen teilnehmenden Zuschauer*innen gemeinsam mit den Performer*innen und/oder Darsteller*innen für mehrere Stunden durchlebt wird. Ich werde hier in Abgrenzung zur bestehenden Forschung das Immersive zuvorderst über die Dimension von *Worldbuilding*-Prozessen denken, um aufzuzeigen, wie immersives Theater bestimmte Selbst-/Weltverhältnisse nicht nur prägt, sondern auch hervorzubringt.

Während Immersionsphänomene wie die eingangs genannten stets im Verdacht stehen, ihre Rezipierenden physisch, psychisch, mental und emotional derart zu involvieren, dass eine Distanznahme und Reflexion unmöglich wird, besteht ein zentrales Anliegen dieser Studie darin, aufzuzeigen, dass eine solch binär gedachte Perspektive auf Immersion, welche auch im transdisziplinären Immersionsdiskurs verbreitet ist, der Komplexität möglicher Erfahrungsschätze der in Rede stehenden Immersionsphänomene nicht gerecht wird. Insbesondere an den Aufführungen immersiven Theaters im engeren Sinn lässt sich studieren, wie *gerade* Modi emotionaler Involvierung reflexive Bezugnahmen auszulösen vermögen, wie das immersive Aufführungsdispositiv Zuschauer*innen mit der gestalteten Weltversion über eine strukturelle Erzeugung bestimmter Emotionen ›koppelt‹ und auf diese Weise zu einer Auseinandersetzung mit Selbst-/Weltverhältnissen anregt. Um diese Momente analytisch zu isolieren, ist es notwendig, sich mit den vielfältigen Strategien der Publikumsinvolvierung im immersiven Theater auseinanderzusetzen. Zuschauer*innen werden mobilisiert, vereinzelt, multisensorisch affiziert, werden räumlich, narrativ, figurenperspektivisch, handlungs(anweisungs)bezogen sowie über verschiedene, sich überlagernde Ebenen möglicher Bedeutungsgenerierungen mit allen Sinnen in das komplexe Aufführungsgeschehen einbezogen. Und all das widerfährt passivisch gedachten Zuschauer*innen nicht einfach, sondern sie wirken an diesen Prozessen konstitutiv mit.

Die Kernthese meiner Studie ist, dass diese zahlreichen Modi der Publikumsinvolvierung im immersiven Theater wirkungsästhetisch auf eine *Vereinnahmung der Zuschauer*innen* abzielen. Um der relationalen Anlage der Theaterform und den zahlreichen Dimensionen aktiv mit-wirkender Zuschauer*innen gerecht zu werden, werde ich eine *affekttheoretische Konzeption* von Vereinnahmung vorschlagen. Auf diese Weise soll der Reziprozität von Affizierungs- und Wirkungsprozessen Rechnung getragen, das konstitutive Mit-Wirken der Zuschauer*innen ernst genommen und eine produktive Ambivalenz von Vereinnahmungsprozessen herausgestellt werden. Denn nicht nur, dass immersives Theater eine gewisse Bereitschaft zum Vereinnahmtwerden voraussetzt, es führt Zuschauer*innen auch am eigenen Leib vor, welche Möglichkeiten sich eröffnen, wenn man sich auf Unbekanntes, auf ungewöhnliche wie ungewohnte Perspektiven einlässt. Es sind also häufig gerade Vereinnahmungsprozesse, die komplexe Selbst-Erfahrungsprozesse in Gang setzen und als bereichernd empfunden werden können. Gleichzeitig soll mit der Wahl des Begriffs der Vereinnahmung auch das mit dem Immersionsbegriff verknüpfte, latente Wirkungsversprechen einer vermeintlich ›totalen‹ Einbindung mitgeführt, an konkreten Beispielen ausgelotet und entsprechend problematisiert werden.

Kapitel 1 führt in die dominanten Motive und Argumentationslinien des transdisziplinären Immersionsdiskurses ein. Dies erfolgt vor dem Hintergrund dessen, dass sich der mehr als eine Dekade später einsetzende Diskus um »immersive theatre« in diesen einschreibt, und ich der Auffassung bin, dass seine Kenntnis nicht nur möglich macht, die Debatten um »immersive theatre« besser verstehen und einordnen zu können, sondern dass auf diese Weise bereits deutlich gemacht werden kann, worin die methodischen und theoretischen Fallstricke im Nachdenken über Immersion liegen und wie sich diese überwinden lassen. Der Forschungsüberblick zu Immersion als Modus ästhetischer Rezeption verschiedener Kunst und Medienformate (1.1) sowie ausgewählten historischen wie zeitgenössischen Apparaturen der Immersion (1.2) legt dar, was in verschiedenen Disziplinen unter Immersion gefasst wird. Der Überblick zeigt, dass die geräumige Metapher der Eintauchung möglich macht, den Immersionsbegriff auf die Beschreibung von Rezeptionsmodi verschiedenster künstlerischer wie medialer Formate zu applizieren. Trotz materieller und medialer Differenzen der in Rede stehenden Rezeptionskonstellationen lassen sich einige dominante Motive herausarbeiten, die sich transdisziplinär mit dem Immersionsbegriff verbinden und damit eine Grundlage für meine Konzeption von immersivem Theater bilden. Das sind zum einen das Motiv einer (zumeist diffus bleibenden) *Intensität* der Rezeption, die mit ambivalenten Prozessen des *Distanzverlusts* und Erfahrungen einer *Grenzverwischung* einhergeht, zum anderen das Motiv einer »Reise« (*travelling* bzw. *transportation)* in eine von der Realität des Rezipierenden abweichende ›andere‹ Welt, Fiktion oder Diegese.

Kapitel 2 führt in den zentralen Gegenstand der Studie, das immersive Theater, ein. In diesem Zusammenhang wird zunächst eine Unterscheidung von immersiven Aufführungsdispositiven im partizipativen Gegenwartstheater und künstlerischen Beispielen immersiven Theaters im engeren Sinne vorgenommen (2.1). Die Ausführungen basieren auf einem umfassenden Korpus von gut 120 partizipativen und immersiven, von mir zwischen 2014 und 2020 gesichteten Performances, Performanceinstallationen und Theateraufführungen. Es kristallisierte sich dabei ein Korpus von 25 Produktionen heraus, welchen im Gegensatz zu allen anderen Arbeiten auszeichnet, dass Zuschauer*innen aufgrund der Wirkweise des immersiven Dispositivs nicht nur auf komplexe Weise in das jeweilige Aufführungsgeschehen einbezogen, sondern sie überdies vermittels unterschiedlichster Involvierungsstrategien auch als teilnehmende Gäste in einen fiktiven, aber real durchgestalteten Mikrokosmos integriert werden. Aufgrund dieser formalen Besonderheit entwickle ich für immersive Theateraufführungen mit Rückgriff auf den Immersionsdiskurs den Begriff der *Wirklichkeitssimulation*, an der involvierte Zuschauer*innen konstitutiv mit-wirken. Das systematische Überlappen von fiktiver Weltversion und geteilter Aufführungssituation trägt – so eine der zentralen Thesen – maßgeblich zu der für immersives Theater symptomatischen, wirkungsästhetischen Dimension der Vereinnahmung von Zuschauer*innen bei. Mit Blick auf die Analyse der Publikumsinvolvierung in meinen Aufführungsbeispielen schlage ich mit der Konzeptualisierung der wirkungsästhetischen Kategorie der Vereinnahmung eine affekttheoretische Perspektive auf immersives Theater vor (2.2.3).

Kapitel 3 widmet sich der weiteren Präzisierung dominanter Formprinzipien immersiver Theateraufführungen. Hierbei geht es vor allem darum, Dimensionen des *Polyperspektivischen*, wie sie sich in den Arbeiten ausmachen lassen, herauszuarbeiten und zu diskutieren, welche methodisch-theoretischen Konsequenzen sich für die Analyse der Publikumsinvolvierung im immersiven Theater daraus ergeben. Die Befunde, dass Aufführungen immersiven Theaters gleichsam aus einer Vielzahl kleinerer Aufführungssituationen bestehen, die nie synchron von allen Zuschauer*innen erlebt werden (3.1), dass ein gestalteter Mikrokosmos aus verschiedenen Betrachter*innen-Perspektiven rezipiert wird und sich dabei selbst über eine Perspektivvielfalt situativ und narrativ entfaltet (3.2) und dass es überdies zu einer symptomatischen Vervielfältigung der Wahrnehmungsmodalitäten und damit verbundenen Sinnstiftungsangeboten für teilnehmende Zuschauer*innen kommt (3.3), begründen meinen Vorschlag für eine *polyperspektivische Szenen- und Situationsanalyse*. Ziel des Kapitels ist es, aus der Form des Gegenstands selbst den methodischen Zugriff zu begründen.

Im Analysekapitel 4 werde ich pro Aufführungsbeispiel je einen dominanten Modus der Publikumsinvolvierung auf seine vereinnahmenden Wirkungen hin analysieren: Das sind die räumliche und figurenperspektivische Involvierung in *Alma* von Paulus Manker, die Involvierung über das Soundscape bei Punchdrunks *Sleep no more*, die olfaktorische Einbindung des Publikums in SIGNAs *Das halbe Leid*, die Beteiligung durch Handlungsanweisungen in *Das Heuvolk* von SIGNA, die Involvierung über haptisch-taktiles Berühren in SIGNAs *Wir Hunde* und zuletzt die Einbindung des Publikums über die affizierende Kraft von Zeichen, Diskursen und Bedeutungen bei *3/Fifths – Supremacy-Land* von James Scruggs und Tamilla Woodard. Anhand der Analyse der verschiedenen Involvierungsmodi wird sich zeigen, wie Zuschauer*innen als Teil des immersiven Aufführungsdispositivs mit der gestalteten Weltversion *in Beziehung* gesetzt werden. Es wird deutlich werden, welche Rolle die strukturelle Erzeugung bestimmter Emotionen – wie Beklemmung, Verunsicherung, Sehnsucht nach Gemeinschaft oder Nostalgie – bei der ›Kopplung‹ von Zuschauer*innen und Weltversion spielt und wie sich ein Spektrum unterschiedlicher Vereinnahmungsprozesse auf verschiedenen, sich überlagernden Ebenen ereignet. Die wirkungsästhetische Ambivalenz besteht darin, dass Vereinnahmungsprozesse Zuschauer*innen einerseits selbst auffällig werden und auf diese Weise zum Gegenstand selbstreflexiver Aushandlung werden können – und dass sie andererseits auch wirksam werden können, ohne von Zuschauer*innen bemerkt zu werden.

Immersives Theater setzt auf Gäste, die bereit sind, sich auf Unbekanntes einzulassen, auf sich selbst zurückgeworfen und auf die eigene emotionale Belastbarkeit hin geprüft zu werden. Für sie öffnet sich ein komplexer Erfahrungsraum für das Durchleben und gegenseitige Beobachten affektiver Dynamiken in bestimmten sozialrelationalen Konstellationen. Immersives Theater kann aber auch als ein immens *übergriffiges Theater* beschrieben werden, das mit machtvollen Asymmetrien operiert und – gerade mit Blick auf die Weltversionen, die es gestaltet – einen Hang zum Autoritären hat. Der Diskussion dieser Ambivalenz eines *Theaters der Vereinnahmung* widmet sich das Schlusskapitel.

# 1. Theorien der Immersion

Das deutsche Substantiv »Immersion« leitet sich vom spätlateinischen Nomen »immersio« ab; »immergere« ist die dazugehörige Verbform. Sowohl der *Duden* als auch *Meyers Großes Konversationslexikon* und der *Brockhaus* verzeichnen unter den jeweiligen Einträgen von »Immersion« das deutsche Wort »Eintauchung« als primäre Bedeutung. Die Lexika unterscheiden Begriffsverwendungen in den Bereichen Medizin (»teilweises oder vollständiges Eintauchen des Körpers in ein Teil- oder Vollbad«, *Brockhaus*, 2006, S. 134f.), Physik (»die Verwendung eines Mediums zwischen Objekt [...] und einem abbildenden optischen System«, ebd.), Geologie (»Überflutung eines Festlandes«, ebd.) und Astronomie (»Eintritt [eines Planeten in den Schatten des anderen]«, *Meyers Großes Konversationslexikon*, 1908, S. 772). Zudem verweisen alle – zum Teil mit separatem Eintrag – auf die kulturelle Praxis der Immersionstaufe bei den Baptisten. Wiederkehrend ist auch der Verweis auf den Gebrauch des Begriffs »Immersion« im Zusammenhang mit Techniken des Spracherwerbs: wenn man eine Fremdsprache dort lernt, wo man von ihr durch die sie sprechenden Muttersprachler*innen umgeben ist (vgl. *PONS Großwörterbuch*, 2006, S. 474; *The Oxford English Dictionary*, 1989, S. 684).[8]

Während in den französisch- und deutschsprachigen Lexika vor allem das Substantiv »Immersion« geführt wird, scheint im englischen Wortschatz insbesondere die Verbform »to immerse« arriviert zu sein.[9] Die am häufigsten verzeichneten, aktivischen Synonyme sind »to dip«, »to plunge«, »to merge« oder »to baptize« sowie – passivisch – »to become absorbed«. Die primäre Verwendung des Tätigkeitsworts anstelle des Substantivs lenkt den Fokus auf die Rolle des Subjekts: *Wer* oder *was* taucht in *was* ein? Das *Oxford English Dictionary* unterscheidet die Einträge a) »[to] immerse«, b) »immersed« und c) [to] »immerge«, wodurch eine Präzisierung und Differenzierung von a) Aktion (des Eintauchens von X in Y), b) Zustand des Subjekts X im Moment der Immersion, c) Zustand der Verschmelzung XY im bzw. nach dem Akt der Immersion möglich wird.

Vor allem im Französischen und Englischen wird »Immersion« auch vielfach im übertragenen Sinne verwendet. So beschreiben Formulierungen wie »to plunge into a state of action or thought« (*The Oxford English Dictionary*, 1989, S. 683), »to involve deeply« (ebd.) oder reflexiv »se plonger dans les livres« (*Dictionnaire culturel en langue française*, 2005, S. 1839) weniger den konkret materiellen Prozess des Eintauchens von Körper X in Substanz oder Umgebung Y als vielmehr das metaphorische Eintauchen des Subjekts in einen Prozess gedanklichen »Vertiefen[s]« (*Oxford Duden – German Dictionary*, 1990, S. 1176).

Lexika mit Erscheinungsdaten in den nuller Jahren verzeichnen unter »Immersion« eine weitere – dritte – Bedeutungsebene, nämlich »das Eintauchen in eine computergenerierte ›künstl[iche] Welt‹« (*Brockhaus*, 2006, S. 134f.) oder »Immersion dans l'image: expérience de réalité virtuelle [...]« (*Dictionnaire culturel en langue française*, 2005, S. 1839). In dieser Verwendungsweise wandert der Immersionsbegriff dann auch als disziplinär konturiertes Konzept in Fachlexika der Kunst- und Medienwissenschaften sowie Game Studies ein. Weil für Immersion in eine virtuelle Realität neuere Technologien, Apparaturen und Interfaces entscheidend werden, bekommt der Immersionsbegriff in diesen Kontexten eine stark medienorientierte Ausrichtung, wodurch die Bedeutungsdimensionen von Immersionsprozessen in materiellen, analogen Zusammenhängen (wie bei der Taufe oder dem Spracherwerb) überlagert werden (vgl. Dogramaci/Liptay, 2016, S. 1).

Mit dem Aufkommen der Diskurse zur virtuellen Realität (VR) seit Ende der neunziger Jahre hat der Immersionsbegriff auch Einzug in die deutsch- und englischsprachige Kunst- und Literaturwissenschaft – und damit ins Feld der Ästhetik – gehalten. Eine beachtliche Vielzahl an Wissenschaftler*innen aus der sich Mitte der nuller Jahre herauskristallisierenden, transdisziplinären Immersionsforschung rekurriert dabei entweder auf die Studie *Virtuelle Kunst in Geschichte und Gegenwart* (2001) von Oliver Grau oder auf Janet Murrays *Hamlet on the Holodeck* (1997) als Einsatzpunkte für ein (neues) Relevantwerden des Immersionsbegriffs. Der Kunsthistoriker und Bildwissenschaftler Oliver Grau begreift Immersion als eine »sinnliche und rezeptive Verbindung [des Betrachtenden] zum Bild« (Grau, 2001, S. 23f.), die dadurch gekennzeichnet sei, dass der Betrachtende aufgrund der Suggestionskraft des jeweiligen Bildes einen »möglichst hochgradige[n] Eindruck von Anwesenheit am Bildort« (ebd., S. 14) erfahre. Das Anliegen seiner Monografie besteht darin, aufzuzeigen, dass von einer *Kontinuität immersiver Bildräume* auszugehen sei (vgl. ebd., S. 19). So setzt er die »geschichtliche Verwurzelung des Konzepts der VR« (ebd., S. 26) bereits bei antiken Bildräumen wie der Villa dei Misteri (60 v. Chr.) an. Barocke Landschaftsräume, Deckenpanoramen des 16. sowie Schlachtpanoramen des 19. Jahrhunderts, der Einsatz des Kinos um 1900, avantgardistische Raumexperimente der Futuristen und Dadaisten Anfang des 20. Jahrhunderts, Simulatoren in Vergnügungsparks der fünfziger Jahre und *Expanded Cinema*-Formate der sechziger Jahre – sie alle ermöglichen nach Grau das »Prinzip

Immersion« (ebd., S. 25). Je nach technischem Entwicklungsstand seien sie im Stande, die Distanzierungskraft der Rezipierenden zu vermindern und dadurch eine temporäre »Verschmelzung« (ebd., S. 30) von Betrachter*in und Bild/-raum im Akt der Rezeption zu erzeugen.

Die Studie *Hamlet on the Holodeck. The Future of Narrative in Cyberspace* der Literatur- und Medienwissenschaftlerin Janet Murray interessiert sich vor allem für neue Erzählweisen, die durch den Einsatz von Computern möglich werden. Murray fokussiert Immersion nicht als visuelle Strategie der Bildwahrnehmung, sondern als ein zuvorderst psychologisches (bzw. imaginäres) Eintauchen der Lesenden oder Spielenden in eine distinkte, fiktionale Welt. Für sie ist Immersion – neben *agency* und *transformation* – ein dominantes »ästhetisches Prinzip« (Murray, 2017, S. 223, dt. TS) des Geschichtenerzählens (*storytelling*) mit neuen Medien, für das – deutlich expliziter als bei Grau – das konkrete, aktive Mit-Wirken der Rezipierenden von Bedeutung sei, weshalb zu ihrem Beispielkorpus auch Fun Houses, LARP-Formate oder *dinner theatre* zählen.

Wo Grau eine »anthropologische Konstante« (Grau, 2001, S. 213) im Wunsch eines Verschmelzens von Betrachter*in und Bild(sujet) ausmacht, spricht Murray von einem Begehren des rezipierenden Subjekts, welches in dieser Form von den neuen Medien erst hervorgebracht werde (vgl. Murray, 2017, S. 223). Murray vertritt damit innerhalb der Immersionsforschung die »Diskontinuitätsthese« (Wiesing 2005, S. 110), während Graus Studie komplementär für die »Kontinuitätsthese« (ebd.) steht. Beide adressieren eine *spezifische*, (potentiell und temporär) *distanzminimierende Beziehung* zwischen Medium, Dargestelltem und Rezipient*in, die sie begrifflich und konzeptionell als *Prinzip Immersion* fassen. Ihre Arbeiten markieren den *take off* für einen Immersionsdiskurs, der sich Mitte der nuller Jahre in den Kultur- und Bildwissenschaften (u. a. Wiesing, 2005; Sloterdijk, 2006; Neitzel/Nohr, 2006; Bieger, 2007) und Game Studies (u. a. Thon, 2008; Calleja, 2011; Ermi/Mäyrä, 2011) etabliert und auch in die Filmwissenschaft (u. a. Schweinitz, 2006; Curtis, 2008b; Voss, 2008) einwandert. Dieses interdisziplinäre Diskursgefüge geht den Überlegungen zu Immersion und »immersive theatre« in der Theaterwissenschaft voraus und prägt sowie bedingt damit einige Vorannahmen, wie der Immersionsbegriff auf die Rezeption von Aufführungen des Gegenwartstheaters übertragen wird (u. a. Machon, 2013; Biggin, 2017).

In vergleichender Gesamtschau besagter transdisziplinärer Forschungspositionen wird deutlich, dass Immersion entweder a) als *Modus ästhetischer Rezeption* – von Literatur, Film oder Game –

zuvorderst von der Erfahrung des rezipierenden Subjekts her zu spezifizieren versucht wird oder b) von den Mechanismen und Wirkweisen der *Apparaturen und medialen Gefüge* her gedacht wird. Im Folgenden werde ich entlang eines schlaglichtartigen Einblicks in jene Forschungspositionen, die Immersion als Rezeptionsmodus konturieren, zeigen, dass Immersion hochgradig *kontext-, medien- und subjektabhängig* ist und sich die transdisziplinäre Applizierung des Begriffs auf die Rezeption unterschiedlichster Kunstformen nicht zuletzt der Geräumigkeit der »Eintauch«-Metapher verdankt (1.1). Mit einem zweiten, kursorischen Einblick in diejenigen ausgewählten Positionen, die zuvorderst Medien und Apparaturen der Immersion aus einer historisierenden Perspektive wie auch jenseits ästhetischer Konfigurationen betrachten, möchte ich einen roten Faden im Immersionsdiskurs herauspräparieren, der das *Verhältnis von Selbst und Welt* bzw. die Fabrikation und Modulation dieser Relation durch immersive Medien und Apparaturen betrifft und für mein Verständnis von Immersion in dieser Studie entscheidend werden wird (1.2).

Ein dritter Forschungsüberblick zu dominanten theaterwissenschaftlichen Positionen im Immersionsdiskurs legt dar, auf welche Weisen Immersion und Theater – vor allem vor dem Hintergrund der Sammelbezeichnung »immersive theatre« bzw. »théâtre immersif« für neue partizipative Theater-, Performance- und Installationsformate – bereits zusammengedacht wurden. Ich werde argumentieren, dass das Übertragen von Immersionstheorien zum Zwecke einer rezeptionsästhetischen Theoretisierung von subjektiven Zuschauer*innen-Erfahrungen im Gegenwartstheater unzureichend bleiben muss. Demgegenüber schlage ich – mit Rekurs auf den frankophonen Diskurs um »théâtre immersif« – vor, von *immersiven Theaterdispositiven* auszugehen (1.3).

## 1.1 Immersion als Modus ästhetischer Rezeption von Literatur, Film und Game

Parallel zu den genannten Studien von Murray und Grau ist auch *Narrative as Virtual Reality. Immersion and Interactivity in Literature and Electronic Media* (2001) der US-amerikanischen Literatur- und Medienwissenschaftlerin Marie-Laure Ryan erschienen. Gleichfalls vor dem Hintergrund aufkommender VR-Technologien expliziert sie den Begriff der Immersion für das literarische Feld, genauer für eine Phänomenologie des Lesens als eine *spezifische Rezeptionserfahrung*,

»through which a fictional world acquires the presence of an autonomous language-independent reality populated with live human beings« (Ryan, 2001, S. 14). Dem literarischen fiktionalen Text kommt hier der Status einer *non-actual possible world* zu, welche im Akt des Lesens vom Rezipierenden (mit-)hervorgebracht werde. Leser*innen erfahren sich als Teil dieser Welt, wenn es ihnen gelingt, durch Bewusstseinstechniken wie der Rezentrierung (*recentering*) an ihr teilzuhaben, z. B. indem sie sich gedanklich in sie hineinprojizieren, sich den Begebenheiten dieser *possible world* anpassen und den eigenen lebensweltlichen Horizont temporär in die Fiktion verlagern (vgl. ebd., S. 103).

Ryan nutzt zur Um- und Beschreibung der Immersionserfahrung vielfach sowohl den Begriff der Absorption (*absorption*) als auch den von Richard J. Gerrig ins Feld geführten Begriff der *transportation*. Der Modus der Absorption bzw. des Absorbiert-Seins zeichnet sich durch eine spezifische Intensität (z. B. besonders konzentrierte Wahrnehmung) aus, die das Subjekt temporär ganz und gar einnimmt und von anderen Aktivitäten, Empfindungen oder Gedanken temporär abschneidet. Die *transportation*-Metapher greift hingegen auf der Ebene der Bedeutungsgenerierung, wenn sich Lesende qua Vorstellungskraft ein Bild der primär realistisch konfigurierten, erzählten *possible world* gemacht haben (vgl. ebd., S. 158). Erst wenn Lesende qua Konzentration, imaginärer Involvierung, Rezentrierung und Verzückung (*entrancement*) (vgl. ebd., S. 97ff.) ausreichend vertieft seien – und zwar sowohl in den Vorgang des Lesens selbst als auch in die repräsentierte Welt –, könne es nach Ryan zur Immersion kommen, welche sich als eine positiv besetzte körperliche Erfahrung bemerkbar mache.[10]

Für Literaturwissenschaftler Werner Wolf, der wie Murray und Ryan seinen Forschungsschwerpunkt im Bereich der Narratologie und Intermedialitätsforschung hat, markiert Immersion einen Extremfall ästhetischer Illusion(ierung), welcher das komplette (vornehmlich kognitive und emotionale) Eintauchen der Rezipierenden in die repräsentierte Welt des Als-ob beschreibt. Während sich die Erfahrung ästhetischer Illusion(ierung) seitens der Rezipierenden durch ein Vermögen zur Distanznahme auszeichne, insofern Letztere im Sinne der lateinischen Wortherkunft von »ludere« (dt. »spielen«) in einem bewusst spielerischen Modus an der vorgestellten als einer quasi-realen Welt partizipierten, wissend, dass es sich um eine Repräsentation oder ein mediales Konstrukt handle, zeichneten sich Phänomene wie Täuschung (*delusion*), Halluzination und Immersion hingegen durch den *Verlust dieses Distanzierungsvermögens* aus (vgl. Wolf, 2013, S. 16f.).

Im Kontext der Rezeptionsforschung zu erzählender Literatur bezeichnet Immersion zuvorderst einen *kognitiven und imaginären Prozess*, der bei Rezipierenden während des Lesens ausgelöst wird. Entsprechend der zweiten Bedeutungsfacette in der skizzierten Etymologie von »Immersion« haben wir es mit einem mentalen oder geistigen Eintauchen bzw. Vertiefen des lesenden Subjekts zu tun. Die Spezifik der Immersionserfahrung scheint sich hierbei über das Zusammenspiel von »immersion as absorption« und »immersion as transportation« einzustellen. Insofern sie nicht nur impliziert, dass das Mediatisierende (= das Medium Sprache mitsamt der zu erbringenden Dekodierungsleistung) zugunsten des Mediatisierten (= die vorgestellte/erzählte *possible world*) zurücktritt und temporär in Vergessenheit gerät, sondern auch, dass die vorgestellte Welt des Als-ob im Modus einer »Quasi-Erfahrung« (ebd., S. 12) rezipiert wird.

Auch zahlreiche filmwissenschaftliche Autor*innen schrieben sich in den transdisziplinären Immersionsdiskurs ein. So lotet Christiane Voss bereits 2008 aus, worin die Spezifik fiktionaler Immersion, also der »Immersion in ein fiktionales Gebilde« (Voss 2008, S. 69) besteht. Während wir es bei der Lektüre fiktionaler Literatur mit der Ryanschen Rezentrierung als einem kognitiven, »logisch-semantischen Referenzwechsel« (ebd., S. 79) der Leser*innen zu tun haben, geht Voss für die Filmrezeption von einer »performativ-leibliche[n] Rezentrierung« (ebd.) der Zuschauer*innen aus. Diese kann – wie bei Theodor Lipps, auf den sich Voss bezieht – z. B. als Form ästhetischer *Einfühlung* verstanden werden, als eine »hingebungsvolle Versenkung« (ebd., S. 75), die in der Wahrnehmung der Zuschauenden *kinästhetisch* in Erscheinung tritt. Diese Form der Versenkung qua ästhetischer Einfühlung schlage sich Lipps zufolge (und damit ähnlich wie bei Ryan) als positives Empfinden nieder und schließe dabei zuweilen die Reflexion der Zuschauenden aus, führe sogar zu einer temporären Irrealisierung, zum Vergessen der eigenen Lebenswelt.

Dass die Modalität der Immersion bei der Filmrezeption primär eine kinästhetische ist, wird besonders evident, wenn das filmische Mittel der *movie rides* im Spiel ist. Hierbei folgen Zuschauer*innen der (mitunter sehr rasanten) Kamerabewegung zum Fluchtpunkt des Bildes und erfahren ihre Involvierung – möglicherweise mit Schwindelgefühlen einhergehend – auf somatischer Ebene. Diesem kinästhetischen Immersionseffekt verdanken IMAX-Kinos seit den neunziger Jahren ihre Popularität. Ihre historischen Vorläufer, Achterbahnfahrten in Themen- und Vergnügungsparks sowie filmische *phantom rides*, reichen sogar bis zum Beginn des 20. Jahrhunderts zurück. Filmwissenschaftlerin Constance Balides zufolge ist es in *movie ride*-Filmen jene Identifizierung der Zuschauenden mit der Kamera(position) und dem vorgegebenen *Point of View* (POV), die Immersion als »emplacement« (Balides, 2003, S. 327) in der virtuellen Welt ermögliche.

Ein leibphänomenologisch noch weiter gehender Ansatz findet sich in den Texten der Filmwissenschaftlerin Robin Curtis, die sich für Immersion als einen Modus der Einfühlung in nicht-repräsentationale Bewegtbilder interessiert, der von den komplexen Rahmenbedingungen der Rezeption abhänge (vgl. Curtis, 2008b, S. 92). Teil dieser Rahmenbedingungen ist die relationale Anordnung des filmischen Raums, in welchem räumliche Plastizität und Greifbarkeit seitens des Films sowie Deplatzierungs- und Einfühlungsfähigkeit seitens des*der Zuschauenden aufeinandertreffen. Curtis geht davon aus, dass jeder »Film dem Zuschauer buchstäblich einen Platz im filmischen Raum zu[weise], indem er in seiner Leiblichkeit so sehr vom Film adressiert w[erde], dass er unfreiwillig auf die Parameter jenes Raums reagier[e] – sei es durch Übelkeit oder kinetische Erregung« (ebd., S. 95). Emotionale Involvierung und somatische Reaktionen sind für Curtis Immersionseffekte, für die es keines repräsentationalen Realismus bedarf. Dies exemplifiziert sie – ebenfalls mit Theodor Lipps' Konzept ästhetischer Einfühlung – u. a. am Beispiel des US-amerikanischen Avantgarde-Kurzfilms *(Nostalgia)* (USA 1971, vgl. ebd., S. 101 – 105). Hier ereigne sich Immersion nicht als Eintauchen in eine mögliche Welt, sondern als viszerale Einfühlung in die Materie des Mediums.

Immersion im Kontext von Filmrezeption bezeichnet nicht mehr zuvorderst einen kognitiven und imaginären Prozess, der bei Rezipierenden ausgelöst wird, sondern (auch) einen leiblichen, kinästhetischen Vorgang. Die »Eintauch«-Metapher wird über das Prinzip ästhetischer Einfühlung – in die fiktionale Welt (Voss), somatisch in die Position des POV (Balides) oder viszeral in die Materie des Mediums (Curtis) – medien- und kontextspezifisch konkretisiert. Dabei fällt auf, dass Immersion erneut sowohl mit kognitiver (und kinästhetischer) Absorption als auch mit der quasi-realen Erfahrung eines Weltenwechsels (*transportation*) verknüpft wird.[11]

Die Immersionsliteratur innerhalb der Game Studies ist inzwischen nicht mehr zu überblicken. Es gibt unzählige, auch etliche empirische Arbeiten, die sich mit der Qualität und Modalität von *user experiences* in Computerspielen beschäftigen und diese mit Immersion in Verbindung bringen. Auffällig ist hier vor allem a) die frühe Tendenz, Immersion über das Konzept von (Tele-)Präsenz zu erläutern (wie z. B. bei Slater et al., 1994; Lombard/Ditton, 1997), b) ein Hang zu vielfältigsten Systematisierungsversuchen von Immersion als graduell abgestuftes Phänomen (wie z. B. bei Brown/Cairns, 2004; Ermi/Mäyrä, 2011) und c) eine prinzipiell relativierende Einordnung, wonach Immersion nur eines von vielen Kriterien für die Involvierungserfahrung der Spieler*innen ist (wie z. B. bei Calleja, 2011; Cairns et al., 2014).

Der signifikanteste Unterschied zwischen den Immersionstheorien der Game Studies und den bislang vorgestellten Positionen aus der Literatur- und Filmwissenschaft besteht darin, dass Immersionseffekte als Bestandteil von *gameplay experiences* viel stärker an die konkrete Beteiligung der Spieler*innen gekoppelt werden. Letztere gestalten den Verlauf des Spiels mit ihren Handlungen und Entscheidungen aktiv mit, navigieren sich nach eigenem Ermessen durch die Räume der Spielwelt und übernehmen *agency* vermittels der Zuordnung oder eigenständigen Wahl eines Avatars, dessen Perspektive sie (zumal in *First Person Games*) einnehmen. Das mit der Immersion verknüpfte Gefühl eines Weltenwechsels von der Realität der Rezeptionssituation in die repräsentierte, fiktionale Handlung, wie es sich bei der Literatur oder dem Film durch Rezentrierungs- und Imaginationsprozesse einzustellen vermag, hängt bei der Game-Rezeption weniger von der Ebene der Narration als vom Aufgabenspektrum und dem Grad der aktiven Beteiligung innerhalb der Spielwelt ab. Auch deshalb überwiegt in den Game Studies die Rede von der *Involvierung* der Spieler*innen.

In diesem Sinne rekurriert auch die von der Idee der *transportation* abgeleitete Beschreibungsmetapher »Being in the Game« – wie u. a. Jennett anhand empirischer Studien zeigt – weniger auf das Empfinden einer perzeptuellen Illusion der Nicht-Mediatisierung als vielmehr auf den Grad komplexer Involvierung in die Spielwelt (vgl. Jennett et al., 2008, S. 210 – 227). Wie stark diese Involvierung empfunden werde, hängt nach Jennett von bestimmten psychologischen Dispositionen der Spieler*innen ab, wie der Bereitschaft, sich den Regeln des Spiels zu unterwerfen, der Bereitschaft, die Persona eines Spielcharakters anzunehmen, oder der grundsätzlichen Akzeptanz jenes arbiträren Verhältnisses von Eingaben (z. B. über die Tastatur oder den Joystick) und grafischer Erscheinung (vgl. ebd., S. 212f.). Die Ergebnisse ihrer Befragungen führen zu einer Differenzierung von Engagement (*engagement*), Versunkenheit (*engrossment*) und totaler Immersion (*total immersion*), wobei sich das dritte, intensivste Stadium durch das Gefühl einer temporären Loslösung von der Realität der eigenen Lebenswelt auszeichne (vgl. ebd., S. 215).

Auch Ermi/Mäyrä unterscheiden in ihrem gleichfalls auf empirischen Studien basierenden »Gameplay Experience Model« (vgl. Ermi/Mäyrä, 2011) drei Formen der Immersion in Computerspielen: *sensory*, *imaginative* und *challenge-based immersion*. Dabei sei vor allem die dritte, an den Herausforderungen für den Spielenden orientierte Involvierung, die für Computerspiele spezifische Form. Denn hieraus erwachse primär das Vergnügen der Spieler*innen, deren Erleben auch als *Flow*, als der ausbalancierte, psychologische Zustand zwischen dem eigenen Vermögen und den gestellten Herausforderungen, beschrieben werden könne (vgl. ebd., S. 92).

Mit der Frage, was digitale Spiele für ihre Nutzer*innen derart involvierend macht, beschäftigt sich auch Gordon Calleja, der den Begriff der Immersion durch ein mehrgliedriges Konzept von Inkorporierung ersetzt, das die Dimensionen medial bedingter Absorption und der Erfahrung eines Weltenwechsel (*transportation*) synthetisiert. Sein »Player Involvement Model« differenziert kinästhetische, räumliche, sozial geteilte, narrative, affektive und ludische Modi der Involvierung. Das Zusammenspiel dieser Involvierungsformen kann wiederum das spezifische Moment von Immersion als Inkorporierungserfahrung erzeugen, die eintritt, wenn die Spieler*innen das Gefühl haben, den virtuellen Raum nicht nur qua Aufmerksamkeitswechsel und Imagination, sondern aufgrund eines kybernetischen Wechselspiels von Spieler*in und Maschine zu bevölkern und darin mitzuwirken; wenn sie also die virtuelle Umgebung inkorporieren und zugleich – durch ihre Verbindung zum Avatar – eine Position in der Spielwelt verkörpern (vgl. Calleja, 2011, S. 169).

Immersion im Kontext der Rezeption von Computerspielen adressiert vor allem den Grad der Involvierung der Spielenden in die Welt des Games – und zwar nicht nur kognitiv und imaginär, sondern durch den Grad der aktiven Beteiligung auch dezidiert körperlich und emotional. Ihr kommt auf einer graduell abgestuften Skala des Involviert-Seins diejenige Extremposition zu, in der Spielende sich temporär von ihrer Realität der Rezeption abgekoppelt fühlen und vermeintlich vollständig – kognitiv, emotional, somatisch, narrativ, handlungsbezogen – in der Aktivität des Spielens (*Flow*) wie auch in der repräsentierten Welt des Spiels aufgehen.

Diese theoretischen Schlaglichter auf Immersion als Modus ästhetischer Rezeption verdeutlichen, dass die Modalität der Immersion je nach Medium variiert, weshalb auch die jeweiligen Erfahrungsschätze nicht medien-, kontext- oder subjektübergreifend bestimmt werden können. Aufgrund der Offenheit der »Eintauch«-Metapher konstelliert sich Immersion applikabel für die Beschreibung verschiedenster *Beziehungen* zwischen Rezipierenden und Rezipiertem. Dabei verbindet alle Positionen die Akzentuierung einer besonderen *Intensität* des Rezeptionsvorgangs. Diese ist – so meine These – symptomatisch mit dem Zusammenspiel von Absorption und *transportation* verknüpft. Während Absorption die Rezeptionssituation und damit das Verhältnis des Rezipierenden zur eigenen Lebenswelt in situ betrifft, hebt *transportation* auf die Erfahrung eines Weltenwechsels ab, auf die temporäre Abwendung von der eigenen Lebenswelt zugunsten einer ästhetisch konfigurierten *possible world* im Medium des Films, Romans oder Games. Ferner fällt auf, dass den vorgestellten Positionen bereits eine für den Immersionsdiskurs symptomatische *Ambivalenz* eingeschrieben ist, die auch für meine Konzeption von Vereinnahmungsprozessen im immersiven Theater relevant sein wird. Sie besteht darin, dass Immersion zum einen als eine positive, bereichernde Erfahrung konstelliert wird, die zum anderen aufgrund des potentiell (und temporär) eintretenden Gefühls eines schwindenden Distanzierungsvermögens zugleich auch negativ konnotiert ist und damit zum Topos von Immersion als Form der *Manipulation* beiträgt.

## 1.2 Apparaturen der Immersion und des *Worldbuildings*

Nachdem der Fokus im ersten Schritt auf rezeptionsästhetischen Dimensionen »immersiver Medien« lag, möchte ich im zweiten Schritt jenen anderen, dominanten Strang innerhalb der transdisziplinären Immersionsforschung schlaglichtartig vorstellen, der sich mit ausgewählten Apparaturen und »Medien der Immersion« beschäftigt. Die Unterscheidung zwischen »immersiven Medien« und »Medien der Immersion« geht auf den Medientheoretiker Dawid Kasprowicz zurück. In seiner Studie *Körper auf Tauchstation. Eine Wissensgeschichte der Immersion* (2019) wendet er Immersion nicht mehr nur auf Bilder und immersive Medien, sondern sehr viel breiter auf verschiedene historische und zeitgenössische »mediale Kopplung[en] von Körpern und Umwelt« (Kasprowicz, 2019, S. 15) an, um zu fragen, welches Wissen dabei über ›immersierte‹ Körper erzeugt wird. Medien der Immersion sind in seinen Beispielen jene immersi[vi]erten[12], situativ eingebetteten und z. T. auch vermessenen Körper entlang ihrer Beobachtbarkeit und Kommunizierbarkeit (vgl. ebd., S. 28), entlang des Wissens also, das dabei durch sie und über sie hervorgebracht wird.

Oliver Grau unterscheidet innerhalb seiner Geschichte immersiver Illusionsmedien zwischen *vor den Augen getragenen Apparaturen* (z. B. Sensorama, Head-Mounted Displays, VR-Brillen) und *den Körper integrierenden Immersionsräumen* (z. B. Panoramen, 360-Grad-Bildräume, CAVEs; vgl. Grau, 2019, S. 34). Im Folgenden sollen Forschungspositionen zu beiden Gruppen vorgestellt werden, die vornehmlich menschliche Körper und zumeist technische Apparaturen in unterschiedlichsten Kopplungsformen (multisensorische Bewegungssimulation, Biofeedback, Einkapselung und/oder räumlich ein- und umschließende Environments) miteinander verbinden.

Zwei historische Apparaturen, die innerhalb der medien- und kulturwissenschaftlichen Immersionsforschung u. a. von Patrick Rupert-Kruse (2019) als Vorläufer heute virulenter VR-Technologien verhandelt werden, sind das Sensorama und *Hale's Tours*. Ersteres wurde Ende der fünfziger Jahre von Kameramann und Filmemacher Morton Heilig im Kontext seiner Vision eines *Cinema of the Future* entwickelt (vgl. Schröter, 2004, S. 180 – 186). Es handelt sich dabei um eine Simulationsmaschine für eine Person, deren Sinne durch den Einsatz von stereoskopischer Filmprojektion, Stereo-Sound, Geruchsimpulsen, Windmaschine, Wärmezufuhr und Sitzvibration gezielt stimuliert werden, um z. B. das Erleben einer Motorradfahrt nachempfindbar zu machen. Es ist hier vor allem die sensorisch-manipulative Wirkmacht der Apparatur, die die perzeptuelle Immersion des von der Maschine umschlossenen Rezipierenden ermöglicht. Die Tatsache, dass der*die Sensorama-Nutzer*in physisch so eng mit der Apparatur verbunden ist, dass es ihm*ihr gar nicht möglich ist, den einströmenden Sinnesstimulationen zu entgehen oder körperliche Distanz zu ihnen einzunehmen (außer durch die Unterbrechung des Vorgangs), soll den Grad der Immersion steigern. An dieser Stelle bekommt die mit der Etymologie von Immersion verbundene Bedeutung der »Verschmelzung« eine ganz konkret materielle Evidenz.

Der Mechaniker und Feuerwehrmann George C. Hale stellte gemeinsam mit seinem Geschäftspartner F. Gifford auf der Weltausstellung 1904 in St. Louis neben neuen Gerätschaften zur Brandbekämpfung und inszenierten Brandbekämpfungseinsätzen auch die Attraktion *Hale's Tours – Scenes of the World* vor. Das Herzstück von *Hale's Tours* ist ein nachgebauter Eisenbahnwaggon, in dem das Publikum für die Dauer der Aufführung Platz nimmt. Auf der Leinwand an der Vorderseite des Waggons laufen etwa zehnminütige Projektionen, die von der Spitze eines fahrenden Zugs aus aufgenommen scheinen und verschiedene Landschaften der USA zeigen.

An der Unterseite des Waggons werden Effekte erzeugt, die das Fahren über ein holpriges Gleisbett imitieren, auch Wind, der die Vorwärtsbewegung simuliert, und akustische Lok-Geräusche werden eingespeist, um eine möglichst glaubhafte Illusion einer Zugfahrt zu erzeugen (vgl. Fielding, 2008, S. 18). Bei der *Hale's Tours*-Apparatur steht – ähnlich wie beim Sensorama – nicht nur der Sehsinn, sondern der ganze Körper der Betrachtenden im Zentrum der multisensorischen Beeinflussung. Dabei macht der Körper bei der Nutzung beider Apparaturen eine Erfahrung von Fortbewegung und Beschleunigung, ohne wirklich fortbewegt zu werden. Entscheidend ist zudem die für beide Projektionsapparate signifikante stereoskope *Point of View*-Einstellung, die suggeriert, Ort der Kamera und Standpunkt der Zuschauer*innen seien identisch.

Während *Hale's Tours* als kommerzielles Unterhaltungsformat produziert wurde, hatte Morton Heilig sein Sensorama dezidiert als »Lern-Environment« patentieren lassen.[13] Die multisensorische Simulationserfahrung sollte wie eine Probe für die Wirklichkeit sein, um Menschen z. B. auf potentielle Gefahren von Geschwindigkeit(en) wie auch auf diese selbst vorzubereiten. So besehen, rückt das Sensorama vom Bereich früher Filmkunst in die Nähe didaktischer Simulationsmaschinen wie Flugsimulatoren oder Planetarien[14], die zeitgleich vor allem im Bereich des Militärs oder der Weltraumforschung vermehrt zum Einsatz kamen.[15]

Anstelle der qualitativen Erfahrungsdimension eines »immersiven« Rezeptionserlebnisses ist für mich hier entscheidender hervorzuheben, inwieweit solche Apparaturen im Stande sind, nicht nur die Modalität menschlicher Wahrnehmungserfahrung, sondern auch bestimmte Selbst-/Weltverhältnisse zu prägen: Beide Apparaturen simulieren eine Fortbewegung, die der stillgestellte, passive Körper selbst nicht vollzieht. Dabei weisen Wahrnehmungsdispositiv und Perspektive dem Subjekt die Rolle des*der sich aktiv Fortbewegenden zu. So geht es weniger darum, dass Nutzer*innen auf der Ebene der Bildwahrnehmung getäuscht werden (ergo die Repräsentationen für ›echt‹ halten), als darum, dass sie in der Wahrnehmung ihrer Selbst-/Welt-Relation getäuscht werden. Nun wird aus der metaphorischen *transportation* eine konkret multisensorisch fingierte Fortbewegungserfahrung. Dabei rückt die Imagination einer *possible world* zugunsten einer realen, wenngleich auf einer technischen Simulation basierenden Erfahrung innerhalb der Lebenswelt in den Hintergrund.

Während Filmhistoriker Raymond Fielding an den *Hale's Tours*-Geschäften hervorhebt, dass sie zur Popularisierung und Verbreitung des neuen Mediums Film und der Etablierung eines Vertriebssystems für die im Entstehen begriffene Filmindustrie beitrugen (vgl. Fielding, 2008, S. 38), akzentuiert Lauren Rabinovitz, dass sie – in einer Zeit, in der Reisen noch ein Privileg der Oberschicht war – Anteil an einer Modernisierung der Haltung zum Tourismus hatten (vgl. Rabinovitz, 2012, S. 67). Panoramen, *Hale's Tours* und spätere *Ride*-Attraktionen wie Disneys *A Trip to the Moon* (1955) bilden für Rabinovitz eine Linie von Reise- und Bewegungssimulatoren, die ihre Zuschauer*innen mit Sinneseindrücken übersättigen und Landschaften aus einer Perspektive konsumierbar machen, die über die natürlichen Grenzen des menschlichen Wahrnehmungshorizonts hinausgehen. Sie üben Zuschauer*innen in einen *(anthropozentrischen) Modus des In-der-Welt-Seins* (vgl. ebd.) ein, der vorsieht, dass auch entlegenste Orte der Welt im Modus eines apparativ erzeugten Ultrarealismus der Simulation begeh- und erkundbar werden. »Hale's Tours reinforced that the world is an object lesson in pleasure – a lesson in which the preindustrial, the distant, the colonial, as well as the fictional, are all exotic, accessible spaces that could be consumed« (ebd., S. 94). Bewegungssimulatoren wie das Sensorama oder *Hale's Tours* wirken als historische Medien der Immersion – zumindest für die Klientel, der diese Apparaturen zugänglich waren – an der Konstituierung einer relationalen Selbst- wie Weltwahrnehmung mit, die das (simulierte) Eindringen in eine Umgebung aus der POV-Perspektive im Modus manipulierten, voyeuristischen Bild(raum)konsums mit Vergnügen und Unterhaltung besetzt.

Die Gemeinsamkeit von historischen Apparaturen wie den vorgestellten und CAVE-Systemen aus den neunziger Jahren sowie aktuellen VR-Technologien besteht darin, dass sie ihre Betrachter*innen für die Dauer der Rezeption *einkapseln*, gleichsam mit der Apparatur »verschmelzen« und temporär von der Außenwelt abschotten. Dawid Kasprowicz beobachtet in jüngster Zeit – vor dem Hintergrund der technologischen Entwicklungen ubiquitären Computerisierens und zunehmenden Schwindens apparativer Interfaces – eine Tendenz zur ›Öffnung der Kapsel‹ zugunsten weiträumiger Environments und unsichtbar werdender Benutzeroberflächen, sodass »jegliches Eintreten in die ubiquitär computerisierte Umgebung … potenziell – und nicht metaphorisch – als Immersion gelesen werden k[ö]nn[e]« (Kasprowicz, 2015, S. 28). Im Kontext von Immersion verschieben Begriff wie Phänomene der »Umgebung« zugleich den Fokus vom Vorgang einer Eintauchung von X in Y (als distinkt gedachte Entitäten) hin zu komplexen, *relationalen* Prozessen eines (auch längerfristigen) Eingebettet-Seins.

Ein Beispiel für solche neueren, Körper integrierenden Immersionsräume wären die responsiven Umgebungen, die Medienwissenschaftlerin Christiane Heibach gemeinsam mit Jan Torpus und Andreas Simon im Rahmen eines Pilotprojekts künstlerischer Forschung am Institut für Experimentelle Design- und Medienkulturen in Basel erforscht. Für ihre künstlerisch-experimentellen Studien werden Proband*innen mit Sensoren versehen und in eine minimalistische, responsive, auf einen Raum begrenzte Umgebung eingelassen, die hinsichtlich der Parameter Licht, Ton und Windzufuhr gestaltet und zugleich ihrerseits mit Sensoren versehen ist. Das entstehende *Human in the Loop*-System misst Atmung, Herzschlag und Körperbewegungen des*der Proband*in sowie das jeweils ausgegebene Feedback an die Output-Medien im Raum (Ventilator, Lautsprecher, Lichtanlage).[16] Im Zentrum steht die Frage, inwieweit Proband*innen in der Lage sind, die eigenen somatischen Reaktionen anhand von Veränderungen im Raum zu erkennen, und ob dadurch eine emotionale Identifikation mit der Umgebung erzeugt werden könne (vgl. ebd., S. 55f.).[17] Auch in diesem Versuchsaufbau tauchen die Proband*innen nicht in eine fiktive *possible world* ein, sondern sind bereits über die (unsichtbare) Apparatur mit dem Raum ›gekoppelt‹. Nun sind es die *Beziehungsqualitäten* zwischen den Körpern und ihrer (gestalteten) Umgebung, die über die Beobachtung kognitiver, emotionaler und affektiver Responsivität in den Mittelpunkt rücken.

Ein weiteres Phänomen für analoge, Körper integrierende Immersionsräume, das im transdisziplinären Immersionsdiskurs verhandelt wird, sind Erlebnishotels, die in den neunziger Jahren als »architektonische Ortsübersetzung[en]« (Bieger, 2007, S. 142) vornehmlich in den USA aufkamen. Entlang verschiedener Erlebnisräume wie dem VENETIAN in Las Vegas konzipiert Laura Bieger eine Ästhetik der Immersion als eine *Ästhetik des hyperrealen Raums*, für die ein »kalkuliertes Spiel mit der Auflösung von Distanz« (ebd., S. 9) mit Blick auf die Differenzierung von Bild- und Realraum kennzeichnend sei. So komme das VENETIAN einer »materielle[n] Übersetzung eines virtuellen Computerbildes« (ebd., S. 208) gleich, in dem fluktuierende Bilder der italienischen Lagunenstadt sowie der »ganze[ ] Kosmos von [...] Vorstellungen, die *durch* ihn zirkulieren« (ebd., S. 146, Hervorhebung i. O.), zu einer begehbaren und multisensorisch erfahrbaren Hyperrealität synthetisiert werden.[18] Besucher*innen werden hier in eine gestaltete Umgebung eingelassen, in der die konkrete, materielle Erfahrung der kinematografischen Raumgestaltung, gepaart mit einer inszenierten (Pseudo-)Authentizität des Ortes, eine immersive

Ästhetik produziert, für die ein Spiel mit dem *Als-ob* dieser Weltversion konstitutiv sei (vgl. ebd., S. 197).

Indem der Immersionsraum des VENETIAN wirkungsästhetisch auf ein diffuses, aber positiv besetztes Erleben einer *Grenzerfahrung* (zwischen Real- und Bildraum) abhebt, macht er den Hotelbesuchenden zugleich auch ein stückweit zu (zweifachen) Tourist*innen, die nicht nur ein Hotel in Las Vegas betreten, sondern zugleich auch eine fiktive Reise in die realisierte Kopie der italienischen Lagunenstadt unternehmen. Das gestaltete Erlebnishotel-Environment umschließt dabei seine Besucher*innen mit allen Sinnen und produziert ein relationales Selbst-/Weltverhältnis, das an diejenigen spezifischen Empfindungen und Emotionen geknüpft ist, die bei den Besucher*innen mit der Stadt Venedig, den Bildern Venedigs oder auch entsprechenden Erinnerungen verbunden sind. Auf diese Weise spielt der Immersionsraum VENETIAN nicht nur rezeptionsästhetisch mit Prozessen von *absorption* und *transportation*, sondern fabriziert als Apparatur auch spezifische *affektive Bezugnahmen* zwischen Besucher*innen und (fiktionalisiertem) Environment.

Von Biegers hybriden Erlebnisräumen ist es innerhalb der Immersionsforschung nur ein kleiner Schritt zu komplexeren Erlebnisräumen wie Themenparks (u. a. Lukas, 2013; Kokai/Robson, 2019) oder Zoologische Gärten (May, 2020). Während es in Zoologischen Gärten zuvorderst die verschiedenen Gehege sind, die z. B. entsprechend der Herkunft der Tiere in klischisierter Weise thematisch gestaltet werden, um den Besucher*innen zu suggerieren, mit einem Zoo-Besuch gleichsam eine kondensierte Reise um die ganze Welt zu machen[19], kombinieren Freizeit- und Themenparks Fahr- und Laufgeschäfte sowie Eventgastronomie mit einem thematischen *Worldbuilding*, das es Besucher*innen analog zu ihren historischen Vorläufern, den Weltausstellungen, möglich macht, exotisierte ›andere‹, phantastische, fiktionalisierte oder historisch-klischisierte Lebenswelten zu erkunden. Gerade an diesen Beispielen wird mit Blick auf Immersion evident, dass es weniger um die Täuschungsdimension dieser Weltversionen[20] geht als vielmehr um die Modellierung eines spezifischen Selbst-/Weltverhältnisses, das aufgrund der Geschichte dieser Mediendispositive – im Sinne Rabinowitz' – nicht losgelöst von einem kolonialistischen Weltbild einer kapitalistischen Aneignungs- und Beherrschungslogik zu denken ist.

Den letzten Halt in meinem schlaglichtartigen Überblick zu Theorien der Immersion, die von den Apparaturen her gedacht sind, möchte ich bei jenen Körper integrierenden Immersionsräumen machen, die noch stärker als das experimentelle Biofeedback-Setting, ein Erlebnisressort oder ein Themenpark mit der *Simulation einer fiktiven Weltversion* arbeiten. Hier soll es zum einen kurz um VR-Technologien, zum anderen um Phänomene transmedialen *Storytellings* gehen. Wie bereits erwähnt, ist der transdisziplinäre Immersionsdiskurs der vergangenen zwei Dekaden aufs Engste mit dem Aufkommen von VR-Technologien verknüpft. Auch wenn Oliver Grau der Auffassung ist, dass virtuelle Realitäten nicht erst mit technischen Entwicklungen wie dem ultimativen Display als Vorläufer des Head-Mountain-Displays, mit dem VR-Pionier Ivan Sutherland in den sechziger Jahren am Massachusetts Institute of Technology in den USA experimentierte, in die Welt gekommen seien (vgl. Grau, 2001, S. 16), sondern als hermetisch geschlossene Illusionsräume lediglich kontinuierlich im Gewand neuer medientechnologischer Bildträger aufkämen, so sind es doch just jene veränderten Rezeptions- und Sehgewohnheiten, die durch CAVE-Systeme und VR-Brillen realisiert wurden, die den Immersionsbegriff neuerlich aufs Tableau brachten.

Im *Brockhaus* wird »virtuelle Realität« als »eine mittels Computer *simulierte Wirklichkeit* oder künstliche Welt, in die Personen mithilfe technischer Geräte sowie umfangreicher Software versetzt und interaktiv eingebunden werden« (zitiert nach Brill, 2009, S. 6, Hervorhebung TS) definiert.[21] Technische Geräte und ihre Benutzeroberflächen sollen Nutzer*innen das Gefühl vermitteln, durch Interaktionsmöglichkeiten oder das Triggern bestimmter Sinnesreize, Teil dieser ›anderen‹ Weltversion zu werden. Für das Eintreten von Immersionseffekten sei »der Grad der Übereinstimmung zwischen virtueller und realer Umgebung, aber auch das Ausmaß der Beeinflussbarkeit der virtuellen Realität durch die Benutzer« (Brill, 2009, S. 6) entscheidend. Zentralperspektivische Anordnung, Tiefenschärfe und Plausibilitätskriterien des Raumes sind dabei wichtige optische Kriterien. Die technischen Bedingungen sollen Benutzer*innen dabei »unterstützen, die virtuelle Welt zu ›fühlen‹« (ebd., S. 7), indem sie sich durch diese hindurch navigieren. Dies kann durch den Einsatz akustischer Signale, der Zuhilfenahme von Handsteuergeräten oder optionaler Spracheingabe verstärkt werden.

Genealogisch geht dieses skizzierte VR-Verständnis auf Bewegungssimulatoren wie Heiligs Sensorama oder *Hale's Tours* zurück. Während die Realitäten, die die historischen Apparaturen repräsentierten, technisch gesehen noch fotografisch festgehaltene Wirklichkeitsaufnahmen waren, also gewissermaßen indexikalisch mit der Realität verbunden blieben, sind Realitäten oder Weltversionen, die vom Computer bzw. von Algorithmen hervorgebracht werden, Ergebnis eines Rechenvorgangs; computergestützte Simulationen stellen als Medien der Sichtbarmachung virtuelle[22], hyperreale Wirklichkeitsmodelle dar und her (vgl. Dotzler, 2003, S. 524).

Der englische Begriff der virtuellen Realität (*virtual reality*) wurde erst relativ spät, und zwar 1989, in der Zeit der kommerziellen Ausbreitung von Simulatoren zu Unterhaltungszwecken, vom US-amerikanischen Informatiker und Unternehmer Jaron Lanier geprägt (vgl. Schröter, 2004, S. 211). Medienwissenschaftler Jens Schröter zufolge habe man in den USA ab 1987 damit begonnen, Simulations- und Displaytechnologien auch für die Darstellung fiktionaler Szenarien einzusetzen. Dies hatte nicht zuletzt wirtschaftliche Gründe, da Simulationstechnologien mit dem Ende des Kalten Krieges im militärischen Bereich nicht mehr in bestehendem Umfang benötigt wurden und die Herstellerfirmen nach neuen Absatzmärkten für ihre Technologien suchten:

> Es ist kein Zufall, dass man im Moment der Fiktionalisierung von »Virtueller *Realität*« zu sprechen beginnt. Sofern Fiktionen die Eigenschaft haben, eine geschlossene Welt, eine *Diegese*, zu bilden, führt die Fiktionalisierung der virtuellen Räume zu einer »Schließung« derselben. Die Datenbrillen, die *VPL*[23] herstellte, waren [...] *nicht* dafür ausgelegt, die virtuelle Szene gleichzeitig mit der realen Umgebung sehen zu können. Die Schließung der Datenbrille und damit die Ausblendung der Außenwelt verstärken den Realitätseffekt der VR und ihren Charakter als eigene, abgeschlossene, alternative Welt (ebd., S. 211, Hervorhebung i. O.).

Aus dem Zitat geht hervor, dass mit dem Realitätsbegriff in der Wendung VR seit seiner Etablierung im Grunde weniger die Idee einer optischen Illusion bzw. perfekten Simulation von Realität im Zentrum stand als vielmehr die technisch möglich gewordene, computergestützte Praxis des *Konstruierens geschlossener, fiktionaler Welten*. Auch Lanier strebte Ende der achtziger Jahre mit seinen VR-Technologie-Experimenten primär die Möglichkeit an, mit VR über Alternativen zur bestehenden Wirklichkeit nachzudenken, Utopien zu entwickeln und alternative Weltentwürfe auszuprobieren (vgl. ebd., S. 273).[24] Vor diesem Hintergrund erklärt sich, warum in der Immersionsforschung anstelle von virtueller Realität auch vielfach dezidiert von *virtual worlds* (vgl. u. a. Teigland/Power, 2013; Mayr, 2014) oder *immersive worlds* (vgl.u. a. Hogarth et al., 2018) gesprochen wird.

Es gilt also festzuhalten, dass im dominanten, populären VR-Diskurs mit VR einerseits eine Apparatur bezeichnet wird, die maschinell, elektronisch oder digital eine (weitgehend) realistische Wirklichkeitsillusion erzeugt und die Rezipierenden hinsichtlich ihres Realitätsgrades zu täuschen vermag, und andererseits Konstruktionen fiktionaler Weltentwürfe gemeint sind, für die der Aspekt der Potentialität einer alternativen Realität entscheidender ist als der Aspekt der Wahrnehmungstäuschung. VR rückt auf diese Weise betrachtet als Medium des Weltenbildens (*Worldbuilding*) und Geschichtenerzählens (*Storytelling*) in den Blick, insofern eine komplette Weltversion im Sinne einer virtuellen Landschaft, Umgebung oder realistisch konfigurierter Räume entworfen wird, die z. B. über die Nutzung einer VR-Brille von den Nutzer*innen – wiederum zumeist aus der POV-Perspektive – im Modus der Simulation erkundet werden kann. Der Welt-Begriff im Kompositum des Weltenbildens kann dabei eine Ganzheit (*wholeness*) adressieren, z. B. mit Blick auf eine lückenlose Vollständigkeit (*completeness*) oder die Konsistenz narrativer *story worlds* (vgl. Boni, 2017, S. 20f.).

Wenn Grau behauptet, »Virtuelle Realitäten – historisch wie aktuell – s[eien] essentiell immersiv« (Grau, 2001, S. 22), hebt er vor allem auf die rezeptionsästhetische Dimension dieses Illusionsmediums ab, das mit seinem machtvollen Suggestionspotential die Distanzierungskräfte der Betrachtenden beeinflusst und so den täuschenden Effekt einer scheinbaren Anwesenheit im dargestellten Bildraum produziert (vgl. ebd., S. 110f.). Anstatt sich mit dem Immersionsbegriff der spezifischen Erfahrungsdimension ästhetischer Rezeption zu nähern, eröffnet eine Perspektivierung, die von den Apparaturen her argumentiert, meines Erachtens die Möglichkeit, die konkreten Mensch-Umgebungskopplungen mit Blick auf das je mitproduzierte Selbst-/Weltverhältnis hin zu untersuchen. Dies impliziert Fragen wie: Wie werden Betrachter*innen-Subjekt und gestaltete Weltversion miteinander in Beziehung gesetzt? Welche Perspektive wird normalisiert? Mit welchen Involvierungsstrategien werden Nutzer*innen – analog zu den Game-Beispielen – konkret in die Erkundung dieser Weltversion, in die sie vornehmlich visuell vermittelt eindringen, einbezogen? Und: Was zeichnet die entworfenen ›alternativen Realitäten‹ aus, auf welchen Prämissen und welchem Weltbild fußt ihr *Worldbuilding*?

Mit dem US-amerikanischen Medienwissenschaftler Henry Jenkins handelt es sich nicht nur bei der VR, sondern insbesondere auch beim durch das Aufkommen sozialer Medien virulent gewordenen, »transmedialen *Storytelling*« um eine mit Immersionsprozessen verknüpfte Kunst des *Worldbuildings*, in der »Environments« kreiert werden, »die nicht mehr nur in einem einzigen Werk oder gar in einem einzigen Medium vollständig erkundschaftet oder ausgeschöpft werden können« (Jenkins, 2006, zitiert nach Boni, 2017, S. 11, dt. TS). Im Kontext von Medienindustrien ist mit transmedialem *Storytelling* zunächst primär eine Marketingstrategie angesprochen. Sie beinhaltet, dass das *Worldbuilding* aus populären Filmen oder Serien wie *Star Wars*, *Star Trek*, *Harry Potter* oder *Game of Thrones* in andere Medienformate hineinwandert und so über den eigentlichen Rezeptionsprozess hinaus erweitert wird, um Zuschauer*innen noch stärker an die Narrative und Figuren der phantastischen Weltversionen zu binden. Auf diese Weise bilden sich transnationale Fankulturen aus, die die Popularität der erzählten Welten sicherstellen.

Inwieweit das *Worldbuidling* ausgehend von einer Marketingstrategie über diese hinaus ein Eigenleben transmedialen Geschichtenerzählens zu entfalten vermag, zeigt sich u. a. am Beispiel der populären Serie *Mad Men* (USA 2007 – 2015). Inhalte wurden nicht nur auf möglichst vielen verschiedenen Plattformen zugänglich gemacht, sondern das fiktive *Worldbuilding* innerhalb eines »digitalen Ökosystems« (Stiegler 2017, S. 1, dt. TS) ausgeweitet, indem z. B. der Protagonist der Serie, Don Draper, Nachrichten bei Twitter postet und sein eigenes Facebook-Profil hat, wodurch es für Fans möglich wird, mit (s)einer Fake-Persona in Austausch zu treten (vgl. dazu auch Rose, 2011, S. 78ff.). Der Immersionsbegriff greift hier – wie bei Bieger – über das Motiv einer *Grenzerfahrung bzw. -verwischung zwischen Realität und Fiktion*, verweist aber eben auch auf die Wirkungsweise der Apparatur, die Rezipierende z. B. über die Erzeugung von Emotionen der Verbundenheit mit Figuren der fiktiven Welt mit dieser ›koppelt‹ (vgl. Stiegler, 2017, S. 4 sowie Jenkins, 2006, S. 286).

Die Rezeption solcherart transmedial vermarkteter Inhalte geht noch einen Schritt über die eingangs beschriebenen Mensch-Maschinen-Kopplungen hinaus, insofern TV, Computer, Smartphone und soziale Medien – auch in Kombination mit VR und AR – in ihrem Zusammenwirken ein neuartiges Mediendispositiv bilden, welches den Körper in eine komplexe mediatisierte Umwelt vollumfänglich zu integrieren sucht, wobei mittelbare Prinzipien von Trennung und Distanz durch Prinzipien des Verbindens, Verschmelzens und Vereinnahmens abgelöst werden (vgl. dazu auch Freyermuth, 2016, S. 193).

Ich stimme mit Medienwissenschaftler Erkki Huhtamo in der Auffassung überein, dass Medien und Apparaturen der Immersion wie Cinérama-Technologien, VR, Themenparks, aber auch

Drogenexperimente der sechziger Jahre, die gleichsam die Eroberung weiterer alternativer, ›virtueller‹ Realitäten möglich machten, ja, dass »[a]ll diese Systeme [...] als ›Apparatus‹ begriffen werden [müssten], als technologisch-metapsychologische Maschinen, die bestimmte *kognitive und emotionale Bewusstseinszustände* [...] (und womöglich auch körperliche Zustände)« (Huhtamo, 2008, S. 48f., Hervorhebung TS) machtvoll zu erzeugen vermögen. Die entscheidende, für mich in diesem Überblick zu Theorien der Immersion hervorzuhebende Gemeinsamkeit der angeführten Mensch-Umgebungskopplungen, in denen Körper zu Medien der Immersion werden, besteht darin, dass es sich um *machtvolle Konstellationen* handelt. Diese *vereinnahmen* die involvierten Subjekte temporär nicht nur wahrnehmungsphysiologisch, somatisch, emotional oder affektiv, sondern auch mit Blick auf ein bestimmtes Selbst-/Weltverhältnis, an dessen Hervorbringung sie mitwirken.

## 1.3 Immersion und Theater/-wissenschaft

Gegenwärtig wird nicht nur die Verwendung des Immersionsbegriffs immer unschärfer, sodass Immersion zum *umbrella term* für die Beschreibung ubiquitärer Phänomene im Bereich VR/transmediales *Storytelling*/digitale Medien(kunst) gerät. Auch unter dem metaphorischen Schirm dessen, was man »immersive theatre« nennt, werden – seitens der Kunstschaffenden, der Kritiker*innen wie auch der Theaterwissenschaftler*innen – äußerst diverse Aufführungsformate der Gegenwartskunst versammelt. Wie eingangs erwähnt, ist der Immersionsbegriff in die Theaterwissenschaft erst vergleichsweise spät, nämlich in den zehner Jahren, einerseits von Großbritannien, andererseits von Frankreich ausgehend, eingewandert. Ausschlaggebend für das erste theaterwissenschaftliche Kartografieren und theoretische Einordnen war das Aufkommen neuer, vornehmlich partizipativer und mit neuen Technologien experimentierender Theaterformen, die als »théâtre immersif« (Freydefont, 2010) oder »immersive theatre« (Machon, 2013) bezeichnet wurden.

Josephine Machon ist die erste Theaterwissenschaftlerin, die mit dem gewählten Plural *Immersive Theatre(s)* im Titel ihrer Monografie dieses vermeintlich neue Performance- und Theaterformenspektrum abgesteckt hat. Hierfür hat sie a) ein Beispielkorpus vornehmlich britischer Aufführungen versammelt, b) eine erste Anknüpfung an den transdisziplinären Immersionsdiskurs vollzogen, um Immersion als

Modus der Theaterrezeption zu denken, c) über Künstler*innen-Interviews versucht zu klären, was produktionsästhetisch mit Immersion verbunden wird, d) eine Reihe möglicher historischer Vorläufer (von der Commedia dell'Arte bis zu Schechners *Environmental Theatre*) skizziert sowie e) einen ersten Entwurf dessen vorgelegt, was man als theaterspezifische ›immersive Erfahrung‹ beschreiben könnte.[25]

Als entscheidende formale Gemeinsamkeiten der bei ihr als immersiv in Rede stehenden Aufführungen von Gruppen wie Punchdrunk, Artangel, Coney oder Blast Theory hebt Machon in dichotomischer Abgrenzung zu »traditionellem Theater« die *Einbeziehung des Publikums*, die *Priorisierung des Sinnlichen*, die *Bedeutung von Ort und Raum* der Aufführung (vgl. ebd. S. 70ff.) sowie die *Etablierung einer spezifischen »in-its-own-world«-ness* (ebd., S. 93) als eine Art sinnlicher und/oder fiktionaler Welthaftigkeit hervor. Bezogen auf die Qualifizierung von Immersion als Modus ästhetischer Theaterrezeption setzt sie mit Rekurs auf Immersionstheorien aus den Game Studies bei einer graduellen Konzeption an: Während sich *immersion as absorption* im Theater generell primär auf der Ebene von Konzentration und kognitiv-imaginativer Aktivität abspiele (und demzufolge auch im »traditionellen Theater« denkbar ist), ziele *immersion as transportation* auf die situativ geteilte Anwesenheit von Zuschauer*innen und Performer*innen im *otherworldly* gestalteten Aufführungsraum immersiven Theaters. Als *total immersion* müsste ein spezifischer, besonders *intensiver* Zustand während der Rezeption gefasst werden, der eine situative Erfahrung von »praesence« (vgl. ebd., S. 62f.) ermögliche. Wie die Schreibweise anzeigt, meint sie hier nicht ein Präsenzempfinden, wie es Grau für die Bildrezeption und Autor*innen der Game Studies für die Rezeption von Computerspielen mit Immersion verknüpfen, nämlich als Gefühl von Anwesenheit am mediatisierten Bildort, sondern eine besondere *Gegenwärtigkeit multisensorischen Erlebens* dessen, was einem in situ buchstäblich *vor* die Sinne kommt und auf diese Weise Aufmerksamkeit für das eigene situative, sinnliche In-der-Welt-Sein zu produzieren vermag (vgl. ebd., S. 44). Machon akzentuiert, dass Zuschauer*innen von »immersive theatre« eine »live(d) embodied experience« (ebd.) machten, die sich nicht nur *live* im Hier und Jetzt der Aufführung ereigne, sondern in erster Linie eine situativ mit allen Sinnen *er- und gelebte Erfahrung* sei. Mit dieser verbinde sich überdies ein symptomatisches Zusammenspiel im Sinne eines »Verschmelzens« (*fusing*) von Prozessen somatischer Sinneswahrnehmung (*sense-making*) und semantischer Sinnstiftung (*making sense*) (ebd., S. 32).

Eine explizite Differenzierung von »immersive theatre« als Genre und der Theoretisierung einer spezifischen, als immersiv zu bezeichnenden Erfahrung nimmt Rose Biggin in *Immersive Theatre and Audience Experience. Space, Game and Story in the Work of Punchdrunk* (2017) vor. Im Rahmen einer Kooperation zwischen Punchdrunk und der Universität Exeter begleitete Biggin die britische Kompagnie für vier Jahre und nimmt mit einer »Spectator-Participation-as-Research«-Methode vor allem die Arbeiten *The Borough*, *The Crash of the Elysium* und *The Drowned Man* in den Blick. Auch Biggin geht davon aus, dass eine immersive Erfahrung graduell verlaufe und an die variierende Intensität der Zuschauer*innen-Involvierung gebunden sei. Entlang zahlreicher Konzepte wie Interaktivität, *Flow*, Präsenz und Empathie aus verschiedenen Disziplinen entwickelt sie Kriterien für das, was ihrer Auffassung nach eine immersive Erfahrung im Theater auszeichne. Ihre Analysen legen Zeugnis davon ab, dass eine solche nur unzureichend theoretisch zu verallgemeinern ist, ohne lediglich zum diffusen Synonym für eine ästhetische Erfahrung zu werden.

Dass sowohl bei Machon als auch bei Biggin Versuche einer Definition einer »immersiven Erfahrung« einigermaßen unkonkret und abstrakt bleiben, hängt meines Erachtens maßgeblich mit der formalen Diversität ihrer Aufführungsbeispiele zusammen. So setzt sich der Gegenstandsbereich bei Biggin aus einem geführten Audiowalk, den der*die Teilnehmende allein bestreitet (*The Borough*), einem vornehmlich für Kinder produzierten, partizipativen Adventure-Format (*The Crash of the Elysium*) und einer weiträumigen Performanceinstallation, die eine inszenierte Weltversion der fiktiven Temple-Filmstudios kreiert und darin Figuren und Handlungsstränge aus Büchners *Woyzeck* integriert (*The Drowned Man*), zusammen. In Machons Studie ist das Aufführungskorpus sogar noch diverser, insofern neben den genannten auch *One-on-Ones*, delegierte und *Theatre in the Dark*-Aufführungsformate in den Blick genommen werden.

Was Machon und Biggin sowohl mit der Genrebezeichnung »immersive theatre« als auch mit ihren Entwürfen dessen versuchen, was man als immersive (Rezeptions-)Erfahrung beschreiben könnte, ist, theoretisch auszuloten, wie man die zahlreichen und mannigfaltigen *Weisen der Publikumsinvolvierung* – seien sie kognitiv, imaginär, emotional, affektiv, narrativ, somatisch und/oder handlungsbezogen – in ein Aufführungsgeschehen, das mit der räumlichen Trennung von Zuschauerraum und Bühne bricht, begrifflich erfassen könnte. Der Immersionsbegriff mit seiner geräumigen Eintauch-Metapher erfüllt auf der Ebene des ersten Kartografierens von »immersive theatre«

eine Art begrifflicher Container-Funktion. Auf der Ebene der ersten Konzeptualisierung einer immersiven Erfahrung markiert und bezeugt er, dass die rezeptionsästhetische Modalität von Immersion bei allen Aufführungsbeispielen divergiert – mal müsste man von einem imaginären oder mentalen, mal von einem konkret situativen und/oder handlungsbezogenen ›Eintauchen‹ sprechen – und sich deshalb mit dem Immersionsbegriff nicht sinnvoll verallgemeinern lässt.

Neben Josephine Machon und Rose Biggin haben sich in Großbritannien auch Theaterwissenschaftler*innen wie Adam Alston, Jen Harvie und Gareth White mit »immersive theatre«-Aufführungen im Kontext des institutionalisierten Kunsttheaters beschäftigt. Dabei arbeiten sie vor dem gesellschaftlichen Hintergrund ›westlicher‹, kapitalistischer, neoliberaler Demokratien in stärkerem Maß eine dezidiert *kritische Perspektive* auf jene Formen der Zuschauer*innen-Partizipation heraus, wie sie in »immersive theatre«-Aufführungen auffindbar sind.[26] Zu der vielschichtigen Kritik an Partizipationsformen kommt jüngst u. a. über Positionen von Theatermacher Jorge Lopes Ramos der britischen Company ZU-UK (2020) oder Tanzwissenschaftlerin Royona Mitra (2016) auch grundlegende Kritik am Begriff und den epistemologischen Prämissen von Immersion hinzu. So schlägt Mitra vor, das indische Konzept »rasa«, das eine Form von (ganzheitlich) verkörperter Zuschauerschaft (*embodied spectatorship*) theoretisiert, zu de-exotisieren und zu de-sanskritisieren, indem sie es transkulturell als Immersion auffasst, was wiederum zur Dekolonialisierung eines Immersionsverständnisses führt, das zuvorderst über das Visuelle oder eine rezeptionsästhetische Binarität von aktiv/passiv gedacht wird (vgl. Mitra 2016, S. 89f.).

Mit dem Wegzug aus London und der angepassten Neuinszenierung von Punchdrunks *Sleep no more* in New York 2011 sowie dem Aufkommen vergleichbarer komplexer Performanceinstallationen wie *Then she fell* von Third Rail Project (2012) oder *The Queen of the Night* von Randy Weiner (2013) beginnt auch bei amerikanischen Theaterwissenschaftler*innen eine Auseinandersetzung mit »immersive theatre«, das in den USA gleichsam als Genre mit dem zentralen Definiens einer »intensification of experience« (Frieze, 2016, S. 5) anzukommen scheint. Im US-amerikanischen Diskurs zu »immersive theatre« lassen sich gegenüber seinem britischen Pendant mindestens zwei entscheidende Akzentverschiebungen beobachten: Zum einen wird »immersive theatre« als politisch wirksame Form von zeitgenössischem *applied theatre* entdeckt (vgl. u. a. Dinesh, 2017[27]), womit Genealogien immersiver Theaterformen nicht mehr so stark im Feld des Kunsttheaters als vielmehr im Bereich reformpädagogischer Arbeiten wie der Dramatherapie oder Boals politisch bildendem *Theater der Unterdrückten* ausgemacht werden (vgl. u. a. Sterling/McAvoy, 2017). Zum anderen findet mit Theaterwissenschaftler*innen wie Scott Magelssen und Natalie Alvarez eine Auseinandersetzung mit Immersion jenseits künstlerischer Produktionen von »immersive theatre« à la Punchdrunk im Bereich von *cultural performances* statt (vgl. Magelssen, 2014; Alvarez, 2018).

Pamela Sterling und Mary McAvoy, deren praktische wie wissenschaftliche Tätigkeit vornehmlich im Bereich (angewandten) Jugendtheaters liegt, vertreten die These, dass es im Hinblick auf Engagement und emanzipatorische Potentiale einen engen Zusammenhang zwischen »immersive theatre« und pädagogischen Techniken gäbe, wie sie von Pionier*innen der Dramatherapie seit den dreißiger Jahren als unmittelbare Reaktion auf John Deweys einflussreiche Schriften zur Reformpädagogik entwickelten worden seien. Mit Rekurs auf die Arbeiten von Peter Slade, Brian Way oder Dorothy Heathcote – allesamt Vertreter*innen progressiver künstlerischer Erziehungsmethoden, die weitestgehend aus dem akademischen Diskurs und der künstlerischen Praxis herausgefallen seien (vgl. Sterling/McAvoy, 2017, S. 100) – betrachten sie »immersive theatre« gleichfalls als eine praktische, angewandte Theaterform, bei der sich Teilnehmer*innen in zwischen Spiel und Therapie changierenden Übungen, bei denen die Grenze zwischen Akteur*innen und Zuschauer*innen aufgehoben wird, im geschützten Umfeld in fiktive oder fiktionalisierte, lebensweltliche Szenen hineinbegeben und diese körperlich in situ voreinander ausagieren können.

Auch in »Simmings«, verstanden als »live, three-dimensional, immersive environments in which spectator-participants engage in the intentionally simulated production of some aspect of real or imagined society, recognized as such by all parties« (Magelssen, 2014, S. 5), gehe es Scott Magelssen zufolge primär darum, Menschen in einem Modus unmittelbaren, leiblichen Erlebens in situ etwas über die Welt zu vermitteln (vgl. ebd., S. 190). Insbesondere bei Simmings im Bereich von *living history*-Angeboten besteht nicht selten eine konkrete Wirkungsabsicht, wie z. B. die Steigerung des Vorstellungs- und/oder Einfühlungsvermögens der Teilnehmer*innen. Dabei wird neben der leiblichen Involvierung auch häufig mit der Technik des Perspektivwechsels gearbeitet, d. h., dass Teilnehmer*innen eingeladen sind, in die simulierte Lebenswelt einer anderen Person oder Personengruppe ›einzudringen‹, um für eine Zeit lang deren Perspektive(n) auf die Situationen und Ereignisse einzunehmen und sich auf diese Weise in sie einzufühlen.[28]

Simmings, die als »forms of intercultural rehearsal theater« (Alvarez, 2018, S. 2) insbesondere der erfahrungsbasierten Vermittlung interkultureller Perspektiven dienen, analysiert Natalie Alvarez in ihrer Studie *Immersions in Cultural Difference. Tourism, War, Performance*. Dabei reichen ihre Aufführungsbeispiele von LARP-Workshops eines privaten US-amerikanischen Beratungsunternehmens, bei denen sich Mitarbeiter*innen durch fiktional gerahmtes, körperliches Ausagieren in aufrührerische Praktiken einer islamischen terroristischen Vereinigung gleichsam »auf Probe« einfühlen sollen; über militärische Trainingscamps, in denen Soldaten in komplexen Simulationen auf ihre Auslandseinsätze vorbereitet werden[29]; bis hin zu *dark tourism*-Angeboten, bei denen Tourist*innen die Möglichkeit bekommen, sich in die Situation mexikanischer Immigrant*innen hineinzuversetzen, indem sie selbst einen nächtlichen Grenzübertritt im Modus der Simulation durchspielen.[30] Es geht bei all diesen Formaten, an denen Alvarez im Rahmen ihrer Forschung im Modus einer »immersive performance ethnography« (ebd., S. 32) selbst teilgenommen hat, im Kern – und damit analog zu angewandten Formen wie dem Psychodrama, Forumtheater oder Lehrstück – darum, einer Situation oder einem Konflikt nicht lediglich von außen zuzuschauen, sondern selbst darin verwickelt zu werden, um sie »aus erster Hand« (ebd., S. 3) zu erleben und auch entsprechend lösen zu lernen.

Immersion wird in diesen Positionen theaterwissenschaftlicher Forschung einerseits wieder viel stärker technikunabhängig, analog und materiell gedacht (wie bei der Immersionstaufe oder dem Fremdsprachenerwerb). Andererseits schließt das Nachdenken über Simmings unmittelbar an jene den Körper integrierenden (analogen) Immersionsräume an, die wie Erlebnisressorts oder Themenparks Besucher*innen mit allen Sinnen an eine bestimmte Perspektive, Weltsicht, ganze simulierte Weltversion oder Lebenswelt-Miniatur ›koppeln‹. Insbesondere im Kontext transkultureller Vermittlungspraktiken geht es dabei nicht selten – analog zur Position von Liam Jarvis[31] – darum, sich über das körperliche Ausagieren einer bestimmten Rolle, Aufgabe oder Funktion in einer Simulation in eine Position eines ›Anderen‹ einzufühlen. Gerade an dieser Stelle manifestiert sich Alvarez zufolge eine weitere Ambivalenz solcher machtvollen Eintauch-Konstellationen. Denn je nach Teilnehmer*in könne das Eintauchen in ein gestaltetes Setting sowohl zur dekolonialen Dekonstruktion eines konstruierten (rassifizierenden und/oder exotisierenden) Wissens über den vermeintlich ›Anderen‹ beitragen, als auch umgekehrt just eine (neo-)koloniale Fortschreibung dieser Konstruktion bewirken (vgl. ebd., S. 3). Dies liege daran, dass in Trainingssimulationen wie jenen der U.S. Army an die Stelle der ›echten‹ Begegnung die Begegnung mit einem type-gecasteten *staged cultural other* trete, wodurch kulturelle Imaginationen und Konstruktionen des ›Anderen‹ in stereotyper und ideologisch gefärbter Weise aktualisiert und damit auch Praktiken rassifizierenden *otherings* normalisiert würden. Außerdem nähmen die Trainierenden zumeist die Rolle der Überlegenen ein, sodass Immersion hier auch als kulturelle Strategie dezidiert *hegemonialer Wissensproduktion* in den Blick käme (vgl. ebd., S. 21 – 65), die insbesondere »das westliche Subjekt als den Ort des Wissens und den Punkt, von dem aus alles gewusst werden kann« (ebd., S. 164, dt. TS), unmarkiert zu naturalisieren neige.

Zeitgleich zu den skizzierten anglophonen Debatten um »immersive theatre« und Immersion im Kontext kultureller Performances hat sich der französische Szenograf Marcel Freydefont im Rahmen der Forschungsgruppe Groupe d'étude et de recherche scénologique en architecture an der Universität Nantes mit dem Thema Immersion beschäftigt und die Bezeichnung »théâtre immersif« in den französischen Diskurs eingeführt (vgl. Freydefont, 2010). Aus der Perspektive eines Szenografen entwickelt Freydefont seine Idee vom »théâtre immersif« ausgehend von den utopischen Raumentwürfen der historischen Avantgarde, insbesondere des Totaltheater-Entwurfs von Walter Gropius für Erwin Piscators Theater (1927) oder den Raumbühnen-Entwürfen von Friedrich Kiesler (1924). Aus dieser genealogischen Perspektive betrachtet, setze das sogenannte »théâtre immersif« vor allem ein utopisches Projekt im Rahmen von Kunst fort (vgl. ebd., S. 2).

Freydefont unterscheidet vier »Familien« innerhalb des Formenspektrums von »théâtre immersif«: a) Pavillons, Planetarien, CAVEs und immersive Environments, b) Theaterbühnen, c) augmentierte und digitale Bühnen, d) Theater ohne bzw. jenseits von (konventionellen) Bühne(n). Für die ersten medialen Raumdispositive (a) sei – analog zu Grau – zentral, dass es den Zuschauer*innen qua panoramatischer Perspektive ermöglicht werde, in den 360-Grad-Bildraum eintauchen zu können (vgl. ebd., S. 12). Für die zweiten medialen Raumdispositive (b) ist insbesondere das Moment der Aktivierung des Theaterpublikums zentral. Mit historisierendem Rekurs auf den russischen Theatermacher Wsewolod Meyerhold und den tschechischen Bühnenbildner Josef Svoboda akzentuiert Freydefont, dass es darum gehen müsse, den Zuschauenden die Position »au cœur de l'action« (ebd., S. 18) zuzuweisen und überdies nicht mehr nur eine schwerpunktmäßig audiovisuelle Rezeption, sondern eine multisensorische Erfahrungsdimension anzubieten. In der dritten Gruppe (c) versammelt er verschiedene Beispiele von künstlerischen VR-Experimenten aus dem französischsprachigen Raum, bei denen es vor allem um die Einbeziehung der Nutzer*innen in einen virtuellen Raum geht. Mit der letzten Gruppe »théâtre sans théâtre« (d), zu der Interventionen in den Stadtraum genauso gehören können wie multimediale Experimente im Netz, adressiert er schließlich zuletzt noch den charakteristischen, mit der Immersion verknüpften Topos einer Grenzverwischung – und zwar zwischen Kunst und Leben oder Fiktion und Realität (vgl. ebd., S. 33).

Im Gegensatz zu Machon kartografiert Freydefont weder ein potentiell neues Genre noch Merkmale immersiver Erfahrung. Vielmehr benennt er aus seiner Perspektive eines Szenografen die Neuerungen und Besonderheiten von räumlichen und medialen »dispositifs immersifs« (ebd., S. 5), wobei er diese mit und über Giorgio Agamben hinaus nicht nur als machtvoll, sondern auch als potentiell ermächtigend begreift:

> Nous définirons par dispositif, comme Giorgio Agamben «tout ce qui a, d'une manière ou d'une autre, la capacité de capturer, d'orienter, de déterminer, d'intercepter, de modeler, de contrôler et d'assurer les gestes, les conduites, les opinions et les discours des êtres vivants» en apportant à cette définition une inflexion capitale, celle de l'appropriation, à l'opposé d'une dépossession […]. Le dispositif n'est donc pas à sens unique: il n'a pas pour seule finalité une fonction de contrôle social, esthétique et idéologique. Il peut – il doit – être excédé. Tout dispositif s'expose au détournement, au renversement, au débordement. Il est donc avant tout un truchement réversible dont l'efficacité tient à son élasticité (ebd., S. 10).[32]

Den szenischen Raum im »théâtre immersif« versteht Freydefont sowohl als materiellen Rahmen wie auch als vorgestellte Welt, er ist also Ort der Repräsentation und die Repräsentation eines ›anderen‹ Orts zugleich. Zuschauer*innen werden nun auch physisch und multisensorisch eingebunden, werden damit Teil jenes oszillierenden Raums, der aus szenischen Aktionen und sozialen Begegnungen relational hervorgebracht wird (vgl. ebd., S. 9). Bezeichnend sei nun, dass diese – vornehmlich szenografisch gedachten – immersiven

Dispositive wirkungsästhetisch dazu neigten, den Zuschauenden zu desorientieren (*déboussoler*) und zu verunsichern (*dépayser*) (vgl. ebd., S. 18). Vor dem Hintergrund der von ihm verfolgten genealogischen Linie zur positiv konnotierten Aktivierung (im Sinne der Emanzipation) des Publikums von Künstler*innen der historischen Avantgarde und unter der Prämisse, dass er mit Immersion auf der Ebene der Rezeption stets ein produktives Moment des Oszillierens zwischen Präsentation und Repräsentation, zwischen Realität und Fiktion, zwischen Akteur- und Zuschauer-Sein und auch zwischen sinnlicher Absorption und Reflexion denkt, erklärt sich, warum er die Neuerungen immersiver Dispositive im Theater sowie ihre potentiellen Wirkungen auf die Zuschauer*innen nicht – wie im anglophonen Raum vor allem Alston oder White – vornehmlich als neoliberale »experience machines« (Alston, 2016, S. 2) kritisiert, sondern sie explizit als Möglichkeitsräume begreift, die durch die Einbeziehung der Zuschauenden Verbindungen zwischen Utopie und Raum, Utopie und Gemeinschaft sowie Utopie und Repräsentation herzustellen vermögen (vgl. ebd., S. 49).

Den Fokus auf die Analyse sich wandelnder intermedialer Szenografien und Raumästhetiken im Gegenwartstheater setzt in der deutschsprachigen Theaterwissenschaft insbesondere Birgit Wiens. Dabei nimmt sie vor allem die Szenografie selbst als Dispositiv in den Blick, »als eine durch kulturelle und institutionelle Normen, Erwartungen und Regeln geformte und veränderliche Größe« (Wiens, 2014, S. 37), die »den Ort bzw. Raum des Theaters als grundständig variable, ›plurimediale‹ und in ihren Mitteln erweiterbare, stets neu zu bestimmende Konfiguration behandelt« (ebd., S. 88) und im Hinblick auf eine bestimmte Aufführung als sich materialisierende Organisation von Bühne und Bühnenraum und damit festgelegten Wahrnehmungsordnungen zu analysieren wäre (ebd., S. 84).[33] Für das Gegenwartstheater stellt sie als symptomatische Neuerungen für das Dispositiv der Szenografie(n) a) das Durchbrechen der frontalen Gegenüberstellung von Bühne und Zuschauerraum, b) die Modularisierung verschiedener Raumelemente, c) die konzeptionelle Verschränkung von Szenografie und Dramaturgie, d) einen verstärkten Austausch mit der bildenden Kunst, e) eine Technisierung und gesteigerte Komplexität der Bühne sowie f) eine vermehrte Aktivierung der Zuschauenden fest (vgl. ebd., S. 83f.), ohne sie dabei allerdings wie Freydefont im begrifflichen Kontext von Immersion zu betrachten.

Auch die französische Theaterwissenschaftlerin Julie Sermon reklamiert für das Theater des 21. Jahrhunderts einen Wandel vom

Theater(raum) als dem ›Ort, an dem man schaut‹ zu einem ›Ort, in den man eintaucht‹ (Sermon, 2013, S. 182, dt. TS). Sie spricht wie Freydefont von »immersiven Dispositiven«, die die Aufführungen des beginnenden 21. Jahrhunderts prägten und ihrer Meinung nach einen Paradigmenwechsel einleiteten. Es handle sich um Aufführungen, bei denen Zuschauer*innen dem Geschehen nicht mehr gegenübersäßen, sondern von ihm umgeben wären, bei denen sie sich eigenständig im Raum bewegen könnten und sich ihnen im Modus interaktiven Erkundens eine ›andere‹, nicht-alltägliche Weltversion eröffnen könne (vgl. ebd., S. 183f.). Am Beispiel von Arbeiten des belgischen Kollektivs CREW folgt Sermon Freydefont in dessen emphatischem Ansatz, dass das »théâtre immersif« mit seinen räumlichen, multisensorischen und interaktiven Einbindungsstrategien in der Lage sei, sein involviertes Publikum auf produktive Weise zu verunsichern und zu überfordern. Indem es die Grenzen zwischen real und simuliert, zwischen live und mediatisiert, zwischen direkt und verzögert usw. systematisch verschwimmen lasse, würden Zuschauer*innen angeregt werden, auch andere, das westliche Denken prägende Dichotomien wie Körper/Geist, Selbst/Andere, Kultur/Natur etc. produktiv in Frage zu stellen (vgl. ebd., S. 222).

Die Positionen von Freydefont, Wiens und Sermon beschreiben einen Wandel des theatralen Dispositivs hinsichtlich der räumlichen, interaktiven und multisensorischen Wahrnehmungsordnung(en) von involvierten Zuschauer*innen in immersiven Aufführungen des Gegenwartstheaters. Dabei weisen ihre Ausführungen vielfältige Parallelen zu ausgewählten Apparaturen aus Kapitel 1.2 auf. In einem neuen Maß und Umfang wird der Körper der Theaterzuschauenden im »théâtre immersif« zum Medium der Erfahrung und Bedeutungsgenerierung. Wir haben es mit künstlerisch gestalteten Umgebungen (*environnements*) zu tun, mit welchen Gäste im Rahmen der Aufführung durch verschiedene (szenografische, narrative, emotionale oder interaktive) Strategien der Involvierung ›gekoppelt‹ werden, wobei je spezifische *Beziehungen zwischen Subjekt und Weltversion* hergestellt werden. Während Freydefont und Sermon Genealogien des Immersiven insbesondere in der Theatergeschichte aufzeigen, rekurriert Estelle Sohier (et al., 2019) bei der Beschreibung gegenwärtiger transmedialer »dispositifs de simulation du monde« auf die Analogie und historische Nähe von Panoramen, Dioramen, Zoologischen Gärten, Themenparks, VR-Experimenten und »théâtre immersif«. Ich schließe mich dieser Perspektive an, insofern ich das ›Immersive‹ im Kontext des Gegenwartstheaters verstärkt über den Aspekt des *Worldbuildings* und die jeweils konstellierten, bedeutungsgenerierenden Selbst-/Weltbezüge plausibilisieren möchte.

Mit Blick auf dominante, neue theatrale und szenografische Dispositive, die sich in Aufführungen des Gegenwartstheaters zeigen und Zeugnis einer Neukonfiguration der Relation von Bühne und Zuschauer*innen ablegen, haben wir es mit einem neuen Spektrum an Formen der Publikumsinvolvierung zu tun, die es für die Theaterwissenschaft überhaupt erst systematisch und begrifflich zu fassen gilt. Ich strebe in meiner Studie auf einer methodischen wie theoretischen Ebene eine produktive Synthese von Positionen beider Perspektiven auf Immersion an: vom Subjekt her (1.1) und von der Wirkung der Apparaturen (1.2) her. Dafür gilt es im Folgenden zu bestimmen, wodurch sich immersive Dispositive im Gegenwartstheater auszeichnen (2.1), was die Bezeichnung »immersives Theater« im engeren Sinn meint (2.2) und dass sich – über die polyperspektivische Analyse von Publikumsinvolvierungen in ausgewählten immersiven Theateraufführungen – wirkungsästhetisch herausarbeiten lässt, dass das Immersive hinsichtlich produzierter Selbst-/Weltverhältnisse über komplexe sozial-relationale *Prozesse der Vereinnahmung* spezifiziert und auf diesem Weg als gewinnbringende Kategorie für die theaterwissenschaftliche Theoriebildung von Publikumsinvolvierung im immersiven Gegenwartstheater fruchtbar gemacht werden kann.

## 2. Immersives Theater

Verallgemeinernd lassen sich für den deutschsprachigen wie auch (west-)europäischen Gegenwartstheaterbereich mindestens für die letzten zwei Dekaden zwei große Tendenzen beobachten: Das sind die deutliche Zunahme an dokumentarischen einerseits und an partizipativen Theater- und Performanceformaten andererseits. Der Trend von »immersive theatre« ist dabei letztgenannter Strömung zuzuordnen.[34] Partizipative Theater- und Performanceformate sind inzwischen ausgesprochen mannigfaltig. Sie reichen von kollaborativen Formaten, bei denen die Partizipation des Publikums bereits im Entwicklungs- und Produktionsprozess ansetzt[35], über Game-Theater[36]-Formate (z. B. von Kollektiven wie Machina Ex, Prinzip Gonzo, Nesterval oder komplexbrigade), die ihre teilnehmenden Zuschauer*innen in ein gemeinsames Spielformat mit vorgegebenen Regeln, expliziten oder impliziten Handlungsanweisungen und einer konkreten Zielsetzung integrieren, bis hin zu installativen Begegnungsformaten. Bei diesen kommt es entweder a) zu einer Begegnung mit einem menschlichen Gegenüber (*One-on-One*) oder auch mit einer künstlichen Intelligenz (z. B. in den Installationen von Begüm Erciyas oder Interrobang), b) zu einer Mobilisierung in und Begegnung mit einem Raum (z. B. in den *narrative spaces* von Mona el Gammal und Barbara Lenartz) oder c) zu einer Begegnung in/mit einer sozialen Gruppe (wie z. B. in den Radioballetten von LIGNA, den Forumtheater-Formen von Christophe Meierhans, in delegierten Formaten von Rotozaza oder sozial-ästhetischen Experimenten wie *The Privileged* von Jamal Harewood). Auch performative Ausstellungen wie *Sanctuary* von Brett Bailey, *promenade theatre*-Formate wie Mariano Pensottis *Diamante*, *Dreamer* von Theater Anu oder Rimini Protokolls *Situation Rooms*, bei denen das Publikum (z. T. unter Einsatz technischer Hilfsmittel) einen szenischen Parcours abläuft, werden häufig – sowohl von Künstler*innen wie auch von Theaterkritiker*innen und Theaterwissenschaftler*innen – als partizipativ (oder immer häufiger eben auch als immersiv) bezeichnet.

Der Begriff der Partizipation etabliert sich für den Bereich der Künste erst in der zweiten Hälfte des 20. Jahrhunderts (vgl. Czirak, 2014, S. 242). Er knüpft dabei zuvorderst an künstlerische Positionen der historischen wie auch der Neo-Avantgarden in den sechziger und siebziger Jahren mit ihren vielfältigen ästhetischen Bestrebungen an, die sich im bürgerlichen dramatischen Theater des 18. Jahrhunderts durchgesetzte Trennung von Bühne und Zuschauerraum und damit im übertragenen Sinne auch die Trennung von Kunst und Leben, von (aktiven) Darstellenden und (passiven) Zuschauenden zu überwinden. Vor dem Hintergrund, dass der Begriff der Partizipation seine etymologische Herkunft im Feld des Politischen hat und auf das Recht der Bürger*innen zur Teilhabe und Mitbestimmung in gemeinschaftlichen und gesellschaftlichen Belangen verweist (vgl. ebd.), fokussiert der Partizipationsbegriff übertragen auf den Bereich künstlerischen Schaffens zuvorderst den aktiven Mitwirkungsgrad der Zuschauenden am Aufführungsgeschehen.

Mit Blick auf das, was ich in dieser Studie als partizipatives Gegenwartstheater bezeichne, ist es wichtig, theoretisch zwischen einem *starken* und einem *schwachen* Konzept von Partizipation zu unterscheiden[37]: Dort, wo es um die grundlegenden, miterzeugenden Dimensionen von Zuschauer*innen in und an der Kunstform Theater als sozialer Form der Versammlung von Menschen im geteilten Hier und Jetzt der performativ hervorgebrachten Aufführung geht, sehe ich Partizipation im schwachen Sinne am Werk. Hier partizipieren Zuschauende z. B. bereits durch ihre physische Anwesenheit, die eingebrachte Aufmerksamkeit, durch Wahrnehmungs-, Imaginations- und Bedeutungsgenerierungsprozesse oder kleinere physische Reaktionen wie Lachen, Blickbegegnungen oder Applaus an der Aufführung (vgl. Czirak, 2012; Husel, 2014); sie partizipieren aber dezidiert nicht aktiv am Inszenierungsgeschehen.[38]

Mit dem *starken* Konzept von Partizipation fasse ich im Unterschied dazu eine aktive körperliche Beteiligung der Zuschauer*innen am Aufführungsformat, die über Wahrnehmungs- und Interpretationsvorgänge hinausgeht, eigenes Handeln und Entscheiden verlangt und dadurch auf den Aufführungsverlauf konkret (und nicht nur latent oder auf der individuellen Ebene von Wahrnehmung und Bedeutungsgenerierung) einwirkt. In diesem Fall ist das Spektrum mitwirkender Zuschauer*innen an Handlungs-, Spiel-, Gesprächs-, Abstimmungs- oder Entscheidungsprozessen integraler Bestandteil der Arbeit.[39] Es geht dabei um Modi faktischer Involvierung von Zuschauer*innen an Aufführungs- und Inszenierungsgeschehen. Diejenigen Aufführungsformate, die ich unter der Bezeichnung partizipatives Theater subsumiere, folgen allesamt der Logik starker Partizipation.

Vor dem Hintergrund meiner dreistelligen Aufführungssichtungen aus dem Bereich des partizipativen Gegenwartstheaters vertrete ich die These, dass wir es bei den in Rede stehenden Produktionen, deren Herzstück die faktische Involvierung des Publikums ins szenische Geschehen ist, mit einem veränderten *immersiven* Dispositiv zu tun haben, dessen hervorstechende Merkmale ich in

Kapitel 2.1 gesondert beschreibe. Dieser Teil versteht sich als Einblick in den theaterwissenschaftlichen Forschungsstand, insofern ein Nachdenken über Immersion und immersive Aufführungsdispositive im Kontext partizipativer Theaterformen auch ein Nachdenken über die Medialität und Materialität von Aufführungen sowie die jeweiligen Relationen und Relationierungen von Akteur*innen, Raum und Zuschauer*innen darstellt.

In Kapitel 2.2 werde ich zum Zwecke notwendiger Präzisierung und Binnendifferenzierung von »immersive theatre« einen ca. 25 Aufführungen umfassenden Korpus vorstellen, den ich heuristisch als immersives Theater im engeren Sinne vorschlage. Die Produktionen weisen signifikante Gemeinsamkeiten auf, die sie zugleich von all den anderen gesichteten Formaten partizipativen Theaters abheben. Auch in diesen Aufführungen materialisiert sich das in Kapitel 2.1 zu beschreibende immersive Theaterdispositiv. Darüber hinaus aktualisieren sie die in Kapitel 1 vorgestellten dominanten Motive, die mit dem Immersionsdiskurs verknüpft sind, in symptomatischer Weise. Mit der Fokussierung auf diesen engen Korpus möchte ich eine *Spezifizierung* vornehmen, entlang derer zugleich deutlich werden soll, was beide *umbrella terms* partizipatives Theater wie auch der jüngere Begriff »immersive theatre« gerade nicht präzise zu fassen vermögen, weil entscheidende wirkungsästhetische Differenzen nivelliert werden.

Im immersiven Theater gibt es im Gegensatz zum Film, Game oder zur VR kein technisches Medium, das eine Weltversion vermittelt und als Darstellendes bei der Rezeption zugunsten der Wahrnehmung der dargestellten Weltversion temporär unsichtbar werden kann. Dennoch gibt es im immersiven Theater (im engeren Sinn) diese ›andere‹ fiktive Weltversion, die qua analoger Medien, über die multisensorisch wahrnehmbare Architektur und Szenografie des Raums, über handelnde Figuren und konkrete Interaktionen mit und in dieser Welt, (re-)präsentiert und zur Aufführung gebracht wird. Die Besonderheit dieser Aufführungen besteht darin, dass die theatrale Realität der der jeweiligen Inszenierung zugrunde liegenden Fiktion für die Dauer der Aufführung im Modus eines zugespitzten theatralen Als-ob als Wirklichkeit behauptet wird. Der*die Zuschauende wird über verschiedene Prozesse der Fiktionalisierung und Emotionalisierung in das Aufführungsgefüge eingebunden, welches sich mit dem Begriff der Wirklichkeitssimulation bezeichnen lässt (2.2). Eine der Kernthesen dieser Arbeit besteht darin, dass die verschiedenen Modi der Publikumsinvolvierung im immersiven Theater wirkungsästhetisch auf eine Vereinnahmung der Zuschauer*innen abzielen. Diese Vereinnahmung findet sowohl auf der Ebene des Aufführungsgeschehens (*immersion as absorption*) als auch auf der Ebene der simulierten Weltversion (*immersion as transportation*) statt. Mit einem affekttheoretischen Verständnis des wirkungsästhetischen Konzepts der Vereinnahmung zielt diese Studie auf die spezifizierende Ausarbeitung dessen, was Immersion als relationales Geschehen zwischen Zuschauer*innen und Aufführungsdispositiv situativ genau bedeutet. Es geht darum, die Ebene des Sprechens in Motiven und Metaphern zu überwinden und entlang ausgewählter sozial-relationaler Aufführungssituationen die Effekte komplexer Involvierungsmodi von Zuschauer*innen konkret zu benennen und herauszuarbeiten (2.2.3).

In Kapitel 2.3 stelle ich jene sechs ausgewählten Aufführungsbeispiele vor, die die Materialgrundlage für die weiteren Analysen bilden: *Alma* des österreichischen Theaterregisseurs Paulus Manker in Zusammenarbeit mit dem israelischen Autor Joshua Sobol, *Sleep no more* der britischen Kompagnie Punchdrunk, *3/Fifths – Supremacy-Land* von James Scruggs und Tamilla Woodard sowie insgesamt drei verschiedene Produktionen des dänisch-österreichischen Kollektivs SIGNA (*Das Heuvolk*, *Wir Hunde* und *Das halbe Leid*). Insgesamt führt das zweite Kapitel damit in den zentralen Gegenstand dieser Studie – das immersive Theater im engeren Sinne und seine spezifische vereinnahmende Wirkungsästhetik – ein und entwickelt *theoriegeleitet und induktiv zugleich* aus dem Material heraus die zentralen Thesen, Fragestellungen und Analysekategorien.

## 2.1 Merkmale immersiver Theaterdispositive

Mit der Akzentuierung, Immersion und Gegenwartstheater primär über die differenzierende Beschreibung eines sich in den vergangenen Jahren herauskristallisiert habenden, neuen Aufführungsdispositivs zusammenzudenken, folge ich den in Kapitel 1.3 vorgestellten Positionen von Marcel Freydefont und Julie Sermon aus der französischsprachigen Immersionsdebatte sowie Birgit Wiens bezüglich des Impulses, szenografische Konstellationen im Gegenwartstheater als theatrale Dispositive zu analysieren. In der jüngeren deutschsprachigen Theaterwissenschaft lassen sich einige weitere methodische Auseinandersetzungen mit dem Dispositivbegriff finden. Hierbei kristallisiert sich heraus, dass unterschieden werden muss, ob a) von einem Theater als Dispositiv (z. B. Aggermann, 2017) oder b) von theatralen, künstlerischen oder medialen Dispositiven die Rede ist (z. B. Nissen-Rizvani, 2020).

So definiert Lorenz Aggermann das Theater als ein »spezifisches ästhetisches Dispositiv« (Aggermann, 2017, S. 12) und damit mit Rekurs auf Foucault als ein heterogenes Ensemble aus »Objekte[n] und Körper[n], aber auch Diskurse[n] sowie Bewegungen und Affekte[n], Materielle[m] und Immaterielle[m]« (ebd., S. 14). Beobachtbar und sinnlich erfahrbar werde das Dispositiv in seinen Materialisierungen – und dazu gehöre insbesondere die Aufführung als »eine spezifische, konkretisierte und materialisierte Ordnung von Dingen« (ebd., S. 16). Sie verdichte im Sinne (s)eines epistemologischen Modells zugleich auch ein zum Zeitpunkt ihrer Materialisierung existierendes Wissen, das »Dimensionen der institutionellen Verankerung und Arbeitsweisen, der Produktions- wie der Rezeptionsverhältnisse« (ebd., S. 22) umfasse. Demzufolge würde eine theaterwissenschaftliche Dispositivanalyse nach konkreten materiellen und institutionellen Praktiken der Produktion, nach bestimmten Arbeitsweisen (auch als bestimmte Formen der Subjektivierung) sowie ihren konkreten gesellschaftlichen Einbettungen fragen (vgl. Siegmund/Aggermann, 2020, S. 146 – 148).

Im Gegensatz zu diesem Ansatz steht u. a. derjenige von Karin Nissen-Rizvani, die ebenfalls mit Rekurs auf Foucaults Dispositivbegriff SIGNAs *Das halbe Leid* als künstlerisches Dispositiv analysiert. Vor dem Hintergrund ihres Interesses an prozessualen Texterzeugungsverfahren in SIGNA-Arbeiten vertritt sie die These, dass sich anstelle einer »dramen-, zeichen- oder performancetheoretischen« (Nissen-Rizvani, 2020, S. 762) Aufführungs- und/oder Inszenierungsanalyse eine dispositivanalytische Untersuchung anbiete, um zu zeigen, wie der Text »als Interaktion mit dem Publikum in einem fiktiven sozialen System« (ebd., S. 804) hervorgebracht werde. Wo ich von einer geteilten Wirklichkeitssimulation spreche, spezifiziert Nissen-Rizvani das künstlerische Dispositiv, das sich aus der fiktiven Institution »Das halbe Leid e.V.«, dem theatralen, Panoptikum gleichen Raum sowie den der Aufführung zugrunde liegenden Regelsystemen zusammensetzt, mit dem Begriff »Social Fiction«. In einer solchen emergiere der Text »am Schnittpunkt zwischen Macht, Raum und der künstlerischen Fiktion eines sozialen Systems, in dem das Publikum ereignishaft Subjektivierungen erlebt« (ebd., S. 809).

Was ein Dispositiv auszeichnet – und auch für meine analytischen Belange attraktiv macht –, ist seine *strategische Funktion*, insofern es als verbindendes, verknüpfendes und formierendes Element an einer bestimmten »Manipulation von Kräfteverhältnissen« (Foucault, 1978,

S. 123) teilhat. Ihm ist insofern auch eine Macht innewohnend, die sich in einer Form regierender, verwaltender, kontrollierender oder manipulierender Einwirkung zeigt (vgl. Agamben, 2008, S. 24); sei es mit subjektivierender oder desubjektivierender Wirkung (ebd., S. 35). Immersive Aufführungsdispositive wie sie Freydefont und Sermon beschreiben, wirken (wie die in Kap. 1.2 vorgestellten Apparaturen der Immersion) als spezifische *mediale Dispositive*, bei denen eine veränderte räumliche Anordnung im Vordergrund steht, die zuvorderst in *desorientierender* und *verunsichernder* Weise auf involvierte Zuschauer*-innen einwirkt.

Im Gegensatz zum klassischen Theaterdispositiv, das Zuschauer*innen und Bühne voneinander trennt, verbindet das immersive Theaterdispositiv Zuschauer*innen sowie alle anderen an der Aufführung beteiligten Akteur*innen oder nicht-menschlichen Aktanten in einem gemeinsam geteilten Erfahrungsraum (2.1.1). Als weitere Merkmale immersiver Theaterdispositive möchte ich die für den Erfahrungsschatz der Zuschauenden konstitutive Dimension der Relationalität (2.1.2) sowie eine von den je verschiedenen Involvierungsstrategien verstärkt in Gang gesetzte Emotionalisierung und »Eroberung des affektiven [Zuschauer*innen-]Körpers« (Angerer, 2007, S. 36) (2.1.3) an- und im Folgenden weiter ausführen.

### 2.1.1 Von der Trennung zwischen Bühne und Zuschauerraum zum geteilten Erfahrungsraum

Ob beim *Social Bootcamp* vom Social Muscle Club oder *Lies* von Ontroerend Goed, bei denen Zuschauer*innen in kleinen Gruppen gemeinsam an Tischen sitzen und bestimmte Aufgaben miteinander lösen;
ob bei Game-Theater-Formaten wie *Spiel des Lebens* von Prinzip Gonzo, *Disaster* von Machina Ex, *Dirty Faust* von Nesterval oder *World to come* von komplexbrigade, bei denen teilnehmende Zuschauer*innen analog zu Open-World-Computerspielen eine gestaltete Weltversion erkunden können und dabei mit einem kollektiv oder einzeln zu erfüllenden Spielauftrag belegt werden;
ob bei interaktiven, gleichfalls spielförmigen Formaten wie Roger Bernats *Pendiente de Voto* oder Interrobangs *To like or not to like*, die ihre teilnehmenden Zuschauer*innen dazu einladen, über bestimmte Prozesse oder Personen unter Einbeziehung einer künstlichen Intelligenz gemeinsam und/oder einzeln abzustimmen;

ob in begehbaren Rauminstallationen wie *Exhibit A* oder *Sanctuary* von Brett Bailey sowie *Overmorrow*, die das Ausstellungsdispositiv bildender Künste aufnehmen, um Zuschauer*innen zu vereinzelten Betrachter*innen menschlicher ›Exponate‹ zu machen;
ob bei Audiowalks im Stadtraum wie Rimini Protokolls *Remote Berlin* oder der *Anstattführung* von hannsjana, bei denen Wahrnehmungen auf den Stadtraum spielerisch verfremdet werden;
ob bei sozialen Choreografien delegierter Zuschauer*innen-Körper, zu denen in *x groove* space von Sebastian Matthias sowie LIGNAs *Zerstreuung überall* oder auch *Rausch und Zorn* angeregt wird;
ob in einer queeren Performance wie *The Miracle of Love* von Daniel Cremer, in die Zuschauer*innen durch die Partizipation an Ritualen einbezogen werden;
ob in Performances wie Philippe Quesnes *David Foster Wallace Center*, Hans-Peter Litschers *Goethes Zebra*, Mona el Gammals *Rhizomat*, bei denen Zuschauer*innen Gast fiktiver Institutionen werden;
ob bei ›human specific‹[40]-Performanceinstallationen wie Julian Hetzels *Still* oder *Earthport* von Nora Amin und Eva Isolde Balzer, die aus zeitlich begrenzten *One-on-Ones* bestehen;
ob bei multimedialen Kindertheater-Formaten wie posttheaters *I in Wonderland* oder *Dans la forêt* von Milimbo, bei denen Kinder einen Parcours fantasievoll eingerichteter Räume durchschreiten;
oder ob bei Performanceinstallationen wie Thomas Bo Nilssons *Meat* oder *Dekameron* sowie *The Shells – Ausflug nach Neu-Friedenwald* von Brandt/Porath, bei denen Zuschauer*innen für die Dauer mehrerer Stunden mit allen Sinnen in eine modellhafte und fiktionalisierte Lebenswelt einbezogen werden – all diese Produktionen, die als Beispiele jenes breiten Trends partizipativen Gegenwartstheaters im starken Sinne angeführt werden können, haben eine signifikante Veränderung der räumlichen und damit auch der kommunikativen Struktur zwischen Publikum und Bühnenraum gemeinsam: Performer*innen und Zuschauer*innen teilen sich nunmehr den Bühnenraum.

Künstlerische Gegenentwürfe zum bürgerlichen Illusionstheater mit seiner Trennung von Bühne und Zuschauerraum finden sich – in gesellschaftspolitisch, ideologisch und ästhetisch je variierender Weise – bereits bei den Futuristen, im Dadaismus, in der surrealistischen Bewegung, in der Theaterarbeit des russischen Regisseurs Wsewolod E. Meyerhold, bei ausgewählten Architekten und Lebensreformkünstlern des Bauhaus wie Walter Gropius und Oskar Schlemmer sowie politischen Theaterreformern der zwanziger und dreißiger Jahre wie Max Reinhardt, Georg Fuchs, Erwin Piscator und Bertolt Brecht.[41] Gemeinsam ist ihnen das Streben nach einer Aktivierung des Publikums, die zuvorderst mit einer räumlichen Veränderung der theatralen Kommunikationssituation erreicht werden sollte. Die angestrebte Aktivierung wurde dabei als Mobilisierung im Raum, nicht selten aber auch mit einer damit verbundenen politischen Emanzipation des Publikums konzipiert.

Auch Künstler wie Allan Kaprow, der Ende der fünfziger Jahre ebenso wie Claes Oldenburg oder Jim Dine mit ihren »Environments« und »Happenings« zwei neue Formen installativer, begehbarer und in Teilen auch partizipativer Kunst begründeten, waren hinsichtlich der Aktivierung der Zuschauer*innen bzw. Betrachter*innen von historischen Strömungen wie dem Futurismus und Dadaismus (vgl. Reiss, 1999, S. 7f.), aber auch von den raumgreifenden, bildkünstlerischen Strategien der Assemblagen und des *Action Paintings* beeinflusst. Es handelt sich bei Environments wie z. B. Kaprows *Words* (1962) oder *18 Happenings in 6 Parts* (1959) um installative Arbeiten, die ihre Objekte, Assemblagen oder Situationen nicht mehr nur präsentieren, sondern mit ihnen als Bestandteile ganzer *sites* auch danach strebten, bestimmte Handlungsvollzüge seitens der Betrachter*innen in Gang zu setzen (vgl. dazu ebd., S. 4). Anstatt das Kunstwerk nur aus gesicherter Distanz zu beobachten, sollten Betrachter*innen die Möglichkeit bekommen, *in* den gestalteten Raum ganz einzutreten, wodurch die multisensorische Dimension zum integralen Bestandteil des Rezeptionsprozesses wurde. Kaprow prägte hierfür den geflügelten Ausspruch: »Go in instead of looking at« (ebd., S. 24).[42]

In feministischen Happenings wie *Meat Joy* (1964) von Carolee Schneemann, *Ritual Meal* (1969) von Barbara T. Smith oder in Performances wie *Paradise Now* (1968) von The Living Theatre oder *Dionysus in 69* (1970) von Richard Schechner/The Performance Group trat neben die räumliche und zuweilen handlungsorientierte Involvierung dann insbesondere auch eine intensive leibliche Involvierung in kollektive, rituelle Aufführungspraktiken. Im Schreiben über seine eigenen künstlerischen Arbeiten prägte Richard Schechner 1973 mit Rekurs auf Allan Kaprow das *Environmental Theatre*. Auch ihm ging es dabei um eine systematische Neukonfiguration von (ein- und umschließendem) Raum und am Aufführungsgeschehen beteiligten Zuschauer*innen, die nicht zuletzt auch politisch begründet und motiviert war.

Der Kunstwissenschaftler Oskar Bätschmann hat im Rückblick auf die leibliche und affektive Einbeziehung von Rezipierenden in

Installationen und Performances der fünfziger und sechziger Jahre den Begriff der »Erfahrungsgestaltung« geprägt:

> Erfahrungsgestaltung ist auf die Bereitstellung von Vorrichtungen, Einrichtungen oder Objekten gerichtet, die das Publikum von Ausstellungen mit einer unerwarteten Situation überraschen oder in einen Vorgang einbeziehen und dadurch einen *Prozess der Erfahrung* auslösen. [...] Im Unterschied zur herkömmlichen Auffassung, die im Werk ein Ziel sieht, betrachtet Erfahrungsgestaltung die Installation als Mittel zur Auslösung eines Erfahrungsprozesses. Sie impliziert den schwierigen Wandel des Publikums zum aktiven (wenn auch nicht unproblematischen) Partner und richtet sich auf Partizipation und Einbezug durch Einladung, Verlockung, Überwältigung, Schock und Gefährdung (Bätschmann, 1997, S. 232, Hervorhebung TS).

Am Beispiel von Bruce Naumans Rauminstallationen, auf die sich Bätschmann u. a. bezieht, hieße dies, dass der*die Rezipierende eingeladen wird, mit dem Durchschreiten der Korridore eine bestimmte Erfahrung zu machen, die aus ebendieser Begegnung von Besucher*in und gestalteter *site* hervorgeht und sich als »Überwältigung, Schock oder Gefährdung« affektiv und viszeral zu äußern vermag. Das Kunstobjekt steht dem*der Rezipierenden nicht mehr gegenüber, kann nicht aus der Distanz betrachtet und erfasst werden, sondern schließt die körperliche Erfahrung des*der Rezipierenden konzeptionell mit ein. Der Körper der Rezipierenden wird dabei zum Medium lebensweltlicher Erfahrungen und gelebter Erfahrungsprozesse im Rahmen von Kunst. Hier schließt sich der Bogen zu Machons Akzentuierung einer »live(d) experience« im »immersive theatre« (vgl. Kap. 1.3).

Auch die veränderten Aufführungsdispositive im partizipativen Gegenwartstheater öffnen Erfahrungsräume für die verschiedentlich involvierten Zuschauer*innen. Soziale Erfahrungen von Kollektivität, Gemeinschaft, Zugehörigkeit, Fremdheit und/oder Vereinzelung werden je nach Produktion zum Gegenstand der künstlerischen Arbeit und werden dabei von den involvierten Zuschauer*innen selbst durchlebt. Es gilt, nicht mehr anderen beim Ausführen von Handlungen, Bewegungen oder Begegnungen zuzuschauen, sondern ebensolche am und mit dem eigenen Leib selbst zu vollziehen – eben: gelebte Erfahrungen in einem künstlerisch entworfenen Aufführungskontext zu machen. Auf diese Weise kommt es zur Grenzverwischung zwischen Modalitäten des Zuschauer*in- und Akteur*in-Seins und es entsteht ein Spannungsverhältnis zwischen dem, was künstlerisch inszeniert und gestaltet ist, und dem, was sich der Inszenierung durch soziale Kontingenz entzieht.

Theaterwissenschaftler Jan Deck hat den Begriff des Erfahrungsraums bereits im Zusammenhang mit postdramatischen Theaterarbeiten der nuller Jahre vorgeschlagen (vgl. Deck/Sieburg, 2008, S. 15): Für Deck werde postdramatisches (und auch, aber nicht notwendigerweise partizipatives) Theater »zu einem Erfahrungsraum, in dem der Zuschauer sich seine eigene Bedeutung ständig neu schafft, indem er die wahrgenommenen Ereignisse zu seinem eigenen Rezeptions-Patchwork zusammenfügt« (ebd., S. 17). Dieses Verständnis setzt allerdings die (inter-)aktive, physische Beteiligungserfahrung der Zuschauenden nicht voraus und schließt eher an ästhetische Modalitäten schwacher Partizipationserfahrung an. In ähnlicher Weise haben auch Benjamin Wihstutz und Jörn Schafaff den Begriff des Erfahrungsraums zuvorderst als ein »Reflexionsinstrument« (Schafaff/Wihstutz, 2015, S. 112) vorgeschlagen, welches begrifflich jenes »Spannungsfeld fokussier[e], das sich zwischen Selbst- und Weltbezug, zwischen sinnlichem Erleben und gedanklicher Reflexion, zwischen Immersion und Distanzierung, zwischen Wirklichkeit und Illusion oder Präsenz und Repräsentation aufspann[e]« (ebd., S. 113) – und damit auch auf Wihstutz' Konzeption einer ästhetischen Erfahrung als Schwellenerfahrung rekurriert (vgl. Wihstutz, 2012, S. 102ff.). Bei den Erfahrungsräumen, die immersive Aufführungsdispositive öffnen, geht es allerdings zuvorderst um das konkrete Erleben einer oder mehrerer Situation(en), die eben für die Zuschauer*innen-Erfahrung eingerichtet sind. Es handelt sich bei ihnen – wie auch Christel Weiler dies am Beispiel der Performanceinstallation *Earthport* ausführt – um die aufführungsbezogene Entfaltung eines interaktiven Beziehungsgeschehens (vgl. Weiler/Roselt, 2017, S. 362), in das die Zuschauer*innen eingelassen werden und (wie im Fall von *Earthport*) über die zahlreichen Begegnungen von Selbst und ›Anderen‹ konkrete lebensweltliche Erfahrungen von ›Fremdheit‹ im künstlerischen Kontext gemacht werden (ebd., S. 341), wodurch zuvorderst eine Form der Selbst-Reflexion in Gang gesetzt wird.[43]

Was für Erfahrungsräume immersiver Theaterdispositive entscheidend ist, ist die Asymmetrie zwischen beteiligten Performer*innen und involvierten Zuschauer*innen. Es sind keine alltäglichen sozialen Räume, sondern es handelt sich um ästhetisch gerahmte und künstlerisch gestaltete Räume, die Zuschauer*innen auf je bestimmte und bestimmende Art und Weise zu involvieren, gelegentlich auch gezielt zu manipulieren suchen. Im Sinne eines dominanten

Motivs des Immersionsdiskurses sind sie für Zuschauer*innen eingerichtet, damit diese etwas *intensiv* erleben, das mit einer Grenzerfahrung (zwischen Zuschauer*in- und Teilnehmer*in-Sein, zwischen ästhetischer und sozialer Erfahrung, zwischen Inszenierung und Wirklichkeit) und damit im Sinne Freydefonts/Sermons mit einer systematischen Desorientierung und Verunsicherung einhergehen kann. Die Tatsache, dass die von den Aufführungen eröffneten Erfahrungsräume in komplexer Weise miteinander geteilt werden, nicht nur im Sinne menschlichen sozialen Miteinanders, sondern auch als Mit- und Ineinander-Wirken von nicht-menschlichen Aktanten, verweist auf die für den Erfahrungsschatz der Zuschauenden konstitutive Dimension der Relationalität.

### 2.1.2 Das mit-wirkende Publikum: Von der Kopräsenz zur Relationalität

Erika Fischer-Lichte hat mit ihrer *Ästhetik des Performativen* einen die deutschsprachige Theaterwissenschaft dominierenden Aufführungsbegriff geprägt, der die Aufführung nicht nur als ästhetischen, sondern dezidiert auch als sozialen Prozess begreift. Nach Fischer-Lichte bringen Zuschauer*innen und Akteur*innen eine Aufführung stets gemeinsam im Modus einer autopoetischen »Feedback-Schleife« (Fischer-Lichte, 2004a, S. 59) hervor. Entscheidendes Kriterium hierfür ist die leibliche Kopräsenz von Zuschauer*innen und Akteur*innen im Raum der Aufführung. Denn was immer eine der beiden Gruppen tue, habe Auswirkungen auf die Wahrnehmung der jeweils anderen und dieser Prozess sei weder vollständig plan- noch vorhersehbar (vgl. ebd.). Sowohl die Materialität der Aufführung als auch damit verknüpfte bedeutungsstiftende Wahrnehmungsordnungen würden performativ hervorgebracht, träten auf diese Weise nur einmal in Erscheinung und seien demnach hochgradig kontingent und transitorisch (vgl. Fischer-Lichte, 2004b, S. 14). Dies habe zur Folge, dass man nicht mehr binär von Produzent*innen und Rezipient*innen, sondern vielmehr von beiderseitigen »Mit-Erzeuger[*innen]« (Fischer-Lichte, 2004a, S. 81) sprechen müsse.

Es ist nun bezeichnend, dass sie ihre performative Theorie einer Aufführung nicht an Theateraufführungen entfaltet, die im klassischen Theaterdispositiv verortet sind, sondern u. a. an Arbeiten der Performancekunst wie *Lips of Thomas* (1975) von Marina Abramović, in denen die strikte Trennung von Zuschauerraum und Bühne bereits aufgehoben ist. Zentral für die Theoriebildung werden solche Situationen, in denen Zuschauende mit einem szenischen Vorgang (wie der sich vor ihren Augen selbst körperlich verletzenden Performerin) konfrontiert werden, der für sie eine »Grenzerfahrung« (ebd., S. 89) auszulösen vermag. Mit soziologischen und ritualtheoretischen Konzepten des Rollenwechsels, der Liminalität und der Rahmenkollision erläutert Fischer-Lichte, wie es für Zuschauer*innen in solchen Situationen zu einer konstitutiven Verschmelzung von Ästhetischem und Sozialem komme, welche – und das ist die Ziellinie ihrer Argumentation – in eine ästhetische Erfahrung als Schwellenerfahrung münden und für die beteiligten Individuen ein Transformationspotential berge könne (ebd., S. 305ff.), insofern sie (möglicherweise, denn empirisch ist das kaum zu belegen) verändert aus der Aufführung hervorgingen. Innerhalb der Theorie findet dann gewissermaßen eine Fokusverschiebung von der Medialität und Materialität der Aufführung zum potentiellen Erfahrungsschatz der teilnehmenden Zuschauer*innen statt.

In der Mehrzahl der von ihr diskutierten Beispiele verbleibt das Publikum die meiste Zeit im Modus distanzierter Betrachtung, wird aber an irgendeinem Zeitpunkt in der Aufführung in eine (oder mehrere) Situation(en) involviert, die einen Haltungsdruck erzeugen und damit die qua Sozialisation eingeübte Zuschauer*innen- bzw. Betrachter*innen-Rolle herausfordern, indem eine handlungsbezogene, körperliche Re-Aktion der Zuschauenden erwartet (oder sogar ethisch notwendig) wird. Auf diese Weise erzeugten die Zuschauenden nicht nur die Aufführung in leiblicher Kopräsenz mit, sondern würden auch zu Akteur*innen (vgl. Fischer-Lichte, 2006). Effekt dieser Involvierung ist in den meisten Fällen, Zuschauer*innen ihre Mit-Verantwortung in und für die geteilten, sozialen Aufführungssituationen widerzuspiegeln.

Immersive Aufführungsdispositive versammeln Zuschauer*innen nicht nur in leiblicher Kopräsenz in einem Raum, in dem dann die Aufführung hervorgebracht wird, sondern ihr intersubjektives und sozial-relationales Tun *ist* die Aufführung. Nicht die geteilte Anwesenheit und das Potential, in Situationen einzugreifen, ist für sie zentral, sondern der Umstand, dass im künstlerisch abgesteckten Rahmen ein Erfahrungsraum gestaltet wird, der genuin aus der sozialen Versammlung einer bestimmten Gruppe Anwesender und den Weisen besteht, wie sie miteinander in Relation treten, z. B. über einen Spielauftrag, über eine gemeinsame Bewegung oder ein Gespräch.

Mit Blick auf in Ausstellungskontexten der neunziger Jahre entstandene, vornehmlich installative oder situative Arbeiten von internationalen Künstler*innen wie Felix Gonzales-Torres, Rirkrit Tiravanija, Philippe Parreno oder Pierre Huyghe entwickelt der Kurator und Kunstkritiker Nicolas Bourriaud den Begriff der »relational aesthetics«. Er bezeichnet damit »an art form where the substrate is formed by intersubjectivity, and which takes being-together as a central theme, the ›encounter‹ between beholder and picture, and the collective elaboration of meaning« (Bourriaud, 2002, S. 15). Im Zentrum einer relationalen Ästhetik stehe demnach die (vornehmlich) zwischenmenschliche Begegnung und ihr sozialer Kontext. Bourriaud zufolge gehe es den Künstler*innen der »relational aesthetics« darum, innerhalb der Kunstinstitution mit künstlerischen Mitteln konkrete Räume zu eröffnen, in denen vielfältige soziale Formen des Zusammenlebens als Mikroutopien miteinander ver- und ausgehandelt werden können (vgl. ebd. S. 46). Für die relationale Ästhetik kennzeichnend sei zudem eine signifikante Verschiebung von einem subjektzentrierten Denken hin zu einem Denken in Netzwerken, das sich in den Arbeiten formal und inhaltlich niederschlage (vgl. S. 88ff.).[44]

Als Theaterwissenschaftlerin könnte man nun vorbringen, dass das, was Bourriaud mit dem Begriff der »relational aesthetics« als eine »Theorie der Form« (ebd., S. 19, dt. TS) zu fassen versucht, im Grunde nur einen Wandel im Feld der bildenden und installativen Künste beschreibt, im Zuge dessen Situationen, Begegnungen und ja, Aufführungen an die Stelle von Objekten treten (wie z. B. in den Arbeiten von Tino Sehgal oder Erwin Wurm, vgl. Umathum, 2011). Umgekehrt wird – wie von der Theaterwissenschaftlerin Katharina Pewny – im Zusammenhang ausgewählter Gegenwartstheater-Aufführungen (wie She She Pops *Warum tanzt ihr nicht?*, *Secret Service* von Felix Ruckert Company oder auch den Arbeiten des Nature Theater of Oklahoma) dort von einer »relationalen Ästhetik« oder gar von einem »relationalen Theater« (Pewny, 2011, S. 247f.) gesprochen, wo mit partizipativen Publikumsdramaturgien gearbeitet wird. Auch Hans-Thies Lehmann spricht im Zusammenhang mit partizipativen Theaterarbeiten von einer sie auszeichnenden »relationalen Dramaturgie« (Lehmann, 2011b). Bei beiden akzentuiert das Relationale einen Aspekt des »Ungesicherten« (bzw. »Prekären« bei Pewny). Zum einen, weil Publikumspartizipation immer mit gewissen Risiken einhergeht, weil sie sich als Element des Realen der Planbarkeit einer Inszenierung zuweilen entzieht; zum anderen, weil zwischenmenschliche Relationen in ihrer zuweilen auch machtvollen Asymmetrie zum Gegenstand der Inszenierungen werden (können).

Mit Blick auf die zu klärende Spezifik immersiver Aufführungsdispositive hebe ich mit dem Begriff der Relationalität nicht nur darauf ab, dass es in den in Rede stehenden Theaterproduktionen zuvorderst um intersubjektives Begegnen und Handeln im gestalteten Erfahrungsraum geht, in dem an der Schnittstelle von Ästhetischem und Sozialem das Her- und/oder Infragestellen von Gemeinschaft(en), Subjektpositionen und/oder anderen Formen sozialer Beziehungen im Zentrum steht. Es scheint mir für die Wirkweise(n) immersiver Dispositive entscheidender, dass eben nicht nur soziales Miteinander ›gestaged‹ wird, sondern dass dieses zugleich *als konstitutiv relational eingebettet in Erscheinung tritt*, d. h., dass am intersubjektiven, situativen Begegnen ein produktionsspezifisches Netz mitwirkt, das dieses Begegnen mit-formiert. Zur Perspektive der Relationalität gehört daher, all die Parameter des Dispositivs – die institutionelle Rahmung, der Ort, die Szenografie und Architektur des Aufführungsraums, die kulturellen Referenzen, dominanten Imaginationen, aber auch Aspekte wie normative Rollenbilder, Erwartungshaltungen oder mit dem Inszenierungssujet verbundene Emotionsrepertoires[45] – als am Aufführungsgeschehen mit-wirkende Einflussfaktoren ernst zu nehmen. Meine sich daraus ergebende These ist, dass die in Rede stehenden Aufführungen mit der Art und Weise, *wie* sie die Zuschauer*innen involvieren, sie ihnen situativ etwas über ihr genuin relationales In-der-Welt-Sein zur Erfahrung zu bringen vermögen (vgl. Butler, 2010, S. 11f.).

Relationalität adressiert die affektiven, diskursiven und körperlichen Wirkweisen des Geflechts, das Zuschauer*innen, Darsteller*innen/Performer*innen, Raum, Diskurse, Praktiken, Handlungen, Imaginationen, Emotionen und Affekte sowie sämtliche Bestandteile der multisensorisch wahrnehmbaren Szenografie im Aufführungsdispositiv miteinander bilden und hervorbringen. Relationalität hebt dabei weniger auf die einzelnen Entitäten als vielmehr auf die Beziehungen oder »Beziehungsweisen« (Seyfert, 2019) zwischen ihnen ab und trägt damit zu einer Relativierung anthropozentrischer und vor allem auch subjektzentrierter Perspektiven bei. Eine relationale Perspektive einzunehmen korrespondiert insofern mit aktuellen – vorwiegend sozial-ontologischen – Theorien, die auf je verschiedene Weisen versuchen, Konzepte von Vielheit zu denken wie u. a. Bruno Latours Akteur-Netzwerk-Theorie (vgl. u. a. Latour, 2010), Jean-Luc Nancys Ontologie des Mit-Seins (Nancy, 2004), Donna Haraways Konstellationen von *kinship* (Haraway, 2018) oder Michaela Otts (auf Gilles Deleuzes zurückweisendes) Konzept der Dividualität (Ott, 2015).

So bringt die relationale Perspektive mit sich, Handlungsmacht nicht nur bei menschlichen Subjekten, sondern auch bei nicht-menschlichen Agenten zu verorten und damit neu- und umverteilte *agencies* mitzudenken. Und spricht man z. B. auch Materie Handlungsmacht zu, führt dies dazu, auch tradierte Verständnisse von Handlung und Handlungsfähigkeit neu bestimmen zu müssen (vgl. Bennett, 2020, S. 11).

Vor diesem Hintergrund zeichnet immersive Aufführungsdispositive nicht nur aus, dass sie Zuschauer*innen vermeintlich komplett ein- und umschließen und sie zu mit-erzeugenden Akteur*innen machen, sondern, dass sie Zuschauer*innen-Subjekte als Medien von Immersion, als bestimmte Körper, die eine Erfahrung von Immersion machen, mithervorbringen (im Sinne Kasprowiczs, vgl. Kap. 1.2). Denn indem sie den Zuschauer*innen-Körper in ein künstlerisch gestaltetes Geflecht von Ordnungen, Diskursen, Referenzen und Regelsystemen einbetten, wirken sie an der Konstellierung bestimmter Wahrnehmungen und Bedeutungen von Selbst- und Weltverhältnissen mit. Dies macht möglich, dass involvierte Zuschauer*innen am eigenen Leib situativ erfahren, wie sie (auch außerhalb des Aufführungskontextes) immer schon eingelassen und eingebettet sind – sei es in symbolische Ordnungen, sei es in soziale und/oder kulturelle Regelsysteme, Normen, Machtstrukturen und Verhaltensweisen und sei es auch in emotionale Ordnungen und affektive Register. Dies begreife ich mit Florian Leitner (2011) und Emanuelle Coccia (2018) als *Erfahrung von Immersion*, als erkennendes Moment jener Art und Weise, wie man als Subjekt immer schon in relationale Gefüge eingebettet und davon machtvoll (mit-)formiert ist.

Denn als sozial-relationales Wesen bin ich mit meiner Geburt eingelassen in ein soziales Netz, in dem von gesellschaftlichen Institutionen mitformierte Normen, Verhaltens-, Sprech-, Gefühls- und Ausdrucksregeln sowie spezifische historisch variable und kulturell divergierende Emotionsregimes gelten. Immersion ist aus dieser Perspektive betrachtet nicht ein temporärer Weltenwechsel, sondern der reguläre Modus des subjektiven In-der-Welt-Seins:

> Eingetaucht zu sein heißt nicht einfach nur, in etwas zu sein, was uns umgibt und uns durchdringt. Das Eintauchen ist [...] zuallererst eine Aktion der wechselseitigen Durchdringung von Subjekt und Objekt, Körper und Raum, Leben und Milieu; eine Unmöglichkeit, beides physisch und räumlich voneinander zu trennen (Coccia, 2018, S. 55).

Die in der Etymologie des Immersionsbegriffs angelegte metaphorische Dimension der Verschmelzung weist hier auf die genuine Relationalität subjektiven Seins. Dass es in den zur Rede stehenden Aufführungsbeispielen zu Erfahrungen von Immersion kommt, die in kategorialem Unterschied zu dem steht, was bei Machon oder Biggin als immersive Erfahrung zu beschreiben versucht wurde, hängt nun in hohem Maße von dem letzten Merkmal immersiver Aufführungsdispositive ab: ihrem Arbeiten mit gezielten Strategien der Affizierung und Emotionalisierung der involvierten Zuschauer*innen.

### 2.1.3 Die Eroberung des affektiven Zuschauer*innen-Körpers

Kunst und Theater lassen sich ganz allgemein als Affizierungsmaschinen beschreiben. Denn sowohl auf der Ebene der Darstellung oder Repräsentation wie auch auf der Ebene der Wirkung werden Affekte entweder zum Ausdruck gebracht oder gezielt ausgelöst. In welchem Verhältnis Darstellung, Sprache und Handlung beim Erzeugen von Jammer und Schauder und einer damit einhergehenden »Reinigung der Affekte« der Zuschauer*innen am Beispiel der griechischen Tragödie stehen, hat bekanntlich bereits Aristoteles in seiner *Poetik* untersucht, wodurch markiert ist, dass solcherlei Fragen so alt sind wie die abendländische Theatergeschichte selbst (vgl. Kolesch, 2014, S. 124). Da der Affektbegriff bis in die ästhetischen Debatten des 17. und 18. Jahrhunderts vornehmlich *passiv* gedacht wurde – als etwas, das auf den Menschen gleichsam von außen einwirkt –, und bestimmte Affekte als überindividuell galten, kam den Künsten vornehmlich die Aufgabe zu, an einer bestimmten normativ gedachten »Affektregulation« und »Erziehung der Gefühle« mitzuwirken (vgl. Grimm, 2000, S. 17). Das Theater wurde auf diese Weise »zum Medium der Einübung und Sozialisierung des gesellschaftlich geforderten Umgangs mit Gefühlen« (Kolesch, 2014, S. 124) und Affekten. In der Theatertheorie der Aufklärung dominiert dann vor allem eine ausdrucksästhetische Auseinandersetzung, die mit der Frage verbunden ist, auf welche Weise Emotionen und Affekte von Schauspieler*innen am wahrhaftigsten verkörpert und inwieweit äußere Zeichen von den Zuschauer*innen als Zeichen für innere Gemütszustände lesbar gemacht werden können. Damit verschiebt sich der Fokus von überindividuellen, von außen auf den Menschen einwirkenden Affekten auf »individuelle und mehrdeutige Gefühle« (ebd., S. 125) und die jeweilige Begabung der Schauspielenden, diese angemessen zum Ausdruck zu bringen.

Im 20. Jahrhundert – insbesondere bei den Avantgarden – überwiegen dann wieder wirkungsästhetische Überlegungen zu einer gezielten Emotionalisierung der einzelnen Zuschauenden oder einer ganzen Zuschauermenge. Sei es im synthetischen Theater der Futuristen, in Artauds theaterästhetischen Visionen oder in Piscators politischen Revuen: Im Fokus standen nun vornehmlich die Erregung, Aktivierung und Affizierung des einzelnen oder kollektiven Publikumskörpers (vgl. u. a. Warstat, 2011, S. 77 – 90).

Vor dem Hintergrund aktueller Entwicklungen in verschiedenen Medienkünsten vom Film über Installationskunst bis zur virtuellen Realität (sowie der sie begleitenden wissenschaftlichen Diskurse) diagnostiziert Marie-Luise Angerer eine verstärkte Fokussierung des sensitiven Zuschauer*innen-Körpers (vgl. Angerer, 2007, S. 25) und eine damit einhergehende, »neue[] Zentrierung auf das Affektive« (ebd., S. 36) als Ausdruck einer (alten) »Sehnsucht nach dem Unmittelbaren, Direkten, Nicht-Mediatisierten« (ebd., S. 9). Diese stehe im Zusammenhang mit der paradigmatischen Abkehr von der visuellen Zentrierung der Rezipierenden zugunsten haptischer Wahrnehmungserfahrungen sowie eines Zwangs zur Bewegung. In Video-, Sound- oder Rauminstallationen von Char Davies, Bill Viola, Janet Cardiff und George Bures Miller oder Olafur Eliasson werde der Zuschauer*innen-Körper zum Medium der Kunsterfahrung. An die Stelle bewusster Wahrnehmung trete nicht nur die Adressierung, sondern eine regelrechte »Eroberung des affektiven Körpers« (ebd., S. 36). Auch immersive Theaterdispositive zielen darauf, involvierte Zuschauer*innen in ihrer Ganzheit mit Raum und Weltversion in Beziehung zu setzen, und also nicht nur Geist, rationales Denk- und Imaginationsvermögen zu binden, sondern sie dezidiert auch als fühlende, spürende und leiblich affizierbare Teilhabende anzusprechen.

Wichtig ist an dieser Stelle festzuhalten, dass wir es in den Ausführungen Angerers mit einem völlig anderen Affektverständnis zu tun haben als dem eingangs am Beispiel historischer Theaterformen zitierten. Mit der Etablierung der Affect Studies[46] in den Kultur-, Geistes- und Sozialwissenschaften kam es im Verlauf der letzten zwei Dekaden zu einer neuen, interdisziplinären Verständigung darüber, »was ›Affekt‹ ist, [und] wie sich Affekte oder affektive Prozesse, Zustände oder Dynamiken adäquat fassen und theoretisch eingrenzen lassen« (Slaby, 2018, S. 53). Um diese Fragen zu beantworten, rekurrieren weite Stränge der Affect Studies auf die (über Gilles Deleuze vermittelte) »Ethik« des Philosophen Baruch de Spinoza, in dessen drittem Teil er eine eigene Affektenlehre entwirft. Unter Affekte versteht er »Affektionen des Körpers, von denen die Wirkungsmacht des Körpers vermehrt oder vermindert, gefördert oder gehemmt wird, und zugleich die Ideen dieser Affektionen« (Spinoza, 2010, S. 223). Affektionen bezeichnen in seinem monistischen Denken bestimmte Modalitäten einzelner erkennbarer Entitäten in einer dynamischen, relationalen Ontologie (vgl. Slaby/Mühlhoff 2019, S. 29), und nur solche, die die Wirkungsmacht von Körpern vermehren oder vermindern, nennt Spinoza Affekte. Letztere bezeichnen also eine machtvolle, relationale Kraft oder Intensität, die *zwischen* verschiedenen Entitäten wirkt und diese verändert zurücklässt. Körper kommen auf diese Weise als Ergebnis affektiver Modulationen (vgl. Angerer, 2015, S. 167) und Individuen als »sich in einer komplexen Beziehungsdynamik vorübergehend stabilisierende Knotenpunkte, die mit anderen Individuen und einem gemeinsamen prägenden Milieu verwoben [sind]« (Slaby/Mühlhoff 2019, S. 30, dt. TS) in den Blick. Aus dieser Definition ergibt sich zumindest für Teile der Affect Studies die entscheidende sozialontologische Denkfigur relationalen Affizierens und Affiziert-Werdens: »Ein Affekt ist ein Wechsel oder die Transformation eines Körpers, die durch die Begegnung mit einem anderen Körper ausgelöst wird, [...] [wobei gilt:] Körper können andere Körper nicht affizieren, ohne selbst affiziert zu werden – alles was affiziert, wird auch selbst affiziert« (Kwek/Seyfert, 2015, S. 128).

Eine solche Perspektivierung eröffnet die Möglichkeit, nicht mehr vornehmlich menschliche Individuen und ihre jeweiligen psychologischen Beweggründe, sondern die verschiedenen *Intensitäten und Beziehungsqualitäten* zwischen menschlichen und nicht-menschlichen Körpern in den Fokus zu rücken. Affekte werden damit nicht (mehr) als innerliche Zustände eines Individuums, sondern als Bestandteile komplexer, raum-zeitlich ausgedehnter, sozial-relationaler Situationen *zwischen* Körpern und ihren jeweiligen »Beziehungsgeschichte(n)« (Slaby/Mühlhoff, 2019, S. 31, dt. TS) des Affizierens und Affiziert-Werdens gefasst. Für Affektdenker Brian Massumi resultiert daraus, Körper selbst als prozessuale, sich im Wandel befindliche Ereignisse affektiver Modulationen zu begreifen. Woraus wiederum folgt, auch Subjektivität als verkörpertes, relationales Werden anzunehmen (vgl. Massumi, 2010, insbesondere S. 72ff.).[47] Für Massumis Denken ist entscheidend, Affekt und Emotion kategorial voneinander zu unterscheiden. Während Affekte vom Körper unmittelbar nur als Bewegung bzw. als »Intensität« gespürt werden können, damit eine gleichsam »präsubjektive« Ebene adressieren, die nicht vom Bewusstsein eingeholt werden kann, sind Emotionen »der Ausdruck des

Affekts in Gesten und Sprache« (ebd., S. 54) und damit phänomenologisch zugänglicher Erfahrungsinhalt. Je nach historischem Kontext lassen sich diese Erfahrungsinhalte als bereits in kulturelle Bahnen und semantische Kontexte gefasste Kategorien wie z. B. Angst, Wut, Scham oder Freude definieren (vgl. von Scheve, 2019, S. 43).

Dass ich mich der Massumischen Unterscheidung von Affekt und Emotion nicht anschließe, manifestiert sich in dieser Studie über meine vielfachen Bezugnahmen auf Sara Ahmed, die in ihren Texten Emotion, körperliches Spüren und Kognition dezidiert zusammendenkt. Sie folgt der Überzeugung, dass Emotionen keine innerlichen, individuellen, psychologischen Zustände, sondern soziale und kulturelle Praktiken, ja, »forms of action« (Ahmed, 2014, S. 4) sind. Schmerz, Ekel oder Glück sind für Ahmed kontingente, kulturell zirkulierende und materialisierende *Beziehungsweisen*, die Körper sozial-relational prägen, mit Bedeutungen verkleben und *in der* Welt (wie auch *zur Welt*) ausrichten. Die strukturelle Erzeugung von Emotionen verstanden als ein kontinuierlicher – auch diskursiver – Prozess von »doing emotions« bringt Körper als Subjekte mit bestimmten Re-Aktionsweisen hervor.

Für immersive Theaterdispositive ist entscheidend, dass sie nicht nur den Zuschauer*innen-Körper mit Strategien desorientierender Raumwahrnehmung, spezifischem Geruchs- und Sounddesign oder sozialen Begegnungen konfrontieren, situativ vereinnahmen und damit affektiv modulieren, sondern dass es auch zur gezielten Herstellung bestimmter Emotionen wie Unsicherheit, Angst, Überforderung, Scham etc. kommt.[48] Im Unterschied zu Theateraufführungen im konventionellen Dispositiv verbleiben die erzeugten Emotionen nicht im Zuschauerraum, sondern kommen im von allen und allem geteilten Erfahrungsraum gleichsam selbst zur Aufführung; als unmittelbare Verkörperungen geraten sie damit *on display*.[49] So werden sie nicht nur zum Gegenstand wechselseitiger (Selbst-)Beobachtung, sondern können im Aufführungsverlauf handlungsauslösendes oder bedeutungsstiftendes Potential entfalten. Sei es, indem ein*e Performer*in auf die emotionale Reaktion einer*eines Zuschauenden direkt reagiert und sie zum Gegenstand einer gemeinsamen, diskursiven Aushandlung macht (wie es bei SIGNA oft der Fall ist), oder sei es, dass Emotionen (wie bei Punchdrunks *Sleep no more*) zum konstitutiven mit-erzählenden Element der Wirklichkeitssimulation werden (vgl. Kap. 2.2.3). Wie die Analysen in Kapitel 4 darlegen werden, forcieren immersive Aufführungsdispositive komplexe Affizierungs- und Emotionalisierungsprozesse. Indem sie Situationen herbeiführen, in denen die strukturelle Erzeugung bestimmter Emotionen – wie Nostalgie,

(An-)Spannung, Ekel oder eine Sehnsucht nach Zugehörigkeit – begünstigt wird, nehmen sie Zuschauer*innen-Körper affektiv ein und führen ihnen übergelebte Erfahrungen des zur Weltversion Ausgerichtet-Werdens am eigenen Leib vor, in welcher Weise und welchem Maß Emotionen sozial-relational verfasst sind und (in-)dividuelle[50] Selbst-/Weltverhältnisse inner- wie außertheatral mitformieren.

## 2.2 Immersives Theater im engen Sinn

Im Folgenden möchte ich Einblick in jenen bereits erwähnten Korpus immersiver Theateraufführungen geben, der sich formal – und damit auch wirkungsästhetisch – von all den anderen gesichteten Arbeiten abgehoben hat (Kap. 2.2.1). Ihn als immersives Theater im engen Sinn separat zu betrachten und einer Analyse zu unterziehen, ist dabei weniger als Abgrenzung denn als *Spezifizierung* gemeint. Denn auch in diesen Arbeiten manifestiert sich das in Kapitel 2.1 erläuterte, veränderte immersive Theaterdispositiv.

Die Besonderheit immersiven Theaters im engeren Sinn ist die Einbindung der teilnehmenden Zuschauer*innen in eine szenografisch durchgestaltete Repräsentation einer fiktiven Lebenswelt. Die formale Grundanlage der Inszenierungen arbeitet mit dem, was Stephan Günzel »notwendige Immersion« (Günzel, 2015, S. 70) nennt, d. h., dass der Unterschied zwischen Bild und Nicht-Bild bzw. für das Theater zwischen Fiktion und Wirklichkeit »allein gewusst, nicht aber mehr gesehen werden kann« (ebd.). Mit Betreten des Aufführungsraums werden Zuschauer*innen nicht mehr als Theaterzuschauer*innen, sondern in einer der fiktiven Weltversion entsprechenden Funktion – als Gast, Patient*in, Angestellte*r oder Besucher*in – adressiert. Die Szenografie des immersiven Environment sorgt als dominantes Wahrnehmungsdispositiv dafür, dass die Zuschauer*innen – ob sie wollen oder nicht – dem Aufführungsgeschehen nicht mehr distanziert gegenübersitzen (können), sondern buchstäblich komplett von ihm ein- und umschlossen werden.

Nach einer kurzen Einführung in diesen engen Aufführungskorpus immersiven Theaters (2.2.1) werde ich formale Besonderheiten wie die (z. T. hyperrealistische) szenografische Gestaltung der Weltversionen sowie dominante Strategien der Fiktionalisierung und Rahmung mit Rekurs auf zwei historische Vorläufer-Formate aus der bildenden bzw. installativen Kunst – die »totale Installation« und »fiktive Institutionen« – herausarbeiten. Es wird sich dabei zeigen, dass mit Blick auf die Wirkungsästhetik immersiven Theaters zentral ist, dass es für Zuschauer*innen hinsichtlich Wahrnehmung und Erfahrungsschatz zu einer *symptomatischen Verflechtung von fiktiver Weltversion und geteiltem Aufführungsgeschehen* kommt. Im Anschluss an den in Kapitel 1 vorgestellten Immersionsdiskurs und der herauspräparierten Genealogie von immersiven Bewegungssimulatoren, über Themenpark-Weltversionen, populäre Simming-Angebote bis zum *Worldbuilding* virtueller Simulationen schlage ich deshalb vor, Aufführungen immersiven Theaters im engeren Sinn als *Wirklichkeitssimulationen* zu bezeichnen (2.2.2).

Wie die Analyse der verschiedenen Publikumsinvolvierungsstrategien im immersiven Theater anhand meiner Aufführungsbeispiele in Kapitel 4 zeigen wird, zielt die Einbindung der Zuschauer*innen als Mitwirkende der Wirklichkeitssimulationen auf (ver-)einnehmende und vereinnahmende Dimensionen ab. Kapitel 2.2.3 führt in das zentrale Konzept der Vereinnahmung ein und zeigt, worin das Potential dieses Begriffs mit seiner produktiv-ambivalenten Semantik für die Analyse der Publikumsinvolvierung in immersivem Theateraufführungen liegt. Zu guter Letzt möchte ich die sechs Aufführungsbeispiele von SIGNA, Punchdrunk, Paulus Manker und Scrugss/Woodard, die in den Analysen im Mittelpunkt stehen werden, bündig vorstellen (2.3).

### 2.2.1 Zum Gegenstand: Aufführungen immersiven Theaters

*Ich betrete Neu-Friedenwald, eine fiktive US-amerikanische Kleinstadt, die aufgrund der räumlichen Überschaubarkeit etwas von einer Gated Community en miniature hat. Es ist ziemlich leer. Links ist ein kleiner Shop, aus dem mich die Verkäuferin etwas verschreckt ansieht, dahinter ein Jugendclub. Es riecht nach Kirschkuchen, der im Diner in diesem Moment in die Auslage gestellt wird. Daneben ist ein kleines Motel mit zwei Zimmern, rechts davon befinden sich weitere Wohneinheiten. Eine ganz in Schwarz gekleidete Frau kommt auf mich zu und fragt mich, ob ich wegen der Beerdigung in die Stadt gekommen sei. Ich weiß von nichts. […] Sie erzählt mir von Cecilia, die vor einer Woche an starkem Fieber sehr plötzlich verstorben sei. Richtig traurig wirkt sie allerdings nicht, eher wie eine Aufpasserin, die alle Neuankömmlinge streng mustert. Ich merke, wie ich von allen Bewohner*innen argwöhnisch beäugt werde. Einzig ein junger Mann, der sich als Bobby von der Gang der »coolen Kids« der Stadt herausstellt, schaut auf eine schmierige Weise freundlich und versucht es direkt mit einem ungelenken Flirt. […] Ich besuche Emily, die Cousine* *der Toten, im Haus der Fitts. Die Einrichtung wirkt recht bürgerlich, an der Wand ein Foto von Cecilia. Während Frau Fitts hastig zum Fitnesskurs aufbricht, bietet mir Hr. Fitts einen Platz auf seiner Couch, ein Getränk und eine Knabberei an. Schnell wird spürbar, dass er etwas auf dem Herzen hat. Und so verwickeln wir uns in ein längeres Gespräch, das nicht nur Einblicke in seine Psyche, sondern auch in die Geheimnisse und Abgründe der kleinen Gemeinde bereithält.*[51]

*The Shells – Ausflug nach Neu-Friedenwald* wurde 2015 von Kirsten Brandt und Jos Porath als freie Produktion in der siebten Etage des Greenhouse in Berlin-Tempelhof erarbeitet. Das fiktive Handlungsnetz, das der Aufführung zugrunde liegt, basiert auf David Lynchs *Twin Peaks* (USA 1990/91) und verweist darüber hinaus inhaltlich wie ästhetisch auf Vorstadt- und Familien-Dystopien wie *Pleasantville* (USA 1998), *The Stepford Wives* (USA 2004) oder *American Beauty* (USA 1999). Die Performance beginnt mit einem gemeinsamen Leichenschmaus anlässlich Cecilias Tod und entfaltet sich dann über eine Dauer von acht Tagen. Als Zuschauer*in wird man mit Übertreten der Schwelle des Aufführungsraums zur Tourist*in und damit unwillkürlich zum ungebetenen Gast und voyeuristischen Fremdkörper innerhalb der geheimnisumwobenen Gemeinschaft. Wie die Figur des FBI-Agenten, der gleichfalls neu in der Stadt ist, um den Mordfall aufzuklären, habe auch ich als teilnehmende Besucherin die Möglichkeit, durch Nachfragen und Gespräche mit den Bewohner*innen herauszufinden, was sich in dieser Stadt abgespielt und zum mysteriösen Tod von Cecilia geführt haben könnte. Ich kann mich aber auch motiv- und ziellos in das fiktive Kleinstadtleben einfügen, Figuren in ihrer repräsentierten Lebenswelt kennenlernen und einfach nur Zeit mit ihnen verbringen.

Zu den Beispielen des Game-Theaters analoge Handlungsaufträge gibt es nicht, höchstens seitens der Figuren kleine Hinweise, bei Gelegenheit mal Person X oder Y zu besuchen, die den Zweck verfolgen, mich stärker in die Diegese einzubinden. Soziale Begegnungen sind zahlreich, ereignen sich aber durchweg zwischen Zuschauer*innen (in der Tourist*innen-Funktion) und den von den Darsteller*innen verkörperten Figuren, sodass der inhaltliche Austausch ausschließlich auf die fiktive Narration bezogen ist. Die Erkundung der fiktiven Kleinstadt erfolgt für die zumeist vereinzelten Besucher*innen vornehmlich über verschiedene »Erzählaufführungen« (Tecklenburg, 2014, S. 17) – mündliches Berichten einer Figur, Anvertrauen von Geheimnissen in *One-on-Ones*, Spurensuche der in die Szenografie eingelassenen Nachrichten und Zeichen oder von Zuschauer*innen ausgehende

Erzählimpulse –, die sich in und mit der Zeit entfalten (vgl. ebd., S. 148ff.). Dabei erhalten neben den Figuren auch Wahrnehmungen von Räumen, Klängen, Düften, Gerüchen, Blicken sowie emergierende Atmosphären das Potential, zu bedeutungstragenden und erzählenden Instanz für die die fiktive Welt dominierende Narration zu werden.

Es gibt innerhalb des gesichteten Korpus 25 Produktionen, die in analoger Weise verfahren, die sich also nicht nur als Manifestationen des in Kapitel 2.1 beschriebenen immersiven Aufführungsdispositivs betrachten lassen, sondern darüber hinaus – und damit im Gegensatz zu den zu Beginn dieses Kapitels vorgestellten, partizipativen Performances und Theaterarbeiten – zusätzlich mit der *Etablierung einer fiktiven Weltversion* arbeiten, die szenografisch entworfen, als multisensorischer Erfahrungsraum gestaltet und für die Dauer der Aufführung im Modus theatraler Fiktion[52] als Wirklichkeit behauptet wird. Damit geht einher, dass Zuschauer*innen nicht mehr nur in das geteilte Aufführungsgeschehen, sondern überdies auch in die ästhetische Illusion einer geschlossenen alternativen Welt involviert werden. Im deutschsprachigen Raum entwickelt zuvorderst das dänisch-österreichische Kollektiv SIGNA derlei Arbeiten. Mit Besuch ihrer Produktionen werden Zuschauer*innen entweder zu fiktionalisierten Angestellten eines fiktiven Unternehmens (*Söhne & Söhne*, 2015), zu Besucher*innen eines Tags der offenen Tür im fiktiven Verein Canis Humanus (*Wir Hunde/Us Dogs*, 2016), zu Teilnehmer*innen eines Kurses zur Empathie-Steigerung in einer fiktiven Sozialstation (*Das halbe Leid*, 2017) oder zu Gästen eines Tags der offenen Tür der fiktiven Sekte der Himmelfahrer (*Das Heuvolk*, 2017).

Auch SIGNAs langjähriger Bühnenbildner Thomas Bo Nilsson entwickelt seit 2014 eigene Produktionen, die SIGNA-Arbeiten in vielerlei Hinsicht ähneln. So betraten Zuschauer*innen von *Meat* durch die Hintertür eines nachgebauten Spätis eine im Studio der Berliner Schaubühne mit Kulissen errichtete Stadt mit Nagelstudio, Imbiss, Kneipe, Nachtclub und einigen Wohnungen, die die fiktionalisierte Lebenswelt des kanadischen Pornodarstellers und Psychopathen Luka Rocco Magnotta repräsentierte. Magnotta war berühmt-berüchtigt für seine Internetvideos, in denen er sich als Tierquäler inszenierte. Auch den Mord an einem chinesischen Studenten stellte er ins Netz, bevor er 2012 in Berlin gefasst wurde.[53] Und in Nilssons *Dekameron* (2018)[54] wurden Zuschauer*innen zu Ehrengästen der ins kleine Haus des Berliner Ensembles installierten Weihestätte des fiktiven Clans Saluzzo. In verschiedenen Schreinen, die von wohlhabenden Menschen vor ihrem Ableben erworben worden waren, mussten Performer*innen deren letzte Wünsche erfüllen und uns teilnehmenden Zuschauer*innen – in loser Analogie zu Boccaccios *Dekamerone* – bestimmte Liebesgeschichten aus der Perspektive lebensgroßer Puppen vorspielen oder nacherzählen.[55]

Auch die studierte Szenografin Mona el Gammal war für einige Produktionen als Bühnenbildnerin bei SIGNA tätig, bevor sie mit *Haus//Nummer/Null* (2013) und *Rhizomat* (2016) ihre eigenen immersiven *narrative spaces* produziert hat. Es handelt sich dabei um komplexe Rauminstallationen, in denen ausgehend von der Architektur, den in Szene gesetzten Requisiten, Möbeln und Materialien sowie einer Parcours-Dramaturgie, die den vereinzelten Gast über Lichtstimmungswechsel, Toneinsätze und Türschließmechanismen durch die fiktive und äußerst dystopisch anmutende Einrichtung »Institut für Methode« navigiert, Geschichten erzählt werden, ohne dabei mit einem menschlichen Gegenüber in Kontakt zu kommen.

Außerdem haben sich in den vergangenen Jahren Gruppen ehemaliger SIGNA-Performer*innen in verschiedenen Konstellationen in der freien Szene Berlins zusammengefunden, um eigene immersive Theater- und Performanceprojekte zu realisieren, darunter Simon Salem Müller, Marie S. Zwinzscher, Amanda Babaei Vieira und Wanja Neite für *The Crystal Heaven Lounge* (2017), Avi Bolotinsky und Ivana Sokola alias pathos2000 mit SIGNA-Performer*innen wie Frederick von Lüttichau oder Andreas Schneiders für *Wald der verlorenen Väter* (2020) sowie u. a. Raphael Souza Sá und Marie S. Zwinzscher unter der Leitung der amerikanischen Künstlerin Stevie Stevie für *Dream World Order* (2020). Auch Performancemacherin Jos Porath, die bei SIGNAs *Wir Hunde* als Bühnenbildhospitantin und Performerin dabei war, hat unterdessen weitere immersive Projekte in der freien Szene Berlins realisiert, so u. a. die *Home*-Trilogie (2017), *Like there's no tomorrow* (2018) oder – gemeinsam mit Marie S. Zwinzscher – *Last Resort* (2021). Aktuell haben sich Zwinzscher und Porath gemeinsam mit Wanja Neite und den ehemaligen SIGNA-Mitgliedern Olivia Schrøder und Camilla Lønbirk für das immersive Projekt *Ex Voto* zusammengefunden.

In Deutschland gibt es jenseits des breiten SIGNA-Umfeldes sonst nur noch das Künstler*innen-Kollektiv The Agency, das z. B. mit der Produktion *Medusa Bionic Rise* (2017) eine vergleichbare Performanceinstallation mit einem zugrunde liegenden, die Aufführung bestimmenden theatralen Als-ob einer alternativen Weltversion entwickelt hat. Im deutschsprachigen Bereich wären sonst nur noch Paulus Manker (vgl. Kap 2.3.1) und das queere Wiener Kollektiv Nesterval zu nennen, die bislang mit vergleichbaren Produktionen aufgefallen sind.

Manker hat neben *Alma* zuletzt auch *Die letzten Tage der Menschheit* als immersives Theatererlebnis inszeniert. Nesterval produzierten zunächst interaktive Schnitzeljagd-Formate im Stadtraum, bevor sie sich auf ihr sehr eigenes Hybrid aus Game-Theater und immersivem Theater spezialisiert haben. So waren Zuschauer*innen in *Das Dorf* (2018) zu einer fiktiven Hochzeit geladen, die kurzfristig zum Leichenschmaus umfunktioniert wurde; es galt dann, über spielerische Rückblenden herauszufinden, wer Anna-Liisa umgebracht hat, und auf diesem Wege die sehr konservative Dorfgemeinschaft kennenzulernen.

In Großbritannien gibt es seit der Gründung von Punchdrunk und ihren ersten großen Erfolgen wie *The Mask of the Red Death* (2007) und *The Drowned Man* (2013) eine sehr viel dichtere Szene, in der Gruppen wie z. B. CoLab Theatre oder Les Enfants Terribles zuvorderst immersive Produktionen entwickeln. Auch hier werden Zuschauer*innen in komplexe Rauminstallationen, in die wiederum fiktive Narrationen eingebettet sind, eingelassen und über vielfältige Strategien der Fiktionalisierung beteiligt. Bei *Montagues versus Carpulet* (2017) von CoLab Theatre finden sich Zuschauer*innen im zweigeteilten Publikum entweder als fiktionalisierter Teil der Familie Carpulet oder der Montagues wieder. Über gemeinsames Tanzen im Club, Fake-Drogenkonsum, andächtigen Kapellenbesuchen und kollektiv ausgetragenem Konkurrenzdrang gegen die jeweils andere Familie wird ein Gruppenzugehörigkeitsgefühl erzeugt, derweil sich die beiden Protagonist*innen gelegentlich aus den Gruppen lösen, um ikonische Szenen aus Shakespeares berühmter Tragödie *Romeo und Julia* zu spielen. Das Publikum wird in den Konflikt der Familien und Liebenden hineingezogen und ist aufgerufen, ihn bis zum finalen Tanz-Battle auch gemeinsam mit ihnen auszuagieren. Bei *Alice's Adventures Underground* (2015) von Les Enfants Terribles durchschreiten Zuschauer*innen auf den Versen von Alice ein minutiös durchgestaltetes, fiktives »Wonderland«, in dem sie auf die aus Lewis Carrolls Romanen sowie unzähligen Verfilmungen bekannten Figuren wie Humptey-Dumptey, den Tweedle-Zwillingen oder die Grinsekatze stoßen. Auch werden sie selbst konsumierender Gast an der großen Tafel der Teeparty und sitzen im Zeugenstand des Gerichts der Königin.[56]

Spätestens mit dem Umzug von Punchdrunks *Sleep no more* 2011 nach New York kam es auch in den USA zu einem Anstieg immersiver Theaterproduktionen. Zu den erfolgreichsten gehört hier sicherlich *Then she fell* (2012) von Third Rail Project, eine weitere Adaption von Lewis Carrolls *Alice in Wonderland*.[57] An dieser Übersicht immersiven

Theaters im engen Sinn wird deutlich, dass es sich als rezente Form zeitgleich im Verlauf der vergangenen 15 Jahre an verschiedenen (vornehmlich) europäischen Standorten herausgebildet hat und von Künstler*innen (weiter-)entwickelt wurde, die sowohl aus dem Theater, häufig(er) aber aus der bildenden und installativen Kunst sowie aus der Szenografie, dem Game Design oder der Show- und Veranstaltungsbranche kommen.[58]

In all diesen Produktionen manifestiert sich das in Kapitel 2.1 beschriebene immersive Theaterdispositiv. Sie fordern von ihren Zuschauer*innen nicht nur physische Mobilität, sondern auch explizite Mitwirkung (z. B. durch reges Einbringen in Gesprächssituationen oder durch konkrete Handlungsimpulse) inklusive eigenständiger Entscheidungen (z. B. an welche szenischen Orte man sich wann und für wie lange begibt) und Positionierungen (z. B. in ethisch heiklen Situationen, die potentiellen Haltungsdruck seitens der situativ eingebundenen Gäste erzeugen). Überdies arbeiten sie alle mit der Etablierung einer fiktionalen Weltversion, sodass Zuschauer*innen nicht mehr nur in das geteilte Aufführungsgeschehen, sondern auch in die als Wirklichkeit behauptete diegetische Welt involviert werden. Aufführungen immersiven Theaters im engeren Sinn schließen damit paradoxerweise im Hinblick auf die Aktivierung und Mobilisierung der Zuschauenden – wie in Kapitel 2.1.1 ausgeführt – an Traditionen der Avantgarden an, im Hinblick auf die Hervorbringung mimetischer Weltversionen allerdings auch an klassische Formen des Illusionstheaters.[59] Mit Blick auf neue transmediale Formen des Geschichtenerzählens weisen sie allerdings auch Parallelen zu populären Unterhaltungsformaten wie den vorgestellten *dark tourism*-Simmings, Themenparks, Fun oder Haunted Houses sowie Open-World-Games auf.

Wie im klassischen Illusionstheater wird über Handlungen von Figuren[60] eine Weltversion nach bestimmten ästhetischen (sich freilich historisch im Wandel befindlichen) Kriterien als vermeintlich geschlossene theatrale Repräsentation nachgeahmt. Während sich nun aber konventionelle Theateraufführungen klassischer Dramatik wie z. B. des bürgerlichen Trauerspiels dadurch auszeichnen, dass es qua räumlicher Trennung von Bühne und Zuschauerraum zu einer *Trennung zweiter Welten* kommt, die vorsieht, dass Zuschauer*innen aus der räumlichen Distanz ihrer Lebenswirklichkeit auf die repräsentierte Weltversion auf der Bühne schauen, ohne zu irgendeinem Zeitpunkt Zugriff auf sie zu haben (vgl. Cavell nach Rebentisch, 2003, S. 29), gibt es im immersiven Theater eben nur noch den einen gestalteten (Erfahrungs-)Raum, in dem fiktive Weltversion und Wirklichkeit der miteinander geteilten, sozialen Aufführungssituation konsequent miteinander verflochten werden. Zuschauer*innen werden im immersiven Theater an dem im Modus theatraler Fiktion (re-)präsentierten, diegetischen Mikrokosmos beteiligt. Dies bringt eine Ausweitung des Bühnenbilds hin zur szenografischen Gestaltung einer komplexen szenischen Umgebung mit sich, die mobilisierte Zuschauer*innen und Darsteller*innen physisch einschließt. Und dies bringt auch mit sich, dass Zuschauer*innen mit Übertreten der Schwelle des Aufführungsraums gleichfalls fiktionalisiert werden, indem sie qua Adressierung der Logik der fiktiven Weltversion entsprechende Funktionen – als Tourist*in, Besucher*in eines Tages der offenen Tür, Familienmitglied, potentielles Neumitglied einer Vereins- oder Glaubensgemeinschaft etc. – zugewiesen bekommen und auf diese Weise Teil der diegetischen Welt werden.

Der Anschluss an die in Kapitel 1.3 mit Alvarez und Magelssen vorgestellten Beispiele angewandten Theaters aus dem Bereich des *dark tourism* oder der kulturellen Einrichtung des Themenparks besteht darin, dass teilnehmende Zuschauer*innen zu Besucher*innen einer in sich geschlossenen, durchgestalteten Weltversion werden, die eine (reale oder fiktionalisierte) Lebenswelt als zuweilen ästhetisch überhöhte, gestaltete Wirklichkeitskopie entwirft. Immersives Theater schließt damit an das im Immersionsdiskurs dominant verhandelte Motiv eines Weltenwechsels an. Dieser erfolgt nun aber nicht imaginär wie bei der erzählenden Literatur, (kinästhetisch) einfühlend wie beim Film oder über die an einen Avatar gebundene Inkorporierung in eine virtuelle Spielwelt, sondern gesamtleiblich in eine thematisch gestaltete und von komplexen Narrationen und Narrativen durchzogene *Wirklichkeitssimulation.*

### 2.2.2 Immersive Theateraufführungen als ästhetische Wirklichkeitssimulationen

Das Verb »simulieren« kommt aus dem Lateinischen und bedeutet »nachahmen«, »abbilden«, »[sich] ähnlich machen« oder »zum Schein vorgeben« (Dotzler, 2003, S. 509). In ästhetischen Debatten ist der Begriff der Simulation eng mit Dimensionen des Mimetischen verbunden. Im 16. Jahrhundert wurde »simulieren« primär im Sinne von »eine Krankheit vortäuschen« – also im Sinne einer heuchlerischen Absicht – verwendet; auch im 18. Jahrhundert dominierte eine (vornehmlich moralisch) diffamierende Semantik von Simulation als

Trugbild und/oder Täuschung (ebd., S. 512ff.). Heute werden Computersimulationen in sämtlichen gesellschaftlichen Bereichen von der Medizin, Meteorologie bis zur Politik eingesetzt, um komplexe Szenarien zu visualisieren, anhand derer Möglichkeiten für die Zukunft durchgespielt werden können. Die Besonderheit einer Simulation ist nach Dotzler – mit Rosalind Krauss –, dass keine Möglichkeit mehr bestehe, Original und Kopie voneinander zu unterscheiden (ebd., S. 511), eine Simulation »*kreiert* vielmehr selbst *ihre* Wirklichkeit« (ebd., S. 518, Hervorhebung i. O.), die sich durch einen »Entzug der Differenz von Realität und Fiktion« (ebd.) auszeichne.

Es ist dieses *ästhetische Prinzip der (temporären) Unentscheidbarkeit zwischen Fiktion und Realität* bzw. zwischen realisierter, fiktiver Weltversion und sozial-relational geteilter Aufführungserfahrung, das immersives Theater im engeren Sinn auszeichnet. Wenngleich Zuschauer*innen wissen, dass sie an einer künstlerischen Inszenierung teilhaben, wenn sie immersives Theater besuchen, und wenngleich die gestaltete Weltversion durchaus auch als ästhetisch gestaltete in Erscheinung tritt[61], so führt die komplexe Involvierung der geframten Zuschauer*innen in die diegetische Welt, in der Darsteller*innen im geteilten Aufführungsraum konsequent als Figuren reagieren und improvisieren und damit die Konsistenz der fiktiven Weltversion narrativ bekräftigen, dazu, dass Zuschauer*innen in Situationen verwickelt werden, deren Erfahrungsschatz sich trotz aller Fiktionalisierungen eminent real anfühlt. Dies hängt zuvorderst damit zusammen, was das für Weltversionen sind: In meinen zentralen Aufführungsbeispielen haben wir es mit Inszenierungen zu tun, die in theaterfernen Gebäuden – wie einer leeren Produktionshalle, einer leeren Kaserne oder einem leeren Warenhaus – entlang einer vorgegebenen Fiktion komplexe Rauminstallationen entwerfen, die den Anschein erwecken, gerade *nicht* eine Theateraufführung, sondern ein bestimmtes Vereinsgebäude (*Wir Hunde*), ein Hotel (*Sleep no more*), ein Wohnhaus (*Alma*), eine Sozialstation (*Das halbe Leid*) oder einen Indoor-Themenpark (*3/Fifths*) zu besuchen – und damit also bestimmte gesellschaftliche Einrichtungen, die es so zwar nicht gibt, aber zumindest geben könnte.

An dieser Stelle möchte ich auf zwei historische Vorläufer von immersivem Theater aus der bildenden Kunst seit den sechziger Jahren hinweisen, auf die in der Forschung bislang noch nicht verwiesen wurde. Sie scheinen mir aber vor allem über das genannte ästhetische Prinzip der Unentscheidbarkeit zwischen Fiktion und Wirklichkeit mit immersiven Theateraufführungen in genealogischem Zusammenhang zu stehen. Es handelt sich dabei um die »totale Installation« und die »fiktive Institution«. Ausgangspunkt für beide ist eine »Totalisierung der Bühne« (Gronau, 2019, S. 24, dt. TS), die mit der auch für das immersive Dispositiv geltenden, aufgehobenen Trennung der Sphären von Betrachter*innen und Objekt bzw. von Zuschauer*innen und Bühnenraum einhergeht. Ilja Kabakov hat seine Rauminstallationen als ›totale‹ Installationen im Sinne »vollständig bearbeitete[r]« Räume (vgl. Rebentisch, 2003, S. 164) verstanden: »Die ›totale‹ Installation ist einem Bühnenbild vergleichbar, dessen vierte Wand sich um den Betrachter – in zum Teil durchaus beklemmender Weise ›total‹ – schließt. [...] Der Betrachter kann sie sich nur erschließen, indem er sich in ihr bewegt« (ebd.). »Total« – auch bei Kabakov in Anführungszeichen gesetzt – ist eine Installation, wenn den Besuchenden zwar Freiheiten suggeriert werden, ihnen einerseits die Möglichkeit gegeben wird, sich frei zu bewegen, verschiedene Positionen und Perspektiven auszuprobieren und sich ganz nach eigenem Interesse leiten zu lassen; sie zugleich aber andererseits auch (in dem Rahmen, in dem das möglich ist) gesteuert werden, z. B. durch eine bestimmte Raum-Dramaturgie, die Sukzession und Reihenfolge vorgibt, oder auch über das Assoziationsspektrum (zumeist aus dem kulturellen Gedächtnis oder kulturellen Imaginären), das der Raum beim Besuchenden auszulösen vermag (vgl. ebd., S. 165).

Auch in den in Rede stehenden Aufführungen schließt sich der szenische Raum um die Zuschauer*innen und er vermag sie nicht nur zu steuern, sondern sie außerdem temporär darin zu täuschen, um was für einen Ort es sich handelt. Schließlich werden Zuschauer*innen mit Kartenkauf aufgefordert, einen theaterfernen Ort aufzusuchen, der sich mimetisch an die Realität der jeweils erdachten fiktiven Weltversion anpasst. Beide Rauminstallationen – jene von Kabakov (oder auch von Gregor Schneider), aber auch jene, die die Szenografie immersiver Aufführungen ausmachen – sind überdies dadurch gekennzeichnet, nicht in erster Linie eine existierende außertheatrale Einrichtung abzubilden und zu repräsentieren, sondern vielmehr etwas über sie erzählen zu wollen. Dies ergibt sich daraus, dass bestimmte Ausstattungsdetails in einer Weise in Szene gesetzt werden, dass sie potentiell Aufmerksamkeit der Besuchenden auf sich ziehen, z. B. ein Brief, der lesbar auf dem Tisch liegt oder noch angefangen in der Schreibmaschine klemmt, eine offene Schranktür oder Schublade, ein Fleck auf dem Boden, eine halb leere Kaffeetasse usw. Aus Kabakovs »stummen Szenen« (vgl. ebd.), die die Räume unter Mitwirkung der Imagination der Besucher*innen zu erzählen vermögen, werden im immersiven

Theater belebte Szenen, insofern die gestalteten Räume im Rahmen der Fiktion bewohnt werden. Indem Darsteller*innen in ihren Figuren die Räume der Installation als ihre Lebenswelt behaupten, potenziert sich der Grad von Narrativierung und Fiktionalisierung. Wichtig ist festzuhalten, dass es sich bei den totalen Installationen, die im immersiven Theater von Figuren belebt werden und ihre Zuschauer*innen komplex einbinden, zumeist um konkrete Institutionen[62] handelt, wie das fiktive Vereinsgebäude in *Wir Hunde*, das fiktive McKittrick-Hotel in *Sleep no more* oder der fiktive Indoor-Themenpark SupremacyLand in *3/Fifths – SupremacyLand*, und damit durchweg um künstlerische Entwürfe von Institutionen, die es so im außertheatralen Kontext nicht gibt, aber durchaus geben könnte. Womit wir bei dem zweiten historischen Vorläufer aus dem Feld bildender Künste wären: der fiktiven Institution.

Unter der Genrebezeichnung »fiktive Institutionen« stellt die Kunsthistorikerin Theresa Nisters in ihrer Monografie *Die fiktive Institution als ästhetische Strategie* (2019) vornehmlich solche Rauminstallationen vor, die im Kontext institutionskritischer Arbeiten seit 1968 gezielt als fiktive Museen oder Akademien, also fiktive Kunstinstitutionen, entworfen und gerahmt worden sind, so u. a. die *Académie Worosis Giga* von Gérard Gasiorowksi, Jörg Immendorffs *LIDL-Akademie* oder Marcel Broodthaers' fiktives Anti-Museum *Musée d'art Moderne, Departments des Aigles*. Die Kunsthistorikerin Regina Wenninger fasst »fiktive Institutionen« unterdessen noch weiter, und zwar als eine »Form der Fiktion im Sinne simulierter Alltagswirklichkeit [...], die sich der Nachahmung alltäglicher Organisationsstrukturen und institutioneller Praktiken bedienen« (Wenninger, 2014, S. 485). Referenzbeispiele sind künstlerische Interventionen im öffentlichen Raum wie *Ingold Airlines* von Res Ingold oder Schlingensiefs *Ausländer raus!*.[63] Während die Beispiele von Nisters dezidiert im Kontext einer künstlerischen Kritik an Ordnungen und Strukturen des Kunstbetriebs zu deuten sind, werden in Wenningers Beispielen gesellschaftliche Institutionen auch über den Kunstkontext hinaus persifliert und zum Gegenstand der Kritik erhoben. Auch für ihre Beispiele fiktiver Institutionen lässt sich die Unentscheidbarkeit zwischen Fiktion und Wirklichkeit als zentrale ästhetische Strategie ausmachen. Die Arbeiten *täuschen* ihre Rezipient*innen bezüglich des Wahrheitsgehaltes und bringen die Wirklichkeit der Weltversionen im Modus des *Fingierens* (vgl. ebd.) performativ hervor.

Im Unterschied zu den mit Nisters und Wenninger vorgestellten Beispielen fiktiver Institutionen, die mit künstlerischen Mitteln

Institutionen *erfinden* und kreieren, die es so in der Wirklichkeit (noch) nicht gibt, haben wir es bei den meisten gestalteten, fiktiven Institutionen im immersiven Theater mit hyperrealistischen Nachbildungen verschiedener gesellschaftlicher Einrichtungen zu tun, die es nicht gibt, aber geben könnte. Mit Übertreten der Schwelle zum Aufführungsraum werden Zuschauer*innen nicht mehr als Theaterpublikum, sondern als Besucher*innen jener fiktiven Institutionen adressiert. Dabei werden sie durch verschiedene räumliche, narrative, multisensorische, emotionale und handlungsbezogene Strategien in die theatrale Realisierung der zugrunde liegenden Fiktion involviert – und zwar dergestalt, dass sie im Sinne Wenningers gemeinsam mit den Figuren die Alltagswelt der fiktiven Institutionen simulieren.

Während Scott Magelssen für immersive Arbeiten wie die in Rede stehenden von Punchdrunk – in Abgrenzung zu den in Kapitel 1.3 vorgestellten, eher didaktischen Simmings im angewandten und/oder transkulturell vermittelnden Bereich – die Bezeichnung ästhetische Simulationen (»aesthetic simmings«, Magelssen, 2014, S. 17) wählt, ziehe ich die Wendung *Wirklichkeitssimulation(en)* vor. Magelssen wählt den Begriff der Simulation im Rückgriff auf die Art und Weise, wie Rezipierende interaktiv in Computerspiele einbezogen werden (vgl. ebd., S. 192), insbesondere mit Blick auf das Spielprinzip, das die 1989 entwickelte populäre *Sim*-Reihe auszeichnet. Für sie ist zentral, dass Nutzer*innen eine vorgegebene unbebaute Umgebung mit Infrastrukturelementen versehen, also entlang der programmierten Möglichkeiten eigenständig ein *Worldbuilding* einer virtuellen Modell-Stadt betreiben und damit auch das dominante Narrativ in diesem entworfenen Mikrokosmos mithervorbringen. Überträgt man dies vom virtuellen in den analogen Raum des Theaters, so können im immersiven Theater involvierte Zuschauende die theatral gerahmte, durchgestaltete Weltversion zwar nicht mitaufbauen, aber sind eingeladen, sie für die Dauer der Aufführung – von drei bis zwölf Stunden in den hier verhandelten Beispielen – kennenzulernen und sich darin so zu bewegen, als sei es keine Theateraufführung, sondern außertheatrale Wirklichkeit. Gemeinsam mit den Darsteller*innen in ihren Figuren bringen Zuschauer*innen sich mit ihren Gesprächen, Reaktionen, Handlungen und Emotionen in die Wirklichkeitssimulation ein und bringen sie auf diese Weise mit hervor.

Im Fall von SIGNAs *Das halbe Leid* wird z. B. in jeder Aufführung die innerdiegetisch kontinuierlich fortlaufende Lebenswirklichkeit von 42 fiktionalisierten, obdachlosen Menschen simuliert, die in der fiktiven sozialen Einrichtung gleichen Namens Schutz suchen.[64]

Für die Dauer von zwölf Stunden verkörpern die Darsteller*innen das Leben ihrer Figuren – mit allem was dazugehört: schlafen, essen, duschen, kämpfen, weinen etc.[65] Für die Aufführung ist keine spezielle Szenenfolge vorab festgelegt. Es gibt lediglich einige wenige zeitliche Orientierungspunkte wie z. B. die ab 24 Uhr geltende Nachtruhe. Was sich dazwischen ereignet, ergibt sich aus den Begegnungen zwischen Darsteller*innen und Gästen. Der Verlauf der Aufführung hängt davon ab, wie sich das Publikum in die Simulation einfügt, mit welchem Engagement es an Therapiesitzungen teilnimmt und sich für die Leidensgeschichten ihrer Mentor*innen interessiert. Insofern gleicht die theatrale Realisierung der fiktiven Institution »Das halbe Leid e.V« einer »totalen Simulationsmaschine« (Gronau, 2010, S. 183) unter künstlerisch gestalteten realen Bedingungen, für deren Verlauf innerhalb des narrativen Grundgerüsts der Fiktion verschiedene Szenarien denkbar sind.[66] In der Hamburger SIGNA-Produktion *Söhne und Söhne* wird sogar innerhalb der Diegese in einigen Abteilungen mit konkreten szenischen Simulationen gearbeitet. So galt es z. B. in der Abteilung für Resistenzschulung als kleine Gruppe teilnehmender Zuschauer*innen zu simulieren, wie man eine verletzte Person aus einem Zelt rettet, das unter Beschuss steht, und in der Krankenstation wurde man aufgefordert, sich im Rahmen einer Sterbesimulation das eigene Ableben vorzustellen.

Die Analogie zwischen (Computer-)Simmings und immersiven Theateraufführungen besteht darin, dass mit der theatralen Realisierung einer fiktiven Institution (inklusive der Lebenswirklichkeit ihrer fiktionalisierten Bewohner*innen) gleichfalls eine theatral gerahmte, modellhafte Welt im Kleinen – ein theatraler Mikrokosmos[67] – entworfen wird, in dem verschiedene Szenarien wie unter einem Brennglas unter Einbezug der mit-wirkenden Zuschauer*innen spielförmig erfahren und durchlebt werden können.

Als Medien der Immersion, die Körper und (gestaltete) Umgebung auf je spezifische Art und Weise koppeln, operieren all meine Beispiele auf der Ebene der Formierung von Selbst-/Weltverhältnissen – und zwar, weil in den Wirklichkeitssimulationen für die teilnehmenden Zuschauer*innen Realität des Aufführungsgeschehens und fiktive Weltversion systematisch miteinander verflochten werden. Auf diese Weise sehe ich im immersiven Theater die in Kapitel 1 herausgearbeitete Figur einer symptomatischen Verwobenheit von *immersion as absorption* und *immersion as transportation* aktualisiert. Der Gast erlebt sich beständig sowohl als Theaterzuschauer*in mit all dem (in-)dividuell verkörperten Wissen um Konventionen und Verhaltensregeln als auch als soziales Wesen, das in Beziehung mit einer fiktiven Institution und ihren jeweiligen Rollen(erwartungen)[68] gesetzt wird. Darüber hinaus werden die Besucher*innen strategisch über intime *One-on-Ones* und/oder simulierte (fiktional gerahmte) therapeutische Konstellationen als Privatpersonen mit ganz persönlichen autobiografischen Erlebnissen und Empfindungen angesprochen. Und diese sich ständig überlagernden und oszillierenden Modi des Zuschauer*in-Seins, die von den komplexen und vielgestaltigen Involvierungsstrategien in Gang gesetzt werden, möchte ich wirkungsästhetisch als ein *Spektrum von Vereinnahmungsprozessen* analysieren. Dabei wird sich in den Analysen zeigen, dass involvierte Zuschauer*innen sowohl auf der Ebene des Aufführungsgeschehens als auch auf der Ebene des fiktionalisierten Mikrokosmos vereinnahmt werden.

### 2.2.3 Vereinnahmung als zentrale wirkungsästhetische Kategorie

Mit dem Begriff der *Wirkung* wird im theaterwissenschaftlichen Kontext versucht, bestimmte Effekte oder Einflüsse, die Theateraufführungen auf die Gesellschaft, ein bestimmtes Publikum oder einzelne Individuen zeitigen können, zu erfassen, wobei damit »zumeist primär affektiv-emotionale und leibliche Reaktionen gemeint sind« (Pavis, 2014, S. 417). Das Nachdenken über Wirkungen bestimmt die gesamte (westliche) Theatergeschichte – von Aristoteles' Katharsis-Theorie, über die mit der Spätantike einsetzenden Diskurse zur Theaterfeindlichkeit, über Lessings wirkungsästhetische Prämisse, Zuschauer*innen zu mitleidenden Subjekten zu ›erziehen‹ bis hin zu Wirkungsästhetiken der historischen Avantgarde, die zwischen den Polen von distanzminimierendem Rausch und distanzschaffender Verfremdung pendeln (vgl. von Brincken/Englhardt, 2008, S. 53ff.).

Wirkungen sind dabei dezidiert *zwischen* Produktion und Rezeption angesiedelt und empirisch äußerst schwierig präzise zu ermitteln – sei es auf individueller, sei es auf kollektiver Ebene (vgl. Pavis, 2014, S. 419f.). Sie verlaufen weder unidirektional, noch sind sie in irgendeiner Weise determiniert, vielmehr handelt es sich um genuin reziproke und kontingente Prozesse. Matthias Warstat unterscheidet in seiner Studie *Krise und Heilung. Wirkungsästhetiken des Theaters* (2011) drei verschiedene Dimensionen wirkungsästhetischer Analysen: erstens, die Analyse wirkungsästhetischer Programme, also jener Manifeste, Konzepte und Texte, in denen Künstler*innen ihre Wirkungsabsichten und -ansprüche konkret benennen; zweitens, eine analytische Wirkungsästhetik, die Wahrnehmungsdispositive in den Blick nimmt – und zwar zumeist auf subjektivierende oder entsubjektivierende Effekte hin; und drittens, eine historiografische Wirkungsästhetik, die Letzteres am Beispiel historischer Theaterformen zu rekonstruieren versucht (vgl. Warstat, 2011, S. 221f.).

Jenen zweitgenannten Zugriff wählt auch Eva Holling in ihrer Studie *Übertragung im Theater. Theorie und Praxis theatraler Wirkung*, in der sie für die Theoriebildung theatraler Wirkungen auf das Subjekt wie auch von Subjektivierungsprozessen den Begriff der Übertragung in einer psychoanalytischen Perspektive über Lacans Konzepte von *agalma* und *sujet supposé savoir* vorschlägt (Holling, 2016). Dabei geht sie von der Prämisse aus, dass es sich sowohl bei der Übertragung als auch beim Theater um *genuin intersubjektive* Prozesse handle, die von einer gemeinsamen Grundstruktur begehrender Subjekte geprägt seien (vgl. ebd., S. 12) und dass ebenjenes Begehren Sehen, Hören, Interpellier- und Subjektivierbarkeit von Zuschauer*innen beeinflussen könne (vgl. ebd., S. 35). Übertragung wird dabei dezidiert nicht selbst als Affekt oder Affizierung, sondern als eine intersubjektive (oder relationale) Struktur verstanden, die Affekte auslöst (vgl. ebd., S. 330). Holling konzeptualisiert das Theater als einen »Übertragungsraum« (ebd., S. 227), in dem »Subjekte krea(k)tiv ›erzeugt‹ werden, indem sie fiktionalisiert, funktionalisiert und auf Plätzen angesprochen werden« (ebd., S. 265), wodurch sie insbesondere auch wirksame Konstellationen von Macht in den Blick bekommt. Indem sie Althussers Theorie der Subjektivierung durch/als Interpellation auf das Theater als Übertragungsraum anwendet, wird es ihr möglich, in ausgewählten internationalen Performances (z. B. von Forced Entertainment, Kate MacIntosh oder Ontroerend Goed) *Strategien theatraler Interpellation* zu analysieren, die sich wirkungsästhetisch in sowohl instrumentelle wie auch experimentelle Strategien der Adressierung, Ansprache, Hinwendung und Fiktionalisierung von Zuschauer*innen niederschlagen (vgl. ebd., S. 269ff.). In dem Sinne, in dem Hollings übertragungstheoretischer Ansatz vorsieht, zu analysieren, wem welche Position innerhalb eines Aufführungsdispositivs zugeordnet wird, wer (warum) mit wem sprechen darf und wer wem (wie) zuhört, aber auch welche Rolle Erwartungshaltungen seitens der Macher*innen und Zuschauer*innen und auch entsprechende Enttäuschungen spielen, fokussiert er wirkungsästhetische Aspekte intersubjektiver Relationalität oder »intersubjektive Rapporte«, wie Holling sie nennt, die auch für die Analyse immersiver Theateraufführungen fruchtbar gemacht werden können.

Für die Analyse immersiven Theaters möchte ich allerdings nicht nur – wie Holling mit ihrem psychoanalytischen Ansatz – vornehmlich intersubjektive Beziehungen, sondern auch Relationen zwischen menschlichen und nicht-menschlichen Akteur*innen in den Blick nehmen. Immersives Theater ist nicht nur ein ästhetischer Übertragungsraum zwischenmenschlicher Kommunikations- und Interaktionsprozesse, der mit psychoanalytischen Begrifflichkeiten erfasst werden kann, sondern ein höchst komplexer Erfahrungsraum, in dem dynamische Affizierungs- und Bedeutungsgenerierungsprozesse wirksam sind, die (inter-)subjektive Begehrensstrukturen überschreiten.

Mit Blick auf gezielt affizierende und z. T. auch subjektivierende Wirkungen des Aufführungsdispositivs möchte ich im Folgenden zwei Strategien aufgreifen, die für die Involvierungsprozesse von Zuschauer*innen immersiver Theateraufführungen entscheidend sind: Strategien des Publikums-*Framing* (a) und des *emotional storytelling* (b).

(a) Der Begriff des Rahmens (*frame*) rekurriert hier zunächst auf Erving Goffmans soziologische Theorie einer »Rahmenanalyse«, in der es im Wesentlichen um die Frage geht, wie Menschen Alltagserfahrungen organisieren und strukturieren, um bestimmte sinnhafte Ereignisse richtig einordnen und damit verstehen zu können (vgl. Goffman, 1977, S. 22). Von Interesse sind dabei insbesondere jene Situationen, in denen eine eindeutige Einordnung fehlschlägt. Nach Goffman könnten z. B. Spiele, Wettkämpfe oder Simulationen nur dann richtig eingeordnet werden, wenn es eine Kenntnis der zugrunde liegenden, die Situation transformierenden, metakommunikativen Regelsysteme gibt (vgl. ebd., S. 57). Zu solchen Regelsystemen gehöre auch das Wissen um den Theaterrahmen, das zumeist an die Konventionen der Institution des traditionellen, bürgerlichen Theaters gebunden sei und sicherstelle, dass Zuschauer*innen um die »Modulation« der auf der Bühne (re-)präsentierten Situation als transformiertes, spielerisches oder künstlerisches »So-tun-als-ob« (ebd., S. 60) wüssten und sie deshalb richtig einordneten.

Bei Goffmans Theaterrahmen handelt es sich um ein kulturell und historisch variierendes, normatives Regelsystem, das qua Sozialisation und Habitualisierung bestimmte Verhaltens- und Einordnungsweisen in der Institution Theater für die Rolle der Theaterbesucher*in festlegt. Dazu gehören neben dem Vermögen zur Differenzierung von Spiel und Ernst und der Disziplinierung zur (körperlichen) Distanznahme auch ein Set kulturell variierender, über mehrere Theaterbesuche eingeübter Verhaltensweisen, die im Falle des bürgerlichen

Zuschauer*innen-Modells z. B. die körperliche Stillstellung und Konzentration, die Selbstkontrolle über (zu) auffällige Reaktionen wie Lachen oder Weinen oder die Konvention des Applauses etc. regeln (vgl. dazu Heim, 2016, S. 24ff.). Der Theaterrahmen ist so besehen nicht nur eine kognitive Konstruktion, die dem Individuum dazu dient, eine Situation richtig einzuordnen, sondern er ist vor allem auch *Produkt einer sozial-relationalen, viszeralen Formierung*, die in situ bestimmte, überindividuelle Handlungsweisen impliziert und dadurch ein bestimmtes verkörpertes Wissen sowie Empfindungs- und Verhaltensrepertoire zu (re-)aktivieren vermag.

Ein souveräner Umgang mit dem Theaterrahmen kommt für Zuschauer*innen vor allem dann ins Wanken, wenn Bühnen- und Zuschauerraum nicht mehr deutlich voneinander unterschieden sind, es also zu Formen interaktiven, kommunikativen und affektiven Austauschs zwischen Publikum und Darsteller*innen kommt. Die erste von üblicherweise mehreren Rahmenkollisionen ergibt sich für Zuschauer*innen immersiver Theateraufführungen dadurch, dass sie nicht ein Theatergebäude besuchen, sondern ein Objekt im Stadtraum, das jenseits der tatsächlichen (und/oder ehemaligen) Funktion mit Betreten vermittels einer kollektiven Begrüßungs- und/oder Einführungsszene narrativ als bestimmte fiktive Institution gerahmt wird, z. B. als Hotel (*Sleep no more*), als Sozialstation (*Das halbe Leid*), als Wohn- und Gemeindehaus (*Returning Home* von Jos Porath) oder auch als eine Kombination mehrerer Institutionen (wie z. B. bei Thomas Bo Nilssons *Meat* oder *Montagues versus Carpulets* von CoLab Theatre). Indem diese fiktiven Institutionen mit ihrer minutiösen und in Teilen mimetischen szenografischen Gestaltung für die Dauer der Aufführung als Wirklichkeit behauptet und Zuschauer*innen entsprechend der Fiktion als Besucher*innen, Gäste, Teilnehmer*innen oder potentielle Neumitglieder adressiert werden, werden zusätzlich zu den Wahrnehmungs-, Verhaltens- und Empfindungsweisen, die mit der (Theater-)Zuschauer*innen-Rolle verknüpft sind, auch noch jene qua Sozialisation erworbenen Emotionsrepertoires und Handlungsskripte aufgerufen, die für die jeweilige Institution der Wirklichkeitssimulation konstitutiv sind. Auf diese Weise werden Fiktionalisierung und *Framing* miteinander verflochten und fungieren gemeinsam eben nicht nur als ein Goffmansches rationales Einordnungs- und Sinnstiftungsinstrument, sondern als das Aufführungsgeschehen (mit-)formierende wirkungsästhetische Strategie. Und das liegt maßgeblich daran, dass das fiktionalisierende *Framing* der Zuschauer*innen als Gäste einer bestimmten fiktiven Institution eben nicht nur Verstehensprozesse in bestimmte Bahnen lenkt, sondern auch konkret darauf Einfluss nehmen kann, wie sich Zuschauer*innen im Erfahrungsraum fühlen, bewegen und im Rahmen verschiedenster Handlungen mit-wirken. Wie die Analysen der Aufführungsbeispiele in Kapitel 4 zeigen, werden mit der Parallelführung von Theaterrahmen und fiktionalisierter Wirklichkeitssimulation höchst komplexe Affizierungsprozesse in Gang gesetzt, insofern mit der durchgestalteten, fiktiven Institution eines Hotels, eines Sozialvereins oder eines Krankenhauses für Zuschauer*innen eine je andere Subjektposition und mitunter auch gänzlich andere »Gefühlsregeln« (Hochschild, 1979, S. 554) und Emotionsrepertoires aufgerufen werden und dadurch wirkungsästhetische Relevanz erhalten.[69]

(b) Felix Barrett, Punchdrunk-Gründer und Regisseur, hat im Zusammenhang mit seinen immersiven Theateraufführungen davon gesprochen, dass er mit Arbeiten wie *Sleep no more* eine Form des *emotional storytellings* verfolge.[70] Wie Rose Biggin dargelegt hat, denkt Barrett Immersion und Raumgestaltung über spezifische Prozesse der Emotionalisierung des Publikums zusammen:

> [He, Barrett] locates immersive experience as a primarily *emotional* phenomenon, a product of instinctive emotional response. Immersive theatre, framed in this way, is all about audience effect, and formal decisions are made with a view to how they will produce these effects […]. For Barrett, being «immersed» in a Punchdrunk show is all about experiencing a specific, limited set of emotions – fear, mystery, «nervous excitement,» apprehension – and a sense of transgression and danger (Biggin, 2017, S. 4, Hervorhebung i. O.).

Analog zu Filmgenres wie dem Melodram oder dem Film noir, die bei ihren Zuschauer*innen durch verschiedene audiovisuelle Techniken von Schnitt, Bildgestaltung, Point of View oder Plot-Führung ein bestimmtes Set an Wirkungen erzeugen können, versucht Punchdrunk über die Raumgestaltung, die im besonderen Maße auch die Dimension des Sounds umfasst (vgl. Kap. 4.2), Zuschauer*innen in bestimmte affektive und emotionale Zustände zu versetzen, um auf diese Weise viel stärker über Stimmungen, Atmosphären und Empfindungen zu erzählen als über Szenenfolgen, Sprache oder Plot. Dazu passt, dass Fans ihre Aufführungserfahrung von *Sleep no more* auch häufig als »hangover from an overwhelming state of emotional engagement« (ebd., S. 316) beschreiben.

Bezeichnend ist, dass Barrett in diesem Zusammenhang dezidiert von distinkten Emotionen (Angst, Nervosität, Aufgeregtheit, Panik) spricht, über deren Empfindung als Aktualisierung bei Zuschauer*innen etwas *erzählt* werden solle. Aber was ist es genau, das erzählt werden soll? Christiane Voss geht in ihrer Studie *Narrative Emotionen* u. a. davon aus, »dass Emotionen eine irreduzibel narrative Struktur haben und Geschichten die kleinsten Bedeutungseinheiten der einzelnen Emotionsbegriffe bilden« (Voss, 2004, S. 7). Sie bezeichnet Emotionen auch »als *affektive Verstehensformen* [...], in denen ein persönlich wertendes Verhältnis zur Welt abgebildet und auch zeitlich begrenzt erlebt wird« (ebd., S. 222, Hervorhebung TS). Emotionen seien demnach »wertende *Beziehungsformen zur Welt*« (ebd., S. 100, Hervorhebung TS) und setzen sich aus intentionalen, behavioralen, körperlich-perzeptiven und hedonistischen Komponenten zusammen. Diese, so Voss' Kernthese, würden kontinuierlich narrativ miteinander verknüpft und synthetisiert (ebd., S. 185). Über einen zeitlichen Prozess von biografisch erlebten Situationen verbänden sich bestimmte Emotionen oder Emotionstypen wie Eifersucht, Neid, Stolz, Scham etc. »über ein paradigmatisches Narrativ von thematisch gebundenen plastischen Eindrücken, Gefühlen, Verhaltensweisen und Vorstellungen« (ebd., S. 219), d. h. Emotionen selbst erzählen nicht, aber *ihr Sitz in und zur Welt* ist stets ein narrativ und relational verfasster.

Die in Punchdrunks Produktionen wie *Sleep no more* vom immersiven Aufführungsdispositiv begünstigten, komplexen Affizierungsprozesse, die z. B. auf der Ebene der Raumwahrnehmung vom relationalen Mit-Wirken der zahlreichen visuellen, haptischen und olfaktorischen Stimuli mitbestimmt sind, stellen mit ihren auditiven, narrativen und/oder visuellen Referenzen (wie auf Shakespeares Bearbeitung des *Macbeth*-Stoffs, Hitchcocks Filme *Rebecca* und *Vertigo* sowie Liedgut der dreißiger bis siebziger Jahre) stets zugleich bestimmte Bedeutungs- als auch Empfindungsangebote dar, die situativ konkret auf Zuschauer*innen ein- und im Modus reziproken Affizierens und Affiziert-Werdens konstitutiv mit-wirken. Die Relation der teilnehmenden Zuschauer*innen zum gestalteten Mikrokosmos von *Sleep no more* soll sich, Barrett zufolge, wirkungsästhetisch primär über verschiedene Empfindungen, Stimmungen und Atmosphären konstituieren. Wenngleich immer wieder ausgewählte Motive (aus *Macbeth* oder *Rebecca*) zitiert werden und dem involvierten Gast dadurch beständig die Existenz eines narrativen roten Fadens suggeriert wird, geht es Punchdrunk nicht um die lineare, handlungsbezogene Darstellung oder theatrale Repräsentation der Geschichte(n) von

*Macbeth*, *Vertigo* oder *Rebecca*. Es geht viel eher darum, bei den durch den komplexen Erfahrungsraum wandelnden Zuschauer*innen systematisch verschiedene Emotionen auszulösen, die über ihre (mit Voss beschriebene) genuin narrative Verfasstheit permanent wechselnde und sich überlappende Selbst-/Weltverhältnisse in Bezug auf die theatrale wie auch außertheatrale Wirklichkeit hervorzubringen vermögen.

Gegenstand dieser Studie ist die Analyse der Publikumsinvolvierung in Aufführungen immersiven Theaters und damit zugleich die Analyse der dominanten Wirkweisen immersiver Aufführungsdispositive, wie ich sie in Kapitel 2.1 vorgestellt habe. Begreift man Aufführungen immersiven Theaters konsequent als künstlerisch gestaltete, sich sozial-relational entfaltende Erfahrungsräume, in denen sich *in situ* gemeinsam hervorgebrachtes Aufführungsgeschehen *und* die Wirklichkeit einer simulierten (und fiktionalisierten) Lebenswelt überschneiden, dann ist die Frage nach Strategien der Publikumsinvolvierung die Frage danach, wie das Aufführungsdispositiv an der Konstellierung der inszenierungsspezifischen Selbst-/Weltverhältnisse mit-wirkt. Auch wenn Zuschauer*innen in den in Rede stehenden Aufführungen unterschiedliche Erfahrungen machen, so zielt doch das immersive Aufführungsdispositiv mit ausgewählten Strategien der Publikumsinvolvierung darauf ab, bestimmte Wirkungen – im Sinne bestimmter emotionaler Erfahrungsschätze – bei so vielen Zuschauer*innen wie möglich zu erzeugen. Die Analyse der Publikumsinvolvierung in verschiedenen Beispielen immersiven Theaters wird zeigen, dass diese wirkungsästhetisch zuvorderst auf *Dimensionen der Vereinnahmung* von Zuschauer*innen abzielt. Diese Dimensionen gilt es, entlang der Aufführungsbeispiele freizulegen und zu konzeptualisieren. Deshalb wird es an dieser Stelle notwendig, zusätzlich zu den bis hierhin skizzierten theoretischen Perspektiven, zentralen Begrifflichkeiten und Historisierungen, zu klären, warum gerade der Begriff der Vereinnahmung gewählt wird und worin ich sein Potential sehe. Nachdem in den Ausführungen zu transdisziplinären Lesarten des Immersionsbegriffs und zu Wirkungsweisen immersiver Dispositive bereits Dimensionen der Vereinnahmung anklangen, möchte ich diese nun mit Blick auf meinen Gegenstand präzisieren und affekttheoretisch zuspitzen.

»Vereinnahmen« bedeutet begrifflich zum einen das Einnehmen oder Beschlagnahmen von Geld, Zinsen oder Pacht (vgl. u. a. *Deutsches Wörterbuch* 1980, S. 3948) und zum anderen – im übertragenen Sinn, der allerdings ungleich häufiger im heutigen Sprachgebrauch ist – so viel wie »etw. ungerechtfertigterweise für sich beanspruchen« (*Duden online*, o. J.) oder »in Anspruch nehmen« im Sinne von »beschäftigen« und/oder »umtreiben« und »nicht zur Ruhe kommen lassen« (*Digitales Wörterbuch der Deutschen Sprache*, o. J.). So kann eine Person z. B. von ihrer Arbeit oder auch von mit ihr spielen wollenden Kindern situativ ganz in Beschlag genommen und auf diese Weise vereinnahmt werden (vgl. *Duden*, 1981, S. 27 – 42); von Vereinnahmung ist aber auch dann die Rede, wenn z. B. Künstler*innen (oder ihre Werke) für politische oder gar ideologische Zwecke (gegen ihren Willen) von anderen Positionen eingenommen werden (vgl. u. a. Jacoby, 2007). Der Begriff der Vereinnahmung bringt in beiden Fällen eine *von außen auf das Subjekt einwirkende* Kraft zum Ausdruck, der es sich situativ scheinbar nur schwer bzw. mit größerem Aufwand entziehen kann. Zugleich profitiert in diesen Beispielsituationen von der Vereinnahmung zuvorderst der, der sie in Gang setzt. Dies gilt auf einer psychologischen Ebene z. B. auch für zwischenmenschliche Prozesse *emotionaler Vereinnahmung*, die im positiven Sinn über Akte des Schmeichelns und Lobens oder im eher negativ besetzten Sinn über das gezielte Auslösen eines schlechten Gewissens erzeugt und damit auch gezielt zum Zwecke der Manipulation des Gegenübers eingesetzt werden können. Von etwas oder jemandem eingenommen zu sein oder auch in Bann gezogen zu werden, kann vom vereinnahmten Subjekt sowohl positiv als auch negativ empfunden werden; in jedem Fall und erster Linie geht Vereinnahmung mit einer besonderen *Affizierungsdynamik* einher.

Betrachtet man Prozesse der Vereinnahmung affekttheoretisch, lassen sich damit solche sozial-relationalen Konstellationen beschreiben, in denen eine Person mit ihrem je individuellen Vermögen zu affizieren und affiziert zu werden, in die *situative Logik eines* (sozialen, diskursiven, symbolischen oder institutionellen) *Kräftegefüges* derart einbezogen wird, dass ihr Reaktions- und Handlungsspielraum *aufgrund* ihrer affektiven und/oder emotionalen Involvierung verengt wird (vgl. Mühlhoff/Schütz, 2017, S. 17). Hier ist wichtig anzumerken, dass »verengt« nicht meint, dass die Vereinnahmung nicht auch – wie z. B. bei Ritualen – in einer öffnenden, transgressiven Weise erfolgen kann; »verengt« zeigt lediglich an, dass das Aufeinandertreffen von Situation und Subjekt affekttheoretisch mit hoher Wahrscheinlichkeit auf genau diese eine spezifische Re-Aktion zuläuft, die eintritt. Eine vereinnahmende Konstellation zielt also *nicht* auf eine Reduktion von Erfahrungsmöglichkeiten ab, sondern bezeugt die situative Reduktion auf je eine (für das Individuum) spezifische Re-Aktionsweise. Prozesse der Vereinnahmung sind demnach nie rein passiv, sondern stets konstitutiv reziprok und relational. Auf welche spezifische Weise das Individuum dabei situativ genau agierend und affizierend mit-wirkt, hängt maßgeblich von dessen »affektiven Dispositionen« ab:

> An affective disposition is an individual's repository of affective traces of past relations, events, and encounters, acting in the present as potentials to affect and be affected. [...] It is shaped, for instance, by infant-caregiver inter-affectivity, by significant personal relations, bodily abilities, traumatic experiences, and sedimented patterns of relational affect (Mühlhoff, 2019a, S. 119).

Entsprechend des bereits vorgestellten Affektverständnisses, das in der philosophischen Theorielinie auf Spinoza zurückgeht, verfügt diesen Ausführungen zufolge jedes Individuum über ein qua Ontogenese und biografischer Sozialisation dezidiert relational hervorgebrachtes *Vermögen, situativ zu affizieren und affiziert zu werden*. Der Begriff der Disposition ist vom Autor dabei gezielt in seiner Doppeldeutigkeit von persönlicher Neigung oder Veranlagung einerseits und als Auslieferung und Ausrichtung zu etwas oder jemandem andererseits gewählt worden (vgl. ebd., S. 120). Jedes Individuum sei also das Produkt (s)einer Geschichte von relationalen Prozessen des Affizierens und Affiziert-Werdens und bringe ebendiese in Situationen stets mit ein. Dieses Einbringen oder Mit-Wirken könne dabei sowohl unbewusst (in einer gleichsam über die eigenen Kräfte situativ verfügten Weise), als auch (selbst-)reflexiv (in einer situativ mitgestaltenden Weise) ablaufen und sei nicht determiniert, sondern beständigen Modulationen ausgesetzt. Folgt man dieser Auffassung, haben Individuen also stets Anteil an Vereinnahmungsprozessen; sie wirken vermittels ihrer affektiven Dispositionen an diesen Situationen aktiv mit. Dies schließt allerdings nicht aus, dass vereinnahmende Konstellationen nicht auch einen dezidiert *subjektivierenden* Effekt zeitigen können. Vereinnahmungsprozessen kommt in sozial-relationalen Kontexten potentiell auch eine *machtvolle* Komponente zu, z. B. wenn dem vereinnahmten Subjekt Wege und Kräfte zur Distanzierung oder willentlichen Modifikation der Situation fehlen (vgl. Mühlhoff/Schütz, 2017, S. 21).

Meine Analysen der Aufführungsbeispiele (werden) zeigen, dass immersive Aufführungsdispositive ihr Publikum auf vielfältige Weisen ins Aufführungsgeschehen wie auch in die Wirklichkeitssimulation eines fiktionalen Mikrokosmos involvieren. Diese Modi der (olfaktorischen, soundbasierten, handlungsanweisungs- oder berührungsbezogenen usf.) Publikumsinvolvierung zielen – so erneut die Kernthese dieser Studie – im immersiven Theater wirkungsästhetisch auf Vereinnahmungsprozesse ab. Vereinnahmende Situationen sind demnach Effekte ausgewählter (zuweilen auch subjektivierender) Involvierungsstrategien. Sie widerfahren Zuschauer*innen nicht einfach, sondern hängen affekttheoretisch betrachtet von ihrer relationalen Mit-Wirkung ab. Das Spektrum ihrer Mit-Wirkung wird dabei vom eingangs beschriebenen fiktionalisierenden *Framing* einerseits und der Fokussierung auf gezielte Emotionserzeugung (*emotional storytelling*) andererseits be-grenzt. Denn das *Framing* von Zuschauer*innen als Gäste einer fiktiven Institution zeigt nicht nur einen konkreten Sinn- und Bedeutungsstiftungshorizont auf, der soziales Interagieren auf eine bestimmte Art und Weise ein-/ordnet, sondern es vermag auch die Handlungsspielräume der Teilnehmenden zu begrenzen und Orientierungs- und Beziehungsweisen und damit auch bestimmte Selbst-/Weltverhältnisse festzulegen.

Es lassen sich im Beispielkorpus verschiedene dramaturgische Strategien der Publikumsinvolvierung ausmachen, die darauf abzielen, Zuschauer*innen sowohl in das Aufführungsgeschehen als auch in die simulierte Lebenswelt einzubeziehen. Je nach Aufführung können es zuvorderst bestimmte Modi (multi-)sensorischer, emotionaler, aber auch handlungs-, raumbezogener oder narrativer Involvierung sein, die dafür sorgen, die teilnehmenden Zuschauenden einzubinden. Demnach kann es eben sowohl eine Duft- oder Soundwahrnehmung als auch eine Begegnung sein, die ein Zuschauer*innen-Subjekt situativ zu vereinnahmen vermag. Die Vereinnahmung selbst ist ein dynamisches Affektgeschehen, dessen wirkungsästhetische Brisanz darin liegt, dass das Zuschauer*innen-Subjekt emotional und/oder kognitiv situativ in Beschlag genommen wird und sein Mit-Tun je nach affektiver Disposition auf eine bestimmte Weise situativ verengt wird, was bedeutet, darauf mit dem Ausagieren bestimmter Verhaltens-, Bewertungs- oder Empfindungsweisen körperlich zu reagieren. Dieser Vorgang kann den Zuschauenden selbst auffällig werden (muss aber nicht). So besteht die Möglichkeit, Einsicht in eigene wie auch transindividuell wirksame Weisen des Affizierens und Affiziert-Werdens (und den Versuchen, manipulativ auf diese einzuwirken) zu erhalten. Je unvoreingenommener es einem*r als Zuschauer*in gelingt, sich auf die Aufführung und den Mikrokosmos einzulassen, desto höher ist die Wahrscheinlichkeit, dass man entlang der verschiedenen sozialen Begegnungen und innerfiktional geschürten Konflikte in vereinnahmende Situationen gerät, die einen nicht nur etwas über die simulierte Lebenswelt, sondern vor allem auch über die eigenen Orientierungsweisen und/oder Be- sowie Verurteilungsmuster am eigenen Leib erfahren lassen.

Daraus kann – wie sich in den zahlreichen Interviews mit Zuschauer*innen, die ich im Kontext dieser Arbeit geführt habe, herauskristallisierte (vgl. Kap. 3) – eine große Lust erwachsen, sich von diesen Aufführungsformaten vereinnahmen zu lassen, weil sie eben dadurch eine intensive »Selbst-« und/oder »Grenzerfahrung«[71] ermöglichen. Auf diese Weise kommt immersives Theater als eine zeitgenössische Kunstform in den Blick, die Zuschauer*innen systematisch aus ihrer Komfortzone herausholt und buchstäblich übergriffig ist, indem sie emotional manipuliert und vereinnahmt, um ihnen auf diese Weise etwas über sich und ihr relationales In-der-Welt-Sein erfahrbar zu machen.

Eine affekttheoretische Konzeptualisierung des Vereinnahmungsbegriffs und seine Fruchtbarmachung für die Analyse bestimmter Wirkungsweisen immersiver Aufführungsdispositive macht einerseits möglich, die im Sprachgebrauch vornehmlich passive und negative Konnotation zu relativieren und starkzumachen, dass Individuen an diesen Prozessen relational teilhaben – und diese durchaus auch aktiv herbeiführen und genießen können. Andererseits besteht der Reiz des Vereinnahmungsbegriffs zur Beschreibung dessen, wie Involvierungsprozesse im immersiven Theater auf Zuschauer*innen wirken (können), darin, dass ein bestimmtes Mit-Wirken der Zuschauenden auf der Ebene des Aufführungsgeschehens (mitunter von ihnen unbemerkt) gerade erst auf der innerdiegetischen Bedeutungsebene des fiktiven Mikrokosmos als Vereinnahmung deutlich wird und auf diese Weise ein Spannungsverhältnis eingetragen wird. Dies ist vor allem in SIGNA-Arbeiten häufig der Fall: dass Zuschauer*innen sich auf die fiktive Institution und ihre jeweilige Rolle als Gast einlassen, am Geschehen teilnehmen und sich ihr Handeln erst vor dem Hintergrund des Nachdenkens über die machtvollen Mechanismen der fiktiven Institution als Vereinnahmung zeigt (vgl. Kap. 4.3 bis 4.5). Denn zur produktiven wirkungsästhetischen Ambivalenz von Vereinnahmungsprozessen im immersiven Theater gehört, dass sie insbesondere von Mehrfachbesucher*innen aktiv gesucht und genossen werden können, aber eben zugleich auch von Zuschauer*innen entweder a) gar nicht mitbekommen werden oder aber b) umgekehrt so intensiv verlaufen, dass sie mitunter für eine längere Zeit nach der Aufführung davon noch psychisch betroffen sind.[72]

Mit dem Konzept der Vereinnahmung möchte ich Prozesse wirkungsästhetischer Subjektivierung, die sich im immersiven Theater ereignen, dezidiert nicht unidirektional, d. h. auf das *disponierte* Zuschauer*innen-Subjekt hin wirkend denken, sondern mit Mühlhoffs Konzept affektiver Disposition aufzeigen, dass Zuschauer*innen an diesen Prozessen mit-wirkend beteiligt sind. Zu den Besonderheiten immersiven Theaters im engen Sinn gehört, dass das immersive Aufführungsdispositiv Zuschauer*innen systematisch mit allen Sinnen in das Aufführungsgeschehen sowie in die gestaltete, fiktionale Weltversion als kollektiv und performativ hervorgebrachte Wirklichkeitssimulation einbezieht. Hinzu kommt, dass die fiktiven Institutionen, die immersive Theaterarbeiten in mimetisch-fiktionalisierender Weise als Weltversion porträtieren, ihrerseits thematisch wie formal auf *außertheatral wirksame Dispositive* rekurrieren. Die Inszenierungen adaptieren deren Mechanismen und führen im Rahmen der Wirklichkeitssimulation entlang der involvierten Zuschauer*innen-Körper exemplarisch durch *und vor*, wie Subjektivierungsprozesse in diesen Weltversionen wirksam werden und welchen Anteil Affizierungsdynamiken und Emotionen dabei haben.

Während Immersion in verkürzter Weise rezeptionsästhetisch häufig mit einer *Distanzminimierung* verknüpft wird, versucht der Vereinnahmungsbegriff demgegenüber – gemessen an den komplexen Situationen, um die es im immersiven Theater geht –, *Distanznahmen* gleichsam als symptomatische Vereinnahmungsmomente einzufangen. Immersive Theaterdispositive setzen auf der Ebene der multisensorischen Involvierung auf eine möglichst unmittelbare Einbeziehung, insofern die *räumliche Distanz* zwischen Bühne und Zuschauer*innen aufgehoben ist. Dies führt dazu, dass auch *physische Distanz* zwischen Zuschauer*innen und Performer*innen z. B. über Berührungen systematisch zu unterwandern versucht wird. Auch Formen *sozialer Distanz* werden innerhalb der Wirklichkeitssimulation z. B. über einladende Gesten und Strategien der Gastfreundschaft gezielt zu minimieren gesucht. Ich möchte zum einen argumentieren, dass immersive Theateraufführungen einen anderen Weltzugang eröffnen, der multisensorische Wahrnehmungsprozesse, polyperspektivisches Erzählen und komplexe, verkörperte Erfahrungen priorisiert, dass das aber *gerade nicht* bedeutet, dass dadurch notwendigerweise auch »die distanzierte, analytische Betrachtung aufgehoben wird« (May, 2020, S. 336), sondern gerade Prozesse der Selbstreflexion in Gang gesetzt werden.

Und ich möchte zum anderen zeigen, dass es im Erleben immersiver Theateraufführungen paradoxerweise auch häufig zu Momenten der *Distanznahme* kommt, die in situ als subjektives Vermögen, sich von den Ereignissen distanzieren zu können, gelesen werden könnten, im Grunde aber gerade selbst situative Vereinnahmungen darstellen. So gab es z. B. am Ende meines ersten Besuchs von SIGNAs *Söhne und Söhne* eine Situation, in der ich meine Teilnahme an der Abschlusszeremonie verweigerte, was dazu führte, dass ich der Aufführung vorzeitig verwiesen wurde. Dass ich mich in situ einer theatralen Situation verschließe, weil sie mir sektenähnlich vorkommt, möchte ich allerdings gerade nicht als Form kritischer Distanznahme, sondern vielmehr als Moment wirkungsästhetischer Vereinnahmung beschreiben, insofern in meiner körperlichen Abwehr und Distanznahme just meine temporäre emotionale *Distanzlosigkeit* (zur Weltversion der Sekte) zum Ausdruck kam. Und weil solche sozial-relational erzeugten, körperlichen Ausrichtungen sich in situ ereignen und gegenseitig *vor- und miteinander* gespürt und beobachtet werden, können sie eine Distanznahme zweiter Ordnung im Sinne einer Selbstreflexion der ausagierten Beziehungsweise zur Folge haben. Das eigene Re-Agieren kann einem selbst (und anderen) situativ auffallen und damit zum Gegenstand der Aushandlung werden. Aus der erlebten Vereinnahmung resultiert dann eine produktive *Selbst-Distanzierung.* Nicht zuletzt deshalb räume ich der wirkungsästhetischen Kategorie der Vereinnahmung auch ein dezidiert erkenntnisstiftendes Potential ein.

## 2.3 Zum Korpus: Kurzvorstellung der Beispielaufführungen

Wie in Kapitel 2.2 dargelegt, hat es die sehr breite Sichtung von Performances und Theateraufführungen in Deutschland, Dänemark, Österreich, Großbritannien, den USA und Belgien ermöglicht, zu entdecken, dass im Feld dessen, was als partizipatives oder immersives Theater angekündigt und/oder besprochen wird, eine Gruppe künstlerischer Produktionen in symptomatischer Weise herausfällt. Der Analyse dieses Korpus von immersivem Theater im engeren Sinne widmet sich diese Studie mit Blick auf die ihn auszeichnenden, auf Vereinnahmung abzielenden Modi der Publikumsinvolvierung. Beweggründe, aus den 25 Arbeiten just die folgenden sechs im Rahmen exemplarischer Analysen ins Zentrum zu stellen, sind folgende:

Während Punchdrunk insbesondere im anglophonen Bereich der Theaterwissenschaft zu den am intensivsten beforschten

Produktionen immersiven Theaters zählt, sind alle weiteren Beispiele im Kontext einer Auseinandersetzung mit der Theorie und Ästhetik immersiver Theaterformen weitestgehend unbesprochen. Zu SIGNA gibt es in der deutschsprachigen Theaterwissenschaft zwar inzwischen einige Aufsätze und Buchkapitel, allerdings kaum im Kontext von Immersionstheorien und wirkungsästhetischen Fragen. Da ich der Auffassung bin, dass SIGNA – analog zu Punchdrunk im britischen Kontext – das wichtigste Künstler*innen-Kollektiv für immersives Theater im deutschsprachigen Raum ist, halte ich es für gewinnbringend, ihre Arbeiten in dieser Studie erstmals zusammenzubringen, nicht zuletzt, um einen vergleichenden Blick möglich zu machen.

SIGNA war in den vergangenen Jahren äußerst produktiv. So hatte ich während der Projektlaufzeit 2015 bis 2019 die Möglichkeit, in Hamburg, Mannheim und Wien insgesamt vier verschiedene Produktionen (*Söhne & Söhne*, *Wir Hunde*, *Das Heuvolk*, *Das halbe Leid*) mehrfach zu sichten. Die Fokussierung auf drei SIGNA-Arbeiten resultiert aus der Tatsache, dass ich im Rahmen der Projektarbeit entlang der gesichteten SIGNA-Arbeiten auch mit Formen empirischer Publikumsforschung experimentiert habe, die nicht nur für den Prozess meines theoretischen Nachdenkens über das Verhältnis von Immersion und Theater, sondern auch für methodische Fragen von großem Einfluss für diese Studie waren (vgl. dazu Kap. 3).

Dass ich neben dem »immersive-theatre«-Klassiker *Sleep no more* von Punchdrunk und den drei SIGNA-Inszenierungen[73] die Produktion *Alma* des österreichischen Schauspielers und Regisseurs Paulus Manker in die Analysen einbeziehe, dient zum einen dem Anspruch einer internationalen Konstellierung des Analysekorpus zeitgenössischer, immersiver Theaterproduktionen. Zum anderen akzentuiert die Auswahl Mankers, dass wir es bei immersivem Theater mit einer Theaterform zu tun haben, die nicht erst mit Beginn des Diskurses um »immersive theatre« Anfang der zehner Jahre aufkommt, sondern bereits seit mehr als zwanzig Jahren an unterschiedlichen Orten Europas von verschiedensten Künstler*innen unabhängig voneinander entwickelt wird. Es ist aber gerade ebenjener Diskurs und die von ihm theoriegeleitete Perspektivierung, die dazu einlädt, Mankers immersives Theater *avant la lettre* mit Produktionen von Punchdrunk und SIGNA in Bezug auf ihre Gemeinsamkeiten und Differenzen zusammendenken.

Während Signa und Arthur Köstler, die im Kollektiv SIGNA in wechselnden Konstellationen mit Szenograf*innen, Performer*innen und interessierten Laien zusammenarbeiten, in Bezug auf ihre Ausbildung und ersten Arbeiten eher aus dem Bereich der bildenden Künste kommen – Signa mit Schwerpunkt auf Installationskunst und Arthur auf Medienkunst und Musik –, haben wir es bei Paulus Manker, Felix Barrett und Tamilla Woodard, welche für *3/Fifths* mit dem Autor James Scruggs kooperierte, mit Theatermacher*innen zu tun. Allen gemeinsam ist ein gewisser institutionskritischer Ansatz, insofern sie mit ihren Produktionen das traditionelle Dispositiv einer Trennung von Bühne und Zuschauerraum zu überwinden suchen.

Mit *3/Fifths* von Scruggs/Woodard nehme ich zuletzt noch eine neuere Produktion aus dem US-amerikanischen Kontext hinzu, die zwar in der regionalen Presse besprochen wurde, aber bislang keinen Eingang in die anglophonen Debatten und Diskurse um »immersive theatre« gefunden hat. Mit dieser Arbeit erweitert sich einmal mehr der internationale Fokus der Betrachtung. Und mit dem fiktiven Themenpark SupremacyLand fächert sich auch das Spektrum jener theatralen Weltversionen, die gemeinsam mit den teilnehmenden Zuschauer*innen im Modus einer ästhetischen Wirklichkeitssimulation hervorgebracht werden, noch einmal signifikant aus: So reicht das Spektrum vom Besuch eines fiktiven Hotels, in dem sich ominöse Mordfälle ereignen (*Sleep no more*), dem Besuch einer fiktiven Geburtstagsfeier im Privathaushalt der fiktionalisierten Alma Mahler (*Alma*) über die Teilnahme an einem Workshop in einer fiktiven Sozialstation (*Das halbe Leid*) und den Besuchen in einem Verein, in dem Vertreter*innen einer fiktiven Transspezies leben (*Wir Hunde*) sowie in einer fiktiven Glaubensgemeinde (*Das Heuvolk*) bis zum Aufenthalt in einem fiktiven Themenpark, in dem weiße Vorherrschaft und Rassismus ausgelebt werden (*3/Fifths*).

Gemeinsam ist allen Beispielen, dass sie ihre Zuschauenden mit Aufführungsbeginn und Schwellenübertritt als Gäste einer fiktiven Institution framen und sie für die Dauer der Aufführung systematisch an der Hervorbringung der Wirklichkeitssimulation beteiligen. Signifikante Unterschiede gibt es hinsichtlich der Spieldauer (von drei Stunden bei *3/Fifths* bis zwölf Stunden bei *Das halbe Leid*), der Finanzierung[74] und auch der Spektren der Publikumsinvolvierung. Denn während Zuschauer*innen bei *Alma* aufgrund des festgelegten Dramentexts nicht mit den Figuren ins Gespräch kommen, bilden die Gespräche zwischen Zuschauer*innen und Darsteller*innen in ihren Figuren das Herzstück einer jeden SIGNA-Arbeit. Differenzen gibt es auch hinsichtlich des Grades der Professionalisierung der Mitwirkenden[75] sowie hinsichtlich des Grades der Autonomie, der den beteiligten Künstler*innen bei der Mitgestaltung der verschiedenen Inszenierungsparameter zugestanden wird. Diesbezüglich lässt sich eine deutliche Tendenz zu einem eher gemeinschaftlich-kooperativen Kreieren beobachten, wenngleich es in allen Produktionen letztlich die Regisseur*innen sind, die künstlerische Entscheidungen delegieren, leiten und hierarchisch durchsetzen.

Die Vorstellung der Produktionen soll Leser*innen mit den Produktionen und gestalteten Weltversionen vor Beginn der Analysen vertraut machen und erfüllt darüber hinaus auch eine *archivierende Funktion*, da viel Wissen zu den fiktiven Welten, zu den Narrationen und Figurenkonstellationen (vor allem bei den SIGNA-Beispielen) schlicht nicht verfügbar, sondern in gewisser Weise nur in den Körpern, die die Aufführungen miterlebt haben, gespeichert ist.

### 2.3.1 *Alma* von Paulus Manker

Bereits am 29. Mai 1996 fand die Premiere von Paulus Mankers *Alma – A Show Biz ans Ende* im ehemaligen Sanatorium Purkersdorf bei Wien statt. Innerhalb von 25 Jahren wurden 517 Aufführungen an elf Spielorten in sieben verschiedenen Ländern mit etwa 125.000 Zuschauer*innen gespielt.[76] 1995 lud der damalige Intendant der Wiener Festwochen, Klaus Bachler, Paulus Manker[77] und Joshua Sobol[78] ein, für die Festspiele ein Projekt gemeinsam zu entwickeln, für das sie ein halbes Jahr Vorbereitungs- und Probenzeit zur Verfügung gestellt bekamen. Vor dem Stoff stand bereits fest, dass es ein Simultanstück werden sollte, ein Drama, dessen Szenen nicht linear, sondern gleichzeitig verlaufen würden. Es sollte sich wie ein »Spinnennetz« (Tragschitz, 2012, S. 36) um eine zentrale Schlüsselfigur herum entfalten. Für diese waren zunächst die Schriftstellerinnen Else Lasker-Schüler, Lou Andreas-Salomé sowie die Kunstsammlerin Peggy Guggenheim im Gespräch (vgl. ebd.). Weil Sobol seit längerer Zeit plante, ein Stück über Gustav Mahler zu schreiben, schlug er Manker als Hauptfigur Mahlers Ehefrau Alma vor (vgl. ebd., S. 37). Die Wiener Komponistin Alma Schindler war nicht nur Ehefrau des Komponisten Gustav Mahler, sie war ebenso mit dem Architekten und Bauhaus-Gründer Walter Gropius sowie mit dem Schriftsteller Franz Werfel verheiratet. Überdies unterhielt sie zahlreiche Affären mit anderen berühmten Künstlern und Intellektuellen des 20. Jahrhunderts wie z. B. Gustav Klimt, Oskar Kokoschka, Alexander von Zemlinsky oder Paul Kammerer. Ihre Liebschaften boten sich als ideales Figurennetz an, entlang dessen ausgewählte Episoden aus dem Leben der Alma Mahler-Werfel im beginnenden 20. Jahrhundert dargestellt werden könnten.

Basierend auf Textfragmenten, die Almas Tagebüchern, ihren zahlreichen Briefwechseln, Biografien wie dem autobiografischen Text *And the Bridge is Love* (dt. *Mein Leben*) entnommen sind, schrieb Sobol im Herbst 1995 in Tel Aviv zahlreiche, etwa gleich lange englischsprachige Szenen und faxte sie nach Wien, wo Manker sie übersetzte (vgl. ebd., S. 37f.). Neben der Dramatisierung des (auto-)biografischen Materials fügte Sobol fiktive Elemente wie die beiden Figuren Hulda, eine antizionistische Widerstandskämpferin, und den Kammerdiener Almaniac (steht für Alma-Maniac), eine satirische Figur eines jüdischen von Alma besessenen Mannes, ein. Den Stückauftakt bildete der 100-xte[79] Geburtstag der bereits verstorbenen Alma, zu dem sie all ihre ebenfalls schon verstorbenen Weggefährt*innen einlädt, um wie in einer gemeinsamen Zeitreise ihr Leben Revue passieren zu lassen. Es entstand ein Szenenkomplex, den die beiden »Polydrama« nennen, »a new form of dramatic expression« (Sobol, o. J.).[80] Entscheidend für die dramatische Form ist, dass die Reihenfolge der Szenenrezeption irrelevant für das Verständnis der Weltversion ist (»every episode is a world in itself«, ebd.). Für die Inszenierung hat das zur Folge, dass mehrere Szenen und figurenbezogene Konflikte gleichzeitig stattfinden und dass das Publikum sich entscheiden muss, welchen Szenen es sich in welcher Reihenfolge zuwenden will. *Alma* ist somit eingeschrieben, dass Zuschauer*innen pro Abend immer nur eine kleine Auswahl der inszenierten Szenen mitverfolgen können. Als Inspirationsquelle für die Realisierung ihrer neuen Theaterform rekurrieren Manker/Sobol auf das damals noch recht junge Internet als Inbegriff eines nichtlinearen Mediums, das Nutzer*innen erlaube, nach eigenem Interesse durch die verschiedensten Inhalte zu »surfen« (vgl. ebd.).

Entlang dieser ersten Beschreibungen zum Entstehungskontext lässt sich festhalten, dass das Polydrama und seine Inszenierung auf drei Ebenen Formen von Multi- bzw. Polyperspektivität ermöglichen: a) auf der Ebene der verwendeten Quellen, b) auf der Ebene der Stückkomposition, welche nicht nur verschiedene Akteur*innen aus dem Leben der Alma Mahler-Werfel zu Figuren des Szenenkomplexes, sondern auch vier Alma-Figuren verschiedenen Alters vorsieht, und c) auf der Ebene der Rezeption, zumal alle Zuschauer*innen räumlich und im übertragenen Sinn ihre je eigene Perspektive auf den Stoff einnehmen können.

Für *Alma* stand vorab fest, dass es eine Raumbühne geben müsse, die die klassische Bühnensituation einer Trennung von

Zuschauer*innen und Bühne zugunsten eines von Darsteller*innen und Zuschauer*innen gemeinsam geteilten Aufführungsraums überwinden, und dass das Gebäude, in dem die Aufführungen stattfinden, dezidiert kein Theater sein sollte. Der Produktionsleiter Alfred Deutsch schlug ihnen als »Genius Loci« das ehemalige Sanatorium Purkersdorf bei Wien vor (vgl. Tragschitz, 2012, S. 45f.). Der Reiz des Gebäudes lag für Manker neben seiner Architektur vor allem in seiner historisch-materiellen wie atmosphärischen Kraft der Zeugenschaft. Denn Gustav Mahler und weitere Menschen aus Alma Mahler-Werfels Umfeld waren nachweislich zur Jahrhundertwende im Sanatorium Purkersdorf zu Gast (vgl. ebd., S. 52ff.). Zu Probenbeginn war das Gebäude, das zu dem Zeitpunkt etwa dreißig Jahre leer stand, außen gerade fertig renoviert, innen allerdings verfallen und ohne Strom und Wasser. Dennoch zog Manker mit seinem Schauspieler*innen-Ensemble dort für mehrere Monate, bis nach Ende des ersten Aufführungsblocks, ein (vgl. ebd., S. 47).

Für Manker kam der Spielort zunehmend einem »Filmset« gleich, welches der Zuschauende mit allen Sinnen und nach eigenem Ermessen durchwandern könne (vgl. Manker, 2012). Auf diese Weise könnten Zuschauer*innen von *Alma* die Rolle einer imaginären Kamera einnehmen: Sie können – worauf auch der Programmflyer verweist – nicht nur die Szene frei wählen, sondern auch über die jeweilige Distanz zum Geschehen entscheiden, ob sie perspektivisch einer »Totale« oder einer »Nahaufnahme« folgen wollen. Der Gast bzw. »Zuschauer als Kamera«[81] werde dabei gleichsam zum Regisseur seines eigenen Films, bei dem er über Einstellungen, Perspektiven, Reihenfolgen, Dauer und Schnitte selbst entscheiden dürfe – nur dass der Film nicht materiell, sondern lediglich im eigenen (Körper-) Gedächtnis gespeichert werden könne.

Da Alma Mahler-Werfel das Zentrum des Figurennetzes bildet und von ihr alles ausgeht, gibt es vier verschiedene Alma-Darstellerinnen, die jeweils einen unterschiedlichen Zeitraum innerhalb der historischen Ereignisse im Leben Almas repräsentieren. Folgt man während einer Aufführung nur einer Figur, z. B. den Szenen mit Franz Werfel, Almas letztem Ehemann, bekommt man ein ganz und gar anderes Bild auf Alma, als wenn man für einen Aufführungsbesuch nur den Szenen der jungen Alma folgt (vgl. Kap. 4.1). Teil des Konzeptes ist, dass sich die Zuschauer*innen im Anschluss über die jeweils verpassten Szenen austauschen[82], dass sie »wie am Schneidetisch« (vgl. Programmflyer, Regel 9) das gesehene, erlebte und erinnerte Material montieren. Zudem potenziert sich die mit dem Polydrama avisierte

Polyperspektivität im Publikumsaustausch noch einmal und führt – in Idealfall für Manker – auch dazu, dass die Zuschauer*innen die Inszenierung ein weiteres Mal besuchen.[83] Zur Wirkungsweise des immersiven Theaterdispositivs von *Alma* gehört, dass Zuschauer*innen nicht nur audiovisuell und imaginär, sondern auch haptisch, olfaktorisch und gustatorisch in den gestalteten Mikrokosmos integriert werden. Alle Requisiten dürfen angefasst und gerochen, Bücher durchblättert, ein paar Noten auf dem Klavier gespielt und auch in der Küche darf etwas von den zubereiteten Speisen probiert werden (vgl. Manker, 2012). Zuschauende werden zu temporären Gästen im fiktionalisierten, theatral durchgestalteten Hause der Schindlers, Mahlers oder Werfels.

Abgesehen von der bereits zitierten Diplomarbeit von Eva Tragschitz (2012) ist mir keine weitere theaterwissenschaftliche Forschung zu Mankers *Alma* oder zu seiner aktuellen Theaterarbeit *Die letzten Tage der Menschheit* bekannt. Für meine Analyse stütze ich mich auf meine zwei Sichtungen von *Alma* im Sommer 2018 in Wiener Neustadt, an dem letzten und vermutlich ungeeignetsten Ort der Aufführungsgeschichte. Die Roigk- bzw. »Serbenhalle« steht in Wiener Neustadt dort, wo 1842 die Raxwerke, eine Fabrik für Lokomotiven, gegründet wurden. Sie wurde während des Zweiten Weltkriegs aus dem serbischen Kraljevo als Kriegsbeute nach Österreich gebracht und von Zwangsarbeiter*innen auf dem Areal der stillgelegten Raxwerke wiederaufgebaut. Als Außenstelle des KZ Mauthausen wurde die Serbenhalle 1942 zu einem Arbeitslager, in dem Waffen und Raketen für den Zweiten Weltkrieg produziert wurden. In Serbien wurde sie zum grausamen Schauplatz des Massakers von Kraljevo und Kragujevac, bei dem 1700 Menschen ums Leben kamen. Ihre Geschichte ist durch die Gräueltaten der Nationalsozialisten doppelt belastet. Ein biografischer Bezug, den Manker stets für alle seine Spielorte von *Alma* einforderte, ist hier lediglich durch Oskar Kokoschkas Dragoner-Ausbildung an der Militärakademie in Wiener Neustadt 1915 gegeben (vgl. Programmbuch, S. 151). Ein impliziter Bezug ist der latente Antisemitismus Alma Mahler-Werfels, der – obgleich sie mit zwei jüdischen Männern verheiratet war – in ihren Tagebüchern und Briefen (und damit auch in der Inszenierung) immer wieder deutlich aufscheint, ohne problematisiert zu werden.[84]

### 2.3.2 *Sleep no more* von Punchdrunk

Wie *Alma* existiert auch Punchdrunks populäre Produktion *Sleep no more* bereits seit fast zwei Dekaden. Felix Barrett[85] gründete Punchdrunk 2000 in London. *Sleep no more* feierte ebendort im Dezember 2003 Premiere. Aufgrund des immensen Erfolgs zeigte Punchdrunk die Produktion 2009/10 in Kooperation mit dem American Repertory Theater (A.R.T.) auch in Brookline, Massachusetts, ab 2011 in New York und seit 2017 zusätzlich in Shanghai. Zu Punchdrunk gehören seit 2003 u. a. die Choreografin Maxine Doyle, die Produzenten Peter Higgin und Colin Nightingale, der Tondesigner Stephen Dobbie und die Kostümdesignerin Livi Vaughan. Der Name der Theaterkompagnie verweist metaphorisch auf den Eindruck, den Punchdrunk-Arbeiten beim Zuschauenden hinterlassen sollen: als wäre man – wie nach einem Schlag ins Gesicht – durch den Aufführungsbesuch in einen temporären, Delirium ähnlichen Zustand des Schwindels versetzt (vgl. Barrett/Poupart, 2017).

Am Beginn der Entwicklung von *Sleep no more* stand die Idee einer Installation, die zentrale Motive aus Shakespeares Tragödie *Macbeth* in eine Film-noir-Ästhetik überträgt (vgl. Barrett/White, 2015). Im Gegensatz zu ersten Punchdrunk-Arbeiten entschloss man sich, während des Probenprozesses weitgehend ohne Wortsprache zu arbeiten und Tänzer*innen zum Einsatz kommen zu lassen (vgl. Barrett zitiert nach Machon, 2019, S. 254). Maxine Doyle erarbeitete mit diesen eine Körper- und Bewegungssprache, die auf der modernen Tanztechnik Rudolf von Labans basiert und vor allem die Beziehungsqualitäten von Tänzer*innen-Bewegungen zueinander, zum Raum wie zu anderen Gegenständen und Menschen fokussiert. Konflikte zwischen Figuren aus dem *Macbeth*-Stoff wurden während der Proben über intensive Kontaktimprovisationen in Körpersprache verdichtet und für die Aufführungen festgelegt (vgl. Machon, 2019, S. 74f. und Ritter, 2016, S. 53ff.).

Inhaltlich wurden zentrale Motive aus *Macbeth* wie Prophezeiungen durch Hexen, Alpträume und Mord mit Motiven wie Halluzination und Spuk aus Hitchcocks Film-noir- und Kriminalfilm-Klassiker *Rebecca* (1940) kombiniert und assoziativ um Aspekte der Geschichte der Hexenprozesse im schottischen Paisley von 1697 erweitert. Figuren aus *Macbeth* oder *Rebecca* wurden um fiktionale, biografische Details ergänzt und lose in einem gemeinsamen Narrativ verknüpft. Die Tänzer*innen agieren in einer Loop-Struktur, die dreimal pro Aufführung wiederholt und maßgeblich von einem äußerst komplexen Soundscape strukturiert wird (siehe dazu Kap. 4.2).

Zuschauer*innen der Aufführung tragen weiße Masken und können sich durch die verschiedenen, detailreich ausgestatteten Räume frei bewegen, können wie bei *Alma* entscheiden, welcher Figur sie wie lange folgen wollen, wissend, dass zahlreiche Szenen parallel gespielt bzw. getanzt werden, es also immer etwas zu verpassen gibt. Auch Mankers Konzept vom »Zuschauer als Kamera« findet sich bei Barrett wieder, wird bei Letzterem allerdings an die Funktion der Maske, die jede*r Zuschauer*in während der Aufführung tragen muss, geknüpft:

> The mask is the most crucial part in a way. It gives you anonymity, you can't be recognised by the performers, a clear division is established between audience and performers yet you're allowed to get as close as you want. It allows you to probe further then you would do. The mask allows you to function as a voyeur, *as a camera* because you're more aware of where you're looking [...]. Other audience members don't necessarily inform your experience, don't affect it, because they become part of the space. They're ghosts, you can forget about them (Barrett/Machon, 2007, Hervorhebung TS).[86]

Das geisterhafte Flanieren vereinzelter maskierter Zuschauer*innen, die Unübersichtlichkeit der schier zahllosen Räume, die düster-aufgeheizten Film-noir-Soundtracks, Ausstattungselemente wie ausgestopfte Tiere, Kruzifixe oder Briefe mit Blutspuren und auch das dunkle Labyrinth, durch das jede*r Zuschauer*in zu Beginn der Aufführung einzeln hindurch muss – all dies führt dazu, dass viele Kritiker*innen und Theaterwissenschaftler*innen die Aufführung mit einem (Alp-)Traum oder populären Haunted Houses, wie man sie von Freizeit- und Themenparks kennt, verglichen haben (vgl. u. a. Grunfeld, 2012, S. 3; Oxblood, 2012, S. 1; Bartley, 2012, S. 7). Die thematische Ruhelosigkeit der Protagonist*innen findet in der Ruhelosigkeit der zuvorderst desorientierten Publikumsschwärme ihr formales wie wirkungsästhetisches Pendant. »Methought I heard a voice cry ›Sleep no more! / Macbeth does murder sleep‹« so lauten die entsprechenden, der Aufführung ihren Titel gebenden Verse aus *Macbeth* (2. Akt, 2. Szene, zitiert nach Koumarianos/Silver, 2013, S. 174).

Die ästhetische Dimension des Schauerlichen und Unheimlichen kommt am New Yorker Spielort von *Sleep no more* sicherlich am stärksten zur Geltung. Nachdem die Produktion auf Initiative des A.R.T. 2009/10 erfolgreich in Massachusetts gastierte, entstand die

Idee, *Sleep no more* auch dem New Yorker Publikum zugänglich zu machen. Hierfür konnte ein leerstehendes Kaufhaus in der 27th Street in Manhattan als Spielort gefunden werden. Ende der neunziger Jahre war das Gebäude Teil der legendären Club Row, einem Rotlicht- und Ausgehviertel, und beheimatete bereits einen Nachtclub. Dieser musste 2005 schließen, als ein 35-jähriger Gast mit einem Türsteher aneinandergeriet und im Streit gegen die Tür des Fahrstuhls gestoßen wurde, die sich daraufhin öffnete und den Mann in die Tiefe riss (vgl. O'Leary, 2013, S. 73f.). Dieses Ereignis lieferte dem Gebäude für *Sleep no more* gleichsam die tragische *site sympathy*[87], auf die es Barrett (wie auch schon Manker) bei seinen Spielorten stets ankommt.

Das Gebäude in der 27th Street erklärte Punchdrunk mit Referenz auf den Hitchcock-Film *Vertigo* (1958) zum fiktiven McKittrick Hotel und erweiterte *Sleep no more* damit gegenüber der Premierenfassung um eine weitere Handlungsebene mit neuen Assoziations- und Referenzketten:

> Completed in 1939, The McKittrick Hotel was intended to be New York City's finest and most decadent luxury hotel of its time. Six weeks before opening, and two days after the outbreak of World War II, the legendary hotel was condemned and left locked, permanently sealed from the public. Until now ...[88]

Das McKittrick Hotel fungiert so als neue Rahmung des Aufführungsbesuchs: Publikumsmitglieder werden zu Beginn zunächst als Hotelgäste fiktionalisiert und in der Manderlay Bar, der ersten Station des Aufführungsparcours, deren Namen erneut eine Hitchcock-Referenz auf das Anwesen in *Rebecca* ist, qua Ausstattung und Klangwelt gleichsam auf eine fiktive Zeitreise in die dreißiger und vierziger Jahre geschickt. Von dort aus beginnt das Publikum, das in New York aus ca. 400 Zuschauer*innen pro Aufführung besteht, die Erkundung des sechsstöckigen Gebäudes.

Ganz oben befinden sich das fiktive King James Sanatorium, das motivisch sowohl auf den Wahnsinn von Lady Macbeth als auch namentlich auf den Autor der dreiteiligen *Deamonologie* (1597) verweist, auf dessen Bücher zu Magie und Hexerei Shakespeare für seinen *Macbeth* Bezug genommen haben soll (vgl. hierzu auch Dailey, 2012, S. 3ff.). Zudem befindet sich auf dieser Etage ein Labyrinth aus Sträuchern sowie eine kleine Hütte. Darunter, im vierten Stock, ist die fiktive Stadt Gallow Green aufgebaut. Hier findet man eine Schneiderei (M Fulton Tailors), einen Süßwarenladen (Paisley Sweets), ein

Detektivbüro (Mac Crinain) sowie ein Geschäft für Tierpräparationen (Bargarran) und eine Apotheke. Alle Namen beziehen sich auf historische Personen im Kontext der Hexenprozesse von Paisley Ende des 17. Jahrhunderts. Von den sieben Angeklagten wurden sechs am Gallow Green, einem Hinrichtungsort im schottischen Paisley, erdrosselt. Auf dieser Etage befindet sich eine Nachbildung der Manderlay Bar. Die dritte Etage widmet sich primär Figuren aus dem *Macbeth*-Universum. Hier gibt es neben einem Friedhof vor allem die Wohnung der MacDuffs sowie Macbeths Schlafzimmer. Im zweiten Stock befinden wir uns im McKittrick Hotel, in dem neben der Manderlay Bar auch eine große Rezeption, ein Speiseraum, Büros und Aufenthaltsräume zu finden sind. Eine Etage tiefer ist Duncans Appartement. Duncan ist im Shakespeare-Stück der König Schottlands, den Macbeth, der Prophezeiung der Hexen folgend, tötet, um sich damit auf den Thron zu bringen. Im Erdgeschoss befindet sich ein Ballsaal, Ort der finalen Bankett-Szene.[89]

Zu Punchdrunk gibt es im Vergleich zu meinen anderen drei Beispielen mit Abstand die meiste Forschung. Josephine Machon und Gareth White waren in Großbritannien die ersten Theaterwissenschaftler*innen, die sich theoretisch mit Produktionen wie *Sleep no more* oder *The Drowned Man* (2013) beschäftigten (vgl. u. a. Machon, 2007; White, 2009). Es folgten zwischen 2012 und 2014 vor allem Studien aus der Literaturwissenschaft, die sich dem Punchdrunkschen Labyrinth aus Referenzen hermeneutisch annahmen (vgl. u. a. Worthen, 2012; O'Leary, 2013), dann theaterwissenschaftliche Auseinandersetzungen mit Punchdrunks Fangemeinden (vgl. u. a. Flaherty, 2014; Biggin, 2015; Ritter, 2017) sowie Strategien und Kritik der Zuschauer*innen-Partizipation (vgl. u. a. Alston, 2013; Papaioannou, 2014; Drees, 2016). Zuletzt wurden die Arbeiten vor allem unter ästhetischen Gesichtspunkten von Game und Tanz untersucht (vgl. u. a. Kilch, 2016; Thiel, 2017; Ritter, 2017). Mit *Immersive Theatre and Audience Experience. Space, Game and Story in the Work of Punchdrunk* (2017) und *Immersion and Participation in Punchdrunks Theatrical Worlds* (2020) legten Rose Biggin und Carina E. I. Westling die ersten Monografien zu Punchdrunk vor. 2019 publizierte Josephine Machon mit *The Punchdrunk Encyclopaedia* sogar ein Lexikon, das Einträge zu Punchdrunk-Mitgliedern, Inszenierungen sowie dominanten ästhetischen Strategien mit kurzen Interviews kombiniert.

Ähnlich wie bei *Alma* und bei SIGNA-Arbeiten haben auch Punchdrunk-Produktionen über die Jahre eine große Menge an Fans generiert, die nicht nur vermehrt die Aufführungen besuchen, sondern auch diverse Fan-Blogs führen, auf denen sie sich über erlebte *One-on-Ones*, neue Interpretationsansätze oder intensive Erinnerungen austauschen.[90]

### 2.3.3 *Das Heuvolk* von SIGNA

Nicht nur *Alma* von Paulus Manker oder Felix Barretts erste Arbeiten, sondern auch die ersten Produktionen des dänisch-österreichischen Kollektivs SIGNA[91] lassen sich zwei Dekaden zurückdatieren. Formale Merkmale wie die zeitliche Entgrenzung der Performance, die Fokussierung auf Gebäude und Raum, das improvisierte Spiel zu einer vorgegebenen fiktiven Rahmenerzählung, die zumeist einen Hang zu mystischen, mythologischen oder okkulten Narrativen aufweist, sowie die Einbeziehung des Publikums bei der theatralen Realisierung der jeweils zugrunde liegenden Fiktion im Modus einer ästhetischen Wirklichkeitssimulation, zeichnen nicht nur aktuelle, sondern bereits frühe SIGNA-Arbeiten wie *Twin Life* (2001) aus. 2007 begann die enge Zusammenarbeit mit der Dramaturgin Sybille Meier, die SIGNA unter der Intendanz von Karin Beier ans Schauspiel Köln und später ans Schauspielhaus Hamburg holte. Mit dem Erfolg der Produktion *Die Erscheinungen der Martha Rubin*, die 2008 zum Berliner Theatertreffen eingeladen wurde, setzt mit wachsender Bekanntheit auch die theaterwissenschaftliche Auseinandersetzung ein.[92] Vermutlich nicht zuletzt aufgrund der Tatsache, dass Signa und Arthur Köstler eher aus den Bereichen der bildenden Kunst und Medienkunst kommen und eben nicht dezidiert vom Theater[93], wurden ihre Arbeiten in der Theater- und Kunstkritik zumeist als »Performanceinstallationen«[94] bezeichnet. Mit der Arbeit *Das Heuvolk* (2017) hat sich die Forschung bislang – mit Ausnahme von Häusler/Prokić, 2020 – nicht auseinandergesetzt.

Wie bereits bei *Alma* und *Sleep no more* spielt auch für SIGNAs *Das Heuvolk* (wie auch für die Produktionen *Wir Hunde* und *Das halbe Leid*) die Wahl einer theaterfernen Immobilie als Spielort eine wichtige Rolle für die Entwicklung der Produktion. Sobald das Gebäude – meist von der Dramaturgie der (ko-)produzierenden Häuser – gefunden ist, entwickelt Signa davon inspiriert eine fiktive Rahmenhandlung sowie ein Raumkonzept. Im Fall von *Das Heuvolk* handelt es sich sogar um einen Komplex von vier Gebäuden auf dem leerstehenden Areal des Mannheimer Benjamin Franklin Village (BFV), dem ehemaligen Armeegelände der in Deutschland nach Ende des Zweiten Weltkriegs stationierten US-Streitkräfte.[95] Seit 2011 ist das ca. 145 Hektar große

Gelände eine weitgehend verwaiste Konversionsfläche, die perspektivisch stadtentwicklungspolitisch erschlossen werden soll. SIGNA stehen für *Das Heuvolk* die Gebäude 241 – 243 der ehemaligen »Sullivan Barracks« sowie die nahegelegene, ebenfalls leerstehende Kapelle zur Verfügung. Dieser Bereich der Kaserne gehört seit 2015 zum Stadtteil Mannheim-Käfertal und wurde 2015/16 als temporäre Unterkunft für Geflüchtete zwischengenutzt. Die Inszenierung wird erstmals vom Nationaltheater Mannheim produziert und im Rahmen der Internationalen Schillertage für den 16. Juni bis 16. Juli 2017 programmiert. Bereits im Februar 2017 beziehen Signa, Arthur und ihr Produktionsteam das BFV in Mannheim.[96] Denn zu SIGNAs Arbeitsweise gehört, dass zunächst das Kernteam und später auch die Darsteller*innen und Assistent*innen nicht nur gemeinsam proben und die Räume ausstatten, sondern auch am Spielort für die Dauer der Produktion gemeinsam leben.[97] Eines der drei Gebäude (243) wurde zum Wohnen und eines für Werkstätten (242) genutzt, während das dritte (241) und die Kapelle mit ihrer jeweiligen Architektur, Geschichte und Atmosphäre die räumliche Grundlage für die *Heuvolk*-Stoffentwicklung bildeten.

*Das Heuvolk* ist die theatrale Realisierung der Fiktion der Himmelfahrer. Die Geschichte dieser Glaubensgemeinschaft mit Sitz im Mannheimer Käfertal ist aufs Engste mit ihrer Gründungsfigur verwoben: Jake Wolcott ist 1950 im kleinen Südstaatendorf Hopeful im Norden Louisianas geboren und ging bereits als Kind zu Gottesdiensten der Pfingstkirche. 1975 wurde er in Deutschland, im Mannheimer Benjamin Franklin Village, stationiert, wo er erst als Kartenzeichner und dann als Prediger wirkte. In dieser Zeit fiel er immer wieder mit konfrontativen, unorthodoxen Deutungen der Heiligen Schrift auf. Nachdem er das BFV verlassen musste, begab er sich auf eine deutschlandweite Suche nach potentiellen Anhänger*innen für eine eigene Gemeinde von Himmelfahrern. Auf Träumen und Eingebungen basierend entwarf er hierfür (s)eine eigene Schöpfungsgeschichte.

2012 quartierte sich Jake mit seiner Gemeinschaft heimlich in einem Teil der ehemaligen, leerstehenden Sullivan Barracks ein. In einem Gebäude (»Haus der Götter«) richtete er zwölf Schreine, die »Pearl Box« (Ort der Reinigung) sowie zwei Schulräume (»Schule der Himmelfahrer« und »Schule des Weltendes«) ein. Die Kapelle fungierte als gemeinsamer Schlafplatz und Ort der Nachtzeremonien. Für die Gemeinde, die aus etwa 45 Mitgliedern besteht, gelten strenge Regeln. Sie heißen alle mit Nachnamen Wolcott, leben als »Brüder und Schwester« und dürfen keine Kinder zeugen. Kontakt zur Außenwelt ist zu meiden; das Gebäude sollte lediglich am Abend verlassen werden. Alles richtet sich nach den Visionen und Prophezeiungen von Jake. Er ist der Überzeugung, dass die Welt zutiefst schlecht sei und es deshalb notwendig werde, eine neue Welt aufzusuchen. Die Ursache der Apokalypse, die er voraussieht, sind sich bekriegende Menschen, das Heuvolk, das verbrennen und spätestens in sieben Jahren untergegangen sein wird. Das Ziel seiner Gemeinde ist es, vorher mit einem Himmelsschiff in die neue Welt zu fahren, um so dem Unglück zu entkommen.

Jakes Glaubenssystem umfasst Geister und Götter. Eine besondere Rolle kommt dabei den Erdkerngöttern zu. Sie bestehen aus Seelen toter Menschen oder Tiere und können sich nur in lebenden, menschlichen Körpern manifestieren. Dass sie den Erdkern verlassen haben, sei Jake zufolge Indiz für das kommende Weltende und die fehlende Harmonie auf der Erde. Sie müssen in die neue Welt mitgenommen werden. In jedem Schrein leben je zwei Mitglieder der Gemeinschaft, eine Person, die sich zum Wohle aller als menschliche Hülle für einen Erdkerngott opfert, und eine, die Ersterer bei den Zeremonien dient.

Am 1. Januar 2017 ist Jake an Blutkrebs verstorben. Seiner Gemeinde gegenüber gab er an, in die neue Welt vorgehen zu wollen, um Vorbereitungen für ihr zukünftiges Leben zu treffen. Seitdem muss die Gemeinschaft ohne ihren spirituellen Führer auskommen. Die Wolcotts leben in Trauer und versuchen mit allen Kräften, die letzten beiden Schreine zu besetzen, bevor das Weltende kommt. Denn vorher können sie die Erde nicht verlassen. An den sogenannten »Tagen des Zustroms«, die Jake zu Lebzeiten noch vorausgesagt hatte, werden Menschen des Heuvolks zu Besuch geladen, in der Hoffnung, dass sich unter ihnen potentielle Mitglieder (oder gar »auserwählte« menschliche Hüllen für die Erdkerngötter) befinden. Sie besuchen das Areal, nehmen an Zeremonien teil, werden in die Lehren der Himmelfahrer eingeführt und bekommen die Möglichkeit, Teil der Gemeinschaft zu werden.

SIGNAs Arbeiten sind ortsspezifisch, insofern sie an keinem anderen Ort aufführbar wären. Sie sind *für* den jeweiligen Ort und *aus* ihm heraus entwickelt und funktionieren (bis auf wenige Ausnahmen[98]) auch nur dort. An meinen Ausführungen zeigte sich bereits, inwieweit sich Signa für ihre Fiktion von dem Areal des BFV und seiner Geschichte hat inspirieren lassen. Sie bezieht diese allerdings nur punktuell auf der Ebene fiktionalisierter Elemente ein, weshalb ich ihre Herangehensweise in Analogie zu Barrett als *site-sympathetic* bezeichnen möchte.[99] Abgesehen von fiktionalisierten Ortsbezügen wird die der Inszenierung zugrunde liegende Narration aus zahlreichen verschiedenen Referenzen äußerst eklektisch entwickelt. Ein Vorbild für die Fiktion von Jake Walcott und seiner Himmelfahrer-Gemeinde ist der berühmt-berüchtigte US-amerikanische Sektenführer Jim Jones und dessen neureligiöse Gruppe Peoples Temple, die unter dessen Führung 1978 den größten kollektiven Massenselbstmord der Geschichte begangen haben. Auch Jones gehörte bis zu seinem Ausschluss in den fünfziger Jahren zunächst der Pfingstkirche an und gründete im Anschluss in Kalifornien seine eigene synkretistische Kirche. Weitere Parallelen lassen sich z. B. zwischen der fiktiven Biografie Walcotts und jener von Paul Schäfer, dem Gründer der Colonia Dignidad, ausmachen. Aber auch Merkmale anderer vornehmlich US-amerikanischer Glaubensgemeinschaften wie dem Buddhafield-Kult, der täuferisch-protestantischen Gemeinschaft der Amische sowie der Scientology-Sekte um Ron Hubbard und die Charles-Manson-Family erhalten Einzug in die Konzeption der fiktiven Himmelfahrer.

Im Gegensatz zu *Alma* basiert eine SIGNA-Inszenierung nicht auf einem festgelegten Dramentext, festgelegt ist lediglich das narrative Netz der Fiktion, das von allen Beteiligten bis ins kleinste Detail perfekt beherrscht werden muss. Sobald Signa das Grundgerüst der Fiktion entwickelt hat und der Cast steht, ordnet sie den Darsteller*innen Rollen (zumeist einen Namen und biografische Eckdaten) und einen Raum zu. Dabei achtet sie darauf, dass in einem Raum stets sogenannte »Veteranen«, also Darsteller*innen, die mit der Spiel- und Aufführungsweise aus anderen SIGNA-Produktionen vertraut sind, und »Newbies«, erstmals Beteiligte, zusammen sind. Die Darsteller*innen sind im Fortgang des Produktionsprozesses angehalten, ihre Figuren eigenständig zu entwickeln, ihnen narrativ Kontur zu verleihen und kreativ über Verhältnisse unter- und zueinander zu imaginieren. Auch die einzelnen Schreine werden im Hinblick auf Detail-Ausstattung und Ding-Geschichten gemeinsam entwickelt und gestaltet. In den Aufführungen verkörpern die Darsteller*innen ihre festgelegten Figuren und improvisieren im Rahmen der festgelegten Himmelfahrer-Fiktion, ohne zu irgendeinem Zeitpunkt aus der Rolle zu fallen. Während die Schauspieler*innen von *Alma* textlich festgelegte Szenen spielen und Zuschauer*innen mit ihnen den Spielort physisch teilen, aber in aller Regel nicht in eine Szene intervenieren, kommt eine Szene – abgesehen von den Einführungsszenen – in einer SIGNA-Arbeit wie *Das Heuvolk* erst durch die Beteiligung des Publikums zustande. SIGNAs fiktive, mit theatralen Mitteln durchgestaltete Lebenswelt der Himmelfahrer ist eingerichtet, um vom Publikum inter-, pro- und reaktiv erkundet und kennengelernt zu werden.

### 2.3.4 *Wir Hunde* von SIGNA

Bei *Wir Hunde* handelt es sich um eine Koproduktion der Wiener Festwochen mit dem Wiener Volkstheater 2016. Letzteres stellte SIGNA das alte Gründerzeithaus in der Faßziehergasse 5a im siebten Bezirk für die Produktionsdauer bereit. Vormals den Weberei-Betrieb Geyer-Wolle beherbergend, werden Räume des Gebäudes seit 1984 vom Volkstheater als Schauspielschule (bis 1996), als Maske, Büro, Archiv und Requisitenlager genutzt (vgl. Fiala, 2017, S. 10). Zahlreiche Zimmer mussten erst mal entrümpelt, Böden neu verlegt und Wände gestrichen werden, bevor die für die Aufführung relevanten Räume dann mit SIGNA-typischen Unmengen an alten Teppichen, Vorhängen, Stoffen und abgenutztem Mobiliar neuerlich bestückt werden konnten. Jeder Raum wird mit Teppichen, Gardinen, Möbeln, Stoffen und Requisiten entsprechend der Fiktion, den Rollen und möglichen Handlungsspektren detailverliebt ausgestattet. Dadurch entsteht auch für *Wir Hunde* eine komplexe Rauminstallationen, die bereits ohne die Bespielung von Performer*innen ihren eigenen ästhetischen Wert und ihre künstlerische wie narrative Kraft entfaltet.

In fast allen Arbeiten orientiert sich die Ausstattung an einer vom Kollektiv selbst entwickelten »Bleak«-Ästhetik, d. h. im Sinne der englischen Wortbedeutung, dass alles atmosphärisch eher düster, trostlos, öde und freudlos gehalten sein muss. Die Faustregel »[n]ichts, was nach 1984 hergestellt wurde, kommt in unsere Räume« (Köstler zitiert nach Burckhardt/Behrendt, 2008, S. 31)[100] ist inzwischen – insbesondere bei *Wir Hunde* und *Das halbe Leid* – allerdings etwas gelockert worden. Wichtig ist und bleibt, dass alles, was in den Räumen zu finden ist, bereits gebraucht sein muss. Die meisten Einrichtungsgegenstände werden auf Flohmärkten erworben, aus Wohnungsauflösungen bezogen oder gar aus dem Müll der Überflussgesellschaft herausgesammelt und damit gleichsam recycelt und neu valorisiert. Die Materialität der Dinge spielt dabei eine entscheidende Rolle. Schließlich werden die Gebrauchsspuren, die die Dinge tragen, im Zuge der Inszenierung fiktionalisiert und narrativiert, damit sie für die Figuren während der Aufführung als Teil ihres Wohnraums und damit auch als Erinnerungsträger ihrer fiktiven Lebensgeschichten anspielbar werden. Mit der Ästhetik von »Bleak(ness)« ist immer auch ein bestimmtes Farbkonzept verbunden, das – wie auch bei *Wir Hunde* – gedeckte Braun-, Beige- und Creme-Farben sowie Pastelltöne bevorzugt.[101] Sie umfasst zudem auch Dimensionen von Aussehen und Geschmack der gereichten Speisen und Getränke[102] sowie die Ebene sprachlichen Ausdrucks, d. h., dass es vorab bestimmte Wortgruppen oder Sprachen gibt, deren Verwendung ausgeschlossen wird, wodurch – ähnlich wie in *Das halbe Leid* – auch ein bestimmtes, eher prekär lebendes, soziales Milieu miterzählt wird.

Zur Premiere ist das Gebäude – wiederum durch monatelanges Zusammenleben, Wohnen und Arbeiten aller Beteiligten – in das Vereinshaus des fiktiven Vereins »Canis Humanus« transformiert worden. Es beherbergt insgesamt sechs Familien auf drei Etagen, dazu gibt es einen Versammlungsraum im obersten Stock sowie einen Zwinger im Erdgeschoss. Der von Graf Sigbert Trenck von Moor gegründete Canis Humanus e.V. (dt. Verein für »Menschenhunde«)[103] lädt von Mai bis Juni 2016 im Rahmen seines vierzigjährigen Jubiläums zu einer Reihe von Tagen der offenen Tür in das Vereinsgebäude.[104] Die Gemeinschaft, die hier und z. T. auch in einem größeren Gutshaus in Warchau bei Wusterwitz in Brandenburg lebt, besteht aus insgesamt sieben Familien, in welchen Menschen mit sogenannten Hundschen zusammenleben. Hundsche sind eine Transspezies – es handelt sich dabei um Hunde, die im Menschenkörper geboren wurden.

Gegenwärtig steckt der Verein in einer Krise. Abgesehen von dem äußerst schlechten Gesundheitszustand des Gründers infolge eines Schlaganfalls fehlt es dem Verein zunehmend an finanziellen Mitteln. Ganz zu schweigen von der gesellschaftlichen Ausgrenzung, welcher sich die Mitglieder Tag für Tag ausgesetzt sehen. Denn Hundsche werden von der Mehrheitsgesellschaft nicht anerkannt. Dies führt dazu, dass die Familien, die sich mit ihren Hundschen in die Öffentlichkeit wagen, mit schlimmsten Anfeindungen und Diskriminierungen konfrontiert werden, die z. T. so weit gehen, dass die Hundsche als Geisteskranke pathologisiert und ihren »Herrlis« und »Fraulis« weggenommen werden. Die Tage der offenen Tür haben also zum einen das Ziel, den Verein einer breiteren Öffentlichkeit bekannt zu machen und für die Anerkennung der Transspezies Hundsch zu werben, indem man sich von ihrem Leben ein eigenes Bild verschaffen kann. Zum anderen geht es auch darum, finanzielle Unterstützer*innen zu gewinnen, die sich für den Verein längerfristig einsetzen wollen. Für die Tage der offenen Tür sind fast alle Familien zusammengekommen, um sich ihren Gästen – und damit uns Zuschauer*innen – vorzustellen. Man erfährt, dass es auch Familien gibt, die es nicht nach Wien zum

Tag der offenen Tür geschafft haben. Das Gleiche gilt für eine Reihe von Hundschen. Insgesamt umfasst der Verein knapp 30 Menschen und 35 Hundsche.

Jeder Hundsch weist hinsichtlich seines Verhaltens variierende Ausprägungen hündischer und menschlicher Anteile auf, wenngleich die Anatomie bei allen menschlich ist. Entscheidend ist, dass Hundsche und Menschen im Verein gleichwertig, aber nicht gleichberechtigt sind. Es ist vorgesehen, dass sich der Hundsch unterordnet. Weil junge Hundsche oder jene, die erst seit Kurzem erkannt haben, als Hundsch leben zu wollen, für das Zusammenleben bestimmte Regeln lernen müssen, gibt es im Gebäude den sogenannten Zwinger. Der Großherzigkeit des Grafen sei es zu verdanken, dass ausgerechnet zur Zeit der Tage der offenen Tür auch die beiden (Wolf-)Hundsche Nina und Pascoal in einer hinteren Nische im Zwinger unterkommen dürfen. Sie leben nicht offen als Hundsche und treten den Menschen äußerst aggressiv und hassbeladen entgegen. Um Ausschreitungen zu vermeiden, wurde deshalb beschlossen, dass man Nina und Pascoal als Gast nur mit einem Elektroschocker einen Besuch abstatten darf.

Ein jeder Tag der offenen Tür folgt einer Grundstruktur: Die Gäste werden kurz nach der Ankunft im Mezzanin begrüßt. Dann haben sie Zeit zu entscheiden, welche Familien sie näher kennenlernen wollen. Es gibt stets vier feste Veranstaltungsformate zu festgelegten Zeiten im Großen Saal, die für alle Gäste offen sind: 20:15 Uhr »Sind Sie Herrchen?«, 21:15 Uhr »Lieder aus dem Hundscheleben«, 22:15 Uhr »Sind Sie Hundsch?« und 23:15 Uhr »Musik zum Träumen und Trauern«. Darüber hinaus bekommt jeder Gast ein Zeitfenster zugewiesen, in dem er sich unter Aufsicht der Angestellten den Zwinger anschauen darf. Um die Nachtruhe zu wahren und etwas Zeit zu haben, sich für den kommenden Tag der offenen Tür zu akklimatisieren, werden die Gäste gebeten, das Vereinshaus um 24:00 Uhr zu verlassen. Dem geht allerdings noch die wichtige Option voraus, Freund*in des Vereins zu werden. Wer dies möchte, hinterlässt seine persönlichen Daten und wird mit einer jeweils in den verschiedenen Familien leicht variierenden, rituellen Begrüßungszeremonie in den Freundeskreis von Canis Humanus aufgenommen und dann verabschiedet. Jedem Freund/jeder Freundin steht danach frei, Kontakt mit den Vereinsmitgliedern aufzunehmen. So können z. B. individuelle Termine[105] ausgemacht werden, um sich auch außerhalb des Vereinsgebäudes und der Tag-der-offenen-Tür-Struktur zu treffen, um gemeinsam etwas zu unternehmen (z. B. Eisessen, Kaffeetrinken, Spazierengehen) und sich dadurch noch besser kennenzulernen.

Wichtige Inspirationsquellen für die eklektische Fiktionsentwicklung von *Wir Hunde* waren Filme von Ulrich Seidl – insbesondere *Tierische Liebe* (1994) – ebenso wie *Der Hund, der »Herr Bozzi« hieß* von Ladislao Vajda (1957), *Der Wolfsjunge* von François Truffaut (1970) sowie *Dogtooth* von Giorgos Lanthimos (2008). Für die Verkörperung der fiktiven Transspezies waren diejenigen Darsteller*innen mit zugeteilter Hundsch-Rolle angehalten, sich eingehender Wirklichkeits-ergo Hundebeobachtung oder wahlweise auch der intensiven Sichtung ausgewählter YouTube-Videos zu Hundepsychologie zu unterziehen, um hündisches Verhalten mimisch wie gestisch so genau wie möglich nachahmen zu können.[106]

### 2.3.5 *Das halbe Leid* von SIGNA

*Das halbe Leid* entstand 2017 als Produktion des Schauspielhauses Hamburg in der ehemaligen Werkhalle der Firma Heidenreich & Harbeck am Wiesendamm in Hamburg-Barmbek, wo zwischen 1917 und 1976 Drehmaschinen und Werkzeug produziert wurden. SIGNA hat den vorderen Teil der Halle in die Unterkunft des fiktiven Vereins »Das halbe Leid e.V.« verwandelt. Auf der rechten Seite befindet sich der Trakt mit insgesamt acht Therapiesitzungsräumen, mittig befindet sich erhöht und verglast ein Fitnessraum und links sind der Schlaftrakt auf zwei Etagen sowie der Küchenbereich, ein Versammlungsraum, eine Kleiderklammer, ein Umkleideraum, ein Überwachungsraum sowie ein Sammelbad eingerichtet. Dieser Bereich erinnert sehr stark an eine soziale Notunterkunft oder temporäre Einrichtung für obdachlose und/oder geflüchtete Menschen.

In der Fiktion existiert der vom Ehepaar Peter und Viola Freund mitgegründete und geleitete Verein bereits seit 2007. Doch erst 2017 haben sie damit begonnen, Kurse auch für die breite Öffentlichkeit anzubieten. Damit ist insbesondere der Kurs »Geteiltes Leid« gemeint, an dem jede*r Zuschauer*in einer Aufführung teilnimmt. SIGNA schließen hier einerseits an ihre Arbeiten der *Dorine Chaikin Trilogie* (2007/08) sowie *Bleier Research Inc.* (2011) und *Ventestedet* (2014) an, insofern es sich wieder um ein Therapie-Setting handelt, in das das Publikum involviert wird und andererseits – mit Blick auf die Spieldauer von zwölf Stunden – auch an frühere Langzeit-Performances wie *Die Erscheinungen der Martha Rubin* oder *Secret Girl*. Nach einer kurzen Einführungsveranstaltung wählt sich jede*r »Leidende« – also Menschen, die innerfiktional in der Unterkunft leben – je eine*n bis drei Zuschauer*innen als »Kursist*innen« aus. Es gilt seitens der Gäste, sich für zwölf Stunden in das Leid seiner Mentorin/seines Mentors einzufühlen. Hierfür gelten verschiedene Regeln, jene »Leidsätze«, die im Kursheft, das den Zuschauer*innen zu Beginn ausgehändigt wurde, festgeschrieben sind. Für die Kursteilnahme müssen die Gäste ihre eigene Kleidung gegen bereitgestellte Kleidung ihrer Mentor*innen eintauschen. Der Kurs ist in zwei Phasen unterteilt. Von 20 Uhr bis Mitternacht stehen verschiedene Therapie- und Gesprächsformate auf dem Programm, an dem die Kursist*innen mit ihren Mentor*innen gemeinsam teilnehmen und diese dadurch etwas besser kennenlernen können. Dabei gibt es sportliche (»Inferno«), musikalische (»Körperschleusen«), kreativ-spielerische (»Leidgestalt«), wissensvermittelnde (Vorträge wie »Sich selbst im Leiden anderer finden«) wie auch intensive gesprächstherapeutische Einheiten (»Rückenwind«). Nach Mitternacht, mit Beginn der Bettruhe, beginnt die zweite Kursphase, in der Zuschauer*innen – vorausgesetzt sie bleiben weiterhin an der Seite ihrer Mentor*innen und legen sich nicht (wie es dezidiert möglich ist) schlafen – mit den eher »dunklen Methoden« der Vereinsleitenden, die auch »Mitleidende« genannt werden, in Berührung kommen.

Orientiert an der Realität obdachloser Menschen[107] entwirft *Das halbe Leid* den künstlerischen Mikrokosmos eines fiktiven Vereins, der Therapiezentrum und Notunterkunft vereint und in dem marginalisierte Menschen ›vom Rand der Gesellschaft‹ für einen Kurs zur Empathie-Steigerung privilegierter Menschen ›aus der Mitte der Gesellschaft‹ instrumentalisiert und dabei emotional wie ökonomisch vorgeführt und ausgebeutet werden. Im Vergleich zu anderen SIGNA-Arbeiten ist die mythisch-okkulte Dimension, die jeder SIGNA-Fiktion stets – nicht zuletzt aus Ästhetisierungs- und Verfremdungszwecken – mitgegeben ist, in *Das halbe Leid* zurückgenommen. Anstelle einer fiktiven Gesamtnarration geht es bei *Das halbe Leid* vor allem um die insgesamt 42 fiktiven Biografien der »Leidenden« und »Mitleidenden«, die ein Spektrum höchst unterschiedlichster Einzelschicksale bilden. Die meisten Leidenden kommen aus zerrütteten und/oder sozial und finanziell benachteiligten Elternhäusern, sind dann von der ›rechten Bahn‹ abgekommen und in der Prostitution, im Gefängnis, in einer Alkohol- und/oder Drogensucht und damit zuletzt auf der Straße gelandet. Z. T. leiden sie auch an Psychosen, schweren Halluzinationen oder Formen der Schizophrenie. Bei den Mitleidenden, die zumeist aus bürgerlichen Verhältnissen kommen, gab es im Verlauf ihrer fiktiven Biografie zumeist eine einschlägige »Leid«-Erfahrung, die dazu geführt hat, dass sie sich – wie zur Kompensation oder Selbsttherapie – fortan sozial engagieren wollten. Im Verein haben sich seitens der Leidenden über die Zeit Gruppen gebildet, so z. B. die rechtsradikale Gruppe der »Deutschen«, die der osteuropäischen Migrant*innen, die »Irren« oder die Drogen-Stricher-Gang. Die Figuren werden von ihren Darsteller*innen je nach schauspieltechnischem Vermögen vornehmlich vermittels psychologisch-realistischer Spielweise verkörpert. Ein Ausstieg aus der Figur ist auch in dieser Produktion SIGNAs zu keinem Zeitpunkt erlaubt. Textlich improvisieren sie im Rahmen der vorab festgelegten fiktiven Biografie frei – sowohl untereinander als auch mit den Kursist*innen. Eine wichtige ästhetische Inspirationsquelle für Raum, Kostüm und Maske waren Signa zufolge die inszenierten Milieu-Fotografien von Klaus Pichler.

Die Therapiemethoden, die im fiktiven Verein »Das halbe Leid« zum Einsatz kommen, sind wiederum relativ wahllos und eklektisch zusammengesammelt. Während sich Mitgründer Peter Freund an schulmedizinisch anerkannten Methoden der (insbesondere) personenzentrierten Psychotherapie wie sie u. a. der US-amerikanische Psychologie Carl Rogers vertreten und entwickelt hat, orientiert, erinnern einige der »dunklen Methoden« in der Nacht, in denen es darum geht, Schmerz nur überwinden zu können, indem man sich ihm wieder und wieder aussetzt – insbesondere mit Blick auf die aktive Zuschauer*innen-Involvierung in diesen »Sitzungen« –, eher an sozialpsychologische Studien wie das Milgram-Experiment (1961). Mit der zentralen Methode des »Identitätswechsels«, welchen einerseits Mitleidende und Leidende in ausgewählten Konstellationen vollziehen, um sich in die je andere Position besser einfühlen zu können, und den andererseits auch wir Kursist*innen mit den fiktiven Leidenden im Rahmen des Aufführungsbesuchs durchführen sollen, ist gewissermaßen ein metatheatraler Kommentar – nicht nur zur Immersion (im Sinne eines leiblichen Eintauchens in die Lebenswelt einer anderen Person, vgl. Kap. 1.2), sondern auch zum Verhältnis von Repräsentation und Einfühlung im Gegenwartstheater – eingetragen.

### 2.3.6 *3/Fifths – SupremacyLand* von James Scruggs und Tamilla Woodard

Ich habe die Ankündigung zu *3/Fifths – SupremacyLand* von James Scruggs[108] und Tamilla Woodard[109] zufällig in den New Yorker Feuilletons entdeckt, als ich im Mai 2017 wegen der Punchdrunk Sichtung vor Ort war. Finanziell wurde *3/Fifths* durch die Unterstützung von

»Creative Capital«, dem »MAP [multi-art production] fund« und dem 3-LD-Technology Center[110] ermöglicht. Letzteres stellte Proben- und Spielort sowie die gesamte technische Infrastruktur für die Dauer von 14 Wochen (zehn Wochen Proben, vier Wochen Aufführungen) bereit. Zusätzlich konnten Mittel über Crowdfunding eingeworben werden.

2004 schrieb der afroamerikanische Theaterautor James Scruggs das rassismuskritische Ein-Personen-Stück *Disposable Men*, das 2005 in der Regie von Kristin Marting als Multimedia-Performance mit Scruggs selbst in New York zur Uraufführung kam. Ausschlaggebend hierfür war eine Begegnung zwischen Scruggs und einem weißen Polizisten, die grundlos eskalierte (vgl. Scruggs, 2017). Auch wenn sie ohne physische Gewaltanwendung endete, erinnerte sie ihn an den Fall Rodney King 1991 in Los Angeles und an all die anderen Beispiele rassistisch motivierter Polizeigewalt gegenüber afroamerikanischen Männern wie die Ermordungen von Eric Gardner, Tamir Rice oder zuletzt George Floyd. *Disposable Men* widmet sich Amerikas »obsession of weaponization black skin« (Scruggs, 2016) und damit der Tatsache, dass schwarze Haut von weißen Polizisten als Waffe angesehen werde, der man mit tödlicher Gewalt begegnen müsse. Aus einer Schwarzen Perspektive setzt sich das Stück aus fünf satirischen Monologen zusammen, die jeweils verschiedene thematische Analogien zwischen Hollywood-Monstern und Schwarzen Männern eröffnen.[111] Der Theatermacher bezeichnet die Produktion *3/Fifths – SupremacyLand* als Weiterentwicklung dieses ersten Projekts (vgl. ebd.).

James Scruggs wirkte bei *3/Fifths* als Produzent und Autor – der Inszenierung liegt ein Skript zugrunde – und engagierte für die zweigeteilte Produktion zusätzlich die beiden Regisseur*innen Tamilla Woodard und Kareem Fahmy. Der erste Teil stand unter der künstlerischen Verantwortung von Tamilla Woodard und ist jener Aufführungsteil, den ich in dieser Arbeit als Beispiel immersiven Theaters im engeren Sinne analysieren möchte. Der zweite Teil ist ein eher klassisch-boulevardeskes Schauspielformat unter der Regie von Kareem Fahmy.[112] Der Titel *3/Fifths* verweist auf die historische Drei-Fünftel-Klausel (*Three-Fifths Compromise*), die von 1787 bis 1865 in den USA wirksam war. Für die Bemessung von Steuern und mit Blick auf die Sitzverteilung im Repräsentantenhaus wurde diskutiert, ob man Sklav*innen bei der Volkszählung als vollwertige Einwohner*innen oder aber als Eigentum (der Sklavenbesitzer*innen) zählen wolle. Weiße Politiker*innen der Süd- und Nordstaaten einigten sich 1787, drei von fünf Sklav*innen als vollwertige Personen zu zählen. Für die Südstaaten mit ihren zahlreichen Sklavenhalter*innen bedeutete der

Kompromiss, dass sie mehr Abgeordnete und Wahlmänner zugesprochen bekamen, gleichzeitig aber auch eine höhere Steuerlast tragen mussten. Der Titel *3/Fifths* verweist damit auf nur eines der unzähligen Kapitel in der Geschichte systemisch-strukturellen Rassismus und Gewalt gegenüber der Schwarzen Bevölkerung in den USA.

Den ersten Teil von *3/Fifths* bildet die theatrale Realisierung des fiktiven Themen- und Vergnügungsparks SupremacyLand. Hierbei handelt es sich um eine dystopische Version eines Parcours aus interaktiven Spielständen und ›Attraktionen‹, wie man sie sonst nur aus historischen Dokumenten kolonialer Völkerschauen kennt. SupremacyLand ist ein fiktiver Unterhaltungspark im Besitz eines weißen Mannes, der nur »The General« genannt wird. »The entire work is from the viewpoint of SupremacyLand which is virtually an Ethno-park, unabashedly heralding and celebrating all things white, without regard to political correctness« (Scruggs/Teplitzky, 2016). Der Indoor-Themenpark umfasst folgende Stationen: 1. Die Fotostation »Selfie with the Homies« für ein Erinnerungsfoto mit einem stereotypen »Gangster«-Rapper in Hoodie, Cappie und jeder Menge Fake-Goldschmuck, 2. »Aryan Hammer Throw«, ein Hau-den-Lukas, 3. »Crime Scene«, 4. die »Coon Dance«-Bühne, 5. den »Noose-Making«-Stand, 6. das Spiel »Wet and Wild«, 7. die Station »Ask a black man« für ein separiertes *One-on-One*, 8. der »Alt Facts Booth«, 9. der »Adults only BDSM«-Stand, 10. »Flip Flop Race Ride«, 11. das interaktive Computerspiel »Rough Ride«, 12. die »Tattoo-You«-Station mit einer Auswahl von Symbolen weißer Suprematisten zum Aufkleben und 13. das historische Ratespiel »The Reasons to be Lynched Wheel of Fortune«. Im Kreisinneren gibt es neben einem mobilen Popcorn-Stand eine kleine Bühne, auf der ein Performer N-Witze zum Besten gibt, sowie zwei sich im Raum verteilende »Care Ladies«. Eine letzte Attraktion mit dem Titel »The Incarcerated man« findet sich als *durational performance* im Außenfenster des 3LD-Centers. Sie präsentiert für mehrere Stunden pro Tag einen Performer in einer kleinen, weißen Gefängniszelle, die lediglich mit einem Bett und einer Toilette ausgestattet ist, als »black man in his natural habitat«. Die Schau-Zelle repräsentiert in der Logik der SupremacyLand-Fiktion das Privatgefängnis des weißen Generals.[113]

Abgesehen vom »incarcerated man« tragen alle afroamerikanischen Performer*innen im SupremacyLand eine Uniform, die aus weißem Hemd, roter Weste, blauem Rock bzw. blauer Hose und wahlweise einer hellblauen Schleife, besteht. An der linken Brust tragen sie anstelle eines Namensschildes einen einheitlichen Aufnäher mit dem N-Wort, was während der Proben für zahlreiche Diskussionen mit den Performer*innen sorgte (vgl. Scruggs, 2020). Für die Dauer von gut neunzig Minuten sind die Zuschauer*innen im fiktiven, komplett durchgestalteten SupremacyLand zu Gast und können sich von Station zu Station frei bewegen und so lange verweilen, wie sie mögen. Entscheidend ist, dass das Publikum zuvor am Einlass einer (vermeintlich) blinden Performerin gegenüber angeben muss, ob es sich als »white« oder »black« identifiziert. Je nach Angabe – die nicht der tatsächlichen Hautfarbe oder Selbstidentifizierung entsprechen muss – zeichnet Catherine Braxton den Zuschauer*innen entweder einen weißen oder schwarzen vertikalen Strich auf die Stirn, gibt ein jeweils unterschiedlich hohes Startgeld an SupremacyLand-Dollar aus und weist je zwei verschiedene Eingänge zu.

Scruggs hat in einem Interview gesagt, dass er die »phantasy« von *3/Fifths – SupremacyLand* schon einige Jahre früher hatte, diese dann aber gewissermaßen unter der Präsidentschaft von Donald Trump unerhört schnell von der Wirklichkeit eingeholt wurde (vgl. Scruggs, o. J.). Der rassistische fiktive Themen- und Vergnügungspark SupremacyLand ist trotz (und wegen) der historischen Referenzen auf Sklaverei, Lynchjustiz, Jim-Crow-Gesetze, koloniale Menschenausstellungen und Minstrel Shows auch als zugespitztes Abbild US-amerikanischer Gegenwart zu lesen. Bedauerlicherweise konnte die Produktion *3/Fifths – SupremacyLand* – aus finanziellen und vermutlich auch aus politischen Gründen (vgl. Scruggs, 2020)[114] – nicht noch einmal an einem anderen Ort in den USA aufgeführt werden. Forschungen zu der Arbeit sind mir nicht bekannt.

# 3. Polyperspektivismus. Von der Form zur Methode

Nach der einführenden Betrachtung ausgewählter Positionen der transdisziplinären Immersionsforschung (Kap. 1), der Beschreibung zentraler Merkmale immersiver Theaterdispositive (Kap. 2.1) und der Spezifizierung von immersivem Theater als rezente Theaterform, die das immersive Dispositiv und ästhetische Strategien der Überblendung von sozial-relationalem Aufführungsgeschehen und fiktiver Weltversion im Modus einer Wirklichkeitssimulation vereint (Kap. 2.2), möchte ich nun erläutern, welche Herausforderungen sich bei der Analyse von Aufführungen immersiven Theaters ergeben.

Wie bereits dargelegt, werden Zuschauer*innen vom Aufführungs- als Erfahrungsraum szenografisch, narrativ, atmosphärisch und multisensorisch umschlossen, wodurch vielfältige Dynamiken situativer Affizierungen im Hinblick auf Erfahrungsschatz und Bedeutungsgenerierung wirkungsästhetisch dominant werden. Sie werden in je verschiedenen Konstellationen in unterschiedliche Situationen verwickelt, für deren Verlauf ihr eigenes Mit-Wirken, ihr Re-Agieren und ihr Empfinden mitbestimmend werden. Die in Rede stehenden Produktionen arbeiten dabei mit einer Vielfalt an Involvierungsstrategien, die die Einbindung der Zuschauenden ins Aufführungsgeschehen und damit auch bestimmte Wahrnehmungsweisen und Affizierungsprozesse gezielt lenken und modellieren. Diese umfassen dramaturgische Strategien der Publikumsaufteilung, produktionsästhetische Absprachen darüber, wie Performer*innen mit Zuschauer*innen umgehen, räumliche (Des-)Orientierungsprozesse, die sich durch die Parcoursstruktur der komplexen Konstellation szenischer Räume ergeben, der Einsatz sensorischer Stimuli (z. B. durch das Reichen eines Getränks oder Snacks, durch Duftdesign oder die Haptik umgebender Gegenstände), die kognitive Einbindung in die erzählte Weltversion über Erzählungen, Berichte und persönliche Gespräche sowie Strategien des Publikums-*Framings* (vgl. Kap. 2.2.3). Diese verschiedenen Modi der Publikumsinvolvierung auf ihre vereinnahmenden Dimensionen hin zu analysieren, bildet das methodisch-theoretische Ziel meiner Studie.

Als ich im Winter 2014/15 begann, mich mit »immersive theatre« zu beschäftigen, war der Begriff in der deutschsprachigen theaterwissenschaftlichen Debatte noch weitgehend unbekannt. Vermittelt über die ersten kartografierenden Positionen der britischen Theaterwissenschaftler*innen Josephine Machon und Adam Alston konnte ich mir einen Eindruck verschaffen, welchen vermeintlich neuen Theater- und Performanceformaten und mit ihnen verbundenen Erfahrungsschätzen sie mit dieser Bezeichnung begrifflich auf der Spur waren. Da die meisten ihrer Aufführungsbeispiele von britischen Künstler*innen und Kollektiven stammten und zum Zeitpunkt ihrer Publikationen zumeist schon abgespielt waren, habe ich begonnen, andere international tourende Produktionen aus dem vorgeschlagenen Künstler*innen-Kreis mitzuerleben und sie mit Produktionen aus dem Berliner Umfeld sowie aus ganz Deutschland, aber auch aus Frankreich, Belgien, Österreich und Dänemark vergleichend in Beziehung zu setzen.

Für die Auswahl der gesichteten Produktionen bin ich zunächst Machons »central features« (Machon, 2013, S. 70) gefolgt: Es sollte eine aktive Beteiligung des Publikums, ein verändertes räumliches Dispositiv sowie eine multisensorisch erfahrbare Szenografie geben. So habe ich von 2014 bis 2020 insgesamt 120 Produktionen miterlebt, die diesen Kriterien entsprachen. Induktiv erwuchs aus der Betrachtung dieses Aufführungsspektrums die Erkenntnis, dass es innerhalb dieses Korpus partizipativer Arbeiten einen Kreis von Arbeiten gibt, die sich in besonderer Weise ähneln und darin zugleich von allen anderen symptomatisch abheben. Hierin sah ich einen Schlüssel für eine notwendige Differenzierung innerhalb des Diskurses um »immersive theatre«, in dem partizipativ und immersiv zunehmend synonym verwendet wurden. Mein zentrales theoretisches Unbehagen, Immersion auf gänzlich diverse Theater- und Performanceformate zu übertragen, ist dadurch begründet, dass Immersion dann pro Beispiel aufgrund ihrer Kontextabhängigkeit stets völlig unterschiedliche mediale und materielle Rezeptionsweisen und Erfahrungsdimensionen meinen muss und auf diese Weise zu keiner theoretischen Präzisierung beitragen kann.

Während das Forschungsdesign meiner Studie zu Beginn noch darauf abzielte, herauszufinden, was man im Theater mit seiner spezifischen Medialität und Materialität sinnvoll als eine immersive Zuschauer*innen-Erfahrung bezeichnen könnte, verschob sich mit Forschungsverlauf der Fokus von der Betrachtung des rezipierenden Individuums und dessen Wahrnehmung und Einordnung bestimmter Erfahrungsmomente als »immersiv« auf die Analyse des relationalen Affektgeschehens *zwischen* Aufführungsdispositiv und Zuschauer*in. Vor diesem Hintergrund entfaltete sich im permanenten Wechselspiel zwischen theoriegeleiteter Perspektivierung, regelmäßigen, empirischen Aufführungserfahrungen sowie systematischem Austausch mit anderen Zuschauer*innen die Hypothese, dass die zentralen Formprinzipien immersiven Theaters im engeren Sinn bestimmte Erfahrungen wirkungsästhetisch präfigurieren.

Die Besonderheit meines Aufführungskorpus liegt darin, dass es gestaltete Weltversionen gibt, mit denen Zuschauer*innen über verschiedene ästhetische Strategien in Beziehung gesetzt werden. Ich akzentuiere das Immersive auf diese Weise über die Dimension des *Worldbuildings* und schaffe damit einen Anschluss an die in Kapitel 1.2 vorgestellten Apparaturen und Medien der Immersion, denen es zuvorderst um verschiedene Mensch-Umgebungs-Konstellationen geht. So wird es möglich, Immersion in den in Rede stehenden Aufführungen zuvorderst auf der Ebene jener Selbst-/Weltverhältnisse in den Blick zu nehmen, die vom Aufführungsdispositiv sowohl präfiguriert als auch mithervorgebracht werden können. Diese Perspektivierung führte dazu, dass ich mich auf die Analyse der verschiedenen *Involvierungsmodi* zu konzentrieren begann.

Das Verb »involvieren« beinhaltet das von seiner lateinischen Herkunft (»involvere«, dt. »einwickeln«) abgeleitete Bedeutungsspektrum von »ein- bzw. umschließen« (*Duden online*, o. J.) über »hineinwälzen« (*Brockhaus*, 2006, S. 455) bis »in etwas verwickeln« (ebd.) und adressiert so viel präziser als das im ästhetischen Diskurs überstrapazierte Verb »partizipieren«, in welcher Weise Zuschauer*innen von immersiven Aufführungsdispositiven und den gestalteten Weltversionen im Sinne Agambens ergriffen, gelenkt, bestimmt, gehemmt, geformt, kontrolliert und eben auch vereinnahmt werden. Die Ähnlichkeit zwischen Games und immersivem Theater, Spieler*innen bzw. Zuschauer*innen nicht nur multimodal, sondern vor allem auch handlungsbezogen in Spielgeschehen und Spielwelt bzw. Aufführungsgeschehen und fiktive Weltversion einzubeziehen, legt nahe, sich die Privilegierung des Begriffs der Involvierung, wie sie in den Game Studies dominiert (vgl. Calleja, 2011, S. 35ff.), gleichfalls anzueignen. Und weil die Involvierung in das Aufführungsgeschehen im immersiven Theater immer auch zugleich die Involvierung in die fiktive Weltversion meint, zielt die Analyse von Involvierungsprozessen auf die Analyse von Selbst-/Weltverhältnissen – in einem Erfahrungsraum, in dem Soziales und Ästhetisches im Modus der Wirklichkeitssimulation »verschmelzen«.

Die titelgebende Rede vom immersiven Theater als einem Theater der Vereinnahmung zielt, wie die Analysen zeigen werden, darauf ab, dass die vielfältigen Involvierungsstrategien als Modi der ›Kopplungen‹ von Zuschauer*in und Weltversion wirkungsästhetisch Prozesse der Vereinnahmung begünstigen. Wählt man Publikumsinvolvierungen und die von ihnen präfigurierten und realisierten Wirkungen in Theateraufführungen als zentralen Analysegegenstand, dann hat man es mit einem empirisch äußert schwer greifbaren Phänomen zu tun. Das methodische Dilemma der Theaterwissenschaft im Hinblick auf die Ephemeralität der Aufführung verschärft sich noch, wenn sich wie im immersiven Theater eine Aufführung hauptsächlich über verschiedene Situationen konstituiert, die von den jeweiligen Individuen maßgeblich mitbestimmt und in dieser spezifischen Weise auch ausschließlich von ihnen selbst (und niemandem sonst) erlebt werden. Wie also analysiert man die Korrelation von Publikumsinvolvierungen und ihren erfahrungsbezogenen Wirkungen?

In diesem Kapitel möchte ich weitere formale Merkmale immersiven Theaters im engen Sinn herausstellen, die ich mit dem Begriff des *Polyperspektivischen* fasse, um von der Spezifik des Gegenstandes mein weiteres methodisches Vorgehen herzuleiten und zu begründen. Polyperspektivismus tangiert verschiedene Dimensionen wie die Entgrenzung des Aufführungsgeschehens in eine Vielzahl gleichzeitig und nebeneinander stattfindender Szenen und Situationen (3.1). Er beschreibt ferner das gleichberechtigte und gleichzeitige Nebeneinander-Wirken verschiedener Figuren sowie auch jenes von Gegenständen, Atmosphären, Gerüchen oder Klängen, die zu potentiellen Erzählinstanzen der der fiktiven Weltversion zugrunde liegenden Narration werden. Ebenso wie die innerdiegetische Perspektivvielfalt, die es möglich macht, den Mikrokosmos über ganz und gar gegensätzliche Personen oder Positionen kennenzulernen (3.2). Zuletzt hebt der Polyperspektivismus auch auf die Vervielfältigung der Wahrnehmungsmodalitäten bei den teilnehmenden Zuschauenden ab, insofern diese die gestaltete Weltversion dezidiert mit all ihren Sinnen wahrnehmen, erspüren und sich inner- wie außertheatrale Weltbezüge auf diese Weise nicht nur rational auf der Ebene der Bedeutungsgenerierung, sondern in hohem Maße über sinnliches Spüren und komplexe Affizierungsgeschehen herstellen (3.3).

Ich werde vor diesem Hintergrund für die Analyse der Publikumsinvolvierung im immersiven Theater eine *polyperspektivische Szenen- und Situationsanalyse* vorschlagen.[115] Diese umfasst zugleich auch eine Polyperspektivierung im Hinblick auf die Methoden. Um sowohl formals auch akteursbezogen vorgehen zu können und damit der genuinen Relationalität von Involvierungsprozessen gerecht zu werden, kombiniere ich phänomenologische[116] und semiotische Aufführungsanalyse (mit dem Fokus auf ausgewählte Szenen und/oder Situationen) und affekttheoretische Dispositivanalyse mit sozialwissenschaftlichen

Methoden, respektive mit qualitativen Zuschauer*innen-Interviews. Wie die folgenden Ausführungen zeigen werden, erfordert es die relationale Form immersiven Theaters, mit-wirkende Zuschauende weder nur stellvertretend über meine eigene begrenzte Zuschauerinnen-Perspektive noch lediglich als abstrahierte oder abstrakte theoretische Figur zu adressieren. Vielmehr drängt die künstlerische Form, die auf der vielfältigen Involvierung von Zuschauer*innen basiert, darauf, auch ›empirische‹ Zuschauer*innen und ihre konkreten verkörperten Aufführungserfahrungen systematisch in die Analysen einzubeziehen, um herausstellen zu können, worin die strukturellen wirkungsästhetischen Gemeinsamkeiten von ausgewählten Szenen und Situationen liegen, die Zuschauer*innen im immersiven Theater erleben. Auf diese Weise schreibt sich die vorliegende Arbeit methodisch wie theoretisch auch in das noch recht junge Feld theaterwissenschaftlicher Publikumsforschung ein.

Patrice Pavis spricht bezeichnenderweise vom »Gespenst des Zuschauers [...] als Alptraum des Theoretikers« (Pavis, 2011, S. 73). Denn gerade in den Anfängen des Fachs hat sich die Theaterwissenschaft neben historischen und historiografischen Arbeiten hauptsächlich der Dramenanalyse und in den achtziger Jahren vermehrt der vornehmlich semiotischen Analyse des Aufführungstextes gewidmet. Als Wissenschaft, die sich insbesondere innerhalb der letzten drei Dekaden explizit mit der Kunst von Aufführungen beschäftigt, welche gemäß der Neukonturierung eines performativen Aufführungsbegriffs durch Erika Fischer-Lichte von Zuschauer*innen und Akteur*innen konstitutiv gemeinsam hervorgebracht wird, überrascht es doch, wie überschaubar theoretische Bemühungen sind, jenem »Gespenst« – sei es implizit oder »explizit« (Kemp, 2015) in Aufführungsformen mitgedacht – analytisch habhaft zu werden.

Innerhalb der Publikumsforschung sind verschiedene thematische und methodische Zugriffe zu unterscheiden, so z. B. a) Studien zur Geschichte des Theaterpublikums in verschiedenen historischen Epochen (z. B. Kindermann, 1991; Fisher, 2003; Korte/Jakob, 2014, Müller, 2012; Höhne, 2012), b) Studien zu theoretischen Konzepten des*r »Zuschauer*in« oder Publikums zwischen rezipierendender und produzierender Instanz (z. B. Bennett, 1997; Fischer-Lichte, 2006; Bleeker, 2008; Rancière, 2009; Roselt, 2015), c) Studien zum Publikum als theatraler Gemeinschaft im Kontext historischer Festkulturen (z. B. Warstat, 2005; Fischer-Lichte et al., 2012), d) Studien zur Relation von Theaterpublikum und Öffentlichkeit (z. B. Livingstone, 2005; Balme, 2014), e) Studien, die neue partizipative Publikums- und

Zuschauer*innen-Konfigurationen im postdramatischen und zeitgenössischen Theater im Kontext des *social turns* kartografieren (z. B. Deck/Sieburg, 2008; Oddey/White, 2009; Bishop, 2012; White, 2013; Wehrle, 2015; Lavender, 2016; Beaufils/Holling, 2018; Hochholdinger-Reiterer et al., 2018; Groot Nibbelink, 2019), f) empirisch-experimentelle Studien zu Zuschauer*innen-Erfahrungen und/oder Publikumsreaktionen (z. B. Sauter, 2002; Reason, 2010; Husel, 2014; Breel, 2015; Reinelt/Megson, 2016; Heim 2016) sowie zuletzt g) das ins Feld von Kulturmarketing und -politik fallende Audience Development (z. B. Glogner-Pilz, 2012; Mandel, 2012; Renz, 2015; Tröndle, 2019). Ich verorte meine Studie, die form- und akteursbezogen vorgeht, an der Schnittstelle der Positionen, die ich unter e) und f) subsumiert habe.

In den vergangenen Jahren wurde angesichts der Vielfalt zeitgenössischer Publikumskonfigurationen in Theater- und Performanceaufführungen – auch vor dem Hintergrund sich durch die Existenz sozialer Netzwerke und neuer digitaler Formate zunehmend weiter ausdifferenzierenden und zugleich entgrenzter »extended audiences« (Couldry, 2005) – konstatiert, dass der Begriff des*r »Zuschauer*in« mit seiner primär aufs Visuelle abhebenden Fokussierung als ungenügend und überholt erscheine (vgl. u. a. Pavis, 2011, S. 83f. oder Kolesch et al., 2019, S. 11f.). An seine Stelle treten Bezeichnungen wie teilnehmende*r Beobachter*in, Zeug*in, Teilnehmer*in, Kompliz*in, Mitspieler*in, Koperformer*innen oder englische Bezeichnungen wie *prosumer*, *immersant*, *participant* oder *narrator-visitor*, um mit ihnen den Grad und die Qualität der in Rede stehenden Beteiligung begrifflich zu markieren.

Ich wähle in dieser Studie den Terminus von involvierten und/oder teilnehmenden Zuschauer*innen. Dies liegt nur in zweiter Linie daran, dass Besucher*innen immersiver Theateraufführungen trotz aller Involvierungs- und Beteiligungsstrategien immer auch Zuschauer*innen bleiben – sei es z. B. von Einführungsszenen, die eine aktive Involvierung nicht vorsehen, sei es von Situationen, in denen sie eingeladen sind, Begegnungen anderer Zuschauer*innen mit Darsteller*innen beizuwohnen, oder sei es im übertragenen Sinn, insofern man im immersiven Theater häufig auch zum Zuschauenden seiner eigenen Verhaltensmuster wird. In erster Linie wähle ich diese Bezeichnung, weil sich in meinen Interviews mit SIGNA-Zuschauer*innen herausgestellt hat, in welchem Maß Grad und Qualität ihrer Mitwirkung von den qua Sozialisation erlernten und inkorporierten Erwartungshaltungen, Konventionen, Verhaltens- und Empfindungsweisen der kulturell eingeübten Zuschauer*innen-Rolle beeinflusst waren. Es zeigte sich sogar, dass es gerade auch die auf diese Weise inkorporierte Institution des Theaters ist, die Prozesse der Vereinnahmung im immersiven Theater in hohem Maße begünstigt. Schließlich führten Konventionsdruck und Rollenerwartungen bei einigen Zuschauer*innen nachweislich dazu, dass sie Dinge mitgemacht haben, die sie im außertheatralen Kontext nicht gemacht hätten (vgl. dazu insbesondere Kap. 4.3).

Nach der angekündigten Einführung in das Polyperspektivische immersiver Theateraufführungen, aus welcher ich die Notwendigkeit einer methodischen Konzentration auf Szenen und Situationsanalysen, die Einbeziehung anderer Zuschauer*innen-Erfahrungen sowie die heuristische Fokussierung auf je ausgewählte Involvierungsmodi herleite, schließe ich das dritte Kapitel mit einem Einblick in die Materialgenese. Entlang der Figuration von »Zuschauer*innen als Ethnograf*innen«, die für immersives Theater inner- wie außerdiegetisch fruchtbar gemacht werden kann, werde ich eine Analogie von theaterwissenschaftlicher und/als ethnografischer Tätigkeit aufzeigen, die ich methodisch für die Analysen in Kapitel 4 für mich produktiv gemacht habe.

## 3.1 Aufführungs- und Inszenierungsanalyse als Szenen- und Situationsanalyse

Alle in Rede stehenden Produktionen arbeiten mit simultan stattfindenden Szenen, die sich an verschiedenen Orten innerhalb der komplexen Rauminstallationen ereignen. Dies hat zur Folge, dass Zuschauer*innen sich zwischen verschiedenen Szenen entscheiden müssen – was meiner Erfahrung nach gerade bei ersten Aufführungsbesuchen selten bewusste Entscheidungen sind, sondern vielmehr Entscheidungen, die von Zufällen, Intuitionen, Sym- und Antipathien oder affektiven Dissonanzen und Resonanzen abhängen. Für alle Aufführungsbeispiele gilt, dass kein*e Zuschauer*in alle möglichen Szenen, sondern immer nur eine kleine Auswahl pro Besuch mitverfolgen kann.

In aller Regel wird das Publikum in den Aufführungen im Rahmen einer Eröffnungsszene versammelt und danach vermittels verschiedener dramaturgischer Strategien auf die vielen szenischen Räume mit ihren entsprechenden Figurenkonstellationen verteilt. Dies passiert bei *Sleep no more* durch eine zeitversetzte Fahrstuhlfahrt kleiner Zuschauer*innen-Gruppen, die möglich macht, dass sich das

Publikum sukzessive auf allen fünf Etagen ausbreitet. Bei *Alma* findet die Aufteilung über die parallel beginnenden Szenen statt, die vom Gast einfordern, einer der vorgestellten Figuren in ihre szenischen Konstellationen zu folgen. Bei *3/Fifths* leistet die marktplatzförmige Anordnung der verschiedenen Stationen eine Verteilung der Besucher*innen. Und bei den SIGNA-Arbeiten wird man entweder wie in *Wir Hunde* oder *Das Heuvolk* einer Familie bzw. einem Schrein zugeordnet oder wie bei *Das halbe Leid* von einem Leidenden als Kursist*in erwählt und damit sogar für den Rest des Abends einer festen fiktiven Bezugsperson zugeteilt. Die Simultaneität der Ereignisse führt dazu, dass alle Zuschauer*innen die jeweilige Inszenierung in einer unterschiedlichen Reihenfolge und damit auch mit unterschiedlichen fiktionsbezogenen Schwerpunkten erleben. Damit gehen auch je verschiedene Begegnungskonstellationen zwischen Zuschauer*innen und Darsteller*innen sowie zwischen Zuschauer*innen untereinander einher, die hinsichtlich Länge, Gegenstand und Intensität variieren.

Bei allen Beispielen gibt es in sich geschlossene Einheiten wie z. B. die Bankett-Szene in *Sleep no more*, das Abschlussritual in *Das Heuvolk* oder die Bühnenshow mit N-Wort-Witzen in *3/Fifths*, die wie kleine Aufführungen innerhalb der Aufführung funktionieren, kaum bis gar keinen Spielraum zur aktiven Zuschauer*innen-Beteiligung geben und auch in allen Aufführungen weitestgehend identisch ablaufen. Dazwischen kommt es – seien es die *One-on-Ones* bei *Sleep no more*, die Begegnungen an den Schauständen bei *3/Fifths* oder die kleinen Rituale in *Das Heuvolk* – zu Begebenheiten, die man mit dem Begriff der Situation beschreiben müsste. Gerald Siegmund identifiziert im Gegenwartstheater und zeitgenössischen Tanz vier neue »Theater-Typen« (Siegmund, 2020, S. 151) – das dokumentarische Theater, das immersive Theater, Gender Performances und Theater als Ort der Versammlung, für deren jeweiliges Verständnis er die Situation als »Leitkonzept« (ebd., S. 19) vorschlägt. Das, was er als »Situation« bezeichnet, geht insofern über den Begriff der Aufführung hinaus, weil sich Erstere nicht nur durch das physische Zusammenkommen von Zuschauer*innen und Akteur*innen auszeichne, sondern auch dadurch, dass durch sie das »Ethische ins Feld des Ästhetischen ein[ge]tragen« (ebd.) werde.

Situationen, wie sie sich in den in Rede stehenden Aufführungen ereignen, sind im Inszenierungsskript ein- und vorgeplant, realisieren sich dann allerdings je singulär als spezifische, je von den Beteiligten abhängige Begegnungen. Gerade bei den in die Aufführungen eingelassenen *One-on-Ones* handelt es sich um Situationen par excellence: Sie finden zumeist in abgelegenen Séparées statt und zielen auf ein möglichst unmittelbares und/oder gar intimes physisches Zusammenkommen. Insbesondere bei SIGNA ereignen sich in jeder Aufführung Sequenzen, die Szene und Situation zugleich sind. Eine Sequenz wie die Abrichtung von Hundsch Pax im Zwinger bei *Wir Hunde* ist eindeutig inszeniert, basiert auf Proben und gemeinsamen Improvisationen der Darsteller*innen, folgt einem festgelegten Ablauf und dramatischen Handlungsbogen und geht dennoch in jeder Aufführung über das Inszenierte hinaus, wird zur Situation, weil ihr Fortgang vom Verhalten der jeweils involvierten Zuschauer*innen mitbestimmt wird. Wird ein*e Zuschauer*in in die z. T. gewaltsamen Aktionen der Abrichtung eingreifen? Wenn ja, wie verhalten sich die anderen Zuschauer*innen? Welche Blickbegegnungen werden ausgetauscht? Motivieren sie zum Einschreiten? Entfaltet sich daraus ein kollektives Aushandeln über die Fortsetzung der geteilten Situation oder werden Einwände zugunsten eines reibungslosen Aufführungsfortgangs stillschweigend akzeptiert? In solchen Situationen manifestiert sich die von Siegmund ins Feld geführte ethische Dimension, insofern ein Akt körperlicher Gewaltausübung zugleich innerdiegetisch begründet und motiviert wird, aber trotz des Wissens, dass es sich um eine Theateraufführung handelt, real vor den eigenen Augen an einem Darsteller*innen-Körper ausagiert wird und die Zuschauenden zu Zeug*innen bzw. Kompliz*innen (vgl. Kap. 4.3) macht.

SIGNAs Mikrokosmen zeichnen sich außerdem dadurch aus, dass sie sich innerhalb einer Aufführung nicht nur simultan ereignen und vom Gast je individuell ausgekundschaftet werden können, sondern dass sie sich auch in realer Zeit entfalten. Alle Begegnungen, Gespräche und Aushandlungen, sowohl zwischen Darsteller*innen/Figuren und Zuschauer*innen als auch von Darsteller*innen/Figuren untereinander, wandern potentiell in den Mikrokosmos ein, können das fiktionalisierte soziale Gefüge beeinflussen und transformieren. Denn SIGNA gewährt ihren Darsteller*innen, respektive den Figuren, sich innerhalb der insgesamt meist um die dreißig Aufführungen pro Produktion im Zeitraum von circa sechs bis acht Wochen kontinuierlich weiterzuentwickeln. Was die Figuren innerhalb der Diegese miteinander erleben (Streit, Liebeleien, Vertrauensbrüche etc.), entfaltet sich über alle Aufführungen hinweg als Kontinuum. Deshalb wird eine Zuschauerin bei der Premiere, abgesehen vom unterschiedlichen Parcours und den verschiedenen Begegnungskonstellationen, eine signifikant andere Aufführung erleben als ein Zuschauer bei der Derniere. Die Aufführungen von *Wir Hunde*, *Das Heuvolk* oder *Das halbe Leid* reproduzieren zwar pro Aufführungsabend eine bestimmte Empfangs-, Stationen- und Auslassdramaturgie, lassen dazwischen aber Spielraum für innerdiegetische Entwicklungen der Figuren, die auch von den Begegnungen mit Zuschauer*innen beeinflusst werden können. Sie schließen Impulse, die von Gästen in die diegetische Welt hineingetragen wurden, ein, indem sich Figuren daran erinnern und diese wieder aufgreifen.[117]

Zuletzt kommt es bei SIGNA-Produktionen auch zu Aufführungen außer der Reihe, zu den sogenannten »Special Hours«.[118] Im Falle von *Das Heuvolk* waren dies Treffen außerhalb der Gebäude der Gemeinde mit ausgewählten, mehrfach wiederkehrenden Zuschauer*innen, die sich bereits bei ihrem ersten Besuch durch eine Teilnahme am Abschlussritual für eine Mitgliedschaft in der Gemeinde entschieden hatten und nun gleichsam innerdiegetisch aber außerhalb des Spielortes geprüft wurden, ob sie wirklich im Begriff waren, ihr Leben entsprechend der Vorgaben der Himmelfahrer umzustellen. Bei *Wir Hunde* ging es darum, die Gastfreundschaft, die man beim Tag der offenen Tür von Canis-Humanus-Mitgliedern erfahren hat, konkret zurückzugeben, indem ausgewählte Zuschauer*innen die Gelegenheit bekamen, Hundsch-Familien in ihren privaten Wohnungen zu Kaffee oder einem Essen einzuladen. Diese fiktionalisierten Situationen bezeugen nicht nur das Stattfinden weiterer, zur Produktion gehörender, entgrenzter Aufführungen. Sie bestätigen auch die signifikante Ausweitung von SIGNA-Produktionen in die private Lebenswelt der Zuschauer*innen und damit einmal mehr das in Kapitel 2.2.2 erläuterte gemeinsame Hervorbringen einer Wirklichkeitssimulation auch über die reguläre Aufführungsdauer hinaus.

So lässt sich zusammenfassen, dass im immersiven Theater »*die* Aufführung [nicht] existiert« (Kolesch, 2017, S. 34). Im Singular ließe sich von *der* Aufführung nur noch als organisationale Einheit sprechen, als das jeweilige Zusammenkommen einer bestimmten Zuschauer*innen-Darsteller*innen-Besetzung an einem bestimmten Tag für eine festgelegte Dauer. Was die Reihenfolge der Geschehnisse, die Figuren-Begegnungen, den Einblick in die Diegese der fiktionalen Lebenswelt, den mitwirkenden Anteil individueller Assoziationen bei der Bedeutungsgenerierung und die Wahrnehmungsereignisse betrifft, haben wir es bei jeder Aufführung mit jeweils so vielen verschiedenen Varianten zu tun, wie es mit-wirkende Zuschauer*innen gibt. Damit entziehen sich Inszenierung und Aufführung der Option einer Analyse in toto. Zugänglich bleiben einem*r stets nur diejenigen singulären und partikularen Szenen und Situationen, die man selbst erlebt hat, und damit immer nur ein kleiner Teil des Gesamtgeschehens. Deshalb schlage ich vor, immersive Theateraufführungen *analytisch auf einer Mikroebene* zu erschließen, indem man sich zuvorderst der Betrachtung ausgewählter, als neuralgisch empfundener Szenen und Situationen verschreibt. Zum einen deshalb, weil diejenige Zuschauer*innen-Involvierung, die eine Situation einfordert, selbst auch situativ verfasst ist und damit nie für die gesamte Aufführung gelten und also auch keinen repräsentativen Anspruch entfalten kann. Zum anderen, weil sich affekttheoretisch gedacht die mit-wirkenden Parameter im relationalen Gefüge der in Rede stehenden Situation nur exemplarisch an einer isolierten szenischen Sequenz in nuce analysieren lassen.

## 3.2 Multiple Polyperspektivität

Bereits in der Bezeichnung »Polydrama«, welche Joshua Sobol für Mankers Inszenierung von *Alma* entworfen hat, scheint auf, was für alle Aufführungen immersiven Theaters kennzeichnend ist: Wir haben es mit einer Theaterform zu tun, die eine lineare und sukzessive Rezeption von Szenen und Situationen verunmöglicht und der rezeptionsästhetischen Prämisse allwissender (vgl. Manker, 2012) oder gleich viel wissender Zuschauer*innen eine Absage erteilt.[119] Die Vereinzelung der Zuschauer*innen und ihre Verteilung auf verschiedene szenische Räume und Figuren bringen mit sich, dass das Publikum die in Rede stehenden Inszenierungen nicht einfach nur unterschiedlich wahrnimmt und/oder interpretiert, sondern auch als ein Gefüge völlig unterschiedlicher Szenen und Situationen erlebt.

Sowohl das lateinische Präfix »multi« als auch das griechische Präfix »poly« bedeuten »vielfach« (*Brockhaus*, 2006, S. 77) bzw. »viel; mehr; verschieden« (ebd., S. 694), weshalb z. B. in der Narratologie »Verfahren, durch die ein Geschehen, eine Epoche, eine Figur oder ein Thema aus unterschiedlichen Blickwinkeln beschrieben wird« (Nünning/Nünning, 2000, S. 13) synonym entweder als Multi- oder als Polyperspektivismus bezeichnet werden (vgl. u. a. Lindemann, 1999, S. 48). Ich möchte hier allerdings auf eine Differenzierung drängen. Denn während das Präfix »multi« in verschiedenen gängigen Wortverbindungen vornehmlich das Viele/Vielfache *einer* Sache anzeigt (wie z. B. Multimillionär, Multitasking, multimedial, multinational), impliziert die Verwendung »poly« in unterschiedlichsten Bedeutungskontexten stärker eine Vertikalität, ein gleichzeitiges Nebeneinander *verschiedener* Dinge (wie z. B. Polytheismus, Polygamie, Polyamorie, polytechnisch).

*Alma* ist deshalb ein Poly- und kein Multidrama, weil es im Modus gleichzeitigen Nebeneinanders verschiedene Perspektiven auf die vervierfachte Protagonistin und historische Persönlichkeit Alma Mahler-Werfel einnimmt. Die Perspektivvielfalt des Dramas bezieht sich zudem auf die verwendeten Quellen (Biografien, Autobiografien, Briefe und nachgelassene Schriften), auf das anachronistische Nebeneinander verschiedener dargestellter Zeiten, Orte und Figurenkonstellationen sowie auf den Rezeptionsmodus für die vereinzelten Zuschauer*innen-»Kameras«, die sich ihr ganz eigenes Bild von Alma machen können.

Mit Rekurs auf die Begriffsverwendung von »Perspektive« in der Kunstgeschichte, welche bekanntlich stärker auf die etymologische Dimension des Wahrnehmens und einen subjektbezogenen, primär *visuellen* Blickwinkel auf die repräsentierte Weltversion bezogen ist, haben Zuschauer*innen im immersiven Theater die Freiheit, sich von einer zentralperspektivisch angelegten Betrachtungsweise der Szenen zu emanzipieren und beständig variierende Betrachter*innen-Positionen einzunehmen. Es gibt im immersiven Theater nicht die eine voreingestellte Perspektive auf die (re-)präsentierten Ereignisse und es gibt auch keine zentralperspektivisch konfigurierte Position des Überblicks, sondern der Mikrokosmos eröffnet den Zuschauenden gerade die Option, verschiedene partikulare Perspektiven sowohl kennenzulernen als auch selbst im Sinne räumlicher und haltungsbezogener Positionierung einzunehmen.

Qua Mit-Anwesenheit in der szenografierten, mit Darsteller*innen geteilten Weltversion lernen Zuschauer*innen Letztere nicht nur über dialogische Szenen oder Gesprächssituationen kennen. Auch alle Dinge, Materialien, Stoffe, Klänge, Duft- und Geschmacksnoten werden zu potentiellen nicht-menschlichen Bedeutungsträgern und Erzählinstanzen der gestalteten Weltversion. Im Grunde bildet der gestaltete theatrale Mikrokosmos zugleich modellhaft die Komplexität eines außertheatralen Makrokosmos ab. Es wird eine Weltversion dargeboten, die Zuschauer*innen in ihrer narrativen Reichhaltigkeit und semantischen Überfülle gar nicht mit einem Besuch erfassen können. Wie angedeutet, verunmöglicht dies bereits die Tatsache, dass Zuschauer*innen pro Aufführung immer nur eine kleine Auswahl an Szenen und Räumen, Figuren und ihrer fiktiven Biografien überhaupt miterleben können. Im Verbund mit der dramaturgischen Maßnahme, Zuschauer*innen, die gemeinsam kommen, frühzeitig voneinander zu trennen, damit sie unterschiedliche Erfahrungen machen, hat dies zur Folge, dass Zuschauer*innen immersiver Aufführungen viel stärker als nach ›klassischen‹ Theateraufführungen den Austausch suchen, um im Gespräch die verschiedenen Eindrücke und Erfahrungen zusammenzutragen, mehr von diesem Mikrokosmos zu verstehen und sich damit der Komplexität weiter anzunähern.[120] Die Tatsache, dass man mit einem Besuch nicht alles erlebt, was es potentiell zu erleben gäbe, kann bei einigen Zuschauer*innen Neugier und Interesse steigern und damit Mehrfachbesuche begünstigen.

Was sich aus all diesen Dimensionen des Polyperspektivischen herauskristallisiert, ist der Befund einer eminenten *Singularisierung der Aufführungserfahrung* seitens der Zuschauer*innen immersiver Theateraufführungen.[121] Für die Analyse einer Theaterform, die sich aus einer Vielzahl von Begegnungen an der Schnittstelle von multisensorischem Aufführungsgeschehen und fiktiver Weltversion im Modus einer geteilten Wirklichkeitssimulation ergibt, werden damit vor allem die Dimensionen des Polyperspektivismus zur methodischen Herausforderung, die das Mit-Wirken des Publikums betreffen. Wie kann die Vielfalt, wie sich verschiedene Zuschauer*innen in das Aufführungsgeschehen sowie in einzelne Situationen einbringen und diese konstitutiv mitformieren, empirisch und analytisch eingeholt werden?

Trotz zur Anwendung kommender manipulativer Strategien der Lenkung bleibt es den teilnehmenden Zuschauer*innen größtenteils selbst überlassen, wann sie sich mit wem, wie lange in welchen szenischen Raum begeben und auch, wie intensiv sie sich jeweils einzubringen gedenken. Der Aspekt der Singularisierung betrifft deshalb nicht nur die Tatsache, dass alle Zuschauer*innen unterschiedliche Szenen, Gespräche, Situationen miterleben und damit auch unterschiedliche Inhalte erleben und unterschiedliche Perspektiven auf die diversen fiktionalisierten Akteur*innen in ihrer simulierten Lebenswelt erhalten. Als singulär lassen sich die Aufführungserfahrungen vor allem auch deshalb beschreiben, weil sie in so hohem Maße vom affektiven und emotionalen »Commitment« (vgl. Kolesch et al., 2019) der teilnehmenden Zuschauer*innen abhängen. Nach all meinen eigenen Zuschauer*innen-Erfahrungen und zahlreichen Gesprächen mit anderen Zuschauer*innen kann ich behaupten, dass in immersiven Aufführungen mit hoher Wahrscheinlichkeit sehr viele Zuschauer*innen von irgendetwas besonders stark affiziert und in der Folge auch potentiell vereinnahmt werden. Die Mehrheit der Zuschauer*innen wird in den in Rede stehenden Aufführungen zu irgendeinem Zeitpunkt von irgendetwas oder jemandem stark emotional getriggert, auch wenn dies jeweils sehr Verschiedenes sein kann. So kann z. B. eine bestimmte Sequenz in SIGNAs *Söhne & Söhne* wie die Begegnung mit der dominanten und zugleich sehr mütterlichen Ilil Land-Boss alias Roberta Sohn in der Abteilung für Kindheitsangelegenheiten in der Art und Weise, wie sie einen zwischen Plüschtieren und Spielzeug nach der eigenen Kindheit befragt, je nach Gast und Involvierungsgrad äußerst unterschiedliche, aber allesamt als besonders intensiv empfundene reziproke Affizierungsdynamiken auslösen. Diese können situativ zur Folge haben, dass Zuschauerin A sich in eine kindliche Stimmung versetzt fühlt und sich dieser genussvoll hingibt, dass sich Zuschauer B an seine verstorbene Mutter erinnert, darüber traurig wird und seine Gefühle Roberta gegenüber offen und ehrlich mitteilt oder dass Zuschauerin C sich derart überfordert von der Situation fühlt, dass sie die Aufführung verlässt.[122] An diesem Beispiel wird deutlich, dass die methodische Herausforderung zuvorderst im analytischen Umgang mit der vom multiplen Polyperspektivismus der Form in Gang gesetzten Singularisierung und der mit ihr verknüpften Pluralisierung von Zuschauer*innen-Erfahrungen liegt.

Vor diesem Hintergrund erweist es sich als äußert prekär und unzureichend, wenn man wie ich an wirkungsästhetischen Dimensionen wie Prozessen der Vereinnahmung interessiert ist, die über das eigene Zuschauer*innen-Erleben hinausweisen, ausschließlich über die eigenen miterlebten Situationen und Szenen zu schreiben. Vielmehr drängt es sich nach meinem Dafürhalten auf, bei der Analyse neben der eigenen Perspektive gezielt weitere Zuschauer*innen-Perspektiven auf das Gesehene und Erlebte einzubeziehen, um auf diese Weise der Polyperspektivik und Komplexität des theatralen Mikrokosmos und der mit ihnen einhergehenden Vielfalt singulärer Aufführungserfahrungen gerecht zu werden. Nicht zuletzt auch, um zu prüfen, wie singulär diese Erfahrungen am Ende wirklich sind, und/oder ob sich bei aller Vereinzelung und Individualisierung nicht eben auch strukturelle Ähnlichkeiten seitens der erinnerten, singularisierten Erfahrungs- und Wirkungsbeschreibungen beobachten lassen.

### 3.3 Über das Zusammenwirken verschiedener Wahrnehmungsmodalitäten

Wie inzwischen bereits mehrfach akzentuiert, zeichnet sich die Szenografie immersiver Theateraufführungen dadurch aus, von den Zuschauer*innen multisensorisch erfahren zu werden. Die Mikrokosmen sind als Erfahrungsräume eingerichtet, die vom navigierenden Publikum in körperlicher Eigenbewegung mit allen Sinnen, aus verschiedensten Blickwinkeln und/oder als kinästhetische Erkundungen erschlossen, gespürt, gerochen, geschmeckt und gefühlt werden können. Dadurch haben wir es zuschauerseitig mit äußerst komplexen, multisensorischen Wahrnehmungsereignissen zu tun. Denn die Erfahrungsräume von SIGNA oder Punchdrunk adressieren nunmehr auch gezielt jene Sinne – das Haptische, Gustatorische und Olfaktorische –, die traditionell in den meisten modernen europäischen Theaterformen weitgehend vernachlässigt wurden. Damit ist die These verbunden, dass gerade diese sinnlichen Dimensionen dafür verantwortlich sind, dass Aufführungen immersiven Theaters von Zuschauer*innen nachhaltiger und zuweilen intensiver erinnert werden können, da sich die über die Bewegungen im Raum und das multisensorische Spüren gemachten Erfahrungen im Körpergedächtnis ablegen. Josephine Machon, die mit ihrem Konzept der *synaesthetics* bereits auf dieses für eine immersive Theateraufführung als »live(d) embodied event« (Machon, 2013, S. 83) spezifische In- und Miteinander-Wirken verschiedener Sinne, Sinneswahrnehmungen und Sinnstiftungsprozesse (*sense-making/making sense*) begrifflich zu reagieren versucht hat, vertritt überdies die These, dass »immersive theatre«, gerade weil es die in den Künsten zuweilen unterrepräsentierten Sinne (schmecken, fühlen, riechen) privilegiert, Zuschauer*innen qua ganzheitlicherer Sinneswahrnehmung auf die kulturelle und normative Verfasstheit der Fünf-Sinne- und den mit ihnen verbundenen Wahrnehmungs-, Empfindungs- und Wissensordnungen hinzuweisen vermag (vgl. ebd., S. 111ff.).

Auch auf dieser Ebene ist also von einer Polyperspektivität zu sprechen, insofern in den Erfahrungsräumen alle menschlichen Sinneswahrnehmungen beständig nebeneinander (mit-)wirken und permanent auf Bedeutungsgenerierungsprozesse Einfluss nehmen. Immersive Theateraufführungen operieren mit der gleichzeitigen Stimulation multisensorischer Wahrnehmungseindrücke, die zuweilen auch als Überforderung empfunden werden kann, z. B. wenn bei Punchdrunks *Sleep no more* die Wahrnehmung des Soundscapes so dominant wird, dass die zahlreichen visuellen und haptischen Wahrnehmungseindrücke der Szenografie von Ersterer überlagert werden, schlicht weil die menschliche Aufmerksamkeit eine begrenzte Ressource ist. Auf diese Weise kann das der Aufführung zugrunde liegende immersive Dispositiv bestimmte Wahrnehmungen eben situativ modulieren und damit transindividuelle Wirkungsweisen begünstigen. Denn mit bestimmten Sinneseindrücken sind mitunter auch bestimmte kulturell geformte Gefühlsordnungen und Emotionsrepertoires verbunden, die situativ entsprechend reaktiviert werden können. Sei es z. B. durch das Reichen von Süßwaren oder eines alkoholischen Getränks in SIGNAs *Wir Hunde*, sei es durch das Anstecken eines Rings in *Sleep no more*, sei es durch den raumgreifenden Duft einer frisch köchelnden Gemüsebrühe in Mankers *Alma*, sei es durch die Rhythmik und Wiederholung eines chorisch vorgetragenen Liedes in SIGNAs *Das Heuvolk* oder durch die aufflackernde Bilderwand mit rassistischen Darstellungen Schwarzer Menschen in *3/Fifths*.

Dieser wirkungsästhetischen Dimension der multisensorischen Theaterform wohnt zudem inne, dass nicht mehr nur die visuell wahrnehmbaren Dinge Zeichencharakter erhalten können, sondern dass auch Düften, Geschmacksereignissen und haptischen Qualitäten dieses Potential zukommen kann. Gleichzeitig bilden alle diese Sinneseindrücke in ihrer phänomenologischen Dimension die zentralen wahrnehmbaren Referenzpunkte für die prozesshafte Konstitution von Selbst- und Weltverhältnissen auch jenseits der fiktiven Inhalte.

James Frieze schlägt in der Einleitung zu dem von ihm herausgegebenen Band *Reframing Immersive Theatre* mit Referenz auf Anne Bogarts *Viewpoints*-Technik für die Analyse immersiver Theateraufführungen einen »nine-dimension approach« (Frieze, 2016, S. 6) vor, ohne ihn selbst durchzuführen. Er sieht vor, die Parameter »bodily, technological, spatial, temporal, spiritual, pedagogical, performative, textual, social« (ebd.) je einzeln zu adressieren. Und während Alison Oddey und Christine White verschiedene *Modes of Spectating* schlicht im Sinne verschiedener Medien, die bei der Rezeption zum Einsatz kommen, denken (Oddey/White, 2009, S. 13), fächert Gordon Calleja seine Theorie des »Player Involvement Models« über separate Einzelbetrachtungen kinästhetischer, räumlicher, geteilter, narrativer, affektiver, spielerischer Involvierungsstrategien auf, die alle gleichzeitig und gleichermaßen auf den Spielenden einzuwirken vermögen (vgl. Calleja, 2011). Um der Komplexität der Polyperspektivität immersiver Theateraufführungen und ihrer vielfältigen Strategien der Publikumsinvolvierung gerecht zu werden, werde auch ich in den Analysen aus heuristischen Gründen jeweils nur einzelne Aspekte (olfaktorische, soundbasierte, handlungsbezogene, figurenperspektivische, räumliche sowie berührungsbasierte Involvierungsstrategien) adressieren, wissend, dass die Intensität der in Rede stehenden Arbeiten davon abhängt, dass diese Dimensionen alle relational zusammenwirken.

## 3.4 Zum Material: Zuschauer*innen als Ethnograf*innen

Wie alle Aufführungen sind auch immersive Theateraufführungen einmalig, flüchtig, nicht wiederholbar und entziehen sich einer materiellen Habhaftwerdung jenseits ihres Vollzugs (vgl. Weiler/Roselt, 2017, S. 45). Methodische Probleme, die Aufführungsanalysen per se mit sich bringen, potenzieren sich im Fall von immersivem Theater. Dies zeigt sich, wenn man überlegt, welches Material man seiner Analyse überhaupt zugrunde legen kann. Abschließend sollen deshalb die Materialsorten vorgestellt werden, die mir für meine Analysen zur Verfügung standen. Bei der Vorstellung geht es mir primär darum, entlang der Zuschauer*innen-Figuration »Zuschauer*in als Ethnograf*in«, die man für immersive Theateraufführungen geltend machen kann, darzulegen, wie sich mit Blick auf die Genese des Materials theaterwissenschaftliche und ethnografische Tätigkeit treffen.

1. Aufzeichnungen: Aufgrund der systematischen Involvierung des Publikums im geteilten Aufführungsraum gibt es nicht zuletzt aus datentechnischen Gründen und für die Wahrung von Persönlichkeitsrechten keinerlei Aufzeichnungen, auf die man für Analysen zurückgreifen könnte.[123]

2. Texte/Skripte/Fotografie: Es gibt mit Ausnahme vom notierten Polydrama *Alma* in den in Rede stehenden Produktionen keinen verbindlich fixierten Text, der der Aufführung zugrunde liegt, sondern lediglich produktionsinterne Skripte, die skizzieren, was sich an den einzelnen Stationen ereignen soll (*3/Fifths*), die das Wissen um entwickelte fiktive Figurenbiografien und Hintergrundnarrationen sowie interne Regeln bündeln (SIGNA) oder die nicht schriftlich, sondern in Form eines festgelegten Bewegungs- und Soundscores die Loop-Struktur der Inszenierung festschreiben (*Sleep no more*). Diese Skripte bilden, dort, wo sie mir zur Verfügung gestellt wurden[124], zusammen mit Inszenierungsfotos einen Teil der Materialgrundlage für meine Analysen.

3. Mitschriften: Da immersive Theateraufführungen auf der physischen, multisensorischen und handlungsbezogenen Involvierung der Zuschauer*innen basieren, wird für professionalisierte Zuschauer*innen wie mich das Mitschreiben während der Aufführung verunmöglicht. Zum einen ganz praktisch, weil ich meine Hände für etwas anderes als das Schreiben brauche; zum anderen, weil es die Wahrnehmung der miteinander hervorgebrachten Wirklichkeitssimulation stören würde.[125]

4. Erinnerungsprotokolle (aus teilnehmender Beobachtung): Die in Kapitel 2.1.1 vorgestellte Bezeichnung vom Erfahrungsraum verweist darauf, dass wir es bei Aufführungen immersiven Theaters mit pro Abend äußerst unterschiedlichen dynamischen »Erfahrungsgeschehen« (Weiler/Roselt, 2017, S. 43) zu tun haben, welche sich relational entfalten und weder als nur ästhetisch noch als nur sozial konfiguriert einordnen lassen. Wenn ich als Theaterwissenschaftlerin über Erfahrungsschätze und Wirkungen von immersiven Theateraufführungen schreiben möchte, dann setzt dies meine Teilnahme voraus. Was im ersten Moment trivial klingen mag, ist es mit Blick auf die Materialerhebung keinesfalls.

Natalie Alvarez bezeichnet die Methode, mit der sie ihre *cultural performances* analysiert (vgl. Kap. 1.3) als »immersive performance ethnography« (Alvarez, 2018, S. 32). Was die Eigenschaft des Immersiven hier akzentuiert, ist die Tatsache, dass ihr Gegenstand aus dem Modus einer distanzierten Betrachtung nicht zugänglich ist, sondern eine aktive, körperliche Teilnahme ihrerseits einfordert. Immersion rückt auf diese Weise als Bestandteil ethnografischer Praxis in den Blick, wenn sie dafür steht, sich mit allen Sinnen in das zu beforschende soziale Umfeld mit allen dazugehörigen Praktiken hineinzubegeben, um es auf diese Weise qua selbst durchlebter Erfahrungen besser verstehen lernen zu können (vgl. dazu auch Schatz, 2009, S. 4ff.).

Mit der Figuration von einem*einer Zuschauer*in als Ethnograf*in möchte ich im Kontext der Analyse von immersiven Theateraufführungen mit Blick auf den Vorgang der Materialerhebung Analogien zwischen (m)einer theaterwissenschaftlichen und einer ethnografischen Tätigkeit aufzeigen.[126] Sei es die gestaltete Lebenswelt einer sektenähnlichen Glaubensgemeinschaft oder ein Verein für Familien, in dem Vertreter*innen der Transspezies Hundsch leben – das Aufführungsdispositiv von SIGNAs *Das Heuvolk* oder *Wir Hunde* sieht vor, dass ich ihre gestalteten Lebenswelten und Akteur*innen in einem Wechselspiel von teilnehmender Beobachtung bis beobachtender Teilnahme[127] kennenlerne. Das bedeutet, dass ich als Zuschauerin mit am Wohnzimmertisch sitze, wenn Hundsch Tapsi von ihren menschlichen Eltern beigebracht wird, dass (und warum) sie die Pille nehmen muss, oder dass ich mit dem Glaubenssystem der Himmelfahrer vertraut gemacht werde, indem ich an ihren Ritualen aktiv teilnehme. Insbesondere als intradiegetische Teilnehmerin figuriert mich SIGNA als Ethnografin auf Feldforschung, die sich mit allen Sinnen über Modi teilnehmender Beobachtung an den gestalteten Lebenswelten beteiligt (vgl. auch Tecklenburg, 2014, S. 148).[128] Aber auch als extradiegetische Teilnehmerin werde ich als Theaterwissenschaftlerin potentiell zur Ethnografin, und zwar zur Publikumsethnografin, die beobachten kann, wie andere Zuschauer*innen sich an der Wirklichkeitssimulation beteiligen und sich situativ verhalten.

Wie Christel Weiler und Jens Roselt hervorheben, geht jede Aufführungsanalyse zunächst mit komplexer Erinnerungsarbeit einher, die sich in dem wahrscheinlich wichtigsten Material für die Analyse, dem Erinnerungsprotokoll (Weiler/Roselt, 2017, S. 103 – 129), niederschlage und damit aus je subjektiver Perspektive zumindest Teile der Aufführungserfahrungen halt- und rekonstruierbar zu machen versuche. Für die Analysen der Publikumsinvolvierung in immersiven Aufführungen kommt meinen Erinnerungsprotokollen, gerade weil ich während der Aufführungen nicht mitschreiben konnte, ein besonders hoher Stellenwert zu. Sie entsprechen den Feldnotizen im Kontext ethnografischen Arbeitens. Wegen der zumeist mehrstündigen Aufführungsdauer, der konstant hohen Wahrnehmungsdichte und immensen Dichte an Assoziationen sowie dem komplexen fiktionsbezogenen Wissen entstanden am Tag nach der Sichtung oder auch noch in der Nacht sehr umfangreiche Erinnerungsprotokolle zu den Aufführungsbesuchen. Bei der Erstellung wirkte im Unterschied zu Aufführungssichtungen, die im klassischen Theaterdispositiv stattfinden, aufgrund der Mobilisierung und Multisensorik insbesondere auch mein Körpergedächtnis in erhöhtem Maße mit. Notiert wurden nicht nur Wahrnehmungen von Handlungen, Figuren oder Szenenbildern und ihre entsprechenden Interpretationsansätze, sondern vor allem umfassende Deskriptionen von Räumen, Begegnungen, Erzählungen, Klängen, Düften, Geschmackserlebnissen und der mit ihnen verknüpften, in situ oder ex post verkörperten Emotionen. Die im Idealfall nicht nur ein-, sondern mehrmalige aktive Teilnahme an den Aufführungen und die schiere Menge an Erinnerungsprotokollen bilden das für die Analyse essentielle Material und begründen damit die mit der Zuschauer*in als Ethnograf*in-Figuration verbundene Analogie von theaterwissenschaftlicher und/als ethnografischer Tätigkeit. Aufführungsanalysen auf diese Weise zu betreiben, gehört zu einem methodisch unerprobten Terrain in der Theaterwissenschaft. Auch hier gilt einmal mehr hervorzuheben, dass sich der methodische Umgang aus meinem Gegenstand heraus begründet und entwickelt hat.

Die Tatsache, dass immersives Theater von mir die beschriebenen Teilnahmegrade einfordert, hat darüber hinaus zur Folge, dass ich mich als involvierte Zuschauerin aus der Analyse nicht herausnehmen oder herausdenken kann. Denn meine Aufführungsnotate dokumentieren zuvorderst *meine* subjektiven Wahrnehmungs-, Assoziations-, Empfindungs- und Bedeutungsgenerierungsprozesse. Sie geben in erster Linie Auskunft über diejenigen singulären Aufführungserfahrungen (vgl. Kap. 3.2), die an meinen Körper, mein Wissen und meine Orientierungsweisen gebunden sind. Die in Rede stehenden Inszenierungen forderten dabei nicht nur meine aktive Teilnahme, sondern sie forderten vor allem auch ein, dass ich mich auf sie ein- oder mehrmals *einlasse*. Sie forderten ein, dass ich einen Umgang finde, mit der Verunsicherung und Desorientierung umzugehen, mit der sie arbeiten. Und ich musste bereit sein, mich zu öffnen, mich anfassen, bloßstellen, provozieren, vorführen oder auch verletzen zu lassen, um die Dynamiken dieser Arbeiten wirklich erfahren und verstehen zu lernen. Ich musste die intensiven Einlassungs-, Involvierungs- und Teilnahmeerfahrungen in diesem Feld machen, um über sie schreiben zu können. Es brauchte das Einlassen auf so viel Distanzlosigkeit wie möglich, um aus der anschließenden Distanz heraus auf das Erlebte, Beobachtete und Erfahrene reflektieren zu können. Dies brachte beständig mit sich, mich auch verstärkt mit mir selbst, meinen Reaktions-, Urteils- und Empfindungsmustern auseinanderzusetzen. Aus diesem Grund ist ein Schreiben über immersives Theater in viel höherem Maße als bei anderen Theaterformen und vor allem dann, wenn es um die eigenen Involvierungsmodi geht, zuweilen auch ein (auto-)ethnografisches Schreiben über sich selbst und die eigenen inner- wie außertheatralen Selbst-/Weltverhältnisse.[129]

5. Interviews: Da es mir aufgrund der Polyperspektivität der Form wichtig ist, die akteursbezogene Analyse der Publikumsinvolvierung nicht nur über meine eigenen Aufführungserfahrungen einzubeziehen, ich also gerade der Pluralität möglicher, erinnerter und verbalisierter Aufführungserfahrungen mit einer Mehrstimmigkeit ebendieser gerecht werden möchte, habe ich, um mein Material zu erweitern, zwischen 2016 und 2018 insgesamt 24 Interviews mit 27 Zuschauer*innen über ihre Erfahrungen in verschiedenen SIGNA-Aufführungen geführt.[130] Ziel der Interviews war es, die theoretischen Annahmen über wirkungsästhetische Prozesse der Vereinnahmung auf eine empirische Basis zu stellen und nachzuweisen, dass viele der für mich neuralgischen Erfahrungswerte und ausagierten Emotionen nicht nur individuell, sondern durchaus auch transindividuell vereinnahmende Effekte zu zeitigen vermögen.

Bei den durchgeführten Interviews handelt es sich um leitfadengestützte Interviews. Neun von ihnen fokussierten SIGNAs

*Söhne & Söhne*, acht *Wir Hunde*, vier *Das halbe Leid* und eines *Das Heuvolk*. Den Interviews gingen mit Ausnahme der zu *Das halbe Leid* Zuschauer*innen-Befragungen[131] voraus, über die der Kontakt mit an Interviews interessiertem Publikum hergestellt werden konnte. Im Fall von *Wir Hunde* habe ich knapp siebzig Fragebögen mit einem Rücklauf von dreißig verteilt.[132] Da die 22 ausverkauften Aufführungen insgesamt etwa 1.650 Zuschauer*innen anzogen, konnte hier zu keinem Zeitpunkt Anspruch auf repräsentative Gültigkeit erhoben werden. Von den dreißig Teilnehmer*innen waren 19, also immerhin fast zwei Drittel, einverstanden, ein weiterführendes Interview mit mir zu führen. Von ihnen habe ich dann zehn Besucher*innen im Alter von 19 bis 54 Jahren (Stand 2016) aus Berlin und Wien für ein persönliches, zumeist etwa je sechzig bis achtzig Minuten dauerndes Gespräch ausgewählt.[133] Bei *Das Heuvolk* hatte ich bei etwa hundert verteilten Links für die Online-Befragung einen Rücklauf von 41 ausgefüllten Bögen von Zuschauer*innen im Alter von 22 bis 67 Jahren. Im Fall von *Das Heuvolk* war es mir wichtig, mit einem Gast ein Interview zu führen, der a) die Aufführung mehrfach besucht, b) eine Special Hour miterlebt hatte und c) am Abschlussritual teilgenommen hatte. Unter den Befragten fanden sich nur zwei Personen, auf die dies zutraf. Da ich die eine Person, welche sich über die Zeit auch als eine*r der wenigen SIGNA-»Super-Fans« (und überdies auch noch als ein ebensolcher von *Alma* und *Sleep no more*) herauskristallisierte, bereits für *Wir Hunde* interviewt hatte, erfolgte deshalb nur ein einziges Interview im Kontext von *Das Heuvolk*. Bei *Das halbe Leid* habe ich aufgrund der eingangs erwähnten Fokusverschiebung im Forschungsdesign keine Fragebögen mehr verteilt, sondern direkt nach meinen Aufführungsbesuchen sowie beim öffentlichen Publikumsgespräch am 16. Januar 2018 im Malersaal des Hamburger Schauspielhauses Zuschauer*innen angesprochen und auf diesem Wege noch vier weitere Interviews vereinbart und durchgeführt.

Das Ziel der qualitativen Interviews bestand darin, Einblick in andere subjektive Aufführungserfahrungen zu erhalten. Es ging nicht darum, durch narrative Interviews Erkenntnisse zu den Personen und ihren Lebenswelten zu generieren, sondern vielmehr darum, sich auf diskursiv-dialogische Weise mit offenen Fragen und einem Leitfaden den Erinnerungen der Zuschauer*innen an ihre gemachten Erfahrungen anzunähern. Es handelt sich hinsichtlich der Erhebungsmethode also am ehesten um Expert*innen-Interviews, die halbstrukturiert entlang eines Leitfadens durchgeführt wurden. Ich habe meine Gesprächspartner*innen gleichsam in ihrem »Expertentum« als

SIGNA-Zuschauer*innen befragt. Im Anschluss wurden die Interviews transkribiert[134] und inhaltsanalytisch ausgewertet. Einige narrative Passagen von Aufführungsbeschreibungen finden im Sinne der Polyperspektivität Eingang in diese Studie (vgl. Kap. 4). Für die Konzeption und Durchführung der Interviews habe ich mich an einschlägigen Positionen qualitativer Sozialforschung orientiert (u. a. Flick, 2012; Schlehe, 2020). Da die Einbeziehung von qualitativen Methoden in der Theaterwissenschaft, insbesondere wenn es um Aufführungsanalysen, die Zuschauer*innen-Erfahrungen integrieren, noch weitestgehend unerprobt ist, ergab sich daraus auch partiell die Möglichkeit, dies experimentell anzugehen.[135]

6. Zusätzliches Material: Das Material, das Aufführungserfahrungen und Wirkungsbeschreibungen anderer Zuschauer*innen zu fixieren sucht, umfasst neben den Interviews vor allem Rezensionen, wissenschaftliche Beiträge sowie meine Mitschriften von öffentlichen Publikumsgesprächen zu den SIGNA-Arbeiten *Wir Hunde*, *Söhne & Söhne* und *Das halbe Leid*. Für eine polyperspektivische Analyse der Publikumsinvolvierung in Punchdrunks *Sleep no more* konnte ich zudem auf die zahlreichen Blog-Beiträge von Fans und Zuschauer*innen, die im Netz zugänglich sind, zurückgreifen.[136] Insbesondere mit Blick auf die Fan-Blogs möchte ich abschließend noch ein weiteres Mal auf die Figuration des*der Zuschauers/Zuschauerin als Ethnograf*in im Kontext von immersivem Theater zurückkommen. Denn wie auch Theaterwissenschaftlerin Julia M. Ritter herausstellt, umfassen die Fan-Blogs zu *Sleep no more* und *The Drowned Man* von Punchdrunk nicht nur unterschiedliche Textformen (Kritiken, Essays, persönliche Kommentare, Lexikoneinträge, kurze Erfahrungsvignetten, Gedichte etc.), sondern auch Zeichnungen, Grafiken und komplette Comics, die Ritter als »visual ethnographies« (Ritter, 2017, S. 62) und kreative »post-performance cultural products« (ebd., S. 66) beschreibt. Diese laden im Sinne der Polyperspektivik dazu ein, die eigenen durch akademische Perspektiven, Diskurse und Begriffe formierten Weisen bedeutungsgenerierender Auseinandersetzung im Kontext solch komplexen, ästhetischen wie sozialen »Erfahrungsgeschehens« wie es immersive Theateraufführungen ermöglichen, entsprechend zu erweitern.

Die Attribuierung des »Polyperspektivischen« im Zusammenhang mit einer Szenen- und Situationsanalyse, die die Publikumsinvolvierung im immersiven Theater fokussiert, meint zum einen, ausgewählte Situationen innerhalb der Aufführungen herauszugreifen und dezidiert nicht nur meine eigenen Erfahrungen, sondern auch die Beschreibungen und Erinnerungen anderer Zuschauer*innen an die besagte Situation in den Blick zu nehmen und damit der Polyperspektivik der Form gerecht zu werden. Zum anderen meint polyperspektivisch aber auch, für eine ausgewählte Szenen- und/oder Situationsanalyse *einen* der zahlreichen, gleichzeitig in- und miteinanderwirkenden Involvierungsmodi (z. B. olfaktorisch oder handlungsanweisungsbezogen) zu isolieren, um sein Mit-Wirken an Momenten der Vereinnahmung von Zuschauer*innen herausstellen zu können und damit einen Beitrag zur wirkungsästhetischen Analyse der für immersives Theater paradigmatischen Relationalität von Aufführungsdispositiv und (empirischen) Zuschauer*innen zu leisten. Hinsichtlich einer *Kritik jener Weltversionen*, die immersives Theater realisiert, muss eine polyperspektivische Betrachtung gerade dort, wo es um bestimmte Formen des Zuschauer*innen-*Framings* und damit zuweilen auch um gezielt *ungleich* konfigurierte Weltverhältnisse inner- wie außerfiktional geht, auch beinhalten, die konstellierten Beziehungsweisen mit Blick auf die Kategorien *class* (4.1), *gender* (4.3), *race* (4.6) sowie ihrer Überschneidungen mitzudenken.

# 4. Publikumsinvolvierung in Aufführungen immersiven Theaters

Im Folgenden stehen die Einzelanalysen der sechs Aufführungen von Manker, Punchdrunk, SIGNA und Scruggs/Woodard im Zentrum. Dabei habe ich mich aus heuristischen Gründen entschieden, pro Beispiel nur je einen, für die jeweilige Inszenierung dominanten Involvierungsmodus herauszugreifen. Eine polyperspektivische Analyse ausgewählter Szenen und/oder Situationen soll aufzeigen, wie Zuschauer*innen in das Aufführungsdispositiv eingelassen werden und dabei über verschiedene Strategien sowohl in das Aufführungsgeschehen als auch in den der Inszenierung zugrunde liegenden Mikrokosmos involviert werden.

Ich werde herausarbeiten, wie die gewählten Inszenierungen als Medien der Immersion über verschiedene Modi der Publikumsinvolvierung im Sinne Huhtamos »bestimmte kognitive und emotionale Bewusstseinszustände« wie auch »körperliche Zustände« (Huhtamo, 2008, S. 48f.) erzeugen. Zu diesen gehört zuvorderst die bereits von Freydefont und Sermon hervorgehobene wirkungsästhetische Dimension der *Desorientierung*. Diese ist, wie ich zeigen werde, aufs Engste mit der formbedingten *Singularisierung der Aufführungserfahrung* verknüpft. Schließlich werden Zuschauer*innen nach Betreten der szenischen Räume zumeist aufgeteilt und gezielt vereinzelt, damit jede*r die eingerichtete Weltversion entlang seiner/ihrer eigenen Sym- und Antipathien, Interessenlagen und Aufmerksamkeitskapazitäten erkundet. Die Tatsache, dass alle Zuschauer*innen einer Aufführung immersiven Theaters am Ende ihres Besuchs ganz und gar unterschiedliche Szenen und Situationen erlebt haben, verschiedenen Figuren begegnet sind, über diese z. T. auch voneinander abweichende Perspektiven und Positionen auf die Weltversion kennengelernt haben und sie die Wirklichkeitssimulation vor allem *erfahrungsbezogen* mit allen Sinnen körperlich und emotional durchlebt haben, führt dazu, dass Zuschauer*innen diese Aufführungen nachhaltiger erinnern. Immersives Theater öffnet seinen Zuschauer*innen im ästhetisch abgesteckten Raum der Kunst alternative Weltversionen, die analog zur Realität für eine begrenzte Dauer mit allen Sinnen erfahren werden. Und weil es sich trotz der zumeist hyperrealistischen Raumgestaltung in der Regel um *mögliche Weltversionen* – wie die fiktiven Vereine »Canis Humanus e.V.«, »Das halbe Leid e.V.« oder den Themenpark SupremacyLand – handelt, ist es zuvorderst eine symptomatische

Unentscheidbarkeit zwischen Fiktion und Realität, die Zuschauer*innen-Erfahrungen prägt. So macht man als fiktionalisierter Gast in der Wirklichkeitssimulation Erfahrungen, die sich nie eindeutig nur einer der beiden Sphären zuordnen lassen. Hierbei kommt Affekten und Emotionen wirkungsästhetisch eine Schlüsselrolle zu. Alle Produktionen bedienen sich dessen, was Felix Barrett *emotional storytelling* nennt (vgl. Kap. 2.2.3). Sie involvieren Zuschauer*innen in eine Wirklichkeitssimulation, indem sie die strukturelle Erzeugung bestimmter Emotionen begünstigen. Sei es Nostalgie (vgl. Kap. 4.2.2), eine Sehnsucht nach Zugehörigkeit (vgl. Kap. 4.4.2) oder Beklemmung und Angst (vgl. Kap. 4.5) – es gilt, Zuschauer*innen primär über verkörperte Empfindungen mit der gestalteten Weltversion zu ›koppeln‹ und gerade dadurch systematisch an einer Wahrnehmung der Grenzverwischung von Fiktion und Wirklichkeit mitzuwirken.

Die verschiedenen Involvierungsmodi, die ich im Folgenden analysiere, kommen damit als Strategien in den Blick, Zuschauer*innen mit der inszenierten Weltversion *in Beziehung zu setzen*. Düfte, Klänge, Berührungen, Handlungsanweisungen – sie alle wirken im immersiven Theater daran mit, Weltversion und Zuschauer*innen über bestimmte ausgelöste Empfindungen aneinander zu binden. Diese Involvierungsprozesse können, so möchte ich argumentieren und an den Beispielen belegen, in Situationen der Vereinnahmung münden. Affekttheoretisch bedeutet dies, dass involvierte Zuschauer*innen von etwas situativ derart eingenommen werden, dass deren Handlungs- und Reaktionsspielraum kurzfristig auf ein bestimmtes, den jeweiligen affektiven Dispositionen entsprechendes, Register verengt wird (vgl. Kap. 2.2.3). Neben der methodischen Herausforderung, an diese Situationen heranzukommen, sie zu identifizieren, materialbezogen freizulegen und (idealerweise polyperspektivisch) in den Blick zu nehmen, verknüpft sich mit der Analyse vereinnahmender Publikumsinvolvierung das theoretische Problem, in welchem Verhältnis Affektivität bzw. Emotionalität und Reflexivität in Situationen der Vereinnahmung stehen.

Meines Erachtens muss diesbezüglich von einem graduellen Spektrum ausgegangen werden. Entlang meiner eigenen Aufführungserfahrungen, meiner Beobachtungen anderer Zuschauer*innen während der Aufführungen, den zahlreichen Interviews, die mir Einblick in die Aufführungserfahrungen anderer gegeben haben, und der Einbeziehung von Erfahrungs- und Wirkungsbeschreibungen in Texten von Rezensent*innen und Forscher*innen komme ich zu dem Schluss, dass die Brisanz einer wirkungsästhetischen Vereinnahmung immersiven Theaters darin liegt, dass sie nicht zwingend allen Zuschauer*innen selbst auffällig und reflexiv zugänglich werden *muss*. Vor allem nicht, wenn man sich vor Augen hält, dass bestimmte Vereinnahmungsprozesse als solche überhaupt erst in Erscheinung treten, wenn man sie in den Bedeutungshorizont der Diegese stellt. Gerade bei SIGNA-Arbeiten kommt es häufig vor, dass Zuschauer*innen in Situationen verwickelt werden, die ein emotionales oder handlungsbezogenes Re-Agieren in Gang setzen, das situativ auf der Ebene des Aufführungsgeschehens eine andere Bedeutung zeitigt als auf der Ebene des Mikrokosmos. Insbesondere diese Formen von Vereinnahmung werde ich über das Konzept der *Komplizenschaft* präzisieren (vgl. Kap. 4.3 bis 4.6).

Die Vereinnahmung selbst kann von Zuschauer*innen entweder unbemerkt bleiben oder durch das Ausagieren einer bestimmten Emotion oder Reaktion in situ auffällig werden und damit zum Gegenstand (selbst-)reflexiver Auseinandersetzung werden. Zur produktiven Ambivalenz von Vereinnahmung gehört, dass die sie auslösenden Situationen, die zumeist mit einer symptomatischen Erfahrungsintensität einhergehen, von Vertreter*innen beider Seiten zugleich auch genossen werden können. Ich werde Fälle beider Ausprägungen vorstellen. Mein Fokus richtet sich – und dies hängt maßgeblich mit meinen eigenen Aufführungserfahrungen zusammen – in den Analysen allerdings stärker auf diejenigen Vereinnahmungen, die in situ selbstreflexiv auffällig werden.

Gerade weil all die Involvierungsmodi – ob über Sound, Berührungen, Handlungsanweisungen oder Olfaktorik und Prozesse des Mit-Leidens – so intensiv an der strukturellen Erzeugung von Emotionen mitwirken und ebendiese nachweislich auch für Situationen der Vereinnahmung kennzeichnend sind, können Letztere den teilnehmenden Zuschauer*innen auch ihre je eigenen Selbst-/Weltverhältnisse zugänglich machen. Und zwar in der Hinsicht, als dass ihnen einsichtig (gemacht) werden kann, auf welche Weise sie qua eigener Sozialisation und Affektbiografie gezielt zu affizieren, zu emotionalisieren und damit mitunter auch zu manipulieren sind. Es ist damit auch das eigene, immer schon sozial-relationale In-der-Welt-Sein mit allen (in-)dividuellen Weisen des Sich-Orientierens und Zur-Welt-Ausrichtens, das einem*r über die singularisierten Aufführungserfahrungen immersiver Theateraufführungen zu Bewusstsein geführt werden kann. Und gerade darin – so wurde in den Interviews zu SIGNA-Aufführungen durch alle Altersschichten hindurch deutlich – liegt für Zuschauer*innen ein wesentlicher Reiz, sich auf solch *übergriffiges Theater* überhaupt einzulassen. Ein Theater der Vereinnahmung lässt sich dann als etwas Produktives erleben, wenn man als Zuschauer*in offen ist und die Bereitschaft (und Resilienz) mitbringt, auf sich selbst zurückgeworfen zu werden und sich selbst dabei auch ein Stück weit aufs Spiel zu setzen.

Wie eingangs erwähnt, basiert die Fokussierung je nur eines dominanten Involvierungsmodus in den Analysen auf heuristischen Gründen. Es ist deshalb wichtig, deutlich zu machen, dass die isolierte Betrachtung zum einen das Ziel verfolgt, im Sinne der Polyperspektivik der Theaterform, gerade diejenigen – z. B. olfaktorischen, haptischen oder handlungsanweisungsbezogenen – Involvierungsmodi hervorzuheben, die im Theater (und der Theaterwissenschaft) sonst eine eher untergeordnete Rolle im Hinblick auf Prozesse der Wahrnehmung und Bedeutungsgenerierung spielen. Zum anderen soll durch die Fokussierung auf je einen dominanten Involvierungsmodus insbesondere dessen genuines Mit-Wirken beim Zustandekommen vereinnahmender Situationen hervorgehoben werden. Trotz der Isolierung einzelner Involvierungsmodi für Analysezwecke soll zu keinem Zeitpunkt vergessen werden, dass es für die Wirkung immersiver Theateraufführungen konstitutiv ist, dass es eine Vielzahl gleichzeitig, neben-, in- und miteinander wirkender Involvierungsmodi gibt.

Im ersten Analysekapitel widme ich mich der räumlichen und figurenperspektivischen Involvierung von Zuschauer*innen in Paulus Mankers *Alma*. Hier wird es zuvorderst darum gehen, die von Freydefont und Sermon mit dem immersiven Aufführungsdispositiv verknüpfte Desorientierung an einem Beispiel zu konkretisieren und emotions- und affekttheoretisch mit Blick auf Situationen der Vereinnahmung zuzuspitzen (4.1). Wie Punchdrunks *Sleep no more* seine Zuschauer*innen zuvorderst über das Soundscape in die Wirklichkeitssimulation involviert, analysiere ich im Zusammenhang mit der strukturellen Erzeugung von Nostalgie. Hier greife ich für die polyperspektivische Szenenanalyse auf eine Beispielsequenz zurück, die bereits von anderen Theaterwissenschaftler*innen und Fan-Blogger*innen durch vielfache Bezugnahmen als eine besonders wirkmächtige hervorgehoben wurde (4.2). Am Beispiel von SIGNAs *Das halbe Leid* werde ich darstellen, wie Zuschauer*innen über körpergebundenes Geruchsdesign in die Weltversion des gleichnamigen fiktiven Sozialvereins involviert und innerdiegetisch von dessen Therapiemethoden eines Mit-Leidens vereinnahmt werden (4.3). Die fiktive Welt der Himmelfahrer lernen teilnehmende Zuschauer*innen von SIGNAs *Das Heuvolk* zuvorderst über das Befolgen von Handlungsanweisungen kennen.

Über die Teilnahme an Ritualen und ein Sich-Einlassen auf geltende Regelsysteme werden Zuschauer*innen Kompliz*innen einer innerdiegetisch vorangetriebenen kollektiven Subjektivierung, die sie qua Vereinnahmung zuweilen auch selbst erfasst – vor allem, wenn sich fiktive Himmelfahrer-Welt und Realität des SIGNA-Kollektivs über die Erzeugung einer Sehnsucht nach Zugehörigkeit verschränken (4.4). Anhand ausgewählter, polyperspektivischer Miniaturen aus *Wir Hunde* soll dargestellt werden, wie SIGNA ihre Zuschauer*innen über körperliche Berührungen in eine fiktive Weltversion involvieren, in der eine Transspezies namens Hundsch existiert. Auch hier kann die Teilnahme an Gesprächen oder innerdiegetischen Ereignissen wie einer Hundsch-Abrichtung dazu führen, dass Zuschauer*innen über Berührungsangebote oder -verbote zuvorderst auf der Ebene der Diegese vereinnahmt werden, z. B. indem der Verein über die strukturelle Erzeugung von Angst und Unwohlsein Zuschauer*innen an der Ausgrenzung der sogenannten Wolfshundsche beteiligt (4.5). Im letzten Analysekapitel werde ich aufzeigen, wie Zuschauer*innen als fiktionalisierte Besucher*innen des Themenparks Supremacy-Land über das (Wieder-)Erkennen, Dekodieren und wissensbasierte Einordnen von Zeichen, Symbolen, Rhetoriken und stereotypen Repräsentationen körperlich, affektiv, viszeral und diskursiv von einem System Weißer Suprematie und dessen rassistischer Weltsicht vereinnahmt werden (4.6).

## 4.1 Räumliche und figurenperspektivische Involvierung in Paulus Mankers *Alma*

Wie in Kapitel 2.3.1 eingeführt, haben wir es bei Mankers Inszenierung von Sobols Polydrama *Alma* mit der Übertragung eines Simultanstücks in eine komplexe Raumbühne mit parallel bespielbaren szenischen Einzelräumen zu tun. Das Publikum der Aufführungsjahre 2014 bis 2019 ist mit Vorstellungsbesuch eingeladen, sich frei durch die Roigkhalle in Wiener Neustadt mit ihren Ausmaßen von 300 Metern Länge, 70 Metern Breite und 35 Metern Höhe auf einer Gesamtfläche von 21.000 Quadratmetern zu bewegen und selbst zu entscheiden, wann es wie lange wo verweilen will. Die Szenen sind textlich und inszenatorisch festgelegt und geprobt; längere Improvisationen mit den Zuschauer*innen oder gar *One-on-Ones* sind nicht vorgesehen. Jede*r Darsteller*in hat einen individuellen Parcours von etwa 15 Szenen im Verlauf des Abends zu bespielen und jede*r

Zuschauer*in hat die Möglichkeit, den Darsteller*innen/Figuren nach eigenem Belieben zu folgen. Bei einem zweiten Aufführungsbesuch bestände entsprechend die Möglichkeit, anderen Figuren zu folgen. Je nachdem, welcher Figur man als Zuschauer*in durch die Szenen folgt, erlebt man nicht nur völlig verschiedene Szenen und damit auch Aufführungen, sondern wird auch mit gänzlich unterschiedlichen Perspektiven auf den biografischen Stoff um die Komponistin und Künstler-Muse Alma Mahler-Werfel konfrontiert.

Die Einbeziehung des Publikums in die Aufführung und fiktionalisierte Lebenswelt der Alma Mahler-Werfel erfolgt in Mankers *Alma* – im Gegensatz z. B. zu den Produktionen von SIGNA oder auch *3/Fifths* von Scruggs/Woodard – also nicht über Handlungsimpulse oder Gesprächsoptionen, sondern primär als eine mit der Mobilisierung der Zuschauer*innen verbundene räumliche und figurenperspektivische Involvierung. Diese ist rezeptionsästhetisch an das von Manker und Sobol entworfene Konzept vom »Zuschauer als Kamera« geknüpft, welches maßgeblich für die Singularisierung der Aufführungserfahrung verantwortlich ist (vgl. Kap. 3.1.2). Meine These ist, dass sich die singularisierte Aufführungserfahrung zuvorderst dadurch auszeichnet, dass die individuellen ›Voreinstellungen‹ eines jeden Zuschauenden, wie Erwartungshaltungen, Vorwissen, Geschmack, Interesse, körperliches Befinden und affektive Dispositionen in situ für Wahrnehmungs- und Sinnstiftungsprozesse zu entscheidenden, mit-wirkenden Parametern werden und den Zuschauer*innen selbst auch auffällig werden können.

Die Analyse der Publikumsinvolvierung in *Alma* werde ich im Folgenden entlang meiner beiden Aufführungsbesuche und erinnerten Zuschauerinnen-Erfahrungen entwickeln. Im Rahmen einer polyperspektivischen Szenenanalyse fokussiere ich hier primär die räumliche und Figuren bezogene Involvierung der Zuschauer*innen. Das Polyperspektivische als Formelement von *Alma* tritt vor allem dort hervor, wo ich meine beiden sehr unterschiedlichen Aufführungserfahrungen vergleichend nebeneinanderstelle. Es wird sich zeigen, dass Zuschauer*innen zunächst maßgeblich vom Raum, der jeweils ausgewählten Figurenperspektive und der Simultaneität der Ereignisse im Modus affektiver und kognitiver Desorientierung involviert werden (4.1.1) und dass Vereinnahmung dort einsetzen kann, wo ich entlang meiner ›Voreinstellungen‹ realisiere, wie die Involvierung in den Mikrokosmos mit einer Einbettung in eine spezifische, patriarchale und von bestimmten Geschlechterverhältnissen dominierte Weltsicht verflochten ist (4.1.2).

### 4.1.1 Desorientierung als dominanter Effekt der Zuschauer*innen-Involvierung

*Auf einmal ertönt ein Lokgeräusch und die dazugehörige Rauchwolke wird von rechts zwischen den Sträuchern sichtbar. Die rote Lok kommt vor uns zum Stehen. Die Aufführung beginnt mit einem Transport des Publikums vom etwas abgelegenen Parkplatz zum Spielort. An dem einen Ende des Parkplatzes ist ein Tisch aufgestellt, wo wir Programmbuch und eine Einladungskarte zu Almas 139. (fiktiver) Geburtstagsfeier ausgehändigt bekommen. Teil der Einladungskarte ist neben der Besetzungsliste auch ein neun Punkte umfassendes (zu keinem Zeitpunkt allerdings mündlich noch mal bekräftigtes) Regelwerk.*[137]

*Im offenen Anhänger, den die Lok mit sich führt, finden auf drei Bierbänken dicht gedrängt etwa zwanzig Zuschauer*innen Platz. Paulus Manker gibt den Lokfahrer und bringt mit etwa zehn bis zwölf Fuhren sein Publikum die etwa 500 Meter lange Strecke bis vor den Eingang der Roigkhalle. Vor der Halle mischen sich bereits Schauspieler*innen unter die wartenden Gäste. Das Publikum ist größtenteils auffällig schick gekleidet, eher etwas älter und wirkt gut situiert. Die Publikumsstruktur weicht deutlich von derjenigen ab, die ich bis dato beim Besuch immersiver Theateraufführung beobachten konnte.*[138] *Insbesondere beim Gang zu den Toiletten, die ziemlich heruntergekommen wirken und nur notdürftig mit den wichtigsten Hygieneartikeln bestückt wurden, ertappe ich mich dabei, darüber zu schmunzeln: Denn das schicke Theaterpublikum scheint hier erst einmal gar nicht zum Spielort und zu dessen Infrastruktur zu passen.*

*»Treten Sie ein!« Mit diesen Worten werden die schweren Türen zur Halle langsam geöffnet. Der Steinboden ist mit Teppichen ausgelegt. Zur Rechten und Linken befinden sich eingedeckte Tische, darauf Kerzenleuchter. Von ihnen geht eine Wärme aus, die man spürt, wenn man sie passiert. Es ertönt klassische Musik. Vermutlich ein Auszug aus einer Sinfonie von Gustav Mahler. Die gigantischen Ausmaße der Halle sind wahrlich imposant, ja, schlicht überwältigend.*

*Die etwa zweihundert Gäste strömen hinein und wirken als Menge in der Halle doch gleich verloren. Auf der rechten Seite befinden sich wegweisende Schilder wie »Toiletten«, »Redaktion«, »Lazarett«, »Bad«, »Küche«. Offenbar verbirgt sich hinter der Wand zur Rechten noch ein integriertes Seitengebäude mit weiteren Räumen. Zur Linken stehen einige alte Koffer und Kisten herum, mittig einige verloren wirkende Leitern. Die räumliche Dimension dieser Halle erschlägt mich regelrecht. […] Nach Durchquerung von etwa zwei Dritteln der Halle erreichen wir bereitstehende Stühle, die allerdings nicht für alle reichen. Von der hinteren Seite schließt*

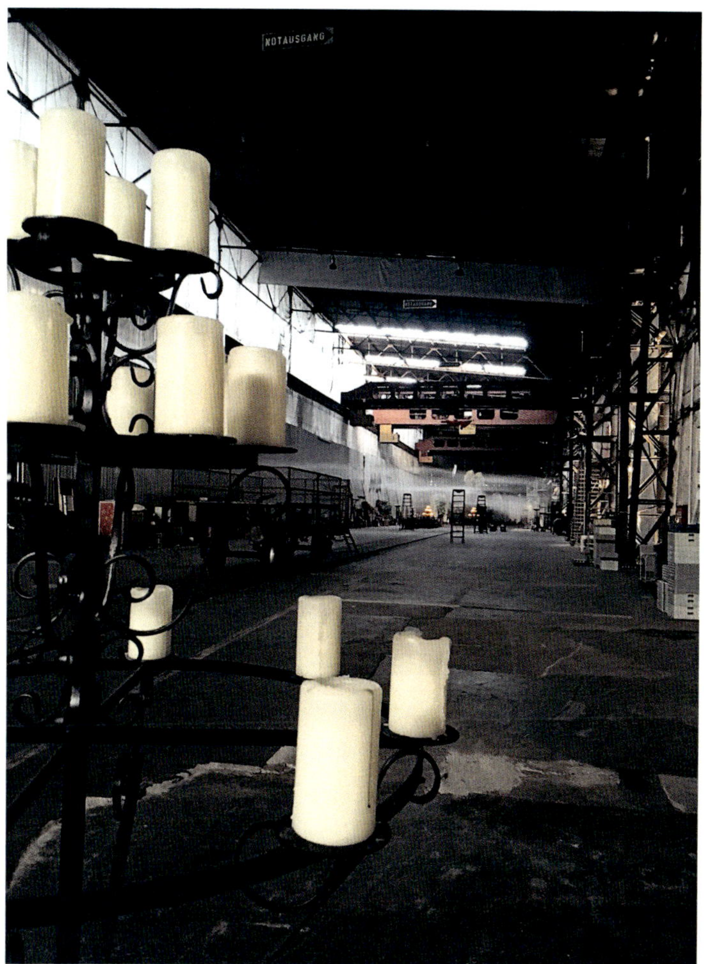


Blick in die Roigkhalle, Spielort von *Alma*, Foto: Theresa Schütz

*ein hohes, fahrbares Gerüst die entstehende Bühnensituation ab. Auf diesem erscheint eine ältere Dame: U.S. Alma (Anna-Eva Koeck). Sie begrüßt uns auf Englisch als ihre geladene Gesellschaft zur Feier ihres 139. Geburtstags. Sie dankt dem Autor Joshua Sobol für das Stück und stellt dann kurz ihre Männer (Klimt, Zemlinsky, Gropius, Mahler, Werfel) vor, die einzeln hervortreten und mit ihr auf dem Gerüst das Einstiegstableau des Abends bilden. Es entspinnt sich dann eine kurze Sequenz zwischen Mahler und drei jungen identisch gekleideten Alma-Figuren – »Wer ist die wahre Alma?«; gefolgt von einer etwas befremdlich anmutenden, musical-ähnlichen Gesangsnummer, bei der sich die drei jungen Almas als geladene Showgirls für das Geburtstagsständchen »Alma« (von Liedermacher Tom Lehrer) entpuppen. […]*

*Der alte, etwas wirr wirkende Spieler des Almaniacs (Stefan Rehberg) gibt dann programmatisch aus, dass wir alle »ein ganz spezielles Bild [von Alma] uns selbst entwerfen könn[t]en« und in diesem Moment beginnt sich die Szene aufzulösen. Die Darsteller*innen finden in verschiedenen Konstellationen zusammen, beginnen neue Szenen und entfernen sich dabei von der abgezirkelten Spielfläche in die Weite der Halle, strömen aus und provozieren damit, dass auch wir Zuschauer*innen uns in Bewegung setzen und ad hoc entscheiden, welcher Konstellation wir folgen wollen. Ich folge bei diesem ersten Aufführungsbesuch dem Spieler von Franz Werfel (Gerald Walsberger) über eine Wendeltreppe ins Innere des Seitengebäudes und finde mich kurzerhand in einem detailreich ausgestatteten Lazarett wieder, das mit seiner Ausstattung den Eindruck einer Zeitreise erweckt: Wir müssten jetzt irgendwann in der ersten Hälfte des 20. Jahrhundert sein. Ich fühle mich an die Ausstattung von Punchdrunks* Sleep no more *erinnert und spüre das Bedürfnis, mich erst mal intensiver der Raumerkundung hingeben zu wollen. [...]*

*In der ersten Szene stoßen Walter Gropius (Maximilian Pulst) und Franz Werfel aufeinander und diskutieren über die Vaterschaft des 1919 verstorbenen Sohns Martin, der nicht mal ein Jahr alt wurde. Beide erheben Anspruch auf die Vaterschaft. [...] Werfel den Flur entlang folgend, lande ich in einem kleinen Schlafzimmer, ebenfalls mit Kerzenleuchtern ausgestattet. Es gehört offenbar Anna, der ältesten Tochter von Alma und ihrem ersten Ehemann Gustav Mahler. Wir sind jetzt im Jahr 1938.*[139] *Offenbar leidet Werfel immer noch unter dem Verlust des Sohns (denn Martin war allen Anscheins nach wirklich sein Sohn, auch wenn Alma zu der Zeit noch mit Gropius liiert war). Anna, irritierenderweise auch von Elisabeth Kofler, einer Alma-Spielerin, verkörpert, erinnert sich an eine Nacht am Semmering, als sie 14 Jahre alt war und Werfel sie besuchte. Alma und er hätten die ganze Nacht hörbar für alle Anwesenden miteinander geschlafen. Morgens stand Alma mit Blutungen vor Anna. Martin kam an diesem Morgen als Frühgeburt zur Welt. Als sich die Szene aufzulösen beginnt, indem sich die Spieler*innen wieder in andere Räume verteilen, werde ich des beständigen Hinterherlaufens leid und beschließe, mich erst einmal nur den Räumen zuzuwenden, irgendwie anzukommen und mich zu orientieren, wo was ist.*[140]

Die erinnerten Ausführungen zu meinem Besuch bei *Alma* zeigen bereits, dass die erste Einbeziehung der Zuschauer*innen zunächst sehr strategisch über Raum und Raumwechsel abläuft. Der »Genius Loci« (vgl. Programmbuch, S. 14) dieser *Alma*-Inszenierung ist die abgelegene Roigkhalle in Wiener Neustadt. In der Saison 2014/15 konnten Manker und sein Team die seit 1966 stillgelegte Halle zum ersten Mal nutzen. Die Lage der Halle (und jene des etwas abgelegenen Parkplatzes) machten die Erfindung einer Art Vorspiel nötig. Für die Zuschauer*innen beginnt die Vorstellung deshalb mit einem Transport vom Parkplatz zur Halle. Von ihrer pragmatischen Notwendigkeit abgesehen, stellt die kurze Fahrt durchaus ein sinnfälliges Einstiegsmotiv dar, das Stoff und Aufführungsform in nuce zusammenführt. Denn die inszenatorisch-formale, mit dem Immersionsdiskurs verknüpfte Grundidee von *Alma* besteht nicht zuletzt darin, das in der Biografie Alma Mahler-Werfels dominant angelegte *Motiv der Reise* – sie war in ihrem Leben aus privaten wie später auch politischen Gründen permanent innerhalb und außerhalb Europas auf Reisen und ab 1938 auch im Exil – über die Form des Polydramas und der Konzeption eines Aufführungsbesuchs, der Zuschauer*innen eine »theatralische Reise« (Sobol, o. J.) eröffnen soll, künstlerisch zu übertragen und auf diese Weise selbst erfahrbar zu machen. Allerdings produzierte die körperliche Erfahrung dieser kurzen »Reise« im Vorspiel, eng zusammengepfercht, auf unbequemen, harten Holzbänken, dem Gestank der Dampflok ausgesetzt, Assoziationen, die weniger zu den komfortableren Reisen einer Alma Mahler-Werfel im 20. oder auch den eigenen Reiseerfahrungen im 21. Jahrhundert passen. Für mich changierte sie zwischen einer mit der Geschichte des Ortes als Arbeitslager verbundenen, unfreiwilligen Verbringung und dem Fahrerlebnis einer Station in einem Freizeit- und/oder Vergnügungspark.

Eine weitere Irritation, die von einer gewissen Inkongruenz zwischen Ort und Ereignis ausging, manifestierte sich dort, wo ich im Erinnerungsprotokoll beschreibe, wie das Publikum mit seiner gewählten Abendgarderobe zugleich fehl am Platze wirkte. Und sie setzt sich beim Betreten der Halle fort, insofern der theatrale Raum[141] den Charme einer ehedem für die Fertigung von Lokomotiven und Flugzeugen industriell genutzten Anlage mit ihren massiven Stahlträgern und den in das Dach eingelassenen Kachelfenstern entfaltet, welcher von den zahlreichen ausgelegten Teppichen im Eingangsbereich, den an allen Seiten aufgestellten Kerzenleuchtern mitsamt der von ihnen ausgehenden Wärme sowie einigen großen Topfpflanzen szenografisch kontrastiert wird. Es gibt also in vielerlei Hinsicht zunächst eine wahrnehmbare Kollision zwischen der Materialität, Atmosphäre und geschichtlichen Realität des Spielorts mit der vom Publikum verkörperten Theaterkonvention oder gar -etikette sowie den ersten szenografischen Zeichen, die die Welt der Alma Mahler-Werfel zu Beginn des 20. Jahrhunderts repräsentieren.[142]

In seinen architektonischen Ausmaßen hat der Spielort etwas Überwältigendes. Ich weiß noch, wie klein ich mich physisch gefühlt habe, als ich vor diesem Gebäude-Koloss stand. Das Gefühl der Überwältigung blieb beim Betreten der Halle erhalten. Denn auch das Zusammenspiel der sinnlichen Eindrücke der über Lautsprecher ausgegebenen klassischen Musik, der Kerzenwärme, der physischen Nähe zu den Spieler*innen, die mit uns den Raum teilten, die Zeichen der ersten Ausstattungsdetails in ihrer wahrgenommenen Synchronizität und Dichte zeitigte bei mir eine Wirkung latenter Überforderung. Gleiches gilt für die Wahrnehmung der einzelnen szenischen Räume wie z. B. die Heil- und Krankenstation, die trotz ihrer Größe von ca. achthundert Quadratmetern derart minutiös ausgestattet war, dass ich meine Aufmerksamkeit vom szenischen Geschehen zwischen den Figuren ab- und der haptischen und visuellen Erkundung der materiellen Habseligkeiten zuwenden musste.

Erst beim selbstständigen, sukzessiven und szenenlosgelösten Abschreiten der gestalteten Zimmer konnte ich mir ein Gefühl für Architektur, Aufteilung und Ausstattung des szenischen Raums verschaffen. Wie an einer Perlenkette aufgereiht, beginnt der szenografierte Bereich im Erdgeschoss mit dem Schlafzimmer von Anna. Es folgen von vorn nach hinten ein länglicher Speisesaal, ein Wohn- und Empfangszimmer (Gropius' Zimmer), dann das »Kokoschka«-Zimmer, in dem ausschließlich Kopien der Werke des Malers Oskar Kokoschkas hängen, das große Bad mit freistehenden Wannen, die Küche sowie ein Mädchenzimmer. Darüber befinden sich ein großes Wohnzimmer mit Flügel (Mahlers Zimmer) – und von hinten nach vorn, entsprechend in der Länge gereiht: die Heil- und Krankenstation, ein Arbeitszimmer mit Durchsicht in ein weiteres Schlafzimmer, eine Kantine mit Spinden und altem Fernsprecher, eine Redaktion mit angehängter Schreibstube und ein mit Büchern befülltes Séparée.[143]

Die Räume sind realistisch – manche sogar naturalistisch – ausgestattet und verweisen mit der Materialität der in ihnen verwendeten Dinge wie dem Blechgeschirr oder dem Kohleofen in der Küche, den aus den Jahren gekommenen Bettgestellen, Apothekerschränken und mobilen Waschschüsseln auf der Kranken- und Heilstation sowie den Bilderrahmen und Teppichen im Mädchenzimmer auf eine zeitlich nicht ganz genau definierte Vergangenheit. Je nach verhandeltem Szeneninhalt wird man als Zuschauer*in in die zehner, zwanziger oder dreißiger Jahre des 20. Jahrhunderts versetzt. Auf der Kranken- und Heilstation liegen auf den Arzttischen noch alte, vergilbte Behandlungsakten sowie altes Arztbesteck; assoziativ hat sie sowohl etwas von

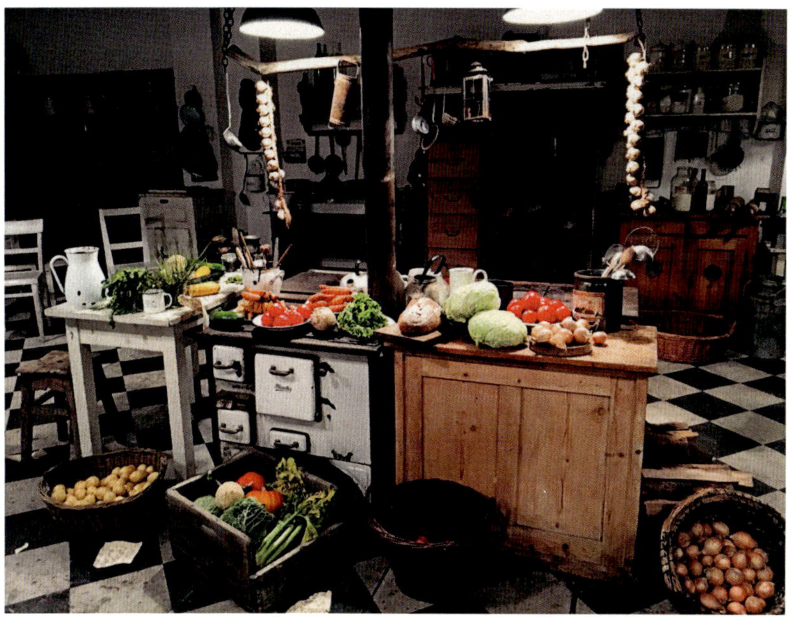

Die über verschiedene Zeiten hinweg anspielbare Küche im Hause Schindler/ Mahler-Werfel in Mankers *Alma*, Foto: Theresa Schütz

einem Lazarett als auch von einer Heilstation wie in Sanatorien oder psychiatrischen Einrichtungen. Mit Blick auf den biografisch-historischen Kontext der fiktionalisierten Lebenswelt bildet sie die Kulisse für die vielen Episoden im Leben der Alma Mahler-Werfel, in denen sie sich wegen der Geburt ihrer vier Kinder, wegen Fehlgeburten oder psychischer Erschöpfung in Kliniken und Sanatorien aufhielt. Darüber hinaus kann der detailreich ausgestattete Raum über die fast schon museale Wirkung der Dinge aber auch eigenes narratives Potential entfalten, z. B. medizin- oder interieurshistorisch. Zum »lebenden Museum« (Tragschitz, 2012, S. 47) werden die szenischen Räume, wenn sie im Rahmen der geteilten Wirklichkeitssimulation von den Figuren ganz selbstverständlich in ihrer funktionalen Zweckmäßigkeit genutzt werden, z. B. indem in der Küche während einer Szene eine Suppe zubereitet wird oder im Badezimmer tatsächlich ein Bad eingenommen wird oder indem in den Wohnstuben Tische, Stühle und Betten für Liebesspiele genutzt werden.

Wenngleich die Raumausstattung mit all ihren Möbeln sowie funktionalen und nicht-funktionalen Gegenständen zwar deutlich den Index des Historisierenden aufweist, ist sie in den meisten Fällen allerdings so allgemein gehalten, dass sie für die Repräsentation verschiedener Zeiten und Orte applikabel ist. Gerade diese Applikabilität und semiotische Ungenauigkeit der Ausstattungsdetails machen es dem flanierenden Publikum auf fiktionalisierter Zeitreise allerdings schwer, sich zeitlich und räumlich innerhalb der repräsentierten Biografie Almas und ihrer Liebhaber zurechtzufinden. Schließlich sind die meisten Räume so eingerichtet, dass sie je nach Figurenkonstellation im zeitlichen Spektrum von 1901 bis 1964 und im geografischen Assoziationsfeld von Wien über Tobelbad bis Venedig anspielbar und damit semiotisch (um-)deutbar sind.

Das relationale Zusammenwirken von Hallengröße, sinnlicher Wahrnehmungs- und Zeichendichte, historisierender Applikabilität der detailverliebten Ausstattung, eigener Mobilisierung und Vereinzelung sowie der Option, beständig zwischen verschiedenen Figurenkonstellationen und damit auch zwischen verschiedenen repräsentierten Zeiten und Orten hin und her wechseln zu können, erzeugt – generationsspezifisch ergänzt von der emotionalen Gemengelage eines klassischen *Fear-of-Missing-Out*-Phänomens[144] – auf der Ebene raumbezogener Publikumsinvolvierung vornehmlich Zustände affektiver und kognitiver Desorientierung.

Mit der im Erinnerungsprotokoll skizzierten Auftakt- und Begrüßungsszene durch U.S. Alma werden Zuschauer*innen auf der Feier ihres fiktiven 139. Geburtstags willkommen geheißen und damit innerdiegetisch als Gäste einer Feiergemeinschaft adressiert und angespielt. Kaum hat diese Feier mit der Tanz- und Gesangseinlage zu Tom Lehrers in den sechziger Jahren entstandenen, satirischen Hymne auf »the loveliest girl in Vienna« begonnen, zerfällt die Feiergemeinschaft sogleich wieder, als Almaniac ausruft, man möge nun beginnen, »die echte, wahre Alma auszuforschen«. Die drei Alma-Darstellerinnen entschwinden daraufhin zu verschiedenen Seiten und finden sich mit je einem ihrer frühen Verehrer Gustav Klimt (David Ketter), Alexander von Zemlinsky (Simon Alois Huber) und Gustav Mahler (Stefan Kolosko) mit den jeweils identischen textlichen Einstiegspassagen zusammen. Auf diese Weise wird die versammelte Zuschauer*innen-Menge auf die nachfolgenden Szenen und damit auch auf die verschiedenen szenischen Räume und Figurenkonstellationen verteilt.

Ich merkte, wie ich zunächst Schwierigkeiten hatte, zu entscheiden, in welche Richtung ich mich in Bewegung setzen sollte. Während der Eröffnungsszene war mir Gerald Walsberger alias Franz Werfel aufgefallen. Er blieb in der Szene zwar stumm, dennoch ging eine gewisse affizierende Ausstrahlung von ihm und seiner Präsenz aus, die mich in situ dazu bewegte, ihm zu folgen. So stieg ich mit einer Gruppe anderer Zuschauer*innen gemeinsam die Wendeltreppe im Inneren der Halle empor und fand mich im ersten Stock des in die Halle eingelassenen Administrationsgebäudes wieder. Es ist hier eine Kombination aus Zufall, wo und in der Nähe zu welchen Figuren man sich gerade aufgehalten hat, und affektivem Resonanzempfinden, wie spontaner Neugier, Sym- oder Antipathie und starkem oder weniger starkem Vereinzelungsdrang, welche auf bestimmende Weise mit(be)wirkte, wo und vermittels welcher Figurenperspektive die theatralische Reise in Almas Mikrokosmos für mich an diesem Abend ihren Anfang nehmen sollte.

Mit dem Folgen der Werfel-Figur hatte ich mich bei meinem ersten Aufführungsbesuch – wie sich im Vergleich mit dem zweiten im Nachhinein herausstellte – auf denjenigen Szenen-Parcours begeben, der aufgrund der historischen Tatsache, dass Werfel als dritter und letzter Ehemann in Almas Leben erst ab 1918 eine Rolle spielte, dramaturgisch permanent zwischen den Zeiten (1920, 1938, 1925, 1935, 1964) sprang. Als ich bei meinem zweiten Besuch Alma-III (Katja Sallay) folgte, setzte die szenische Handlung mit einer Szene zwischen ihr und ihrer Mutter 1901 im Mädchenzimmer ein, in dem Jahr, in dem die 22-jährige Alma Gustav Mahler kennenlernte. Die Szenenfolge verlief dann abgesehen von ein paar kleinen Zeitsprüngen durchweg chronologisch von 1901 bis 1919. Im Werfel-Parcours war der frühe Verlust des gemeinsamen Sohns Martin zunächst der rote Faden der ersten szenischen Begegnungen. Dann folgte ein Sprung in die Ehejahre der beiden. Für diesen Strang fuhr das Publikum mit Werfel, Alma, Hulda und einem Fahrer mit einem zweiten Lokteil aus der Halle hinaus und kam inmitten von Sträuchern unter dem Nachthimmel zum Stehen. Während Alma wegen eines Motorschadens beim liegen gebliebenen Zug verweilte, zog ich mit Werfel und Hulda durchs Gestrüpp zurück zur Halle. Wir landeten in einem kargen Raum, der nur von einer Schale mit lodernder Flamme am Boden erleuchtet wurde. Hier versuchte Hulda, Werfel für das zionistische Projekt zu gewinnen, Mitte der zwanziger Jahre am Aufbau einer jüdischen Gemeinschaft mitzuwirken. Bereits in der nächsten Szene saß Werfel (etwa zehn Jahre später) wieder mit Alma in der Badewanne und sah sich mit ihrer Eifersucht und ihren Emigrationsplänen in die USA konfrontiert. Dann folgte das feierliche Begräbnis Gustav Mahlers (1911) in der Halle, bei dem alle Stränge vor der Pause zusammenliefen und das nahtlos in das Pausenmahl, das innerdiegetisch als »Gustav Mahlers Leichenschmaus« gerahmt war, überging.

Wie diese Ausführungen zeigen, habe ich bei meinem ersten Aufführungsbesuch über das Mitverfolgen eines an Werfel orientierten Szenenparcours nur äußerst bruchstückartig etwas über die titelgebende Alma erfahren. Desorientiert war und wurde ich qua figurenperspektivischer Involvierung nicht nur hinsichtlich der dargestellten Zeit und des dargestellten Raums, sondern auch bezüglich der Haltungen, die die Inszenierung verteilt auf die verschiedenen Figuren gegenüber Alma Mahler-Werfel als Frau und historische Persönlichkeit einnimmt:

> Alma Mahler war ein Phänomen. Kaum je hat ein Mensch so viele widersprüchliche Selbstzeugnisse hinterlassen. Selten hat jemand eine solche Fülle voneinander diametral entgegengesetzten Eindrücken bei Mit- und Nachwelt hervorgerufen. Noch seltener spaltet sich das Urteil von Biographen so sehr in radikale Zustimmung oder radikale Ablehnung (Seele, 2001, S. 7).

Es sind diese von Astrid Seele, einer ihrer Biograf*innen, hervorgehobenen divergierenden Perspektiven von und auf Alma Mahler-Werfel, die das Polydrama zu versammeln sucht.[145] Auffällig sind hier vor allem drei stereotype weibliche Rollenbilder, die sich qua Selbst- und Fremdzuschreibungen in historischen Zeugnissen wie auch neueren Biografien an das Phänomen Alma binden: die verführerische Femme fatale, die mit ihrem Auftreten und äußeren Erscheinungsbild alle Männer in ihren Bann zieht; die weibliche Muse, die ihre Künstlergatten zu Höchstleistungen inspiriert; und die verhinderte Künstlerin, die sich für den Erfolg ihrer Männer ›opfert‹ und in die Rolle der Ehefrau und Mutter zwingen lässt.[146] Die Inszenierung stellt die Zuschreibung dieser weiblichen Rollenbilder auf Alma Mahler-Werfel allerdings nicht als solche heraus oder versucht, sie zu dekonstruieren, sondern reproduziert sie vielmehr über Figurenreden und Darstellungsweisen und wirkt damit an ihrer Fortschreibung mit.

*Der zweite Aufführungsteil nach der Pause führt mich mit Werfel ins Empfangszimmer. Die erste Szene stellt ein fiktives Zusammenkommen von Almas Männern in den sechziger Jahren dar. Mahler schwärmt von Alma, Gropius schimpft über sie und Werfel ist stolz, weil er ihr letzter Gatte sei. Dann verliere ich aufgrund von unüberwindbaren Publikumstrauben in den Gängen Werfel aus den Augen und lande bei jenen, den zweiten Teil dominierenden, Szenen mit Oskar Kokoschka (Paulus Manker), die exponiert in der Halle, z. T. auch in geradezu ›klassisch‹ bestuhlten Bühnensituationen stattfinden. In der ersten Szene, in deren Verlauf Kokoschka*

*Alma sein berühmtes Gemälde* Die Windsbraut *präsentiert, kreisen er und Alma ausschließlich um sich und ihre Beziehung. Dabei bemerke ich, wie ich immer mehr auf der Wahrnehmungsordnung der Präsenz hängen bleibe. Jenni Sabel als Alma im schwarzen Negligé, der etwas beleibte Manker im geöffneten Bademantel; beide permanent im Modus körperlicher Berührungen. Die Art und Weise, in der Manker das Künstlergenie porträtiert und begleitend zu seinem übertemperierten, geradezu manisch wirkenden Redeschwall von (männlicher) Liebe, Leidenschaft und Eifersucht den Körper Sabels begrabscht, ihr grob ins Gesicht fasst, sie küsst, immer wieder teilweise entkleidet und sich an ihr aufgeilt, beginnt mich massiv zu verärgern und einzunehmen. Auch habe ich den Eindruck, als hätte sich Manker für diese Szene die schauspielerisch schwächste der drei Darstellerinnen ausgewählt, um selbst noch stärker glänzen zu können. In dieses Bild fügt sich, dass er sie einmal sogar unnötigerweise in ihrer (Text-)Schwäche vorführt, indem er aus der Figur tritt und feixt: »Du hast jetzt Text!« Das Bild, das sich hier von Alma vermittelt, hat etwas Erniedrigendes und Erniedrigtes. Und als in der Folgeszene auch noch die lebensgroße Alma-Puppe von der Dienstmagd Reserl (Johanna Hainz) für Kokoschka/Manker ausgepackt und präsentiert wird, und er sich lüstern seinem Fetisch hingibt, während auch Reserl sich ihrerseits ihm noch nackt darbietet, möchte ich die Aufführung am liebsten verlassen.*[147]

Obwohl Alma durchaus in Szenen meiner ersten Aufführungssichtung auftauchte, werde ich bei ihr über die Figurenperspektiven von Werfel und Kokoschka in den Mikrokosmos eingeführt und dabei mit einem Bild von Alma konfrontiert, das nicht nur innerdiegetisch, sondern auch auf der Ebene der Inszenierung ein durch und durch von männlichen Blicken geformtes ist. Sie erscheint als Muse und Reisegefährtin des Schriftstellers Franz Werfel und als Affäre des Malers Oskar Kokoschka. Insbesondere Kokoschka wird sie überdies zur Obsession, zum Objekt sexueller Begierde und wahnhaften Begehrens, das bis zur historisch verbürgten Fetischisierung Almas in Gestalt einer menschengroßen Puppe reicht. Wiederum erst im Vergleich mit meinen Erfahrungen beim zweiten Aufführungsbesuch zeigt sich, dass eben auch jene figurenbezogene Involvierung des Publikums dominante Effekte einer affektiven und kognitiven Desorientierung zeitigt. Diese betreffen vor allem die Emergenz hochgradig divergierender Haltungen zur Alma-Figur und ihren Repräsentationen.

Im Unterschied zur Erstsichtung begann die Zweitsichtung, die mit der Wahl einherging, einer der drei jungen Alma-Darstellerinnen zu folgen, sogleich mit einer eindrücklichen Szene zwischen ihr und ihrer Mutter, in der die Anfang zwanzigjährige Alma beklagt, dass Mahler von ihr verlangt habe, ihr eigenes Komponieren aufzugeben. Aus naiver Verliebtheit und Bewunderung gegenüber Mahler ließ sie sich auf dieses Opfer ein, heiratete ihn, um dann zahlreiche, vornehmlich auch sexuelle Enttäuschungen zu erleben. Beim zweiten *Alma*-Parcours sah ich sie während ihres ersten Kuraufenthalts, sah, wie sie darunter litt, dass ihr die eigene Kunst genommen wurde, während Mahler mit seinen Symphonien große Erfolge feierte; konnte fast nachvollziehen, dass sie sich auf die leidenschaftliche Affäre mit Walter Gropius einließ, und war erstaunt über die radikale Ehrlichkeit, mit der sie Mahler ihre Verletzungen offenbarte. Es war (zumindest bis zur Pause) eine ganz und gar andere Aufführungserfahrung, die sich nicht nur so einstellte, weil der Ort bereits vertraut(er) war, sondern weil sich die Ereignisse jetzt aus der Perspektive der jungen Alma weitgehend chronologisch entfalten konnten und sich darüber auch ein im Vergleich zum Erstbesuch differenzierteres Bild der streitbaren Titelfigur einstellen konnte.

Mit den bislang beschriebenen Dimensionen affektiver und kognitiver Desorientierung ausgelöst durch die räumliche und figurenperspektivische Involvierung in *Alma* ist rezeptionsästhetisch die Funktionszuschreibung vom »Zuschauer als Kamera« verbunden. Innerdiegetisch werden die Zuschauer*innen zwar zu Beginn der Inszenierung als Gäste von Almas fiktiver Geburtstagsfeier und zum Pausenbeginn nochmals als Gäste der fiktiven Trauerfeier Mahlers gerahmt, beide *Framing*-Strategien sind aber für die Erfahrungsdimensionen der Zuschauer*innen für das Gros der Aufführung im Grunde nicht relevant. Viel entscheidender ist die mit der Mobilisierung verbundene Freiheit, selbst wählen zu können, wo man sich wie lange aufhält, welchen Figuren man folgt und wie nah man sich zu ihnen im szenischen Raum positioniert. Mit der Idee, die Zuschauer*innen-Funktion in Analogie zu einer beweglichen Kamera zu denken, ist der Inszenierung eine Relation zwischen Zuschauer*innen und Darsteller*innen eingeschrieben, die vorsieht, dass Letztere um die Existenz der blickenden Instanz(en) zwar wissen, diese aber weder direkt ansehen, noch innerdiegetisch anspielen. Nicht nur aufgrund der physischen Nähe von Zuschauer*innen und Darsteller*innen im szenischen Raum, sondern auch aufgrund der Spielweise, die im Grunde wie im Theaterdispositiv der Vierten Wand vorsieht, so zu spielen, als gäbe es die Zuschauer*innen nicht, werden Letztere permanent und zumeist unfreiwillig in potentiell voyeuristische Konstellationen und Blickregime eingebunden. Diese werden dadurch verstärkt, dass sich fast neunzig Prozent der Szenen *Almas* mit deren diversen Liebesbeziehungen beschäftigen, in der Regel also Einblick in das intime Gefühlsleben zweier Figuren geben. Ob auf der Kante der Badewanne sitzend, während Werfel sich badet und mit Alma streitet, ob am Esstisch vor der köchelnden Gemüsesuppe verweilend, während sich Zemlinsky und Klimt über die Hämorriden Mahlers lustigmachen, ob in der Türschwelle stehend, während sich Alma und Gropius bei einem Szenenwechsel kurz begegnen und leidenschaftlich küssen – stets korrespondiert mit der Idee der Kamera und der physischen Nähe zum szenischen Geschehen der rezeptions- und wirkungsästhetische Effekt, mit der Anwesenheit gleichsam in eine Privatsphäre eingedrungen zu sein.

»Sie sind eine moderne High-Tech Kamera und bewegen sich so rasch, leise und so unauffällig wie möglich«, so legt es die siebte der im Einladungs-/Programmflyer abgedruckten Regeln fest. Ferner heißt es unter 9.: »Wenn Sie mit einer zweiten Kamera kommen oder mit mehreren Kamera/den, sollten Sie die Ereignisse getrennt voneinander verfolgen.« Mit dem »Zuschauer als Kamera« ist also zugleich auch die Konfiguration einer singularisierten Zuschauer*innen-Position verbunden. Es gilt, die Aufführung wie auch den inszenierten Mikrokosmos entlang des eigenen Interesses, der eigenen Vorlieben und der eigenen Aufmerksamkeitsökonomien und -kapazitäten zu verfolgen. Gefordert ist insofern das zuschauerseitige Engagement und die Bereitschaft, sich selbst zu orientieren. Auf diese Weise werden die eigenen subjektiven ›Voreinstellungen‹ – um im metaphorischen Bild der Kameratechnik zu bleiben – zu relevanten Parametern der Rezeption.

Erfasst man wie Sara Ahmed mit dem Begriff der »Orientierung« nicht nur die kognitive Fähigkeit eines Subjekts, sich in einer Umgebung räumlich, zeitlich oder personenbezogen zurechtzufinden, sondern im Sinne einer sozial-relationalen Ontologie auch die affektiven Weisen, wie Körper und Subjekte von anderen Körpern und Subjekten (z. B. im Hinblick auf Sexualität, *gender*, Klasse oder *race*) ausgerichtet werden (vgl. Ahmed, 2006, S. 2)[148], öffnet sich die Analyseperspektive über die Selbstbeobachtung der eigenen Orientierungsweisen auch dahingehend, auf die sedimentierten, relationalen Geschichten dieser Ausrichtungen zu schließen.

Meine Sozialisation als regelmäßige und sich nach und nach durch Studium und Praxiserfahrung professionalisierende Theaterzuschauerin begann Ende der neunziger Jahre mit Inszenierungen von Thomas Langhoff, Matthias Langhoff und Carlos Medina im

Deutschen Theater Berlin. Dominant war in den Inszenierungen ein psychologisch-realistischer Schauspielstil, bei dem die glaubhafte Darstellung einer dramatischen Figur und der Beweggründe ihrer Handlungen im Mittelpunkt standen. Der Bühnenraum, in dem die Figuren in Erscheinung traten und sich die Weltversion der Inszenierung entfaltete, war dabei vom Zuschauerraum architektonisch getrennt. Theaterzuschauerin zu sein bedeutete, in einem Sessel sitzend, vornehmlich stumm mit dem Blick auf die Bühne ausgerichtet zu sein und das Bühnengeschehen aus dem Dunkel des Zuschauerraums inmitten einer Gruppe mir unbekannter Menschen audiovisuell mitzuverfolgen. Das Publikum nahm ich dabei zumeist als eine ältere, sozial recht homogene Gruppe wahr, die ihren Theaterbesuch durch die Wahl der Kleidung und das Befolgen bestimmter habitualisierter Rituale – wie dem obligatorischen Erwerb eines Pausengetränks oder eines Programmbuchs, der Verwendung eines Opernglases in den Rängen oder der Art und Weise des Gebärdens beim Applaus – zu zelebrieren schien. Von all den vielen denkbaren, historisch verbürgten wie international existierenden Konfigurationen des Zuschauer*in-Seins im Theater war es jenes spezifische bürgerliche Modell eines*einer disziplinierten Zuschauenden mit seiner theaterhistorischen Verankerung im 18. Jahrhundert, das mir seinerzeit zur gewohnten Norm wurde.

Mit der an diese spezifische Institution gebundene, erste Sozialisation als Theaterzuschauerin ist nicht nur ein verinnerlichtes Set an bestimmten sozialen Regeln, Empfindungs- und Verhaltensweisen verbunden, sondern auch ein Repertoire von ästhetischen Geschmackspräferenzen, Dekodierungsstrategien und privilegierten Techniken der Bedeutungsgenerierung. Und es ist diese Gemengelage affektiver und kognitiver ›Voreinstellungen‹, die – so erneut die These – beim Besuch immersiver Theaterformen wie Mankers *Alma* zu einflussreichen Faktoren singularisierter Aufführungserfahrung und potentieller Selbstreflexion werden.

Dass sich während meines ersten Aufführungsbesuchs beim Betreten des Spielorts so zügig die Empfindung von Desorientierung eingestellt hat, ist als körperlicher, affektiver und kognitiver Ausdruck zu deuten, dass mir das mit der Theaterzuschauer*innen-Rolle eingeübte Orientiert- und Ausgericht-Werden im theatralen Raum gefehlt hat. Als Zuschauer*in von *Alma* wird man von einer fixierten Position (und damit auch feststehenden Perspektive) im Raum, von einer Darstellung der szenischen Ereignisse, die Kriterien der Chronologie und Sukzession folgt, sowie von der Möglichkeit, einen Überblick über das gesamte Figuren- und Handlungsnetz des Mikrokosmos zu erhalten, befreit. Die raumzeitliche Konstellation simultan stattfindender Szenen über die Dauer der Aufführung hinweg, verunmöglicht so etwas wie eine ›objektive‹ Perspektive auf die Ereignisse. Mit dieser *Freiheit von* ist Zuschauer*innen zugleich eine *Freiheit zu* gegeben. Und wie man diese nutzt, hängt davon ab, wie man sich auf diese ungewohnten Spielräume möglicher Perspektivnahmen und Bewegungen einlässt. Es wäre auch ein Aufführungsbesuch denkbar, bei dem ich nicht eine der inszenierten Szenen mitverfolge, sondern mich stets nur jenseits der Zuschauer*innen-Schauspieler*innen-Schwärme zeitversetzt in den szenischen Räumen aufhalte. Ebenso denkbar wäre es, mich einen ganzen Abend lang nur in einem szenischen Raum festzusetzen, z. B. in der Küche, einfach, weil ich mich dort an dem Tag möglicherweise am wohlsten fühle. Und es wäre genauso möglich, eine Aufführung nur in der Halle zu verbringen und den zahlreichen musikalischen Einspielungen verschiedener Sinfonien Mahlers, aber auch Richard Wagners oder Dmitri Schostakowitschs sowie den Werkbearbeitungen Mahlers durch den amerikanischen Jazzmusiker Uri Caine zu lauschen und sie nicht nur als Hintergrundmusik während der Szenen oder Szenenwechsel wahrzunehmen. Entscheidend ist allerdings, dass das mir mit *meinen* Voreinstellungen eben nicht möglich war. Dass ich all diese Optionen nicht gewählt und in situ auch gar nicht als Optionen wahrgenommen habe, offenbart, inwieweit ich qua meiner Sozialisation als Theaterzuschauerin selbst in einem veränderten Aufführungsdispositiv wie diesem mit bestimmten eingeübten Beziehungsweisen und Weisen des Mich-Ausrichtens reagiere. Meine Fokussierung lag auf dem szenischen Tun, den Dialogen und verhandelten Inhalten. Unterbrochen wurde diese lediglich von dem Bedürfnis, mir Überblick zu verschaffen. Und wem ich auf seinem Szenenparcours folgte, hing situativ von einer Mischung aus Sympathie und (m)einem Geschmacksurteil über die von der Sogwirkung der Präsenz der Schauspieler*innen abgeleiteten Einschätzung ihres schauspielerischen Handwerks ab. Joshua Sobol hat in einem Interview mit Paulus Manker gesagt, dass es für ihn beim Polydrama vor allem darum gehe, dass ein*e jede*r Zuschauer*in »entdecken« solle, was ihn*sie wirklich interessiere, und was ihm*ihr etwas bedeute (vgl. Sobol, 2007). Mir haben meine beiden Aufführungserfahrungen von *Alma* gespiegelt, dass *vor* dem Interesse und der bewussten Entscheidung bereits komplexe, affektive Prozesse mit wirken, die beeinflussen, wo ich mich im Raum aufhalte, wem ich folge, wie ich meine Aufmerksamkeit lenke und Empfindungen des Desorientiert-Seins und -Werdens pariere. Und dass diese mit der von mir *verkörperten Institution* einer bestimmten, sozialisierten Theaterzuschauer*innen-Rolle verknüpft sind.

Hier adressiere ich mit Brüggmann kein »topologisch-materielles«, sondern »erweitert-immaterielles« Verständnis von »Institution« (vgl. Brüggmann, 2020, S. 36). Geoffrey M. Hodgson bezeichnet Institutionen in diesem erweitert-immateriellen Sinn als »systems of established and prevalent social rules that structure social interactions« (Hodgson, 2006, S. 2). Institutionen sind in diesem Verständnis nicht nur bestimmte Organisationen, sondern viel breiter gedacht alle sozialen, auf Regeln, Konventionen und Habitualisierungen beruhenden Einrichtungen wie Sprache, Geld, Gesetze etc. Für den Bereich der Künste hat Andrea Fraser im Kontext des Diskurses um Institutionskritik herausgestellt, dass die Institution Kunst im erweitert-immateriellen Sinne zu keinem Zeitpunkt als etwas von den in dem Feld handelnden Akteur*innen Äußerliches gedacht werden kann. Sondern, dass es vielmehr anzuerkennen gilt, dass alle Akteur*innen mit ihren eingeübten Verhaltens-, Umgangs-, Arbeits- und Bewertungsweisen selbst die Institution bilden, ergo selbst verkörpern: »It is because the institution is inside of us, and we can't get outside of ourselves. [...] [T]he institution of art is internalized, embodied, and performed by individuals [...]« (Fraser, 2005, S. 104f.). Die Institution der ›klassischen‹ (Theater-)Zuschauer*in-Rolle mit ihren Regeln, Codes, Erwartungshaltungen und eingeübten Orientierungsweisen wirkt bei der Rezeption von *Alma* entscheidend mit – und zwar ex negativo, indem die gewohnten Weisen des Orientiert- und Ausgerichtet-Werdens unterwandert und herausgefordert werden und die räumliche und figurenperspektivische Involvierung Zuschauer*innen primär Erfahrungen der Desorientierung aussetzt.

Und hier sehe ich eine wichtige Korrelation von Desorientierung, die ja bereits Freydefont und Sermon als dominante Wirkung immersiver Aufführungsdispositive hervorgehoben haben, und Vereinnahmung. Denn ich konnte während meiner beiden Aufführungsbesuche die Erfahrung machen, dass ich als desorientierte Zuschauer*in viel anfälliger für Prozesse der Vereinnahmung war. Fehlt einem, wie mir seinerzeit, beim ersten Aufführungsbesuch das Vorwissen zu Alma Mahler-Werfel und ihrer Biografie, dann kann einen eine figurenperspektivische Involvierung über eine der Ehemänner-Figuren für eine bestimmte Perspektive auf Alma einnehmen und damit die eigene Sichtweise beeinflussen. Und das gilt im Hinblick auf die Singularisierung der Aufführungserfahrung für alle möglichen figurengebundenen

Perspektiven auf den fiktionalisierten biografischen Mikrokosmos. Bei mir brauchte es zwei Besuche bei *Alma* und die analytische Auseinandersetzung, um zu erkennen, dass Zuschauer*innen qua Involvierung nicht nur in die repräsentierten Ereignisse aus dem fiktionalisierten Leben Alma Mahler-Werfels einbezogen werden, um sich von diesem ein möglichst polyperspektivisches Bild zu machen. Vielmehr wird das Publikum auch in eine Wirklichkeitssimulation integriert, die für eine bestimmte bürgerliche Klasse eingerichtet ist und auf diese Weise auch von einer bestimmten Weltsicht und einer bestimmten Weise, Körper und Subjekte im Raum zu orientieren, vereinnahmt.

### 4.1.2 Zur Einbettung der Zuschauenden in die Wirklichkeitssimulation

Immersives Theater wie *Alma* stellt auf der Ebene der Weltverhältnisse gegenüber angewandten, interventionistischen oder dokumentarischen Theaterformen eine »Abwendung« von der Welt im Sinne der sozialen und politischen Realität dar (vgl. Warstat, 2012, S. 195). Mit dem Aufstellen einer multisensorisch wahrnehmbaren, fiktionalisierten Wirklichkeitssimulation sind involvierte Zuschauende aufgerufen, sich gleichfalls ein Stück weit von der Realität ab- und anstelle dieser der Welt des gestalteten Mikrokosmos zuzuwenden. Im Falle von *Alma* repräsentiert dieser Mikrokosmos die Lebenswelt der Komponistin Anna Mahler-Werfel zwischen Wien, Venedig und New York in der ersten Hälfte des 20. Jahrhunderts. Wie ein lebendes Museum werden Wohnstuben, Klavierzimmer, Bad- und Küchenräume gestaltet, um dem mobilisierten Gast wie auf einer Zeitreise die Lebenswelt Almas und das Milieu, in dem sie sich bewegte, erfahrbar zu machen.

Sich als Theaterzuschauer*in auf die theatralische Reise durch das Leben der fiktionalisierten Protagonistin begeben zu können, setzt gewisse Privilegien voraus: Mit einem Kartenpreis von 125 Euro weist Mankers *Alma* den höchsten Preis aller von mir besuchten Aufführungen immersiven Theaters auf. Hinzu kommt, dass der Spielort in Wiener Neustadt nicht an die öffentlichen Verkehrsmittel angeschlossen ist. Man benötigt also ein eigenes Auto, eine Mitfahrgelegenheit oder einen Leihwagen, um zur Roigkhalle zu gelangen. Um sich durch die Weite der Halle und vor allem auch über die Aufführungsdauer von insgesamt vier Stunden durch die verschiedenen szenischen Räume zu bewegen, braucht es zudem eine gewisse körperliche Unversehrtheit. Mankers *Alma* hat sich nicht zuletzt aus wirtschaftlichen Gründen über die Jahre zu einem zielgruppenspezifischen »Theater-Event«[149] für eine gut situierte, bürgerliche und mobile Mittelschicht entwickelt.

Zum Theater-Event wird *Alma* u. a. auch durch das gemeinsame Dinner. In der letzten Sequenz vor der Pause führen alle Szenenstränge das verstreute Publikum zurück in den Haupthallenteil, um sich am Trauermarsch für den verstorbenen Gustav Mahler zu beteiligen. Dieser verläuft einmal der Länge nach durch die Halle. Auf einem der beiden fahrbaren, auf den Gleisen sitzenden Gestelle ist oben der Sarg Mahlers für alle weithin sichtbar montiert. Hinter dem Wagen formieren sich die Alma-Darstellerinnen, dahinter der Rest des Ensembles. Almaniac und Reserl begleiten den Wagen seitlich mit Fackeln in den Händen. Ersterer entzündet auf seinem Weg einen in die Seitenwand eingelassenen Schriftzug. »MAHLER« flackert daraufhin in der verdunkelten Halle hell und feierlich auf. Dazu wird ein Auszug aus Mahlers 5. Sinfonie gespielt.[150] Das Publikum findet sich als fiktionalisierte Trauergemeinde am Ende der Halle zu einem als Leichenschmaus gerahmten Pausen-Dinner zusammen. Etwa zwanzig runde Tische sind eingedeckt und mit Kerzenleuchtern versehen. Menü-Karten, die drei verschiedene Vor-, drei Haupt- und zwei Nachspeisen ausweisen, liegen für jede*n bereit. Überdies werden sieben unterschiedliche Weine zur Auswahl gestellt. Das äußerst schmackhafte und hochwertige Menü-Buffet wurde in der von mir besuchten Aufführung vom Wiener Restaurant Hebenstreit, das auf österreichische und mediterrane Küche spezialisiert ist, ausgerichtet. Zuschauer*innen können sich an Roastbeef im Kräuterbett mit mariniertem Gemüse, Garnelen in Tempurateig und Mangovinaigrette, hausgemachten Erbsen-Rucola-Ravioli, Jungschwein-Medaillons in Eierschwammerl-Sauce, ausgelöstem Backhuhn mit Erdäpfel-Vogerlsalat, Tiramisu und Marillenkuchen mit Vanillesauce und Beerenragout satt essen.

Für die Dauer des Essens können Zuschauer*innen ihre »Kameras« beiseite und aus dem Modus der Vereinzelung zurück in die Gemeinschaft anderer Zuschauer*innen treten. Das gemeinsame Abendessen besetzt eine Zwitterstellung zwischen konventioneller Theaterpause und innerdiegetischem Aufrechterhalten der Weltversion des Mikrokosmos, welches durch die Rahmung des Dinners als Leichenschmaus suggeriert wird. Gespräche mit anderen Zuschauer*innen über ihre jeweiligen, bislang miterlebten Szenenfolgen und figurenbezogenen Perspektiven auf Almas Leben können an dieser

Stelle eine ob der raumzeitlichen Desorientierungen entstandene Irritation oder Frustration nicht nur unterbinden, sondern sie mit gustatorischen Freuden zugleich auch besänftigen. Zur Auflockerung der Atmosphäre ertönen aus den Lautsprechern nun nicht mehr leitmotivische Passagen der zuweilen sehr schwer und getragen wirkenden Mahler-Sinfonien, sondern Balkan-Pop von Shantel.

Nach etwa dreißig Minuten wird mit einer Bahnhofsszene zwischen Alma und Gropius die Fortsetzung des szenischen Spiels eingeläutet, die Zuschauer*innen werden aufs Neue mobilisiert und verteilen sich selbstständig auf die verschiedenen Figuren und Schauplätze – jetzt allerdings mit dem Unterschied, dass zahlreiche Gäste ihre gefüllten Weingläser mit sich führen. Abgesehen davon, dass das Dinner den Eintrittspreis ein Stück weit rechtfertigt, trägt es innerdiegetisch trotz der Tatsache, dass sich Zuschauer*innen beim Essen über die Aufführung unterhalten, zugleich auch zur weiteren Involvierung des Publikums in die Wirklichkeitssimulation bei. Beide Rahmungen – die der Zuschauer*innen als Gäste der fiktiven Geburtstagsfeier und auch jene als Gäste der fiktiven Trauerfeier – laufen der mit dem Konzept des »Zuschauers als Kamera« verbundenen Idee der individualisierten Rezeption im Grunde zuwider. Denn sie heben dramaturgisch stärker auf ein vergemeinschaftendes denn vereinzelndes Moment ab: Jeder Gast ist auf der innerdiegetischen Ebene zugleich Teil der Feiergemeinschaft. Und diese Feiergemeinschaft gehört in der Fiktion zum sozialen Intellektuellen- und Künstler*innen-Milieu der wohlsituierten, im Stück als »U.S. Alma« bezeichneten Witwe Alma Mahler-Werfel, die nach dem Tod Werfels 1943 bis 1964 allein in New York lebte und sich um den Nachlass ihrer Künstlergatten kümmerte. Das *Framing* markiert hier innerdiegetisch also auch eine fiktionalisierte Gruppenzugehörigkeit.

Während des Dinners habe ich zum ersten Mal die Gelegenheit, meine Aufmerksamkeit auf die bewusste Wahrnehmung der anderen Zuschauer*innen zu lenken. Jenes Publikum, das auf mich zu Aufführungsbeginn angesichts des sporadischen Komforts bei Transport, Ankunft und Sanitäranlagen noch den Eindruck machte, irgendwie ›fehl am Platze‹ zu sein, fügt sich in das opulente Dinner bei Kerzenlicht-Arrangement nun nahtlos ein. Spätestens mit dem gemeinsamen Pausen-Dinner wird fühlbar, dass in der Wirklichkeitssimulation der miteinander geteilten *Alma*-Aufführung eine bestimmte soziale Klasse zu Gast ist, die einerseits innerdiegetisch räumlich und figurenbezogen porträtiert und andererseits im Aufführungsraum gleichermaßen mit- und voreinander versammelt wird.

Die Wirklichkeitssimulation, die in *Alma*-Aufführungen auf der Basis der inszenierten Weltversion hervorgebracht wird und alle involvierten Zuschauer*innen um- und einschließt, ist dabei inner- wie außertheatral nicht nur klassen-, sondern auch geschlechtsspezifisch eingerichtet. Die in *Alma* repräsentierten Geschlechterverhältnisse sind heteronormativ, die weiblichen Rollenbilder hochgradig stereotyp (z. B. das männliche Künstlergenie versus die weibliche Muse) und auf der Ebene der Aufführung wird zuweilen ein latenter Sexismus spürbar.[151] Wie im Auszug meines Erinnerungsprotokolls dargelegt, führt die Inszenierung die drei jungen Almas über die (Selbst-)Darbietung eines Spottliedes ein, das fiktional als Geburtstagsständchen gerahmt wird. Im dreistrophigen 1964/65 posthum entstandenen Lied »Alma« vom US-amerikanischen Satiriker und Musiker Tom Lehrer wird Alma als klug und attraktiv, vor allem aber als männerverschlingend, sexsüchtig, berechnend und exzentrisch besungen. Ihre bei anderen Frauen Neid auslösende »Lebensleistung« sei es gewesen, derart viele verschiedene, erfolgreiche und bekannte Künstler des beginnenden 20. Jahrhunderts an sich zu binden. Die drei jungen Alma-Darstellerinnen tragen dabei schwarzweiß gestreifte Kleider, deren mädchenhafter Eindruck verfliegt, wenn die schwarzen Strumpfhalter an ihren Oberschenkeln sichtbar werden. Im Fortgang der Szenen erlebt man die drei Almas häufig nur sehr spärlich mit einem schwarzen Negligé bekleidet. Verführung wird in *Alma* primär sexuell gedacht, was dazu führt, dass die Körper der Darstellerinnen permanent vor ihren männlichen Schauspielkollegen wie auch vor dem Publikum in z. T. äußerster, physischer Nähe zur Schau gestellt werden.[152] Basierend auf meinen beiden teilnehmenden Sichtungserfahrungen komme ich zu dem Schluss, dass es aufgrund der Kombination von voyeuristischen Zuschauer*innen-»Kameras« in physischer Nähe zu den Schauspieler*innen im geteilten Aufführungsraum und der Darbietung hochgradig klischierter Frauenbilder sowie heteronormativer, pornografischer, z. T. gewaltverherrlichender Darstellungen von Sex dazu kommt, dass Zuschauer*innen qua Involvierung auf ein patriarchales Blickregime hin orientiert und von dieser Weltsicht auch ein Stück weit vereinnahmt werden (können). In der Wirklichkeitssimulation wird die repräsentierte Herrschaftsstruktur, in der Ehemänner über ihre Frauen und Künstlergenies über ihre Musen Macht ausüben, indem sie ihnen Lebens- und Liebesmodelle vorschreiben, nicht in ihrer Historizität markiert oder gar dekonstruiert, sondern vielmehr aktualisiert, normalisiert und fortgeschrieben.

Zuletzt ist es die Tatsache, dass szenisch überhaupt so stark das Liebesleben von Alma Mahler-Werfel und ihren Ehemännern und Affären fokussiert wird, die dafür sorgt, dass andere für ihre Biografie entscheidende Themen wie ihr eigenes künstlerisches Schaffen als Komponistin, private Tragödien wie der Verlust ihrer Kinder, ihre ambivalente Haltung zum Judentum, die zuweilen bis ins Antisemitische ausschlug, vor allem aber auch die gesellschaftlichen Umbrüche während und in Folge der beiden Weltkriege weitestgehend ausgeblendet bleiben. Mit dieser Fokussierung auf das Liebesleben geht auch einher, dass das Verhältnis vom szenischen Raum zur tatsächlichen Geschichte des Spielorts mit all seinen blutigen Spuren in die NS-Zeit im Modus der eingangs erläuterten »Abwendung« verharrt. An dieser Stelle scheitert auch der Anspruch einer Polyperspektivierung.

Es zeigt sich am Beispiel der Analyse der räumlichen und figurenperspektivischen Publikumsinvolvierung in *Alma*, wie Zuschauer*innen zunächst von der Raumwirkung und Unübersichtlichkeit des Spielorts qua Überwältigung, Vereinzelung und damit verbundener Desorientierung vereinnahmt werden. Zur Desorientierung trägt maßgeblich die Struktur des Polydramas bei, die vorsieht, dass Zuschauer*innen permanent zwischen verschiedenen, simultan stattfindenden Szenen und den jeweils repräsentierten Orten, Zeiten und Figurenkonstellationen hin- und herspringen. Das macht sie anfälliger dafür, sich auch inhaltlich von einer bestimmten Perspektive auf Alma Mahler-Werfel (und ihr Leben) vereinnahmen zu lassen. Die Bewegungs-, Handlungs- und Entscheidungsfreiheit, die rezeptionsästhetisch an das Modell des vereinzelten »Zuschauers als Kamera« geknüpft ist, wird zum einen von einem neun Punkte umfassenden Regelkatalog, der gleich zu Beginn ausgegeben wird, als auch von komplexen, reziprok mit-wirkenden Affizierungsdynamiken konterkariert. Dies wird deutlich, wenn bestimmte individuelle Anti- oder Sympathien, Assoziationen, Erinnerungen oder Geschmackspräferenzen aktive Entscheidungen vorwegnehmen. Zudem konnte gezeigt werden, in welchem Maße die qua Sozialisation eingeübte Rolle, Theaterzuschauer*in zu sein, bestimmte Weisen des Reorientierens im Aufführungsraum mitbedingt. Zuschauer*innen werden bei *Alma* trotz Polyperspektivität von einer bestimmten Perspektive auf den Stoff und die Welt vereinnahmt. Und diese Form der Vereinnahmung kann im Modus der Affirmation dieser Weltsicht entweder unentdeckt bleiben oder aber zum Gegenstand reflexiver Aushandlung werden.

## 4.2 Involvierung durch das Soundscape in Punchdrunks *Sleep no more*

Während die Verwendung von Musik, Geräuschen und komplexen Klanglandschaften im Theater alles andere als ein neues Phänomen ist, so ist doch die theaterwissenschaftliche Auseinandersetzung mit Sounds bzw. mit Wahrnehmungsprozessen auditiver Phänomene – insbesondere hinsichtlich methodischer Fragen zu einer Analyse der Rezeption dieser ephemeren, sich in Schallwellen materialisierenden theatralen Ausdrucksmittel – noch verhältnismäßig jung (vgl. dazu Rost, 2017, S. 41; hier findet sich diesbezüglich auch ein umfangreicher Forschungsüberblick). Hans-Thies Lehmann konstatiert für postdramatische Theaterarbeiten eine symptomatische »Tendenz zur Musikalisierung« (Lehmann, 2011a, S. 155), welche inszenatorische Mittel und Phänomene wie den Einsatz auditiver Semiotik und Polyphonie bis zu experimenteller Klangentwicklung umfasst (vgl. ebd., S. 155ff.). Sounds werden gerade im Sprechtheater und in Performances immer häufiger nicht mehr nur zur atmosphärischen Illustrierung, sondern als eigenständiges künstlerisches Ausdrucksmittel innerhalb der Inszenierung eingesetzt. Auch nimmt die Anzahl an Produktionen zu, die auditive Wahrnehmungsprozesse gezielt gegenüber visuellen priorisieren und/oder eine Reflexion über die Privilegierung oder Ausschaltung einzelner Sinne und Sinneswahrnehmungen anregen. So werden z. B. in den Projekten von Begüm Erciyas entweder die Materialität und Medialität meiner eigenen Sprechstimme (in *Voicing Piece*) oder der Auftritt der Stimme einer künstlichen Intelligenz (in *Pillow Talk*) zum je zentralen Gegenstand der Aufführung. Inszenierungen wie Talking Straights *Entertainment*, Simon McBurneys *The Encounter* oder Henrike Iglesias' *Oh My* verfolgt das Publikum zwar körperlich und visuell von seinen Plätzen im Zuschauerraum aus, die Zuschauer*innen erhalten aber zusätzlich Kopfhörer, wodurch es auditiv fokussiert, adressiert und zuweilen auch manipuliert wird. Audiowalks von Rimini Protokoll, LIGNA, hannsjana oder Janet Cardiff und George Bures Miller spielen mit konstruierten Widersprüchen zwischen visueller und auditiver Wirklichkeitswahrnehmung und Aufführungen von Miss Idol Revolutionary Berserker arbeiten mit einer auditiven Überwältigungsästhetik durch konsequente akustische Dauerbeschallung ihres Publikums.

Im Gegensatz zu den genannten Produktionen übernimmt die Ebene der Soundgestaltung in Aufführungen immersiven Theaters neben der Gestaltung der Raumausstattung, der Duftgestaltung, der Spielweisen und narrativen Plot- und Figurenentwicklung eine entscheidende Rolle bei der theatralen Hervorbringung des der Inszenierung zugrunde liegenden fiktiven Mikrokosmos. Im immersiven Theater werden in fast allen szenischen Räumen zumeist aus in der Ausstattung versteckten Lautsprechern Musikauszüge, Klänge oder Geräusche eingespielt, die entweder als atmosphärisches Hintergrundgeschehen der Plausibilität der szenischen Darstellungen zuträglich sein sollen oder eine Kommentarfunktion erfüllen. Allen in diesem vierten Kapitel besprochenen Aufführungsbeispielen liegen eigens komponierte oder zusammengestellte, umfangreiche Soundscapes[153] zugrunde, die nicht nur wirkungsästhetisch von hoher Relevanz für das immersive Aufführungsdispositiv sind, sondern auch einen wichtigen Beitrag zur Publikumsinvolvierung leisten.[154]

Im Folgenden möchte ich am Beispiel des bereits viel beforschten »immersive theatre«-Klassikers *Sleep no more* von Punchdrunk analysieren, welche Rolle dem Soundscape bei der Involvierung der Zuschauer*innen in die Aufführung sowie in die gestaltete Weltversion zukommt. Hierfür möchte ich entlang von produktionsästhetischen Notizen der Punchdrunk-Macher*innen sowie ausgewählten Forschungs- und Blogger*innen-Beiträgen herausarbeiten, wie das Soundscape Zuschauer*innen gleichermaßen körperlich (hier insbesondere: viszeral), imaginär und affektiv zu adressieren und dabei (ver-)einnehmendes Potential zu zeitigen vermag (4.2.1). Am Beispiel einer ausgewählten, prominenten Sequenz aus der Inszenierung – der Lip-Sync-Performance von Hekate zu Tony Bennetts »Is That All There Is?« – soll polyperspektivisch analysiert werden, wie *Sleep no more* über die soundbasierte Zuschauer*innen-Involvierung insbesondere Nostalgie zu erzeugen vermag (4.2.2).

### 4.2.1 Funktionen und Effekte soundbasierter Publikumsinvolvierung

»The history of *Sleep No More* as a project – it actually came from sound, it came from old classic film noir soundtracks that actually was a birth for a lot of ideas originally« (deliriumdog, 2012). Punchdrunk-Regisseur Felix Barrett hat in mehreren Interviews darauf verwiesen, dass die Entwicklung von *Sleep no more* aufs Engste mit der Ästhetik von Film-noir-Filmen verknüpft ist, insbesondere mit der Wirkungsästhetik ihrer Soundtracks. Bereits die Londoner Vorläufer-Produktion *The Drowned Man* spielte in dem fiktionalisierten Hollywood-Studio der sechziger Jahre The Temple und verweist zusammen mit der konzeptuellen Idee, die maskierten Zuschauer*innen wie bei *Alma* auch in der

Funktion von Kameras selbstständig durch das Filmset flanieren zu lassen, auf den Einfluss, den der Film als Kunstform grundsätzlich auf die Performanceinstallationen von Punchdrunk hat. Zuschauer*innen erhalten die Möglichkeit, durch ihre physische Mobilisierung mit den Parametern Perspektive, Distanz, Fokussierung und Dauer zu experimentieren und damit gleichsam die subjektive *Point-of-View*-Einstellung in einem eigenen ephemeren Film zu besetzen. Barrett bezeichnet *Sleep no more* auch als »living movie« (Barrett/White, 2015), der gleichsam während seiner Entstehung miterlebt werden kann.

Da Punchdrunk bei *Sleep no more* im Gegensatz zu allen anderen Arbeiten meines Korpus auf verbale Sprache als Ausdrucksmittel verzichtet, erhält neben der Ausstattung (inklusive ihrer Beleuchtung und der Materialität der verwendeten Möbel, Stoffe und Requisiten) und der Körpersprache der Tänzer*innen vor allem das Sounddesign eine zentrale Bedeutung für die Hervorbringung der szenischen Weltversion(en). In dem Maß, in dem Filmmusik bei der emotionalen Involvierung der Zuschauenden in die Diegese mit-wirkt, setzt Barrett für *Sleep no more* auf die affektive und emotionalisierende Wirkmacht eines vielschichtigen Sounddesigns (vgl. Barrett/Poupart, 2017). Theaterwissenschaftler George Home-Cook weist auf den engen Zusammenhang von Sounddesign und Zuschauer*innen-Manipulation im Kontext von Theateraufführungen hin:

> The word «design», both as a verb and as a noun, is not only inherently associated with intent, but with trickery, deception, and *manipulation*. [...] Theatre sound design not only «demands» but manifestly manipulates our attention, and, in so doing, plays an important role in *shaping* theatrical experience. [...] Theatre sound design is thus not only «destined» to be perceived, but specifically *intends* to direct the attentional focus of the audience (Home-Cook, 2015, S. 59f., Hervorhebungen i. O.).[155]

Das Sounddesign ist in *Sleep no more* ein entscheidendes Element der Publikumslenkung und -einbeziehung. Analog zur Filmmusik erfüllt es in der Inszenierung verschiedene sinnvermittelnde, stimmungserzeugende und dramaturgische Funktionen. Josephine Machon systematisiert in der von ihr herausgegebenen Punchdrunk-Enzyklopädie vier verschiedene Funktionen, die dem »Soundscore« (Machon, 2019, S. 13) in Produktionen wie *Sleep no more* zukommen: 1. Musikbeispiele können zur Evokation einer historischen Periode oder geografischen Umgebung beitragen (vgl. ebd., S. 263) und

2. Imaginationen jenseits der haptisch-realen Installation hervorrufen (vgl. ebd.). 3. Eine (intermediale) Zitatfunktion kommt insbesondere orchestralen Zwischenspielen aus Filmkompositionen zu (vgl. ebd.). 4. Besonderheiten in den Kompositionen (wie Crescendos) dienen den Performer*innen als Zeichen für einen Szenen- oder Raumwechsel (vgl. ebd. sowie S. 13). Die Theaterwissenschaftlerin Amy Herzog hebt in diesem Zusammenhang noch eine weitere, gerade für die Publikumsinvolvierung entscheidende Funktion des Soundscapes hervor, nämlich eine orientierungsstiftende Funktion im Raum, die aufs Engste mit der viszeralen Wirkung der Sounds zusammenhängt:

> Sound orients us within unfamiliar environments and creates a visceral connection among body, space, and the experience of movement. [...] Likewise, sound and music in the installation can remind us that we've been in this room before, creating a sonic map that allows us to navigate toward a desired location (Herzog, 2013, S. 9f.).

Mit Blick auf den Analysefokus der Publikumsinvolvierung durch Sounds in *Sleep no more* gilt es nun, die fünf von Machon und Herzog genannten Funktionen an Beispielsequenzen aus der Aufführung genauer zu erläutern und sie bezüglich der Zuschauer*innen-Involvierung noch einmal zu differenzieren sowie zu ergänzen. Ich vertrete dabei die These, dass das Soundscape maßgeblich dazu beiträgt, den Gast auf einer imaginären, körperlichen und affektiven Ebene in das Aufführungsgeschehen wie auch den gestalteten Mikrokosmos einzubeziehen.

Es ist bezeichnend, dass Machon, die in ihrer Punchdrunk-Forschung zumeist produktionsästhetisch argumentiert, den Begriff des »Soundscores« und Herzog mit ihrer rezeptions- und wirkungsästhetischen Perspektive jenen des »Soundscapes« verwendet. Denn an der Stelle eines dramatischen Textes bildet bei *Sleep no more* gewissermaßen das Soundscore das festgelegte Skript für die szenischen, vorwiegend choreografierten Einheiten. Mit Ausnahme der Einführung und Begrüßung des Publikums im Fahrstuhl gibt es keinen einzigen Ort innerhalb des szenografierten Bereichs in *Sleep no more*, an dem es still ist, an dem nicht mindestens ein leiser Ambient-Sound ertönt. Wie eine der zahlreichen Fan-Blogger*innen der Produktion dargelegt hat, lässt sich nachweisen, wie den einzelnen Etagen, Räumen und Szenensequenzen auch verschiedene Musikgenres, Kompositionen oder Klangkulissen zugeordnet sind (vgl. paisleysweets, 2013). In der

Tat hat Sounddesigner Stephen Dobbie für die New Yorker Version von *Sleep no more* die insgesamt neunzig szenischen Räume in verschiedene »sound zones« (Dobbie, 2015) eingeteilt. Insgesamt gibt es 17 Soundzonen, für die es jeweils einen einstündigen eigens zusammengestellten Soundtrack gibt, der entsprechend der Loop-Struktur der Aufführung pro Abend insgesamt dreimal komplett wiedergegeben wird (vgl. ebd.). Die 17 auf die szenischen Räume verteilten Soundtracks und das Loop-Prinzip bilden also ein zentrales Strukturelement der Inszenierung, wonach sich nicht nur die Tänzer*innen, sondern auch die Zuschauer*innen, insbesondere wenn es sich um wiederkehrende Gäste der Produktion handelt, im Aufführungsablauf orientieren können. Denn für einmalige Besucher*innen von *Sleep no more* ist diese Struktur meines Erachtens kaum zu erfassen.[156] Auf der Erfahrungsebene des Erstbesuchs dominiert die Überfülle der sinnlichen Wahrnehmungsangebote, die eher Empfindungen der Überforderung und Desorientierung begünstigt. Faktisch wird jede*r Zuschauer*in – vorausgesetzt sie/er leidet nicht an einer Einschränkung des Hörsinns –, ob er/sie es will oder nicht für die Dauer von drei Stunden von einer komplexen Klanglandschaft aus verschiedenen vorproduzierten Klangtypen (Songs, Orchestermusiken und Ambient-Sounds) umschlossen. Wie bei *Alma* geht auch bei *Sleep no more* mit der Mobilisierung der Zuschauer*innen im szenischen Raum eine Singularisierung der Aufführungserfahrung einher. Gemeinsam ist den beiden Produktionen zudem die Tendenz, ihre Zuschauer*innen angesichts der räumlichen Ausmaße des Spielortes, der detailreichen Ausstattung und der Simultaneität stattfindender Szenen zunächst affektiv wie kognitiv zu überfordern und zu desorientieren. Im Unterschied zu *Alma* muss ich als vereinzelter Gast in den Weiten des szenografierten Mikrokosmos von *Sleep no more* allerdings überhaupt erst einmal auf Performer*innen treffen. Bis zu diesem Zeitpunkt sind Zuschauer*innen – oder »narrator-visitors«, wie das Publikum in der Punchdrunk-Forschung zuvorderst bezeichnet wird (vgl. Bartley, 2012; Biggin, 2017) – gewissermaßen ihrer eigenen proaktiven Erkundung der szenischen Räume überlassen. Mit Verlassen des Fahrstuhls nach der Einführungssequenz, in der auch das Anlegen der Maske erfolgt, wird man als Zuschauer*in nicht nur räumlich, sondern auch auditiv umschlossen.

Das Soundscape drängt sich dem Gast dabei zunächst durch die unverhältnismäßig wirkende Lautstärke regelrecht auf.[157] Damit wird zum einen sichergestellt, dass Zuschauer*innen zum »Aufhorchen« (Rost, 2017, S. 240) gebracht werden und nicht nur der Raum-, sondern auch der affizierenden Soundwahrnehmung ihre Aufmerksamkeit widmen. Zum anderen erzeugt das aufdringliche Soundscape im Hinblick auf die Wahrnehmung des eingerichteten Mikrokosmos einen Verfremdungseffekt – vor allem da, wo es nicht als illusionsfördernde Geräuschkulisse eingesetzt wird, sondern die über den Raum und die Ausstattungsdetails vermittelte Weltwahrnehmung von der Soundwahrnehmung eher kontrastiert oder ›übermalt‹. Dies habe ich bei meinem Aufführungsbesuch vor allem im obersten Stockwerk sowie in Transitzonen, d. h. in Fluren oder Treppenhäusern, wahrgenommen. An diesen Orten entsteht trotz der detailreichen, realistischen Ausstattung nicht der Eindruck, in einem mimetisch szenografierten Abbild einer geschlossenen, konzisen Wirklichkeitsrepräsentation zu flanieren.[158] Im Gegensatz zu *Alma* repräsentiert der szenische Raum von *Sleep no more* nicht *eine* bestimmte Lebenswelt, sondern reiht äußert disparate Lebensbereiche aneinander. So durchschreite ich z. B. in der obersten Etage nicht nur zwei Räume, die mit ihren Betten und Badewannen an ein Sanatorium erinnern, sondern auch ein Indoor-Labyrinth aus Ästen und Sträuchern, eine Hütte, in der mich eine Performerin zum Tee und Handlesen einlädt, und eine Art von Empfangszimmer, in dem ein aus umliegenden Büchern herausgestanztes Papiermuster einen Vorhang bildet. Keiner dieser szenischen Räume kommt dabei ohne eine Form musikalischer oder klanglicher Beschallung aus. Während das Soundscape in diesen Bereichen eine Art markierende Funktion hat, insofern es je nach Genre oder Klangqualität geradezu ›expressiv‹ an der Evokation einer spezifischen Stimmung mit-wirkt, erfüllt es in anderen Bereichen wie z. B. der auf der vierten Etage eingerichteten fiktiven Kleinstadt Gallow Green die von Machon benannte Funktion, den Gast mit Blues- und Jazz-Liedern von Peggy Lee, Jack Buchanan oder The Ink Spots in die »early-WWII period in US and UK history« (Ricci, 2012, S. 2) bzw. in die Vorstellungsbilder, die man von dieser Zeit z. B. über die Rezeption von Filmen oder Musikstücken hat, zurückzuversetzen.

Ähnliches passiert beim Durchschreiten der Wohnung der McDuff-Familie einen Stock tiefer. Hier hat das eingesetzte Liedgut zuweilen auch eine illustrierende und, ja, narrative Funktion, insofern Schlaflieder wie »Goodnight Children, Everywhere« von Vera Lynn (1940) oder »Lights out« von Greta Keller aus den dreißiger Jahren[159] in der gestalteten Intimsphäre der Privatwohnung etwas Besänftigendes, Beruhigendes ausstrahlen und zugleich etwas über die Figur der Lady McDuff erzählen. Mit Theaterwissenschaftlerin Sabine Schouten wäre die soundbasierte Zuschauer*innen-Involvierung hier mit dem Begriff der »Einstimmung« beschrieben, insofern das Publikum durch das Liedgut und dessen Wahrnehmung an der Evokation einer semiotisierten Atmosphäre teilhat, die sowohl eine leiblich-affektive als auch eine potentiell narrative Wirkungsdimension betrifft (vgl. Schouten, 2011, S. 208ff.).

Die von Machon genannte, intermediale Zitatfunktion des Soundscores kommt vor allem dort zum Tragen, wo auf verschiedenen Etagen und in Transit-Räumen Auszüge aus den von Bernard Herrmann komponierten Soundtracks zu Hitchcock-Filmen wie *Rebecca*, *Vertigo* und *Der Mann, der zu viel wusste* gespielt werden. Um als Zitate zu wirken, müssen sie vom Publikum erkannt werden. Auch wenn Dobbie und Barrett Musikbeispiele nach ihrem »degree of familarity« (Dobbie, 2015) auswählen, werden sicher die wenigsten Zuschauer*innen angesichts der Breite musikalischer Referenzstücke alle Beispiele (wieder-)erkennen können. Ich habe bei meinem Besuch nur eine Sequenz aus *Vertigo* identifiziert. Dabei flossen bei mir die beiden erinnerten Filmmotive vom titelgebenden Schwindelgefühl aufgrund der Höhenangst des Protagonisten und die Wiederkehr einer toten Geliebten als sinnstiftende Assoziationen in Prozesse der Aufführungswahrnehmung und Bedeutungsgenerierung ein. Das Schwindelgefühl stellt überdies ein somatisches Motiv dar, das jenseits der filmischen Referenz mit meiner Erfahrung als Erstbesucherin der Aufführung korrespondierte. Denn angesichts der schier unendlichen Dichte und Vielfalt an klanglichen, aber auch visuellen Referenzen, potentiellen Zeichen und Symbolen, die alle suggerieren, mit den der Inszenierung zugrunde liegenden Stoffen – *Macbeth*, die Paisley-Hexenprozesse, *Rebecca* u. a. – in einem Zusammenhang zu stehen, und angesichts der Tatsache, dass man vereinzelt in diese Wirklichkeitssimulation, die nicht nur einen, sondern zahlreiche Mikrokosmen zu verschachteln scheint, hineingeworfen wird, ohne zu wissen, was passiert, wurden bei mir durchaus auch temporäre Empfindungen von Schwindel ausgelöst.

Tatsächlich verwenden Barrett und Dobbie in ihrem Soundscape von *Sleep no more* nicht nur verschiedene Filmmusiken, sondern eignen sich auch bestimmte dramaturgische Techniken von Filmmusik fürs Theater an, so z. B. die Mood- oder (auf Richard Wagners Operndramen zurückgehende) Leitmotiv-Technik (vgl. Bullerjahn, 2001, S. 83ff.). Im Fall von Hitchcocks *Rebecca* ist es z. B. das Leitmotiv des Flashbacks bzw. Déjà-vu, das zum einen auf das Narrativ der Film- (und Roman-)Handlung und zum anderen analog zum Schwindel auf eine mögliche somatische Reaktion der involvierten Zuschauer*innen rekurriert und von der Ebene der Soundwahrnehmung, sprachlich präziser im Sinne eines ›Déjà-entendu‹, ausgelöst wird (vgl. auch deliriumdog, 2012). Während die soundbasierten Leitmotive orientierungsstiftende Effekte zeitigen, ist man sich in der *Sleep no more*-Forschung einig, dass zahlreiche narrative Leitmotive lediglich eine affizierende Funktion haben und damit im Grunde »MacGuffins« seien (vgl. u. a. Dailey, 2012; Oxblood, 2012). Dabei handelt es sich um einen Ausdruck, den Alfred Hitchcock für seine Filme erfunden hat, um damit »im Rahmen narrativer Darstellungen (Mimesis) den Einsatz mehr oder weniger sinnfreier Motive, die trotz ihrer im Verlauf einer Geschichte entlarvten Nichtigkeit Erwartungsspannung erzeugen und die Hauptstränge narrativer Handlungsfolgen maßgeblich antreiben« (Voss, 2019, S. 55), zu bezeichnen. Leitmotiv-Zitate aus den der Inszenierung zugrunde liegenden Referenzwerken erfüllen also weniger eine konkrete narrative Funktion, sondern versetzen den vereinzelten Zuschauer*innen vielmehr im Sinne des in Kapitel 2.2.3 erläuterten *emotional storytelling* einen affizierenden Impuls, der sich je nach affektiver Disposition in Spannung, Neugier oder auch Resignation verwandeln und damit Einfluss auf den individuellen Szenenparcours nehmen kann.

Neben der Funktion des Soundscapes, Zuschauer*innen über Assoziationen, Erinnerungen und Empfindungen in ein dichtes und zugleich äußerst fragmentarisiertes Netz kultureller Referenzen und Imaginationen einzubeziehen, kommt dem Soundscape mit seinem Potential, unmittelbar auf den Körper einzuwirken, auch eine dezidiert einnehmende und lenkende Funktion zu. Amy Herzog spricht in diesem Zusammenhang wie bereits zitiert von einer spezifischen viszeralen Wirkung des Soundscapes (vgl. Herzog, 2013, S. 9). Hierbei kommt die dezidierte Relationalität von Körper, Raum- und Soundwahrnehmung im immersiven Aufführungsdispositiv zum Tragen, insofern bestimmte Klangqualitäten, Tempi oder Lautstärken Körper auf eine Weise affizieren können, dass diese unmittelbar reagieren müssen. Z. B., indem der Puls ansteigt, das eigene Lauftempo zu- oder abnimmt oder eine andere somatische Reaktion wie das Auftauchen von Gänsehaut oder Lampenfieber aufkommt. Diesen Effekten soundbasierter Involvierung ins Aufführungsgeschehen sind Zuschauer*innen in *Sleep no more* physisch ausgesetzt, da sie auf einer Ebene wirken, auf die sie kaum im Stande sind, bewusst Einfluss zu nehmen.[160] Die Körper synchronisierende Kraft, die von einigen Sounds innerhalb des Soundscapes von *Sleep no more* ausgeht, ist dabei jedoch nicht als eindimensional und damit im negativ konnotierten Sinne als Manipulation von Zuschauer*innen misszuverstehen. Vielmehr wirken Zuschauer*innen-Körper an diesen Prozessen relational mit. Zum einen, indem Prozesse »affektiver Resonanz« (Mühlhoff, 2015, S. 1013, dt. TS) für den individuellen Aufführungsbesuch relevant werden. Damit sind Situationen gemeint, in denen ein*e Zuschauer*in im reziproken Zusammenwirken von eigenen affektiven Dispositionen und umgebendem affektiven Arrangement, welches das immersive Aufführungsdispositiv von *Sleep no more* meint, bestimmte Bezugsweisen situativ ausagiert, die individuell verschieden sind und den eigenen Aufführungsparcours mitbestimmend prägen. So z. B. das fluchtartige Verlassen einer Szene, weil sie Unwohlsein oder Angst auslöst, der spontane Flirt mit einem*r Performenden während eines *One-on-Ones*, das Mit-Tanzen in der Rave-Szene, ein längerer Aufenthalt in einem szenischen Raum, der aus irgendeinem Grund Interesse geweckt hat, etc. Zum anderen zeigt sich die Mit-Wirkung der Zuschauenden auch dort, wo sie sich gezielt vom Soundscape (ver-)einnehmen lassen, wie die Beschreibung von Jonathan Martin, Blogger und Mehrfachbesucher von *Sleep no more*, offenlegt:

> This time when I got inside, I intentionally slowed down walking through the maze. I listened to the music, and let it overcome me as I hadn't in a long time. And the music hit that crescendo just as I emerged into the red glow of the Manderley anteroom. It was beautiful! And I was home. Again (Martin, o. J.a).

Der Mehrfachbesucher passt sich hier mit seiner Laufgeschwindigkeit dem Soundscape vorsätzlich an, sodass Höhepunkt des Musikstücks und seine Ankunft im szenischen Raum der Manderlay Bar zusammenfallen und die emotionalisierende Wirkung entsprechend intensiviert wird.

Das Soundscape von *Sleep no more* involviert seine Zuschauer*innen in einen szenischen Mikrokosmos, der sich auf der Ebene der visuellen wie auch der auditiven Wahrnehmung aus verschiedenen, fragmentarisch montierten Referenzen zusammensetzt und unterschiedlichste Bilder des kulturellen Imaginären – vom Motiv des Königsmordes über Hexen-Figurationen und Prophezeiungen bis zu Film-noir-Figuren wie dem verzweifelten Detektiv und der gefährlich schönen, ihn in den Abgrund treibenden Femme fatale – zu evozieren vermag. Über die Verwendung musikalischer Leitmotive liefert das Soundscape Orientierungsangebote und trägt insbesondere über die verwendeten Filmmusiken und Ambient-Klänge zu Emotionalisierungsprozessen bei, die hauptsächlich im Bereich der *suspense* angesiedelt sind. Während im Sinne der Polyperspektivik durchlebter Zuschauer*innen-Erfahrungen einige Theaterwissenschaftler*innen und Fan-Blogger*innen in ihren Interpretationen zur Auffassung gelangen, dass man als Zuschauer*in von *Sleep no more* in eine Traumwelt eingelassen (vgl. u. a. Flaherty, 2014), ja, selbst in die Rolle eines*einer träumenden Protagonist*in versetzt werde, dessen*deren Weltwahrnehmung es nachzuempfinden gelte (vgl. Ricci, 2012, S. 2), hatte ich eher den Eindruck, dass die Dichte und Überfülle an Stimuli, Zeichen und multisensorisch wahrnehmbaren Narrationsfragmenten und -motiven in *Sleep no more* das eigene Imaginations- und Empfindungsvermögen lähmt. Dabei wird einem buchstäblich vor Augen geführt, in welchem Maße selbst Musikbeispiele, Klänge und Sounds insbesondere durch die Filmindustrie Hollywoods mit bestimmten Bildern belegt sind[161]; und eben auch in welchem Maße bestimmte Genres wie der Film noir an der strukturellen Erzeugung bestimmter Emotionen und Weltwahrnehmungsweisen mitzuwirken vermögen.

Das an die Vielzahl unterschiedlicher, szenischer Räumlichkeiten gebundene Soundscape von *Sleep no more* involviert seine Besucher*innen in einen theatralen Mikrokosmos, der einer visuellen und auditiven Collage kultureller Referenzen aus einem spezifischen (westlichen, anglophonen) Kontext gleichkommt.[162] Zuschauer*innen werden Teil dieses Mikrokosmos, indem sie ihn sich durch das Wiedererkennen von Zitaten und Motiven, der Dekodierung bestimmter Zeichen und dem situativen Nachspüren evozierter Atmosphären und von diesen ausgehenden Emotionalisierungen imaginär, körperlich und affektiv aneignen. Das Weltverhältnis von Zuschauer*innen und Mikrokosmos ist ein durch und durch medial vermitteltes, das nicht in Relation zu einer außertheatralen Realität, sondern zu einer intermedialen Hyperrealität steht. Mit Florian Leitner könnte man sagen, dass Zuschauer*innen hier am eigenen Leibe und Vorstellungsvermögen nicht nur etwas über die Geschichte ihres eigenen Bilderkonsums erfahren, sondern auch darüber, wie sie als Subjekte einer kulturellen und symbolischen Ordnung immer schon in die Bilder, die diese Ordnungen konstruieren und reproduzieren, eingelassen sind: »To be immersed in cultural framework means to be immersed in images – and vice versa« (Leitner, 2011, S. 108). Und dass ebendiese Bilder gerade auch über Sounds evoziert werden können.

### 4.2.2 »Is That All There Is?«: Versuch zur soundbasierten Erzeugung von Nostalgie

Sowohl innerhalb der umfangreichen Forschung zu Punchdrunks Arbeiten als auch in unzähligen Beiträgen von *Sleep no more*-Fans in sozialen Medien und auf Blogs kristallisieren sich neben den Berichten von *One-on-Ones* bestimmte »markante Momente« (Roselt, 2008, S. 9) im Sinne eines recht überschaubaren Kreises an Szenen innerhalb der gut dreistündigen Aufführung heraus, auf die Zuschauer*innen in ihren Reflexionen, Meinungsbekundungen und Erfahrungsberichten immer wieder verweisen. Bezeichnenderweise sind es genau die Szenen, die auch ich während meiner einzigen Aufführungssichtung am 3. Mai 2017 in New York am intensivsten erlebt habe und am lebhaftesten erinnern kann.[163] Es handelt sich dabei um die Beschreibung des Eintretens in die theatrale Realisierung des fiktiven McKittrick Hotels (vgl. u. a. Ritter, 2017, S. 59f.; Koumarianos/Silver, 2012, S. 168f.; O'Leary, 2013, S. 74f.), die finale Bankett-Szene im Souterrain (vgl. u. a. Richardson/Shohet, 2012, S. 4f.), die »violent pas de deux«-Szene zwischen Macbeth und der schwangeren Lady McDuff (vgl. u. a. Koumarianos/Silver, 2012, S. 169f.) sowie die berühmte »Ring«-Szene mit Hekate in der Replika-Bar im dritten Stock (vgl. u. a. Worthen, 2012, S. 91; Cartelli, 2012, S. 4), welche ich im Folgenden polyperspektivisch analysieren werde. Es ist kein Zufall, dass sich all diese Sequenzen auch durch ein besonders einprägsames Sounddesign auszeichnen.[164]

1. *Wo bin ich jetzt? Vielleicht im vierten Stock? Ich befinde mich in einem Raum voller aufgestapelter Kartons, folge dem Gang und lande auf einer Straße. Das muss Gallow Green sein. Wieder ist die Hintergrundmusik sehr aufdringlich, laut und extrem dynamisch. Links stehen auf einmal ganz viele Zuschauer*innen. Sie folgen einer Szene zwischen einem Mann und Lady Macbeth [Hekate]*[165]*, die sich gerade aufzulösen scheint. Ich beschließe intuitiv, Lady Macbeth zu folgen, und finde mich kurzerhand in einer dunklen Bar wieder, die aussieht wie die Manderlay Bar vom Beginn. Nur ist sie leer, dunkel, wirkt verlassen, als wären wir jetzt in der Vergangenheit oder Zukunft jener Bar, die vorhin noch voller Gäste und Live-Musik war. Die Performerin setzt sich an den einzigen, mit blauem Licht angeleuchteten Tisch. Hier steht ein goldenes Kästchen. Es lässt sich mit dem Schlüssel, den sie an einer Kette um den Hals trägt, öffnen. Um zu sehen, was sich darin befindet, trete ich sehr nah an sie heran. Mit mir sind nur etwa fünf andere Zuschauer*innen im Raum. Der Inhalt sieht aus wie kleine Stücke Roter Beete oder gefärbten Obsts, die auch an*

*rohes Fleisch denken lassen. Sie beginnt, sie genüsslich zu verzehren, und bekommt davon blutrote Finger. Ich fokussiere sie sehr genau, blicke ihr, als sie zu uns aufschaut, direkt in die Augen. Sie hält inne. Offenbar hat sie im Essen etwas gefunden. Sie bleibt mit ihrem Blick bei mir, holt mit ihrer Hand einen goldfarbenen Ring aus dem Mund und greift dann nach meiner Hand, um ihn mir anzustecken. Ihr ernster Blick wird nun durch ein kleines Lächeln sanfter. Wie aus dem Nichts ertönt eine leicht verzerrte männliche Stimme. Sie steht auf, ich folge ihr. Sie beginnt, den einsetzenden Jazz-Song lippensynchron zu mimen, während sie meine Hand hält und ich mich unbeholfen neben ihr auf der Bühne stehend wiederfinde. »Is that all there is, my friends, than let's keep dancing«. Das Lied hat etwas sehr Melancholisches, das sich auch in ihrem Ausdruck widerspiegelt. Sie wirkt sehr in sich gekehrt und traurig. Der Klang des Liedes ist leicht verzerrt und wie mit einem Echo versehen. In welches Zeitloch fallen wir hier gerade gemeinsam? Mir kommt das Lied irgendwie bekannt vor, ich kann es aber nicht einordnen. Ich bemerke nur meine positive Resonanz zu dem Lied und spüre, wie ich beginne, mich wohlzufühlen, wie ich nach all der Orientierungslosigkeit der ersten knappen Stunde etwas in der Aufführung ankomme. Nach etwa vier Minuten geht das Lied zu Ende und sie fokussiert einen Mann aus dem Publikum, zeigt ihm an, dass er ihr folgen solle. Ich überlege, noch zu warten, gehe dann aber mit dem Ring am Finger weiter.*[166]

2. *I saw Hecate again and followed her back to her lair. Hecate ate raw meat from a locked container and coughed up a ring from it as delicately as a cat coughing up a hair ball and gave it to her chosen ghost-girl (ghosts refer to the audience). She then took the stage in her lair and proceeded to give her performance to »Is That All There Is?«. [...] What I hadn't said in my previous post about that particular song is that I've known it for a very long time. My dad had gotten a cassette copy of a benefit that (at the time) ›It Girls‹ had done with AT&T to support The Walden Woods Project. My dad had worked for AT&T for most of his life, so the album was probably a freebie of some kind. Sandra Bernhart was more known as a comedienne and for her work on Roseanne at the time but she performed »Is That All There Is?« for the benefit. She has a surprisingly lovely and strong voice and adds a really sardonic edge to the song.*

*It was the first time I had heard the song. I was a teenager at the time, so it really stuck with me and likely shaped me in ways that I'm only now just starting to understand. As a teen, I thought,* haha yeah! Life sucks! This song gets It! *As a twentysomething, I thought,* It all ends the same anyway so damnit if I'm not going to have as much of a party as possible on my way out. Another round of tequila please! *As a thirtysomething, I thought more of the end of each line* «Is that all there is to a circus/fire/love?» *and the line,* «And I thought I would die – but I didn't.» [...] *And I just started sobbing behind my mask. My hand unconsciously clutched at my crow skull necklace and the other circled around my stomach. I sobbed because it was too loud for anyone to hear me. I was masked and it was too dark for anyone to see me. I could be completely in the moment in this sea of strangers. I turned my face from her and brushed the tears from under my mask as surreptitiously as I could.* [...] (Castellano, o. J., Hervorhebungen i. O.).

3. *She singled me out in the crowd and choked up the ring while staring at me with a glare that was full of accusation and a touch of fear. She called me over, placed THE RING on my finger and just held my hand. I felt like I was a huge mountain in front of her, so I decided to kneel down before her – it was better on my back, easier on her neck, and better for the view of those behind me, and let's be honest, it was all about the show. It was CRAZY, because just as I knelt, there was a corresponding swelling in the music, as if we had timed it. I imagine in my self-aggrandizing imagination that it played as if she overpowered me with her eyes on cue with the music, causing me to fall to my knees in submission. I caught a quick glimpse of satisfaction as I did it. We kept each others gaze until I started to cry again (it's a habit with me and Hecate, apparently). She walked me up to the stage and I watched her perform a fantastic »Is That All There Is?« and then handed me THE TISSUE, smudged with tears and mascara. She took a girl by the hand and disappeared into her lair. I was giddy, and wandered back out to the street.* (Martin, o. J.c, Hervorhebungen i. O.).

4. *I booked it back to the rep[lica] bar, and Hecate (Careena [Melia][167]) was just about to sit down for dinner. I watched and waited patiently as she exchanged paranoid glances with two different men in the room. The surprise in her liver had a particularly dramatic impact, as she cried more than usual, tears streaming down her face as she bestowed her gift on one of the men and proceeded to the stage for »Is That All There Is«. I watched, barely able to contain myself, until it was over. Again, she broke down with the climax of the song, but dismissively wiped her tears and started to cackle. She stepped off the stage and started to walk into the crowd [...].*[168]

Abgesehen von den Tränen Hekates und der Wahrnehmung der von ihr verkörperten Traurigkeit (vgl. Miniatur 2), die ich z. B. nicht erinnere, zeigt sich hier, dass die Szene in allen *Sleep no more*-Aufführungen trotz wechselnder Besetzung stets weitestgehend identisch abgelaufen zu sein scheint: Die Darstellerin der Hekate entschwindet mit einer kleinen Gruppe von Zuschauer*innen in die Replika-Bar in der dritten Etage, verzehrt ihr Mahl, sucht sich dann über intensive Blick-Begegnung eine*n Zuschauer*in aus und nimmt ihn*sie mit auf die Bühne für ihre Lip-Sync-Performance von Tony Bennetts Version von »Is That All There Is?«. Was variiert, ist der Grad der bei sich und Hekate wahrgenommenen Emotionalisierung. Wenngleich für die Wirkung der Szene gerade auch die Dimensionen des Visuellen (insbesondere durch den intensiven Blickaustausch und das visuelle Auseinanderfallen von Stimme und Körper bei der *cross-gender* Lip-Sync-Performance), des Haptischen (durch das gemeinsame Performen Hand in Hand) und des Olfaktorischen, also gerade das synchrone multisensorische Wahrnehmen, für das immersive Aufführungsdispositiv relevant sind, möchte ich mich hier dennoch weiterhin auf die Wirkungsdimension des Soundscapes fokussieren, um die soundbasierten Dimensionen der Vereinnahmung herauszustellen.

Auf der Ebene des Soundscapes gab es mit besagter Hekate-Szene – jedenfalls in meiner Sichtungserfahrung, bei der sie sich nach etwa einer Stunde und damit am Ende des ersten Loops ereignete (vgl. auch Ricci, 2012, S. 9)[169] – einen entscheidenden Wechsel innerhalb des verwendeten Klangguts. Mit »Is That All There Is?« wurde der szenische Raum erstmals von einem Song ausgefüllt, der nicht nur wie in den Geschäften Gallow Greens im Hintergrund zu hören war, sondern zum Herzstück der Szene wurde, insofern er in einer Lip-Sync-Version auch performt wurde und in ihm eine Singstimme ›auftrat‹. Gerade auch aufgrund seiner dramaturgischen Funktion, das Ende einer kompletten Szenenfolge zu markieren und damit an der Schwelle zur Wiederholung einer ebensolchen zu stehen, kommt dem Song meines Erachtens eine Schlüsselfunktion zu. Ein Blogger bezeichnet ihn sogar als »the show's theme song« (deliriumdog, 2012).

Im Gesamtgefüge der Inszenierung findet die Sequenz in Gallow Green und damit auf jener vierten Etage statt, die den domestizierten Hexenfiguren und -figurationen zugeordnet ist. Hekate ist in der griechischen Mythologie die Göttin der Magie, des Zaubers und der Gespenster, die Geister anführt und gegen Opfergaben Zauberei praktiziert. Ihre Orte sind Weggabelungen, Schwellen, Übergänge wie auch Begräbnisstätten und zuweilen auch die Unterwelt (vgl. Becher, 1972; Tripp, 1991). In Shakespeares *Macbeth* ist Hekate eine der drei Hexenschwestern, die Macbeth zu Beginn der Tragödie seinen Aufstieg zum König und im vierten Akt auf sein Geheiß in Form verschiedener Erscheinungen weitere verhängnisvolle Geschehnisse prophezeien. In dieser Konstellation kommt Hekate eine mediale Mittler*innen-Position zu, insofern sich das Schicksal durch ihr Wort mitteilt.

Wirkungsästhetisch entscheidender als eine solche inhaltliche, für den Gesamtkontext der Referenzen sinnstiftende Einordnung und mögliche Interpretation ist meines Erachtens allerdings das körperliche und emotionale Erleben der Szene, über das die vier zitierten Miniaturen Zeugnis ablegen. Während sich bei mir während der Sequenz vor allem eine positive Grundstimmung und das Gefühl eingestellt haben, nach der Desorientierung in den Räumen und dem regelrechten Aufgepeitscht-Werden vom übrigen Soundscape filmischer Provenienz etwas zur Ruhe zu kommen (vgl. Miniatur 1), wühlte die Begegnung mit Hekate im Kontext der Song-Performance andere Zuschauer*innen auf, brachte sie regelrecht zum Weinen (vgl. Miniaturen 2 und 3). Einer Zuschauerin war der Song »Is That All There Is?« in der Version von Sandra Bernhart (1969) bereits bekannt, weshalb sie mit ihm ganz spezifische autobiografische Erinnerungen und damit verbundene Emotionen von Desillusionierung und Resignation angesichts bestimmter, einschneidender Lebenssituationen verband (vgl. Miniatur 2). Der Mehrfachbesucher aus Miniatur 3 beschreibt – ähnlich wie der in 4.2.1 zitierte Gast, der sein Betreten der Manderlay Bar mit dem Soundscape synchronisierte, um damit die Wirkung zu steigern –, wie er »im Timing« der Musik mit einer theatralen Geste vor Hekate auf die Knie fällt, um mitzuspielen. In drei von vier Miniaturen wird deutlich, dass die Szene sehr abrupt mit dem übereilten Raumwechsel Hekates endet, was dazu führen kann, dass man sich danach kurz fragt, ob man das gerade wirklich erlebt hat. Eine Zuschauerin beschreibt, wie die Szene eine surreale Wendung erhält, indem Hekate unvermittelt aus der performten Traurigkeit in eine Geste der Herablassung durch ein überzogenes Lachen wechselt. Tendenziell wird die Szene von allen als hochgradig affizierend und einnehmend beschrieben, wobei sowohl positiv besetzte Gefühle wie Wohlbefinden, Rührung, Faszination oder gar eine mit dem Kniefall ausgedrückte Form der Euphorie wie auch negative, potentiell schmerzhafte Erinnerungen auslösende Empfindungen in den Miniaturen zum Ausdruck kommen (vgl. Miniaturen 2 und 3). Dieses Spektrum voreinander ausagierter, verkörperter Emotionen bezeugt, wie viele verschiedene Zuschauer*innen-Subjekte mit ihren je eigenen Geschichten und affektiven Dispositionen am relationalen Gefüge je einzelner Szenenkomplexe mit-wirken.

Als Tori Sparks bzw. Careena Melia beginnen, den Gesang der auftretenden Stimme Tony Bennetts über synchrone Lippenbewegung zu imitieren, stellt sich zunächst ein kurzer Moment der Irritation ein, der in den Miniaturen keine explizite Erwähnung findet. Ich erinnere mich, dass ich den Eindruck hatte, als würde die männliche Stimme Bennetts gleichsam aus einer undefinierten Vergangenheit durch die Performerin hindurch zu uns zu sprechen beginnen.[170] In Miniatur 2 werden Zuschauer*innen als Geister oder Gespenster (*ghosts*) bezeichnet, wodurch sich eine Brücke zu besagtem »Haunting«-Effekt der Lippensynchronisation schlagen lässt: Normalerweise verhalten sich die tanzenden Performer*innen so, als seien die maskierten Zuschauer*innen nicht anwesend, schauen gleichsam durch sie hindurch. Nur im Kontext von sich anbahnenden *One-on-Ones* wird ein direkter Augenkontakt hergestellt, der selbiges in Gang setzt. Derjenigen Zuschauerin, die von Hekate über den Blickkontakt in die Szene aktiv involviert wird, kommt gewissermaßen im Vergleich zu den übrigen anwesenden Gästen nicht nur die Rolle einer Auserwählten zu, sondern sie kann auch als derjenige »Geist« gelesen werden, der die Erinnerung (des Songs) bei Hekate überhaupt erst auslöst. Gleichzeitig bekommt auch Hekate etwas Geistgleiches, wenn ihr Körper zum Medium des Songs wird, so als würde die Stimme Bennetts und die Erinnerungen, die das lyrische Ich von »Is That All There Is?« zum Ausdruck bringt, in ihren Körper fahren. Auf diese Weise wäre der Song auch als Form der Prophezeiung Hekates (an die Zuschauer*innen?) deutbar.

Der Jazz-Song »Is That All There Is?« wurde in den sechziger Jahren vom amerikanischen Liedermacher Jerry Leiber geschrieben und von Randy Newman musikalisch arrangiert. 1969 wurde er aus dem gleichnamigen Album durch Sängerin Peggy Lee in den USA bekannt und bereits im selben Jahr vom US-amerikanischen Jazzsänger Tony Bennett interpretiert. Die Version von Tony Bennett ist in der Aufführung mit einem klanglichen Echo-Effekt versehen worden, wodurch der Eindruck zeitlicher Entrückung noch potenziert wird. Im pantomimischen Modus der Lippensynchronisation transformiert sich Hekate zu derjenigen nicht-anwesenden Person aus der Vergangenheit, die sich mit dem Liedtext an ihre Kindheit und das tragische Ereignis ihres brennenden Wohnhauses erinnert (»I remember when I was a very little girl, our house caught on fire«). Sie wurde von ihrem Vater aus dem Haus gerettet und beschließt die erste Strophe mit der Frage »Is that all there is to a fire?« Die nächste Strophe widmet sich dem frühen Besuch einer Zirkus-Aufführung, der bezaubernden

Wirkung, die Clowns, Elefanten und Akrobaten auf sie hatten, nur um festzustellen, dass ihr bei diesem »marvelous spectacle« etwas fehlte, weshalb auch diese Strophe mit der Frage schließt: »Is that all there is to a circus?« In der dritten Strophe geht es um die Erfahrung einer Liebesbeziehung zu einer Frau, die mit einem plötzlichen Verlassen-Werden endete: »Is that all there is to love?« In der letzten Strophe wird sogar mit Selbstmordgedanken kokettiert, um dann zu konstatieren: »If that's all there is, my friends, then let's keep dancing«. So wird mit jedem Refrain jede Enttäuschung in eine ambivalente Mischung von Melancholie und optimistischer Resignation gewendet. Da der Song retrospektiv Lebensereignisse Revue passieren lässt, vermittelt er zugleich auch eine gewisse, erfahrungsgesättigte Gelassenheit, die die Tragik der Ereignisse wie auch die Tragik der eigenen Resignation getragen von Takt und Tonart gleichsam relativiert.[171]

Im Folgenden schließe ich mich der These des Bloggers deliriumdog an, dass »Is That All There Is?« als »the show's theme song« (deliriumdog, 2012) bezeichnet werden könne. Denn er verdichtet auf musikalische Weise jene diffuse emotionale Gemengelage aus Faszination, kindlicher Euphorie, Enttäuschung, Überforderung und Resignation, welche die Inszenierung als Ganzes strukturell zu erzeugen sucht. Mit Blick auf dieses Ganze bin ich der Auffassung, dass das relationale Zusammenwirken von Szenografie (mit allen haptischen Details, historisierender Indexikalität und motivgesättigter Ikonizität bezüglich der intermedialen Referenzen) und Soundscape (mit seinem Fokus auf die US-amerikanische Kultur der dreißiger bis sechziger Jahre) dazu führen kann, insbesondere Empfindungen von Nostalgie bei Zuschauer*innen zu erzeugen.[172] Nostalgie möchte ich hier weder auf der Ebene einer subjektiven Empfindung noch als distinkte Emotion verstehen, sondern als »ästhetisch vermittelte Technik[] der *Zeiterfahrung und Affektmodellierung* [...], die spezifische Beziehungen zwischen Subjekten und Objekten herstellen, perpetuieren und permutieren« kann (Sielke, 2017, S. 12, Hervorhebung TS).

Auf die Wahrnehmung des Soundscapes bezogen sind es nicht nur die Kompositionen und Lieder aus den dreißiger bis sechziger Jahren des vergangenen Jahrtausends, die eine Dimension von Geschichtlichkeit und damit die Koexistenz verschiedener Zeitebenen in die Wahrnehmungsebenen der Aufführung eintragen, sondern vor allem auch ihre ästhetische Klangqualität: Jedem Lied scheint mit einem Rauschen, Knistern oder Knacken ein spezifisches, medienästhetisches Kolorit beigegeben zu sein. In den einzelnen szenischen Räumen in Gallow Green oder in der Wohnung der McDuffs werden die Lieder zumeist von alten Plattenspielern, Radioempfängern oder Grammofonen ausgegeben, wodurch der Effekt erzeugt wird, in eine Epoche historischer Medientechnologien zurückversetzt worden zu sein. Hier fallen auf der materiellen Ebene des Zusammenwirkens von Sound und Szenografie Retroästhetik und Nostalgie zusammen, insofern sich Letztere als Effekt ebenjener Medienästhetiken manifestiert (vgl. ebd., S. 11). Ähnliches gilt für die Manderlay Bar, deren Nachbau die Replica-Bar ist, in der die Hekate-Sequenz stattfindet, und den Rezeptions- und Essensbereich des McKittrick Hotels im ersten Stock. Beide sind in der Fiktion Teil eines 1939 entworfenen Hotels, das wegen Ausbruch des Zweiten Weltkriegs nicht eröffnet werden konnte.[173] Auch hier laufen schwerpunktmäßig in die Ausstattung integrierte Kompositionen des etwa zeitgleich populär gewordenen US-amerikanischen Jazz- und Swing-Musikers Glenn Miller. Zusammen mit den Auszügen aus Soundtracks verschiedener Hitchcock-Filme wird dabei nicht nur eine Nostalgie gegenüber einer anderen Zeit evoziert, sondern auch gegenüber den künstlerischen Werken und Aufführungsformen jener Zeit. *Sleep no more* lässt sich auf diese Weise auch als nostalgische Reminiszenz an seine im installativen *Mashup* verdichteten, künstlerischen Referenzen aus den dreißiger bis sechziger Jahren deuten. Und zwar allen voran der Kunstform des Film noir, was sich buchstäblich in der nur äußerst spärlichen Beleuchtung der szenischen Räume niederschlägt. Es sind die von Filmen produzierten Bildwelten dieser Zeit, die den eingerichteten Mikrokosmos als vermeintliche »Traumwelt« füllen und wie Geister durch die entsprechenden Erinnerungen und zugehörigen Emotionen der Besucher*innen präsent bleiben und zugleich für das Barrettsche *emotional storytelling* und damit auch für eine gezielte Affektmodellierung der Zuschauer*innen verantwortlich sind. Und wie es die polyperspektivischen Miniaturen andeuten, sind die jeweils ausgelösten Nostalgieempfindungen überdies eminent generationsspezifisch.

Inhaltlich haben wir es bei *Sleep no more* mit der Repräsentation einer aus verschiedenen intertextuellen Referenzen zusammengesetzten Weltversion zu tun. Sie rekurriert zum einen auf eine vormoderne Vergangenheit, in der Aberglaube und Schicksal noch eine zentrale Bedeutung für das menschliche Dasein hatten, und zum anderen auf eine über Hitchcocks Blockbuster vermittelte Repräsentation einer von Angst und Entfremdung gekennzeichneten Nachkriegszeit in den USA der fünfziger Jahre, in der archetypische Figuren sich mit den menschlichen Abgründen hinter Verbrechen, Gewalt und Korruption einer patriarchalen und rassistischen Gesellschaft beschäftigen (vgl. dazu u. a. Ahnert, 1995). Beide assoziativ angereicherten Weltversionen bieten Sinnstiftungsstrukturen an, die in der globalisierten und hoch technologisierten Wirklichkeit von heute, jedenfalls in den meisten Teilen ›westlicher‹ Gesellschaften als überholt gelten. Auch auf dieser Ebene vermag *Sleep no more* Nostalgie zu erzeugen – allerdings weniger gegenüber den konkreten historischen Referenzzeiträumen als gegenüber einer diffusen Sehnsucht nach Stabilität und Verbindlichkeit in einer immer unübersichtlicher werdenden, globalisierten und kapitalistisch geprägten Alltagsrealität.

Im Mikrokosmos von *Sleep no more* gibt es nur verhältnismäßig kurze Phasen der Überforderung, denn mit jedem neuen Loop setzt eine Wiederholung der bereits geschehenen Ereignisse und damit zugleich auch eine verbindliche, zyklische Struktur der Wiederkehr ein. Hekate ist in der geisterhaften Song-Performance von »Is That All There Is?«, die von Zuschauer*innen als melancholisch (vgl. Miniatur 1) oder weinend (vgl. Miniatur 4) beschrieben wurde, gleichsam in einer Zeitschleife gefangen, in welcher der Bennett-Song ihren Körper heimsucht. Für Zuschauer*innen, die sich von der Art des Gesangs, dem Dreivierteltakt, der echoversehenen Klangqualität, dem Inhalt des Songs und der Tatsache, in dieser Szene via Blickkontakt selbst in eine Bühnensituation geraten zu sein, affizieren lassen, kann sich unterdessen der Effekt einstellen, in der Situation selbst ein Stück weit zum Kind zu werden, das staunend von den Ereignissen und den sie auslösenden Affekten eingenommen wird, auf welche sie überdies wegen des im szenischen Raum geltenden Sprechverbots und der Anonymität der Maske auch gar keine andere Möglichkeit zu reagieren haben.[174] Felix Barrett hat mehrfach betont, dass ihm wichtig sei, dass Zuschauer*innen durch ihre Erlebnisse in *Sleep no more* gleichsam temporär wieder zum Kind würden.[175] Was damit zum Ausdruck gebracht wird, ist nicht zuletzt (s)eine produktionsästhetische Idealvorstellung, die umfasst, sich möglichst naiv, neugierig, entdeckungsfreudig und vorurteilsfrei auf unbekannte Situationen einzulassen (vgl. dazu auch Biggin, 2015, S. 310f.). Mit der nostalgischen Reminiszenz ans Kind-Sein wird hier nicht nur eine andere Zeiterfahrung, sondern auch eine andere Weise des affektiven In-der-Welt-Seins aufgerufen, die *Sleep no more* qua affektiver Modellierung gezielt zu erzeugen sucht.

Selbst auf der Ebene des affektiven Weiterlebens der Aufführung, welche sich u. a. durch das Posten von Aufführungsberichten und hochgeladenen Fotografien der versammelten materiellen Spuren in den sozialen Netzwerken manifestiert[176], zeigt sich eine vornehmlich nostalgische Haltung der Zuschauer*innen zu den vergangenen

Aufführungserfahrungen. Auffällig ist in diesem Zusammenhang nicht zuletzt auch das Bemühen einiger Punchdrunk-Fans, ihre Aufführungserfahrungen mit dem Soundscape von *Sleep no more* in eine möglichst umfassende (enzyklopädische) Aufschlüsselung zu überführen und diese damit gewissermaßen analog zu einem Film in einen *Soundtrack* zur Inszenierung zu verwandeln und online zugänglich zu machen. Dadurch stellt sich beim nachträglichen Wiederhören einzelner Musikstücke viel leichter die Erinnerung an bestimmte Szenen wieder her und prägt sich einschließlich der Emotionen, die man als Zuschauer*innen mit den jeweiligen Szenen verbindet, langfristig ein oder vermag einen – wie die Bedeutung von »to track« im Begriff des Sound*tracks* impliziert – analog zu einem Ohrwurm regelrecht im Alltag zu verfolgen. Wenn ich seit meinem Besuch von *Sleep no more* 2017 den Song »Is That All There Is?« wiederhöre, fühle ich mich stets sofort körperlich in die Situation während der Aufführung zurückversetzt, wodurch das affektive Weiterleben der Aufführung durch eine gewisse nostalgische Beziehung dazu langfristig sichergestellt scheint.

Die Ausführungen zur Publikumsinvolvierung durch das Soundscape bei Punchdrunks *Sleep no more* haben gezeigt, dass die wirkungsästhetische Dimension der Vereinnahmung sich – ganz im Sinne der Polyperspektivität – als ein *Spektrum* darbietet. 1. Zuschauer*innen werden von der Lautstärke, dem Tempo und der Klangqualität des Soundscapes zunächst auf einer viszeralen Ebene affiziert und vereinnahmt, indem sie in situ nicht anders können, als z. B. ihr Lauftempo dem Rhythmus anzupassen, zu fliehen, weil es zu laut wird, oder einen schnellen Raum- oder Szenenwechsel vorzunehmen, weil die ausgelöste Anspannung, Hektik oder Nervosität dazu drängen. 2. Eine weitere, von der Involvierung durch das Soundscape begünstigte Form der Vereinnahmung zeigt sich darin, dass Zuschauer*innen insbesondere durch die gewählten Soundtracks beeinflusst werden, ein *bestimmtes* Set an (Film-)Bildern sowie mit diesen konkret verbundene Stimmungen und Empfindungen zu assoziieren. Dieses Vereinnahmt-Werden von Bildwelten, die von der Geschichte des je eigenen Film- und Bildkonsums mitformiert sind, kann Zuschauer*innen in situ reflexiv zugänglich werden, muss es allerdings nicht. 3. Vereinnahmung zeigt sich bei *Sleep no more* als ein ambivalentes Phänomen, das eben nicht nur negativ besetzt ist. So machen die Beschreibungen von Mehrfachbesucher*innen, die sich bewusst und vorsätzlich vom Soundscape oder einer szenischen Begegnung einnehmen lassen, deutlich, dass ein Sich-Vereinnahmen-Lassen situativ auch als angenehm und lustvoll erlebt werden kann. 4. Zuletzt zeigte sich eine weitere Dimension von Vereinnahmung auf der Ebene, wie *Sleep no more* über die soundbasierte Involvierung Nostalgie erzeugt. Denn was mit dieser verbunden ist, ist zuvorderst eine *Affektmodellierung, die das Zeitempfinden betrifft*. So versetzt die knisternde, rauschende Klangqualität des ausgewählten Liedguts vergangener Zeiten Zuschauer*innen in eine – ähnlich wie bei *Alma* – nicht eindeutig festgelegte Vergangenheit, indem sie das individuelle wie kollektive Gedächtnis mobilisiert. Und diese uneindeutige Vergangenheit wird affektiv – mit Blick auf die verhandelten Zeiten und Inhalte der zentralen Referenzstoffe im Grunde gänzlich kontraintuitiv – durch die Weltversion des McKittrick-Hotels mit seiner Ausstattung und Klanglandschaft zur positiven Verklärung hin modelliert. Mit der Erzeugung von Nostalgie wird eine emotionale Einstellung zur Vergangenheit produziert, die zur Idealisierung und Verklärung neigt. Dies passt zur Intention einer Aufführungserfahrung als »childlike adventure«, welche Kindheit normativ als eine Zeit verklärt, in der einem noch so vieles bevorsteht, als eine Zeit voller Hoffnung und großer Erwartungen, die dann – wie im Song »Is That All There Is?« expliziert – in die zahlreichen Enttäuschungen des Erwachsenenlebens münden. Der vereinnahmende Effekt besteht hier auf affektiver und emotionaler Ebene darin, dass eine gewisse Rückwärtsgewandtheit (auch hinsichtlich bestimmter Welterklärungsmodelle) nostalgisch verklärt wird.

### 4.3 Olfaktorische Involvierung in SIGNAs *Das halbe Leid*

Im folgenden Unterkapitel möchte ich am Beispiel von SIGNAs *Das halbe Leid* aufzeigen, wie Zuschauer*innen insbesondere über die olfaktorische Wahrnehmungsebene in das Aufführungsgeschehen bzw. in den inszenierten Mikrokosmos involviert werden. Dabei gilt es, herauszuarbeiten, welche Funktionen der Einsatz von Gerüchen im Hinblick auf die Publikumsinvolvierung in den Performanceinstallationen von SIGNA hat und inwieweit die Involvierung durch Geruchswahrnehmungen eine dezidiert vereinnahmende Wirkung zu zeitigen vermag. Denn gerade für Formen immersiven Theaters, die ihre Zuschauer*innen mit allen Sinnen in einen gestalteten Erfahrungsraum integrieren, spielen Gerüche nicht nur für die Wahrnehmung der Atmosphäre der Aufführung, sondern – so meine These – auch für die Erzeugung von Emotionen sowie die Generierung von Bedeutungen eine zentrale Rolle: Eine Arbeit wie *Das halbe Leid* führt dem involvierten Publikum am eigenen Leib vor, inwieweit Geruchswahrnehmungen nicht nur sozial-relational formiert sind, sondern in welchem Maß sie auch semantisiert und damit Träger von kulturell variierenden Bedeutungen und Emotionsrepertoires sind.

Es ist immer noch ein großes Desiderat der Theater- und Kunstwissenschaften, sowohl der semiotischen als auch der affektiven Dimension von Düften, Gerüchen und Aromen wie auch der performativen Kraft ihrer Wahrnehmungen die gebührende wissenschaftliche Aufmerksamkeit zu zollen (vgl. Banes, 2007, S. 29).[177] Dies liegt zum einen an der Schwierigkeit, ihrer ephemeren, visuellen Ungreifbarkeit durch Worte überhaupt adäquat habhaft zu werden, geschweige denn, sie angemessen beschreiben zu können[178]; es liegt zum anderen auch an der langen Tradition einer Hierarchisierung von Sinnen und Sinneswahrnehmungen im westlichen Denken, die Nah- und Fernsinne unterscheidet und Letztere (Sehen und Hören) in Bezug auf ihr Erkenntnispotential als »höhere« Sinne gegenüber den »niedrigeren« Sinnen des Tastens und Schmeckens privilegiert (vgl. u. a. Beer, 2000a, S. 7f.); der Riechsinn besetzt hier eine Zwischenposition. Diese kulturell formierte, historisch bedingte und sozial anerzogene Ordnung der Sinne hat Auswirkungen auf den Gebrauch unserer Sinne im Alltag. Und es stellt sich die Frage, inwieweit nicht auch die Künste ihrerseits an der Aufrechterhaltung jener spezifischen Hierarchisierung der Sinne historisch mitgewirkt haben. Sei es z. B. durch das noch immer geltende Berührungsverbot von Kunstgegenständen im Museum, das erst in den letzten Dekaden durch interaktive Ausstellungsformate oder Vermittlungsangebote Stück für Stück überwunden wird (vgl. dazu auch Kolesch, 2010; Kolesch, 2017). Sei es durch das in der Tradition des westlichen Theaters geltende Primat audiovisueller Darbietung, das nicht zuletzt auf die enge etymologische Verbindung vom griechischen »théatron« als der (visuellen) Schau zurückgeht.

Seit etwa zwei Dekaden haben wir es, wie Tanz- und Theaterhistorikerin Sally Banes formuliert, neben anderen markanten Strömungen auch mit einer »Rückkehr von Geruch im Theater« (Banes, 2007, S. 35, dt. TS) zu tun. Immer öfter werden Gerüche auch in Inszenierungen im klassischen Theaterdispositiv ganz gezielt eingesetzt. Eine Zunahme an geruchsbasierten Künsten ist zu beobachten sowie ein erhöhtes Aufkommen von interdisziplinären Ausstellungen, die sich thematisch der Welt der Düfte zuwenden.[179] Diese signifikante Zunahme könnte einerseits mit der Zunahme von Geruchsdesign in außerkünstlerischen gesellschaftlichen Kontexten zu tun haben – man denke z. B. an die gezielte Raum- und Luftbeduftung im Handel, in

Restaurants, Wartezimmern von Arztpraxen oder in Bürokomplexen, die u. a. das Ziel verfolgen, gezielt positiv besetzte Sinneseindrücke und Atmosphären zu erzeugen.[180] Schließlich liegt die Macht von Geruchsdesign und damit möglicherweise auch der Reiz, dies gerade in immersiven Aufführungsdispositiven anzuwenden, nicht zuletzt darin, dass die Düfte den Riechenden unsichtbarerweise vollständig umhüllen. Die künstlich beduftete Luft legt sich gleichsam vollständig um das Subjekt herum, schließt es vollkommen ein und dabei von der nichtbedufteten Außenwelt ab. Die Möglichkeit zur Distanznahme wird erschwert, ist häufig nur noch möglich, indem man den Raum verlässt. Während der zunehmende Einsatz von Geruch als ein zentrales ästhetisches Gestaltungsmittel in performativen und darstellenden Formen der Gegenwartskunst mit seinem unmittelbaren und besonders einnehmenden Wirkungspotential zu begründen wäre, könnte es andererseits auch sein, dass Künstler*innen mit dem gezielten Einsatz von Gerüchen ihr Publikum gerade auf die kulturell und historisch bedingte, zu geringe Valorisierung des Geruchsinns qua eigener Geruchserfahrungen aufmerksam machen wollen. Josephine Machon vertritt in diesem Zusammenhang – der Anthropologin Kathryn Linn Geurts folgend – die These, dass insbesondere Aufführungen immersiven Theaters dem involvierten Gast Erfahrungen ermöglichen können, die in die westliche Logik fünf voneinander unterschiedener Sinne gar nicht (mehr) einzupassen seien und damit im Stande wären, körperlich die Begrenztheit dieses Ordnungssystems aufzuzeigen (vgl. Machon, 2013, S. 111).

Im Folgenden werde ich am Beispiel von insgesamt sieben Miniaturen aus SIGNAs *Das halbe Leid* herausarbeiten, welche Funktionen das Geruchsdesign mit Blick auf die damit verbundene olfaktorische Involvierung des Publikums in das Aufführungsgeschehen wie auch in den gestalteten Mikrokosmos erfüllt. Hierbei wird sich zeigen, dass und auf welche Weise es insbesondere der Einsatz von modifizierten Körperdüften ist, der für Affizierungsprozesse involvierter Zuschauer*innen (mit-)bestimmend werden kann (4.3.1). Im zweiten Schritt soll anhand der polyperspektivischen Beschreibung der Teilnahme von Zuschauer*innen an der Sequenz »Weinen mit Viola« dargelegt werden, wie ein Duft als Trigger eingesetzt wird, um bei Zuschauer*innen künstlich bestimmte Emotionen wie Traurigkeit, Trauer oder Schmerz zu erzeugen, und wie diese dabei durch einen Akt des Mit-Leidens zugleich auch auf der Ebene der Diegese vereinnahmt werden (4.3.2).

### 4.3.1 Funktionen von Geruchsdesign und olfaktorischer Involvierung

1. *Susi (Evi Meinardus) begleitet Zuschauerin Michaela (alias Susi-I) und mich (alias Susi-II) zu unseren Betten im Schlafsaal der Frauen im ersten Stock. Sie erklärt die Aufteilung der Gruppen im Raum – wir seien auf der »Seite der Deutschen«. Gegenüber seien »die aus Osteuropa«, erklärt sie etwas lauter und wirft dabei einen abschätzigen Blick zu Alina (Amanda Babaei Vieira), die geschäftig nach etwas auf der Suche zu sein scheint. Susi stehen zwei Doppelbetten für ihre Kursist*innen zur Verfügung. Michaela und ich wählen jeweils das obere Bett. Passend zu Susis Kleidung ist auch die Bettwäsche rosafarben.*

*Als Nächstes müssen wir uns umkleiden. Die Idee des Vereins ist, dass wir uns für die Dauer des Kurses auch visuell unseren Mentor*innen annähern. Dafür holt Susi einen Sack voller gebrauchter Textilien hervor und kramt nach für uns passenden Stücken. Natürlich hat sie nur Kleidungsstücke in Pink- und Rosatönen anzubieten. Sie reicht mir eine rosafarbene, zu große Stoffhose, die am Bund mit einem Haargummi festgebunden werden muss. Dazu ein weißes Top, einen rosafarbenen Pullover und einen Schal für die Nacht im gleichen Farbton. Sogar die Socken bekomme ich von ihr. Nur meine Unterwäsche darf ich anbehalten. Ich kann es nicht lassen, bevor ich mich umkleide, erst einmal an den Sachen zu riechen. Erleichtert nehme ich den frischen Duft von Waschpulver wahr und beginne, mich als Susi-II zu verkleiden. Für persönliche Gegenstände und das Kursheft erhalten wir einen Brustbeutel, überdies eine Plastikschale fürs Essen. Ich fühle mich in meine Kindheit zurückversetzt. Es hat etwas von Fasching oder einem Kindergeburtstag, wenn nur das triste Umfeld nicht wäre ...*[181]

*Im Folgenden platziert uns Susi in der Couchecke des Schlafsaals, erzählt etwas von sich und dem Alltag im Verein und setzt, so als sei es ganz selbstverständlich, dazu an, mich zu schminken. Wenngleich ich nicht gerade begeistert davon bin, lasse ich es geschehen. Rosa Lidschatten, Mascara, Rouge. Der süßlich-cremige Duft der Schminke. Für mich ein klassischer Moment von Theater. Ich erinnere mich, wie ich es immer genossen habe, wenn ich in meiner Jugend für verschiedene Statistinnenrollen am Theater vorher in die Maske durfte. Nur jetzt muss ich wahrlich ziemlich albern aussehen. So ganz in Rosa. Aber egal. Für Eitelkeit ist hier kein Platz. Im Moment des Schminkens kommt mir Susi recht nah und ich realisiere zum ersten Mal ganz deutlich den Geruch, der von ihr ausgeht. Es ist eine ganz bestimmte Mischung. Die Hände riechen nach kaltem Rauch. Ihr Atem ganz leicht nach Bier. Schließlich trägt sie die ganze Zeit eine Dose Ratskrone mit sich herum und nimmt immer wieder mal einen Schluck. Aber da ist auch eine Parfumnote wahrzunehmen. Süßlich und schwer zugleich.*

*Nachdem sie Michaela und mich fertig geschminkt hat, gönnt sie ihrer Frisur auch noch eine Ladung Haarspray mit Himbeerduft zur Auffrischung.*[182]

2. *Es ist 22 Uhr. Ich entscheide mich für den Kurs »Reflexives Fernsehen« bei Annette (Luisa Taraz) im Fernsehraum. Es ist recht warm und stickig. Ein paar Leidende sitzen auf der Couch. Ich bin die einzige Kursistin, bis nach ein paar Minuten noch Alina-III dazu stößt und mir unvermittelt versucht, im Auftrag von Alina einen Ring »als Andenken« zu verkaufen. Der Kurs beginnt. Annette erläutert die Aufgabe: Der Leidende dreht sich die ganze Zeit im Kreis und soll, immer wenn sein Blick kurz den Fernseher erheischt, kurz beschreiben, was er sieht. Nicht so spannend, denke ich. Aber gut. Wolfgang (Lorenz Vetter), der Leidende, der mir zu Beginn netterweise seinen Platz auf der Couch überlassen hatte, meldet sich als Freiwilliger. Bereits vorhin fiel mir sein wirklich übler Geruch auf. Jetzt, da er sich im Raum dreht, fällt er noch stärker ins Gewicht. Richtig beißend. Eine schwer zu beschreibende Mischung aus Schweiß, fettigem Haar, angepinkelten Klamotten und Mundgeruch. Wirklich extrem unangenehm. Da Wolfgang aufgrund von Schwindel zunehmend wankt, sollen wir uns alle um ihn herum aufstellen, um ihn mit unseren Körpern vor einem Fall zu schützen. Er dreht sich förmlich in einen Rausch. Annette will, dass wir ihn mit den Händen noch zusätzlich weiterdrehen und ihm zurufen: »Lass es zu!« Ich bin schon völlig benebelt von dem Geruch und merke, dass es mir unangenehm ist, ihn anzufassen, und dass ich körperlich ausweiche, damit ich nicht mit ihm zu nah aneinandergerate. Sein Kopf ist schon hochrot. Hoffentlich ist das bald vorbei.*[183]

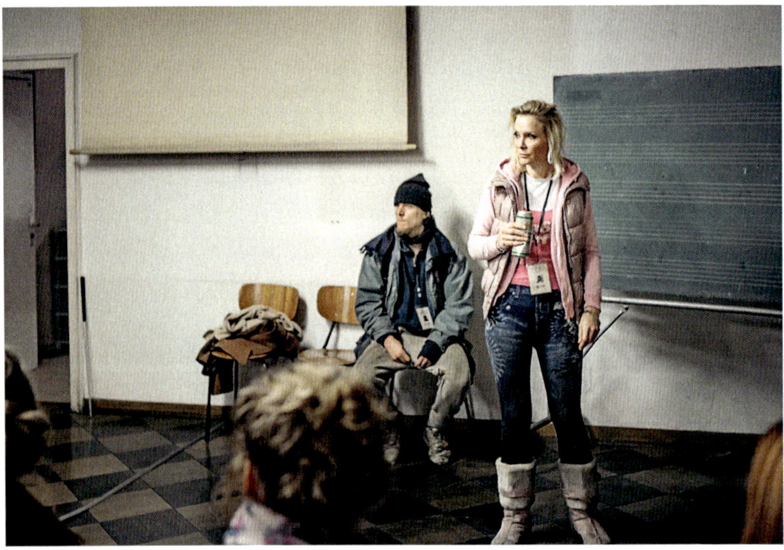

Susi (Evi Meinardus, rechts) und Wolfgang (Lorenz Vetter, links) in der Begrüßungssequenz von SIGNAs *Das halbe Leid*, Foto: Erich Goldmann

Zunächst fällt auf, dass beide Miniaturen größtenteils auf olfaktorische Eindrücke rekurrieren, die *körpergebunden* waren, die mit den konkreten Verkörperungen der Figuren Susi durch Evi Meinardus und Wolfgang durch Lorenz Vetter zu tun haben. Die Tatsache, dass das Aufführungsdispositiv von *Das halbe Leid* es erzwingt, den Darsteller*innen physisch derart nahe zu kommen, macht es überhaupt erst möglich, ihre Körper in dieser Intensität riechen zu können. Die Option einer solchen physischen Nähe ist also die Voraussetzung dafür, dass es zu Erfahrungen, wie ich sie mit Susi oder Wolfgang gemacht habe, überhaupt kommen konnte.

Von produktionsästhetischer Verbindlichkeit für die Ausstattung aller SIGNA-Arbeiten ist das in Kapitel 2.3.4 bereits erwähnte, von Signa Köstler über die Jahre entwickelte »Bleakness«-Regelwerk. Dieses umfasst nicht nur materielle Richtlinien für die Raumausstattung (z. B., dass generell gilt, hauptsächlich alte, gebrauchte Gegenstände zu verwenden, die vom Flohmarkt, aus dem Müll stammen oder bereits defekt sind), sondern auch sprachliche Ausdrucksformen (z. B. milieuspezifische Sprache und Ausdrucksweise, Kraftausdrücke, Vermeidung bildungssprachlicher Vokabeln) sowie die Kategorie »Gerüche, Lebens- und Genussmittel«[184]. Hierzu gehören im Fall von *Das halbe Leid* u. a. die sehr blasse Kohlsuppe, die es bei meinem ersten Besuch zum Abendessen gab, die gräulich-fade Linsensuppe bei meinem zweiten Besuch oder auch der farblos schmierige Haferbrei, den ich zum Frühstück beide Male aufgrund seines visuellen Erscheinungsbildes abgelehnt habe. Gerüche wandern zum einen mit den gebrauchten Materialien ein – je älter und abgegriffener die verwendeten Stoffe, Requisiten und Klamotten, desto eher geht von ihnen auch die gewollte, trostlose Muffig- und Schäbigkeit aus; zum anderen werden Gerüche auch gezielt in Räumen produziert – so z. B. der Duft frisch gebratener Leber im Zwinger von *Wir Hunde* (vgl. Kap. 4.5.2) oder der geradezu betäubende Duft von Räucherstäbchen, Moschus und Duftkerzen in einem der Schreine von *Das Heuvolk* (vgl. Kap. 4.4). Bei *Das halbe Leid* gibt es nur wenige spezifische Raumdüfte, mit Ausnahme vielleicht vom Bastelraum mit seinen Gerüchen von Ton, Klebstoff, Metall und Farben. Dafür wurde dezidiert und stärker als in allen anderen, mir bekannten SIGNA-Arbeiten mit Körpergerüchen gearbeitet.

Der gestaltete Mikrokosmos von *Das halbe Leid* ist sowohl echten Obdachlosenunterkünften als auch künstlerisch verdichteter Dokumentarfotografie dieses sozialen Milieus nachempfunden. Die explizite Schäbig- und Unwirtlichkeit der beiden Schlafräume und der Essensausgabe passt zu dem schlechten Zustand der sanitären Anlagen der ehemaligen Werkhalle der Firma Heidenreich. Das Raumensemble zitiert das Bild einer prekären Notunterkunft für obdach- und schutzsuchende Menschen und bildet den temporären Sitz des fiktiven Vereins »Das halbe Leid e.V.«. Innenarchitektur und Interieur wirken dabei derart ›authentisch‹, dass einige Zuschauer*innen es für möglich hielten, dass es sich hierbei wirklich um eine Notunterkunft handelte.[185] In der gemeinsamen Probenzeit wurde sich ausführlich mit der Situation von Obdachlosen in Deutschland auseinandergesetzt (z. B. durch das gemeinsame Sichten von Dokumentationen zu dem Thema). Einige der Darsteller*innen, die Leidende verkörpern sollten, haben für ihre Figurenrecherche obdachlose Menschen in Hamburg aufgesucht, Gespräche über ihren Alltag geführt oder sogar ein paar Nächte mit ihnen auf der Straße verbracht.[186]

*Das halbe Leid* ist die theatrale Realisierung eines Mikrokosmos, in dem das prekäre Leben von Menschen, die »am Rande der Gesellschaft«[187] leben, von Performer*innen und Darsteller*innen im Modus einer Wirklichkeitssimulation (re-)präsentiert wird. Diese geht mit der Darstellung eines prekären, sozialen Milieus einher, welches von Armut, Missbrauch, Prostitution, Drogenkriminalität, Alkoholismus und körperlicher wie psychischer Gewalt geprägt ist. Der Einsatz von olfaktorischen Stimuli wie dem allgegenwärtigen Geruch von Bier, Zigaretten und Schweiß im Rahmen von Bleakness dient dabei als »Authentifizitäts-Markierer« (Köstler/el Gammal/Döring, 2015, S. 91) für den Wirklichkeitseffekt des repräsentierten Mikrokosmos. Das Gleiche gilt für den Umgang der Darsteller*innen mit dem Körpergeruch ihrer Figuren. Dass Wolfgang, wie in Miniatur 2 beschrieben, so beißend verlottert und ungewaschen riecht, dient der Plausibilisierung seiner Figur und dem repräsentierten Milieu. Insofern erfüllt das Olfaktorische hier eine illustrative Funktion.

Da Signa Köstler die Figuren lediglich in einer groben Form vorab skriptet, die weitere Entwicklung aber den Darsteller*innen überlässt, ergeben sich ganz verschiedene Weisen und Techniken der Figurenverkörperungen. So wird z. B. Pamela, meine Mentorin bei der zweiten Teilnahme am Kursangebot von »Das halbe Leid e.V.« von Sonja Pikart dezidiert als Kunstfigur entwickelt und verkörpert. Auch sie ist wie Susi ganz in Pink- und Rosétönen gekleidet und trägt immer eine Puppe mit sich, die sie auf ihre Körpermitte presst, weil sie glaubt, ein Loch im Körper zu haben, welches damit abgedeckt werden könne. Sie ist seit ihrer Kindheit traumatisiert und leidet unter diversen Angststörungen. Pikart verkörpert Pamela mit einer Reihe von Ticks: Aus Nervosität knibbelt sie stets am Fuß der Puppe herum, der schon ganz porös ist und abzubrechen droht. Ihre Anspannung zeigt sich in den permanent hochgezogenen Schultern und ihrer Körperhaltung. Bewegt man sich mit Pamela durch den Raum, wirkt sie stets hektisch und lanciert wirre Blicke in alle Richtungen, weil sie der Überzeugung ist, dass der Verein alle überwache. Ihre Figur ist eindeutig überzeichnet, aber keine klischierte Darstellung einer obdachlosen, verlotterten und übel riechenden jungen Frau.

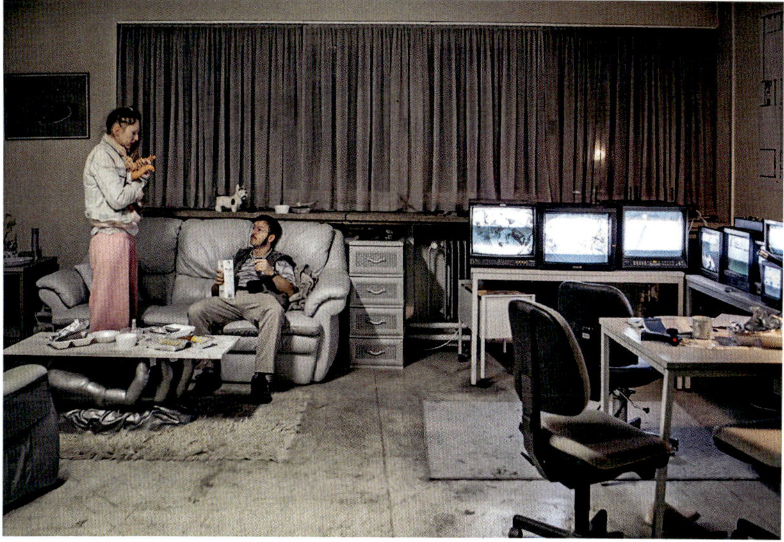

Pamela (Sonja Pikart, links) mit Überwachungs-Patrick (Dominik Klingberg, rechts) in SIGNAs *Das halbe Leid*, Foto: Erich Goldmann

Die Darsteller*innen von Wolfgang und Susi stehen neben zahlreichen anderen Akteur*innen, die im Ensemble von *Das halbe Leid* Leidende verkörpern, für eine andere Weise der schauspielerischen Handhabe ihrer Figurenentwicklung und -verkörperung. Ich würde behaupten, dass sie sich weniger an der Imagination einer Kunstfigur als vielmehr an der Nachahmung einer ›echten‹ Person aus der repräsentierten Lebenswelt orientieren. Und dazu gehört, dass sie sich auch mittels Modellierung ihres eigenen Körpergeruchs in ihre Figuren einleben, dass sie ihren phänomenologischen Darsteller*innen-Leib so zu verändern bereit sind, dass er im Idealfall mit dem semiotischen Körper ihrer Figur zusammenfällt. Im Fall von Wolfgang haben wir es mit einem visuellen und olfaktorischen Stereotyp[188] eines verwahrlosten, übel riechenden Menschen zu tun, der aus der »Mitte der Gesellschaft«[189] und all ihren Hygieneregeln und Geruchsnormen herausgefallen zu sein scheint. Man könnte nun argumentieren, dass es hier gerade die Wahl eines Stereotyps ist, die der Überzeichnung dient.

Das Problem eines solchen Einsatzes von Geruchsdesign in Form von modifizierten, zur Figur ›passenden‹ Körpergerüchen ist dabei allerdings auch die Reproduktion von bestimmten (klassenspezifischen) Stereotypen: »[...] aromas are often used effectively to telegraph a stereotype of class or nationality or ethnicity [...]. [T]he aroma contributes [...] to a condensed, culturally embedded association of those cultural sites instantly recognizable to that particular audience« (Banes, 2007, S. 34). Dass es nicht nur bei einer visuell wahrnehmbaren Verkörperung bleibt, sondern Figuren wie Susi und Wolfgang auch buchstäblich olfaktorisch in Erscheinung treten, zeitigt auf der Ebene der Publikumsinvolvierung sowohl affektive wie auch semiotische Effekte. Denn Geruch ist, wie die Kultur- und Sozialanthropologin Bettina Beer ausführt, nicht zuletzt auch eine sinnliche »Qualität, die für die Bewertung von Unterschieden eine große Rolle spielt« (Beer, 2000a, S. 208). Im multisensorischen Kontext des fiktionalen Vereins »Das halbe Leid e.V.« kann der übel riechende Geruch von Schweiß, Zigaretten, Bier und ungewaschener, gegebenenfalls sogar uringenässter Kleidung, der von Leidenden wie Wolfgang oder auch Keller-Reini (Arthur Köstler) ausgeht, als stereotypisierter, olfaktorischer Code für die Repräsentation einer spezifischen sozialen Klasse gelesen werden.[190] Er evoziert aufgrund seiner Intensität auf einer affektiv-sinnlichen Ebene zugleich eine unmittelbare körperliche Reaktion wie z. B. eine sofortige physische Distanznahme oder Empfindungen von Ekel. Der gezielt modifizierte Körpergeruch von Leidenden wie Wolfgang zur olfaktorischen Illustrierung eines bestimmten (Geruchs-)Bildes von Obdachlosigkeit wird hier – mit Beer – also zugleich zum Differenzkriterium, das einen Unterschied zwischen Leidenden und Mitleidenden sowie zwischen Leidenden und Kursist*innen her- und ausstellt. Auch die eher positiv besetzten Düfte, die von Susi ausgehen, wie ihr Parfum, das Himbeer-Haarspray oder der Lidschatten sind bewusst so gewählt, dass sie dezidiert als ›billige‹ Düfte wahrgenommen und dekodiert werden können.[191]

Die Trennung des Publikums nach Geschlecht – binär nach männlich oder weiblich unterschieden[192] –, welche in *Das halbe Leid* gleich zu Beginn durch die Wahl der gleichgeschlechtlichen Mentor*innen im jeweiligen Schlafsaal der Frauen oder Männer abgehalten wird, führt zudem dazu, dass ich als Zuschauerin zunächst primär mit den weiblichen Leidenden in Kontakt komme. Und tatsächlich muss ich später feststellen, dass ein deutliches Geruchsgefälle zwischen dem Schlafsaal der Männer und dem der Frauen besteht. Dadurch wird neben dem oben genannten Stereotyp eines latent ungewaschen riechenden Mitglieds »vom Rand der Gesellschaft« überdies auch noch eine im westlichen Kontext von Gerüchen geprägte Gendervorstellung zementiert, nach der Frauen als »perfumed sex« tendenziell besser riechen bzw. zu riechen haben als Männer (vgl. Beer, 2000b, S. 220; Claasen/Howes/Synnott, 1994, S. 162).

Es zeigt sich hier, dass das Geruchsdesign von *Das halbe Leid* auf einer illustrierenden und damit die Fiktion ›authentifizierenden‹ Ebene als Bestandteil des immersiven Aufführungsdispositivs gezielt eingesetzt wird, um eine Differenz zwischen repräsentierter Lebenswelt der Leidenden und der Welt der Zuschauer*innen olfaktorisch zu markieren. Die olfaktorische Ebene der Publikumsinvolvierung fungiert dabei nicht nur als atmosphärische oder affektive Stimulierung, sondern erfüllt im repräsentierten Mikrokosmos auch eine semiotische Funktion, die vom Publikum im oben ausgeführten Sinne dekodiert werden kann (aber nicht muss).

Eine weitere Funktion des Geruchsdesigns bei SIGNA hängt mit der genuinen Eigenschaft von Geruch bzw. dem Geruchssinn zusammen, Auslöser von Erinnerungen und damit verbundenen Emotionen zu sein. Die Miniaturen legen Zeugnis davon ab, welche Assoziationen und Erinnerungen die jeweiligen Gerüche bei mir ausgelöst haben. Sie sind abhängig von meiner Sozialisation, meinen Erlebnissen und affektiven Dispositionen. In situ können diese von der olfaktorischen Involvierung ausgelösten Erinnerungen und Emotionen dazu führen, dass sich meine Weise des Zu-Gast-Seins in der repräsentierten Lebenswelt verändert und meine Handlungen und Haltungen davon beeinflusst werden. Der Akt des Schminkens durch Susi hat im Verbund mit den Gerüchen von Lidschatten, Rouge und Haarspray bei mir als Frau, die im Alltag meist nur dezent oder ungeschminkt auftritt, eine Erinnerung an Theater und Maske geweckt. Eine konkrete Erinnerung, die für eine Produktion wie *Das halbe Leid* äußerst kontraproduktiv ist, da es in der SIGNA-Logik immer prioritär darum geht, die Sphäre des Theaters mit allen Mitteln zugunsten der fiktionalisierten Lebenswelt auszublenden.[193] Gleichzeitig hat die positiv besetzte Erinnerung bei mir dazu geführt, dass ich mich in situ einmal mehr ganz bewusst dazu entschieden habe, mich auf die Aufführung und den Modus der geteilten Wirklichkeitssimulation mit ihren Fiktionalisierungsstrategien einzulassen.

Im Gegensatz zu meiner eindeutig negativ besetzten, olfaktorischen Wahrnehmung von Wolfgang war mir der Körpergeruch von Susi zu keinem Zeitpunkt unangenehm, im Gegenteil, er war mir sogar auf eine merkwürdige Weise vertraut. In Kombination mit Susis oder Evis Humor (denn das war für mich nicht immer zu unterscheiden), der mich mehrmals in minutenlange Lachanfälle manövriert hat, sowie zwei, drei Reaktionen, durch die Evi als die Aufführung kommentierende Privatperson durchschimmerte, hat sich eine Sympathie mit meiner Mentorin hergestellt, die mehr mit einer affektiven, zwischenmenschlichen Ebene zu tun hatte als mit der narrativen Ebene ihrer Figurenbiografie und ihres Schicksals, in das ich mich qua Inszenierungsrahmen für zwölf Stunden einzufühlen hatte. Dass ich mich dann in einer nächtlichen Therapiesitzung, in der Susi von dem die Sitzung leitenden Mitleidenden Serkan (Raphael Souza Sá) schlecht behandelt wurde, aktiv für sie eingesetzt und Serkan damit massiv gegen mich aufgebracht habe[194], lag schlicht daran, dass sie mir über die bereits verbrachten Stunden vertraut geworden war, nicht jedoch daran, dass ich mich in ihre narrativ vermittelte Leidensgeschichte eingefühlt hätte. Der Körpergeruch bzw. die Tatsache, ob man jemanden »gut riechen kann«, ist in *Das halbe Leid* ein entscheidendes Kriterium für das Ausbilden von Sym- oder Antipathie gegenüber den Mentor*innen und schafft damit eine wichtige affektive Basis für jenen »Identitätswechsel«, den der*die Zuschauende im Rahmen des fiktiven Kurses vollziehen soll und der darin besteht, sich in das Mentor*innen-Gegenüber, dem man optisch angeglichen wurde, einzufühlen.

Die bisherigen Ausführungen zeigen, dass die Wahrnehmung der Körpergerüche der Figuren/Darsteller*innen Zuschauer*innen zugleich auf der Ebene der fiktionalisierten Weltversion als auch auf der Ebene des geteilten Aufführungsgeschehens involviert. Das Besondere an der Rezeption von SIGNA-Aufführungen ist das beständige Überlappen und Ineinander-Wirken dieser beiden Ebenen. Bei mir sind es olfaktorisch evozierte Erinnerungen wie die ans Theater (über den Duft des Lidschattens), an die Kita-Küche von früher (über den Duft der Linsensuppe), das Nachtleben (über den Geruch von Zigaretten und Alkohol) oder auch die Altenpflege (über den Geruch von Urin), die meine Aufmerksamkeit kurzfristig vom fiktionalen Mikrokosmos abziehen, dann aber indirekt auf ihn zurückwirken, insofern durch die Erinnerungen eine affektiv grundierte Bindung zu Figuren oder Räumen hergestellt wird, die individuell ist und sich bei anderen Zuschauer*innen entsprechend gänzlich verschieden einstellen kann. Gerüche werden situativ zum Medium autobiografischer Erinnerungen und die Emotionen und Gefühle, die sich über die assoziierten Erinnerungen einstellen, haben wiederum einen Effekt auf das empfundene Weltverhältnis, welches sowohl die Wahrnehmungsebene der sozial-relational geteilten Aufführungssituationen als auch die vom Mikrokosmos repräsentierte Lebenswelt betrifft. Gerüche sind aber eben nicht nur Medium autobiografischer und damit individueller Erinnerungen, sondern auch Teil historisch variierender, kultureller Geruchsordnungen, die dafür sorgen, dass mit bestimmten Düften bestimmte Valorisierungen und damit auch bestimmte körperliche Relationierungen verbunden sind.

Während ich die Geruchswahrnehmungen der als weiblich gelesenen Figuren tendenziell eher als angenehm empfunden habe, spürte ich beim Geruch von Wolfgang, wie mein Körper sofort physischen Abstand einnehmen wollte, um dem Gestank zu entgehen. Ich spürte, wie meine Hände ihn nicht berühren wollten und mein ganzer Körper in Anspannung geriet; wie sich Ekel breitmachte und ich mich von seinem Geruch vereinnahmt fühlte. Und die Empfindungen von Ekel, die sich situativ aufgedrängt haben, blieben gewissermaßen an Wolfgang haften und für den Fortgang meines Besuchs bei *Das halbe Leid* mit ihm und seinem Körper verbunden, was dazu führte, dass ich mich fortan von ihm fernhielt und physische Distanz wahrte. Und sie übertrug sich bei mir sogar noch auf eine weitere männlich gelesene Leidenden-Figur, welche ich gezielt schnitt, um weitere Ekel-Empfindungen zu vermeiden. So habe ich meine Erfahrung mit Wolfgang auf eine andere Figur übertragen, der ich aufgrund des visuell ähnlichen Erscheinungsbildes auch einen ähnlichen Geruch unterstellte und damit die Möglichkeit einer Begegnung für mich ausschloss. Das Geruchserlebnis mit Wolfgang zeitigte bei mir den körperlichen Effekt einer Ab- und damit zugleich auch einer innerdiegetisch (wie auch ethisch) problematischen Ausgrenzung.

Affekttheoretisch betrachtet, hat sich hier ereignet, was Sara Ahmed am Beispiel des Ekels über das Prinzip der *stickiness* als einen Akt der kulturellen und sozial-relationalen Erzeugung von Emotionen begreift, bei dem Körper mit einer bestimmten affizierenden und zugleich valorisierten Qualität ›belegt‹ und verknüpft werden:

> Rather than using stickiness to describe an object's surface, we can think of stickiness as an effect of surfacing, *as an effect of histories of contact between bodies, objects, and signs.* To relate stickiness with historicity is not to say that some things and objects are not «sticky» in the present. Rather, it is to say that stickiness is an effect. That is, stickiness depends on histories of contact that have already impressed upon the surface of the object (Ahmed, 2014, S. 90, Hervorhebung i. O.).

In meinem Körpergedächtnis sind demnach Vorgeschichten mit Erfahrungen von Ekel als spezifische, sozial-relationale Kontaktereignisse (*histories of contact*) abgelegt, die nicht nur den Ausschlag dafür gaben, dass ich mich ad hoc distanzierte, sondern auch, dass ich das den Ekel auslösende Subjekt negativ bewertete (vgl. dazu auch Beer, 2000b, S. 215). Die Emotion *verbindet* in dieser Weise bestimmte Körper mit bestimmten Erfahrungswerten oder Vorannahmen, wie z. B., dass Wolfgangs Kleidung riecht, weil sie ungewaschen, durchgeschwitzt und dreckig ist und also bereits mit vielen anderen Dingen in Berührung kam, bevor ich mit ihr olfaktorisch in Beziehung trete (vgl. Ahmed, 2014, S. 88). Der Ekel, der hier geruchsbedingt ausgelöst wurde, reaktiviert eine »Verklebung« meiner Wahrnehmung von Wolfgang mit der unterstellten Assoziation von Dreck bzw. fehlender Hygiene und resultiert im Akt der körperlichen Distanznahme. Die affizierende und vereinnehmende Wirkmacht dieser *stickiness* lässt mich auch von anderen körperlich Abstand nehmen, von denen ich problematisch-pauschalisierend annehme, dass sie gegebenenfalls ebenso riechen und deshalb ähnliche Reaktionen in mir auslösen würden, die ich als negative Empfindungen vermeiden will. Sie manifestiert sich auch dann, wenn andere meine Geruchswahrnehmung und -bewertung teilen und affirmieren. Dies passierte bei meinem ersten Aufführungsbesuch im Nachgang der Essensausgabe. Susi schlug vor, dass wir unsere Suppe im Fernsehraum zusammen einnehmen. Cliff (Georg Bütow), ihr Freund, war bereits vor Ort, als wir ankamen, ebenso Wolfgang. Susi verwies Letzteren kurzerhand mit harschem Ton des Raumes. Und zwar mit der Begründung, dass er so stinke und dies in Kombination mit dem Abendessen für niemanden auszuhalten sei. Der Körpergeruch von Wolfgang und die potentiell damit verbundene Emotion des Ekels fungierten hier auf innerdiegetischer Ebene zugleich als Marker der Ausgrenzung und spielten der Eintragung einer Binnenhierarchie zwischen den Leidenden zu, an der ich mich mit meiner beobachtenden Teilnahme und ähnlich gelagerten Empfindung nolens volens beteiligte.

Hieran wird die vereinnahmende Dimension des Geruchsdesigns in *Das halbe Leid* deutlich. Denn die Wahrnehmung von Wolfgang und seinem (mir) unangenehmen Geruch hat dazu geführt, dass ich situativ nicht anders konnte, als mich von ihm zu entfernen, und überdies begann, meine aus der Begegnung resultierte affektive Dissonanz im Sinne der Ahmedschen *stickiness* auch auf andere Leidende zu übertragen. Die Vereinnahmung zeigt sich weiterführend auch darin, dass ich gleichsam eine typisch westliche Perspektive der kulturellen

Geruchsordnung und -bewertung ausagiert habe, die auf das 19. Jahrhundert zurückgeht, und darin besteht, natürliche Körpergerüche als unangenehm ab- und künstlich modifizierte Körpergerüche hingegen als angenehm aufzuwerten (vgl. Claasen/Howes/Synnott, 1994, S. 180). Ich realisierte ex post, dass ich in der Szene gleichsam selbst iterierend zur Aufführung gebracht habe, wie sozial-relationale Begegnungen von Geruchswahrnehmungen geprägt sind und wie sie Empfindungen von Sym- und Antipathie beeinflussen und zu Stigmatisierung und Ausgrenzung führen können. Zugleich habe ich es als höchst problematisch erlebt, dass der Auslöser der Ekelempfindungen nicht ein Objekt, sondern ein Mensch war, eine Beobachtung, die im Nachhinein auch Empfindungen von Scham und damit auch eine kritische Selbstreflexion in Gang zu setzen vermochte.

Pars pro toto habe ich durch die Wolfgang-Sequenz auch mein außertheatrales Verhältnis zu auf der Straße lebenden Menschen gespiegelt bekommen. Wie oft habe ich es in Berlin schon erlebt, dass mir in der Bahn oder auf der Straße hilfsbedürftige Menschen nahgekommen sind, um eine Spende zu erbitten, und es zuweilen der beißende Körpergeruch war, der mich von einer Gabe abgehalten hat. Es sind ebensolche eingespielten Verhaltensweisen, die Aufführungen von SIGNA seinen Zuschauer*innen durch die Teilnahme an sozialrelationalen und zugleich ästhetisch gerahmten Wirklichkeitssimulationen wie der in *Das halbe Leid* zu spiegeln und im besten Falle auch anzuregen vermögen, diese kritisch zu hinterfragen und gegebenenfalls auch zu transformieren.[195]

Auch auf der innerdiegetischen Ebene lässt sich hier von einer Dimension der Vereinnahmung sprechen, die durch die olfaktorische Involvierung ausgelöst wurde. Denn mit meinem Ausagieren von Ekel gegenüber Wolfgang, der zu einer Abwertung und körperlichen Distanznahme führte, affirmiere ich im Modus der Komplizenschaft die im Verein geltende Machtasymmetrie.[196] Der Mikrokosmos von »Das halbe Leid e.V.« ist schließlich durch eine klare Hierarchie zwischen Leidenden und Mitleidenden, aber auch von einer gewaltvoll durchgesetzten Rangordnung unter den Leidenden strukturell durchzogen. Anstatt, wie es der Kurs vorsieht, mit den besonders Verletzlichen am unteren Ende der Hierarchie zu sympathisieren und mich in sie einzufühlen, baue ich eher noch zusätzliche Distanz auf, bestätige damit die geltenden Machtverhältnisse und wirke affirmierend an der repräsentierten Errichtung einer sozialen (Klassen-)Grenze mit.

Wäre Wolfgang mein Mentor gewesen, so hätte ich mit meinem Verhalten gegen den zweiten »Leidsatz« verstoßen, der besagt:

»Ich ekle mich nicht vor dir.« Die fünf Leidsätze, die der Verein seinen Kursist*innen zu Beginn des Empathie-Workshops einmal mündlich und im mitzuführenden Kursheft zusätzlich schriftlich ausgibt, sind als Direktiven aus der Ich-Perspektive formuliert:

> 1. Ich trage deine Kleidung und deinen Namen. / 2. Ich ekle mich nicht vor dir. / 3. Ich darf dich nicht beurteilen. / 4. Ich versuche nicht, dir dein Leid wegzunehmen. / 5. Ich nehme teil an deinem Leid (zitiert aus dem Kursheft von *Das halbe Leid*).

Den Leidsätzen Folge zu leisten, gehört zu den obersten »Kurs- und Hausregeln«, welche ebenfalls in besagtem Kursheft fixiert sind. Wichtig ist, sich an dieser Stelle klarzumachen, dass SIGNA wie in all ihren Produktionen mit dem fiktiven Verein »Das halbe Leid e.V.« eine gesellschaftliche Institution porträtiert, die zwar überzeichnet ist, aber durchaus entlang von Vorbildern aus der Realität entworfen ist und für eine bestimmte Konstellation existierender, asymmetrischer Machtausübung steht. Wie Zuschauer*innen qua Teilnahme am fiktiven Empathie-Kurs zuweilen noch weiter vereinnahmt werden, soll im Folgenden am Beispiel der Inszenierungssequenz »Weinen mit Viola« aufgezeigt werden.

### 4.3.2 Zur Vereinnahmung mit-leidender Zuschauer*innen

1. *In pseudotherapeutischen Gesprächen werden die Leidenden dazu gebracht, ihre schlimmsten Ängste, ihre schamhaftesten Gedanken preiszugeben, sich demütigen und so näher an die Realität ihres Leids heranführen zu lassen. […] Für Dolores wird gebastelt, eine Hütte gebaut, in Aktivitäten wird versucht, ihre Präsenz heraufzubeschwören und ihr mit – notfalls durch Zwiebelsaft forcierten – Tränen eine Liebesgabe darzubringen […]* (Dickscheid, 2017).

2. *It's a little after midnight, and my mentor Lore (Sofie Ruffing) and I have joined a therapy session called «Crying with Viola». In the cloak room of the large, third-floor meeting room, Empathizer Viola (Saskia Kaufmann) explains the plan: she'll be taking us, six workshop participants and two Sufferers, through a meditation exercise meant to help us lower our barriers – a key step in the empathy process. She places a shot glass in the middle of the circle to collect our tears as an «offering» to Dolores, the goddess of suffering. Then, pulling a raw onion from her pocket she adds: «we have help in case*

*you don't manage.» […] At Viola's instruction, I close my eyes and listen to her slow, soothing voice: «Imagine a place you call home. What do you see? Maybe a corner you like to read in. Maybe a pet comes to greet you. How do you feel here? … Now wave goodbye to it all and walk out the door. You'll never return again. Gone, gone.» As far removed as the described situation is from my life, a lump forms in my throat almost immediately. The workshop has already got me feeling vulnerable and just the suggestion of losing my home makes my eyes start to prickle. A sudden sniffle to my side interrupts my self-indulgence. I cast a glance around and, in the dim light, I can make out tears rolling down the cheeks of some of the participants. Not Lore's, though. She's unsettlingly still now, eyes open and staring straight ahead. She remains that way as Viola narrates scene after scene of loss and regret. As the exercise draws to a close, Lore suddenly lets out a wail, bursting into messy, violent sobs. Viola casts her a look and makes a quick «shh!» before turning to collect the offerings from participants who now smile shyly as they maneuver the shot glass under their eyes.*[197]

3. *Es ist 1:00 Uhr. Gemeinsam mit meiner Mentorin Pamela (Sonja Pikart) begebe ich mich zur Ecke im Frauenschlafsaal, in der Lonnie (Signa Köstler) und Lore untergebracht sind. »Weinen mit Viola« steht an, dazu gibt es Kamillentee. Wir bilden einen Kreis zwischen zwei Doppelbetten, sitzen nah beieinander. In der ersten Runde bittet uns Mitleidende Viola Freund, Mitgründerin des Vereins, reihum einmal zu sagen, was uns am traurigsten gemacht hat. Mir fällt nicht so richtig was ein, sage deshalb, dass ich es traurig finde, dass Pamela so ein zuversichtlicher und positiver Mensch ist, es aber doch nicht schaffe, etwas an ihren Umständen zu ändern. Zuschauerin Eva*[198] *findet es sehr düster und beschreibt, dass alles hier so schwer und belastend sei und dass sie sich wie eingesperrt fühle. […] Im nächsten Schritt sollen wir uns alle gemeinsam dem Leid von Hase (Chiara Nicolaisen) zuwenden. Viola stellt sie als bemitleidenswertes Opfer dar, das in einen Streit mit einer anderen Leidenden geraten sei, in dessen Folge ihr die geliebten Hasenohren, mit denen sie immer herumläuft, mutwillig kaputt gemacht wurden. Lonnie mischt sich ein, fährt Viola an, dass sie sich nicht immer so um Hase kümmern soll, als sei sie ihr Kinderersatz. Es kommt zu einem Eklat zwischen den beiden, der die »Sitzung« torpediert. Pamela wird deshalb ärgerlich und sagt, dass sie die Aktivität dringend brauche, um schlafen zu können. Weil Viola wütend von dannen tappt, übernimmt Pamela die Aktivitätsleitung. Weil ihr die Zwiebeln fehlen, soll eine Minzdose den Zweck erfüllen. Reihum soll jede einmal kräftig daran riechen. Doch Tränen lassen sich auf diese Weise bei keiner von uns freisetzen.*[199]

4. *Viola, die Mitleidende, zertritt eine Zwiebel, hält sie sich vors Gesicht und atmet tief ein. Dann bittet sie Pamela, die Runde anzuleiten – sie schaffe das heute nicht. Pamela umklammert ihre Puppe und bittet uns, die Augen zu schließen. »Stellt euch euren liebsten Platz in eurer Wohnung vor«, beginnt sie. Sie gibt uns Zeit, wir sollen ihn genau ins Gedächtnis rufen. »Und jetzt stellt euch vor: Der Platz ist leer. Für immer.« Viola greift nach einem leeren Schnapsglas, lässt ihre Tränen hineinkullern und stellt es in die Mitte für die anderen. Pamela wiederholt die Übung, jetzt ist das liebste Erinnerungsstück dran. Ich denke an ein Foto meiner Oma und spüre einen Brocken in der Kehle. Als auch mein Freund verschwinden soll, wische ich Mascaratränen in die rosa Fleeceärmel […]* (Trautwein, 2018).

5. *Bei »Weinen mit Viola« hat niemand geweint, das hat nicht funktioniert. Ich habe da noch vom Leid Pamelas erfahren. Das war ja die Geschichte mit dem Vater, da war ich so … mmh, okay, das ist ganz schön verrückt, aber ich glaube, es war dann das Problem, dass es schon zu spät war, dass mir körperlich, also dass ich schon so angestrengt war, dass ich mich da nicht mehr wirklich reinfühlen konnte. Ich weiß nicht, ob's jetzt einfach ein doofer Tag war für mich, um ins Stück zu gehen. Ich war früh aufgestanden und war dann wirklich nur noch müde, gleichzeitig konnte man ja auch gar nicht schlafen, und hat dann halt mit den Aktivitäten weitergemacht.*[200]

Diese fünf unterschiedlichen Miniaturen oder Kommentare zur Szene »Weinen mit Viola« beschreiben die Involvierung von Zuschauer*innen in eine von mindestens 25 verschiedenen »Aktivitäten«, an denen SIGNA-Besucher*innen im Verlauf ihres zwölfstündigen Besuchs gemeinsam mit ihren Mentor*innen teilnehmen können. Weitere Aktivitäten sind z. B. »Körperschleusen«, bei der es darum geht, die Körperhaltung eines Leidenden anzunehmen und sich darüber somatisch einzufühlen; »Inferno«, das darin besteht, dass die Leidenden mehrere Minuten einem körperlichen Schmerz (wie mit nackten Knien und Gewichten auf einer gerillten Eisenstange auszuharren), den Kursist*innen noch verstärken sollen, indem sie so viele persönliche Fragen wie möglich stellen, um die Leidenden damit auch noch psychisch in einen schlechte(re)n Zustand zu versetzen, oder »Rückenwind«, eine Aktivität, die darauf abzielt, einem Leidenden seine negative Selbstwahrnehmung zu bestätigen.

Als Teilnehmer*in des Kurses hat man sich bestimmten, vom Verein vorgegebenen Regeln wie den bereits zitierten Leidsätzen unterzuordnen. Leidenden und Mitleidenden sind ebenfalls je fünf Leidsätze vorgeschrieben, nach welchen sie ihr Handeln im Verein auszurichten haben. »1. Ich lasse mein Leid geschehen. 2. Mein Leid ist groß und immer bei mir. 3. Was du nur ahnst, sehe ich die ganze Zeit. 4. Willst du mein Leid sehen, musst du bei mir sein. 5. Ich teile mein Leid mit dir« (vgl. Kursheft *Das halbe Leid*). So lauten die Maximen für die Leidenden, welchen im Kursgefüge die Aufgabe zukommt, Mentor*innen für die zahlenden Kursteilnehmer*innen zu sein. Innerhalb der Diegese erhalten sie im Gegenzug vom Verein zehn Euro Aufwandsentschädigung pro Tag, Wertmarken (z. B. für eine Mahlzeit oder zwanzig Minuten Computerspielen) sowie, wenn sie den »Kursisten des Tages« hervorbringen, die Chance auf den Gewinn einer All-Inclusive-Urlaubswoche zu zweit an der Mecklenburgischen Seenplatte. Der fiktive Verein ist klar hierarchisch strukturiert. Leidende sind den Mitleidenden untergeordnet. Bei besonders vorbildlichem Verhalten haben die Leidenden allerdings die Möglichkeit, zu »Mitleidenden auf Probe« aufzusteigen und stärker in das Kursleitungssystem eingebunden zu werden. Da die Zuschauer*innen nach der Begrüßungsrunde durch den Observationsraum von Überwachungs-Patrick (Dominik Klingberg) hindurch müssen, um zu den Schlafsälen zu gelangen, wird von Beginn an deutlich, dass der Verein seine Regeln mittels überwachender Kontrolle und Sanktionierungen durchsetzt und dass dies auch Zuschauer*innen zu spüren bekommen können, wenn sie nicht Folge leisten.

Die grundlegende Richtschnur, nach welcher der Verein seine Aktivitäten ausrichtet, basiert dezidiert nicht auf der Erzeugung von Mitleid, sondern auf Akten des *Mit-Leidens*. Der fiktive Verein »Das halbe Leid e.V.« kolportiert entgegen seines Namens ein Programm, das vorsieht, sich über das Prinzip des »Identitätswechsels« in einen Leidenden »vom Rand der Gesellschaft« einzufühlen, indem man sich ihm*ihr visuell angleicht, Teile der Lebensgeschichte erzählt bekommt und gemeinsam an Kurseinheiten teilnimmt, in deren Zentrum stets sein*ihr jeweiliges Leid steht, das gerade nicht minimiert, sondern anerkannt werden soll. Serkan (Raphael Souza Sá), einer der wenigen Mitleidenden auf Probe, formulierte es während meines ersten Aufführungsbesuchs im Rahmen der Aktivität »Inferno« wie folgt: »Du musst den Schmerz [selbst] empfinden, um ihn zu verstehen. Es ist wie Sex: Man muss die Erfahrung selbst machen, sonst weiß man nicht, wie es ist.« An die Stelle einer bloßen Vorstellung solle eine körperliche Erfahrung treten, anstatt um die Fähigkeit des Einfühlens geht es dem Verein also um die Kraft des aktiven Nach- bzw. Selbstfühlens.

Wie häufig bei SIGNA-Inszenierungen ist der der Aufführung von *Das halbe Leid* zugrunde liegenden Fiktion narrativ ein mythologisches

Element beigegeben, das der eingerichteten Wirklichkeitssimulation einen innerdiegetischen, die Glaubwürdigkeit der Fiktion destabilisierenden Verfremdungseffekt verleiht. So huldigt man im Verein »Das halbe Leid e.V.« der Göttin des Schmerzes mit dem sprechenden Namen Dolores (vom Lateinischen »dolor«, dt. »Schmerz«, »Leid«). In der Halle gibt es außerhalb von Schlaf- und Therapietrakt eine aus Kleidung und Lumpen zusammengehaltene zeltartige Hütte, die für die Opfergaben an Dolores eingerichtet wurde. Die Sequenz »Weinen mit Viola« knüpft an das Dolores-Narrativ explizit an, indem Viola ankündigt, dass sie die entstehenden Tränen als Opfergabe sammeln werde (vgl. Miniaturen 1, 2 und 4).

Das im Hinblick auf die olfaktorische Involvierung des Publikums entscheidende Moment dieser Szene besteht nun darin, dass eine von der Mitleidenden angestrebte Traurigkeit aller *künstlich provoziert* werden soll, indem der Geruch von Zwiebeln und der chemische Effekt, den dieser bei vielen Menschen auszulösen vermag, Körper von Kursist*innen und Leidenden gleichsam in die gewollte Stimmung versetzen soll. Unterstützt wird dieser Vorgang von einer Imaginationsübung, die vorsieht, sich etwas potentiell Schmerzvolles (wie den Verlust des eigenen Zuhauses, vgl. Miniatur 2) vorzustellen. Wie die Miniaturen bezeugen, läuft diese Szene stets unterschiedlich ab; nicht zuletzt, weil sie sich innerdiegetisch schlüssig aus den jeweiligen Stimmungen der je beteiligten Figuren heraus entwickelt. Bei dieser wie auch den anderen Aktivitäten handelt es sich um hochgradig situative und gruppendynamische Konstellationen, deren Verlauf maßgeblich von der Mitwirkung des Publikums abhängt. Ob und wie intensiv sich eine solche Szene ergibt, hängt von mehreren Faktoren ab: der Glaubwürdigkeit des vorgetragenen oder vorgestellten Leids (dasjenige von Hase ist, wie Miniatur 2 zeigt, offenbar nicht so gut geeignet wie eine Imagination), der Anzahl an Teilnehmer*innen, die sich ernsthaft darauf einlassen und versuchen, sich wirklich etwas Schmerzhaftes vorzustellen (da dies zu einer komplexen affektiven Gemengelage aus potentieller, emotionaler Ansteckung, sozialem Druck, die Szene nicht ›kaputtmachen‹ zu wollen, indem man nicht ›richtig‹ teilnimmt, oder tatsächlicher emotionaler Überforderung im Verbund mit fehlenden Auffangsystemen führen kann) sowie der Uhrzeit der Aktivität und der Energie, die man als teilnehmende*r Zuschauer*in zu diesem Zeitpunkt noch hat oder vielmehr nicht hat, wie Miniatur 5 zeigt.

Die Miniaturen legen dar, dass es teilnehmende Zuschauerinnen gab, bei denen die Szene in ihrer Konstellation tatsächlich dazu geführt hat, gezielt Emotionen auszulösen (vgl. Miniaturen 2 und 4). Es wird zweimal beschrieben, wie sich der Eindruck einstellte, dass sich ihnen die Kehle zuschnüre. In beiden Fällen haben sich die Zuschauerinnen darauf eingelassen, sich situativ ein Vorstellungsbild zu machen, das aus der eigenen privaten Lebenswelt stammt und dazu führte, sie in jene emotionale Stimmung zu versetzen, die Viola eingefordert hat. Dies ist in mehrfacher Hinsicht bezeichnend: zum einen, weil es bei beiden Zuschauerinnen situativ nicht das Leid einer Leidenden war, in das sie sich eingefühlt haben, sondern ein leidbehaftetes Empfinden, das sie mit Rekurs auf ihre eigene Lebens- und Erfahrungswelt zu erzeugen vermochten. Denn es bleibt in ihren Ausführungen offen, ob sie diese Empfindungen – bezüglich eines vorgestellten Verlusts des eigenen Zuhauses oder einer geliebten Person, welche zu solcher Art einschneidender Ereignisse gehören, wie sie all die Leidenden in ihren fiktionalisierten Biografien vorzuweisen haben – anschließend auf das Leid der Leidenden übertragen haben oder sie nicht vielmehr bei den eigenen selbstbezogenen Assoziationen verblieben, was den Vereinsregeln widersprechen würde. Zum anderen führt diese Form der Zuschauer*innen-Involvierung durch unvoreingenommenes, emotionales Sich-Einlassen auf eine unbekannte Situation innerdiegetisch dazu, dass man der Logik des Vereins gehorcht und Gefühle des Leid(en)s nicht teilt oder minimiert, sondern zuvorderst bei sich selbst *produziert*. Und dies geschieht gleichsam auf dem Wege von der Simulation (über die Zwiebel) hin zur tatsächlichen körperlichen Reaktion (dem Empfinden einer zugeschnürten Kehle und kullernden Tränen), wobei die Tränen erst von einem Reiz ausgelöst werden, um dann, angereichert durch das Vorstellungsvermögen, für die anderen Anwesenden zu Zeichen tatsächlich empfundener Traurigkeit zu werden – und als solche dann auch zur Opfergabe an Dolores zu ›taugen‹.

Zuschauer*innen, die sich in einer solchen Szene emotional einlassen, werden nicht nur intensiv, weil hochgradig affizierend, in das situative Aufführungsgeschehen involviert, sondern nehmen auch aktiv an der innerdiegetischen Fiktion teil und bringen damit die Wirklichkeitssimulation mit hervor. Das Brisante an dieser Strategie der Zuschauer*innen-Involvierung durch das immersive Dispositiv – wenn sie denn so wie in Miniaturen 2 und 4 beschrieben abläuft – ist, dass die Zuschauer*innen dabei zugleich innerdiegetisch vom System des Vereins vereinnahmt werden, da sie mit ihrer aktiven Teilnahme, also dem gezielten Erzeugen einer spezifischen Emotion und/oder leidbehafteten Stimmung an den von Beginn an als äußerst ambivalent dargestellten Methoden des fiktiven Vereins partizipieren. Und wie bereits angedeutet, geht es diesem Verein nicht um das Minimieren von Leid. Es geht den Mitleidenden nicht darum, die psychische Situation der Leidenden, die bei ihnen Unterschlupf gefunden haben, zu verbessern, sondern im Gegenteil wird ihr Leid durch das Kursangebot für eine interessierte Öffentlichkeit aus der »Mitte der Gesellschaft« zum Kursmaterial, das vorsieht, dass sie ihr Leid immer wieder aufs Neue, für jede*n neue*n Kursist*in *reenacten*. Denn ihr Leid ist das, womit der Verein innerdiegetisch sein Geld verdient. Er nutzt die soziale Situation der Ärmsten und Abhängigsten aus und bereichert sich auf ihre Kosten. Zuschauer*innen werden mit ihrem Aufführungsbesuch und der innerdiegetischen Teilnahme als Kursist*innen also von Beginn an von diesem System vereinnahmt, insofern sie qua Regelwerk, Therapiemethoden, szenischem Gefüge und Mentor*innen-Nähe in dieses eingelassen werden. Und es ist fraglich, ob alle Zuschauer*innen – zumal wenn sie die Aufführung nur einmal besuchen – diese Vereinnahmung durch den Verein auch reflektieren.

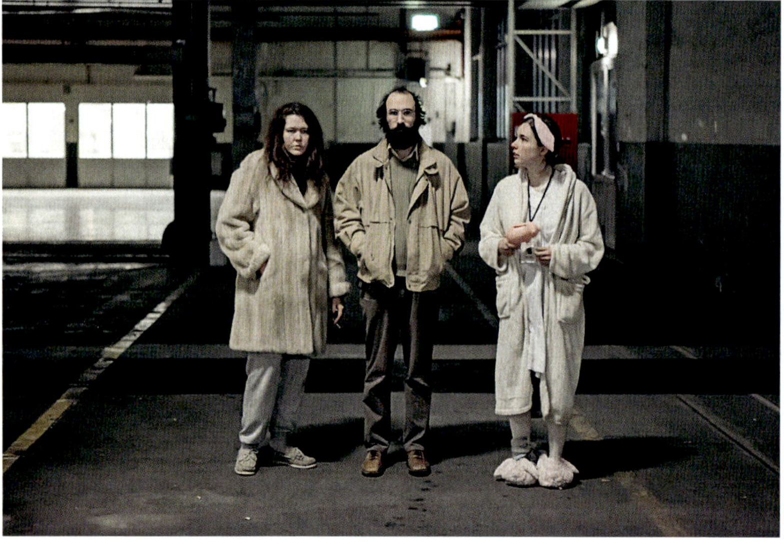

Die Leitenden des Vereins »Das halbe Leid«, Ehepaar Viola (Saskia Kaufmann, links) und Peter (Julian Sark, mittig) mit dem sprechenden Namen »Freund«, mit ihrer Ziehtochter »Hase« (Chiara Nicolaisen, rechts), Foto: Erich Goldmann

Empathie-Empfindungen, auf welche konkrete Weise sie situativ auch ausgelöst wurden, sind im Kurs-Setting von »Das halbe Leid e.V.« dasjenige gesellschaftlich positiv valorisierte Gut, das es für die innerdiegetisch antretenden Teilnehmenden zu steigern gelte, um sich dadurch selbst besser zu fühlen. Denn »[w]ie die meisten menschlichen Fähigkeiten dient Empathie«, so Philosoph Fritz Breithaupt, »zunächst und vor allem demjenigen, der Empathie empfindet, und nicht dem, in den man sich einfühlt« (Breithaupt, 2017, S. 14). Das Setting in der fiktiven Institution ist für die Zuschauer*innen als Kursist*innen und nicht für die Leidenden eingerichtet.[201] Sie sind es, die innerdiegetisch vom aufgeführten ›Sozialspektakel‹ profitieren sollen. Hier treffen sich Verein und die Institution Theater: Denn auch das (bürgerliche) Theater richtet eine Repräsentation von Welt ein, in der Figuren agieren, in deren Schicksal sich Zuschauer*innen einfühlen sollen, um sich dabei gleichsam selbst zu besseren Menschen zu erziehen. Mit dieser normativen Schlagrichtung konzeptualisierte es zumindest Gotthold Ephraim Lessing für das Theater der Aufklärung mit seinem berühmten an Dramen wie *Nathan der Weise* und *Minna von Barnhelm* entwickelten Diktum, wonach der mitleidigste Mensch zugleich auch der beste Mensch sei (vgl. Lessing, 1987, S. 120).[202] Im immersiven Theater – so könnte man hier einen metatheatralen Kommentar der Inszenierung vermuten – wird diese Idee, sich nur qua Vorstellungskraft und emotionalem Nach-Empfinden in eine andere Figur/Person einzufühlen, von Beginn an verworfen und durch eine gesamtleibliche, multisensorische und handlungsbezogene Teilhabe an der fiktionalisierten Lebenswelt einer anderen Person ersetzt.

Der bereits zitierte Fritz Breithaupt definiert Empathie in Abgrenzung von Mitleid als »Mit-Erleben«, was bedeute, »dass man in die (kognitive, emotionale und leibliche) Situation eines anderen Wesens transportiert w[e]rd[e]« (Breithaupt, 2017, S. 16) und »imaginär den Standpunkt des anderen einzunehmen und seine oder ihre Reaktion auf die Situation zu teilen [habe]« (ebd.). Und dieses immersive Mit-Erleben soll in *Das halbe Leid* möglich gemacht werden, indem gleich zu Beginn ein*e Zuschauer*in einem*r festen Mentor*in zugeordnet wird. Auf diese Weise sollen Zuschauer*innen die Lebenswelt des eingerichteten Mikrokosmos aus der Perspektive einer ausgewählten Person kennenlernen. In meinem Fall sollte ich mich bei meinem ersten Besuch also in die fiktionalisierte Lebenssituation einer 42-jährigen Frau aus Wilhelmshaven versetzen, die als Kind von ihrem Onkel missbraucht wurde, eine depressive Mutter hatte, die sie nicht vor ihrem gewalttätigen Vater beschützen konnte. Susis Leben war geprägt von Essstörungen, Alkohol, einer abgebrochenen Ausbildung, ihrer Arbeit als Escort-Dame, Aufenthalten in einer psychiatrischen Einrichtung und dem Verlust ihrer beiden Kinder, für die ihr aufgrund ihrer Lebenssituation das Sorgerecht entzogen wurde. Vermutlich durch ihren Kontakt zu Freund Cliff rückte Susi zudem immer mehr in ein soziales Umfeld hinein, das rechtsradikalem Gedankengut nahesteht. Lasse ich mich als Zuschauer*in auf das Experiment eines fiktionalisierten

»Identitätswechsels« ein – was die Inszenierung vorgibt –, bedeutet dies zugleich, mich von der Perspektive Susis temporär vereinnahmen zu lassen und zu versuchen, alles gleichsam durch ihre Augen zu sehen, Einsicht in ihre Gedanken und ihr Empfinden zu erhalten, um sie auf diese Weise besser verstehen und nachvollziehen zu können. Was auf der innerdiegetischen Ebene also eine Vereinnahmung im eher negativ konnotierten Sinne ist, erweist sich auf der Ebene der Aufführung durchaus als Chance. Zumal das Potential darin liegt, durch das körperliche, emotionale und handlungsbezogene Sich-Einlassen auf eine Figur, die eine Person repräsentiert, mit deren Lebenswelt man sonst im Alltag schlicht nicht in Berührung käme, seine eigenen, zuweilen festgefahrenen Wahrnehmungen, Reaktions- und Bewertungsweisen erweitern zu können (vgl. ebd., S. 206), um dann, wie es so viele Kritiker*innen von *Das halbe Leid* betonten, z. B. nach dem Aufführungsbesuch sein Verhalten gegenüber obdachlosen Menschen nicht nur zu überdenken, sondern auch zu verändern.

Die Analyse der olfaktorischen Publikumsinvolvierung in *Das halbe Leid* hat gezeigt, wie Gerüche Zuschauer*innen situativ einnehmen können. Sowohl im Falle von Susi als auch von Wolfgang hat die Wahrnehmung ihrer intensiven Körpergerüche dazu beigetragen, mich in die fiktionalisierte Lebenswelt zu involvieren. Vereinnahmende Wirkung zeitigten die Düfte allerdings zuvorderst auf der Ebene der Wirklichkeitssimulation. Sie affizierten mich unmittelbar und lösten in situ entweder eine bestimmte diffuse Empfindung (Sympathie bei Susi), eine distinkte Emotion, mit der eine körperliche Distanznahme einherging (Ekel bei Wolfgang), oder eine bestimmte biografisch bedingte Erinnerung (ans Theater) aus. Auf diese Weise beeinflussten sie situativ mein Reaktionsvermögen und nahmen sogar noch im Fortgang der Aufführung Einfluss auf bestimmte Szenen oder Situationen. Mit dieser Form der Vereinnahmung war aber zugleich auch eine Vereinnahmung zweiter Ordnung verbunden, insofern meine evaluativen Bezugnahmen in ihrer sozial-relationalen und damit transindividuellen Formierung als historisch und kulturell variable, eingeübte Weisen des Reagierens erfahrbar wurden. Als ich realisierte, dass die Geruchswahrnehmung Wolfgangs und die sich an ihn ›klebende‹ Emotion von Ekel zugleich auch Auswirkungen auf meine Beziehungsweise zu anderen Leidenden hat, stellten sich ob dieser Tatsache Schamgefühle ein, die mich ihrerseits dazu brachten, diese affektiven Dynamiken und ihre sozialen Konsequenzen zu reflektieren. In solch einem Moment kann Vereinnahmung eine Selbsterfahrung auslösen.

Die Prozesse der Vereinnahmung, zu denen es qua olfaktorisch-chemischem Trigger (Zwiebelduft) in der Sequenz »Weinen mit Viola« kam, waren wiederum solche, die Zuschauer*innen nicht zwingend selbst auffällig werden müssen. Denn was hier passierte, war, dass eine Situation, in der sich Zuschauer*innen emotional eingelassen haben, sich also freiwillig vereinnahmen ließen, um eine bestimmte Aktivität in der Wirklichkeitssimulation gemeinsam durchzuführen, auf der Ebene der Diegese als unfreiwillige Vereinnahmung deutbar wurde. Denn indem sich Zuschauer*innen darauf einlassen, eine körperliche Reaktion, die von einem chemischen Prozess ausgelöst wird, zum Ausgangspunkt einer Imaginationsübung zu machen, deren Ergebnis die Erzeugung von Schmerz und Traurigkeit ist, werden sie nolens volens von den Methoden des Vereins vereinnahmt, die davon ausgehen, dass Empathievermögen nicht über Mitleid oder Einfühlung, sondern nur über das eigene Mit-Leiden, über das eigenen Erleben selbstbezogenen Schmerzes gesteigert werden könne. Damit platziert die Produktion *Das halbe Leid* einen metatheatralen Kommentar zur Form immersiven Theaters, welche genau darauf zielt, Zuschauer*innen Situationen im Rahmen einer Wirklichkeitssimulationen selbst durchleben zu lassen, um nicht zuletzt die Komplexität sozialen Miteinanders erfahrbar zu machen.

## 4.4 Involvierung durch Handlungsanweisungen in SIGNAs *Das Heuvolk*

Im Folgenden möchte ich mich am Beispiel von SIGNAs *Das Heuvolk* einem Modus der Publikumsinvolvierung zuwenden, der für immersive, aber auch für andere partizipative Formen des Gegenwartstheaters von zentraler Bedeutung für das Aufführungserleben ist: die Involvierung der Zuschauenden in das Aufführungsgeschehen – und den Mikrokosmos im Fall von immersivem Theater – über konkrete Handlungsanweisungen.

Wie in Kapitel 2.1.2 ausgeführt, stehen immersive Theaterformen hinsichtlich der Aktivierung und Mobilisierung der Zuschauer*innen in der Tradition jener bis Anfang des 20. Jahrhunderts zurückreichenden Theaterexperimente, die darauf abzielten, das Verhältnis zwischen Publikum und Darsteller*innen dahingehend zu verändern, dass Zuschauer*innen aus ihrer vermeintlich passiven Rolle befreit und stärker am Geschehen beteiligt werden, sodass diese selbst zu Akteur*innen (vgl. Fischer-Lichte, 2006), zu Handelnden, würden.

Wenn man wie Jacques Rancière (vgl. Rancière, 2009, S. 11 – 34) oder Alexander Garcia Düttman (vgl. Düttmann, 2011) davon ausgeht, dass bereits der Vorgang des Zuschauens, Wahrnehmens, Imaginierens, bewussten Assoziierens und Verstehens als Handeln im Sinne einer leiblichen, »willentliche[n] und reflektierbare[n] Tätigkeit« (Gronau, 2014, S. 143) zu betrachten sei, dann wäre ein*e Theaterzuschauer*in immer auch schon handelnd und auf diese Weise aktiviert. Hinter einer solchen Auffassung verbirgt sich jedoch wiederum eine spezifische ›westliche‹, rationalistische Position, die in der Tradition einer erkenntnistheoretischen Privilegierung von Seh- und Hörsinn und vom Verstand geleiteten Erkenntnisprozessen steht. In dem Moment, in dem man Zuschauer*innen mobilisiert und ihnen die Möglichkeit gibt, ihre Körper im Raum frei zu bewegen, werden nicht nur zusätzliche Sinne angesprochen und damit andere Erkenntnisprozesse in Gang gesetzt, sondern es entsteht auch ein Möglichkeitsraum veränderter sozialer Kommunikation und Interaktion. Es sind gerade die affektiven Dynamiken sozialen Handelns (in einem ästhetisch abgesteckten Rahmen), die in immersiven Theaterformen das Herzstück des Aufführungsgeschehens bilden. Schließlich geht es in den ausgewählten Inszenierungen um gemeinsam hervorgebrachte Wirklichkeitssimulationen, die verschiedene, über Erzählereignisse initiierte und in eine Fiktion eingebettete Formen sozialen Handelns wie auch relationalen Aushandelns in Gang setzen. Innerdiegetisch sind Letztere eingelassen in ein Gefüge verschiedener, der fiktiven Institution entsprechender Regeln, Normen und Orientierungsweisen, zu eben welchen sich die involvierten Zuschauer*innen situativ zu verhalten haben – sei es durch Befolgen und Unterwerfen, sei es durch Subversion und/oder Widerstand.

Mit Barbara Gronau fasse ich unter Handlungen »alle Dimensionen körperlichen Tuns [der Zuschauer*innen] während der Aufführung« (ebd.) und möchte damit, wie in Kapitel 2 ausgeführt, Dynamiken von Zuschauer*innen-Partizipation im *starken* Sinne in den Blick nehmen. In immersiven Aufführungsformen sind Theaterzuschauer*innen aus ihrer konventionell eingeübten handlungsentlasteten Perspektive distanzierter Betrachtung befreit und erhalten eine *agency* zugesprochen, die beinhaltet, sich nicht nur frei durch die szenografierten Räume zu bewegen, sondern auch eigene Entscheidungen zu treffen. Anstelle einer genauen Beschreibung und Analyse desjenigen Handlungs*spektrums*, mit dem Zuschauer*innen in aktuellen partizipativen und immersiven Theaterformen konfrontiert sind, wie z. B. bei White 2013, überwiegt in der Forschung eine Kritik an

Zuschauer*innen-Partizipation (vgl. u. a. Alston, 2013; Frieze, 2016; Kup, 2019). Das liegt nicht zuletzt daran, dass der Handlungsbegriff theaterwissenschaftlich – jenseits eines Verständnisses von Handlung im Sinne von Plot, Fabel oder Narration in der Dramentheorie oder schauspieltheoretischen Überlegungen zu Handlungsweisen – für das Feld der Publikumsforschung noch kaum entwickelt ist (vgl. Gronau, 2014, S. 144). Wenngleich zum Handlungsspektrum von involvierten Zuschauer*innen in SIGNAs *Das Heuvolk* gehört, dass sie mobilisiert werden und sich frei im Gebäude oder sogar auf dem Gelände bewegen, stets entscheiden können, wann sie sich wie lange wo oder bei wem aufhalten möchten, und auch die Möglichkeit haben, proaktiv Gespräche mit den Figuren zu führen, fokussiere ich im Folgenden die Involvierung des Publikums durch explizite und implizite, von Menschen wie nicht-menschlichen Aktanten kommunizierte Handlungs*anweisungen*.

In einem ersten Schritt gilt es zusammenzutragen, welche Funktionen Handlungsanweisungen mit Blick auf die Zuschauer*innen-Involvierung sowohl produktionsästhetisch für die Organisation der Aufführung und die Einbeziehung der Zuschauer*innen in den Mikrokosmos als auch wirkungsästhetisch aufgrund des eingelassenen Oszillierens zwischen diesen beiden Ebenen haben. Über die handlungsbezogene Involvierung findet zugleich auf innerfiktionaler Ebene eine Form der Vereinnahmung statt, die im Fall von *Das Heuvolk* mit dem Begriff der Komplizenschaft näher beschrieben werden kann (4.4.1). Wie Zuschauer*innen durch ihr handlungsanweisungsbezogenes Mit-Wirken inner- wie außerfiktional im Sinne einer »kollektiven Subjektivierung« (Peter/Alkemeyer/Bröckling, 2018) vereinnahmt werden und diese selbst zum Gegenstand selbstreflexiver Aushandlung wird, soll im Anschluss entlang ausgewählter polyperspektivischer Zuschauer*innen-Erfahrungen in den Blick genommen werden. Dabei gehe ich von der These aus, dass *Das Heuvolk* im signifikanten Modus der Überlappung von fiktionaler und sozial-relational geteilter Aufführungsrealität bei den teilnehmenden und vereinnahmten Zuschauer*innen insbesondere Gefühle von Zugehörigkeit bzw. der Sehnsucht nach Zugehörigkeit produziert (4.4.2).

### 4.4.1 Funktionen und Wirkweisen von Handlungsanweisungen

Dramaturgisch betrachtet, verbirgt sich hinter der Involvierung des Publikums durch Handlungsanweisungen zuvorderst die produktionsästhetische Planung und Organisation des Publikums in den Räumen der Aufführung, seine Aufteilung und mögliche Lenkung. Extradiegetisch beginnt der Aufführungsbesuch bereits mit einigen Anweisungen, die den Zuschauer*innen während des gemeinsamen Bustransfers vom Nationaltheater Mannheim zum Spielort mitgeteilt werden. Sie umfassen u. a. das Verbot von Handynutzung während der Aufführung sowie die Ankündigungen, alle persönlichen Dinge an der Garderobe in einem separaten Gebäude abgeben zu müssen und um Mitternacht wieder gemeinsam abgeholt zu werden (da es keine Anbindung an die öffentlichen Verkehrsbetriebe gäbe). Auf dem Gelände angekommen, werden die Zuschauer*innen von Wilhelm (Arthur Köstler) sowie zwei vermummten zotteligen Heufiguren, die sich etwas abseits hinter den Bäumen verstecken, in Empfang genommen. Gemeinsam wird die Zuschauer*innen-Gruppe zum Spielort geführt, vor dem ein weiteres Empfangskomitee festlich, schwarz-weiß gekleideter Performer*innen versammelt ist.

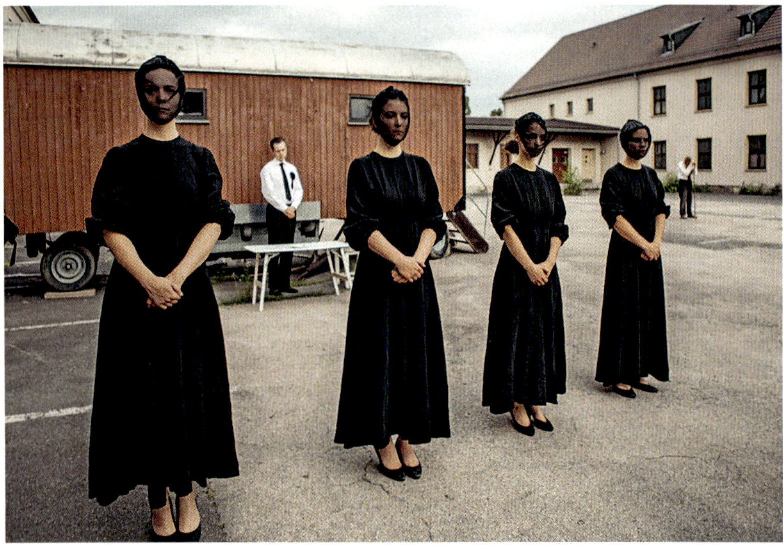

Ein kleiner Teil des Ensembles während der Einlasssequenz von SIGNAs *Das Heuvolk* auf dem Gelände des Benjamin-Franklin-Village Mannheim, Foto: Erich Goldmann

Die Himmelfahrer stehen Spalier, singen »Himmelsschiff, wir kommen!« und begrüßen eintreffende Zuschauer*innen mit direkten Blickkontakten. An der Schwelle des Gebäudes werden Zuschauer*innen auf die zwei eingerichteten Etagen verteilt, wobei stets versucht wird, Gäste, die sich zu kennen scheinen, sogleich voneinander zu trennen.

Die für alle Zuschauer*innen je erste Station dient der Einführung des Publikums in den fiktiven Mikrokosmos. Hier wird szenisch die Narration von Jake und seiner Gemeinschaft der Himmelfahrer, ihren Plänen und Zielen sowie ihren zentralen Glaubenssätzen vorgestellt (vgl. Kap. 2.3.3). Das Publikum wird mit einer Gemeinschaft vertraut gemacht, die ihren Alltag der »Fünf Säulen der Himmelfahrer« entsprechend eingerichtet hat, einem Bündel von »Weisungen«, die ihnen der verstorbene Gemeinschaftsgründer Jake Walcott mitgegeben habe. Diese Weisungen zum Glauben, zur Reinheit, zum Zusammensein untereinander, aber auch mit dem Heuvolk legen das soziale Miteinander fest und werden von allen Himmelfahrern verbindlich befolgt. Bei Nichtbefolgung warten entsprechende Strafen. Neben der Einführung in den Mikrokosmos und der damit verbundenen Fiktionalisierung von Zuschauer*innen als innerdiegetische Besucher*innen der »Tage des Zustroms« wird zugleich der Ablauf des Besuchs vorgestellt. Abends widmet sich die Himmelfahrer-Gemeinschaft stets ihrer rituellen Arbeit. Als Besucher*innen sind wir deshalb eingeladen, die insgesamt zehn Schreine, die Pearl Box als zentralen Ort der Reinigung sowie drei verschiedene »Schulen« zu besuchen, um die Gemeinschaft und ihre Praktiken kennenzulernen. Perspektivisch geht es innerdiegetisch darum, unter uns, dem Heuvolk, diejenigen wenigen ›Auserwählten‹ ausfindig zu machen, die sich gleichfalls berufen fühlen, Teil der Gemeinschaft zu werden.[203] Zur Beschreibung des Besuchsverlaufs gehört zuletzt auch noch ein weiteres Bündel an Regeln, die den Gästen mitgeteilt werden:

> Rauchen und die Verrichtung der Notdurft finden außerhalb des Hauses der Götter statt. Lautes Sprechen und Gelächter sind im und um das Haus herum verboten. / Das Benutzen von Mobiltelefonen gefährdet die zeremonielle Arbeit und stört den Empfang von Jakes Wellen. / Ansammlungen größerer Gruppen stören die zeremonielle Arbeit. Wenn eine Zeremonie begonnen hat, den Schrein nicht mehr betreten. [...] / Um ungefähr 23 Uhr verlassen wir alle gemeinsam das Haus der Götter, um in die Kapelle zu gehen.[204]

Nach etwa 15 bis 20 Minuten wird von den Performer*innen in ihren Figuren ein erster Raumwechsel initiiert, der sicherstellt, dass alle Zuschauer*innen einigermaßen gleichmäßig auf die Schreine verteilt werden, damit das SIGNA-Aufführungen bestimmende Verhältnis von zwei bis drei Zuschauer*innen auf eine*n Performende*n realisiert werden kann. In den Schreinen wird dann nach und nach mehr von der Gesamtnarration preisgegeben, indem die Figuren Fiktionswissen in ihre Erzählungen, die zumeist zwischen den verschiedenen Ritualen Raum finden, einfließen lassen. Mit jedem ersten Schreinbesuch wird zugleich die obligatorische Handlungsanweisung verbunden, beim Betreten die sogenannten Trickster, die sich in Gestalt von kleinen Clownspuppen wie auf kleinen Altären gebettet oberhalb der Türschwellen befinden, mit einem Gruß zu versehen. Innerdiegetisch sorgen sie für den reibungslosen Ablauf der Rituale, weshalb es wichtig sei, sie nicht zu verstimmen.

Im nächsten Schritt beginnt die Einbeziehung der Zuschauer*innen als fiktionalisierte Besucher*innen in die verschiedenen Zeremonien und Rituale, die in den Schreinen praktiziert werden und den innerdiegetischen Alltag der Himmelfahrer repräsentieren. Der vorgesehene Grad der Mitwirkung kann dabei von teilnehmender Beobachtung bis zu aktiver Teilnahme reichen. Das Tätigkeitsspektrum von Zuschauer*innen während der rituellen Praxis umfasst dabei von vorbereitenden Aufgaben wie der Reinigung von Geschirr oder Körperteilen der menschlichen Hüllen über das Ritual unterstützende Tätigkeiten wie dem Schlagen eines Rhythmus, dem chorischen Nachsprechen von Schwüren oder dem Trinken und anschließenden Ausspeien einer alkoholischen Flüssigkeit bis zur aktiven Ritualteilnahme durch eine eigene materielle oder immaterielle Opfergabe. Entscheidend ist hierbei, dass die Besucher*innen allen pro Schrein ausgegebenen Handlungsanweisungen Folge leisten. Eine Verweigerung hat den Ausschluss aus der Zeremonie sowie einen Raumverweis zur Folge.[205] Jenseits der Rituale, insbesondere in den drei »Schulen«, wurde ich bei meinen zwei Aufführungsbesuchen in weitere aktive Tätigkeiten wie das Basteln kleiner Heupüppchen und Komponieren und/oder gemeinsamen Singen eines Liedes einbezogen. Häufig kommen auch Handlungsanweisungen in Form von Botengängen vor, bei denen Performer*innen Zuschauer*innen bitten, etwas – zumeist handelt es sich um Speisen oder eine geheime Botschaft – an eine bestimmte Person in einem anderen Schrein zu übergeben, wodurch ein Raumwechsel für die Zuschauenden initiiert werden kann.

Die in die Aufführung integrierten Rituale erfüllen innerdiegetisch zwei Funktionen, die auch in der Ritualtheorie als charakteristisch herausgestellt werden:

> Rituale sind transformative Handlungen, die einem tradierten Muster folgen. [...] Einerseits tragen sie formale, regelhafte und

> repetitive Züge, durch die sie für den Einzelnen oder für eine Gruppe *stabilisierend und kohärenzstiftend* wirken. Andererseits können Rituale als kontingente und transgressive Ereignisse beschrieben werden, deren Funktion darin besteht, unterschiedliche Arten von *Grenzüberschreitungen* zu ermöglichen (Warstat, 2014, S. 297, Hervorhebungen TS).

Beide Funktionen – ihre die Gemeinschaft stabilisierende Wirkung einerseits und ihr Potenzial einer Initiation von Grenzüberschreitungen andererseits – finden sich auch in der fiktionalisierten Lebenswelt der Himmelfahrer wieder. So sorgen die regelmäßigen Rituale bzw. Zeremonien für die Strukturierung ihres Alltags, welche gerade nach dem Tod von Jake von zunehmender Wichtigkeit für den Erhalt der Gemeinschaft ist. Und die Zeremonien stellen für die einzelnen Figuren veritable Formen der Grenzüberschreitung dar, insofern sie für die Dauer der beschworenen Manifestation der Gottheit in einen tranceartigen Zustand geraten. Auf der Ebene der Publikumsinvolvierung zeitigt die Teilnahme an den Ritualen für Zuschauer*innen zunächst einen stabilisierenden Effekt, zumal der Aufführungsbesuch dadurch klar strukturiert ist und im Vergleich zu anderen SIGNA-Arbeiten von den Zuschauer*innen wenige proaktive Gesprächsimpulse erwartet werden. Betrachtet man die gesamte Aufführung als Ritual[206], dann lässt sich durchaus davon sprechen, dass auch Zuschauer*innen – und zwar nicht nur mit ihrer Teilnahme am Abschlussritual (vgl. Kap. 4.4.2) – eine Form temporärer Grenzüberschreitung erfahren können.

Es zeigt sich nach diesen ersten Beschreibungen des Ablaufs der Aufführung, dass die Publikumsinvolvierung durch Handlungsanweisungen in *Das Heuvolk* immer zugleich die Involvierung in das sozialrelationale Aufführungsgeschehen sowie die Involvierung in die repräsentierte, fiktionalisierte Lebenswelt der Himmelfahrer betrifft. Beide Ebenen sind auf diese Weise systematisch miteinander verknüpft und zudem in kommunizierte Regelwerke, Normen und Orientierungsweisen eingebettet. Regeln, die es pragmatisch braucht, um das Publikum bestmöglich durch die Räume und die inszenierte Weltversion zu lenken, werden, wie im oben genannten Zitat der ausgegebenen Regeln deutlich wird, in ihrer Begründung fiktionalisiert und innerdiegetisch durch einen Sprechakt, mit dem die Direktiven an die Besucher*innen weitergereicht werden, bekräftigt. Sich als Gast auf das Aufführungsgeschehen wie auch den Mikrokosmos einzulassen, bedeutet notwendigerweise, sich den ausgegebenen Regeln unterzuordnen.

Auch der Alltag in der fiktionalen Gemeinde ist streng reglementiert und erfolgt in routinierten Abläufen. Wir besuchen die Himmelfahrer am frühen Abend, wenn sich alle ihrer zeremoniellen Arbeit in den Schreinen widmen. Von weiteren gemeinsamen, streng getakteten Aktivitäten am Vormittag – morgendliche Traumdeutung, gegenseitige Rasur, Gymnastik oder Einzelreinigung in der Pearl Box – erfahren wir nur aus Berichten der Figuren. Die Rituale selbst sind in sich ebenfalls streng reglementiert und in ihrem Ablauf festgelegt: Ihnen muss eine Anfangsreinigung, eine kollektive Beschwörung der Trickster und eine Form von symbolischer Kreisziehung vorangehen. Es folgt das Aussprechen oder Singen der Anrufung an jenen Erdkerngott, der sich in der menschlichen Hülle manifestieren soll. Die wichtigste Phase ist das Eindringen des Gottes in und sein Aufenthalt im Körper der Figuren, die dabei zumeist in eine Form von Ekstase versetzt werden. Je nach variierender Dauer der ›Besetzung‹ des Gottes erfolgt dann die Auflösung des Kreises, die Endreinigung und ein obligatorischer Dank an die Trickster für den reibungslosen Ablauf. Dieser Ritualverlauf ist den Himmelfahrern, genau wie die Gesamtstruktur der Gemeinde und die bereits genannten »Weisungen« für das Zusammenleben, von ihrer Führungsfigur Jake vorgegeben worden und wird von ihnen in geschäftiger *Hörigkeit* befolgt. Fragt man einzelne Himmelfahrer nach Sinn und Zweck mancherlei Aktivität, rekurrieren sie stets auf Jakes Willen als letzterklärende Instanz. Da der Alltag der fiktionalen Himmelfahrer in erster Linie darin besteht, Rituale durchzuführen, lernen die Besucher*innen diese Lebenswelt schließlich auch am besten kennen, wenn sie an den Ritualen selbst teilnehmen. Es lässt sich festhalten, dass der fiktionale Mikrokosmos bei *Das Heuvolk* den Modus der Publikumsinvolvierung mitbestimmt. Handlungsanweisungen bilden dabei das zentrale Element der Einbeziehung des Publikums in das Aufführungsgeschehen wie auch in die Lebenswelt der fiktionalisierten Glaubensgemeinschaft.

Die verschiedenen Regeln lassen sich auch als Handlungsskripte verstehen, die die entsprechenden Handlungsoptionen und Handlungsspielräume von Figuren wie auch Zuschauer*innen mitbestimmen. Auch Teile der Szenografie, die Ausstattung der einzelnen Schreine mit ihren Tricksterstationen, altarähnlichen Konstellationen und Jake-Porträts, legen in *Das Heuvolk* Handlungsspielräume fest. Insbesondere den Requisiten, die während der Zeremonien zum Einsatz kommen, wohnen nicht nur Handlungsskripte im Sinne eines Wissens um ihre Benutzung, sondern auch Handlungsmacht inne (vgl. dazu Bennett, 2020, S. 22). Eine Betbank, ein Musikinstrument, eine

Feder, eine Waschschüssel, ein Schnapsglas, Kordeln oder kleine Püppchen – all diese Objekte werden im Sinne Latours Akteur-Netzwerk-Theorie zu Aktanten in einem Netzwerk, das handelnde Menschen und Dinge situativ miteinander ausbilden. Den Dingen kommt in der rituellen Praxis der Himmelfahrer Handlungsmacht zu und ihre Mit-Wirkung ist konstitutiv für das Gelingen der Zeremonien.[207] Im Gegensatz zu vielen anderen SIGNA-Arbeiten, in denen das Gespräch zwischen Zuschauer*innen und Performer*innen im Zentrum des szenischen Geschehens steht, überwiegt in *Das Heuvolk* ein gemeinsames, aktives Mit-Tun. Dies führt dazu, dass Zuschauer*innen im Aufführungsverlauf an sich beobachten können, wie sie Teil dieser innerdiegetisch mit bestimmter Bedeutung aufgeladenen Mensch-Ding-Konstellationen werden, z. B. indem sich das Grüßen der Trickster bei Betreten eines Schreins automatisiert und ganz selbstverständlich vollzogen wird.

Wenngleich diese Ausführungen zeigen, dass Besucher*innen von *Das Heuvolk* zwar grundsätzlich die Möglichkeit haben, sich selbstständig im Gebäude zu bewegen, zu entscheiden, wo sie wie lange bleiben und mitmachen oder mit wem sie ein Gespräch suchen, so zeigt sich doch, dass die handlungsanweisungsbezogene Involvierung der Zuschauer*innen, die in *Das Heuvolk* dominiert und zuvorderst über diverse inner- wie extradiegetisch geltende Regelkataloge in Gang gesetzt wird, dafür sorgt, Handlungsspielräume abzuzirkeln und eng zu halten. Zuschauer*innen müssen sich während ihres Besuchs dem rituellen Tun der Himmelfahrer und damit ihren reglementierten Abläufen unterordnen. Das dichte Netz an Regeln, expliziten Handlungsanweisungen und impliziten, den Dingen innewohnenden Handlungsskripten zielt auf eine vereinnahmende Wirkung bei den teilnehmenden Zuschauenden ab. Permanente Beschäftigung soll an die Stelle von Gesprächen treten und damit innerdiegetisch sicherstellen, dass nicht zu viele kritische Nachfragen gestellt werden und dass Himmelfahrern auch gar nicht erst widerfahren kann, zu viel von sich und der Gemeinschaft preiszugeben. Geschäftigkeit, Regeltreue und das Einfügen in eine vorgegebene, sinnstiftende Ordnung zeichnet die Himmelfahrer aus – und ebendiese Lebensform, die auf der machtvollen Vereinnahmung von Individuen zum Zwecke eines vermeintlich höheren Ziels basiert, gilt es, kennenzulernen, indem man selbst zum Subjekt ihrer vereinnehmenden Strukturen wird.

*Der Schrein der Göttin Maria Marena, alles in Weinrot und angenehm duftend. Hier befinden sich neben Davina (Marie S. Zwinzscher), der »Hülle«, auch die beiden Diener*innen Natalia (Agnieszka Salamon) und*

*Ahmad (Jaavar Sidi Aly). Nach meinem obligatorischen Trickstergruß nimmt sich Natalia meiner an. Eine zweite ältere Zuschauerin stößt noch dazu. Natalia erklärt uns, dass Maria Marena die Göttin des Leids sei, dass insbesondere Frauen viel Leid zu (er-)tragen hätten und fragt, ob wir bereit wären, einen Teil unseres Leides als Opfergabe für Maria Marena darzubringen. Die Zuschauerin antwortet auf die Frage, welches Leid sie in sich trage, dass ihr Mann vor dreieinhalb Jahren verstorben sei und dass sie das Leid lieber für sich behalten möchte, was Natalia anstandslos akzeptiert. Ich erkläre mich bereit, ein Leid von mir zu teilen. Dafür soll ich zunächst einen Schluck von einem hochprozentigen Schnaps nehmen und die Statue einer nackten Frau in der Mitte des Raumes anspeien. Dann soll ich mich auf den Boden setzen, auf den schweren Teppich an der Schwelle zu der zwei Stufen hohen Podesterie, auf der die nackte und komplett mit roter Körperfarbe bemalte Davina auf einer Chaiselongue liegt und etwas abwesend wirkt. Dann gibt mir Natalia noch mal einen Schluck einer roten, alkoholischen Flüssigkeit zu trinken – in dieser solle ich mein zu teilendes Leid bündeln und es anschließend in die Opferschale von Davina/Maria Marena spucken. Sie werde dann Kontakt mit mir aufnehmen und ich könne ihr – mit Worten oder still – mein Leid mitteilen. Mit dem beißenden Schluck Alkohol in meinem Mund versuche ich, gedanklich ein bestimmtes Leid zu fokussieren und es mir über die Erinnerung wieder präsent zu machen. Davina/Maria Marena beginnt nun, sich mit dem Oberkörper zu mir herabzubeugen, sie schaut mir tief in die Augen. Dann nimmt sie meine rechte Hand in ihre. Tatsächlich entsteht durch den geradezu hypnotischen Blickkontakt, die physische Nähe und den Gedanken an eine schmerzhafte Erinnerung ein sehr intensiver Moment, dem sich beide eine ganze Weile hingeben. Ich spüre, wie sich Davina/Marie eine Vorstellung eines schwerwiegenden Leids macht, davon ihrerseits ganz ergriffen wird, sich dann Stück für Stück im Schmerz zu verlieren scheint und schließlich von mir ablässt.*[208]

Anhand dieser Miniatur lässt sich zeigen, wie ich als Zuschauerin qua handlungsanweisungsbezogener Involvierung vor allem auf innerfiktionaler Ebene gleich zweifach vereinnahmt werde. Aus der Gast-Perspektive, aus der heraus ich die repräsentierte Lebenswelt der fiktiven Himmelfahrer erkunde, macht es einen durchaus freundlichen und offenen Eindruck, nicht nur als unbeteiligte Voyeurin durch die eingerichteten Privaträume wandeln zu müssen, sondern auch an den Ritualen der Gemeinschaft teilnehmen zu dürfen. Zugleich suggerieren die Mitglieder, dass man ihnen mit der Unterstützung bei der zeremoniellen Arbeit auch einen Dienst erweise.

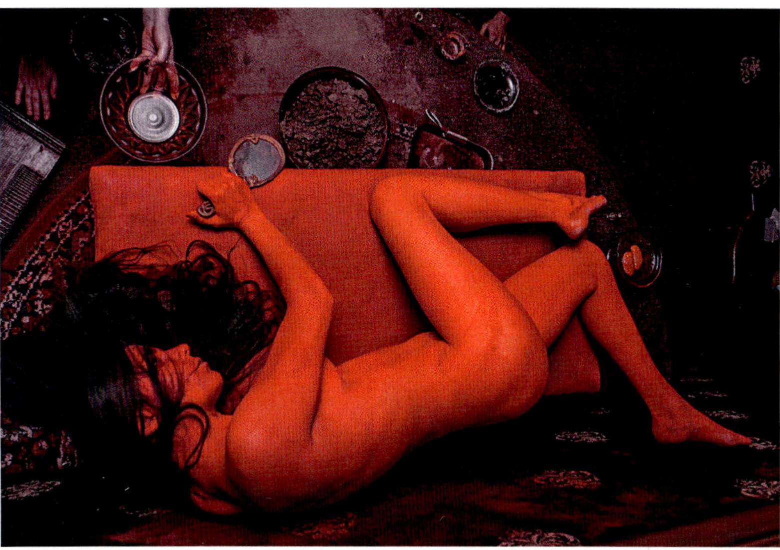

Marie S. Zwinzscher als von den täglichen Ritualen erschöpfte Davina, die sich als körperliche Hülle für die Erdkerngöttin Maria Marena opfert, Foto: Erich Goldmann

Die beschriebene Situation im Schrein von Maria Marena lebt zunächst von einer Wissensasymmetrie: Während die drei Performer*innen um die Handlungsskripte wissen, die mit ihrem Schrein und ihrer rituellen Praxis verbunden sind, sind wir beiden Zuschauer*innen weitestgehend unwissend. Was wir zu diesem Zeitpunkt lediglich erfahren haben, ist, dass in den Schreinen Rituale stattfinden, die darauf abzielen, die Erdkerngötter in menschliche Hüllen fahren zu lassen, um diese mit in die »Neue Welt« nehmen zu können. Nach Betreten des Schreins und dem bereits automatisierten Trickstergruß meinerseits werden ich und die kurz danach noch hinzustoßende Zuschauerin von Natalia an das bevorstehende Ritual herangeführt. Da ich entlang ihrer Ausführungen den Eindruck bekomme, dass das Stattfinden der Zeremonie von einem Freiwilligen aus unserer Reihe abhängt und meine Mit-Besucherin ablehnt, erkläre ich mich bereit. Schritt für Schritt befolge ich, was Natalia mir aufträgt, zu tun. Während der Zeremonie versucht mich Davina alias Maria Marena, mit Nähe, Körperkontakt und intensivem Blickkontakt in ihren Bann zu ziehen, sucht dabei meinen Ausdruck nach Zeichen eines vorgestellten Schmerzes ab. Ich lasse mich auf die Situation ein und versuche mich an ein Leid, das mir in meiner Kindheit widerfahren ist, so intensiv wie möglich zu erinnern, und dabei auch, die damit verbundenen, wieder aufkommenden Gefühle zuzulassen. Ich realisiere, wie Maria Marena darauf reagiert, wie sie sich von meiner Emotion anstecken lässt, wie sich Tränen in ihren Augen sammeln, sich ihr Körper verändert und sie selbst Medium einer verkörperten Schmerzempfindung wird, in der sie sich dann verliert. Wir befinden uns in dieser Szene für einen Augenblick in einem reziproken Verhältnis wechselseitiger Affizierung par excellence: Zunächst bezeugen wir (vor-)einander eine leidvolle Erfahrung und dann werden wir in körperlicher Nähe Zeuginnen unserer wechselseitigen Affizierung. Ich lasse mich hier *for the ritual's sake* auf eine Situation ein, die mich situativ und emotional komplett vereinnahmt. Zugleich werde ich mit dem Befolgen der Regeln und Anweisungen im Rahmen der aktiven Teilnahme an der Ritualhandlung ähnlich wie in *Das halbe Leid* (vgl. Kap. 4.3) zur Komplizin bei der gemeinsamen Erzeugung einer schmerzhaften Leid-Empfindung, die innerfiktional die Manifestierung der Göttin sicherstellt. Diese damit verbundene zweite Ebene der Vereinnahmung beginne ich allerdings erst verspätet, nach der bereits gemeinsam ausgeführten Ritualhandlung, zu realisieren.

Ausschlaggebend hierfür war insbesondere eine kurze Begegnung mit Ahmad nach dem Ritual. Er erwähnte mir gegenüber, dass Davina als eine der Einzigen in der Gemeinde schon fast komplett von Maria Marena eingenommen sei und dass er sie sehr vermisse. In einem anderen Schrein hatte ich zuvor erfahren, dass die Himmelfahrer, die als Hülle fungieren, davon erheblich physisch wie psychisch in buchstäbliche Mitleidenschaft gezogen würden und dass auch ihre kognitiven Kapazitäten davon nachhaltig angegriffen würden. Stück für Stück begreife ich, dass es sich bei den Zeremonien im Grunde um die Persönlichkeit gefährdende, ja um regelrecht zerstörerische Rituale handelt, bei denen Hüllen wie Davina nicht nur ihren Körper für die in sie fahrende Göttin, sondern auch ihre Persönlichkeit für die Zukunft der Gemeinschaft opfert. Und dies tut sie wie zahlreiche andere Mitglieder, die in den Schreinen als Hüllen fungieren, weil sie Jakes Weisungen und seinem propagierten Weltbild Glauben schenkt. Sie alle opfern sich für die Gemeinde und sind selbst ›Opfer‹ von Jakes autoritärer, einnehmender Struktur, mit der er für diese Konstellation ›anfällige‹ Menschen instrumentalisiert, zerstört und ausbeutet. Auf diese Weise betrachtet, treten die Himmelfahrer innerdiegetisch als *verkörperte Handlungs(an)weisungen* ihres spirituellen Führers Jake in Erscheinung. Sie haben Jakes Aufträge derart verinnerlich, dass sie bereit sind, sich dafür selbst aufs Spiel zu setzen. Und die an den Ritualen teilnehmenden Zuschauenden wirken daran innerfiktional im Modus (ver-)einnehmender Komplizenschaft mit, zumal sie diese Form der Gewalt und des Machtmissbrauchs durch Mitwirkung am Ritual nicht nur hinnehmen, sondern auch fortsetzen. Nicht zuletzt aus diesem Grund bietet sich zur Beschreibung eines solchen handlungsanweisungsbezogenen Involvierungsmodus der Begriff der *Komplizenschaft* im Sinne von »Mittäterschaft« an. Der*die Zuschauer*in macht sich hier innerfiktional mitschuldig, insofern er durch sein aktives Mit-Tun das hierarchisch formierte System stützt.

Während Gesa Ziemer, die das Konzept der Komplizenschaft in die Theaterwissenschaft eingeführt hat, mit dem Begriff zuvorderst eine Gemeinschaft von Künstler*innen im Blick hat, welche sich temporär durch den kollaborativen Einsatz bestimmter Taktiken herausbildet, um Kritik zu platzieren (vgl. Ziemer, 2013), adressiere ich mit Rekurs auf die Theaterwissenschaftlerin Liesbeth Thorlacius (und über sie hinaus) Komplizenschaft als einen, involvierte Zuschauer*innen betreffenden Modus von innerdiegetischer Vereinnahmung (vgl. Thorlacius, 2015, S. 93 – 96). Sich dieser gewahr zu werden, setzt voraus, sein eigenes Tun nicht nur im Kontext des Aufführungsgeschehens, sondern zusätzlich auch im Kontext der repräsentierten Lebenswelt zu reflektieren. Denn erst so lässt sich im Fall von *Das Heuvolk* erkennen und begreifen, dass ich als Zuschauerin mit meiner ›artigen‹ Teilnahme an Ritualen wie dem von Maria Marena innerfiktional zur Komplizin Jakes werde, insofern ich mit meinem Mit-Wirken unbeabsichtigt seine hierarchische Struktur stütze und (s)ein System machtvoller Manipulation perpetuiere. Qua meiner aktiven Ritualteilnahme werde ich innerfiktional von den Handlungs- und Beziehungsweisen eines Mikrokosmos vereinnahmt, in dem höriges Sich-an-die-Regeln-Halten als die verbindliche Norm und Richtschnur kollektiven Miteinanders gilt. Dafür, dass es zu dieser Form der Komplizenschaft als Vereinnahmung auf innerdiegetischer Ebene kommen kann, braucht es das aktive Mit-Tun der Zuschauer*innen, braucht es das Befolgen der Handlungsanweisungen.

### 4.4.2 Zur Erzeugung von Zuge*hörig*keit oder der Sehnsucht nach ihr

Zuschauer*innen lernen als fiktionalisierte Gäste an den »Tagen des Zustroms« die Lebenswelt der Gemeinschaft der Himmelfahrer kennen, indem sie für die Dauer von sechs Stunden an ihrem fiktiven Alltag beteiligt werden. Durch ihre aktive Teilnahme am Aufführungs- und damit auch am innerfiktionalen Ritualgeschehen und dem damit verbundenen Befolgen ausgegebener Handlungsanweisungen und -skripte haben die Zuschauer*innen – so die These – an Prozessen kollektiver Subjektivierung teil und werden von ebendieser zugleich selbst erfasst, sodass sie zum Gegenstand selbstreflexiver Auseinandersetzung werden kann.

Eine sanfte Form kollektiver Subjektivierung findet bereits auf der in Kapitel 4.4.1 beschriebenen außerfiktionalen Ebene der Aufführung, genauer auf der gemeinsamen Busfahrt zum Benjamin-Franklin-Village-Gelände, statt. Das Publikum trifft sich zum Zeitpunkt des terminierten Aufführungsbeginns vor dem Nationaltheater Mannheim an einer extra eingerichteten Busstation. Dort holt ein vom Theater gecharterter Busshuttle die sechzig Zuschauer*innen zu einer gut zwanzig Minuten dauernden Fahrt ins Mannheimer Käfertal ab. Die Fahrt ist noch nicht Teil der fiktiven Narration, aber doch auch schon Teil der Aufführung. Im Bus lassen sich erste Gespräche mit anderen Zuschauer*innen führen, hauptsächlich darüber, ob man das erste Mal bei SIGNA zu Gast ist oder nicht. Die Atmosphäre changiert zwischen vorfreudiger Klassenfahrtstimmung und Anspannung angesichts des Nicht-Wissens, wo es hingeht und was uns erwartet. Anders als in anderen SIGNA-Arbeiten sind hier alle Zuschauer*innen vor Betreten des Spielortes bereits miteinander versammelt und erleben sich (zumindest kurz) als Gruppe. Während man bei anderen SIGNA-Produktionen die Spielorte stets selbst aufsucht, wird man bei *Das Heuvolk* dieser Möglichkeit beraubt. Damit gerät man als Zuschauer*innen-Gruppe in die durchaus unangenehme Situation, der Aufführung ein Stück weit kollektiv ausgeliefert zu sein – zumal die Option, die Aufführung vorzeitig zu verlassen, aufgrund der Abgelegenheit und des notwendigen organisatorischen Aufwands für jede*n Einzelne*n geradezu verbaut oder zumindest in hohem Maß verkompliziert wird.

Auch auf der innerfiktionalen Ebene geht das *Framing* der Akteursgruppen mit einer kollektiven Subjektivierung einher. Auf der einen Seite sind die Himmelfahrer, die innerhalb der Gemeinde noch mal hierarchisiert sind, und auf der anderen Seite sind wir, das titelgebende »Heuvolk«. Während der Aufführung erfolgt mehrfach seitens der Himmelfahrer die im Hollingschen Sinne »theatrale Interpellation«, die uns Zuschauer*innen in die Subjektposition versetzt, Heuvolk und damit innerdiegetisch eine »gefährdete« Spezies angesichts des nahenden Weltendes (»Ihr werdet brennen!«) zu sein. Gleichzeitig wird suggeriert, dass sich unter uns sowohl erhoffte »Auserwählte« als auch potentielle Feinde befänden:

> Jake hat von euch geträumt und uns gesagt, dass einige von euch bei uns bleiben werden und mit in die neue Welt kommen. Aber

> er hat uns auch gewarnt, dass es unter euch Feinde gibt [...]. Ob ihr das eine seid oder das andere seid, können wir noch nicht wissen und ihr selber auch nicht. [...] Heute Nacht werden wir wissen, wer ihr seid.[209]

Auf diese Weise werden wir gerade zu Beginn deutlich als *noch nicht* zu ihrer Gemeinschaft *zugehörig* markiert und der Besuch wandelt sich in eine Form von Prüfung, an dessen Ende sich herausstellen wird, ob wir dazugehören werden oder nicht. Im Verlauf unseres Besuchs wird diese klare Trennung von Himmelfahrern versus Heuvolk deshalb auch nach und nach aufgelockert, nicht zuletzt, weil wir an ihren Ritualen teilnehmen. In allen Schreinen wird stets darauf hingewiesen, dass wir unter Beobachtung der Trickster ständen. Auch gibt es überall gerahmte Fotografien von Jake, der auf diese Weise von den Himmelfahrern als anwesend und über die Ereignisse wachend erzählt wird. Auch den Räumen kommt so eine das Kollektiv subjektivierende Kraft zu: Akteur*innen – Himmelfahrer wie Heuvolk – werden unter den Augen der Trickster und Jakes zu Subjekten im Wortsinne, die den vorgegebenen Regeln und Routinen der Gemeinschaft unterworfen sind. Im Gegensatz zu anderen SIGNA-Arbeiten ist das Publikum hauptsächlich mit der Teilnahme an den Ritualen beschäftigt, wodurch sich kaum die Gelegenheit zu längeren Gesprächen ergibt. Ergo geht es ganz im Sinne der innerdiegetischen Logik auch viel weniger darum, einander wirklich kennenzulernen. Was man kennenlernt, ist die Struktur des religiösen Kollektivs, kaum aber die Geschichten einzelner Individuen dahinter – schon gar nicht bei nur einem einzigen Besuch. Für Zuschauer*innen wird der Aufführungsbesuch zu einem Kennenlern- und Aushandlungsprozess. Aufgrund der Dominanz des Ritualgeschehens in den verschiedenen Schreinen werden sie von der Gemeinschaft förmlich in Beschlag genommen.

1. *In der Schule der Himmelfahrer beten wir zum vollkommenen Jake. Wir halten uns an den Händen, raunen die Zeilen wie bei einem Vaterunser. Ich bin skeptisch, frage mich, wie Jake es geschafft hat, jeden Einzelnen von seinen Theorien zu überzeugen. Wulf Wolcott, ein Bruder mit Verkäuferlächeln, erklärt mir, dass Jake immer so elegant, so verdammt erfrischend elegant war. Kurz darauf finde ich mich in einer Vertrauensübung wieder, plötzlich schreie ich mit den anderen im Chor »Ja, ich vertraue Jake!«. Von einem Hocker auf der Gebetsbank aus lasse ich mich rückwärts fallen, Himmelfahrer und verunsicherte Besucher fangen mich auf. [...] Kurz darauf stehe ich im Flur und schlage Brennnesseln auf den Unterarm. Es*

*ziept und brennt. Aber immerhin habe ich die Prüfung bestanden. Und dann gackere ich wie ein Huhn, weil Signa Köstler in ihrer Rolle als Dianne Walcott im durchsichtigen rosa Spitzenkleid das verlangt. Es sei notwendig, damit die Erdkerngöttin Fever Lady sich manifestieren kann. [...] Wenig später krümmt sich Dianne vor Schmerzen, windet sich in den Seilen, die von der Decke hängen. Sie kreischt, stürzt vom Bett auf mich zu, ich weiche zurück, bis ich nicht mehr weiter kann. »Du darfst sie nicht berühren«, erinnere ich mich an die Worte eines schüchternen Himmelfahrers. Ich weiß auch nicht, warum ich auf ihn höre [...]* (Röben, 2017).

2. *Da liegt eine junge Frau mit entblößtem Unterkörper in einer schmuddeligen, engen Kammer. Nur ein Waschlappen klemmt zwischen ihren Beinen. Um das Bett herum knien Besucher*innen. Auf ihrem Bauch sind vier gefüllte Schnapsgläser abgestellt. »Die müsst ihr jetzt trinken. Und dann Euren Mund-Inhalt in den Bauchnabel der Göttinnen-Hülle spucken«, sagt ein Mann mit beschwörender Stimme. Und das Seltsame: Alle Zuschauer befolgen die Anweisung [...]* (Kohlmann, 2017).

3. *Da gab es einen Moment – das war nach einer Vorstellung –, da saß der eine, wahrscheinlich einer der ganz wenigen, die beim Ritual mitgemacht haben, aus Wien, neben mir im Taxi nach dem Ritual, als wir in die Stadt zurückgefahren sind, und er hat geheult. Er hat einfach geheult und gefragt: »Warum habe ich das gemacht? Ich weiß es doch, ich weiß es doch …«, so ungefähr. Da hatte ich wirklich das Gefühl, der hat nicht verstanden, warum er sich trotzdem hat erwischen lassen, obwohl er die Mechanismen kannte. Das war ein ganz enger Moment irgendwie, wo ich dachte: krass. Er hat nicht ganz genau gesagt, was ihn da so bewegt hat, aber ich hatte das Gefühl, er hat sich über sich selbst geärgert: Warum ist er da reingefallen, warum hat er das mitgemacht, er kennt doch die Mechanismen, und trotzdem!*[210]

4. *Mit einem liturgischen Gesang lullt die Gemeinde die Neuankömmlinge ein: »Himmelsschiff, wir kommen« singen die Erleuchteten in Endlosschleife, ein süßlich-leierndes Mantra, das sich in den Kopf frisst, noch ehe man dessen Bedeutung kennt [...]* (Müller, 2017).

Diese Miniaturen bezeugen nicht nur Situationen handlungsanweisungsbezogener Vereinnahmung, sondern sie verweisen auch auf drei weitere Dimensionen kollektiver Subjektivierung: Erstens kommt das zuschauerseitige Befolgen zuweilen hanebüchener Handlungsanweisungen (wie »Gackern wie ein Huhn« oder die

Bauchnabel-Schnaps-Weihe) einer gewissen Infantilisierung gleich (vgl. Miniaturen 1 und 2); zweitens kann es je nach affektiver Disposition der Zuschauer*innen zu Szenen kommen, in denen diese situativ zu etwas gedrängt werden, das sie im Anschluss bereuen oder zu hinterfragen beginnen (vgl. Miniatur 3); zu Szenen also, die mit der Unterwerfungsbereitschaft von Zuschauer*innen ›spielen‹. Und drittens wirkt kollektive Subjektivierung auf der Ebene der Synchronisierung von Körpern z. B. durch das regelmäßige gemeinsame Durchführen einer kollektiven Schweigeminute für den verstorbenen Jake, durch gemeinsame Bewegungen im Raum (insbesondere bei den Ritualen im Raum des »Peacock« oder »Cowboy«) und durch vielfaches gemeinsames Singen (vgl. Miniatur 4).

Wie auch schon bei SIGNAs *Söhne & Söhne* wird ein Mit-Tun und Befolgen von Handlungsanweisungen seitens der Zuschauer*innen in *Das Heuvolk* zum zentralen Gegenstand der Zuschauer*innen-Erfahrung und damit potentiell auch zum Gegenstand der Selbstreflexion. Und zwar deshalb, weil ihr Mit-Tun auf der Ebene der Aufführung immer auch ein performatives Mit-Hervorbringen der Wirklichkeitssimulation ist. Und diese repräsentiert bei *Söhne & Söhne* wie auch bei *Das Heuvolk* eine sektenähnliche Gemeinschaftsstruktur, zu deren innerfiktionaler Logik gerade die Manipulation von Menschen gehört. Diesbezüglich zeigen die Berichte der Zuschauer*innen eine signifikante Ambivalenz auf. Denn trotz spürbarer Wertschätzung der Tatsache, dass Momente situativer Vereinnahmung sie zur Selbstreflexion anregten, lässt sich doch auch ein deutliches Unbehagen gegenüber dieser Form der Publikumsinvolvierung nicht von der Hand weisen.

5. *Zuerst gehst du noch davon aus, du hättest alles im Griff, plötzlich aber merkst du: Die haben dich im Griff, und du wehrst dich nicht, weil du vielleicht Orientierung in einer immer chaotischeren Welt suchst oder in deinem Hang zur individualistischen Isolation so weit gegangen bist, dass da wieder dieser Hunger nach Gemeinschaft ist, nach einer Kirche, einem Glauben oder auch nur einer Gruppe, deren Bindungsstoff die Denunziation von Fremden ist. […] Spannend wird es, wenn der Gast und potenzielle Himmelfahrer eine konträre Position bezieht. Er macht dann die Erfahrung, dass in dieser eschatologisch hochgerüsteten Gemeinschaft auf keinen Fall aggressiv missioniert wird. Im Gegenteil: Droht es kontrovers zu werden, schmiegt die Sanftmütige sich an dein Bein und liebkost deine Finger, du weißt aber nicht so recht, ob aus ihrem Gesicht in der nächsten Sekunde nicht doch Charles Manson grinst […]* (Berger, 2017).

Im »Mitmachtheater« à la SIGNA – wie immersives Theater von Zuschauer*innen in Interviews immer wieder bezeichnet wird – wird das Mitmachen selbst auffällig, wenn es innerdiegetisch instrumentalisiert wird. Wenn das Mit-Tun der Gäste, das nicht zuletzt das Gelingen der Aufführung sicherstellt, auf der Aufführungsebene etwas anderes bedeutet als auf der Ebene der Wirklichkeitssimulation, die auf einem fiktionalisierten Mikrokosmos basiert, wird es potentiell selbst zum Gegenstand ästhetischer Erfahrung (vgl. Wihstutz, 2013). D. h., es braucht im Fall von *Das Heuvolk*, das eine sektenähnliche Gemeinschaft porträtiert, die zuschauerseitige Erfahrung von handlungsanweisungsbezogenem Vereinnahmt-Werden, um auf diese Weise auf die eigenen affektiven Dispositionen zum Sich-Vereinnahmen-Lassen aufmerksam gemacht zu werden und sie dadurch zum Gegenstand der Selbstreflexion werden zu lassen. Interviewte SIGNA-Zuschauer*innen beschreiben diese mitunter dilemmatische Konstellation wie folgt:

> Ich glaube, das ist eines der Dinge, die SIGNA häufig machen, dass sie einen dazu bringen, Dinge zu machen, die man eigentlich gar nicht machen möchte, wenn man länger darüber nachdenkt. Dinge, die abgedreht oder gemein oder total schwachsinnig sind, oder man redet plötzlich über Dinge, über die man gar nicht sprechen möchte (HP 2017).

> Ich war hin- und hergerissen zwischen aufstehen und sagen »holla Leute, was lassen wir uns hier eigentlich gefallen?« und der Gefahr, rausgeschmissen zu werden. Ich wollte es aber miterleben, deshalb bin ich nicht aufgestanden. [...] Nachher zu Hause, dachte ich: Oh, hättest du nicht doch schneller Kritik üben sollen? [...] Ja, ein paar Tage später, als das noch in mir rumging, dachte ich: du bist ganz schön leicht verführbar (BE-H 2016).

> Also ich habe sofort gewusst, jetzt muss ich folgen, und war sofort damit beschäftigt, mich zu fragen, wie ich mich hier richtig verhalte, damit mir nichts passiert. Ich musste mich sofort in diese Gesellschaft einfügen. Ich habe auch sofort meinen Namen gesagt, einen anderen zu sagen, hätte ich mich gar nicht getraut. Ich war sofort brav, ich war sofort gezähmt. [...] Und allein das finde ich schon so spannend, dass man wirklich bereits nach kürzester Zeit bereit ist, sich unterzuordnen (EW 2017).

> Das ist für mich einer der roten Fäden gewesen, immer abzuwägen, bleibe ich jetzt bei mir, oder unterwerfe ich mich ihnen, gehe ich mit oder nicht. [...] Es hieß dann, wir sollten uns den Nachtsöhnen zu Füßen legen. Da habe ich mir gedacht, oh, das ist ja nun alles Spiel und Theater, aber das mach ich nicht mal als Spiel mit (LZ 2016).

> [D]a habe ich gedacht: bloß nicht nachfragen, sondern schön mitspielen. Das ist ja das Gefährliche an dieser Aufführung, dass man da einfach mitspielt. So könnte man auch den Faschismus wieder einführen. Das fand ich eigentlich interessant, was man da mit sich machen lässt (TD 2016).

Es offenbart sich hier deutlich, dass das Mitmachen oder Mitspielen selbst, die Art und Weise, wie man sich auf Situationen einlässt, wie man sie pariert oder sich unterordnet, zum Gegenstand selbstreflexiver Aushandlung seitens der Zuschauer*innen wird. Relevanz beziehen solche Situationen aus der Tatsache, dass die affektiven Dynamiken dieser sozialen Handlungen sowohl die Aufführungsebene als auch die Ebene der fiktiven Lebenswelt, in die man eintaucht, betreffen. Befragt man Zuschauer*innen nach der Motivation, warum sie während SIGNA-Aufführungen mitunter bereit sind, etwas zu tun, das sie im außertheatralen Kontext nicht tun würden, dann gibt es zwei dominante Antwortstrategien: Die eine begründet ein Mit-Tun von Dingen über internalisierte Konventionen und Erwartungshaltungen bezüglich einer noch nicht so stark habitualisierten Form des »Mitmachtheaters«. Das beinhaltet, dass Zuschauer*innen sich für das Gelingen der Aufführung mitverantwortlich fühlen, sich deshalb fügen und damit das Risiko in Kauf nehmen, sich unwohl zu fühlen.[211] Die andere argumentiert, dass es gerade der eröffnete Handlungsspielraum solcher Theaterformen sei, der es möglich mache, Dinge auszuprobieren, die man sonst nicht tun würde, um genau über diese Situationen etwas Neues zu erleben oder über sich selbst erfahren zu können.

Insbesondere Zuschauer*innen, die die letztgenannte Antwortstrategie wählten, verbinden mit SIGNA-Aufführungsbesuchen häufig den expliziten Wunsch, intensive Selbst- oder »Grenzerfahrungen« zu machen. Mit dieser Bezeichnung wird markiert, dass es gerade das Verwischen der Grenze von sozial-relationaler Realität der Aufführung und Wirklichkeit der miteinander hervorgerbachten Fiktion ist, das als lustvoll und/oder bereichernd erfahren wird.[212] Eine Szene, in der diese beiden Ebenen noch mal symptomatisch zusammenfallen, ist die Abschlusszeremonie in der Kapelle.

6. *Erneut bin ich total beeindruckt von dieser Stimmung – wie wir im sanften Dunkel der einbrechenden Nacht unter dem Licht des Mondscheins nach dem Passieren der am Eingang der Kapelle Spalier stehenden Himmelfahrer nach und nach den Ort der Abschlusszeremonie betreten. Innen ist es erleuchtet, alles ist komplett in Weiß gehalten. An der Stelle des Altars stehen die in weißen Anzügen gekleideten männlichen Himmelfahrer in Position. Die Kapelle ist von ihrer Bestuhlung komplett befreit worden, rechts und links gibt es lediglich zwei tiefe Podeste, auf denen wir Zuschauer*innen Platz nehmen sollen. Ein Himmelfahrer begleitet mich zum Platz und deckt mich sofort mit einem weißen Tuch zu – ich soll darauf achten, dass stets nur mein Gesicht freibleibt. Nach und nach füllt sich die Kapelle mit weiteren Zuschauer*innen. Weibliche Himmelfahrer treten in den Innenraum und beginnen sich offen mit einer Schale Wasser zu waschen und umzukleiden – bis auch sie alle komplett in weiß gekleidet in Brautkleidern und Schleier beginnen, sich gemeinsam im Kreis zu bewegen und gemeinsam zu singen: »Himmelsschiff – wir kommen.«*

*In der Vorbereitung auf die Zeremonie, die im letztbesuchten Schrein erfolgte, wurde uns gesagt, dass wir vortreten sollten, »wenn wir es spüren«, uns ausziehen und mittanzen sollten. Und so staune ich nicht schlecht, als ich der zwei jungen Zuschauerinnen gewahr werde, die sich aus der Lakenlandschaft befreien, in den Raum treten und sich ohne Umschweife zu entkleiden beginnen. Sofort nehmen sich Himmelfahrer ihrer an, bringen ihnen eine Waschschale und ein frisches weißes Laken – und ja, sie umjubeln sie förmlich, begrüßen sie herzlich in ihrer Gemeinschaft, deren Teil sie mit dieser Aktion geworden sind. Zwei weitere Zuschauerinnen folgen und tun es ihnen nach. Die Gesänge sind unterdessen zweistimmig geworden: »Neue Welt, du bist nicht mehr fern!«, singen nun die einen – »Himmelsschiff – wir kommen« die anderen (rhythmisch versetzt) weiter. Dazu wird der Rhythmus der Trommeln immer lauter, einzelne Himmelfahrer tanzen sich regelrecht in Ekstase. Wir anderen bleiben buchstäblich außen vor, bleiben Zuschauer*innen, denen eine aktive Teilnahme verwehrt bleibt. Am Ende fallen sie alle erschöpft zu Boden und liegen ganz nah beieinander. Wiederum sind es die männlichen Himmelfahrer, die nach und nach auf uns zukommen. Mit bewusst traurigem Blick nähert sich mir Rosario, markiert mit seinem Finger mein Gesicht und fordert mich mit einer Geste auf, die Kapelle zu verlassen. Etwas melancholisch verabschiede ich mich also von diesem magischen Ort und der Aufführung und kehre mit den anderen zum Bus zurück. Auf dem Weg frage ich* *mich, was wohl mit den Zuschauer*innen passiert, die nun Mitglieder der Gemeinschaft sind – geht die Aufführung für sie noch weiter?*[213]

7. *Das Finale des Abends findet dann in einer Kapelle statt, wer vom Heuvolk zu den Himmelfahrern übertreten will, kann das hier tun. Indem man sich auszieht, reinigt und weiße Kleider anzieht. Erstaunlicherweise funktioniert das – einige Zuschauer ziehen sich aus und werden Himmelfahrer. Das will ich auch, denkt der Rezensent, einfach aufgehen in dieser weißen Menge aus schönen, tanzenden und singenden Menschen [...]* (Stender, 2017).

8. *Bei meinem ersten Besuch war es erst mal Glück, denn neben mir saß C. Ich habe ganz lange gezögert, war mir total unsicher. Dann habe ich irgendwann nach links geguckt, C. guckte nach rechts und wir haben uns beide in die Augen geguckt und dann dachten wir: »Scheiß drauf, komm!« Und dann sind wir zusammen aufgestanden, und es hat mir wahnsinnig geholfen, dass wir eine Mini-Gemeinschaft von zwei waren. Sonst hätte ich vielleicht den Mut nicht gehabt, vor allem, weil ich es tatsächlich ein bisschen seltsam fand am ersten Abend, dass es nur Frauen waren, die aufstanden, und da hatte ich ein bisschen Sorge, dass das blöd wäre, wenn man sich als Mann mit den ganzen nackten Frauen da hinstellt. Das fühlte sich für mich irgendwie doof an. Aber ich gebe zu: Am ersten Abend wollte ich auch wissen, bleibt man da oder nicht? [...] Ich war schon neugierig, wollte tatsächlich Teil der Gemeinschaft werden, Teil einer Spielgemeinschaft werden, also es ist nicht, dass ich glaube, dass diese Sekte real ist, aber es gibt die Signa-Sekte, die sehr real ist, so wie sie zusammen agieren und da ein bisschen heranzurücken, darüber mehr zu erfahren, das war schon klar ein Impuls für mich, sonst würde ich es ja auch nicht so oft gucken. [...] Am Ende war es, glaube ich, wirklich das, was es ja auch sein soll: ein Impuls, der nicht rational zu erklären ist, und insofern war es vielleicht wirklich ein Zeichen, einfach so ein Bauchgefühl, das sagt: »Komm scheiß drauf, ist jetzt egal, was hier ist, für mich fühlt es sich gerade einfach richtig an.« [...]*

*Der erste Abend war eigentlich eine halbe Premierenfeier, gefühlt war es einfach eine unglaubliche Energie. Der Wodka kreiste, also man hatte wirklich das Gefühl, sie machen einen im wahrsten Sinne des Wortes betrunken. [...] Ja, das fand komplett in der Kirche statt. Man geht nicht mehr zurück. Sie feiern dich ab, man kann es nicht anders sagen. An dem ersten Abend hatte ich das Gefühl, überall sind Menschen, du wirst umarmt, es gibt Nähe. Sie fragen dich nach deinem Namen, du wirst vorne auf diese Empore, auf diese kleine Bühne gestellt und alle rufen deinen*

*Namen. Du wirst gefragt, von wem du dich verabschieden möchtest, und sie geben dir dann auch die Ruhe, [...] alle aufzuzählen, von denen du dich verabschieden willst, immer geschützt nur mit dem Vornamen. [...] Und dann wird zusammen gesungen, zusammen gesessen und irgendwann kommt dann der Moment, wo sie dir sagen, ja, aber ihr seid ja noch nicht so weit, ihr seid jetzt auf dem Weg, aber ihr müsst da jetzt erst mal wieder raus in die Welt. [...] Du bist zwar jetzt Himmelfahrer, du bist Teil der Gemeinde, aber du hast deinen Namen noch nicht geändert, du hast dich von deinen Freunden noch nicht verabschiedet, du hast dich von deinen irdischen Dingen noch nicht getrennt. Das sind halt die drei Sachen, die zu erledigen sind, bevor du endgültiger Teil der Gemeinschaft werden und bleiben kannst. [...]*

*Am zweiten Abend hat niemand das Zeichen gesehen, das war total spannend, am ersten Abend selbst so gefeiert zu werden und am zweiten Abend dann der totale kalte Entzug, ohne diese Orgie rauszugehen, nur nach draußen gebracht zu werden und noch mit im Bus zurückzufahren [...]. An einen anderen Abend, da haben nur zwei das Zeichen gesehen, waren schon in der Mitte und haben sich ausgezogen gehabt, als ich in die Kirche gekommen bin. Also die hatten gar nicht mehr das Ritual abgewartet, hatten sich offenbar sehr früh entschieden, dass sie das Zeichen sehen wollen, und dadurch gab es ganz verschiedene Situationen. Aber die Feier selber, das ist, wie erklär ich das ..., das ist ein unglaubliches Miteinander, ein unglaubliches ... Du wirst eingebunden, du wirst gerufen, du wirst Teil von einer Gemeinschaft, sie lassen dich fliegen ... und da war ich total geflasht.*[214]

Dominant für die Wahrnehmung dieser Abschlusszeremonie ist neben dem weißen Raum der Kapelle vor allem der Gesang. Mit den zwei Stimmen »Himmelsschiff – wir kommen« und »Neue Welt – du bist nicht mehr fern« und dem klaren, einfachen Rhythmus ist das Lied ungemein eingängig und vermag, Körper besonders schnell und nachhaltig zu affizieren. Das Lied wird im Loop über die gesamte Dauer der etwa dreißigminütigen Abschlussszene gesungen. Es beginnt leise und wird zum Höhepunkt der Szene, dann, wenn sich die ersten Zuschauer*innen mit ihrem Hervortreten in den Raum für eine Mitgliedschaft bei den Himmelfahrern entscheiden, immer lauter und, ja, aggressiver; als würde es über die Lautstärke den Grad der erreichten Trance der Himmelfahrer widerspiegeln. An dieser Szenenbeschreibung wird deutlich, wie die Involvierung der Zuschauer*innen ins szenische Geschehen und die Diegese nicht nur handlungsanweisungsbezogen, sondern dezidiert auch soundbezogen wirkt und Effekte der

Vereinnahmung zeitigt. In diesem finalen Abschlussritual wird die Zugehörigkeit der Himmelfahrer untereinander machtvoll über eine klanglich-rhythmische wie auch körperliche Ebene ausgestellt. Der Gruppenkörper der Himmelfahrer erscheint als finale Manifestierung jener kollektiven Subjektivierung, die Jake im Zeichen des Glaubens bei seinem Gefolge in Gang gesetzt hat. Und von dieser tanzenden und singenden Gruppe kann für Zuschauer*innen eine affektive Resonanz ausgehen, die einen nicht nur zuschauen, sondern auch mittanzen lassen möchte – und zwar ganz unabhängig davon, dass sie innerfiktional eine Gemeinschaft repräsentieren, deren Werte und Normen man eigentlich nicht teilt, zu der man eigentlich nicht gehören möchte (vgl. Miniatur 8). Als Zuschauer*innen dieser Abschlusszeremonie bezeugen wir die Affizierung derjenigen, die bereit sind, sich diesem letzten Ritual körperlich hinzugeben, bezeugen ihre letzte handlungsanweisungsbezogene Vereinnahmung, die sich als eine Sehnsucht nach Zugehörigkeit zeigt, als Wunsch, an diesem kollektiven Ritual teilzuhaben.

Während die meisten Rituale in den Schreinen in kleinen Gruppen stattfinden, entfaltet die Abschlusszeremonie jene gemeinhin mit Ritualen verbundene kollektivierende und gemeinschaftsstiftende Kraft (vgl. Roselt, 2014, S. 129) – allerdings nicht für alle. Da man mit der aktiven Teilnahme am Abschlussritual auf innerfiktionaler Ebene anzeigt, Jakes Weisung vernommen zu haben, wechselt man aus der Gemeinschaft der Zuschauer*innen (oder des Heuvolks) als »Auserwählte*r« in die Gemeinschaft der Himmelfahrer. Sie nehmen die Neumitglieder überschwänglich und euphorisch auf und erzeugen damit potentiell noch bei weiteren Zuschauer*innen den Wunsch, sich ihnen auch anzuschließen, auch Teil dieser sozialen Erfahrung des ästhetisch gerahmten, kollektiven Rituals zu werden. In der letzten Miniatur wird besonders deutlich, wie vom Erleben der Szene eine Sehnsucht nach Gemeinschaft getriggert wurde, die den Zuschauer unterstützt durch seine Begleitung dazu brachte, sich auch zu trauen und den Schritt aus der Publikumsmenge hinaus und in die Runde der Himmelfahrer hinein zu wagen.

Die Gemeinschaft der Himmelfahrer operiert innerfiktional mit einem »Regime der Zugehörigkeit« (Pfaff-Szarnecka, 2012, S. 32), das an formale Mitgliedschaft, klare Regeln von Ein- und Ausschluss sowie diverse, das Kollektiv subjektivierende Praktiken gebunden ist. Und dieses Regime setzt sich auch in der Struktur der Abschlusszeremonie durch und zwar vermittels der Tatsache, dass es noch eine Art Fortsetzung gibt, an der konsequenterweise nur diejenigen partizipieren können, die sich für eine Mitgliedschaft entschieden haben, während alle anderen begleitet von vorwurfsvollen Blicken der Kapelle verwiesen werden (vgl. Miniaturen 6 und 8).

Die letzte Miniatur macht deutlich, dass die Teilnahme am Abschlussritual nicht primär der Fiktionslogik folgte, sondern dass es gleichsam das Kollektiv SIGNA selbst war, das eine Sehnsucht nach Zugehörigkeit und Gemeinschaft zu triggern vermochte. Nichtsdestotrotz bezeugt die Teilnahme an dem Ritual, welche immerhin voraussetzt, sich vor allen Anwesenden zu entkleiden und reinigen zu lassen, eine gewisse affektive Disposition, die situativ den Ausschlag gab, sich auf eine solche Situation einzulassen. Wenn es nicht die repräsentierte Sekte war, so war es, wie Miniatur 8 explizit formuliert, die Faszination für die SIGNA-»Sekte«, die den Ausschlag gab. Auch dafür bedarf es allerdings einer gewissen Verführbarkeit, durch das, was das Kollektiv ausstrahlt im Modus der Resonanz und Anziehung, affiziert zu werden. Was in die Konstellation der Abschlusszeremonie mit hineinspielt, ist also eine Dimension *jenseits* der Fiktion, die aber thematisch anschlussfähig für das im *Heuvolk* verhandelte Sektenthema und der Selbstbefragung der eigenen Verführbarkeit bleibt.

SIGNA steht für eine spezifische Arbeits- und Produktionsweise, die umfasst, dass das Ensemble, das für eine Produktion gecastet ist, für die Dauer der Proben- und Aufführungszeit auch zusammenwohnt, gemeinsam lebt, feiert – und auch liebt. Aus Gesprächen mit einigen Perfomer*innen weiß ich, dass diese Arbeitsweise für viele der Grund ist, warum sie überhaupt bei einer SIGNA-Produktion dabei sein wollen. Und es ist stets so, dass ein Ensemble sowohl SIGNA-Veteran*innen als auch SIGNA-Newbies, die zumeist in einem Hospitanten-Verhältnis angestellt sind, zusammenbringt. Nicht immer funktioniert ein Ensemble gleich gut, wenn es derart eng miteinander lebt und arbeitet. Im Fall von *Das Heuvolk*, so berichtete mir Signa Köstler in einem Interview, gestaltete es sich allerdings geradezu perfekt. Ich würde nun behaupten wollen, dass die Tatsache, dass es im *Heuvolk*-Ensemble ein derart gutes Gruppen- und Zusammengehörigkeitsgefühl gab, sich auf affektiver Ebene auf Zuschauer*innen und vor allem auf ihre Wahrnehmung der fiktionalisierten Gemeinschaft zu übertragen vermochte. Dies beinhaltet, dass das Miteinander-Sein des Kollektivs durch das gespielte Miteinander-Sein der fiktiven Sekte auf der Wahrnehmungsebene der Wirklichkeitssimulation gleichsam hindurchwirkte und dass die Sympathie, die Faszination und auch Bewunderung für SIGNA am Ende ausschlaggebend dafür waren, dass sich 120 von 1.200 Zuschauer*innen – also immerhin ein Zehntel – entschieden, aktiv am Abschlussritual teilzunehmen. Dies wurde im Anschluss mit einer Art Nachspiel, in dem Fiktion und Wirklichkeit noch stärker verschmolzen sind, belohnt und gefeiert (vgl. Miniatur 8).[215]

Auch Mehrfachbesucher*innen von *Das Heuvolk* werden zum einen belohnt, insofern ihnen innerfiktional als Neumitglied der Himmelfahrer bestimmte Sonderbehandlungen zukommen, zum anderen werden sie aber auch entsprechend der Fiktionslogik in die Mangel genommen: »Das ist wie Zuckerbrot und Peitsche, was sie da ausleben: Mal wirst du gelobt, mal wirst du wahnsinnig kritisiert, mal wirst du rund gemacht, mal wird dir in jedem Raum vorgeworfen, du seist nicht weit genug und du müsstest jetzt echt mal Gas gebe (AK 2017).« Aus eigener Erfahrung wie auch aus den Interviews mit Zuschauer*innen weiß ich, dass sich durch die Mehrfachbesuche, vor allem, wenn es dann auch um verschiedene Produktionen geht, für die Zuschauer*innen extra anreisen, über die Zeit auch Beziehungen zu den Figuren und den Performer*innen entwickeln. Nicht direkt ein Gemeinschaftsgefühl vermag sich hier für Mehrfachbesucher*innen einzustellen, aber doch ein Gefühl, dass man auf eine subtile Weise auch ein Stück weit dazugehört, dass man sich zu kennen scheint. Und dies bindet die Zuschauer*innen an das Kollektiv und ihre Arbeiten, steigert und begründet den Reiz des Wiederkehrens.

Das Publikum wird in SIGNAs *Das Heuvolk* zuvorderst über diverse Handlungsanweisungen in das Aufführungsgeschehen und die fiktive Welt der Himmelfahrer involviert. Die Tatsache, dass Zuschauer*innen am innerdiegetischen Ritualgeschehen aktiv beteiligt werden, führt auf einer ersten ganz basalen Ebene zur Vereinnahmung, insofern sie die ganze Zeit beschäftigt, und damit ganz im Wortsinne von Beginn an »in Anspruch genommen« werden. Dabei kommt es auch häufiger zu Handlungsanweisungen, denen Zuschauer*innen eigentlich nicht Folge leisten wollen, es für das Gelingen der Aufführung im Sinne einer empfundenen (und proklamierten) Mitverantwortung dann aber trotzdem tun. Eine andere Form der Vereinnahmung greift, wenn Zuschauer*innen – wie ich in der Begegnung mit Maria Marena – Handlungsanweisungen befolgen und damit situativ in Aktionen verwickelt werden, die sie auf der Ebene der Diegese zu Kompliz*innen eines autoritären Regimes machen, das seine Mitglieder dazu verführt, sich im Namen des Glaubens für einen vermeintlich höheren Zweck zu opfern. Dieses Mit-Tun im Modus innerdiegetischer Komplizenschaft muss allerdings nicht zwingend allen Zuschauer*innen einsichtig werden. Dass Momente der Vereinnahmung – vielleicht gerade dann, wenn sie nicht diegetisch eingeordnet, bewertet und als Komplizenschaft erkannt werden – auch als angenehm empfunden, gezielt gesucht und genossen werden können, lässt sich vor allem an den Zuschauer*innen beobachten, die sich bei der Zeremonie in der Kapelle auf das Abschlussritual aktiv eingelassen haben. In dieser Sequenz erhalten nicht mehr nur die Himmelfahrer die Möglichkeit zu einer transgressiven Erfahrung durch ein gemeinschaftsstiftendes Ritual, nein, nun steht eine solche »Grenzerfahrung« auch den teilnehmenden und auf diese Weise vereinnahmten Zuschauer*innen offen.

Wenn SIGNA ihr erprobtes, immersives Theaterformat mit einer Narration verbinden, die wie bei *Das Heuvolk* zur theatralen Realisierung eines autoritären Regimes führt, an dem Zuschauer*innen im Modus der geteilten Wirklichkeitssimulation beteiligt werden, dann kehrt sich zugleich das Autoritäre des Aufführungsdispositivs selbst hervor. Von Zuschauer*innen wird, wie dargelegt, nicht nur verlangt, sich mehreren extra- wie innerdiegetisch geltenden Regelwerken unterzuordnen, sondern sie werden überdies extra- wie innerdiegetisch vermittels komplexer affektiver Dynamiken zu einem hörigen Befolgen von Handlungsanweisungen verführt. So öffnet sich ein Erfahrungsraum für die Ambivalenz von Vereinnahmungsprozessen, in dem Zuschauer*innen ausloten können, wann selbstbestimmtes oder lustvolles Sich-Vereinnahmen-Lassen in ein unfreiwilliges, unbehagliches und autoritäres Vereinnahmt-Werden umschlägt und wo für jede*n Einzelne*n hier die individuellen Grenzen liegen.

## 4.5 Involvierung durch körperliches Berühren in SIGNAs *Wir Hunde*

Im folgenden Unterkapitel zeige ich am Beispiel von SIGNAs *Wir Hunde*, wie Zuschauer*innen haptisch-taktil in das Aufführungsgeschehen und den fiktiven Mikrokosmos involviert werden. Im Zentrum steht dabei die polyperspektivische Betrachtung von Szenen und Situationen körperlichen Berührens, Berührt-Werdens und Ausgesetzt-Seins. Zum immersiven Aufführungsdispositiv gehört, dass sich Zuschauer*innen und Darsteller*innen gemeinsam den Aufführungsraum teilen. Gerade die Option, nicht nur die Materialität des Raums und aller sich in ihm befindlichen Gegenstände, sondern potentiell auch die Darsteller*innen aufgrund der physischen Nähe er*tasten* zu können, markiert gegenüber dem klassischen Theaterdispositiv zugleich auch eine andere Form des Weltzugangs.

In jüngster Zeit sind in den Gegenwartskünsten vermehrt partizipative Formate zu beobachten, die gezielt auf die Aktivierung des Tastsinns setzen und sich damit in den in Kapitel 2.1.3 beschriebenen Trend zur sensorischen Eroberung des affektiven Körpers der Rezipierenden einschreiben. So finden immer häufiger Projekte der bildenden, darstellenden oder performativen Künste in kompletter Dunkelheit statt. Dabei werden die Zuschauer*innen entweder in lichtlose, verdunkelte Räume geführt oder ihnen wird durch die Verwendung von Brillen, Augenbinden oder der Bitte, selbstständig die Augen zu schließen, temporär ihr Sehsinn genommen.[216] Neben einer Intensivierung der auditiven Dimension verschiebt sich der Fokus damit auf zwischenmenschliche Berührungen. Sei es eine Hand, die nach der meinen greift und mich durch den Raum führt, sei es ein anderer Rücken, der sich gegen meinen lehnt, seien es mehrere Körper, die im Dunklen in Kontakt treten. Es liegt nahe, eine mögliche Ursache für die Zunahme solcherart Aufführungs- und Performanceformate gegenwartsdiagnostisch darin zu sehen, dass Kunstformen der Berührung und sinneswahrnehmungsbezogenen Zusammenkunft das erfahrungsmäßige Gegenstück zu einem Alltag bilden, der sich durch zunehmende Digitalisierung und Entmaterialisierung privater und beruflicher Kommunikationsprozesse auszeichnet (vgl. Schmid, 2019, S. 8f.).

Eine Berührung ist sinnesphysiologisch in erster Linie mit dem Tastsinn verbunden. In zwischenmenschlichen Begegnungen bildet die Haut als »größte Kontaktzone zur Außenwelt« (Harrasser, 2017, S. 7) das Primärmedium der Berührung wie auch des Berührt-Werdens. Der Nahsinn des Tastens ist damit auf eine Weise auch der »sozialste Sinn« (Di Benedetto, 2010, S. 69), insofern er Körper vermittels sozialrelationaler »Tastereignisse« (Fritz-Hoffmann, 2017, S. 45) wie z. B. einer Berührung miteinander verbindet und in Beziehung setzt. In der Berührung fallen eigenleibliches Spüren des Berührt-Werdens und Spüren des ›Fremd‹-Körpers auf fundamentale Weise zusammen (vgl. Böhme, 1996, S. 204). Berührungen können zum einen als bestimmte Tastereignisse in einem praktischen Handlungszusammenhang als sozial und kulturell markiert erscheinen und mit Bedeutung aufgeladen sein (vgl. Fritz-Hoffmann, 2017, S. 45), sie können zum anderen aber auch als amodale Affektereignisse in den Blick kommen, die Körper in verschiedenen Konfigurationen von Relation und Differenz überhaupt erst hervorbringen (vgl. Egert, 2016, S. 12).

Während Theater- und vor allem auch Museumsbesucher*innen in unserem ›westlichen‹ Kontext mit einem strikten Berührungsverbot von künstlerischen Artefakten sozialisiert und erzogen werden (vgl. u. a. Kolesch, 2010, S. 227) und sich darin nicht zuletzt das spezifisch historisch formierte Primat einer Erkenntnisgenerierung über den privilegierten Weg visueller Betrachtung manifestiert, wird dieses im Körper sedimentierte Wissen von immersivem Theater systematisch unterlaufen. SIGNAs *Wir Hunde* lädt seine Zuschauer*innen ein, die Lebenswelt der Mitglieder des fiktiven Vereins »Canis Humanus e.V.« aus nächster Nähe kennenzulernen. Berührungen tragen dabei maßgeblich zur Involvierung des Publikums bei. Bei *Wir Hunde* sind es ritualisierte Berührungen wie Gesten einer Umarmung oder eines Handschlags, unvermittelte, zuweilen auch übergriffige Berührungen, kompromittierende Berührungsangebote oder gewaltsame Berührungen, die die teilnehmenden Zuschauer*innen physisch einbeziehen und vereinnahmen können.

Es scheint mir nicht zufällig zu sein, dass es gerade im Vergleich zu anderen SIGNA-Arbeiten just in *Wir Hunde* in einem derart hohen Maß zu vornehmlich ungefragten Berührungen zwischen Darsteller*innen und Zuschauer*innen kommt. Schließlich geht es der Inszenierung vor allem um die Begegnung mit »Hundschen«. Dabei handelt es sich um eine fiktive Transspezies, um Hunde im Menschenkörper, um Wesen, die alle körperlichen Merkmale eines Menschen aufweisen, sich aber ›hündisch‹ verhalten. An *Wir Hunde* lässt sich studieren, wie verschiedene Körper, die mit etwas Unbekanntem wie der fiktiven Transspezies in Berührung kommen, versuchen, in situ mit dieser umzugehen, sie be-*greifen* zu lernen. Ich möchte zeigen, wie sich an vereinnahmenden Szenen und Situationen des Berührens und Berührt-Werdens der Zusammenhang von Affektivität und Reflexivität aufzeigen lässt. Denn erst die Vereinnahmung, so wird sich in den Ausführungen zeigen, löst situativ von den affektiven Dispositionen der in Rede stehenden Zuschauenden mitbedingt eine bestimmte Re-Aktion aus, die diesen im Moment des verkörperten Ausagieren selbst auffällig und auf diese Weise zum Gegenstand selbstreflexiver Auseinandersetzung werden kann (vgl. Kap. 4.5.1).

Verbalisierte Zuschauer*innen-Erinnerungen zeugen davon, wie schwer es mitunter fällt, jenem unbekannten Phänomen der fiktionalen Transspezies Hundsch affektiv wie kognitiv jenseits der sozial-relational und kulturell eingeübten Verstehens-, Bewertungs- und Empfindungsordnungen, die mit der »anthropologischen Maschine«[217] (Agamben, 2003) einer binären Mensch-Tier-Differenzierung verbunden sind, zu begegnen.[218] Die leitende These dieses Kapitels ist, dass *Wir Hunde* dieses anthropozentrische Dilemma seinen

Zuschauer*innen insbesondere über die haptisch-taktile Involvierung durch Akte des Berührens und Berührt-Werdens affektiv und reflexiv zugänglich macht. Insbesondere an der Publikumsinvolvierung im Zwinger zeigt sich, wie Zuschauer*innen auf der innerdiegetischen Ebene vom Verein und seiner gewaltsam durchgesetzten Binnendifferenzierung zwischen verschiedenen Hundschen über Berührungsverbote, dem Bezeugen körperlicher und psychischer Gewalt sowie dem Zwang, eine Elektroschockpistole bei sich zu führen, situativ vereinnahmt werden (vgl. Kap. 4.5.2).

*Wir Hunde* führt mit seinen Interaktionen zwischen Hundschen und Hundschbesitzer*innen, Hundschen und Hundschen sowie Zuschauer*innen und Hundschen vor, welche Weisen des Zusammenlebens von Mensch und Hundsch denkbar sind, und fordert dabei zugleich Besucher*innen heraus, sich zu dem, was sie sehen und miterleben, zu verhalten. Indem die Hundsche für das Zusammenleben als Kinder, Lebensgefährt*innen oder Liebhaber*innen in den Familien erst »abgerichtet« werden müssen und jene, die wie die Wolfshundsche als nicht zähmbar gelten, unter widrigsten Umständen an Ketten im hauseigenen Zwinger lediglich geduldet werden, thematisiert SIGNA mit *Wir Hunde* einmal mehr komplexe, sozial-relationale Machtasymmetrien, wie sie im Mikrokosmos »Canis Humanus e.V.« in verdichteter Weise zur Aufführung kommen und von involvierten und vereinnahmten Zuschauer*innen im Modus der Komplizenschaft mitgetragen werden.

### 4.5.1 Berührungen als Modi der Begegnung mit der Transspezies Hundsch

Ich beginne diesen Abschnitt mit acht Miniaturen verschiedener, verbalisierter Zuschauer*innen-Erfahrungen, die der Chronologie der Aufführungsereignisse folgend, ihre ersten Eindrücke beim Betreten des fiktionalisierten Vereinsgebäudes, ihre ersten Hundsch-Begegnungen, eine Teilnahme an einer Abrichtung sowie ihre Konfrontationen mit den Wolfshundschen im Zwinger beschreiben.

1. *Dann folge ich den anderen Gästen in den langen Flur. Links und rechts gibt es mehrere Sitzgelegenheiten, auf denen Hundsche liegen, die entweder dabei sind, uns Neuankömmlinge mit strengem Blick zu fixieren, oder aber so vertieft ins Lecken ihrer Hand oder ihres Unterarms sind, dass sie uns gar nicht mitzubekommen scheinen. Auf Kommoden mit gehäkelten*

*Deckchen stehen allerlei Porzellanhunde, auch an den Wänden finden sich zahlreiche, gerahmte Hundeporträts. Am Ende des Flures, nachdem wir einige offene Flügeltüren passiert haben, begrüßt uns Iwan Hinghaus (Franz-Josef Becker) mit einem kräftigen Handschlag und fragt uns nach unserem Namen. »Freut mich, dich kennenzulernen, Lia!«, sagt er und weist mir mit einer Geste den Weg zum Stiegenhaus und damit zu den oberen Gebäudegeschossen.*[219]

2. *Ich hatte wirklich Angst. Ich habe mir gesagt: »Ich gehe da nicht rein, ich mache das nicht.« [...] Ich bin damals mit einem Freund zu den Wiener Festwochen gegangen und [...] wir wussten überhaupt nichts, haben nur dieses kleine Intro [auf der Homepage, TS] gelesen und uns nicht weiter über SIGNA informiert. Ich meine, ich hatte immer Angst vor Hunden und es war nicht dieses Vorwissen, es geht um Hunde, sondern [es war] die reine Emotion, die reine Angst, die mich abgehalten hat. [...] Also sie schaffen einfach eine große Verunsicherung. [...] Ich weiß noch, wie ich meinen Freund da vorgedrückt habe, wirklich so: »Geh du vor!!« Ich habe ja kaum hinschauen können, und dann wollte er [Iwan] mir die Hand geben, und ich habe ihm so zaghaft irgendwie meine Hand gegeben. Ich hatte einfach wirklich Angst und wollte keinen anschauen. Und dann ist man da diese Treppen hinaufgegangen, und in diesem Stiegenhaus [...] sind die [Hundsche] dann ja schon so an der Leine gestanden, haben gebellt und waren ganz wild. [...] Und dann haben sie uns oben getrennt. Das war für mich ganz schlimm, dass sie mich allein an einen anderen Tisch geschickt haben. Ich bin dann nur stocksteif dort gesessen, also wirklich, ich konnte niemanden anschauen. Und dann sind diese Hundsche gekommen und ich wollte nicht, dass sie mich berühren. »Stopp! Stopp! Aus! Aus!« habe ich dann nur gesagt.*[220]

3. *Ich saß da so an einem Tisch mit vielleicht vier oder fünf anderen Menschen und um uns herum strich Trixi (Amanda Babaei Vieira), die, was ihr Hundsch-Dasein anging, eine unglaublich beeindruckende Mimik gehabt hat – und das hat mich total fasziniert. Sie hat sich mir körperlich angenähert, sie hat irgendwie angefangen, ihren Kopf auf meine Stuhllehne anzulehnen und da war mein Arm. Und dann fing sie an, irgendwie mit der Stirn an meinem Arm herumzustreicheln und das fand ich alles andere als unangenehm, das war irgendwie nett, es wirkte sehr authentisch, wie eine sehr vorsichtige und gleichzeitig total sanfte Annäherung. Sie hat dann irgendwann angefangen, sich meinem Nachbarn zuzuwenden und dann irgendwie an seinem Schuh herumgebissen und versucht, den Schuh auszuziehen. Das war ein Moment, in dem wir als Tisch angefangen haben,*

*uns mit Blicken darüber zu verständigen, dass das ja jetzt irgendwie uns alle betrifft und auch etwas mit uns macht, dass diese Hundsche um uns herum sind, die irgendwas – auch körperlich – mit uns machen, was wir jetzt vielleicht nicht so ganz kontrollieren können. Und dass da vielleicht z. T. auch Körperteile in Berührung kommen, die jetzt vielleicht eher mit Scham belegt sind oder so. Also es war sehr vorsichtig, da war nichts irgendwie Unangenehmes dabei, aber trotzdem hatte es etwas Unangenehmes, weil es an der Stelle irgendwie unklar war, wie man sich dazu verhält.*[221]

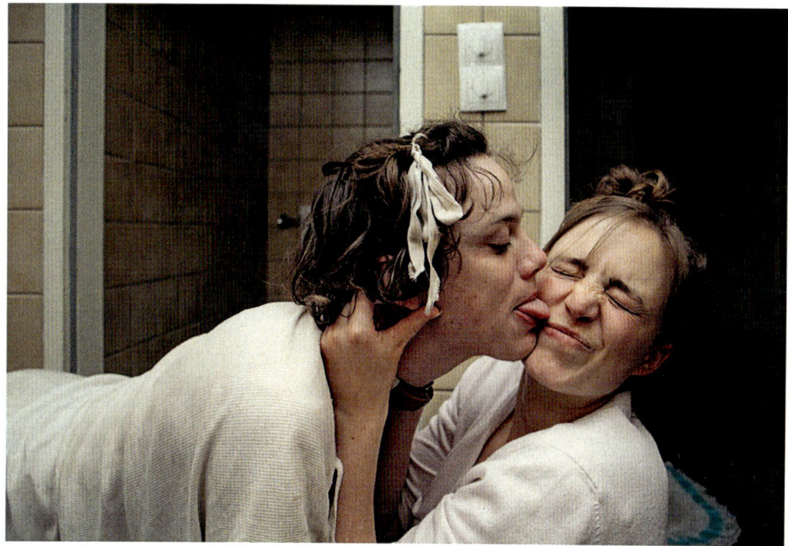

Hundsch Pepsi (Simon Steinhorst, links) und Wahl-Frauli Nicola Menckhaus (Rahel Schaber, rechts) mit einer Begrüßungsgeste in *Wir Hunde*, wie sie auch Zuschauer*innen zuteilwerden konnte, Foto: Erich Goldmann

4. *Eine von den ganz eindrücklichen Szenen, die ich erlebt habe, war gleich beim ersten Besuch im Versammlungsraum, noch bevor die Ansprache beginnt, während die Besucher alle hinaufgehen und platziert werden. Ich wurde da auf einen Sessel an der Wand gesetzt, habe ein Glas von dem schlecht schmeckenden Sekt oder Saft bekommen, ja und da kommt einer an ... Ich wusste ja zu dem Zeitpunkt nicht, dass das Hundsche sind. Und plötzlich kommt ein solches Wesen auf allen Vieren mit Bändern in den zerzausten Haaren zu mir. Er schmiegt sich an meine Beine, schaut zu mir rauf und sagt: »Servus, ich bin der Pepsi.« Und ich so: »Ja, Servus!« Und der schmiegt sich weiter an. Dann wird er wie ein Hund immer aufdringlicher und ich merke, wie er mit der Schnauze zwischen die Beine geht. »Was mache ich jetzt?« Ich war für einen Moment echt überfordert, denn mein*

*erster Impuls wäre [...] aggressives Verhalten gewesen und ich habe mir dann gedacht: »Komm, jetzt probiere es mal anders.« Und dann war die zweite Schwierigkeit für mich, dass das natürlich ein Mensch war, der da vor mir auf allen Vieren war und ich kann den ja jetzt nicht so behandeln wie einen Hund, streicheln wie einen Hund – das geht ja auch nicht. [...] Und dann ist es mir irgendwie eingeschossen: »Ich probiere es jetzt mal nett und freundlich.« Und so habe ich angefangen, ihn an der Schulter und am Rücken zu streicheln, ein bisschen wie einen Hund, sehr verhalten. Plötzlich wurde er immer ruhiger, [...] hat sich neben mich hingesetzt und ist ganz ruhig sitzen geblieben. Solange ich meine Hand auf seiner Schulter gelassen habe, war er ganz ruhig, ist wie ein braver Hund sitzen geblieben und ich habe mir gedacht: »Siehst, es war gut, dass ich ihn nicht weggestoßen habe.«*[222]

5. *Ja, und das mit den Hundschen ... Ich meine, das ist jetzt mein ganz persönliches Ding, dass ich mit Hunden aufgewachsen bin und von klein auf mit den Hunden am Boden gelegen bin und für mich selber immer gesagt habe, also wenn, dann bin ich am ehesten wie ein Hund. Ich war meinem Hund, dem Jockey, sehr, sehr nahe. Mama hat mich schon als kleines Baby auf die Hundedecke gelegt. [...] Es gibt Fotos, wie der Hund bei mir sitzt und meine Hand hält und stundenlang beim Baby sitzt und aufpasst. Von daher war mir diese Thematik körperlich nicht fremd.*[223]

6. *Dann gab es da eine Abrichtung und zwar von dem Hundsch Pax. Sie haben ihn komplett ausgezogen und einen Zuschauer [...] aus dem Publikum geholt und ihn gebeten, den Pax zu waschen. Und ja, man hat ihm natürlich schon angesehen, dass er sich jetzt in dieser Situation vor den vielen Menschen in seiner Rolle nicht so wohlgefühlt hat. [...] Also der Pax hat sich dann aufgrund seiner Angst eingepinkelt und die Zuschauer drum herum standen alle da und haben geguckt. Ich inklusive. Dann haben sie ihn ans Bett gefesselt und wollten ihn waschen und er hat sich natürlich gewehrt. Es endete im Prinzip damit, dass er eine von den Wärterinnen ins Bein gebissen hat, und sie ihn dann wieder in seinen Käfig gesperrt haben. Was ich in dieser Situation erschreckend fand beziehungsweise wo ich mich selbst komisch gefühlt habe, war: Ich wusste zum einen, es ist so gewollt, dass diese Situation so existiert und wahrscheinlich auch, dass die Reaktionen der Zuschauer dabei angeschaut werden sollen. Zum anderen dachte ich mir: »Eigentlich sollte man irgendwas sagen.« Ich habe mich dagegen entschieden, weil ich das Gefühl hatte, dass das jetzt eben keine reale Situation ist und*

*das wahrscheinlich nur so gezeigt werden soll. [...] Ich glaube, die Situation hat sehr viele Leute zum Nachdenken gebracht hat. Und der junge Herr, der den Pax waschen sollte, hat danach, glaube ich, auch erst mal drei Wodka-Shots getrunken und eine Zigarette geraucht, also der war komplett fertig mit den Nerven.*[224]

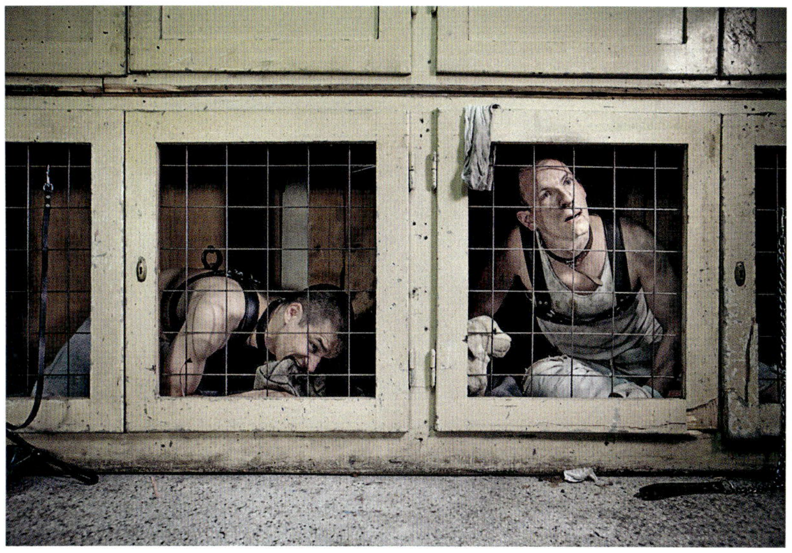

Die beiden Hundsche Sturmi (Martin Heise, links) und Pax (Frederik von Lüttichau, rechts) im Käfig des hauseigenen Zwingers von Canis Humanus e.V., Foto: Erich Goldmann

7. *Wir sitzen gemeinsam auf der Pritsche vor Pascoal (Raphael Souza Sá). Mit seinen Fingern isst er Stücke frisch gebratener Leber aus einem Napf. Die Ecke ist düster und kalt – der mit Abstand ungemütlichste Ort im Haus. Pascoal sieht ungepflegt aus: schwarze Flecken im Gesicht, eine graue Jeansweste, die mal weiß gewesen sein muss, auch die freiliegenden muskulösen Arme haben etliche schwarze Flecken. Am unangenehmsten sind die Binden, die er um seine Hände gewickelt hat, die Schmutz aus mehreren Wochen in sich aufgenommen zu haben scheinen. Pascoal und Nina (Signa Köstler) sind hier in dieser Flurnische mit schweren Ketten an den Fußfesseln festgebunden. Beide wirken aggressiv. Nachdem Pascoal aufgegessen hat, nimmt er einen Schluck Wodka und kommt dann ganz unvermittelt auf mich zu, packt mich mit seiner linken Pranke am Hals, nähert sich meinem Gesicht so nah, dass ich die Leber und den Alkohol aus seinem Mund rieche. Ich merke, wie sich mein Körper versteift, wie Panik bahngreift. [...] Immer noch ganz nah vor meinem Gesicht schmiert mir seine Hand übers Haar und platziert eine weitere Beleidigung.*[225]

8. *Die Wölfe waren insofern arg, weil sie einen doch schon ziemlich direkt angegriffen haben. Sie haben einen – ich will jetzt nicht sagen »in den Schwitzkasten genommen«, aber irgendwie war es das schon. Es war krass. Ich habe auch nicht versucht, mich zu wehren. Viel weiter hätten sie nicht gehen dürfen, auch wenn du da so einen Elektroschocker*[226] *bei dir hast. Ich habe den nicht benutzt, aber wenn das noch länger gedauert hätte oder noch etwas ärger gewesen wäre, dann vielleicht.*[227]

Die Miniaturen zeigen bereits deutlich, in welchem Maße körperliche Berührungen in *Wir Hunde* als Strategie zur vereinnahmenden Publikumsinvolvierung eingesetzt werden. Dabei lassen sich drei markante Differenzen beobachten, welchen es in den Analysen genauer nachzugehen gilt: a) Der körperliche Erstkontakt zwischen Zuschauer*innen und Hundschen wird gezielt anders hergestellt als der zwischen Zuschauer*innen und anderen Vereinsmitgliedern (vgl. Miniaturen 1 – 5). b) Während die Berührungen von Hundschen in der Tendenz trotz Überforderung als angenehm empfunden werden, werden die Berührungen von Wolfshundschen zuvorderst als Bedrohung wahrgenommen (vgl. Miniaturen 7 und 8). c) Die Art und Weise, wie Zuschauer*innen mit den Hundschen in Kontakt treten, variiert je nach (affekt-)biografischer Prägung des individuellen Verhältnisses zu Hunden (vgl. Miniaturen 2 und 5).

Erreichen Zuschauer*innen den Spielort, kommt zunächst ein*e Mitarbeiter*in der Wiener Festwochen auf sie zu und händigt ihnen im Austausch gegen das Theaterticket eine Visitenkarte aus, auf der »Einladung zu einem Tag der offenen Tür bei Canis Humanus« steht. Dann müssen die Gäste auf der Straße warten, bis sich die Eingangstür öffnet. Dort erscheinen entweder Pax (Frederick von Lüttichau) oder Rex (Elvis Grezda) auf allen Vieren, mit nacktem Oberkörper und Halsband, aufgeregt bellend. Zita (Sophia Hussain) hält den jeweiligen Hundsch an einer Leine dicht bei sich und weist ihn in autoritärem Ton zurecht, Ruhe zu geben. Jede*r Zuschauer*in passiert die Türschwelle einzeln und muss zunächst erst einmal ganz nah an Pax/Rex und Zita vorbei. Bereits hier kommt es für viele Zuschauer*innen zu einer ersten Berührung mit einem Hundsch. Indem der Verein entscheidet, die Begrüßung nicht mit einem ihrer zahmen Hundsche, sondern just mit zwei der »wildesten«, die sich noch in der Abrichtung befinden, durchzuführen, erzeugen sie noch vor dem Betreten weiterer szenischer Räume eine Stimmung latenter Bedrohung, die Zuschauer*innen mit den Worten »Beklemmung« (UF 2017), »Beunruhigung« (GF 2017), »Verunsicherung« (AB 2017) und »Angst« (LS 2017) umschreiben.

Mit Betreten des Gebäudes kommen von allen Seiten weitere menschliche Vierbeiner auf die Gäste zu, von denen man zunächst nicht wissen kann, wie zahm sie sind. Wie in Miniatur 1 beschrieben, wird im Flur zunächst jede*r der siebzig Gäste einzeln per Handschlag und namentlicher Vorstellung durch Iwan Hinghaus begrüßt und das Stiegenhaus hoch zum Versammlungssaal geschickt. Das erste Begegnen mit den Vereinsmitgliedern gehorcht der sozialen Etikette und den Regeln der Gastfreundschaft. Mit Ausnahme der konventionalisierten Geste eines Handschlags zur Begrüßung wahrt man körperliche Distanz zueinander. Da die Zeit im Mikrokosmos genauso voranschreitet wie die außertheatrale Realität der Zuschauer*innen, werden Mehrfachbesucher*innen von Zita und Iwan als Wiederkehrer*innen erkannt und in diesem Fall als Zeichen der Zugehörigkeit abweichend mit einer herzlichen Umarmung bedacht.

Wie Miniatur 2 und 3 darlegen, kommt es im Versammlungsraum zu einem ersten intensiveren und längeren Kontakt zwischen Zuschauer*innen und Hundschen. Im oberen Stockwerk des Gebäudes angekommen, werden die Zuschauer*innen an verschiedenen Tischen platziert, die den einzelnen im Vereinsgebäude lebenden Familien zugeordnet sind. Dort bekommen sie ein Begrüßungsgetränk im Plastik-Sektglas gereicht und warten, bis die Runde vollständig ist. Diese Wartezeit ist dafür vorgesehen, dass die Hundsche der jeweiligen Familien mit den Zuschauer*innen in Kontakt treten. Dies erfolgt relativ unvermittelt. Da die meisten Hundsche auf allen Vieren laufen, suchen sie zuerst mit dem Kopf Kontakt, berühren die Gäste zunächst entweder am Arm oder am Bein. Dann streichen sie mit einer ›Schnüffel‹-geste mit der Nase oder mit ihrem Haar weitere Körperpartien entlang oder beginnen auch damit, einen Hautbereich abzulecken. Allein diese Situation kann insbesondere SIGNA-unerfahrenes Publikum bereits in hohem Maße irritieren (vgl. Miniaturen 2 bis 4). Noch heikler wird es, wenn sich die Hundsch-Darsteller*innen weiter nähern und beginnen, sich zwischen den Beinen Körperkontakt zu gegebenenfalls (noch) intimeren, schambesetzteren Bereichen zu verschaffen (vgl. Miniaturen 3 und 4).[228]

Die Überforderung, die sich in dieser ersten Hundsch-Begegnung einzustellen vermag, liegt zum einen daran, dass hier aktiv die persönliche Intimitätsgrenze überschritten und eine Berührung provoziert wird, die die körperliche Distanz zweier unbekannter Menschen, wie man sie im sozialen wie auch im Theaterkontext vorsieht, unterminiert. Zum anderen besteht die Überforderung auch darin, dass es eben kein Hundekörper ist, der sich physisch annähert, sondern ein

Menschenkörper, der sich wie ein Hund gebärdet. Dies macht es für Zuschauer*innen zunächst schwierig, adäquat zu reagieren: Wird man aufgrund der Übergriffigkeit aggressiv oder streichelt man den Hundsch (vgl. Miniatur 4)? Bezieht man die anderen Zuschauer*innen über Blicke oder Worte mit ein (vgl. Miniatur 3)? Oder bittet man die umstehenden Vereinsmitglieder um Rat, wie man sich am besten verhalten solle?

Aus den Interviews geht hervor, dass affektive Dispositionen im Hinblick auf Vorgeschichten des Affizierens und Affiziert-Werdens zwischen Mensch und Hund hier wesentlich darauf Einfluss nehmen, wie die Zuschauer*innen mit dieser Situation umgehen. Diejenigen Zuschauer*innen, die im außertheatralen Kontext eine enge Bindung zu Hunden haben, haben in der Regel die Hundsche mit ihren Gebärden viel zügiger als Hund gelesen, akzeptiert und mit entsprechenden Verhaltensmustern (streicheln und/oder in einem eher kindlichen Ton an- oder zusprechen) reagiert (vgl. Miniatur 5). Diejenigen, die Angst vor Hunden haben, haben diese Angst, die von der Eintrittsbegegnung mit Pax/Rex noch gesteigert wurde, nolens volens auch auf Hundsche übertragen und zeigten sich deshalb bemüht, sie zu schneiden oder sich von ihnen fernzuhalten (vgl. Miniatur 2). Hier haben Zuschauer*innen also ganz im Sinne der anthropologischen Maschine Agambens eine Relation über Differenz hergestellt, indem sie die Hundsche trotz ihrer Wesenheit als innerfiktionale Transspezies als Hund *geframed* und entsprechend behandelt haben. Dies reicht auch noch in das Nachleben der Aufführung hinein, wenn in den Interviews nicht von Pepsis Mund, sondern seiner »Schnauze« (vgl. Miniatur 4) oder nicht von Pax, sondern von »der Pax« (vgl. Miniatur 6) die Rede ist.

Im Verlauf der Aufführung erhält man als teilnehmende*r Zuschauer*in über die jeweiligen Aufenthalte bei den Familien und im Zwinger immer mehr Einblick in die innerdiegetisch geltenden Beziehungsweisen von Hundsch und Mensch. Dabei lernt man nicht nur, dass die meisten Hundsche im Haus nur deshalb so zahm und anschmiegsam sind, weil sie vorab im Zwinger auf genau dieses Verhalten abgerichtet worden sind, und dass diejenigen Hundsche, die dauerhaft im Zwinger leben, »Problemfälle« darstellen. Sondern man erfährt auch, dass Hundsche, obgleich sie einen menschlichen Körper haben, ihren menschlichen Besitzer*innen untergeordnet sind. Sie seien »gleichwertig, aber nicht gleichberechtigt« heißt es in der »Definition Hundsch« des Vereins.[229] Hundsche werden innerdiegetisch als hilfsbedürftig und vom Menschen abhängig *geframed*. Es heißt auch, dass sie außerhalb des Vereinsgebäudes von der Mehrheitsgesellschaft diskriminiert, ausgegrenzt oder regelrecht bedroht würden. Hinzu kommt, dass Vereinsmitglieder nicht nur Hundsche unter ihren Kindern haben, sondern dass es auch Mensch-Hundsch-Partnerschaften im sexuellen wie auch romantischen Sinne zu geben scheint.[230] Aufgrund der Tatsache, dass nicht alle Hundsche das Vermögen besitzen, sich verbal mit Sprache auszudrücken, und einige zudem den Anschein erwecken, z. T. nicht nur körperlich, sondern auch geistig abgerichtet worden zu sein, steht bei manchen Situationen auch der Verdacht von Missbrauch im Raum.

Die Tatsache, dass die Hundsche mit den Zuschauer*innen gleich zu Beginn in Körperkontakt treten, eine Berührung suchen und damit zum Ausdruck bringen, als Hundsche durchaus auch ihrerseits berührt werden zu wollen, framed sie für den Verlauf des Besuchs im doppelten Sinne als *an-greifbar*. Zum einen markieren sie damit innerfiktional ihren Transspezies-spezifischen Interaktions- und Kommunikationsmodus, der sich primär körpersprachlich über Berührungen und eben nur sekundär verbal abspielt und sie deshalb für die Zuschauer*innen innerhalb des Aufführungsgeschehens quasi permanent körperlich anspielbar macht. Zum anderen macht der berührungsfixierte Kommunikationsmodus die Hundsche innerfiktional wie auch außerfiktional im Hinblick auf die Darsteller*innen-Körper jener, die Hundsche spielen, für die Dauer der Aufführung besonders angreifbar, insofern sie permanent körperlichen Berührungen und damit auch potentiell *übergriffigem* Verhalten ausgesetzt sind. D. h., dass ihre Körper mit Aufführungsverlauf (und das über mehrere Wochen Spieldauer) seitens ihrer Mitspieler*innen wie auch seitens unbekannter Zuschauer*innen Berührungen ausgesetzt sind, die im Rahmen einer vorgestellten Mensch-Tier-Relation möglicherweise angemessen sind, angesichts der realen, menschlichen Körperlichkeit und der Idee einer Transspezies allerdings auch als degradierend und übergriffig erfahren werden können – gerade wenn man Geschlechterverhältnisse miteinbezieht. Lange Streicheleinheiten oder Berührungen an bestimmten Körperregionen können angesichts der Tatsache, dass sie eben den phänomenalen Leib der Darsteller*innen betreffen, die Grenzen aber innerdiegetisch vom semiotischen Körper des Hundschs vorgegeben werden, sexuell aufgeladen werden. Vermutlich wird Hundschen deshalb innerdiegetisch vom Verein auch eine animalische, triebgesteuerte Sexualität zugesprochen, die legitimieren soll, was im Verein z. B. in der Familie des Hausverwalters Wieland Kalthof (Hans-Günter Brünker) stattfindet: sexueller Missbrauch.

Ethisch problematisch sind deshalb auch Situationen, in denen sich Hundsche Körperkontakt von den Zuschauer*innen über *Berührungsangebote* erbitten und damit ihre Unterwürfigkeit und potentielle körperliche Verfügbarkeit innerfiktional bekräftigen und außerfiktional zur sozial-relationalen Aushandlung stellen. So hat mir z. B. Viki (Marie S. Zwinzscher) als junge Frau, die gerade für sich entdeckt hat, auch als Hundsch leben zu wollen, ihr nackte Brust in einem *One-on-One* mit der Bitte entgegengehalten, sie auf einen Knoten abzutasten.[231] Pax hat in einem *One-on-One*, das wir in äußerster körperlicher Nähe in seinem Käfig im Zwinger verbracht haben, eine intensive Flirtszene forciert, in der er mir mehrfach sagte, wie gerne er mit mir schlafen wolle. Und Wolfshundsch Nina hat von einer Zuschauerin erbeten, dass sie ihr einen Geldschein aus ihrer freiliegenden Vulva herausziehen möge (vgl. KR 2017). Auch hier erspielen die Darsteller*innen mit ihren Berührungsangeboten einen Haltungsdruck seitens der involvierten Zuschauer*innen, der je nachdem, ob und in welchem Maße die Angebote angenommen werden, die Hundsch-Mensch-Relation sowie auch die Zuschauer*innen-Darsteller*innen-Relation mitformieren. Innerfiktional, weil damit die Verfügbarkeit der Hundsch-Körper bestätigt wird, und außerfiktional, weil es in diesem Moment zu einer gewissen, wenn auch seitens der Darsteller*innen kalkulierten und in Kauf genommenen Übergriffigkeit auf ihren phänomenalen Leib kommt. Dass dies passieren kann und darf und wo für jede*n einzelne*n Darsteller*in jeweils die Grenzen liegen, wird vorab im Probenprozess kollektiv besprochen und in einer Liste für alle verbindlich fixiert.[232]

Die bisherigen Ausführungen legen nahe, dass durch die haptisch-taktile Involvierung des Publikums in *Wir Hunde* über verschiedene Berührungsformen innerfiktional der soziale Status, wie er im Mikrokosmos gilt, festgelegt und innerhalb der Wirklichkeitssimulation zugleich auch zur sozial-relationalen Aushandlung gestellt wird. Wie auch schon in *Das Heuvolk* finden sich Zuschauer*innen mehr oder minder unfreiwillig in der Rolle von Kompliz*innen wieder (vgl. Kap. 4.4). Denn Hundsche wie Hunde zu behandeln, und sie auch ein Stück weit zu infantilisieren[233], scheint etwas zu sein, das die Mitglieder im Verein für sich als ›normal‹ und angemessen etabliert haben. Nimmt man die Idee einer Transspezies allerdings ernst, dann sollten ja gerade auch andere Umgangsweisen denkbar sein. Und es überrascht und enttäuscht zuweilen, dass der Verein selbst gescheitert zu sein scheint, diese aktiv auszubilden. Indem sich Zuschauer*inen dem im Verein vorgelebten Reaktionsepertoire, Hundsche entweder wie Hunde, wie Kinder oder, wie im Fall der Wolfshundsche, als gesellschaftlich Aussätzige zu behandeln, anpassen, wirken sie am Erhalt der etablierten Machtasymmetrie mit.

Unglücklicherweise scheint die innerdiegetisch betrachtete, komplizenhafte Vereinnahmung bei denjenigen am stärksten auf, die eine enge, emotionale Bindung zu Hunden mitbringen und deshalb zügig ein Vertrauensverhältnis zu Hundschen aufbauen und sich dabei unbeabsichtigt der Möglichkeit verschließen, die Transspezies in ihrer Eigenheit kennenzulernen. Mit ihrem Verhalten bekräftigen sie die soziale Hierarchie, die von den menschlichen Vereinsmitgliedern durchgesetzt wurde, nach welcher die Hundsche trotz ihres menschlichen Körpers nicht als gleichberechtigt gelten. Ihre affektive Disposition, die sich in einer liebevollen Zuwendung zu den Hundschen, als seien sie Hunde, manifestiert und sie situativ vereinnahmt, ist bei ihnen so stark wirksam, dass eine andere Re-Aktion situativ verunmöglicht wird.[234]

Bei einer großen Gruppe von Zuschauer*innen – so auch bei all meinen Interviewpartner*innen – haben die ersten Hundsch-Begegnungen und ihre dazugehörigen Berührungsereignisse affektiv einen Haltungsdruck erzeugt, der sie situativ vereinnahmte. Während ein Zuschauer seine affektive Disposition, aggressiv zu reagieren, unmittelbar reflektierte und nach einer anderen Weise des Re-Agierens suchte (vgl. Miniatur 4), war es für eine andere Zuschauerin nicht die Berührung selbst, die unangenehm war, sondern die mit der Berührung eröffnete Situation, sich zu dieser verhalten zu müssen (vgl. Miniatur 3). Bei mir hat sich in dem Moment, in dem mein Arm sich regte, um Pepsi über den Rücken zu streicheln, die Frage aufgedrängt, ob das wirklich die angemessene Reaktion auf seine Annäherung sein kann. Meine affektive Disposition drängte mich zum Innehalten und rationalen Abwägen meines Tuns.

Meines Erachtens zeigt sich hier, wie Affektivität und Reflexivität beim Erleben immersiver Theateraufführungen zusammenhängen, wie eine Situation affektiver und/oder kognitiver Vereinnahmung unmittelbar zum Gegenstand einer Selbstreflexion werden kann. Ich vertrete dabei die These, dass dies im Wesentlichen damit zusammenhängt, dass Zuschauer*innen und Darsteller*innen im immersiven Aufführungsdispositiv ein sozial-relationales Gefüge ausbilden, das sie alle innerhalb der behaupteten diegetischen Welt durch Handlungen, Bewegungen, (Vor-)Geschichten, Blicke, Emotionen und Körperwissen miteinander verknüpft. Dadurch wird das eigene Wahrnehmen, Reagieren und Empfinden immer auch an dem der anderen ausgerichtet und von diesen mitbestimmt.[235] Im immersiven Dispositiv ist das eigene Tun stets auch den Blicken und Re-Aktionen anderer ausgesetzt und wird auf diese Weise sozial reguliert und kontrolliert. Selbst im *One-on-One* gibt es das Darsteller*innen-Gegenüber, das als Figur das eigene Verhalten spiegelt, kommentiert oder auch reglementiert.

In den beschriebenen Situationen wird durch eine körperliche Berührung ein vereinnahmendes Affekt-Ereignis in Gang gesetzt, das eine Re-Aktion des Gegenübers einfordert. Als innerdiegetisch betrachtet erste intensivere Begegnung mit einem Vertreter der Transspezies Hundsch führt sie den involvierten Zuschauenden gleichsam ihre erste Reaktion auf ein unbekanntes, gegebenenfalls noch nicht einordbares Phänomen vor. Jede einzelne Reaktion – ob direktes Streicheln (GF 2017), hilflose »Stopp«-Rufe (LS 2017), langsames Annähern und Abwägen (AS 2017), eine Anrede im infantilisierenden Sprechduktus (KR 2017), begeistertes Staunen (UF 2017) oder auch schlichtes Ignorieren – bekommt hier situativen Aufführungscharakter. Denn das unmittelbare Reagieren wird nicht nur von den beisitzenden anderen Gästen, sondern auch von den Darsteller*innen beobachtet, registriert und kann einem auf diese Weise selbst auffällig gemacht werden. Affizierungsdynamiken werden hier gezielt her- und ausgestellt. Und aufgrund ihrer situativen Produziertheit können sie direkt in Prozesse der Reflexion übergehen und eigenes Urteilen, Empfinden und Reagieren zum Gegenstand der relationalen Selbstbetrachtung machen. Was ist es, was mich so oder so reagieren lässt? Welche Vorgeschichten, Vorbehalte oder Dispositionen haben am Zustandekommen ebendieser einen körperlichen Reaktion, die eine bestimmte Beziehungsweise zum Gegenüber konstelliert, in situ mitgewirkt?

### 4.5.2 Affektive Dynamiken des körperlichen Ausgesetzt-Seins

Innerhalb der Gruppe der Hundsche nimmt der Verein eine Binnendifferenzierung zwischen a) bereits abgerichteten, b) noch abzurichtenden Hundschen und c) nicht abrichtbaren Wolfshundschen vor. Mit Letzteren kommen Zuschauer*innen vor allem bei ihrem Besuch im Zwinger in Berührung. Zum Zeitpunkt der Tage der offenen Tür befinden sich drei Hundsche in der Abrichtungsphase: Pax, Sturmi (Martin Heise) und Schnucki (Camilla Lønbrink). Zudem sind im Zwinger die beiden Wolfshundsche Nina und Pascoal untergebracht. Gäste können während ihres Besuchs bei »Canis Humanus e.V.« insgesamt sechs Wohnzimmer von sechs Familien besuchen sowie an den Workshop-Angeboten im Versammlungssaal teilnehmen. In der Broschüre, die jedem Gast bei der Begrüßung ausgehändigt wird, ist für jeden eine fixe Besuchszeit für den Zwinger notiert. Dies ist also der einzige Raum, der nicht einfach nach Belieben besucht werden kann, sondern einem ausschließlich mit Termin offensteht.

Der Zwinger befindet sich im Erdgeschoss und sein Besuch ist mit der Einhaltung strenger Regeln verbunden. Über diese Regeln wird durch die Suggestion potentiell gefährlicher Situationen, die eintreten können, bereits vorab eine bestimmte Erwartungshaltung und emotionale Anspannung beim Publikum produziert. Im Gegensatz zu dem körperlichen Umgang, den man zumindest mit den zahmen Hundschen bis zu diesem Zeitpunkt hatte, gilt hier nun zum eigenen Schutz ein explizites Berührungsverbot. Nach der mündlichen Einweisung und dem Betreten des düster-farblosen Raums, dessen kalter Steinboden als Einziges in diesem Haus nicht mit einer Teppichware ausgelegt ist und der zuvorderst aus absperrbaren Einheiten und Käfigen besteht, führt Zwingerleiter Jimmy Vorwerk (Michael Pöpperl) die Besucher*innen in die Benutzung der Elektroschockpistolen (*Taser*) ein. Jimmy und Zita leiten sämtliche Abläufe im Zwinger mit autoritärem Ton und zeichnen sich für die Durchführung der »Fütterung«, »Körperpflege« und »Abrichtung« verantwortlich. Die meisten Zuschauer*-innen werden bei ihrem Besuch Zeug*innen einer Abrichtungsszene – entweder von Pax, Schnucki oder Sturmi. Darüber hinaus bleibt etwas Zeit, die Wolfshundsche in ihrer Nische zu besuchen, an den Käfiggittern mit den eingesperrten Hundschen in Kontakt zu treten oder in der abgetrennten Wohnzimmer-Ecke mit Assistentin Jolanta (Siri Nase) ins Gespräch zu kommen. Während der Graf im obersten Stock ein etwa 100 Quadratmeter großes Schlafzimmer für sich alleine hat, hausen hier unten auf engstem Raum bis zu zehn Menschen und Hundsche gleichzeitig. Um Zuschauer*innen möglichst viele *One-on-Ones* anbieten zu können, dürfen maximal zehn Gäste für etwa zwanzig Minuten gleichzeitig in den Zwinger. Es steht allen Zuschauer*innen frei, den Zwinger jederzeit vorzeitig zu verlassen.

Die Abrichtung der Hundsche ist Teil ihrer Domestizierung. Die Hundsch-Besitzer*innen kolportieren, dass Hundsche »von Natur aus eher wild«[236], aggressiv und regellos seien und deshalb für das gemeinsame Mensch-Hundsch-Leben erst vorbereitet werden müssten. Die Wolfshundsche Nina und Pascoal stehen dabei für besonders widerständige Hundsche, die sich weder abrichten noch unterwerfen lassen.

Sie werden vom Grafen geduldet, solange sie sich selbst anketten, um sich und andere Vereinsmitglieder zu schützen. Die Miniaturen 7 und 8 beschreiben Eindrücke von Wolfshundsch-Begegnungen und schildern, wie die Publikumsinvolvierung auch hier insbesondere durch Gesten der Berührung in Gang gesetzt wird. Diese verlaufen ähnlich übergriffig wie zu Aufführungsbeginn im Versammlungssaal, allerdings noch einmal deutlich gewaltvoller. Körperliche Aggression paart sich vor allem bei Pascoal mit verbaler Wut und einem Hang zu Beleidigungen (vgl. Miniatur 7).

In der Nische von Pascoal und Nina wird den Zuschauer*innen einiges abverlangt. Mir fiel es bei aller Faszination für die Konsequenz der Darstellungsweise und die Raumgestaltung schwer, mich ihnen länger auszusetzen und auf diese Weise mehr über ihr innerdiegetisches Schicksal zu erfahren. Über die Wochen der stattfindenden Aufführungen von *Wir Hunde* hatte sich über Rezensionen und sich untereinander austauschendem SIGNA-Publikum herumgesprochen, wie »heftig« und »extrem« die Szenen im Zwinger seien, was wiederum dazu führte, dass einige Besucher*innen vorab eingeschüchtert und verängstigt waren und sich den Begegnungen im Zwinger entweder nicht mehr unbefangen oder gar nicht erst aussetzen konnten.[237]

Damit wird außerfiktional eine affektive Dynamik der Stigmatisierung in Gang gesetzt, die innerfiktional mit der Ausgrenzung von Nina und Pascoal korreliert. Fast alle Vereinsmitglieder sind schlecht auf die Wolfshundsche zu sprechen, äußern ihre Sorge, dass sie mit ihrem aggressiven Verhalten die Existenz des Vereins gefährden könnten. Dadurch spürt man als Gast auch außerhalb des Zwingers, wie ein machtvolles System aus Vorurteilen, negativen Erzählungen und Gerüchten zu einer pauschalen Marginalisierung und Ausgrenzung der Wolfshundsche führt. Und es zeigt sich, wie – im Sinne Sara Ahmeds – bestimmte Körper (nämlich die der Wolfshundsche) mit bestimmten Emotionen (Angst, Ablehnung, Wut) ›verklebt‹ werden (vgl. Kap. 4.3). Zuschauer*innen werden ihrerseits von den Geschichten und Gerüchten affiziert und vereinnahmt, sodass sie Nina und Pascoal gar nicht erst aufsuchen und sich dadurch die Option verbauen, sie selbst kennen und be-greifen zu lernen. In der Diegese stellen Wolfshundsche »gefährdete Leben« (Butler, 2005) dar. Sie repräsentieren Körper, die durch alle Raster von Norm, Recht und Ordnung fallen, die ausgegrenzt, stigmatisiert und im Gegensatz zu den abgerichteten Hundschen nicht als Transspezies anerkannt und deshalb unwürdig wie Tiere in Käfigen und an Ketten gehalten werden. Dies führt dazu, dass Gewalt, die ihnen widerfährt, in Gegengewalt umschlägt. Wolfshundsche sind nicht wie die gezähmten Hundsche für Gäste permanent an-*greifbar* (vgl. Kap. 4.5.1), sondern der Verein sorgt dafür, dass sie den Zuschauer*innen temporär buchstäblich *ausgesetzt* sind. Denn ihnen dürfen Gäste ausschließlich mit einer Waffe begegnen, während sie selbst angekettet sind. Der Affizierungsgrad ist durch die Gerüchte, die strengen Regeln und die per se sehr aufgeheizte Atmosphäre im Zwinger besonders hoch.

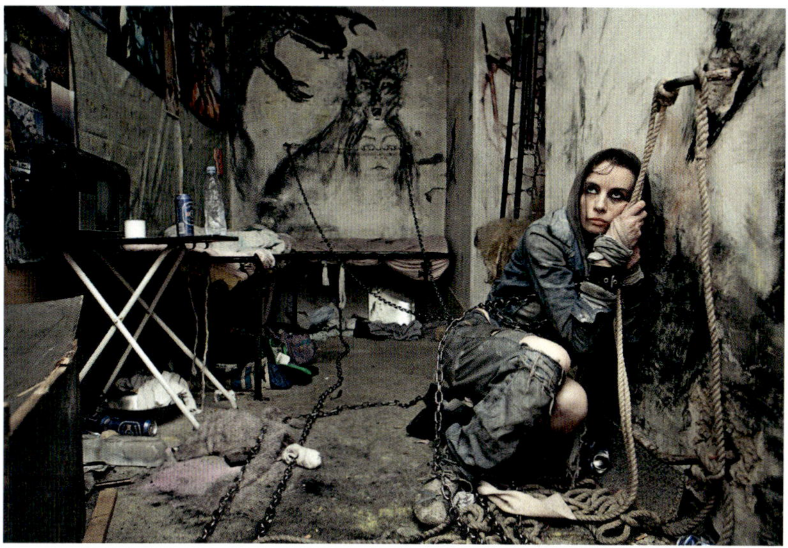

Signa Köstler als geduldeter Wolfshundsch Nina im Zwinger, Foto: Erich Goldmann

Wiederum werden Zuschauer*innen von der im Mikrokosmos waltenden Gewaltspirale vereinnahmt, indem es ihnen nur erlaubt wird, die Wolfshundsche zu besuchen, wenn sie den *Taser* mit sich führen. In den Interviews wurde mir vielfach beschrieben, wie Zuschauer*innen ein Problem damit hatten, eine solche Waffe, die sie zuvor noch nicht in den Händen hielten, überhaupt anzufassen, geschweige denn eingeschaltet an sich zu nehmen (vgl. EW 2018, LS 2018, KR 2016). Einige haben sie schnell in einer Hosen- oder Jackentasche verstaut (vgl. NA 2016, KR 2016), andere haben sie im Modus der Alarmbereitschaft mit in die Begegnungen hineingetragen (vgl. RK 2018). Signa Köstler berichtete im öffentlichen Publikumsgespräch zu *Wir Hunde*, dass die meisten Zuschauer*innen von den Elektroschockpistolen keinen Gebrauch gemacht haben, dass es aber einige wenige gab, die sie sehr wohl – und dann meist auch mehrfach – zum Einsatz haben kommen lassen. In diesem Zusammenhang beschrieb sie auch, wie sie dann versucht habe, die Wut darüber und den physischen Schmerz ihrer Figur Nina zu widmen, wodurch diese noch aggressiver und menschenverachtender wurde.

Die Begegnungen zwischen Zuschauer*innen und Wolfshundschen kommen als Aushandlungsprozesse innerhalb der Wirklichkeitssimulation in den Blick, bei denen die Darsteller*innen sich körperlich selbst ein Stück weit aufs Spiel setzen, indem sie die Gäste mit groben Berührungen, Beleidigungen und Gesten (vgl. Miniatur 7) taktieren, reizen und provozieren, bis einige wenige keinen anderen Weg sehen, als sich mit dem *Taser* gewaltsam zu verteidigen. Es zeigt sich hier, wie ein materieller Gegenstand maßgeblich Anteil am Affektgeschehen hat. Auf einmal haben Zuschauer*innen funktionstüchtige Geräte in der Hand, mit denen sie nicht nur die Hundsche, sondern auch andere Menschen verletzen könnten. Über die *Taser* manifestiert sich eine Situation, in der im Grunde alle einander ausgesetzt sind. Und es zeigt sich, welche Form der Provokation bei einigen (wenigen) bereits ausreicht, um von dem Gerät trotz des Wissens um den Theaterrahmen Gebrauch zu machen und damit eine Verletzung eines Darsteller*innen-Körpers in Kauf zu nehmen. Obwohl im Zwinger auch andere ›wilde‹ Hundsche sind, suggeriert der Verein mit dem *Taser*-Zwang, der nur für die Wolfshundsch-Nische gilt, dass es sich vor allem bei ihnen um eine gefährliche und inhumane Spezies handle, der entsprechend auch mit inhumanen Methoden – wie den Ketten und *Tasern* – begegnet werden müsse. Die Möglichkeit für Zuschauer*innen, Nina und Pascoal voreingenommen zu begegnen und sich ein eigenes Bild von ihnen zu machen, wird durch das rigide Regime des Vereins, deren Mitglieder in der anthropologischen Maschine feststecken, so gut wie unmöglich gemacht.

Im Zwinger kommt es mit den innerfiktionalen Abrichtungen noch zu weiteren Situationen des gegenseitigen Sich-einander-Aussetzens und Ausgesetzt-Seins. Wie in Miniatur 6 ausgeführt, findet im Zwinger regelmäßig eine Schau-Abrichtung vor den Gästen statt. Bei dieser ist vorgesehen, dass der entsprechende Hundsch für die als notwendig erachtete Körperpflege auf einer Pritsche mit herausstehenden Schrauben und Drähten befestigt wird. Das Publikum steht zunächst im Kreis um die Szene herum. In der Regel wird ein*e freiwillige*r Zuschauer*in von Zita gebeten, zu assistieren, entweder beim Ausziehen der Hose oder der Reinigung selbst. Was insofern zu einem gewaltsamen Akt wird, an dem der*die freiwillige Zuschauer*in beteiligt wird, weil sich die Hundsche heftig zur Wehr setzen. In einer Abrichtung mit Pax, die ich miterlebt habe, kippte er völlig außer sich die Waschschüssel um, schlug nach Zita und dem assistierenden Gast, kläffte laut, pinkelte sich ein oder sendete flehend-hilflose Blicke in die Gruppe der Zuschauer*innen. Für den*die unbeteiligte*n und doch involvierte*n Zuschauer*in kommt es hier zu einer neuralgischen SIGNA-Situation, in der man zum*zur unmittelbaren Zeug*in einer körperlichen Übergriffigkeit wird. Zu dieser müsste man sich nach außerfiktionalen Maßstäben und ethisch-moralischen Gründen eigentlich sofort einschreitend verhalten. Aus Respekt vor der Fiktion und der Spielvereinbarung sehen die meisten Zuschauer*innen allerdings davon ab (vgl. stellvertretend Miniatur 6).[238]

Die Komplizenschaft geht hier mit einer Erfahrung »affektiver Zeugenschaft« (Richardson/Schankweiler, 2019, S. 168f., dt. TS) einher. Denn Zuschauer*innen bezeugen nicht nur das in Szene gesetzte gewaltsame Abrichtungsprozedere, das durch die Diegese wie auch die produktionsästhetischen, internen Verabredungen legitimiert zu sein scheint, sondern auch die ausagierten Emotionen, Reaktionen und affektiven Dynamiken im Umgang mit dieser Situation voreinander. Als involvierte Zuschauerin kann ich in einer solchen Situation nicht nur beobachten, wie ein*e Darsteller*in, der*die einen Hundsch verkörpert, sich gegen eine aufgezwungene Reinigung zur Wehr setzt und ihr dadurch physische Gewalt widerfährt, sondern ich bezeuge auch, wie andere qua ihrer affektiven Dispositionen sich zu dieser Situation verhalten, wie sie ausweichen, weggucken, sich amüsieren, den Zwinger verlassen oder auch sich entschließen, einzugreifen.

Als ich mit einem Abstand von mehreren Wochen eine weitere Aufführung von *Wir Hunde* besuchte, war ich schockiert, als ich Pax und Zita wiedersah. Ihre Körper waren voll von Spuren gewaltsamer Berührungen: Zita (Sophia) hatte überall an Armen und Beinen blaue Flecke und Hämatome, Pax (Frederick) hatte eine verschorfte Wunde im Gesicht und ebenfalls mehrere kleine Wunden am Rücken. Sie so zu sehen, berührte mich ganz unabhängig von der Frage, ob ihnen diese Verletzungen nun innerfiktional freiwillig oder tatsächlich unfreiwillig zugefügt wurden. Denn ihre Hämatome und Wunden zeigten, in welcher Weise sich Darsteller*innen in einer SIGNA-Inszenierung körperlich (und auch psychisch) ihren Mitspieler*innen und auch dem teilnehmenden Publikum aussetzen.

Mit dem Fokus auf berührungsbezogene Modi der Publikumsinvolvierung am Beispiel von *Wir Hunde* kehrt sich deutlich die buchstäbliche »Übergriffigkeit« immersiven Theaters hervor. Die physischen Hundsch-Begegnungen überschreiten ganz gezielt Intimitätsgrenzen und provozieren Situationen, in denen Zuschauer*innen gleich zu

Aufführungsbeginn aus ihrer Komfortzone herausgerissen und dem Aushandeln einer Überforderung ausgesetzt werden. Bereits in diesen Situationen überschneiden sich, wie gezeigt werden konnte, zwei Ebenen der Vereinnahmung. Die eine betrifft das situative »in Beschlag genommen werden«, das je nach affektiver Disposition auf eine bestimmten Re-Aktion drängt, die wiederum – für den Fall, dass sie einem selbst auffällig wird – dazu führen kann, seinen eigenen Beitrag am Fortwirken der anthropologische Maschine im Hinblick auf eine machtvolle Mensch-Tier-Differenz zu realisieren; die andere betrifft das komplizenhafte Vereinnahmt-Werden, das erst über den Umweg der Einordnung des eigenen Tuns mit Blick auf die Diegese deutlich wird. Und es drückt sich darin aus, dass Zuschauer*innen, wenn sie auf das Berührt-Werden und die Berührungsangebote der Hundsche eingehen, damit deren untergeordneten Status in der Gemeinschaft des Vereins als im doppelten Sinne angreifbare Wesen bestätigen.

Bei der Analyse der berührungsbezogenen Publikumsinvolvierung in *Wir Hunde* wurde außerdem zum ersten Mal deutlich, dass die buchstäbliche Übergriffigkeit, derer sich teilnehmende Zuschauer*innen qua Aufführungsdispositiv aussetzen, in der geteilten Wirklichkeitssimulation nicht nur die eigenen Körper, sondern gerade auch die der Darsteller*innen betrifft. Auf diese Weise kommt in den Blick, dass nicht nur Zuschauer*innen immersiven Theaters vereinnahmt werden, sondern, dass auch Darsteller*innen auf verschiedenen Ebenen Vereinnahmungsprozessen ausgesetzt sind bzw. sich diesen gezielt aussetzen (vgl. dazu Mühlhoff, 2019b).

## 4.6 Involvierung über die affizierende Kraft von Zeichen, Diskursen und Bedeutungen in *3/Fifths – SupremacyLand* von Scruggs/Woodard

Die letzte Analyse fokussiert am Beispiel von *3/Fifths – SupremacyLand* von James Scruggs und Tamilla Woodard, wie Zuschauer*innen – ähnlich wie bei *Das Heuvolk* von SIGNA – zunächst über Handlungsaufträge an den verschiedenen Stationen in das Aufführungsgeschehen involviert werden. Prozesse der Vereinnahmung geraten bei *3/Fifths* wirkungsästhetisch erst dann in den Blick, wenn man die getätigten Handlungen in den Bedeutungshorizont der Diegese und ihrer Weltbezüge stellt. Als teilnehmende Zuschauer*in wird man an den Stationen in Situationen verwickelt, deren zugrunde liegende rassistische Struktur einem häufig erst während oder am Ende der jeweiligen Situation erkenntlich wird. Dabei sind es – jedenfalls nach der Auswertung meiner Aufführungserfahrungen – just die Momente des (Wieder-)Erkennens, Dekodierens oder wissensbasierten Einordnens bestimmter Zeichen, Symbole, Rhetoriken und/oder stereotyper Darstellungen und die mit ihnen verknüpften Bedeutungen und Empfindungen, über die sich die Involvierung in die Wirklichkeitssimulation zuvorderst ereignet. Im Grunde ist man als Zuschauer*in von *3/Fifths* bereits qua bloßer Teilnahme in die fiktionalisierte Repräsentation des machtvollen Systems Weißer Suprematie und ihrer rassistischen Ideologie eingelassen.

Eine erste Form einnehmender Publikumsinvolvierung findet gleich zu Beginn der Aufführung statt. Mit dem Akt eines *(Racial) Framings* werden für die Besucher*innen bestimmte Handlungsoptionen im fiktiven Themenpark festgelegt, die je nach zugeordneter Gruppe (*black/white*) variieren. Bereits während der darauffolgenden Willkommensrede, die Zuschauer*innen über den Themenpark und seine Regeln aufklärt, wird evident, wie das Aufführungsdispositiv von *3/Fifths* Zuschauer*innen körperlich, diskursiv und affektiv in einen Mikrokosmos einzubeziehen sucht, der von einer rassistischen Weltsicht fiktionalisierter weißer Suprematisten geprägt ist (4.6.1).

Die realisierte Dystopie eines offen rassistischen »Atrocity Carnival« in der theatralen Form des fiktiven Themenparks SupremacyLand steht über die verwendeten Zeichen, Symbole, Rhetoriken, Diskurse und Repräsentationsregime trotz aller Überzeichnung und Verdichtung im Weltverhältnis der Zuwendung zur außertheatralen Wirklichkeit der USA im Hinblick auf Geschichte und Gegenwart von Kolonialismus, Rassismus und struktureller Gewalt gegenüber der nicht-weißen Bevölkerung. Über die Analyse dessen, wie Mikrokosmos Themenpark und Makrokosmos USA sich zueinander verhalten, möchte ich zeigen, wie Zuschauer*innen als Teil des immersiven Aufführungsdispositivs über Handlungsaufträge, historische Referenzsysteme und die Konfrontation mit diskriminierenden Stereotypen sowohl situativ an den jeweiligen Stationen als auch auf einer von der Diegese abstrahierenden Metaebene von der rassistischen »Weltbetrachtungsmaschine« (Legnaro, 2000, S. 301) ›gekoppelt‹ und körperlich, affektiv wie diskursiv vereinnahmt werden (4.6.2). *3/Fifths* verdichtet in der Wirklichkeitssimulation für alle teilnehmenden Zuschauer*innen Erfahrungen mit der machtvollen Struktur von *Whiteness* und lässt sie am eigenen Leib spüren und reflektieren, in welchem Verhältnis sie selbst zu dieser stehen (4.6.3).

### 4.6.1 Black or White?

*Vor dem 3LD Arts and Technology Center in der Greenwich Street, Lower Manhattan. An der Glasscheibe des Eingangs hängt ein selbstgezeichnetes Schild mit der Aufschrift »SupremacyLand« und der Information, dass die Türen 15 Minuten vor Beginn geöffnet werden. Ich muss hier richtig sein. Durch die Scheibe sehe ich bereits eine Schwarze Performerin (Catherine Braxton), die sich am Empfangsschalter einrichtet. Nach Betreten des Gebäudes sehe ich, dass sie einen Blindenstock bei sich hat und eine dunkle Sonnenbrille trägt. Relativ unvermittelt fragt sie mich nach meiner »skin colour«. Ich antworte wahrheitsgemäß »white« und sie zeichnet mir daraufhin einen weißen senkrechten Strich auf die Stirn. Darüber hinaus händigt sie mir sieben Supremacy-Dollar aus und weist mir den Eingang links von ihr – »whites only« – zu. Im Wartebereich dahinter beobachte ich nach und nach immer mehr weiße Zuschauer*innen, die einen schwarzen Strich auf der Stirn haben; ebenso wie eine Schwarze Frau mit weißer Markierung, mit der ich mich kurz unterhalte. Auf die Idee wäre ich ad hoc gar nicht gekommen. Probleme oder Widerstände in Bezug auf diese Einteilung des Publikums kann ich nicht beobachten. Alles läuft reibungslos. Am Ende sind Zuschauer*innen mit schwarz markierter Stirn und solche mit weißer Markierung etwa 50:50 aufgeteilt.*

*Dann betreten wir alle gemeinsam den schlauchartigen langen weißen Flur, auf dessen rechter Seite, wie in einer Ausstellung, zahlreiche Videotafeln montiert sind. Unter der Kategorie »Great Cartoons« laufen Ausschnitte vom* Dschungelbuch *oder vom* Kleinen Mohr, *»American History« versammelt Bilder von Schwarzen Sklav*innen oder vom Ku-Klux-Klan, »Great Commercials« zeigt rassistische Werbung für Rasierschaum oder Lucky Strike und dazwischen erscheinen Nachrichten-Schlagzeilen wie »negro killed white lady«. Ein Soundscape aus Zitaten, Musikpassagen und Werbejingles kommentiert die Bilder auditiv. Wiederum sehr unvermittelt werden wir diesem Bilderrausch rassistischer kultureller Artefakte ausgesetzt, der nun den Hintergrund für die Begrüßungsrede von Miss SupremacyLand bildet, einer weißen Performerin mit blonder Perücke und breitem, aufgesetztem Lächeln (Lauren White). Um die Aufmerksamkeit auf sie zu lenken, wechseln die Screens einheitlich auf die Übertragung der Konföderiertenflagge, dazu Marschmusik. »Ladies and gentlemen I am so very, very pleased and proud to welcome you to SupremacyLand! […] In a moment you will enter The Atrocity Carnival where all manner of entertaining racial superiority is displayed for your interactive enjoyment.« Sie bittet uns, ihr eine geflügelte Phrase wie »Everything that you do and say at SupremacyLand stays at SupremacyLand« chorisch nachzuspre-*

*chen. Was alle so weit artig machen. Dann führt sie uns entlang der wieder aufflackernden Bilder in die illustrierte Geschichte weißer Vorherrschaft in den USA ein, indem sie weiterhin strahlend auf »great institutions« wie Sklaverei, Lynchjustiz, Racial Profiling und Masseninhaftierung verweist. Dann fragt sie, ob heute Mitglieder der »ersten Vereinigung sozialer Gerechtigkeit Amerikas« unter uns seien – womit sie den Ku-Klux-Klan meint. Keiner regt sich. Findet das hier gerade wirklich statt? Nachdem sie noch kurz stolz auf ihren neuen Präsidenten (Trump) zu sprechen kommt, der wie niemand sonst die Ideale von White Supremacy verkörpere, führt sie uns noch in die Haus- und Parkbesuchsregeln ein: Dazu gehört u. a., dass hier das N-Wort nicht nur erlaubt, sondern erwünscht sei. Die Angestellten trügen Namensschilder mit dem N-Wort und würden erwarten, auch so angesprochen zu werden. »We celebrate everything supreme«. Wie bitte? Meinen sie das ernst? Aus den Gesichtern der anderen Zuschauer*innen lässt sich kaum etwas ablesen. Dann öffnet sich hinter der Wand mit den Videoscreens eine große Tür und ich betrete als eine der Ersten »Supremacy-Land«, einen Indoor-Vergnügungspark mit kreisförmig angeordneten Ständen und »Attraktionen«, an denen einheitlich uniformierte Performer*innen bereits auf ihre Gäste warten.*[239]

Wie man diesem ersten Auszug aus meinem Erinnerungsprotokoll entnehmen kann, gestaltet sich die Involvierung der Zuschauer*innen in *3/Fifths* etwas anders als in den bisher betrachteten Aufführungsbeispielen. Mit der Wahl und der entsprechenden Markierung der »skin colour« werden Zuschauer*innen mit Einlass ins Gebäude sofort in zwei – schwarz oder weiß markierte – Gruppen unterteilt. Mit der jeweiligen Markierung ist die prompte Festlegung ungleicher Startbedingungen verbunden: Weiß markierte Zuschauer*innen erhalten sieben und schwarz markierte drei Supremacy-Dollar.[240] Wenngleich alle zur Begrüßungsrede zusammenkommen, müssen sie vorher denjenigen Eingang passieren, der ihrer Markierung entspricht. In der Stückfassung von *3/Fifths* steht, dass »The blind woman« am Einlass ihre Zuschauer*innen fragt: »Black or White? [...] For this experience you must declare your race as Black or White« (Skript *3/Fifths*, S. 3). Es geht hier also nicht nur um die Hautfarbe, wie ich das im Protokoll erinnere, sondern um mehr: Es geht um den Akt einer definierenden Selbstbezeichnung innerhalb eines binär gedachten Konstrukts von *race*[241], das nur ›schwarz‹ oder ›weiß‹ vorsieht.[242]

Das Publikums-*Framing* bei *3/Fifths* ist damit nicht nur ein *Framing*, das aus Zuschauer*innen Besucher*innen eines fiktiven Themenparks macht und damit ihre Funktion innerhalb der diegetischen Welt festlegt, sondern es handelt sich überdies um einen Akt von *Racial Framing*. Und die administrative Durchsetzung dieser Einteilung qua Stirnmarkierung wird von einer Frau vorgenommen, die Blindenarmbinde und Sonnenbrille trägt. Dadurch wird einerseits bekräftigt, dass es nicht um die tatsächliche Hautfarbe der Gäste geht, sondern um *race* als sozial wirkmächtiges Konstrukt. Einlasserin Catherine Braxton trägt die gleiche Uniform wie die Angestellten im Themenpark, innerdiegetisch gehört sie also bereits zum Stab des fiktiven »ethno-themeparc« SupremacyLand. Auf diese Weise wird die blinde Einlasserin andererseits auch als Personifizierung der Ideologie von *Colorblindness* lesbar, welche der im Park gefeierten Repräsentation Weißer Suprematie zugehörig ist.

Die Rede von Farbenblindheit (*Colorblindness*) ist in den USA zuvorderst mit Diskursen um eine *post-racial era* verbunden, hat ihren Ursprung allerdings in der Zeit der Bürgerrechtsbewegung. Aus der Forderung nach Gleichbehandlung und Abschaffung jener Jim-Crow-Gesetze, die seit 1865 eine weitreichende Rassentrennung in den USA möglich machten, wird im *colorblind racism* die (weiße) Ideologie, dass die immer noch existierenden Ungleichheiten zwischen People of Color und als weiß gelesenen Menschen nicht mit der unterschiedlichen Hautfarbe, sondern mit einem Bündel marktdynamischer, sozialer und kultureller Faktoren erklärt werden könnten (vgl. Bonilla-Silva, 2006, S. 2). Im Mantel des Liberalismus könne so die bestehende *race order* mit all ihren institutionellen Ungleichheiten nicht mehr wie im Fall der Jim-Crow-Gesetze über biologische, sondern über soziale und kulturelle Argumente begründet und weiße Dominanz aufrechterhalten werden (vgl. ebd., S. 9). Im rassifizierenden System Weißer Suprematie wird – wie in *3/Fifths* über die fiktionalisierte sehbehinderte Einlasserin – Farbenblindheit suggeriert, um sich von Rassismusvorwürfen freizumachen, gleichzeitig bleibt das System ungleicher Behandlung aufgrund von *race* bestehen, was sich im SupremacyLand an der abweichenden Anzahl von Supremacy-Dollars und den zwei unterschiedlichen Eingängen, die unmittelbar an die historische Wirklichkeit der Jim-Crow-Ära anschließen, zeigt. Die Tatsache, dass Zuschauer*innen beim Einlass die Wahl haben, eröffnet die Möglichkeit, den gestalteten Erfahrungsraum gleichsam auch aus einer ›anderen‹ Perspektive wahrzunehmen.

Die Markierung determiniert im Fortgang des Aufführungsbesuchs, wie man von den Angestellten innerdiegetisch adressiert wird. Sie legt Privilegien an den einzelnen Stationen fest und bestimmt auch, welchen Szenenblock man zwischen dem ersten und zweiten

Aufführungsteil miterlebt. Die ›blinde‹ Markierung von ›black‹ und ›white‹ legt in der Welt des fiktiven Themenparks Handlungsspielräume der Besucher*innen eindeutig fest. In SupremacyLand gibt es gleichsam nur diejenigen, die vom Rassismus profitieren (nämlich die weiß Markierten), und diejenigen, die durch ihn marginalisiert werden (die schwarz Markierten). Auf diese Weise führt die Produktion nicht nur die Macht der politischen Kategorien Schwarz und Weiß[243] vor (vgl. Tsianos/Karakayali, o. J., S. 6), sondern macht auch darauf aufmerksam, dass es sich dabei um zwei einander bedingende, relationale Positionen handelt, die historisch seit der Sklaverei in einer kolonialen Matrix aufs Engste miteinander verflochten sind.[244]

Die blonde, immer lächelnde Performerin Lauren White, die uns in *3/Fifths* willkommen heißt, wird im Skript auch »The docent« – die Dozentin – genannt. Sie lehrt uns nicht nur die Hausregeln des Parks, sondern führt auch in die Geschichte Weißer Suprematie ein. Dabei spricht sie offen rassistisch und lädt die Zuschauer*innen ein, es ihr gleichzutun. Entscheidend ist, dass sie uns mit ihrer einschließenden »we«-Ansprache als Gruppe adressiert, als würden wir uns qua Besuch bereits als Mitglieder ihrer Community qualifizieren. Sie feiert Sklaverei, Lynchjustiz und Massenverhaftungen in den USA seit den siebziger Jahren als »great institutions«, die die weiße Vormachtstellung über Jahrhunderte sicherstellten. Dass ihr Verständnis von *race* seinen Sitz in jener rassistisch-biologischen Denktradition hat, welche phänotypische Differenzmerkmale als Beweise für die Unterlegenheit des in diesem Falle Schwarzen Körpers naturalisiert und damit das Recht auf Unterjochung (z. B. von Sklav*innen) nachträglich zu legitimieren sucht, offenbart sich nicht zuletzt in ihrer komplementierenden Rede von der »caucasian race«, einer klassifizierenden Bezeichnung für phänotypisch vornehmlich hellhäutige, aus Europa stammende Menschen, die gleichfalls aus der Rassenkunde des 18. Jahrhunderts stammt (vgl. DiAngelo, 2020, S. 47).

Sie lobt den »good ol' KKK«, den neuen Präsidenten Trump, der »white pride« wieder salonfähig mache, und mokiert sich über die Selbstbezeichnungen nicht-weißer Menschen: »There are several ... Ha-Negroes-Colored people – people of color – African-Americans, Black people ... whew! It's hard to keep up with what they want to be called« (Skript, S. 8). Bei diesen Worten adressiert sie im Publikum eine schwarz markierte Zuschauerin und fährt fort: »Here in SupremacyLand it is OK to say the whole n-word« (ebd.). Das N-Wort bezeichnet Künstlerin, Psychologin und postkoloniale Theoretikerin Grada Kilomba als »a colonial concept invented during European Expansion to designate all sub-Saharan Africans« (Kilomba, 2010, S. 94). Der Begriff hat seinen Sitz in der Geschichte der Sklaverei und ihn zu verwenden, evoziert zugleich die kollektive Erfahrung rassistischer Gewalt, die Brutalität weißer Sklavenhalter*innen und den Schmerz ganzer Generationen ausgebeuteter People of Color. Indem sie uns Zuschauer*innen – schwarz wie weiß markierte – einlädt, die Bezeichnung zu verwenden, ruft sie zu einer Form der Gewaltausübung durch Sprache, zu einer expliziten rassistischen Praxis und Sprechakten der Herabwürdigung auf.

Der zweigeteilte Einlass in die Aufführung von *3/Fifths* und den fiktiven Themenpark SupremacyLand involviert seine Zuschauer*innen mit der Einteilung in ›black‹ und ›white‹ und der rassistischen Willkommensrede in die theatrale Realisierung einer Wirklichkeitssimulation. Bei dieser handelt es sich um die theatral verdichtete und überspitzte Wirklichkeit des machtvollen Systems der *White Supremacy*. Der Begriff der Weißen Suprematie bezeichnet ein übergeordnetes politisches, ökonomisches und gesellschaftliches Herrschaftssystem, in dem von der vermeintlichen Überlegenheit der als weiß definierten oder wahrgenommenen Menschen ausgegangen wird (vgl. DiAngelo, 2020, S. 61). Im System der Weißen Suprematie gilt Weiß-Sein als Ideal und menschliche Norm zugleich (vgl. ebd., S. 67). Es handelt sich dabei also nicht zuletzt um eine Ideologie, die Rassismus als System institutioneller ungleicher Machtverteilung einschließt.

Mit dieser Setzung, als Zuschauer*in einen Themenpark der *White Supremacy* zu besuchen, ist bereits angezeigt, inwieweit die Publikumsinvolvierung in *3/Fifths* von Beginn an vereinnahmend wirkt: Denn die teilnehmenden Besucher*innen werden mit dieser doppelten Einlasssituation von Markierung und fiktionalisiertem *Racial Framing* zugleich körperlich, diskursiv und affektiv von der spezifisch rassistischen Weltsicht der Akteur*innen Weißer Suprematie vereinnahmt.

### 4.6.2 Zur Relation von fiktionalem Mikrokosmos und außertheatralem Makrokosmos

Um darzulegen, wie Zuschauer*innen über die affizierende Kraft von Zeichen, Symbolen und Stereotypen in das Aufführungsgeschehen und die fiktive Weltversion involviert und dabei auf der Ebene der Wirklichkeitssimulation vielfältig vereinnahmt werden, möchte ich bei diesem Aufführungsbeispiel nicht nur eine prägnante Situation herausgreifen, sondern eine Reihe verschiedener, sich nacheinander ereignender Situationen in den Blick nehmen. Ein längerer Auszug aus meinem Erinnerungsprotokoll beschreibt Wahrnehmungen und Prozesse der Bedeutungsgenerierung, die auf den singulären, von mir durchlebten Publikumserfahrungen an einzelnen Stationen basieren. Von ihnen ausgehend, soll aufgezeigt werden, a) in welchem Verhältnis Mikrokosmos Themenpark und Makrokosmos USA mit Blick auf Rassismus und Weiße Suprematie zueinander konstelliert werden und b) wie Zuschauer*innen über Handlungsaufträge, die Konfrontation mit Stereotypen und historischen Referenzen sowohl situativ als auch auf einer von der Diegese abstrahierenden Metaebene körperlich, affektiv und diskursiv vereinnahmt werden.

*Station 1: Eine Performerin (Alyson Brown) steht hinter einem Tresen und lächelt mich freundlich an, lädt mich mit einer Geste ein, ihren Stand zu besuchen. Auf dem Tresen liegen Anleitungen und kleine Baumwollbändchen bereit. Hinter ihr, oberhalb der den Stand begrenzenden Holzwand, leuchtet ein Schild »Noose-Making« sowie ein Bildschirm mit Werbetrailer und dem Slogan »Learn to tie a Noose«. Inzwischen ist noch eine zweite weiß markierte Zuschauerin hinzugetreten. Gemeinsam zeigt uns die Performerin, wie man einen Galgen – was ich erst verspätet realisiere, da ich den Begriff »noose« nicht kannte – knotet. Ihr recht nah gegenüberstehend, erkenne ich, dass sie Miniaturgalgen als Ohrschmuck trägt. Als sie meines Blickes auf ihre Ohren gewahr wird, nutzt sie die Gelegenheit und bietet mir welche zum Kauf an – für nur einen Supremacy-Dollar. Überfordert von der Situation lehne ich höflich ab. Es kommen nun noch drei weitere, schwarz markierte Gäste an den Stand. Die Performerin fragt nach zwei Freiwilligen. Ohne mir was zu denken, melde ich mich; eine junge schwarz markierte Frau tut es mir gleich. Wir sollen daraufhin zu der Performerin hinter den Tresen treten. Dann gibt sie mir einen großen Galgen in die Hand und bittet mich, ihn um den Hals der anderen Freiwilligen zu legen. Währenddessen erläutert sie, wie einfach das sei und worauf man beim Festziehen des Knotens zu achten habe. Wo bin ich hier? Ich kann es überhaupt nicht fassen, suche den Blick der anderen Zuschauerin, um irgendwie zu signalisieren, dass es mir sehr unangenehm ist. Ich merke, dass ich mich zu schämen beginne, dafür, dass ich mich so unbedarft freiwillig gemeldet habe – was ich nur gemacht habe, weil ich mich als Zuschauerin inzwischen an immersive Theaterformen gewöhnt und entsprechend verinnerlicht hatte, dass ich mehr davon habe, wenn ich mich von Beginn an aktiv einbringe und unvoreingenommen auf Situationen einlasse. Das habe ich nun davon.*

*Station 2: Gleich links neben dieser Station ist eine kleine Bühne mit einem roten Vorhang aufgebaut. Vor dieser steht ein roter Knopf, eine Art Buzzer, wie man ihn aus Quizsendungen kennt. Über der Bühne leuchtet das Schild »Coon Dance«. Ich drücke den Knopf und der Vorhang geht auf. Auf einer kleinen, von Glühbirnen gerahmten Holzfläche stehen zwei Performer und beginnen zu tanzen. In dem Moment, in dem ich den Knopf loslasse, geht der Vorhang wieder zu. Also drücke ich ihn erneut, halte ihn gedrückt. Ohne Musik beginnen beide, mit einem sehr breiten Lächeln synchron zu tanzen. Im Gegensatz zu den anderen Angestellten tragen die beiden nicht die Uniformen mit der roten Weste und dem N-›Namens‹schild, sondern beigefarbene Stoffkleidung, die eher an eine andere Form der Arbeitskleidung erinnert. Ich realisiere, je länger ich sie für mich tanzen lasse, desto unwohler wird mir. Also lächle ich freundlich und lasse den Knopf los. Nachdem sich der Vorhang geschlossen hat, lugt einer der beiden Tänzer noch einmal hindurch und bittet mit seinem Hut um »Tip«. Ich reiche ihm den ersten meiner sieben Spielgeld-Dollar und bedanke mich.*

*Station 3: Weil die Station »Crime Scene« direkt daneben gerade überbesucht erscheint, mache ich als Nächstes bei einer Station mit einem Hau-den-Lukas Halt. Hier begrüßt mich eine weiße Performerin/Angestellte in weißem Kleid und Umhang (Meagan Stevenson). Sie gibt mir einen großen silbernen Hammer in die Hand und motiviert mich zu einem ersten Versuch. Es handelt sich bei der Station »Aryan Hammer« um einen weißen hohen Holzbalken, an dessen oberen Drittel zwei kleine horizontale Teile zu einem Kreuz ausfahren, wenn man mit dem Hammer kräftig auf das Bodenteil schlägt. Zwei Male gelingt es mir nicht. Für den dritten Versuch spricht mir die Performerin freundlich zu und setzt mir zur »Stärkung« ein weißes Party-Hütchen auf, das mir Kraft verleihen soll. Ich versuche es noch mal und es klappt. Mir wird euphorisch gratuliert, als Preisgeld erhalte ich drei Supremacy-Dollar und ich bekomme – mit den Worten »Welcome to our Club!« – ein Tuch mit Augenlöchern an die Vorderseite des Hütchens geheftet. Unterdessen leuchtet das Kreuz unter Musikeinspielung flackernd auf. Und wieder kann ich es nicht fassen. Die KKK-Assoziation – ich habe sie nicht kommen sehen. Mir wird ganz flau im Magen und ich versuche, nur schnell weg zu kommen.*

*Station 4: Vor einer Säule ist eine digitale Spielstation eingerichtet. Über einen roten Knopf setzt man den Bildschirm und damit das Spiel in Gang. Man benötigt zur Navigation ein kleines Polizeiauto, das schnell auf und ab bewegt werden soll. Tut man dies, wird auf dem Screen ein schwarzer, auf einer weißen Matte liegender Avatar durchgeschüttelt, es spritzt sogar Blut, wenn der herumwirbelnde Körper besonders hart* *auftritt – »Rough Ride« ist der Name der Station. Schockartig lege ich das Spielzeugauto beiseite und mache erst mal eine Pause. Für eine Weile verlege ich mich auf das Beobachten anderer. Ich schaue zu, wie vor einer Wand mit dem Graffiti-Schriftzug »Selfies with Homies« zwei weiß markierte Zuschauer*innen sich mit einem Schwarzen Performer in Lederjacke, rotem Hoodie und dicker Silberkette (William Delaney) ablichten lassen, während der Fotograf (Dexter McKinney) mit der Aufforderung »more gangsta!« zu einem stärkeren, klischierten Gangster-Habitus animiert. Mit einem Mal geht die Beleuchtung im Saal aus, alle weißen Performer*innen verharren in einem Freeze-Modus; die Schwarzen Angestellten formieren sich im Kreis: »Da Soup, da Soup, like a dumplin in a soup. / Soaked and smothered and stuck to da bottom«*[245] *Diese Zeilen singen sie alle gemeinsam und bewegen sich dabei langsam schreitend im Rhythmus durch den Raum. Die Szene hat etwas Düsteres und Surreales. Ebenso plötzlich wie sie kam, endet sie und die Stille wird wieder vom Rauschen des Themenpark-Getümmels abgelöst.*

*Station 5: Ich stehe vor einer Station mit dem Titel »Flip Flop Race Ride« an. Es ist eine Art Container, der vorn durch einen milchigen Plastikvorhang die Sicht verschließt. Nach Betreten des Raums stehe ich einem weißen Performer/Angestellten, der auch die Uniform trägt, aber im Gegensatz zu seinen PoC-Kolleg*innen einen Namen auf seinem Namensschild zu stehen hat, gegenüber. Er bittet mich, vor ihm Platz zu nehmen, und fragt mich nach meinem Geschlecht. »You identify yourself as …?« Wie auch schon am Einlass gebe ich meiner Selbstbezeichnung entsprechend »female« an. Ich werde eingeladen, mich auf einen Stuhl zu setzen und zu entspannen. Kopfhörer werden mir aufgesetzt und ich realisiere, wie mich der Performer sanft am Nacken und oberen Rücken zu massieren beginnt. Eine von mir als weiblich gelesene Stimme begrüßt mich. Sie heiße Alice und sei »black«. Sie berichtet davon, wie es ihr immer wieder widerfahre, in der Öffentlichkeit entweder rassistisch beleidigt, offen angefeindet oder zum Opfer sexueller Belästigung zu werden. Wenngleich ich mir ihre Situation vorstellen kann, gelingt es mir nicht so recht, mich in ihre Position einzufühlen. Wie auch? Ich habe Diskriminierung aufgrund von race in meinem Leben noch nie auf diese Weise erleben müssen. Zudem empfinde ich es situativ als völlig unangemessen, von einem unbekannten Mann sanft massiert zu werden, während ich mit Alices Lebenswelt konfrontiert werde. Kein Flip-Flop, nein, sondern zwei völlig verschiedene Welten klaffen hier aus- und prallen zugleich aufeinander.*

*Kaum komme ich wie benommen aus dem Container zurück in das Themenpark-Tohuwabohu stürzt die weiße »Fragility Nurse«-Performerin auf mich zu und lotst mich in eine etwas ruhigere Ecke abseits der*

*Stationen. Wieder bekomme ich Kopfhörer aufgesetzt und klassische Musik ertönt als Intro. Dann beginnt eine von mir als männlich gelesene Stimme mit den Worten »You are white and you reign supreme. We invite you to relax and embrace all that is white and good to you.« Die Fragility Nurse macht dabei sanfte Bewegungen, Gesten des ›calming down‹ und lächelt mir dabei bestärkend zu. »Privilege is of course another fake news fantasy. I am sure that you, like all white people have worked hard for what you have. […] We are the default race and it is OK to be colorblind but for the time you are here we invite you to see color. See whiteness and all beauty of this. Remember white is the presence of all colors and black, the absence.«*

*Ich verlege mich nun erst mal wieder auf das Beobachten anderer und nehme auf den Bänken in der Mitte des Themenparks Platz, mache mir ein paar Notizen. Kurz darauf beginnt eine Szene, die sich an ein größeres Publikum richtet. Einer der Performer aus der Coon-Dance-Station (Khiry Walker) tritt in ikonischem Jim-Crow-Kostüm auf die kleine Bühne. Er trägt eine Stoffhose, eine Weste, eine große blaue Schleife um den Hals sowie ein beigefarbenes Jackett und einen schwarzen Zylinder. Während sich das Publikum kreisförmig um ihn sammelt, beginnt er relativ unvermittelt, N-Witze zu erzählen. Nach jeder Auflösung wird ein Tusch vom Band eingespielt, welches von Dosengelächter und seinem eigenen, theatral überzogenen Lachen begleitet wird. Nach dem Vortrag von etwa acht bis zehn übler, rassistischer Witze, bei denen er hin und wieder das Mikrofon einem*einer Zuschauer*in für eine mögliche Antwort vor das Gesicht hält und für die er zwischendurch mit seinem Hut »Tip« erbittet, stößt ein weißer Zuschauer in kariertem Flanellhemd und Jeans dazu, um auch einen N-Witz zu erzählen. Es dauert etwas, bis ich realisiere, dass es sich bei ihm um einen Performer (Dylan Kammerer) handelt, der einen Fake-Zuschauer mimt. Die beiden duellieren sich im Verlauf in N-Witzen, bis »Mammy« (Vienna Carroll), eine Figur, die im zweiten Teil der Aufführung eine zentrale Rolle spielt, die beiden unterbricht.*

*Nach dieser Szene öffnet sich nun auch der hintere Bereich des Themenparks, der bislang noch mit einem übergroßen Vorhang mit Konföderiertenflaggen-Projektion verschlossen war. Und so beobachte ich, wie sich bei der Station »Wet and Wild« sogleich zwei Publikumstrauben sammeln. Je drei Besucher*innen pro Gruppe bekommen Plastik-Wasserpistolen ausgehändigt. Es gilt nun, auf zwei Schwarze Performer/Angestellte bzw. auf die rote-weiße Papp-Zielscheibe, die sie vor ihren Körpern halten, zu schießen. Sobald einer der beiden Performer*innen durch den Druck des Wasserstrahls an die Wand gepresst wird, siegt das Team. Während die Gäste loslegen, die Spielpistolen auf die beiden*

*Performer*innen zu richten, um sie mit Wasser zu bespritzen, laufen hinter den beiden farblich verfremdete Videobilder ab, die Polizeigewalt gegenüber Schwarzen dokumentieren. Als Preis erhält das Siegerteam blaue Abzeichen. Die Zuschauer*innen freuen sich und ich frage mich, ob ich das Ganze zu ernst nehme. Ist es legitim, dass sie sich unterhalten lassen und über ihren Sieg freuen?*[246]

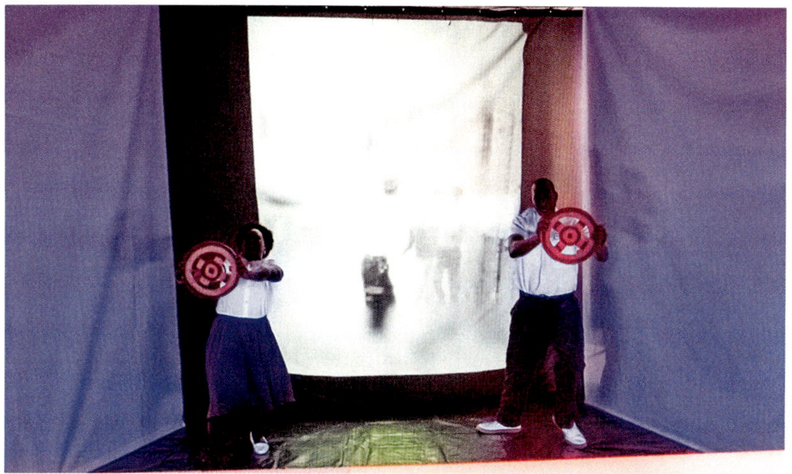

Zwei Performer*innen in der ihnen zugeteilten Aufgabe an der Station »Wet and Wild« in *3/Fifths – SupremacyLand*, Foto: James Scruggs

*Der Themenpark-Teil endet mit zwei verschiedenen Szenen; die eine ist nur für die weiß markierten, die andere entsprechend nur für die schwarz markierten Zuschauer*innen vorgesehen. Erstere bleiben im Raum und treffen auf den Leiter des Parks, »The General«, gespielt von dem weißen, älteren Performer Ken Straus, der die Zuschauer*innen schmierig und selbstgefällig mit den Worten »Wow! I am glad to see so many beautiful people of the white race here today« begrüßt. Als Urgroßenkel eines ehemaligen weißen Plantagen- und Sklavenbesitzers erinnert er sich nostalgisch an jene »proud moments«, wenn bei einer Auktion ein besonders guter Sklave erworben werden konnte. Dabei führt er den Zuschauer*innen den Schwarzen Angestellten Washington (Lionel Macauley) vor, als sei er sein Besitz. Er betatscht ihn grob und fordert ihn auf, für uns – bei sich drehender Diskokugel und Popmusik – einen Lap Dance aufzuführen. Washington tut, wie ihm befohlen wurde, und ich kann kaum mehr hinsehen, so schnürt sich mir vor Wut die Kehle zu.*[247] *Zu dem Klang von Lee Greenwoods »God Bless The USA« werden wir dann gemeinsam zum Cabaret im hinteren Teil und damit zum zweiten Aufführungsteil geführt.*[248]

*3/Fifths* verdichtet im fiktionalen Themenpark mit dem sprechenden Titel *SupremacyLand* einen großen Teil der US-amerikanischen Geschichte und Gegenwart von struktureller Gewalt gegenüber Schwarzen Menschen. Die Referenzen reichen zurück bis zur *Middle Passage*, jener gewaltvollen Deportation von Millionen von Menschen aus Ländern des afrikanischen Kontinents, welche im 17. Jahrhundert begann und bis in die erste Hälfte des 19. Jahrhunderts andauerte. Auf den Zuckerplantagen der europäischen Kolonialmächte in Südamerika oder auf den karibischen Inseln wurden sie als Arbeitskräfte eingesetzt und ausgebeutet. Nach dem Verbot des Sklavenhandels zu Beginn des 19. Jahrhunderts wurden Millionen von Sklav*innen von den karibischen Inseln in die amerikanischen Südstaaten verbracht, um dort auf Baumwollplantagen zu arbeiten. *3/Fifths* rekurriert mit der Thematisierung des Ku-Klux-Klans (»Aryan Hammer«), der Lynchjustiz (»Noose-Making«) und den Jim-Crow-Gesetzen (»Wheel of Fortune«[249]) dann vor allem auf die Zeit nach dem amerikanischen Bürgerkrieg und spannt den Bogen über das Unterhaltungsformat der Minstrel-Shows (»Coon Dance«) und auch jenes des Themenparks selbst vom ausgehenden 19. Jahrhundert weiter ins 20. Jahrhundert, insbesondere in die Zeit nach der Bürgerrechtsbewegung. Mit der Thematisierung von Polizeigewalt und *Racial Profiling* (»Rough Ride«, »Crime Scene«, »Wet and Wild«), Masseninhaftierung (»The Incarcerated Man«[250]), Alltagsrassismus (»Flip Flop Race Ride«) und dem Aufkommen des Trumpismus (»Alt Facts Booth«) führt der historische Bogen bis zur aktuellen Gegenwart. Die Anordnung der Stationen in einem Kreis kann so auch als Zeichen für eine zyklische Struktur verstanden werden, wonach Rassismus und strukturelle Gewalt gegenüber als Schwarz gelesenen Menschen in den USA nie zu einem Ende kommen könne, sondern sich – wenn auch in je anderem, vermeintlich neuem Gewand politisch gewollt – fortsetze. Auf diese Weise stellt sich der fiktive Themenpark als modellhaft zugespitzter Mikrokosmos dar, der in den USA existierende Strukturen rassistischer Diskriminierung *en miniature* abbildet und innerdiegetisch reproduziert.

Um das Verhältnis von Mikrokosmos und Makrokosmos, das für die Publikumsinvolvierung in *3/Fifths* von Gewicht ist, besser zu verstehen, bietet es sich an, sich vor Augen zu führen, welche spezifische kulturelle Form Scruggs und Woodard sich für ihre theatrale Wirklichkeitssimulation von SupremacyLand aneignen, nämlich die des Themen- und Vergnügungsparks. Abgesehen davon, dass gerade auch der transdisziplinäre Immersionsdiskurs immer wieder mit der kulturellen Einrichtung des Themen- und Vergnügungsparks verknüpft wird[251], besteht die Besonderheit dieser kulturellen Einrichtung darin, »nicht-ernste[ ] alltagsfremde[ ] Welten« (Schirrmeister, 2009, S. 228) zu installieren und diese als »sehr sichere, weil überwachte Welt« (ebd.) zu Unterhaltungszwecken einem Publikum zugänglich zu machen. Dabei sorgen narrative, szenografische wie inszenatorische Strategien des *Worldings* bzw. *Themings* (vgl. Steinkrüger, 2013, S. 43ff.) dafür, dass Besucher*innen von der Hyperrealität der Parks physisch, imaginär und emotional ein- und zugleich analog zu Biegers Las-Vegas-Beispiel (vgl. Kap. 1.2) von der Außenwelt des eigenen Alltags abgeschlossen werden. Zu den populärsten Themen- und Vergnügungsparks der Gegenwart gehören sicherlich die Resorts des US-amerikanischen Disney-Konzerns.

Der 1955 eröffnete, erste Themenpark des Disney-Imperiums, das Disneyland Resort im US-amerikanischen Anaheim, ist in fünf Länder aufgeteilt. Der Anker- und Startpunkt bildet die Main Street USA, die eine ›typische‹ Kleinstadt im mittleren Westen im 20. Jahrhundert repräsentiert und nach Vorbild von Walt Disneys Heimatstadt Marceline in Missouri aufgebaut wurde (vgl. Robson, 2019, S. 29f.). Von dort strömen die Besucher*innen in alle Richtungen, in die verschiedenen Länder mit ihren je verschieden erzählten, historischen Zeiten aus. Frontierland repräsentiert einen stereotypen Mikrokosmos des amerikanischen ›Wilden‹ Westens, Fantasyland richtet sich vor allem an Kinder und nimmt Disney-Filmwelten wie z. B. die von *Alice in Wonderland* auf, Tomorrowland widmet sich als Mainstream-Sci-Fi-Welt vor allem dem All und der Raumfahrt und Adventureland versetzt seine Besucher*innen in die exotisierte Dschungelwelt von Disney-Figuren wie Indiana Jones und Tarzan.[252]

Während die Welt außerhalb des Parks in Zeiten der Globalisierung und Digitalisierung immer unübersichtlicher und komplexer wird, finden Besucher*innen im Themenpark eine geordnete, überschaubare Welt, deren Narrative sich von der eigentlichen Realität ab- und den fiktiven Welten des Disney-Universums zuwenden. Den Rezeptionsmodus dieser hyperrealen Mikrokosmen bezeichnet der Sozialwissenschaftler Aldo Legnaro als »Erlebnisarbeit« (Legnaro, 2000, S. 293), die zugleich eine Form der Subjektivierung darstelle. Denn Besucher*innen würden eingelassen in »Perspektiven und Anschauungen, die […] nicht nur weiß [seien], sie s[eien] auch männlich und kleinfamilienorientiert, und Erwachsene k[äm]en […] nur als Eltern vor« (ebd., S. 306). Es handele sich bei Disneyland-Themenparks um »Weltbetrachtungsmaschine[n]« (ebd., S. 301) für eine weiße Mehrheitsgesellschaft. Letztere würde durch die Erlebnisse hinsichtlich der hegemonialen Erzählung eines Amerikas, das für Grenzenlosigkeit, Freiheit und Abenteuer steht, bekräftigt. Dabei werden freilich all jene geschichtlichen Verwerfungen wie die Sklaverei, die Vertreibung indigener Bevölkerungsgruppen sowie eine auf Segregation basierende Politik systematisch ausgespart. Im Disney-Themenpark fänden sich Besucher*innen in einer »bereinigte[n] Welt« (Schirrmeister, 2009, S. 228) wieder, wo jede*r wieder zum Kind werden könne und alles seine Ordnung und jede*r seinen Platz habe (vgl. Legnaro 2000, S. 288). Und dieser Ordnung ist auch eine *racial order* eingeschrieben, insofern der Besuch dieser Themenpark-Welten eine privilegierte weiße Weltsicht bestätigen und reproduzieren soll.

Scruggs und Woodard adaptieren die weiße Institution eines Themen- und Vergnügungsparks sowie seine Funktion zielgruppenspezifischer Unterhaltung, um nicht nur auf die Konstruktion und Fabrikation einer solchen abgeschlossenen Weltversion zu kommerziellen Zwecken aufmerksam zu machen, sondern auch, um zu zeigen, für wen und wessen Weltsicht diese »Weltbetrachtungsmaschine« zuvorderst eingerichtet ist. Ihrem theatralen *Worldbuilding* liegt die Idee zweier zwar miteinander verflochtenen, aber doch strukturell getrennten *racial worlds* zugrunde, womit sie sich eine in den US-amerikanischen Mainstream-Medien gleichfalls gängige Strategie weißer Welterzeugung aneignen.[253]

Die Kommunikationswissenschaftlerin Claudia Schirrmeister weist überdies darauf hin, dass sich Vergnügungs- und Themenparks aus der »Kirmes mit ihre[r] Aufregung und Angstlust erzeugenden Fahrgeschäften und dem Gefallen an der Betrachtung des Fremden und Exotischen« (Schirrmeister, 2009, S. 231) heraus entwickelt haben. Fest installierte Vergnügungsparks wie der Wiener Prater reichen bis ins ausgehende 18. Jahrhundert, das Tivoli in Kopenhagen, Coney Island in New York und der Lunapark in Berlin bis ins 19. Jahrhundert zurück. Zeitlich markieren sie damit die enge historisch-genealogische Verzahnung von Vergnügungsparks und Weltausstellungen, von Imperialismus und Kolonialismus sowie von Rassismus und Kapitalismus.[254]

Auf ebendiese Verflechtung rekurriert auch SupremacyLand. Zuschauer*innen werden zu fiktionalisierten, zahlenden Gästen eines Unternehmens der (weißen) Kultur- und Unterhaltungsbranche, welchem innerdiegetisch ein offen rassistischer »alter weißer Mann« vorsteht, der sich monetär bereichert, indem er Schwarze Angestellte über gamifizierte Attraktionsstände das Publikum ›bespaßen‹ lässt. Innerdiegetisch basiert der Reichtum des Generals auf der Ausbeutung seiner Angestellten.[255] Dabei wirbt der Park u. a. über die Screens, die zwischen den Stationen verteilt sind, für seine besonderen Attraktionen wie die »BDSM Booth«. Diese Station, die ich aus Zeitgründen nicht mehr besuchen konnte, setzt sich aus vier kleinen Räumen zusammen. Nur wer die ersten drei Räume durchschritten hat, dem stand im letzten Raum die Attraktion »Hottentot Petting Zoo« bevor. Dort trifft der Gast auf eine Schwarze Angestellte mit Afroperücke und Bademantel. Darunter trägt sie Brust-, Po- und eine Penisattrappe. In einem intimen *One-on-One* lädt sie den Gast ein: »[E]xplore them all ... for a tip [...] I am here for you« (Skript, S. 31). Diese Station rekurriert auf die historische Khoi Sarah Baartman, die 1810 nach Großbritannien verbracht wurde, um dort u. a. aufgrund ihrer anatomischen Besonderheit eines hervorstehenden Gesäßes als sogenannte »Hottentotten Venus« im Rahmen von kolonialen Weltausstellungen vornehmlich weißem Publikum präsentiert zu werden (vgl. u. a. Fauvelle-Aymar, 2002, S. 111 – 117). Diese historisch verbürgte, koloniale Praxis, ›andere‹ zu exotisieren, zu fetischisieren und als ›Spektakel‹ der Schaulust ihrer (weißen) Betrachter*innen anheimzugeben, die zur Geschichte des Themen- und Vergnügungsparks als kultureller Einrichtung gehört, eignet sich SupremacyLand innerdiegetisch an und schreibt sich damit in die rassistische Geschichte der Konstruktion und Repräsentation des ›Anderen‹ als »freak« oder »living curiosity« (vgl. Kasson, 1978, S. 50ff.) oder als bestimmtes Stereotyp (Hottentot Venus) ein.

Der Kulturtheoretiker Stuart Hall hat in seinem Aufsatz »Das Spektakel der Anderen« das Repertoire eines »rassisierte[n] Regime[s] der Repräsentation«, welches aus der Zeit der Sklaverei stamme und bis in die Gegenwart fortwirke, analysiert. Er unterscheidet mindestens fünf zentrale Stereotype, die eine bestimmte Projektion auf den ›Anderen‹ verdichten: die Entertainer namens »Coons«, die bediensteten, beleibten »Mommies«, die überpotenten »Bad Bucks«, der gütig ergebene »Onkel Tom« und die »sexy Mulattin« (vgl. Hall, 2004, S. 134f.). Drei von ihnen kommen auch in *3/Fifths* vor – der Coon-Dancer, »Mammy«, die die beiden Witz-Duellanten trennt, sowie der Gangster-Rapper. Der fiktive Themenpark SupremacyLand operiert innerdiegetisch mit den gleichen Repräsentationspraktiken wie seine historischen Vorläufer die Minstrel-Shows, koloniale Menschenausstellungen oder weiße Themen- und Vergnügungsparks, welche an der Konstruktion und Kontinuität der bis heute wirksamen *race relations* in den USA maßgeblich mitgewirkt haben.

Bei den Minstrel-Shows handelt es sich um eine Form der ›Unterhaltung‹, die am Ende des 19. Jahrhunderts vornehmlich im Norden der USA aufkam. Dabei traten weiße Schauspieler*innen mit rußgeschwärzten Gesichtern (*blackfaced*) zur Belustigung des vornehmlich weißen Arbeiter*innen-Publikums auf und schufen dabei ein Inventar klischierter Schwarzer Figuren, so u. a. die des »Jim Crow« als naivlachende Frohnatur (vgl. Sprenger, 2005, S. 49ff.), die in *3/Fifths* gleichfalls (wieder-)aufgenommen wird. Nach dem Bürgerkrieg performten auch afroamerikanische Darsteller*innen die Minstrel-Rollen – und wurden dabei insbesondere von einem Schwarzen Publikum im Modus der Überaffirmation gelesen und als Klischee genossen (vgl. ebd., S. 66). Saidiya Hartman zufolge reproduzieren Minstrel-Shows die Gewalt von *black subjection* (vgl. Hartman, 1997, S. 29), insofern der Schwarze Körper als ein grotesker, infantilisierter oder animalisierter Körper begleitet von Publikumslachen dem »Terror der Unterhaltung« bzw. aus einer weißen Perspektive dem perfiden »Vergnügen jenes Terrors« ausgesetzt werde (vgl. ebd., S. 32). In *3/Fifths*, genauer in der N-Witz-Sequenz, wird das Dosengelächter benutzt, um Konsens und Gruppenzugehörigkeit einer einheitlichen Zuschauer*innen-Gemeinschaft im Geist der Weißen Suprematie vorzutäuschen. Dass SupremacyLand innerdiegetisch diese Verfahren zitiert und reproduziert, kann auf einer Metaebene darauf verweisen, wie Kunst- und Kultureinrichtungen an Prozessen rassistischen *race-makings* bis heute systemisch Anteil haben (vgl. Kondo, 2018).[256]

Aufgrund der Tatsache, dass der im doppelten Sinne rote Faden von SupremacyLand die rassistische Vormachtstellung von weiß gegenüber schwarz markierten Menschen darstellt, öffnen sich im miteinander geteilten Erfahrungsraum der Aufführung für Zuschauer*innen gewissermaßen noch einmal zwei verschiedene Erfahrungs- und Empfindungsräume. So machen schwarz markierte Zuschauer*innen in *3/Fifths* z. B. gleich zu Beginn die Erfahrung, dass sich ihnen die Figur des »ol' Angry N*« (William Delaney) in den Weg stellt, ihre Körper damit stoppt und davon abhält, zu wählen, wohin sie als Erstes gehen möchten. Beim »Aryan Hammer« erhalten schwarz markierte Gäste für ihren Spielversuch lediglich einen Miniaturhammer ausgehändigt, mit dem ihnen der Sieg und damit auch der Gewinn systematisch verwehrt wird.[257] Da einige Stationen eine Teilnahme nur gegen einen Spieleinsatz von ein bis drei SupremacyDollar ermöglichen, ist zudem vorgegeben, dass schwarz markierte Zuschauer*innen nicht alle Stationen werden miterleben können. So ist ihre Chance, zusätzliche Dollars zu gewinnen, von Beginn an minimiert. Und wenn sie mit der SupremacyLand-Währung hantieren, haben sie einen Papierschein in der Hand, auf dessen Vorderseite das Gesicht des Generals und auf der Rückseite ein Bild einer Gruppe Schwarzer, auf einer Plantage arbeitender Männer abgebildet ist. Melden sich schwarz markierte Zuschauer*innen freiwillig für die Demonstrationsszene bei der »NooseMaking«-Station finden sie sich am Ende mit einem Strick, der ihnen um den Hals gehängt wird, wieder. Auf den Screens erscheint immer wieder – abwechselnd zu Aufnahmen des Generals – ein innerdiegetischer Werbetrailer für SupremacyLand, der einen Schwarzen nackten Mann auf dem Times Square zeigt, der der Waffengewalt weißer Polizisten hilflos ausgesetzt ist. Und anstelle der »Fragility Nurse« ist für sie eine Vertrauensperson des »Anger Management Squads« im Raum zugegen, die ihnen über Kopfhörer den Song »Don't Worry, Be Happy« von Bobby McFerrin zuspielt. *Whiteness* fungiert in der Welt von SupremacyLand als ein Handlungsoptionen festlegender »Ein- und Ausschlussmechanismus« (Röggla, 2021, S. 69), welcher je nach Markierung am eigenen Leib miterlebt wird.

*3/Fifths* öffnet innerhalb des theatralen Erfahrungsgeschehens auch insofern zwei verschiedene Empfindungsräume, als dass bei Zuschauer*innen auch jenseits ihrer für die Aufführung gewählten Markierung Prozesse des (Wieder-)Erkennens, Dekodierens und Einordnens bestimmter Zeichen, Symbole, Rhetoriken und/oder stereotypen Darstellungen je nach eigenen *race*-bezogenen Lebenserfahrungen mit je unterschiedlichen Emotionen und Affekten verknüpft sind. Was sich z. B. mit dem Symbol der Konföderiertenflagge für Anhänger*innen der Aryan Nations oder ihnen nahestehenden Personen emotional verbindet, steht vermutlich in radikalem Kontrast zu den Empfindungen, die diese bei in den USA lebenden, von institutionellem Alltagsrassismus betroffenen People of Color auslösen können (vgl. Ahmed, 2004, S. 130). Die Involvierung der Zuschauer*innen durch das Dekodieren von Zeichen wie dem Miniaturgalgen, Stereotypen wie dem Coon-Dancer oder der N-Witze erzählenden Jim-Crow-Personifizierung sowie den historischen Referenzen auf die *Middle Passage* produziert über die Diegese und das Rassismus-*Theming* nicht nur bestimmte Bedeutungen, sondern auch konkrete viszerale Empfindungen und Emotionen, die nicht mehr den Themenpark, sondern das eigene außertheatrale In-der-Welt-Sein der Zuschauer*innen vor dem Hintergrund ihrer biografischen Erfahrungen mit *race* betreffen. Alle Zeichen, Symbole, Rhetoriken, Darstellungs-, Handlungs- und Beziehungsweisen, die in diesem Themenpark zirkulieren, machen den Aufführungsraum zu einem von *racial affects* durchsetzten Erfahrungs- und Empfindungsraum (vgl. Kondo, 2018, S. 15), der das Risiko birgt, einzelne Zuschauer*innen mit traumatischen Erfahrungen und Erinnerungen zu konfrontieren. »It's a safe place, as long as you're white« (Collins-Hughes, 2017), so fasst es die Theaterkritikerin Laura Collins-Hughes in ihrer Besprechung von *3/Fifths* zusammen.[258]

Einer der wenigen afroamerikanischen Rezensenten der Produktion beschreibt, wie er bereits während der Willkommensrede erwogen habe, die Performanceinstallation unverzüglich wieder zu verlassen (vgl. Rodney, 2017). Zudem verwendet Seph Rodney mehrfach die metaphorische Analogie eines Messerschnitts, um seine Aufführungserfahrungen von einer viszeralen Ebene auf eine verbalisierte zu übertragen:

> Some people clearly identified as they chose, not as they are; I saw some black lines on very light-toned skin. Something about this felt like the *insertion of a knife between the ribs*: I identified myself and was thus encouraged to see the degradation that was to follow [...]. Those jokes [within the scene of Jim Crow and Ronald Adams telling N*-Jokes to the audience] *felt like a bloodletting, like a bevy of long knives inserted into every audience member.* It's as if [...] the word «n[*]» is the only thing strong and sharp enough *to pierce the swollen skin and let the pus flow out* (Rodney, 2017, Hervorhebungen TS).

Die Ausführungen Rodneys zeigen, inwieweit rassistische Diskurse, Zeichen, Begriffe und Repräsentationsregime Menschen Schmerz zufügen können. Die Teilnahme an der N-Witz-Sequenz analogisiert er mit der Erfahrung zahlreicher Messerschnitte oder eines Aderlasses. Sie erzeugt körperlichen Schmerz, Wut (darüber, dass der Begriff überhaupt Verwendung finden muss) und Beklemmung. Mit den Worten Grada Kilombas hat die Verwendung des N-Wortes in der Erfahrungswelt Schwarzer, von Rassismus betroffener Menschen nicht selten den Effekt, dass sie sich plötzlich mit einer kolonialen Szene konfrontiert sähen, welche die Herrschaftsdynamik von *master* und *slave* wieder aufleben lasse (vgl. Kilomba, 2010, S. 95) und auf diese Weise die Gegenwart mit der kolonialen Vergangenheit über die viszerale Produktion von Schmerz verknüpfe. James Scruggs scheint ebendies mit seiner Arbeit beabsichtigt zu haben, wenn er darlegt: »I hope that black audience members will confront the smorgasbord of atrocities perpetrated against us so that they will viscerally ›know‹, in an effort to then ›always remember and never forget‹ so as not to have history repeat« (Scruggs/Teplitzky, 2016).

Neben Rezensent Seph Rodney beklagt auch Zachery Small das Fehlen einer Vision bezüglich der Frage, welche Formen von Wiedergutmachung, monetären Reparationen (vgl. Small, 2017), ja, welche »chances of recovery« (Rodney, 2017) für People of Color denkbar wären bzw. sich aus dem Aufführungsbesuch ergeben könnten. Im Nachhinein frage ich mich, ob für die meisten Zuschauer*innen of Color die viszeralen Erfahrungen, die sie als Aufführungsbesuchende machen, nicht lediglich schmerzhaft jene Erfahrungen in verdichteter Form wiederholen, die sie im Alltag auch erleben müssen oder mussten. Ich frage mich, ob hier nicht der Terror der *black subjection*, von dem Hartman spricht, im theatralen Modus der Wirklichkeitssimulation reproduziert und fortgeschrieben wurde.[259]

Diese Perspektive drängt sich auf, wenn man noch einmal die von mir im Erinnerungsprotokoll beschriebene Szene an der »Wet and Wild«-Station rekapituliert. An dieser zeigt sich, dass das Aufführungsdispositiv zulässt, dass teilnehmende Gäste Attraktionen im fiktiven Setting auch einfach nur spielerisch genießen können, dass sie mit entsprechenden mit-wirkenden affektiven Dispositionen in situ derart in ihr spielerisches und/oder wettbewerbsorientiertes Tun verwickelt werden können, dass dadurch das eigentliche Thema – die Gewalt der Weißen Suprematie und Rassismus – aus dem Blick gerät. Ich konnte beobachten, wie sich die teilnehmenden Zuschauer*innen unabhängig von ihrer Stirnmarkierung an ihrem Sieg und Gewinn erfreut haben. Sie waren situativ so eingenommen von ihrem spielerischen Tun, dass sie den Akt der Vereinnahmung, der sich in dieser Situation auf der Bedeutungsebene der Wirklichkeitssimulation abspielte, gar nicht realisiert zu haben scheinen. Zumindest lässt ihre Reaktion diesen Schluss zu. Wie wäre sonst zu erklären, dass sie an einer Situation Freude haben, in der sie im Modus einer gamifizierten Analogie weiße Polizeigewalt gegenüber unbewaffneten Men of Color reenacten? In diesem Fall bekommt die vereinnehmende Dimension noch einmal eine ganz eigene Schlagkraft. Als Teilnehmer*innen performen sie innerfiktional, auf der Ebene des Themenparkbesuchs, ein Selbst und Weltverhältnis, welches Zeugnis über ihre außertheatralen *race relations* innerhalb eines Spektrums Weißer Suprematie ablegt. Denn die Bedeutungsebene des Nicht-Sehens, in die diese Station eingelassen ist, führt auf der Ebene der Wirklichkeitssimulation vor, was Layla F. Saad mit Rekurs auf Peggy McIntosh als *white privilege* bezeichnet (vgl. Saad, 2020, S. 69ff.): Dass als weiß gelesene Menschen innerhalb der Struktur des Weiß-Seins mit Privilegien im Sinne bestimmter, unverdienter Vorteile ausgestattet sind, die ausschließlich aufgrund des Weiß-Seins gewährt werden und für eine gewisse (weiße) Blindheit für Belange von *race* mitverantwortlich sind.

### 4.6.3 *Whiteness* erfahren und reflektieren

Da es mir nur möglich ist, aus meiner eigenen, weißen (und weiß markierten) Perspektive über die Aufführung und meine Zuschauer*-innen-Erfahrungen zu sprechen, möchte ich im folgenden Abschnitt entlang einer theoretischen Perspektive (selbst-)kritischen Weiß-Seins herausarbeiten, inwieweit das Erfahrungsgeschehen, das von *3/Fifths* in Gang gesetzt wird, es schafft, Zuschauer*innen die körperliche, diskursive und affektive Macht von *Whiteness* erfahrbar zu machen.

Die Critical Whiteness Studies entstanden in den USA bereits Ende der neunziger Jahre aus der afroamerikanischen und feministischen Theorie heraus. Autorinnen wie bell hooks und Toni Morrison kritisierten, dass weiße Rassismusforschung primär Konstruktionsprozesse des ›Anderen‹ adressiere, anstatt sich – sei es in der Literatur (Morrison, 1993[260]) oder in der »schwarzen Vorstellungswelt« (hooks, 2018 [1994]) – auch mit der entsprechenden Konstruktion von Weiß-Sein im perspektivischen Modus einer De-Essentialisierung und Dekonstruktion auseinanderzusetzen. Denn nur auf diese Weise würde es möglich, *Whiteness* durch seine Sichtbarmachung den epistemischen Status vermeintlicher Neutralität oder gar Universalität zu nehmen (vgl. Röggla, 2012, S. 30). Ihre Kritik galt in diesen Jahren insbesondere auch der feministischen Bewegung, die »das Konzept Frau ausschließlich Weiß gedacht und auch vertreten« (ebd., S. 29) hätte und ebenfalls beginnen müsste, das eigene Weiß-Sein und all die damit verbundenen Privilegien zu hinterfragen (vgl. dazu auch Vèrges, 2020).

Die Critical Whiteness Studies – oder die kritische Weißseinsforschung wie sie im deutschsprachigen Kontext heißt – ermöglichen damit »eine Blickumkehr, in der nicht nur rassisierte Differenz, sondern auch Weißsein als rassisierte Norm untersucht werden kann« (ebd., S. 7). Ihre Perspektive »mach[e] (weiße) Verstrickungen in Rassismus sichtbar und ermöglich[e] dadurch, dass sich Menschen, die sich selbst als außerhalb des rassistischen Diskurses verortet hätten, selbstkritisch mit ihrer eigenen Position und Teilhabe an Weißer Vorherrschaft auseinandersetzen könn[t]en« (ebd., S. 33). Dabei gelte es mittelfristig, nicht bei der eigenen Selbstreflexion oder einer Form der »moralischen Selbstentlastung« (ebd., S. 36) stehen zu bleiben, sondern Verantwortung in antirassistischen Bündnissen und Allianzen zu übernehmen und Wandel mitzugestalten.

Nun sind Kategorien wie *Whiteness* und *Blackness* nicht nur soziale Konstruktionen, sondern haben ihren Sitz in einer je spezifischen Lebensrealität und treten vielgestaltig verkörpert in Erscheinung. Mit Blick auf die Analyse der Publikumsinvolvierung in *3/Fifths* und die mit dem fiktiven Themenpark verbundene Wirklichkeitssimulation möchte ich *Whiteness* – mit Sara Ahmed – als »a category of experience« (Ahmed, 2007, S. 150) und Prozess einer »ongoing and unfinished history, that orientates bodies in specific directions, affecting how they ›take up‹ space« (ebd.) verstehen. Die Sozialisierung des Körpers in der Welt komme Ahmed zufolge einer Habitualisierung mit bestimmten Orientierungsweisen gleich. Zentrale »orientation devices« (ebd., S. 157) seien dabei u. a. Institutionen. Sie organisieren, wie sich Räume für Körper anfühlen, markieren Grenzen, zeichnen Wege vor und legen Ein- und Ausschlüsse fest.[261] Institutionen wirkten dabei nicht nur bei der Habitualisierung verkörperter Orientierungen mit, sondern betteten Subjekte zugleich auch in eine bestimmte Geschichte dieser Orientierungsweisen ein. Insbesondere im europäischen Kontext seien soziale Einrichtungen »shaped by histories of colonialism« (vgl. ebd., S. 153). Und diese Geschichten prägten wiederum nachhaltig die Weisen, nach denen sich verschiedene Körper, in ihnen aufhalten, bewegen und sich zugehörig fühlen könnten. *Whiteness* sei dabei die entscheidende normative, verschiedene Körper ausrichtende Kraft: »Whiteness becomes a social and bodily orientation given that some bodies will be more at home in a world that is orientated around whiteness« (ebd., S. 160).

SupremacyLand, die theatrale Aneignung eines Themen- und Vergnügungsparks und damit einer weißen Institution, ist als eine Wirklichkeitssimulation gestaltet, in der weiß markierten Körpern mehr Räume offenstehen als nicht-weiß markierten. Während nicht-weiß markierte Körper, wie in Kapitel 4.6.2 beschrieben, nach Schwellenübertritt sogleich gestoppt werden – was Ahmed zufolge ein Zeichen für die fehlende Mobilität nicht-weißer Akteur*innen in einem Gefüge von *Whiteness* sei (vgl. ebd., S. 161) –, stehen weiß markierten Gästen alle Stationen und mit ihnen alle Wahlmöglichkeiten und Bewegungsspielräume offen. In der Szene mit den N-Witzen steht mir als weiß markierte Zuschauerin ein Platz zu, während die schwarz markierten Zuschauer*innen stehen bleiben müssen. Die mir zugeteilten Supremacy-Dollars-Ressourcen machen Partizipation am Spielgeschehen möglich und stellen sicher, dass ich nicht aus innerdiegetischer

Geldnot von einer Station ausgeschlossen werde. Die dem rassistischen Themenpark zugrunde liegende Struktur der *Whiteness* vereinnahmt Zuschauer*innen, indem sie ihre Körper entsprechend der Markierung auf je spezifische Weisen ausrichtet und damit bestimmte Reaktionsweisen und Handlungsoptionen festlegt.

So besetzen in SupremacyLand ausschließlich als weiß gelesene Menschen die Machtpositionen und People of Color kommen nur als Angestellte vor. Zudem werden auf *race* basierende Vorurteile offen ausgelebt und diskriminierende Aktivitäten gezielt für Unterhaltungs- und Selbstbestätigungszwecke Weißer ausagiert. Die US-amerikanische Soziologin Robin DiAngelo beschreibt *White Supremacy* nicht nur als ein übergeordnetes Herrschaftssystem, das auf einer rassistischen Ideologie fuße, sondern dezidiert auch als »eine Kultur, die Weiße und alles, was mit ihnen verbunden [sei] (Weißsein), zum Ideal erheb[e]« (DiAngelo, 2020, S. 67). Weiße würden überdies »zu einer Weltsicht weißer Suprematie konditioniert, da sie die Grundlage [dieser] Gesellschaft und ihrer Institutionen bilde[]« (ebd., S. 179). In diese Kultur, die permanent Botschaften über die Überlegenheit Weißer und die Unterlegenheit Schwarzer vermittle, werde man hineingeboren und für sie sei kennzeichnend, dass einem »die Bedeutungen der ›Rasse‹ und ihrer Auswirkungen auf [das eigene] Leben nicht bewusst« (ebd., S. 60) seien. DiAngelo findet hier die Analogie eines Blicks auf einen Vogel in einem Käfig: Aus der Ferne betrachtet, sieht man den Käfig und den eingesperrten Vogel. Geht man aber ganz nah ran, verschwinden die Gitter aus dem Sichtfeld, wodurch man annehmen könnte, der Vogel bewege sich frei in seiner Umgebung (vgl. ebd., S. 54f.). Dieser eingeschränkte Blick sei es, der weiß sozialisierte Menschen auszeichne. In ihrem weißen Bezugsrahmen sähen sie bestimmte Ungleichheiten und Machtstrukturen gar nicht erst, seien sich der eigenen Privilegien nicht bewusst. Und innerhalb dieses Bezugsrahmens würden Rassismusvorwürfe über ein Bündel an Strategien abgeblockt, die sie mit dem Konzept der *white fragility* zusammenfasst. Hierzu gehören das Leugnen von auf *race* basierenden Privilegien und die damit einhergehende Banalisierung der Realität von Rassismus, die Selbststilisierung als Opfer oder Mechanismen der Empörung und rhetorischen Selbstverteidigung, kein ›böser‹, ergo rassistischer Mensch zu sein (vgl. ebd., S. 172).

Scruggs und Woodard verdichten dieses Phänomen der *white fragility* in der Figur der »Lefty Liberal« (Monica Howe), auf die der General zwischen dem ersten und zweiten Aufführungsteil stößt. Die weiße Performerin trägt einen goldenen Karateanzug mit schwarzem

Gürtel und bewegt sich mit Tai-Chi-ähnlichen Bewegungen durch den Raum. »I will ward off anything that makes me feel uncomfortable« (Skript, S. 43), so ihr Credo. Wenn in den Medien hervorgehoben werde, dass von der Polizei erneut Schwarze Männer ermordet worden seien, möchte sie entgegnen, dass auch weiße Männer in den USA ums Leben kämen. Dass es mit Barack Obama einen Schwarzen Präsidenten gegeben habe, begreift sie als Beweis für die Realität eines »post racial America«. Und die Tatsache, dass sie selbst Schwarze Freunde habe, würde doch beweisen, dass sie keine Rassistin sei. »We are colorblind. We are colorblind. All lives matter. All lives matter« (ebd., S. 45). Das sind die Worte, die das Publikum ihr kollektiv zur Versicherung ihrer eigenen Position nachsprechen soll. Die Figur der Lefty Liberal steht damit symptomatisch für einen bestimmten »Mechanismus der Vereinnahmung« (Wachendorfer, 2006, S. 64), wenn Weiße versuchen, Diskriminierungen aus einem anderen Kontext mit eigenen Erfahrungen gleichzusetzen und damit gewaltvoll zu negieren.

Mit ihr und den Figuren des Generals, der »Fragility Nurse« und des Fake-Zuschauers Ronald Adams schaffen Scruggs und Woodard auch weiße Stereotypen. Sie markieren dadurch, dass *Whiteness* und die Zugehörigkeit zum System Weißer Suprematie als ein Spektrum gedacht werden müsse. Scruggs formulierte diesbezüglich in einem Interview: »I hope that white audience members will view the piece with an imaginary sliding scale with Rachel Maddow on one end and The KKK Grand Dragon on the other end and constantly adjust where they are on the issues placed before them« (Scruggs/Teplitzky, 2016). Es gilt also, für sich selbst als weiß definierende oder weiß gelesene Zuschauer*innen qua Selbsterfahrung vereinnahmender Aufführungssituationen auszuloten, an welcher Stelle des Spektrums des Systems von *Whiteness* man sich selbst verortet.

Die vereinnahmende Dimension der Involvierung wurde für mich vor allem in Situationen spürbar, in denen ich realisierte, dass ich an den Stationen als weiß markierte Frau, egal, was ich tue, in eine Konstellation verwickelt werde, die mich jenseits der Diegese zur Täterin oder mindestens zur Komplizin der gewaltsamen Struktur von *Whiteness* macht. Sowohl beim »Noose-Making« als auch an der Station »Aryan Hammer« wurde ich in Situationen verwickelt, deren Ausgang ich nicht habe erahnen können. Beide endeten für mich in einer komplexen Gemengelage aus in situ verkörperten Emotionen wie Unwohlsein, Scham oder Überforderung und der Reflexion auf die Bedeutung, die mein Mit-Tun in der und über die Themenpark-Fiktion hinaus hat. Insbesondere in der Szene mit den N-Witzen spürte ich meine Komplizenschaft durch das Ausagieren von *white silence* (Saad, 2020, S. 107). Ich war von der sich entfaltenden Situation so vereinnahmt, dass ich nur mit stummer Zeugenschaft reagieren konnte.[262] Komplizenschaft wird auch dann spürbar, wenn man mit der eigenen Unkenntnis bestimmter historischer Zusammenhänge konfrontiert wird. Bei meinem Besuch der »Flip Flop Race Ride« wurde ich mir meines weißen Privilegs einer Absenz von *race*-bezogenen Diskriminierungserfahrungen bewusst. Über das Wiedererkennen stereotyper Repräsentationen Schwarzer Körper realisierte ich, in welchem Maß auch meine eigenen Wahrnehmungsweisen qua Sozialisation z. B. über das Hollywood-Mainstream-Kino von bestimmten (rassistischen) Bildern und Erzählungen mitformiert wurden. Und mit dem dichten Netz historischer Referenzen im Hier und Jetzt des Themenparks wurde mir die historische Situiertheit von Rassifizierungsprozessen vor Augen geführt (vgl. Blickstein, 2019, S. 153). Weil solch hochgradig affektiv besetzte Situationen in der Lage sind, meine eigenen Orientierungsweisen hervorzukehren, indem sie mich situativ qua Vereinnahmung dazu bringen, diese körperlich zu reenacten, kann immersives Theater wie *3/Fifths* eine Reflexion über eigene Selbst-/Weltverhältnisse in Bezug auf Rassismus und eine kritische Selbstverortung im Spektrum der simulierten *white supremacy* anregen – und damit nicht zuletzt einen erkenntnisproduzierenden Effekt zeitigen.

Mit einer Fokussierung auf die Involvierung des Publikums durch die affizierende Kraft von Zeichen, Diskursen und damit verbundenen Bedeutungssystemen habe ich versucht, die Komplexität der vielfältigen Vereinnahmungsprozesse in *3/Fifths* in den Blick zu bekommen. Wiederum zeigte sich, dass Vereinnahmungsprozesse ein Spektrum darstellen. Sie treten aber nicht nur auf verschiedenen Ebenen ein, sondern beziehen ihre wirkungsästhetische Brisanz aus der Beobachtung, dass Zuschauer*innen ihr Vereinnahmt-Werden auf all diesen Ebenen nicht zwingend reflexiv zugänglich wird. Und daran wirkt nicht zuletzt das Publikums-*Framing*, Besucher*in in einem Themen- bzw. Vergnügungsparks zu sein, aktiv mit. Schließlich geht mit dieser Unterhaltungsform per se schon eine Vereinnahmung des Reflexionsvermögens mit sich, da es ja vor allem darum geht, Spaß zu haben.

Wie in den anderen analysierten Aufführungen auch werden Zuschauer*innen von *3/Fifths* zunächst ganz basal von der Vielfalt der multisensorisch wahrnehmbaren Eindrücke, der Simultaneität der Ereignisse und der konkreten Handlungsanweisungen an den Stationen vereinnahmt. Diesen Vereinnahmungsprozessen geht mit dem theatralen Akt des *Racial Framings* in der Einlasssituation allerdings eine Vereinnahmung zweiter Ordnung voraus, die je nach Markierung für die Zuschauer*innen bestimmte Handlungsoptionen und Orientierungsweisen festlegt. Und diese Form der Vereinnahmung bezieht ihre das Aufführungsgeschehen beeinflussende, affizierende Kraft aus der Bedeutung, die die Trennung von schwarz und weiß markierten Zuschauer*innen im außertheatralen Kontext hat. Sie wird im Fortgang der Aufführung an jeder einzelnen Station aufs Neue in Gang gesetzt – und zwar immer dann, wenn man das eigene Mit-Tun im Mikrokosmos des fiktiven Themenparks in Relation zum außertheatralen Makrokosmos setzt. Und diese Form der Vereinnahmung, die der am Beispiel von SIGNA erläuterten Komplizenschaft ähnelt, ist auch dann wirksam, wenn sie Zuschauer*innen nicht selbst auffällt. Denn gerade dann, wenn sie ihnen nicht auffällig wird, bezeugt dies die Existenz desjenigen (außertheatralen) dominanten weißen Bezugsrahmens, den *3/Fifths* in fiktionalisierter Form verdichtet, als Themenpark (mit Rekurs auf seine Historizität) ausstellt und polyperspektivisch erfahrbar macht.

Bei einem Aufführungsbesuch von *3/Fifths* sind es die vielen komplexen Vereinnahmungsprozesse, die qua sie auszeichnender, systematischer Verschränkung von Affektivität, Emotionalität und Reflexivität, eine Erfahrung von Immersion – in dem mit Leitner und Coccia erläuterten Sinn (vgl. Kap. 2.1.2) – möglich machen. Denn sie sind die Voraussetzung dafür, dass über die strukturelle Erzeugung bestimmter Emotionen dominante Selbst-/Weltverhältnisse zum Gegenstand der Aushandlung werden und darüber aufgezeigt werden kann, in welch fundamentaler Weise man als einzelnes Subjekt immer schon in historisch gewachsene, sozial formierte und kulturell divergierende Ordnungen eingelassen ist und von ihren Bedeutungen, Normen, Regel- und Symbolsystemen wie auch produzierten Bild- und Empfindungswelten beständig ausgerichtet wird.

## Fazit: Von vereinnahmender Publikumsinvolvierung zum Theater der Vereinnahmung

Ausgehend von meinen Sichtungserfahrungen eines breiten Korpus von partizipativen Gegenwartstheateraufführungen stieß ich auf einen kleinen Kreis von Arbeiten, die sich dadurch auszeichneten, Zuschauer*innen temporär zu teilnehmenden Besucher*innen einer alternativen, durchgestalteten Weltversion zu machen. Sie kreieren komplexe, multisensorisch wahrnehmbare Rauminstallationen und rahmen sie auf der Basis einer Narration als fiktive Institutionen, die nicht nur von Darsteller*innen bzw. den von ihnen verkörperten Figuren bewohnt werden, sondern auch von Zuschauer*innen erkundet werden können. Während der Aufführung behaupten sie den gestalteten Mikrokosmos als Wirklichkeit und laden das Publikum ein, für die Dauer mehrerer Stunden fiktionalisierte Lebenswelten wie Sozialvereine, Glaubensgemeinschaften, Familienbünde, Themenparks oder therapeutische Einrichtungen in den ihnen zugewiesenen Funktionen als Gast, Workshop-Teilnehmende, potentielle Neumitglieder oder fiktionalisierte Patient*innen kennenzulernen.

Auf diese Weise realisiert sich eine Aufführung immersiven Theaters als gemeinsam hervorgebrachte Wirklichkeitssimulation und schreibt sich in die Genealogie medialer Dispositive ein, die wie frühe Simulationsapparaturen, Planetarien oder Themen- und Vergnügungsparks, ihre Besucher*innen mit einer künstlich (und künstlerisch) gestalteten Umwelt ›koppeln‹ und auf diese Weise bestimmte Selbst-/Weltverhältnisse konstituieren (vgl. Kasprowicz/Breyer, 2019, S. 11). Immersive Dispositive erfüllen die strategische Funktion, Mensch und Weltversion in Beziehung zu setzen, und zielen auf die Produktion bestimmter kognitiver und emotionaler Bewusstseinszustände.

Immersive Theateraufführungen kennzeichnet nicht nur die Existenz einer durchgestalteten Weltversion, sondern insbesondere auch der Einsatz des ästhetischen Prinzips einer Unentscheidbarkeit zwischen Fiktion und Realität, die sich vor allem dadurch auszeichnet, dass der Grad der Inszeniertheit nicht mehr zuverlässig bestimmt werden kann. Was Zuschauer*innen von SIGNA-Aufführungen in den Interviews als »Grenzerfahrung« oder »Grenzüberschreitung« beschreiben, sind zuvorderst Situationen intensiver Affizierung oder Emotionalisierung, die aus gelebten Erfahrungen in der Wirklichkeitssimulation hervorgehen und dahingehend eine Unterscheidung von Realität und Fiktion unterlaufen. Und dass dies so eintritt, liegt daran, dass das Aufführungsdispositiv seine teilnehmenden Zuschauer*innen mittels verschiedener Modi der Involvierung zugleich an das Aufführungsgeschehen *und* die fiktive Weltversion ›koppelt‹.

Ein zentrales Ziel der vorliegenden Studie war es deshalb, dominante Modi der Publikumsinvolvierung im immersiven Theater auf ihre vereinnahmenden Dimensionen hin zu analysieren. Dafür richtete sich meine Aufmerksamkeit auf die polyperspektivische Analyse des relationalen Affektgeschehens *zwischen* Aufführungsdispositiv und Zuschauer*innen und damit sowohl auf die Strategien, mit denen das Publikum in das Aufführungsgeschehen und den zugrunde liegenden Mikrokosmos einbezogen wurde, als auch auf die entsprechenden Wirkungen, die diese Involvierungsmodi bei verschiedenen Zuschauer*innen zeitigten. Im Folgenden möchte ich noch einmal kurz die wichtigsten Ergebnisse der Analysen zusammentragen sowie die gesellschaftliche Situiertheit eines *Theaters der Vereinnahmung* diskutieren.

Am Beispiel von *Alma* wurde hervorgehoben, wie Zuschauer*innen räumlich (von der schieren Größe des Spielortes über die Ausstattung der szenischen Räume bis zur Einbettung in den Aufführungsraum) und figurenperspektivisch in die fiktionalisierte Lebenswelt der Alma Mahler-Werfel eingelassen wurden. Hier konnten drei für alle Aufführungsbeispiele geltende Merkmale der Publikumsinvolvierung im immersiven Theater herausgearbeitet werden: 1. eine mit der Mobilisierung einhergehende *Vereinzelung* des Publikums, 2. eine systematische *Desorientierung* (räumlich, zeitlich, inhaltlich) sowie 3. eine starke Tendenz, *Affizierungsdynamiken* zu ausschlaggebenden Faktoren von (bewussten oder unbewussten) Entscheidungen zu machen. Entlang der Analysen soundbasierter Involvierung bei *Sleep no more* und der Involvierung durch die affizierende Kraft von Zeichen, Diskursen und Bedeutungen bei *3/Fifths* wurden zwei weitere Merkmale anschaulich: 4. ein den Aufführungsverlauf und die Handlungsoptionen der Zuschauer*innen maßgeblich mitbestimmendes Publikums-*Framing* sowie 5. eine Fokussierung auf Strategien von *emotional storytelling*, welches eine Bezugnahme auf die der Inszenierung zugrunde liegenden Referenztexte oder -filme nicht zuvorderst inhaltlich herzustellen versucht, sondern über das Evozieren und Erinnern an die jeweiligen mit den Werken oder Rezeptionskontexten verbundenen Emotionen. Insbesondere an den SIGNA-Analysen olfaktorischer, handlungsanweisungs- oder berührungsbezogener Publikumsinvolvierung wurden zwei letzte Merkmale evident:

6. die machtvolle *(Wissens-)Asymmetrie* zwischen Darsteller*innen und Zuschauer*innen sowie 7. das Erfordernis, dass sich Zuschauer*innen qua Teilnahme auf unbekannte, irritierende, verunsichernde und übergriffige Situationen *einlassen* (müssen). All diese Faktoren begründen die symptomatische *Singularisierung der Aufführungserfahrung* im immersiven Theater, sie sind entscheidend für das Ineinandergreifen von Fiktion und Realität, das für das Erleben der Wirklichkeitssimulation konstitutiv, ist und: Sie begünstigen Prozesse der Vereinnahmung.

Aus den polyperspektivischen Analysen der Aufführungsbeispiele ging hervor, dass immersive Theateraufführungen nicht nur *eine* Variante, sondern ein ganzes *Spektrum von verschiedenen Vereinnahmungsprozessen* auslösen können. Sie reichen vom situativen In-Beschlag-Genommen-Werden durch intensive, sinnliche Wahrnehmungseindrücke über das unbeabsichtigte Einnehmen einer Kompliz*innen-Rolle, deren Handlungen auf der Ebene der Diegese einen (ethisch oder moralisch betrachtet) problematischen systemstabilisierenden Effekt zeitigen, bis zum Eingenommen-Sein von einer den jeweiligen Mikrokosmos bestimmenden Weltsicht. Mit einer affekttheoretischen Konturierung des Begriffs wie auch der zugehörigen Phänomene konnte gezeigt werden, dass Prozesse der Vereinnahmung genuin reziprok und deshalb keinesfalls nur negativ zu bewerten sind, sondern, dass die Erfahrung, sich auf etwas mit allen Sinnen einzulassen bzw. von einer Situation oder Perspektive situativ komplett eingenommen zu werden, von Zuschauer*innen nicht nur z. T. gezielt provoziert oder aufgesucht, sondern auch genossen und als bereichernd empfunden werden kann. Zu dieser Ambivalenz wirkungsästhetischer Vereinnahmung, die produktiv zu machen für mich ein wichtiges Anliegen dieser Studie war, gehört auch die Beobachtung, dass Vereinnahmungsprozesse den involvierten Zuschauer*innen in situ auffällig werden und damit einen Prozess der (Selbst-)Reflexion in Gang setzen können, dass sie aber ebenso gut wirksam und unbemerkt bleiben können.

Vor diesem Hintergrund gilt es nun abschließend, von den getätigten Analysen vereinnahmender Publikumsinvolvierung auf die möglichen Tragweiten eines *Theaters der Vereinnahmung* zu abstrahieren. In welcher Weise lassen sich die Ergebnisse auf außertheatrale, gesellschaftliche Kontexte übertragen? Ist eine dominante, gesellschaftlich virulente Spannung auszumachen, die immersives Theater zuvorderst zu bearbeiten scheint? Für die Beantwortung dieser Fragen ist es entscheidend, sich vor Augen zu halten, was das genau für Weltversionen sind, die immersive Aufführungen im Modus der

Wirklichkeitssimulation mit ihren teilnehmenden Zuschauer*innen gemeinsam hervorbringen.

Von meinen 25 Aufführungen im Korpus immersiven Theaters widmen sich 18 (!) Produktionen der theatralen Realisierung von sektenähnlichen und/oder verschwörerischen Gemeinden, Dystopien des Totalitären oder autoritär geführten Institutionen. Positiv besetzte, utopische Gemeinschaftsentwürfe kommen überhaupt nicht vor.[263] D. h., eine Mehrzahl der Produktionen entwirft fiktionalisierte Lebenswelten, *in denen Vereinnahmung bereits selbst thematisch wird.* So porträtieren alle drei besprochenen SIGNA-Produktionen autoritäre Strukturen, die darauf zielen, Menschen emotional zu verführen und für eine bestimmte Sache (einen Glauben oder eine berufliche, private oder ökonomische Perspektive) einzunehmen. Ob Himmelfahrer, Leidende oder Hundsche – sie alle werden innerdiegetisch als Persönlichkeiten gezeichnet, die ihre Orientierung im Leben verloren haben, die auf der Suche nach Anerkennung, Liebe, Zugehörigkeit und Zusammenhalt sind. Sie geraten in Strukturen, die ihnen ein Sinnstiftungsangebot machen, sei es in Form einer Religion, einer Gemeinschaft oder einer beruflichen und finanziellen Perspektive.

»Canis Humanus e.V.«, »Das halbe Leid e.V.« und die Gemeinschaft der Himmelfahrer sind allerdings keine beliebigen Institutionen, sondern es handelt sich um fiktionalisierte, »totale Institutionen«, in denen soziale Akteur*innen wie in einer geschlossenen Welt »für längere Zeit von der übrigen Gesellschaft abgeschnitten sind und miteinander ein abgeschlossenes, formal reglementiertes Leben führen« (Goffman, 1973, S. 11). Beispiele für totale Institutionen sind Gefängnisse, Arbeitslager, psychiatrische Einrichtungen, Kasernen, Klöster, Internate oder auch sich abschottende Gemeinschaften wie die der fiktiven Himmelfahrer oder Hundsch-Familien, die so nicht existieren, aber existieren könnten und in ähnlicher Weise eben tatsächlich auch existieren. Menschen in einer totalen Institution unterwerfen sich entweder unter Zwang oder freiwillig einer zentralen Autorität, die nicht nur darüber bestimmt, wer zur Gemeinschaft dazugehört, sondern die auch sämtliche Tätigkeiten im Leben der vereinnahmten Mitglieder plant, regelt und kontrolliert (vgl. ebd., S. 17f.).

Im Fall des SIGNA-Kollektivs – und interessanterweise auch im Fall des ersten *Alma*-Ensembles der Premierenversion – begeben sich auch die Darsteller*innen für die Dauer der Proben- und Aufführungsphase in eine Konstellation, die vielleicht nicht einer Goffmanschen totalen Institution entspricht, aber doch Züge einer »gierigen

Institution« (Coser, 2015) aufweist, die temporär das ungeteilte Engagement seiner Mitglieder und ihrer Persönlichkeit(en) für eine künstlerische Produktion vereinnahmt. Die produktionsinternen Unterlagen dokumentieren, in welcher Weise sämtliche Prozesse durchgeplant sind. Es gibt für (fast) alles vorab festgelegte Regelwerke, die nach Bedarf angepasst werden und an die sich alle gecasteten Beteiligten einer Produktion halten müssen. Ihr Mit-Wirken wird dabei beständig kontrolliert, getestet und evaluiert. Von Darsteller*innen, die bei SIGNA-Produktionen involviert waren, weiß ich, dass sie zwar in die Gestaltung der Räume und Figuren eingebunden werden, dass alle künstlerischen Entscheidungen aber am Ende von Signa (und Arthur) getroffen und durchgesetzt werden.[264] Und das von einem Zuschauer beschriebene Verfahren von »Zuckerbrot und Peitsche« (AK 2017) sei wohl auch das, was während der Probenphase primär zum Einsatz komme: viel Kritik und viele zuweilen auch die Persönlichkeit betreffende Beurteilungen und Bewertungen im Schaffensprozess und gleichzeitig viel Nähe, Bestätigung, Liebe und Leidenschaft auf den regelmäßig stattfindenden, institutionalisierten Partys. Es gibt nicht wenige ehemalige SIGNA-Performer*innen, die wertschätzen, was sie gelernt haben, und trotzdem im Nachhinein schockiert sind, worauf sie sich temporär eingelassen haben.[265]

Es ist davon auszugehen, dass es bei SIGNA-Arbeiten zu einer Konvergenz dieser zwei parallelen Welten kommt, jener der temporären Produktionsgemeinschaft, in der alle miteinander wohnen, leben und arbeiten, und jener der inszenierten Weltversion, die z. T. analog strukturiert ist und entlang der Diegese zusammen mit den Zuschauer*innen als Wirklichkeitssimulation hervorgebracht wird. Insbesondere mit Blick auf soziale und affektive Dynamiken wird deutlich, dass es (zumindest im Fall von SIGNA) bereits auf produktionsästhetischer Ebene zu einer systematischen Verwischung von Realität und Fiktion kommt und dass komplexe emotionale Vereinnahmungsprozesse dabei eine entscheidende Rolle spielen. Hinzu kommt die Beobachtung, dass für viele Zuschauer*innen nicht nur von SIGNA-Produktionen, sondern auch von Signa Köstler und ihrer Lebens- und Arbeitsweise, eine starke Sogwirkung ausgeht, die (insbesondere bei kunstaffinen Menschen jüngerer Generationen) dazu führt, dass sie Teil dieser Gemeinschaft werden wollen – worin sich auch eine Form der relationalen Anerkennung der künstlerischen Autorität SIGNAs manifestiert. Für eine weiterführende Auseinandersetzung mit immersivem Theater und Vereinnahmungsprozessen wäre es deshalb – ganz im Sinne der Polyperspektivik – unerlässlich, auch die Perspektive der Darsteller*innen in den Blick der analytischen Betrachtung zu nehmen. Was macht es mit den Menschen, wenn sie für eine Weile komplett aus ihrem Leben heraus- und in eine sie vereinnahmende Parallelwelt hineintreten? Und was macht es mit Darsteller*innen, wenn sie wie bei *Wir Hunde* für die Dauer mehrerer Monate als Menschen verkörpernde Hundsche im Modus devoter Unterwürfigkeit psychische und physische Malträtierungen über sich ergehen lassen? Kann das mit Rekurs auf ein theatrales Als-ob wirklich von den Körpern und Affekthaushalten der Darsteller*innen getrennt werden? Und welche Rolle spielen individuelle affektive Dispositionen, die in diesem Arrangement auch bewirken können, diese Form der Unterordnung als angenehm zu empfinden?

In allen Aufführungsbeispielen haben wir es mit Mikrokosmen zu tun, die Vereinnahmungsprozesse zum Gegenstand haben. Zuschauer*innen werden mit Figuren konfrontiert, die von etwas oder jemandem komplett eingenommen sind (wie die Liebhaber von *Alma* oder die im Wahn agierenden Figuren bei *Sleep no more*), oder sind in fiktiven Institutionen zu Gast, die (wie der Themenpark Supremacy-Land oder SIGNAs Einrichtungen) autoritär geführt werden und ihre Mitglieder bzw. Mitarbeiter*innen auf verschiedenen Ebenen vereinnahmen. Meine Analysen haben gezeigt, in welcher Weise die verhandelten Inhalte der Weltversionen über die Wirkweisen des immersiven Aufführungsdispositivs zugleich *zur Form* werden, wie Zuschauer*innen *zu Medien verkörperter Erfahrungen von Vereinnahmungsprozessen werden* (vgl. dazu am Beispiel von SIGNAs *Söhne & Söhne* Schütz, 2020). Sie werden in umfassende inner- und außerfiktionale Regelwerke eingeführt, bei deren Nicht-Einhaltung Sanktionen oder Ausschluss drohen. Sie werden durch das *Framing* als Gast, Besucher*in oder Teilnehmer*in in eine dynamische Konstellation eingelassen, wodurch bestimmtes soziales Rollenverhalten und bestimmte Umgangs- und Empfindungsweisen gezielt aktiviert werden – und zwar zusätzlich zu den mit der Zuschauer*innen-Rolle bereits eingebrachten. Sie werden im Modus vereinnahmender Übergriffigkeit physisch wie psychisch unbekannten Räumen, Menschen und Situationen ausgesetzt. Und zu guter Letzt wird ihr Mit-Tun auf verschiedenste Weisen überwacht und kontrolliert – sei es über echte Überwachungskameras, Fake-Kameras oder über Formen der (Selbst-)Kontrolle.

Es handelt sich also um Konfigurationen, die trotz suggerierter Bewegungs-, Entscheidungs- und Handlungsfreiheit sowie formal angelegter Interaktivität *grundlegend asymmetrisch* sind: Wissende Beteiligte versus unwissende Gäste, Darsteller*innen im ›Schutz‹

der Narration und ihrer Figuren versus Zuschauer*innen, die als Privatpersonen nicht nur mit ihrem Namen, sondern vor allem mit ihren Autobiografien situativ einstehen müssen. Alle Aufführungsbeispiele fordern von ihren Zuschauer*innen einen Vertrauensvorschuss ein, der in der Bereitschaft besteht, sich auf eine solche durchaus übergriffige Erfahrung, die nicht nur für viele Erstbesucher*innen ein veritables »Experiment«[266] darstellt, einzulassen. Diese Bereitschaft, sich temporär von Aufführungen immersiven Theaters mit all seinen Regeln, Asymmetrien und (re-)präsentierten autoritären Strukturen vereinnahmen zu lassen, bildet die Grundkonstituente von immersivem Theater als einem *Theater der Vereinnahmung.*

Es ist vor allem die körperliche und emotionale Übergriffigkeit, die ursächlich dafür ist, dass viele Besucher*innen SIGNA und anderen Arbeiten immersiven Theaters vorwerfen, sie seien nicht nur künstlerisch beeindruckende »totale Installationen«, sondern stellten im Grunde eine »totalitäre« Form von Kunst dar: eine Kunst, die versucht, Zuschauer*innen zu überwältigen, zu manipulieren, zu reglementieren, zu kontrollieren und auch ein Stück weit zu unterwerfen.[267] Und wenngleich in meinen Analysen deutlich wurde, dass das Publikum zuvorderst in Weisen vereinnahmt wird, die ihnen selbst auffällig werden können und sollen, so hat sich doch auch gezeigt, dass Vereinnahmungen wirksam werden können, ohne dass sie den Vereinnahmten bewusst werden. Deshalb ist dieser Vorwurf bei all seiner rhetorischen Drastik nicht gänzlich von der Hand zu weisen. Zwar können Zuschauer*innen die Aufführungen zu jeder Zeit verlassen. Und wenngleich sie zu vielem verführt oder zuweilen auch gedrängt werden, werden sie definitiv zu nichts gezwungen. Womit sie aber qua Teilnahme eindeutig konfrontiert werden, sind die ganz realen, körperlich spürbaren, affektiven Dynamiken, die aus der Begegnung mit einer Weltversion resultieren, die ein autoritäres System nicht nur vorstellt, sondern im Modus einer gemeinsamen Simulation auch realisiert. In dem Moment, in dem sich Zuschauer*innen der implizit bleibenden Rezeptionsvereinbarung freiwillig unterwerfen, machen sie sich *emotional angreifbar*, da sie als teilnehmende Zuschauer*innen, Privatpersonen und politische Subjekte zugleich in Situationen des Handlungs-, Reaktions- und/oder Haltungszwangs manövriert werden (vgl. Mühlhoff, 2019b, S. 200f.). Und die dadurch in situ erzeugten Emotionen sowie das Empfinden der eigenen Vulnerabilität in Situationen der Vereinnahmung sind dabei ganz real. Womit sich streng genommen nicht die jeweilige Diegese, sondern die Rede vom »Schutzraum« der Kunst als die eigentliche Fiktion herausstellt.[268]

In den von mir durchgeführten Interviews fiel auf, dass sich insbesondere die Zuschauer*innen der Generation der vor Ende des Zweiten Weltkriegs Geborenen, z. B. bei SIGNAs *Söhne & Söhne* qua Körpergedächtnis in die Zeit ihrer Kindheit und Jugend in der nationalsozialistischen Diktatur im Deutschland der dreißiger und vierziger Jahre zurückerinnerten.[269] Zuschauer*innen, die nach 1950 geboren wurden, fühlten sich sowohl bei *Söhne & Söhne* als auch bei *Wir Hunde* zuvorderst in das autoritäre Regime der DDR zurückversetzt (u. a. TD 2016; EW 2018) und Vertreter*innen der nach 1985 Geborenen, die nach meiner Wahrnehmung und (nicht-repräsentativen) Erhebung die größte Zahl an SIGNA-Zuschauer*innen ausmachen, assoziierten zuvorderst Filme wie *Die Welle*, *Momo*, *Colonia Dignidad* oder *1984* und damit fiktionale Vorstellungswelten autoritärer oder totalitärer Regime oder Experimente mit solchen. Hieraus leitet sich die Frage ab, warum eine Theaterform, die autoritäre Strukturen verhandelt und Zuschauer*innen im Modus der Wirklichkeitssimulation solchen aussetzt, von so vielen Menschen derart positiv oder zuweilen auch euphorisch aufgenommen wird? Worin besteht der Reiz einer solchen Theaterform für eine bestimmte Klientel?

Bei der Analyse der Interviews kristallisierte sich ferner heraus, dass insbesondere die befragten Personen zwischen Anfang zwanzig und Anfang dreißig ein Begehren nach intensiven »Selbst-« und/oder »Grenzerfahrungen« artikulierten (u. a. HP 2018; KL 2016; LS 2018). Es zeigte sich hier eine *Sehnsucht nach intensiven Erlebnissen und einem Sich-Selbst-Spüren.*[270] Was bedeutet das aber mit Blick auf die Szenen und die von ihnen ausgelösten emotionalen Erfahrungen, wie ich sie in dieser Arbeit entlang meiner Beispiele analysiert habe, ganz konkret? Gibt es eine Sehnsucht nach einer abgeschlossenen Parallelwelt mit konkreten Regeln und Vorschriften? Gibt es eine Sehnsucht danach, von einem autoritären Gefüge vereinnahmt zu werden, um sich auf diese Weise selbst zu spüren und über die Reibung mit diesem System etwas über sich selbst zu lernen? Zeitigen begrenzte Freiheiten hier eine entlastende Wirkung? Und wie erklärt sich vor dem Hintergrund dessen, dass es zuvorderst dystopisch-totalitäre und/oder autoritäre Gemeinschaften sind, die im Modus von Wirklichkeitssimulationen realisiert werden, eine von den Besucher*innen vielfach artikulierte »Sehnsucht nach Gemeinschaft« (TD 2016; AK 2017; LS 2018), die von den Arbeiten adressiert werde?

Meines Erachtens ist *ein* gesellschaftlicher Grundkonflikt, den immersives Theater als künstlerische Form bearbeitet, dass zumindest ein Teil der Weltbevölkerung – und um den geht es hier[271] – in einer Gegenwart fortschreitender Globalisierung, Neoliberalisierung und Digitalisierung aufwächst, die ein unglaubliches Spektrum an Handlungs- und Entscheidungsmöglichkeiten für die Gestaltung des eigenen beruflichen und privaten Lebens anbietet. Potenziert durch die hohe Dichte täglicher Informationsströme, die von einem Netzwerk sozialer Medien ermöglicht, katalysiert und sichtbar gehalten werden, welches unzählige Weisen des Orientierens anbietet (und mitkonfiguriert), kann diese Freiheit, insbesondere für Menschen der Generationen Y (Jahrgänge 1981 bis 1995) und Z (die ab 1995 geborenen *digital natives*), auch in einen Zwang kippen, so dass Desorientierung, Überforderung und Vereinzelung die Folge sind. Holt also immersives Theater, das zu Beginn, wie gezeigt wurde, insbesondere Desorientierung, Überforderung und Vereinzelung produziert, viele seiner Zuschauer*innen affektiv genau an dieser Stelle ihres In-der-Welt-Seins ab? Was bedeutet es dann aber, dass es *autoritär organisierte Parallelwelten* mit ihren jeweiligen, z. T. hochgradig simplifizierenden und/oder mystifizierenden (Welt-)Erklärungsmodellen und Orientierungsangeboten sind, die Zuschauer*innen anzusprechen vermögen? Und wie ist es einzuordnen, dass daraus sogar häufig Fangemeinden erwachsen, die im klassischen Theater sonst eher unüblich sind? Steckt auch dahinter eine Sehnsucht nach temporären Gemeinschaft(en) und emotionalen Bindungen?

Eine meiner Hypothesen ist, dass nicht nur Punchdrunks *Sleep no more*, sondern alle ästhetischen Welten der analysierten Performance- und Theaterinstallationen mit der Fabrikation einer paradoxen Form »restaurativer Nostalgie« (Boym, 2001) arbeiten: Einerseits werden fiktive Gemeinschaften oder Institutionen erdacht und im Rahmen der geteilten Wirklichkeitssimulation realisiert, die gerade *nicht* durch Pluralität und Toleranz bestechen, sondern sich durch festgezurrte Identitätsentwürfe und patriarchale (und rassistische) Strukturen mit einer (zumeist männlichen) Führungsfigur auszeichnen, welche sich geriert, im Begriff einer gemeinschaftskonstituierenden ›Wahrheit‹ zu sein. Anderseits werden diese Welten ästhetisch zeitlich entrückt, entweder an filmische Bildwelten oder an ein eklektisches Bildreservoir vergangener Zeiten angeschlossen und mittels Retrodesign als in sich geschlossene, überschaubare Mikrokosmen ausgestattet, sodass mindestens ein ambivalenter, wenn nicht ein positiv besetzter Bezug zu diesen Welten möglich wird. Immersives Theater schreibt sich damit auch ein Stück weit in den gegenwärtig zu beobachtenden Trend einer insbesondere von der Populärkultur[272] beförderten *Affektpolitik der Nostalgie* ein, die potentiellen Überforderungen mit fortwährenden Veränderungsdynamiken der Gegenwart mit (zumeist positiv besetzten) Resonanzerfahrungen begegnet, die aus (in-)dividuellen Rückblicken und damit verbundenen diffusen Sehnsüchten nach Vergangenem oder einer verklärten Rückwärtsgewandtheit resultieren (vgl. dazu auch Frevert, 2020, S. 281ff.).

Eine weitere Hypothese, die sich aus einer Kritik der inszenierten Weltversionen in meinen Aufführungsbeispielen ergibt, ist, dass immersives Theater *eine Wiederkehr – oder Kontinuität? – (neo-)autoritärer Strukturen in westlichen, demokratischen Gesellschaften präfiguriert.* Mehrheitlich werden dystopisch anmutende Weltversionen kreiert, die – selbst wenn sie wie SIGNAs Welten sich zunächst als hoffnungsvoll besetzte Alternativen zu existierenden Formen des Zusammenlebens darbieten – letztlich in Strukturen kippen, die in vielschichtiger Weise als autoritär zu bezeichnen sind. Antizipieren immersive Theateraufführungen in dieser Weise – im Sinne Oliver Marcharts (2019) – einen zukünftigen gesellschaftlichen Konflikt und/oder eine potentielle Gefahr der Reaktion darauf?

Arbeiten wie SIGNAs *Das Heuvolk* führen – insbesondere mit der Abschlussszene – vor, wie sich Zuschauer*innen im Rahmen der Wirklichkeitssimulation in einer Weise affizieren lassen, die ihre Körper bei einer Sehnsucht nach Zugehörigkeitsgefühlen packt und sie in eine Resonanzbeziehung zur fiktiven Gemeinschaft versetzt. So schlossen sich zahlreiche Zuschauer*innen mit dem performativen Akt des Entkleidens und Eintretens in den Kreis der Gruppe innerdiegetisch einer Gemeinschaft an, die deutlich als ultrakonservative, patriarchale und heteronormative Sekte inszeniert wurde, als eine rückwärts gerichtete Gemeinschaft also, in der Frauen nur Kleider tragen, keine Kinder bekommen und zumeist nur als Dienerinnen ihrer Brüder arbeiten dürfen. Sie treten in der Wirklichkeitssimulation einer Gemeinschaft höriger Menschen bei, die bereit sind, Körper und Seele für das Wohl der Gemeinschaft zu opfern, wenn ein autoritärer, machtbesessener, weißer Mann wie Jake Wolcott es von ihnen verlangt. Immersives Theater wie *Das Heuvolk* führt damit allen in der Aufführung versammelten Menschen sowohl innerfiktional wie auf der Ebene der geteilten Wirklichkeitssimulation vor, *dass* (und *wie*) Menschen emotional verführbar sind und unter bestimmten Umständen bereit sind, sich von fiktiven »Halbwahrheiten« (Gess, 2021) vereinnahmen zu lassen.

Im Gegensatz zu jenen Halbwahrheiten, wie sie gegenwärtig in Verschwörungserzählungen von rechtspopulistischen Gruppen wie QAnon zum Einsatz kommen, um eine klare Unterscheidung von

Wahrheit und Lüge, von wahren und falschen Informationen zu unterlaufen (ebd., S. 13) und damit einer systematischen Verschiebung der Wahrnehmung von Wirklichkeit Vorschub zu leisten[273], liegt die Kraft immersiven Theaters darin, die virulenten Vereinnahmungsdynamiken hinter solch einer postfaktischen Rhetorik im Kunstkontext erfahrbar zu machen, sodass Zuschauer*innen über die eigenen affektiven Dispositionen hinsichtlich Verführbarkeit, Unterordnungs- und Vereinnahmungsbereitschaft qua situativer (oder ex-post) Selbsterkenntnis aufgeklärt werden können.

Problematisch bleibt indes der Befund, dass die Weltversionen, die von den Inszenierungen meines Korpus entworfen werden, allzu häufig ein zwar zeitlich entrücktes und ästhetisch überhöhtes, aber doch *spezifisches soziales Milieu* repräsentieren. Zu diesem mögen Mitglieder eines vornehmlich bürgerlichen und akademischen Publikums zwar Berührungspunkte haben, es wird ihrem eigenen lebensweltlichen Milieu aber in aller Regel vermutlich nicht entsprechen. So bleibt trotz aller Unmittelbarkeit des Erlebens eine Distanz eingeschrieben, die mit den eigenen realen Selbst-/Weltverhältnissen verknüpft ist und als Milieu- oder Klassendifferenz erzählt und ausgestellt wird.[274] Das *Worldbuilding* immersiven Theaters erzählt, dass es gerade Menschen aus sozial prekären Umfeldern mit einer problematischen oder traumatischen Vergangenheit sind, die für die autoritären Orientierungsangebote, die ihnen die fiktiven, totalen Institutionen anbieten, ansprechbar sind. Die Inszenierungen weisen damit innerfiktional bestimmte »autoritäre affektive Dispositionen« (Mühlhoff, 2020, S. 2) bestimmten Menschen zu, führen aber außerfiktional, im Rahmen der geteilten Wirklichkeitssimulation (wie am Beispiel von *Das Heuvolk* nochmals vergegenwärtigt wurde), zugleich vor, dass diese Dispositionen ebenso seitens der Zuschauer*innen auszumachen sind und also gerade nicht entlang von Klassen- oder Milieugrenzen zu konstruieren sind. So erweist sich das Theater der Vereinnahmung als eine emotionale Begegnungs- und (Selbst-)Erfahrungsmaschine, die ihr Publikum dazu anregen kann, sich der eigenen autoritären affektiven Dispositionen bewusst zu werden. Und es eröffnet damit die Möglichkeit, in situ bestimmte alternative Umgangsweisen zu erproben, um sich selbst darüber aufzuklären, in welcher Weise man gerade nicht (selbst) affizieren und affizierbar sein will.

Nichtsdestotrotz – und das ist eine symptomatische Ambivalenz des Theaters der Vereinnahmung – schreibt sich immersives Theater mit seinem retrogressiven Festhalten an mimetischen oder hyperrealistischen (Re-)Präsentationsweisen einmal mehr in die Genealogie jener autoritären Weltbetrachtungsmaschinen ein, die für eine bestimmte Zielgruppe zu Unterhaltungs- oder (Selbst-)Erkenntniszwecken einen bestimmten Mikrokosmos einrichten, in dem Figuren, die über Prozesse des *Otherings* als ›Andere‹ erzeugt werden, ausgestellt werden.[275] So partizipieren Zuschauer*innen im Theater der Vereinnahmung immer auch ein Stück weit an einer Wirklichkeitssimulation, die in situ vornehmlich nicht (nur) der Dekonstruktion, sondern häufig auch der Stabilisierung hegemonialer Perspektiven und asymmetrischer Machtverhältnisse dient.

## Endnoten

1 Asisis Wortschöpfung »Panometer« kombiniert die Kunst des Panoramas, welcher er zu einer veritablen Renaissance verhilft, mit denjenigen Gebäuden, in denen er sie seit 2003 installiert: leerstehende Gasometer. Sein Grand Barrier Reef ist derzeit im Gasometer Pforzheim zu besuchen, siehe: https://www.asisi.de/panorama/great-barrier-reef, letzter Zugriff 20.3.2021.

2 Die Serie *Westworld* von Jonathan Nolan und Lisa Joy basiert auf dem gleichnamigen Film von Michael Crichton (USA 1973).

3 Bei »Escape-The-Room«-Spielen handelt es sich zumeist um realistisch eingerichtete Räume, in denen zahlende Teilnehmer*innen in einer Team-Konstellation in einer festgelegten Zeit bestimmte Rätsel oder Aufgaben gemeinsam lösen müssen, um sich aus dem jeweiligen Raum zu befreien.

4 Bei Alternate Reality Games handelt es sich um ein Format, das 2001 im Zusammenhang mit transmedialen Marketingstrategien von Hollywood-Blockbustern in den USA aufkam und sich inzwischen davon emanzipiert und als eigenständige Eventform etabliert hat, vgl. Rose 2011, S. 9 – 15. Thematisch wurde das, was man heute unter ARG fasst, bereits 1997 in dem US-amerikanischen Thriller *The Game*. Siehe auch Gosney, 2005.

5 Ein Einblick in diese sehr unorthodoxe Form der Freizeitgestaltung findet sich u. a. hier: https://www.travelbook.de/orte/scary-places/horrortour-mckamey-manor, letzter Zugriff 20.3.2021.

6 Beim Nordic-»Life-Action-Role-Playing« (LARP), das wie die *McKamey Manor-Tour* eher an soziale, denn an künstlerische Experimente denken lässt, wird im Gegensatz zu klassischen LARPs keine phantastische Welt, sondern ein Auszug einer ins Dystopische weisenden Wirklichkeit im Modus eines theatralen Als-ob real durchgespielt, z. B. ein futuristisches Gefangenenlager im Fall von *Kapo* (DK 2011), Trailer einzusehen unter https://www.youtube.com/watch?v=4Ddq8HjVaQY, letzter Zugriff 20.3.2021.

7 Ich rekurriere hier auf ihre Studie *Immersive Theatre(s). Intimacy and Immediacy in Contemporary Performance*, in der sie Auskunft darüber gibt, dass die Bezeichnung bereits in den neunziger Jahren mit Produktionen von Artangel aufkam, sich aber erst später, insbesondere mit den Produktionen von Punchdrunk, im anglophonen Raum durchzusetzen begann, vgl. Machon, 2013, S. 63f.

8 Die konsultierten Artikel geben keine Auskunft zu einer Datierung der Wortverwendung von »Immersion« im Deutschen; im entsprechenden Band des *Grimmschen Wörterbuchs* (1877) fehlt der Eintrag »Immersion« z. B. noch. Im Englischen belegt das *Oxford English Dictionary* die Verwendung der Verbform »to immerse« bzw. »to immerge« vermehrt seit dem 17. Jahrhundert (S. 684); im *Dictionnaire culturel en langue française* wird für den Einsatz des französischen Substantivs »immersion« sogar das 14. Jahrhundert vermerkt (S. 1839), sodass man davon ausgehen kann, dass der Begriff und seine Verwendung aus den romanischen Sprachen wohl erst mit ein paar Jahrhunderten Verspätung in den englischen und deutschen Sprachraum eingewandert ist. Eine Begriffsgeschichte von Immersion steht derzeit noch aus.

9 Ich betrachte die Etymologie von »Immersion« hier im Englischen, Deutschen und Französischen, weil die künstlerischen Beispiele aus meinem Korpus und dominanten Immersionsdiskurse gleichfalls aus dem deutsch-, englisch- und französischsprachigen Raum kommen.

10 Auch wenn Ryan es begrifflich nicht explizit macht, verbirgt sich hier die Nähe von Immersionserfahrung und *Flow* im Sinne Csikszentmihalyis, die im Immersionsdiskurs immer wieder starkgemacht wird, so u. a. in Leitner, 2017, S. 261, oder Biggin, 2017, S. 28. Besonders häufig wird die Analogie in den Game Studies verwendet, siehe u. a. Cairns et al., 2014, S. 339 – 360.

11 Während die Filmwissenschaft Immersion in den vergangenen Jahren primär als ästhetisches Rezeptionsphänomen theoretisiert hat, wird Immersion als kultureller Topos in Filmen und Serien bereits seit mehreren Jahrzehnten auch thematisch verhandelt. So konstatiert u. a. der Filmwissenschaftler Jörg Schweinitz, dass Immersion in Filmen seit den neunziger Jahren geradezu als »populäre Leitidee« (Schweinitz, 2006, S. 139) aufscheine. Filme wie *Matrix* (USA 1999) – und sein Vorläufer *Die Welt am Draht* (BRD 1973) –, aber auch *eXistenZ* (Kan/F/GB 1999) oder *Strange Days* (USA 1995) müssten als »Ausdruck eines übergreifenden neuen kulturellen Interesses« (ebd., S. 140) an den neuen

technologischen Entwicklungen im Bereich der VR gesehen werden. Zugleich wirkten die Filme ihrerseits an der Faszinationskraft eines spezifischen Mediengründungsmythos (vgl. ebd., S. 144) mit, nämlich jenem der »totalen Immersion«, dem Mythos »der *totalen Wirklichkeitsanalogie* des durch das Dispositiv Vermittelten« (ebd., S. 140, Hervorhebung TS). Hierbei handelt es sich um einen Topos, der für den Begriff der »Wirklichkeitssimulation« in Kap. 2 von Relevanz ist.

12 Kasprowicz spricht grammatikalisch von »immersierten« Körpern. Ich bevorzuge wie die Mehrzahl der Forscher*innen die Verwendung des Attributs »immersiviert«.

13 In der Patentschrift wird betont, wie wichtig es sei, »Menschen unterweisen und ausbilden zu können, ohne sie den Gefahren bestimmter Situationen tatsächlich aussetzen [zu müssen]« (Heilig zitiert nach Schröter, 2004, S. 186).

14 Explizit zum Planetarium als wissensgeschichtliches Beispiel für ein »künstlerisches Environment, das neben der Vermittlung astronomischen Wissens immer auch die Immersion von Menschen (und Tieren) in eine optische Anordnung betrifft« und damit abstraktes Wissen erfahrbar mache, siehe von Herrmann, 2018, S. 13 – 41, hier: S. 31.

15 Dawid Kasprowicz weist – ähnlich wie Huhtamo, 2008 – explizit auf die zeitliche Parallelität von immersiven Unterhaltungsmedien wie dem Bewegungssimulator in Vergnügungs- und Themenparks und wissenschaftlichen Forschungen im Zuge der aufkommenden Kybernetik nach dem Ende des Zweiten Weltkriegs hin, vgl. Kasprowicz, 2015, S. 28f.; er zeigt u. a. am Beispiel der NASA, wie Flugsimulatoren im Kontext der Raumfahrt vor allem der kybernetischen Körpervermessung und -modellierung dienten. Simulatoren fungierten als mediale Anordnungen, in denen immersi[vi]erte Körper getestet, beobachtet und modelliert wurden, vgl. ebd., S. 29. Von der Außenwelt abgekapselt und doch mit dem eigenen Körper im Raum verhaftet, werden bei vollem Bewusstsein vertraute Körperwahrnehmungen von der einwirkenden Apparatur unterlaufen und transformiert und entsprechende Reaktionen dabei registriert und vermessen. Der in solche technisch konstruierten Umgebungen eingetauchte Körper und seine situativen Leiberfahrungen werden damit nicht zuletzt zum Ort biopolitischer Wissensproduktion.

16 Eine künstlerische Rauminstallation, die im Gegensatz zu Heibach et al. keine Forschungsdaten erhebt, aber für die Besuchenden vermutlich ähnliche Erfahrungen auszulösen vermag, ist *Haptic Field* von Chris Salter+TeZ, die 2017 im Rahmen der Programmreihe *Immersion* im Martin-Gropius-Bau Berlin zu begehen war (siehe auch Schütz, 2022). Thomas Oberender, Leiter der Berliner Festspiele und Initiator der Reihe, kuratierte mit seinem Team von 2016 bis 2020 ein transdisziplinäres Programm, das unter dem Immersionsbegriff die verschiedensten Formate von Raum- und Klanginstallationen in mobilen Planetarien, zeitbasierten Performance- und Ausstellungsformaten über eine elektronische Geruchsorgel, zahlreiche VR-Arbeiten und 3D-Videoinstallationen bis zu Walk-Performances, einem *narrative space* sowie Performance- und Theaterinstallationen von Vinge/Müller oder Mariano Pensotti versammelte, die u. a. mit einer zeitlichen wie räumlichen Entgrenzung sowie neuen Weisen des Geschichtenerzählens und Darstellens arbeiten.

17 Im Wesentlichen bedeutet dies, dass jeder Aktion des *Human-in-the-Loop* eine Reaktion im Raum zugeordnet wird, z. B. löst Einatmen den Ventilator aus, ein erhöhter Herzschlag zeitigt einen Effekt auf den Basslautsprecher und schnellere Bewegungen beeinflussen die Helligkeit des Lichts. Mensch und Raum erzeugen eine affektiv-reaktive »Technosphäre« (Heibach et al., 2019, S. 55). Die Erlebnisse der Proband*innen wurden empirisch in Form von Gruppeninterviews ausgewertet.

18 »Das New York in Las Vegas ist in dieser Lesart *hyperreal,* weil es sich nicht auf eine ihm vorausgehende Realität bezieht, sondern *auf ein Zeichenuniversum, das sich seinerseits gerade nicht auf einen realen Ort bezieht*, sondern auf weitere Zeichen, die sich auf weitere Zeichen beziehen, usw. Und da es keinen stabilen Referenzpunkt außerhalb dieses Verweissystems gibt, lässt sich die Realität New Yorks in diesem Denken einzig als Hyperrealität darstellen« (Bieger, 2007, S. 168, Hervorhebung TS).

19 In Deutschland wäre hier der Zoo Hannover als ein prominentes Beispiel zu nennen, bei dem Architektur und Gehegeaufteilung mit Mitteln des geografisch-thematischen *Worldbuildings* gestaltet wurden. So finden Gäste indische Elefanten in einem exotistisch-orientalisierten »Dschungelpalast«, Robben und Eisbären sind im Abbild einer kanadischen Kleinstadt namens »Yokun Bay« untergebracht, Löwen, Tiger und andere Wildtiere vom afrikanischen Kontinent versammeln sich im »Sambesi«-Areal, aus der heimischen Fauna bekannte Tiere wie Schweine oder Ziegen begegnen Besucher*innen im »Meyer's Hof«-Dorfidyll und Kängurus werden in einer Miniatur-»Outback«-Landschaft gehalten.

20 Der Begriff der »Weltversion«, den ich im Verlauf dieser Studie immer wieder verwenden werde, geht zurück auf Nelson Goodmans 1978 publizierte symbol- und erkenntnistheoretische Monografie *Ways of Worldmaking* (dt. *Weisen der Welterzeugung*, 1984). Für die Beantwortung der Fragen »Was unterscheidet echte von unechten Welten? Woraus bestehen sie? Wie werden sie erzeugt? Welche Rolle spielen Symbole bei der Erzeugung? Und wie ist das Erschaffen von Welten auf das Erkennen bezogen?« (Goodman, 1993, S. 13) geht Goodman von der Prämisse aus, dass nicht nur eine, sondern *mehrere wirkliche Welten* existieren (vgl. ebd., S. 14), die er »Weltversionen« (ebd., S. 16) nennt. Das menschliche Subjekt erschafft nach Goodman beständig aus einer Vielzahl existierender Weltversionen neue Weltversionen (»Erschaffen ist Umschaffen«, ebd., S. 19) – und zwar durch den Einsatz von Wörtern, Symbolen und anderen Stoffen (»Materie[n], Energie[n], Wellen, Phänomene[n]«, ebd.) sowie »Bildern, Klängen« (ebd., S. 117) und »Zitaten« (ebd., S. 75). Diese Weltversionen müssen nicht zwingend in einem abbildenden, mimetischen oder repräsentationalen Verhältnis zu außerkünstlerischen Weltversionen stehen; auch abstrakte Bilder (oder der Tanz) haben nach Goodman Anteil an Welterzeugungsprozessen (ebd., S. 131). Der Begriff der »Weltversion« verweist in meinem Zusammenhang mit Goodman *zugleich* auf *inszenierte Welt(version)en*, wie ich sie in den zu analysierenden Aufführungen immersiven Theaters gestaltet sehe, als auch auf diejenigen *Weltverhältnisse*, die über Prozesse der Bedeutungsgenerierung Weltversion und Subjekt miteinander verknüpfen, vgl. ebd., S. 127 sowie Kap. 2.2.2 dieser Arbeit.

21 Eine präzisere Definition im selben Sinne findet sich bei Schröter: »Eine virtuelle Realität ist eine Umgebung, in der bestimmte Strukturen, die die Wahrnehmung realer Umgebungen und Situationen definieren (ein konsistenter Raum gefüllt mit Objekten, die auf eine bestimmte Weise Licht reflektieren etc.; die Interaktion mit diesem Raum und den in ihm befindlichen Objekten; die Interaktion mit anderen Figuren in diesem Raum), abgelöst von ihrer materiellen Basis simuliert werden« (Schröter, 2004, S. 214).

22 Marie-Laure Ryan unterscheidet zu Beginn ihrer Studie *Narrative as Virtual Reality* drei verschiedene Dimensionen des Virtuellen: a) das Virtuelle als optische Illusion, b) das Virtuelle als Potentialität und c) das Virtuelle im Sinne von allem Computergestützten (vgl. Ryan, 2001, S. 13). Mit a) ist das Grausche Konzept visueller Immersion verbunden, d. h. der*die Betrachtende erhält aufgrund der Perspektive und realistischen Gestaltung des Bildsujets den Eindruck, im Akt der Bildbetrachtung öffne sich ein dreidimensionaler Raum, in den er*sie gleichsam imaginär eintritt. Mit b) ist kein spezifisches Immersionsverständnis verknüpft. Hinter der Idee vom Virtuellen als Potentialität steht die Existenz eines Vermögens von potentiell Realisierbarem, das insbesondere durch das Generieren und Speichern sowie Arbeiten mit digitalen Daten und Informationen in die Welt kommt (vgl. ebd.). Der Begriff des Virtuellen markiert hier neben dem technologischen Moment, vor allem die Kategorie des *Möglichen.* Virtuell ist – im Sinne Deleuzes, auf den sich Ryan hier allerdings nicht bezieht – das, was (noch) nicht aktualisiert ist. Virtuell bildet gerade nicht (wie bei a) das Gegenstück zum Wirklichen, sondern zum Aktualisierten (vgl. Deleuze, 1992, S. 264); es impliziert im Sinne seiner lateinischen Wortherkunft (»virtus«) eine vorhandene Kraft, eine Potenz, die aktualisiert werden kann (vgl. Ryan, 2001, S. 26). Die dritte Dimension c) fungiert letztlich als diffuser Sammelbegriff für alle computer- und/oder internetbasierten Spiele, Programme oder Anwendungen, die von Nutzer*innen

interaktiv oder immersiv erfahren werden können. Im alltäglichen Gebrauch und in populären VR-Diskursen vermischen sich alle drei Dimensionen.

23 Jaron Lanier gründete 1984 die Firma VPL Research, ein Unternehmen zur Entwicklung und Vermarktung von VR-Technologien.

24 Theaterwissenschaftlerin Karina Rocktäschel weist in ihrer Forschung zu Technologien der Immersion nicht nur nach, sondern auch kritisch auf den blinden Fleck in der Immersionsforschung hin, dass VR-Technologien im globalen Gefüge westlicher, neokolonialer Produktionsbedingungen betrachtet werden müssen und dies wichtige, von der Forschung noch kaum ausgelotete Spielräume der Kritik, insbesondere der epistemologischen Prämissen des von mir vorgestellten transdisziplinären Immersionsdiskurses, eröffne. Vgl. hierzu ihren Vortrag »Technologien der Immersion um 1968« im Panel *Technologies of Immersion – Zu den Technologien und Techniken der Immersion* bei der Jahrestagung der Gesellschaft für Theaterwissenschaft in Düsseldorf im November 2018. Ihre Forschung fließt in ihre aktuell im Entstehen begriffene Dissertation *Spektren der Immersion* (AT) ein, die 2023 fertiggestellt werden soll.

25 Interessanterweise liefert Machon in ihrer Monografie nicht eine konkrete Aufführungsbeschreibung und/oder -analyse. Eine solche findet sich – zumindest für die Produktion *The Pleasure of Being: Washing, Feeding, Holding* von Adrian Howells – in Frieze, 2016, S. 29 – 42.

26 Einen roten Faden in der Kritik partizipativer Arbeiten bilden Kontroversen um die tatsächlichen Handlungsspielräume, die Zuschauer*innen zugesprochen werden: Sind diese so eng und in sich bestimmend, dass eine Steigerung der *agency* im Grunde nur simuliert werde (vgl. u. a. Frieze, 2016, S. 23)? Dient partizipatives Theater der Einübung seiner Zuschauer*innen in das neoliberale Ethos, das Risikobereitschaft, Umgang mit Unsicherheit(en) und narzisstische Ellenbogenmentalität privilegiert (vgl. u. a. Alston, 2016)? Und normalisiert es Formen der Arbeit im Gewand des ›Zuschauens‹, insofern Zuschauende zu Prosument*innen werden, zu Akteur*innen, die das, was sie konsumieren, überhaupt erst (mit-)hervorbringen (vgl. u. a. Harvie, 2013, mit Toffler, 1984)?

27 Nandita Dinesh verhandelt »immersive theatre« als Form angewandten Theaters im Kontext von Krieg und in Krisengebieten und kombiniert dafür praktische Theaterarbeit mit empirischer Begleitforschung, vgl. Dinesh, 2018a; Dinesh, 2018b. Sie weist über Befragungen nach, dass sich in immersiven Theaterformen eine stärkere Einfühlung seitens der Zuschauer*innen einstelle, was sich vor allem aus der temporären Übernahme bzw. Einnahme einer ›anderen‹ Perspektive oder Position innerhalb eines abgeschlossenen Szenarios ergäbe, vgl. Dinesh, 2017, S. 120ff.

28 Ein solches Beispiel wäre die Produktion *Follow the North Star*, die 2013/14 als Performance-Attraktion im Conner Prairie Interactive History Park, einem *Living History*-Themenpark in Indiana angeboten wurde. Hier waren die Teilnehmer*innen eingeladen, sich im Rahmen eines inszenierten Parcours in die Rolle bzw. die lebensbedrohliche Situation von ehemaligen Sklav*innen einzufühlen, die um 1830 versuchten, mit Unterstützer*innen der *Underground Railroad* Richtung Kanada zu flüchten, vgl. Magelssen, 2014, S. 29 – 47. Für weitere Erfahrungsberichte zu *Follow the North Star* siehe Cauvin et al., 2018; Bowman, 2016, S. 63 – 76.

29 Alvarez rekurriert hier auf das Trainingscamp Wainwright der kanadischen Streitkräfte in Alberta, wo afghanische »Scheindörfer« installiert wurden, um Soldaten mit afghanischen Rollenspieler*innen potentielle Konflikte, die in den auswärtigen Kriegsgebieten aufkommen könnten, durchspielen zu lassen. Ein analoges Beispiel – die Vorbereitung von Soldaten im National Training Center (NTC) im US-amerikanischen Fort Irwin, wo eine fiktive irakische Provinz mitten in der Wüste errichtet wurde, um ganze Truppen auf das Leben im Irak, auch auf den Umgang mit der Zivilbevölkerung vor Ort einzustellen – bespricht Magelssen unter dem Begriff der »Theatre Immersion«, vgl. Magelssen, 2009.

30 Für weitere kritische Einordnungen und Erfahrungsberichte zu der Produktion *La Caminata Nocturna: The Border Crossing Experience*, auf die sich Alvarez bezieht, siehe Magelssen, 2011. Es gibt in den USA mit BorderLinks in Arizona noch einen zweiten Anbieter, der simulierte Grenzübertritt-Performance-Walks zwischen Mexiko und den USA für Tourist*innen inszeniert, siehe dazu Adler, 2019.

31 Liam Jarvis beschäftigt sich in seiner Studie *Immersive Embodiment. Theatres of Mislocalized Sensation* (2019) nicht mehr mit ›vor den Augen getragenen Apparaturen‹ (wie die in Kap. 1.2 vorgestellten Beispiele von Sensorama oder VR-Brille), sondern mit neueren, mitunter den ganzen Körper betreffenden Mensch-Technik-Kopplungen, die auf die Erfahrung eines »Bodyswappings«, also eines temporären Körperwechsels, abheben. So lasse sich z. B. mit dem Tragen eines Anzugs als junger Mensch die Erfahrung des Alters inkl. schmerzender Knochen machen. Auch Epilepsie, Erblindung und andere körperliche Einschränkungen könnten mit solcherlei Apparaturen konkret leiblich nachempfunden und so – im Sinne eines »empathy activisms« (ebd., S. 112) – Einfühlungsvermögen nachhaltig steigern. Jarvis vertritt dabei die These, dass immersive Erfahrungen in diesem Kontext einem ontologischen wie relationalen Begehren »to feel more fully with the body of another« (ebd., S. 3) folgten. Auch diese Beispiele verweisen auf jene Ambivalenz von Immersionserfahrungen, auf die wir bereits mehrfach gestoßen sind: Ihnen wohnt zugleich das Potential einer bereichernden Selbsterkenntnis und eines gesteigerten Einfühlungsvermögens inne, sie können aber auch in dem Maße, in dem der Körper gesamtleiblich involviert ist, schnell in die Nähe von »Experimenten mit ›echten‹ Menschen« (Fritz, 2014) abdriften, vgl. Jarvis, 2019, S. 8f.

32 Wir definieren mit Giorgio Agamben als Dispositiv »alles, was irgendwie dazu imstande ist, die Gesten, das Betragen, die Meinungen und die Reden der Lebewesen zu ergreifen, zu lenken, zu bestimmen, zu hemmen, zu formen, zu kontrollieren und zu sichern«. Dabei gibt er dieser Definition eine entscheidende Wendung, indem er von der Aneignung im Gegensatz zur Enteignung spricht. Das Dispositiv ist also keine Einbahnstraße: Es hat nicht nur den Zweck der sozialen, ästhetischen und ideologischen Kontrolle. Es kann – muss und sollte – auch überschritten werden. Jedes Dispositiv ist der Gefahr der Zweckentfremdung, des Sturzes und des Übergriffs ausgesetzt. Es ist also ein reversibles Gebilde, dessen Wirkungsgrad von seiner Flexibilität abhängt (dt. TS; für die Übersetzung des Agamben-Zitats, vgl. Agamben, 2008, S. 26).

33 Sie folgt darin dem französischen Theaterwissenschaftler Patrice Pavis, der gleichfalls vorgeschlagen hat, die Szenografie im Sinne Foucaults als »Dispositiv« zu bezeichnen und zu analysieren, vgl. Wiens, 2014.

34 Hybride Formen, die sowohl dokumentarisch als auch dezidiert partizipativ bzw. immersiv arbeiten, wie z. B. *Gold & Coal* von Kötter/Israel/Limberg, sind bislang noch eher selten.

35 Wie z. B. in Projekten verschiedener Bürgerbühnen an deutschen Stadt- und Staatstheatern, in künstlerischen Projekten freier Kollektive wie She She Pop oder Rimini Protokoll, die sogenannte »Experten des Alltags« einbeziehen oder internationalen, eher (kunst-)aktivistischen Langzeitprojekten wie z. B. von Jonas Staal, Sarah Vanhee oder Scottee und Selina Thompson.

36 Zur Definition von Game-Theater schlägt Literaturwissenschaftler und Theaterkritiker Christian Rakow vor: »Unter ›Game-Theater‹ verstehe ich Theaterformen, die sich explizit auf Computerspiele als Inspirationsquelle des Theaters berufen. Im Kern zeichnet sich diese Kunstform durch Interaktivität aus, das heißt in ihr wird das Kunstwerk durch den Eingriff des Rezipienten (des Spielers) mitgestaltet, auf Grundlage eines Sets von Spielregeln. Die Entscheidungen der Spieler bestimmen dabei über den Verlauf des ästhetischen Vorgangs« (Rakow, 2013).

37 Diese Unterscheidung erfolgt analog zu der Differenzierung eines *schwachen* und *starken* Konzepts von *Präsenz*, die Erika Fischer-Lichte wiederum mit Rückgriff auf eine von Marco Stahlhut und Sybille Krämer vorgenommene Differenzierung für das Performative vorgeschlagen hat, vgl. Fischer-Lichte, 2004a, S. 160 – 175 und Krämer/Stahlhut, 2001. Ich danke Doris Kolesch für den Verweis auf Stahlhut/Krämer.

38 Adam Czirak zufolge bezeichne Partizipation »die *Option* der Teilhabe an einer vielfältig erfahrbaren Gemeinschaft [...], aber *nicht die notwendige Realisierung* einer wechselseitigen Interaktion oder Intervention« (Czirak, 2014, S. 243, Hervorhebung TS).

39 Diese Unterscheidung nimmt auch der Theaterwissenschaftler Gareth White in seiner Studie *Audience Participation in Theatre* – wenn auch mit einer anderen Begrifflichkeit – vor: »My definition of audience participation is simple: the participation of an audience, or an audience member, *in the action of a performance*« (White, 2013, S. 4, Hervorhebung TS). Von dieser Definition ausgenommen sind Teilnahmen an Workshops, Proben und eben auch die ›klassischen‹ Publikumsreaktionen während oder nach einer Aufführung wie Klatschen und Lachen (vgl. ebd., S. 5). Letztere sind u. a. für die Theaterwissenschaftlerinnen Caroline Heim und Stefanie Husel unterdessen bereits entscheidende Aktivitäten, die aus einem ›Zuschauer‹ einen ›performer‹ (Heim, 2016) oder ›Mitspieler‹ (Husel, 2014) machen. Bei ihnen greift nach meinem Dafürhalten das o. g. *schwache* Konzept von Partizipation.

40 In Anlehnung an die Bezeichnung *site-specific* (ortsspezifisch) wählen die beiden Performance-Macherinnen Nora Amin und Eva Isolde Balzer für ihre Produktion den Begriff *human-specific*, insofern es um die spezifischen Geschichten und Begegnungen mit den beteiligten Performer*innen Pasquale Virginie Rotter, Adel Abdel Wahab, Shehab Ibrahim, Adham El-Said, Omar El-Moutaz Bel'lah, Maha Omranund geht.

41 Für einen historischen Überblick der jeweiligen Reformmodelle und theoretischen wie praktischen Entwürfe ausgewählter Künstler*innen in der ersten Hälfte des 20. Jahrhunderts siehe Nam, 1997. Für einen besonderen Fokus auf die Rolle der Theateravantgarden bei diesem Paradigmenwechsel, den Erika Fischer-Lichte als titelgebende »Entdeckung des Zuschauers« bezeichnet, siehe Fischer-Lichte, 1997, insbesondere S. 9 – 38.

42 Die von Thomas Oberender und seinem Team kuratierte Veranstaltungsreihe *Immersion* nahm die Kaprowsche Sentenz an prominenter Stelle auf und setzte sie den präsentierten Arbeiten gleichsam als Motto voran, vgl. Oberender, 2017, S. 3.

43 Theaterwissenschaftlerin Liesbeth Groot Nibbelink schlägt am Beispiel der Produktionen von Ontroerend Goed den Begriff des »Erfahrungstheaters« (*ervaringstheater*) vor. Dieses zeichne aus, dass es zu einer intimen und/oder sensorischen (Selbst-)Erfahrung der beteiligten Zuschauer*innen komme, vgl. Groot Nibbelink, 2012, S. 416.

44 Seine Thesen belegenden Beispielanalysen hinsichtlich der Qualität jener intersubjektiven Begegnungen und/oder situativen Gemeinschaftserfahrungen bleibt Bourriaud seinen Leser*innen schuldig. Zur Kritik an Bourriauds Überlegungen siehe prominent Bishop, 2004 sowie Umathum, 2011, S. 159 – 165. Insbesondere einen zentralen Kritikpunkt, dass Bourriaud nämlich die Kunstinstitutionen, in denen diese intersubjektiven Zusammenkünfte initiiert werden, nicht analytisch in den Blick nehme und damit vergesse, dass in diesen Arbeiten immer nur eine bestimmte soziale Klientel gebunden wird, hebt Juliane Rebentisch kritisch hervor, vgl. Rebentisch, 2013, insbesondere S. 60 – 72.

45 Birgitt Röttger-Rössler zufolge beschreibt der Begriff des Emotionsrepertoires »die mit kulturspezifischen Konzepten diskreter Emotionen verbundenen verbalen und non-verbalen Ausdrucksregeln, die vielfältigen emotionalen Praktiken, in denen diese Regeln individuell und kollektiv ausagiert werden, sowie die durch diese Regeln strukturierten Modi des körperlichen Erlebens, einschließlich der Subjektivierungseffekte, die diese Repertoires auf einzelne Akteure und Kollektive haben« (Röttger-Rössler, 2016, S. 5).

46 Mit der Bezeichnung Affect Studies adressiere ich jene um die Jahrtausendwende entstandene Theoriebewegung, die sich aus verschiedenen feministischen, posthumanistischen und Strängen des Neuen Materialismus innerhalb der Cultural Studies heraus entwickelte und hinsichtlich der Methoden, Theorien und Schreibstile äußerst divers aufgestellt ist. Für einen Überblick siehe Gregg/Seigworth, 2010, Clough, 2007 oder Slaby, 2008. Als zentrale Vertreter*innen gelten Brian Massumi, Lauren Berlant, Eve Sedgwick, Margaret Wetherell, Lawrence Grossberg sowie Sara Ahmed, auf deren Schriften ich in meinen Analysen verstärkt Bezug nehme.

47 In der Theaterwissenschaft war Gerko Egert einer der Ersten, der Erkenntnisse dieser theoretischen Strömung auf die Analyse von Aufführungen angewendet hat. In seiner Studie *Berührungen. Bewegung, Affekt und Relation im zeitgenössischen*

*Tanz* (2016) zeigt er, was es heißt, Affekte weder als innerliche Zustände noch als verkörperte Repräsentationen ebensolcher zu begreifen, sondern als im Raum miteinander produzierte Zustände zwischen bewegten und sich bewegenden Körpern (auf der Bühne wie auch seitens der Zuschauer*innen).

48 Für die beispielgebende, sozial-relationale Erzeugung von Schuldgefühlen bei teilnehmenden Zuschauer*innen während der Performance-Installationen *Schuldfabrik* von Julian Hetzel und *Guilty Landscapes* von Dries Verhoeven siehe Schütz, 2019.

49 Zum Zusammenhang von »display« und »displacement« in immersiven Produktionen von Thomas Bellinck oder SIGNA siehe auch Wihstutz, 2019, insbesondere S. 45 – 47.

50 Die Schreibweise »(in)dividuell« verweist auf jene produktive Umakzentuierung, die Michaela Ott – über Simondon und Deleuze und das Konzept des »Dividuellen« bzw. der »Dividuation« – vorgenommen hat, vgl. Ott 2015. Im Kern geht es auch hier darum, das Individuum nicht mehr als ungeteiltes Einzelding (und neoliberales Subjekts) zu verstehen, sondern von »dividuellen Selbstverhältnissen« (ebd., S. 163) auszugehen, von »Interverhältnissen« (ebd., S. 57) und dynamischen Teilhabeprozessen, die Subjekte konstitutiv hervorbringen.

51 Aus meinem Erinnerungsprotokoll der Sichtung von *The Shells – Ausflug nach Neu-Friedenwald* am 16.6.2015 im Greenhouse in Berlin-Tempelhof.

52 Hier sei mit Theresia Birkenhauer auf die doppelte Fiktionalität einer Theateraufführung hingewiesen: Es gibt einerseits die »dramatische Fiktion als Erfindung einer diegetischen Welt« (wie der eines Dramas, Romans oder – wie in den meisten Beispielen immersiven Theaters – einer eigens erdachten Narration, die der Inszenierung zugrunde liegt) und andererseits die »theatrale Fiktion als Behauptung einer eigenen Realität der Aufführung«, die in der Theatertheorie meist nicht mit dem Begriff der Fiktion, sondern dem der (ästhetischen) Illusion verhandelt wird, vgl. Birkenhauer, 2005, S. 107. In der SIGNA-Forschung kursieren verschiedenste Begriffe, um diese fiktiven, durchgestalteten Weltversionen zu erfassen: So spricht Benjamin Wihstutz von einer »abgeschiedene[n] Illusionswelt« (Wihstutz, 2012, S. 98), Pamela Geldmacher von einer »Para-Realität« (Geldmacher, 2014, S. 58), Nina Tecklenburg von einem »diegetischen Kosmos«, der die »ästhetische Illusion einer abgeschlossenen Welt erschafft« (Tecklenburg, 2014, S. 148) und in englischsprachigen Aufsätzen findet man häufig die recht allgemeine Wendung der »fictional worlds« (vgl. u. a. Bregović, 2011).

53 Innerhalb des engeren Korpus immersiver Theateraufführungen ist dies neben *Alma* von Paulus Manker die einzige Arbeit, die sich konkret an wahren Begebenheiten und nicht-fiktionalen Personen orientiert.

54 *Dekameron* entstand in Kooperation mit dem Theater RambaRamba in Berlin. Damit ist es die einzige, mir bekannte Produktion immersiven Theaters, die Schauspieler*innen mit Behinderung in ihren Cast involviert (und auf diese Weise eine Weltversion repräsentiert, in der *abled bodies* nicht die Norm sind).

55 Zwei weitere immersive Theaterarbeiten, die Thomas Bo Nilsson am Schauspielhaus Wien realisierte, an denen ich selbst allerdings nicht teilnehmen konnte, waren die auf mehrere Tage angelegte, durationale Inszenierung *Cellar Door* (Wien 2016) sowie *Jinxxx* (Wien 2016). Im Gegensatz zu SIGNA experimentiert Bo Nilsson in seine Produktionen gezielt mit der Ausweitung der fiktiven Weltversion ins Netz, z. B. indem Besucher*innen die Installation zeitgleich auch online besuchen können oder indem Figuren Fake-Profile in sozialen Netzwerken haben und man ihnen auf diese Weise noch über die Aufführungsdauer hinaus folgen kann.

56 *Alice's Adventures Underground* ist die einzige Produktion im Korpus, bei der man dezidiert in eine phantastische Welt eintaucht. Alle anderen sind – selbst, wenn es wie bei *Montagues versus Carpulets* oder *Dekameron* eine literarische Vorlage gibt – eher an der Realisierung einer fiktionalisierten Lebenswelt interessiert, die ästhetisch zwar zumeist ins Hyperreale weist, aber doch in ihren außertheatralen Weltbezügen erkennbar bleibt.

57 Es ist auffällig, wie häufig für immersive Theaterformen Lewis Carrolls *Alice in Wonderland* als zentrale Referenz und zu gestaltende Weltversion gewählt wird.

Neben *Then she fell* und der eben besprochenen Produktion *Alice's Adventures Underground* von Les Enfants Terribles hatte ich auch schon auf die Kinder- und Jugendtheaterproduktion *I in Wonderland* von posttheater verwiesen. Darüber hinaus beschäftigten sich auch Nesterval für eine ihrer ersten Produktion im Wiener Stadtraum unter dem Titel *Where the f*** is Alice* (2017) mit dem Stoff. Gleiches gilt für das Game-Theater-Kollektiv Prinzip Gonzo, das auf der Berliner Performersion *Re:Wonderland* (2016) zeigte. Und während der Corona-Pandemie inspirierte der Stoff auch das Kollektiv borgtheater zur Erprobung eines interaktiven Online-Theaterformats unter dem Titel *Mein freier Wille* (2021).
Meines Erachtens drängt sich dieser Stoff für das Experimentieren mit einer immersiven Theaterform u. a. deshalb auf, weil die diegetische Welt von *Alice in Wonderland* über die Erfahrungen ihrer Protagonistin bereits das Motiv eines In-eine-andere-Welt-Eintauchens mit einem konstitutiven Verwischen der Grenze zwischen Realität und Fiktion selbst zum Gegenstand macht und auf diese Weise als künstlerisches Beispiel für (medien-)philosophische Fragen nach dem Realitätsgehalt von Wirklichkeitskonstruktion – oder dem Wirklichkeitsgehalt von Realitäten – paradigmatisch erscheint.

58 Über die genannten hinaus, scheinen mir – leider ungesehen – auch die Arbeiten des irischen Kollektivs ANU production sowie die des in London ansässigen Kollektivs ZU-UK (wie *Hotel Medea*, 2009) in meinem engeren Sinn immersives Theater zu sein. Gleiches gilt für die bislang prominenteste französischsprachige immersive Theaterproduktion *Helsingør* (2019) von Le Secret, die auf Shakespeares *Hamlet* basiert. Eine Liste aller von mir gesichteten Produktionen des engen Korpus findet sich im Anhang.

59 Auf diesen Umstand verweisen auch die Theaterwissenschaftler*innen Joy Kalu (vgl. Kalu, 2017, S. 73) sowie Nikolaus Müller-Schöll in seinem Vortrag »Illusion der Immersion – Immersion in der Illusion. Refugien der Diversität im Gegenwartstheater« im Rahmen der Tagung *Building Worlds. Immersive Praktiken in Kunst und Design* an der Hochschule Hannover 2018.

60 Mit Ausnahme von *Sleep no more* haben wir es in allen Inszenierungen des Korpus mit Schauspieler*innen zu tun, die vorab konkrete Rollen zugewiesen bekommen, die sie innerhalb der Aufführung verkörpern. Dabei gilt das Gebot, zu keinem Zeitpunkt der Aufführung aus der Rolle zu fallen. Aus diesem Grund spreche ich im Zusammenhang von immersivem Theater im engeren Sinne (mit Ausnahme von *Sleep no more* und *3/Fifths*) auch tendenziell eher von Darsteller*innen als von Performer*innen.

61 Für SIGNA-Arbeiten wäre hier vor allem die Arbeit mit Farbkonzepten anzuführen, die dafür sorgt, dass die szenischen Räume trotz aller realistischen Ausstattungsdetails als künstlerisch gestaltete wahrnehmbar bleiben. In Punchdrunk-Arbeiten ist es neben dem auffälligen Lichtdesign, das szenische Räume atmosphärisch in Szene setzt, vor allem die Tatsache, dass szenische Räume – wie ein Sanatorium und ein Labyrinth oder ein Loft und ein Friedhof – ineinander übergehen und damit die realistischen Rauminstallationen immer auch als künstlerisch gestaltete markiert sind.

62 An dieser Stelle adressiere ich ein dezidiert »topologisch-materielles« (vgl. Brüggmann, 2020, S. 36) Verständnis von Institutionen als bestimmte gesellschaftliche Einrichtungen und Organisationen; zu späterer Stelle wird auch das »erweitert-immaterielle[]« (ebd.) Institutionsverständnis zur Sprache kommen und für die Analyse von Vereinnahmungsprozessen fruchtbar gemacht werden, vgl. Kap. 4.1.

63 Auch die Aktionen des Aktivistenduos The Yes Men sowie aktuelle Interventionen vom Zentrum für Politische Schönheit oder vom Peng! Collective ließen sich hier einordnen.

64 Der Simulationsbegriff zur Beschreibung von SIGNA-Arbeiten taucht in der theaterwissenschaftlichen Forschung zumeist dort auf, wo Arbeiten wie z. B. *Die Erscheinungen der Martha Rubin* mit Computerspielen verglichen werden, vgl. z. B. Tögl, 2011, insbesondere S. 30. Allerdings spricht auch Signa Köstler selbst im Zusammenhang ihrer ersten Produktion *Twin Life* von einer »simulation of reality«, vgl. Köstler, 2016. Es ist ferner nicht abwegig, dass SIGNA-Arbeiten auch von computergestützten Simmings inspiriert sind, schließlich ist nach

Angaben Signa Köstlers just *SIMS* dasjenige (einzige) Computerspiel, das sie in den neunziger Jahren vielfach selbst gespielt habe, vgl. Köstler/Rakow, 2013. Im öffentlichen Publikumsgespräch zu *Das halbe Leid* bezeichnete Signa Köstler ihre Arbeiten auch selbst explizit als »Wirklichkeitssimulationen«: »[E]s ist eine Wirklichkeitssimulation, [...] wir versuchen eine Welt zu schaffen, wo man woanders hin transportiert wird, dass man das Gefühl hat, das Wirkliche ist zugleich auch Unwirkliches.«

65 Gerade in den Arbeiten von SIGNA wird während des Probenprozesses immens viel Arbeit in die Entwicklung konsistenter Figurenbiografien investiert. Da SIGNA-Produktionen zumeist mit einem Zuschauer*innen-Darsteller*innen-Verhältnis von etwa 2:1 arbeiten, liegt ihr Fokus bei der theatralen Realisierung der Fiktion darauf, dass Zuschauer*innen die jeweilige Institution über die in ihnen beheimateten Figuren(biografien) kennen- und verstehen lernen. Damit die theatrale Realität der Fiktion plausibel und konsistent auf die Gäste wirkt, müssen Darsteller*innen während des Probenprozesses alle biografischen Daten aller Charaktere verinnerlichen, müssen wissen, wer mit wem wie lange und warum in welchem Verhältnis steht oder stand. Signa Köstler fragt dieses Wissen, wie sie mir in persönlichen Gesprächen mitteilte, sogar in Form von Tests vor Beginn der Aufführungsphase ab.

66 Theaterwissenschaftler Andreas Wolfsteiner bezeichnet Arbeiten wie SIGNAs *Bleier Research Inc.* oder Rimini Protokolls *Weltklimakonferenz* deshalb auch als »Preenactments«, als Aufführungen, die zukünftige, alternative Szenarien entwerfen, vgl. Wolfsteiner, 2018, S. 141. Zum Begriff und zu Phänomenen des *Preenactments* in zeitgenössischen performativen und darstellenden Künsten siehe auch Czirak et al., 2019.

67 Arthur Köstler hat in öffentlichen Publikumsgesprächen selbst häufig den Begriff des »Mikrokosmos« verwendet, um über SIGNAs gestaltete Weltversionen zu sprechen.

68 Der Begriff der Rolle hebt hier auf die Goffmansche Dimension des Spielens einer bestimmten, eingeübten sozialen Rolle ab (vgl. Goffman, 2003) und dezidiert nicht auf das zuschauerseitige Spielen einer Rolle, wie es in LARPs praktiziert wird. Wenngleich insbesondere SIGNA-Produktionen gelegentlich in Analogie zu Live-Rollenspielen betrachtet werden (so z. B. Schlickmann, 2016; Wihstutz, 2012, S. 100; Tecklenburg, 2014, S. 146), möchte ich an dieser Stelle auf den signifikanten Unterschied zwischen LARPs und immersivem Theater hinweisen: Zuschauer*innen immersiven Theaters bereiten sich im Gegensatz zum LARP in aller Regel nicht auf eine bestimmte Rolle – im Sinne einer bestimmten zu verkörpernden Figur – vor und gestalten diese nicht vorab von der Rollenbiografie bis zum Kostüm. Dies wurde mir empirisch in den zahlreichen Interviews mit SIGNA-Zuschauer*innen bestätigt.

69 Mit Blick auf die sich ereignenden Subjektivierungsprozesse bietet sich deshalb auch an, den Begriff des *Frames/Framings* – wie Judith Butler – als ein machtvolles Instrument zu begreifen, das nicht nur Deutungsrahmen und Begrenzungen von (Un-)Sichtbarkeit(en) markiert, sondern auch (mit Herleitung vom englischen »to frame«, vgl. Butler, 2010, S. 15f.) Dimensionen der *Rasterung*, *Beschuldigung* wie auch der gewaltvollen und gewaltsamen *Einteilung* (z. B. von Menschen, die mit Butler als betrauerbar oder nicht betrauerbar gelten) durchsetzt.

70 So heißt es u. a. im Programmbuch von *Sleep no more*: »[...] Punchdrunk has pioneered a game-changing form of immersive theatre, in which roaming audiences experience epic and emotional storytelling inside sensory theatrical worlds« (S. 7).

71 Die Rede von einer intensiven »Selbst- oder Grenzerfahrung« zog sich wie ein roter Faden durch die geführten Zuschauer*innen-Interviews, sei es um eine Wirkung der Arbeiten zu beschreiben, sei es um eine Erwartungshaltung zu markieren oder ein bestimmtes, erfahrungsbezogenes Begehren auszusprechen.

72 Während des öffentlichen Publikumsgesprächs zu SIGNAs *Söhne & Söhne* am 17.1.2016 in Hamburg beschrieb ein männlich gelesener Zuschauer mittleren Alters, dass er nach seinem Aufführungsbesuch für die Dauer von etwa zwei bis drei Wochen Alpträume und Panikattacken gehabt habe. Er sprach davon, dass er ein »totales Wrack« gewesen sei. Er habe die Simulationen im fiktiven Rahmen der Aufführung als »zu extreme Situationen« wahrgenommen, auf

die er nicht angemessen reagieren konnte. Bei ihm hätten die von SIGNA eingesetzten »psychologischen Mechanismen« emotional sehr viel ausgelöst und damit war er danach schlicht überfordert. Er ging in seinen Ausführungen sogar so weit, SIGNA vorzuwerfen, dass sie mit ihren Aufführungen »sechs Stunden Gehirnwäsche« betreiben würden. Signa Köstler parierte im Gespräch mit der Rückfrage, warum er nicht gegangen sei, wenn er sich derart manipuliert gefühlt habe. Als Ursachen nannte er Gruppenzwang, Neugier und Höflichkeit den Darsteller*innen gegenüber.

73 Die vierte gesichtete SIGNA-Arbeit innerhalb des Forschungszeitraums, *Söhne & Söhne*, fällt hier einerseits heraus, weil sie viele Parallelen zu *Das Heuvolk* aufweist und zu inhaltlichen Doppelungen geführt hätte, und zum anderen auch, weil ich zu dieser Produktion bereits verschiedentlich publiziert habe, vgl. Schütz, 2020; Kolesch/Schütz, 2020; Kolesch/Schütz, 2022.

74 Das Spektrum reicht hier von öffentlicher Förderung durch die (ko-)produzierenden Stadttheater (SIGNA), vom Übergang von zunächst öffentlicher Förderung hin zu privatem Sponsoring (Manker), über Mischfinanzierungen von Sponsoring bis Crowdfunding (Scruggs/Woodard) bis zu systematischer Förderung durch Partner*innen aus der Wirtschaft bei Punchdrunk, was auf die verschiedenen lokalen Begebenheiten der Fördersysteme von Kunst in den unterschiedlichen Ländern zurückzuführen ist. Die Finanzierungsmodelle wirken sich entsprechend auf die Ticketpreise aus. SIGNA-Arbeiten, die von subventionierten Stadttheatern produziert werden, können Kartenpreise von durchschnittlich 25 Euro (für sechs- bis zwölfstündige Aufführungen) abrufen, auf die es sogar noch Ermäßigungen gibt. Das mischfinanzierte Off-Broadway-Projekt *3/Fifths* sichert Performer*innen-Gehälter durch einen etwas höheren Kartenpreis von umgerechnet etwa 35 Euro. Die niedrigste Preiskategorie, die ein*e Zuschauer*in von Punchdrunks *Sleep no more* wählen kann, liegt umgerechnet bei knapp 100 Euro. Für einen Preis von umgerechnet 270 Euro erhält man als Gast bevorzugten Einlass, einen eigenen Tisch in der Manderlay Bar sowie eine Flasche Champagner. Den höchsten regulären Eintrittspreis ruft Paulus Manker ab. Hier sind im *Alma*-Kartenpreis von 125 Euro allerdings das dreigängige Menu, Getränke und Programmheft inbegriffen. Kurz gesagt: Einen Besuch immersiver Theateraufführungen muss man sich (vor allem bei Punchdrunk und Manker) finanziell leisten können. Relevant ist dieser Blick auf die Preisgefüge durchaus auch für die wirkungsästhetische Perspektive. Denn die Kartenpreise regulieren damit auch, an welche (soziale) Klientel sich die Aufführungen richten.

75 Während bei *Alma*, *3/Fifths* und *Sleep no more* ausgebildete Schauspieler*innen bzw. Tänzer*innen unter Vertrag stehen, arbeitet SIGNA sowohl mit ausgebildeten Darsteller*innen als auch mit Laien, die am Ende etwa sechzig bis siebzig Prozent des Ensembles ausmachen. Im Fall von SIGNA hat diese Zusammensetzung des Ensembles auch maßgeblichen Einfluss auf Ästhetik und Wirkung der jeweiligen Produktionen, vgl. Kap. 4.4.

76 Ich beziehe mich hier auf die Angaben aus dem Programmbuch *500 Aufführungen Alma (1996-2018) – A Show Biz ans Ende*, das 2018 erschien und an Zuschauer*innen der Aufführungen dieses Jahrgangs ausgegeben wurde. Aufgrund des großen Erfolges von *Alma* bei den Wiener Festwochen 1996 und der großen Leidenschaft Mankers für seine Theaterform wurde die Inszenierung unter ökonomisch teils schwierigen Umständen mehrfach und an verschiedenen Orten wiederaufgenommen. Weitere Informationen zu den Aufführungen finden sich auf der Homepage https://www.alma-mahler.com. Die Seite fungiert darüber hinaus als umfassendes Online-Archiv, das u. a. Stückfassung, Fotos, Pressematerial und historisches Kontextmaterial beinhaltet.

77 Paulus Manker stammt aus einer österreichischen Theaterfamilie. Er studierte Regie und Schauspiel am Max-Reinhardt-Seminar in Wien, bevor ihn erste Festengagements u. a. an das Schauspielhaus Frankfurt führten, wo er unter der Intendanz von Peter Palitzsch noch die letzte Zeit des Mitbestimmungsmodells miterlebt hat. 1983 begann die intensive Zusammenarbeit mit Regisseur Peter Zadek, der ihn 1986 ans Schauspielhaus Hamburg und später unter der Intendanz von Claus Peymann ans Wiener Burgtheater holte.

78 Joshua Sobol ist ein israelischer Dramatiker, Theaterleiter und Romanautor. Manker inszenierte 1988 Sobols Stück *Weiningers Nacht* in Wien. 1995 begann mit *Der Vater* im Rahmen der Wiener Festwochen die gemeinsame Theaterarbeit, die sich 1996 für *Alma*, 1999 für *F@lco – A CyberShow* und 2001 für *iWitness* fortsetzte.

79 Die Zählung richtet sich nach dem Abstand zwischen dem jeweiligen Aufführungsjahr und dem Geburtsjahr Almas 1879. Da ich die Aufführung 2018 besuchte, war ich als Zuschauerin zur fiktiven Feier ihres 139. Geburtstags eingeladen.

80 Eva Tragschitz weist darauf hin, dass mit *Tamara* von John Krizanc (Regie: Richard Rose) in Kanada bereits 1981 ein vergleichbares Polydrama zur Uraufführung kam (Tragschitz, 2012, S. 4), was Manker/Sobol angeblich nicht kannten. Das Stück basiert auf der Biografie *Tamara de Lempicka e Gabriele D‹Annunzio* von Aelis Mazoyer und entstand für das Toronto World Stage Festival. Auch hier bestand die formale Idee darin, die Handlung auf verschiedene Szenen, die parallel in einem Gebäude stattfinden, aufzuteilen und das Publikum damit nicht nur zu mobilisieren, sondern gleichsam selbst zum*zur Autor*in des Stücks zu machen, vgl. Krizanc/Boje, 2006, S. 74. Spielort war das ehemalige Strachan House, eine Villa im Trinity Bellwoods Park in Toronto. In der fiktiven Aufführungsrealität steht es für das Wohnhaus des Dichters Gabriele D'Annunzio im faschistischen Italien des Winters 1927. Die titelgebende Tamara de Lempicka war eine polnische Art-Déco-Malerin, die für zehn Tage bei D'Annunzio zu Gast war, um ein Porträt von ihm anzufertigen. Die Aufführung war so erfolgreich, dass sie danach zehn Jahre in Los Angeles zu sehen war, an verschiedenen Orten in Südamerika gastierte und seit 2012 bis heute – bezeichnenderweise – im VENETIAN in Las Vegas gespielt wird, jenem über Biegers Ausführungen in unserem Zusammenhang bereits bekannten Ort, vgl. Tragschitz, 2012, S. 21; vgl. Kap. 1.2. Marvin Carlson rekurriert in seinem Aufsatz »Immersive Theatre and the reception process« ebenfalls auf *Tamara*, um auf die Genealogie von immersivem Theater und Raumbühnen-Experimenten hinzuweisen, vgl. Carlson, 2012, S. 19f.

81 Zu der Wendung von Manker/Sobol heißt es auf der *Alma*-Website weiter: »Sie sind eine Kamera. Konzentrieren Sie sich auf ein Objekt Ihrer Wahl und folgen Sie ihm wie eine Kamera. [...] Wenn Sie nur einem Objekt folgen, verwandelt es sich in Ihren ganz persönlichen Hauptdarsteller. Seine Figur führt Sie durch Almas Leben. Sie können jedoch die Objekte während der Aufführung auch wechseln und sich dadurch ein Handlungs-Mosaik zusammenstellen. Ihr Auge schreibt das Theaterstück!«, einzusehen unter: http://alma-mahler.com/deutsch/on_tour/05_kamera.html, letzter Zugriff 6.3.2021.

82 Hierfür bleibt der Spielort nach den Aufführungen zumeist noch länger geöffnet und es werden kostenlose Getränke zum gemeinsamen Ausklang und Austausch gereicht.

83 Wie so häufig bei immersiven Theaterformen gibt es auch bei *Alma* einige »Super-Fans«, die der Arbeit nachgereist sind und es auf mehr als siebzig Aufführungsbesuche bringen, vgl. Programmbuch, S. 35.

84 Am konzisesten weist dies die Biografie von Oliver Hilmes nach. Er bezieht sich im Gegensatz zu den ersten Biografinnen nicht primär auf Almas Autobiografie *Mein Leben*, sondern mit *Der schimmernde Weg* und *Meine viele Leben* auf zwei im Nachlass entdeckte, überarbeitete Versionen ihrer Tagebücher. Sie machen deutlich, in welchem Maße Alma in *Mein Leben* Textteile verändert, ausgespart oder bereinigt hat, so z. B. bei der Beschreibung ihrer Begegnung mit Adolf Hitler auf einer Lesereise in Deutschland 1932, vgl. Hilmes, 2005, insbesondere S. 22.

85 Felix Barrett studierte Drama/Schauspiel an der Universität Exeter in Südengland und schloss 2000 mit einer *Woyzeck*-Inszenierung seinen Bachelor of Arts ab. Das Büchnersche Dramenfragment über das Schicksal des Soldaten Woyzeck, der in einem Anfall aus Eifersucht und Wahn seine Geliebte Marie umbringt, wurde von Barrett auf dem Gelände einer alten Kaserne in Exeter inszeniert, vgl. Machon, 2019, S. 109f. Das Publikum trug Masken und konnte sich frei über das dunkle, lediglich mit Kerzen beleuchtete Areal bewegen. In dieser Produktion legte Barrett den formalen Grundstein für das, was die ersten

großen Punchdrunk-Produktionen auszeichnete: Dunkelheit, Spielen im Loop-Prinzip, Masken für das mobilisierte Publikum sowie *site-sympathy*.

86 Seit *Woyzeck* haben sich die Masken für das Publikum mehrfach hinsichtlich ihres Materials, ihrer Größe und ihres Aussehens verändert. Während sie am Anfang noch neutral weiß waren und ihnen Atemfreiräume für Nase und Mund fehlten, kam 2008 für *The Masque of The Red Death* jener achte Entwurf auf, welcher der venezianischen »Bauta«-Maske nachempfunden ist, vgl. Machon, 2019, S. 178ff. Die Masken dürfen von Zuschauer*innen nach den Aufführungen mit nach Hause genommen werden. Dass Anonymität und Voyeurismus im Falle von *Sleep no more* auch häufig von Zuschauer*innen ausgenutzt werden und zu Übergriffigkeiten führen, ist bei Soloski, 2018 nachzulesen. Zu weiteren Interpretationen der Masken siehe Zaiontz, 2014, insbesondere S. 413, und White, 2009, S. 228f.

87 Das Konzept der *site-sympathy* greift für alle hier in Rede stehenden Beispiele immersiven Theaters und wird von Barrett wie folgt definiert: »Site-specific [...] was about having to fit the work to the building and its history. If it was a former tyre factory, then it would need to be about that, to present the literal echoes of that building. Site-sympathetic is an impressionistic response; drawing on similar impulses but creating a dream world within the space rather than a practical, literal retelling of the building«, Barrett zitiert nach Machon, 2019, S. 251.

88 https://mckittrickhotel.com/about/, letzter Zugriff 2.4.2020. Für *Sleep no more* in Shanghai haben Barrett und sein Team im Rahmen von »Punchdrunk International« analog zum McKittrick Hotel das fiktive McKinnon Hotel entworfen. Motivketten aus *Macbeth* wurden zum Teil durch neue Motive aus bekannten chinesischen Volksmärchen ergänzt oder ersetzt, vgl. Barrett/Poupart, 2017.

89 Ich habe die Etagenaufteilung auf der Grundlage meines Besuchs von *Sleep no more* in New York am 3.5.2017 im Anschluss an die Aufführung im Rahmen meines Erinnerungsprotokolls erstellt. Sie entspricht derjenigen, die auch Worthen und O'Leary in ihren Aufsätzen erinnern, vgl. Worthen, 2012, S. 80f. und O'Leary, 2013, S. 79.

90 Die bekanntesten und umfangreichsten Weblogs sind: Scorched the Snake und Blood Will Have Blood, They Say. Darüber hinaus gibt es noch mindestens zwölf weitere, vgl. dazu u. a. Ritter, 2017. Von der Theaterwissenschaftlerin und Multimedia-Künstlerin Erin Morgenstern gibt es sogar eine Erzählung, *Der Nachtzirkus* (2011), die Morgensterns Aufführungsbesuche von *Sleep no more* im Modus der Literatur verarbeitet, vgl. dazu auch Flaherty, 2014.

91 In Versalien schreibe ich SIGNA, wenn ich vom Kollektiv spreche; sonst ist Signa Köstler gemeint.

92 Zu *Martha Rubin* siehe Wihstutz, 2012, insbesondere S. 98 – 113; Tecklenburg, 2014, insbesondere S. 146 – 163; Groot Nibbelink, 2019, insbesondere S. 141 – 165 oder auch Tögl, 2011, S. 21 – 38. Über Folgeproduktionen wie *Die Hades Fraktur* (Köln 2009) und *Die Hundsprozesse* (Köln 2011) schrieb vor allem Pamela Geldmacher im Rahmen ihrer Dissertation *Re-writing Avantgarde: Fortschritt, Utopie, Kollektiv und Partizipation in der Performance-Kunst* (2015). Zu den jüngeren Produktionen *Ventestedet*, *Söhne & Söhne*, *Wir Hunde* und *Das halbe Leid* liegen vereinzelte Aufsätze in Sammelbänden vor, vgl. u. a. Kalu, 2017; Wihstutz, 2018; Wihstutz, 2019; Kolesch/Schütz, 2020; Schütz, 2020 sowie unveröffentlicht Rocktäschel, 2017. In Schweden haben u. a. Theaterwissenschaftlerin Kim Skjoldager-Nielsen und in Dänemark Liesbeth Thorlacius verstärkt zu SIGNA gearbeitet. Eine Monografie zu den Arbeiten von SIGNA steht noch aus.

93 »I didn't conceive of the whole thing as theater, [...] I didn't connect it with theater at all. Ultimately, it developed into a theater context, because we got our funding there and collaborated with actors and theaters. My actual starting point was an installation« (Köstler/Schmitz, 2017).

94 So u. a. bei Marcus, 2007; Spiegler, 2008 oder Burckhardt/Behrendt, 2008, was in der Forschung zumeist übernommen wurde. Mit den Worten »the fundamental concept of their projects is best described as performance installation«, wählen SIGNA den Begriff auch zur Selbstbeschreibung auf ihrer Homepage, siehe: https://signa.dk/about.html, letzter Zugriff 2.10.2020.

95 Bis zu 15.000 US-Amerikaner*innen lebten und arbeiteten von 1945 bis 2010 auf dem Gelände wie in einer abgeschotteten Stadt in der Stadt. Ich beziehe mich hier auf die Chronik des BFV, einzusehen unter: https://franklin-mannheim.de/quartier/geschichte/, letzter Zugriff 27.3.2020.

96 Die Informationen zu Produktions- und Probenprozessen verdanke ich Signa Köstler, die mir zu Forschungszwecken nicht nur Zugang zu Probenmaterialien gewährt hat, sondern auch in zahlreichen persönlichen Gesprächen Auskunft über ihre Arbeiten und Arbeitsweisen gegeben hat.

97 Ein Aspekt, der auch ökonomisch begründet ist, insofern die (ko-)produzierenden Theater dann nicht für alle Gäste Unterkünfte organisieren und finanzieren müssen. Neben dem gemeinsamen Wohnen und Produzieren stehen auch regelmäßige Partys auf dem Programm, die insbesondere für gruppendynamische Prozesse außer- wie innerfiktional von großer Bedeutung für SIGNA-Arbeiten sind, vgl. Kap. 4.4.

98 Ausnahmen bilden die Produktionen *Martha Rubin* und die Fortsetzung von *Das halbe Leid, Det Åbne Hjerte,* in Aarhus. Während *Martha Rubin* in der Halle Kalk in Köln Premiere hatte, wurde es im Rahmen des Theatertreffens 2008 auch in der alten Lokomotivenhalle des Naturparks Schöneberger Südgelände in Berlin gezeigt. In beiden Fällen brauchte es für die Errichtung des fiktiven Dorfes Ruby Town nur eine große, leerstehende Halle. Im Fall von *Det Åbne Hjerte* gab es einen Wechsel von der Werkshalle der Firma Heidenreich & Harbeck in Hamburg in das Amtssygehuset in Aarhus, einem ehemaligen Krankenhaus. Dieser Ortswechsel wurde in der Diegese damit begründet, dass der Verein in Hamburg behördliche Schwierigkeiten bekommen hat und sich deshalb gezwungen sah, eine neue Dependance im Ausland zu eröffnen, wo der therapeutische Zugriff nun stärker im Fokus stehe.

99 Demzufolge war der fiktive Jake im BFV stationiert und wirkte in der 1954 eingeweihten Kapelle der Pfingstgemeinde als Prediger. Das Maskottchen der Gemeinde war ein Büffel namens Geronimo. Ihn finden wir in der dreifach gespaltenen Figur des Erdkerngottes Cowboy, der sich u. a. als Büffel Geronimo in der menschlichen Hülle von Rosario (Raphael Souza Sá) manifestiert, wieder. Und der tatsächlich an das Mannheimer Käfertal angrenzende Stadtteil »Vogelstang« wird mit seinen Hochhäusern zum Ort für die geplante Himmelfahrt in die neue Welt.

100 Signa Köstler hat über die Jahre eine Checkliste erstellt, die als verbindliche Richtschnur und »Manual« an neu dazu stoßende Ausstattungshospitant*innen oder Performer*innen, die die Räume ja z. T. selbst mitgestalten, ausgegeben wird.

101 Beim *Heuvolk* gibt es für SIGNA-Verhältnisse allerdings auch viele bunte, kräftigstrahlende Farben, was sie produktionsintern als »new bleak« bezeichnen.

102 Hierzu zählen z. B. der abgestandene Fruchtsekt sowie ungetoastetes Weißbrot mit Thunfisch und/oder Remoulade bei der Begrüßung oder die blassgrauen Schokowaffeln oder weißen Gummitiere, die in den Wohnungen für Gäste bereitstehen.

103 Sigbert Trenck von Moor hatte sich seinerzeit in die Menschenhündin Mimi verliebt und beschlossen, mit ihr gemeinsam zu leben. Dies brachte ihm neben seinem Sohn Patritz auch den Ruf eines »Sexgrafen« ein, weshalb sich die Familie fortan weitgehend in gesellschaftlicher Isolation bewegte. Als Mimi in einem Feuer ums Leben kam, das offenbar vorsätzlich gelegt wurde, siedelte Sigbert daraufhin nach Wien über, wo sich nach und nach immer mehr Hundsche bei ihm meldeten. Dies führte 1976 zur Gründung des Vereins.

104 Wie auch schon bei *Das Heuvolk* besteht ein Verhältnis der *site-sympathy* zwischen realem und fiktionalisiertem Gebäude, insofern Graf Trenck von Moor das Gebäude 1975 erworben haben soll, also in dem Jahr, in dem die dort zuvor real ansässige Weberei ausgezogen war, vgl. Fiala, 2017, S. 10. Freda Fiala bezeichnet dieses Verfahren auch als »Überantwortung der Lokalität an die Fiktion« (ebd.).

105 Das sind in der Welt der Performance-Macher*innen die »Special Hours«. Laut Information von Arthur und Signa Köstler fanden bei *Wir Hunde* im Zeitraum vom 21. Mai bis zum 18. Juni 2016 18 solcher Special Hours statt. Von den fünfzig an *Wir Hunde* beteiligten Performer*innen machten 23 ein bis zwei Special

Hours mit. Marie S. Zwinzscher alias Viki Saborowski hat Zuschauer*innen fünf Mal außerhalb der Spielstätte getroffen und damit am meisten Special Hours absolviert. Einige wenige Special Hours – insbesondere für wiederkehrendes Publikum – gab es auch bei *Das Heuvolk* in Mannheim sowie im Rahmen von *Das halbe Leid* in Hamburg. Davon berichteten mir einige der interviewten Zuschauer*innen.

106 Diese Informationen stammen aus den Unterlagen von Signa Köstler.

107 Zur Vorbereitung der Darsteller*innen auf die Fiktion und ihre Figuren haben Arthur und Signa Köstler auf die Sichtung zahlreicher Dokumentationen und Reportagen zum Leben obdachloser Menschen in Deutschland verwiesen, wie z. B. *Leben wie Penner!? Obdachlos in Deutschland* (ZDF 2017).

108 James Scruggs studierte Filmproduktion an der New Yorker School of Visual Arts und arbeitete zunächst als Technischer Direktor des »Windows On the World«, einem Event-Gastronomiebetrieb im 106. und 107. Stock des ehemaligen World Trade Centers, bis er sich nach 2001 dem Theater zuwandte, vgl. https://www.jamesscruggs.com/bio.html, letzter Zugriff 3.4.2020.

109 Tamilla Woodard studierte Regie an der Yale School of Drama in Connecticut, wo sie inzwischen selbst als Dozentin arbeitet. Tamilla Woodard, woman of color, ist Mitgründerin von »PopUP Theatrics«, einem seit 2007 bestehenden dreiköpfigen Kollektiv für internationale immersive, ortsspezifische und partizipative Kunstprojekte (gemeinsam mit Ana Margineanu und Peca Stefan). Zudem ist sie als assoziierte künstlerische Direktorin am Women's Project Theater in New York tätig.

110 3-L(egged)D(og) ist eine *non-for-profit*-Organisation, die seit 1996 existiert und sich vor allem künstlerischen Experimenten mit neuen und neusten Technologien widmet: »We exist to produce original works in theater, performance, dance, media and hybrid forms; to explore the narrative possibilities created by digital technology; to foster artists' self expression and skill through training initiatives; and to provide an open environment free of censorship in which artists can create new tools and modes of expression and excel across a range of disciplines.« (Mission-Statement zitiert nach https://www.nyc-arts.org/organizations/61891/3ld-art-technology-center, letzter Zugriff 5.3.2021) Seit 2002 haben sie ihren Sitz im Neubau des 3LD-Technology Centers in Manhattan.

111 Dahinter verbirgt sich, dass u. a. das Thema medizinischer Apartheit an den Frankenstein-Stoff und die Geschichte der Sklaverei an die Figur des King Kong geknüpft wurde, um aufzuzeigen, inwieweit Mainstream-Filme Rassismus mithervorbringen bzw. normalisieren, vgl. Small, 2017.

112 Hierbei handelt es sich um eine theatrale Form der Nummernrevue, die auf einer Cabaret-Bühne gleichsam die »Backstage«-Geschichte von SupremacyLand am Beispiel des Mitarbeiters Lyle (David Roberts) im fiktiven Themenpark darstellt.

113 Laut Scruggs waren noch weitere Stationen geplant, z. B. ein Stand, an dem man mittels computergesteuerten Morphings ein Bild von sich in der entsprechend entgegengesetzten Hautfarbe erstellen lassen kann, oder einen sogenannten »Black Best Friend Forever«-Performer, den sich SupremacyLand-Besucher*innen gegen Geld »ausleihen« können, vgl. Scruggs, 2017.

114 »There is great fear from US presenters regarding theater like *3/Fifths*. Presenters say they are interested but it takes many actors and a lot of rehearsal and there is no ›feel good ending‹ [...] Also it would be very expensive« (Scruggs, 2020).

115 Vieles, was ich in diesem Kapitel ausführe und weiterentwickle, geht zurück auf die gemeinsame Vorarbeit im Forschungsprojekt *Reenacting Emotions*, vgl. Kolesch/Schütz, 2020 und darüber hinaus: Kolesch/Warstat, 2019.

116 Wo es um die Leibgebundenheit von Wahrnehmungsvorgängen und subjektive Prozesse der Aufmerksamkeitsverteilung, um Intentionalität und Responsivität geht, liegt ein phänomenologischer Ansatz erst einmal nahe, vgl. Roselt, 2008. Dieser Ansatz stößt allerdings dort an seine Grenzen, wo es a) um die Zugänglichkeit der Erfahrungsschätze ›anderer‹, b) um die Analyse kontingenter sozialer Situationen, die über das ästhetische ›Werk‹ hinausweisen oder c) nicht mehr um Sinnproduktion in situ geht, sondern um Zirkulations- und Aneignungsprozesse zeichengebundener Bedeutungsangebote und ihrer überindividuellen affektiven und emotionalen Wirksamkeit(en).

117 Ein Beispiel hierfür wäre ein Gespräch mit Justinus Sohn (Lukas Steimer) im Büro für interne Gesetze bei SIGNAs *Söhne & Söhne*. Hier habe ich bei meinem Aufführungsbesuch erlebt, wie Steimer in einer Diskussion um eine schwarze körpergroße Schuldpuppe, die von teilnehmenden Zuschauer*innen stellvertretend für ein situatives Vergehen einem Gang der Buße gleich sichtbar durch das Gebäude getragen werden sollte, den Einwand einer Zuschauerin vom Vorabend proaktiv eingebaut und widerlegt hat, vgl. Kolesch/Schütz, 2020, S. 33.

118 Mein Wissen über diese Aufführungen jenseits der regulären Aufführungen basiert auf Zuschauer*innen-Berichten. Da »Special Hours« aus logistischen Gründen nur in der Stadt stattfinden können, in der die jeweilige Arbeit produziert und gezeigt wird, und ich immer nur für die Sichtungen nach Mannheim, Wien oder Hamburg angereist bin, habe ich selbst leider noch keine »Special Hour« miterlebt.

119 Dies gilt zumindest, wenn wir von Erstbesucher*innen einer Aufführung ausgehen.

120 Dies ging deutlich aus den von mir durchgeführten Interviews hervor.

121 Immersives Theater ließe sich mit Andreas Reckwitz auch als paradigmatische Theaterform für die von ihm herausgearbeitete, gegenwärtige (westliche) *Gesellschaft der Singularitäten* beschreiben. Schließlich können die in Rede stehenden Aufführungen mit Reckwitz durchaus als »Singularitätsgüter« (Reckwitz, 2017, S. 126), für die neue spätmoderne Mittelklasse bezeichnet werden, insofern es sich um singuläre Kunstereignisse an singulären Aufführungsorten mit dem Versprechen, singuläre Aufführungserfahrungen zu produzieren, handelt. Es ist ebendiese hohe Valorisierung von Singularität im Sinne von Besonderheit und Einzigartigkeit, die Reckwitz in der gegenwärtigen Gesellschaft als ein dominantes Distinktionsmerkmal von Mitgliedern der neuen Mittelschicht ausweist.

122 Alle drei Optionen gehen auf beschriebene Situationen in meinen Interviews zurück, vgl. PH 2016, LZ 2016 und MT 2016. Eine Liste der geführten Interviews findet sich im Anhang.

123 Im Fall von *Alma* existiert eine Filmversion, die auf den Mitschnitten mehrerer Aufführungen im Sanatorium Pukersdorf 1997/98 basiert und 1999 erschien. Abgesehen davon, dass für den Medienwechsel das die Aufführung dominierende Formprinzip simultan stattfindender Szenen zugunsten filmischer Sukzession aufgegeben werden musste, unterläuft der Film auch das mit dem Konzept vom »Zuschauer als Kamera« verbundene, rezeptionsästhetische Ideal einer Polyperspektivität. Über einen dokumentarischen Wert kommt der Mitschnitt für meine Belange auch deshalb nicht hinaus, weil ich *Alma* knapp zwanzig Jahre später an einem anderen Spielort miterlebt habe. SIGNA zeichnen ihre Aufführungen grundsätzlich nicht auf; Gleiches gilt auch für Punchdrunk. Von *3/Fifths*, das ich wie *Sleep no more* nur einmal sichten konnte, lag mir ein produktionsinterner Mitschnitt vor, der allerdings die für meine Belange interessanten Begegnungen, Aushandlungen und Konflikte zwischen Performer*innen und Zuschauer*innen ausgespart hat.

124 Von James Scruggs habe ich freundlicherweise das der Aufführung zugrunde liegende Skript zur Verfügung gestellt bekommen. Signa und Arthur Köstler haben mir Einblick in all die Materialien gewährt, die im Kontext der Produktionen *Das Heuvolk*, *Wir Hunde* und *Das halbe Leid* in der Entwicklungs- und Probenphase entstanden sind und mit beteiligten Darsteller*innen über geschlossene Facebook-Gruppen geteilt wurden.

125 Um die Erfahrung anderer Zuschauer*innen nicht zu beeinflussen und vor allem auch, um mich selbst durch den Akt des Mitschreibens nicht zu stark einzuengen, habe ich in aller Regel auf das Mitschreiben während einer Aufführung verzichtet. Eine Ausnahme bildet mein zweiter Besuch bei SIGNAs *Das Heuvolk*, bei dem ich mich selbst fiktionalisierte. So erklärte ich auf Nachfrage der Figuren, warum ich mir während der Rituale und Gespräche Notizen mache, dass ich Anthropologin sei und mich mit ihrer Glaubensgemeinschaft wissenschaftlich auseinandersetze, was innerdiegetisch dann auch akzeptiert wurde, bei anderen Zuschauer*innen aber immer wieder auch zu fragenden Blicken, Irritationen und Verwunderung führte.

126 An dieser Stelle sei auf die ohnehin enge Verzahnung von Theaterwissenschaft und Ethnologie hingewiesen, nicht nur fachgeschichtlich über eine Anbindung an Ritualtheorien und die Erforschung außereuropäischer Theaterkulturen wie auch interkultureller Theaterformen (vgl. Bloch/Heimböckel, 2016), sondern vor allem im Hinblick auf gegenwärtige Tendenzen, Arbeitstechniken ethnografischer Praxis für die Theaterwissenschaft fruchtbar zu machen. Dies findet sich z. B. im Bereich der Probenforschung, vgl. u. a. Matzke, 2012; Le Calvé, 2017. Eine Perspektive auf Schaupieler*innen als Ethnograf*innen, die sich bei Kreuder, 2016 findet, ließe sich z. B. auch auf Prozesse der Figurenentwicklung bei SIGNA übertragen.

127 Zur Unterscheidung von teilnehmender Beobachtung und beobachtender Teilnahme in der ethnografischen Feldforschung siehe Hitzler/Gothe, 2015, S. 10f.

128 Neben Nina Tecklenburg, die im Kontext ihrer Analyse von SIGNAs *Die Erscheinungen der Martha Rubin* davon spricht, dass der Theaterbesucher »ähnlich einem Ethnologen auf Feldforschung [ ] die fremde Kultur zu verstehen versuch[e]« (Tecklenburg, 2014, S. 148), haben auch Rezensent*innen und meine Interviewpartner*innen diese Analogie häufiger bemüht, z. B: »Wir entdecken eine Welt, in der Regeln gelten, die uns erst dann auffallen, wenn wir sie nichtsahnend übertreten. So muss es Ethnologen gehen, die neue Gesellschaften erkunden« (Speidel, 2016). Auch Zuschauer AS hatte in seinen Erinnerungen zu *Wir Hunde* verbalisiert, dass der Besuch bei Canis Humanus für ihn so sei, »wie wenn [er] ein fremdes Land besuche« (AS 2018).

129 Während Adam Alston die Fokussierung auf das eigene Selbst im Partizipationsmodus immersiven Theaters als »narzisstisch« bezeichnet, sie im Kontext einer neoliberalen *experience industry* verortet und auf diese Weise kritisiert (vgl. Alston, 2013; Alston, 2016), empfinde ich gerade diese Möglichkeit zu einer relationalen Selbstbefragung des eigenen Verhaltens, der eigenen Re-Aktionsmuster und der damit verbundenen Reflexion auf die eigenen affektiven Dispositionen und die eigene Verführbarkeit für bestimmte Beziehungsweisen als das eigentliche Potential von (vor allem vereinnahmenden) Publikumsinvolvierungsprozessen in Aufführungen immersiven Theaters, vgl. dazu auch Kolesch/Schütz, 2022.

130 Drei der Interviews fanden als Doppelinterviews, mit zwei Zuschauer*innen gleichzeitig, statt, vgl. Liste der durchgeführten Interviews im Anhang.

131 Das Durchführen von Zuschauer*innen-Befragungen mit einem Fragebogen war Teil des Forschungsdesigns zu Beginn meiner Projektarbeit. Ziel des Einsatzes dieses Instruments war 2016/17 neben der Generierung von Interviewpartner*innen auch die Durchführung eines Hypothesentests. Die Grundannahme bestand darin, dass sich Immersion(serfahrungen) im Theater aufgrund der spezifischen Medialität und Materialität von Immersionserfahrungen bei *movie rides*, Games, VR oder Film und Literatur unterscheiden. So habe ich – in engem Austausch mit den Soziolog*innen Prof. Christian von Scheve, Dr. Antje Kahl sowie später Coline Kuche – auf der Basis des Fragebogens, den das Team um Charlene Jennett entwickelt hat, um Immersions- und Präsenzerfahrungen bei Game-Nutzer*innen empirisch zu untersuchen (vgl. Jennett/Cox at al., 2008), einen eigenen Fragebogen entwickelt. Dieser kam für eine Zuschauer*innen-Befragung im Anschluss an SIGNAs *Söhne & Söhne* zum ersten Mal zum Einsatz, in modifizierter Version erneut bei *Wir Hunde* und als Online-Survey zuletzt auch bei *Das Heuvolk*. Die letzten beiden Varianten des Bogens basierten auf einer 13 Items umfassenden Immersionsskala, die entlang bestimmter Kriterien wie »Verlust von Zeitgefühl«, »Vereinzelungsempfinden«, »Reflexion des eigenen Verhaltens«, »Langeweile« etc. Aspekte von Immersionserfahrungen messen sollte. Am Ende hatte der Bogen beide Aufgaben erfüllt: Er diente zur Verifizierung ausgewählter expliziter Vorannahmen zu Immersionserfahrungen im Theater (z. B. auch, dass es einen Zusammenhang von Reflexion und Immersion bei SIGNA-Arbeiten zu geben scheint) und verschaffte mir Zugang zu einem Kreis von Zuschauer*innen, die an einem Interview interessiert waren.

132 Einerseits habe ich Zuschauer*innen in Wien direkt vor Ort, also im Anschluss an die drei Vorstellungen, die ich besucht habe, bzw. im Zuge

des Publikumsgesprächs am 19.6.2016 angesprochen. Andererseits habe ich – wo ich die Einwilligung hatte – den E-Mail-Verteiler, der sich aus der durchgeführten Befragung nach *Söhne & Söhne* ergeben hatte, zum Versand des Bogens genutzt.

133 Bei der Auswahl habe ich darauf geachtet, a) ein möglichst breites Altersspektrum abzudecken, b) Zuschauer*innen zu befragen, die noch nie zuvor bei SIGNA waren, sowie c) Zuschauer*innen, die im Gegenzug bereits viele verschiedene Inszenierungen zuvor besucht hatten. Wenn ich mich erinnern konnte, mit den Interviewpartner*innen in einer Aufführung Szenen gemeinsam erlebt zu haben, dann habe ich diese vorgezogen. Darüber hinaus hatte die Auswahl am Ende auch pragmatische Termingründe, wann eine Zusammenkunft in Wien oder Berlin für beide Seiten möglich war.

134 An dieser Stelle möchte ich mich bei Jessica Jorgas und Thore Walch für ihre Unterstützung bedanken.

135 Was SIGNAs Arbeiten anbelangt, so ist mir nur eine weitere Theaterwissenschaftlerin bekannt, die gleichfalls qualitative Methoden in ihrem Dissertationsprojekt einbezieht: Agnes Bakk von der Moholy-Nagy University of Art and Design in Budapest. Sie hatte Fragebögen bei *Das Heuvolk* in Mannheim verteilt und ihre bislang unveröffentlichten Ergebnisse im Rahmen der 2018 von mir und Rainer Mühlhoff organisierten Spring School »The Power of Immersion: Performance – Affect – Politics« an der FU Berlin präsentiert. Für einen experimentellen und kreativen Umgang mit Einzel- und Gruppeninterviews von Zuschauer*innen, allerdings weniger für aufführungsanalytische Belange denn als eine empirische Annäherung an die realisierte Vielfalt ästhetischer Erfahrungen, siehe vor allem Reason, 2010; Reason, 2012; Reason, 2019.

136 An dieser Stelle gilt mein Dank meinem theaterwissenschaftlichen Kollegen Kai Padberg, der sich im Rahmen seines Forschungsprojekts »Extended Audiences« an der Friedrich Schlegel Graduiertenschule der FU Berlin mit theaterwissenschaftlicher Publikumsforschung auseinandersetzt und mich bei der Durchsicht von zwei der drei bekanntesten Punchdrunk-Fan-Blogs unterstützt hat.

137 Hierin wird den Besuchenden mitgeteilt, dass es »45 parallel ablaufende Szenen« durch »das Leben der berühmten Künstlermuse Alma Mahler-Werfel« zu sehen geben werde, die auf verschiedene Schauplätze im Gebäude verteilt sind. Es gelte, den Figuren »durch Zeiten und Räume« zu folgen, wobei man selbst wie »eine Filmkamera [...] die Distanz zum Objekt« ebenso wie den »Bildausschnitt« und den jeweiligen »Hauptdarsteller« selbst auswählen könne. Gewünscht sei, dass man sich »so rasch, leise und so unauffällig wie möglich« bewege, nicht rauche, nicht fotografiere sowie von der Benutzung von Handys während der Aufführung Abstand nähme, vgl. Programmflyer *Alma* 2018.

138 Bei SIGNA deckt das Publikum in der Regel ein breites Spektrum an Altersgruppen ab; die Mehrheit bildet allerdings die Gruppe der Zuschauer*innen zwischen zwanzig und vierzig Jahren. Bei *Sleep no more* und *3/Fifths* habe ich das ähnlich wahrgenommen. Daten zur Altersstruktur, die das bestätigen könnten, habe ich nicht erhoben.

139 Diese Einordnungen in die Chronologie der Ereignisse konnte ich im Anschluss meines Besuchs beim Erstellen des Erinnerungsprotokolls über den auf der Website der Produktion verfügbar gemachten Dramentext rekonstruieren, https://www.alma-mahler.at/text_deutsch/roles.html, letzter Zugriff 29.1.2021.

140 Auszüge aus dem Erinnerungsprotokoll meines ersten Besuchs von *Alma* am 18.8.2018 in Wiener Neustadt.

141 Die Unterscheidung von theatralem und szenischem (sowie ortsspezifischem und dramatischem) Raum geht zurück auf Christopher Balme. Mit dem theatralen Raum ist der architektonisch gegebene Spielort angesprochen und mit dem szenischen Raum der jeweilige (szenografierte) Spielraum der Akteur*innen, vgl. Balme, 2008, S. 142.

142 Diese Reibung scheint mir ein Spezifikum des Spielorts der Roigkhalle zu sein. Denn das Kurhaus Semmering, das niederösterreichische Schloss Petronell oder auch das Kronprinzenpalais in Berlin, Orte, die gleichfalls als Spielorte innerhalb der 25-jährigen Aufführungsgeschichte dienten, schmiegen sich

mit ihrer Architektur und Geschichte dem im Mikrokosmos der Aufführung repräsentierten, bürgerlichen und kunstaffinen Milieu von Almas Lebenswelt deutlich stärker an.

143 Der Vergleich mit den Räumen der *Alma*-Version im Sanatorium Pukersdorf in der Filmversion offenbart, dass Lazarett, Redaktion und Schreibstube szenische Räume sind, die erst in der Roigkhalle dazugekommen sind. Er zeigt zudem, dass sich jeder Orts- und Raumwechsel in der Aufführungsgeschichte von *Alma* stets auch auf die Inszenierung auswirkte.

144 Im Kontext einer globalisierten, digital vernetzten Welt beschreibt FOMO das affektiv hoch komplexe, gesellschaftliche Angstsyndrom, angesichts der Überfülle und hohen Frequenz von Nachrichten in den Netzwerken sozialer Medien etwas zu verpassen, was insbesondere bei jüngeren Generationen zu problematischen Abhängigkeitsverhältnissen im Mediennutzungsverhalten führen kann, vgl. u. a. Poser, 2018. Im Programmbuch ist von einer »Unruhe des Versäumens« die Rede (S. 28). Dass es zu diesem Phänomen auch in anderen Aufführungsbeispielen kommt, belegt u. a. eine Äußerung einer interviewten Zuschauerin zu ihrem Besuch bei SIGNAs *Söhne & Söhne*: »Ich wollte einfach nicht rausgehen [aus der Abteilung für Kindheitsangelegenheiten], weil ich immer Angst hatte, irgendetwas zu verpassen. Es war für mich also keine Option, auch wenn ich nicht mitmachen wollte bei dem Spiel (OW 2016)«.

145 Melanie Unseld zufolge verstehe es das Polydrama, »das Problembewusstsein gegenüber biographischer Darstellbarkeit, dem Einfluss biografischer Modelle und dem hohen Eigenanteil der Rezipienten am Zustandekommen biografischer Bilder [zu] schärfen« (Unseld, 2011, S. 161) – und zwar, indem es zum »individuellen Verstehen und Kombinieren einzelner biographischer und autobiographischer Bestandteile« (ebd., S. 160) und damit zu einem Nachdenken über Identitätskonstruktion und »Polyperspektivität« (ebd., S. 161) in der Biografik und über diese hinaus anrege. Die Stärke des Polydramas liege darin, dass es nicht nur die Idee einer vermeintlichen »Wahrheit«, sondern auch die einer geschlossenen, erzähl- oder darstellbaren Identität dekonstruiere.

146 Die dritte Perspektive nimmt vor allem die Biografin Francoise Giroud ein, vgl. Giroud, 2000.

147 Auszug aus dem Erinnerungsprotokoll meines Besuchs von *Alma* am 18.8.2018 in Wiener Neustadt.

148 Mit Merleau-Ponty setzt Ahmed den Körper als Orientierungszentrum und entscheidenden »point of view« sämtlicher Wahrnehmungsprozesse an (vgl. Ahmed, 2006, S. 53), der in allen Momenten situierten In-der-Welt-Seins nicht nur intentional, sondern auch affektiv stets auf bestimmte Weise(n) von seinem Umfeld orientiert und damit auch geformt wird, vgl. ebd., S. 16. Was Körper tun, wie sie sich bewegen oder einen Raum einnehmen, ist das Ergebnis ihrer Geschichte des Ausrichtens und Ausgerichtet-Werdens, vgl. ebd., S. 56.

149 Von einem »Theater-Event« oder auch »Theater-Spektakel« ist in der Presse zu *Alma* immer wieder die Rede, vgl. u. a. https://www.österreich.at/nachrichten/alma-liebt-sich-heuer-durch-wiener-neustadt/148955884 oder Rosenberger (o. J.).

150 Diese Information verdanke ich Teresa Loefberg, die zeitweise als Regieassistentin bei *Alma* angestellt war.

151 Allein die Tatsache, dass von Alma Mahler-Werfel immer nur degradierend mit dem Vornamen die Rede ist, deutet schon einen problematischen Gestus männlicher Überheblichkeit an, vgl. dazu auch Unseld, 2011, S. 159. Ungünstig wirkt sich auf die Rezeption von *Alma* in meinen Augen auch aus, dass sich Paulus Manker als »Enfant Terrible« der österreichischen Theaterszene selbst in der Tradition großer männlicher Künstlergenies inszeniert.

152 In der Filmversion von *Alma* sind einige Sexdarstellungen wie eine Szene zwischen Werfel und Alma in der Badewanne sogar als Vergewaltigungen lesbar. Mit Blick auf die Presse scheint *Alma* seinen Ruf als »Sex-Spektakel« Ende der neunziger Jahre vor allem der Nacktheit der Darsteller*innen, der Explizitheit der Liebesszenen und der Tatsache, dass Zuschauer*innen den Schauspieler*innen physisch dabei so nahe kommen, zu verdanken, vgl. http://www.alma-mahler.com/images/zeitungsausschnitte/berlin/bild_berlin_21_04_2006.jpg, letzter Zugriff 7.3.2021.

153 Im Unterschied zum kanadischen Klangforscher Raymond Murray Schafer, der den Begriff des »Soundscape« prägte (vgl. Schafer, 1977), damit aber vor allem eine räumliche (Alltags-)Sphäre meinte, die den Menschen klanglich umgibt, adressiere ich mit dem Begriff aufführungsanalytisch die Ebene der Involvierung des Publikums in die sich über die verschiedenen Sounds, Klänge und Songbeispiele generierende Klanglandschaft.

154 Vor diesem Hintergrund überrascht es, wie wenig innerhalb der breit aufgestellten Punchdrunk-Forschung bislang konkret dazu gearbeitet wurde.

155 Home-Cook verfolgt in seiner Studie das Ziel, »a theory of theatrical attending to sound« (Home-Cook, 2015, S. 11) zu entwickeln. Entlang seiner Aufführungsbeispiele (darunter auch die immersive Produktion *Kursk* von Sound and Fury) arbeitet er Konzepte wie jene des »singing out«, »zooming in« oder »stretching out« (ebd., S. 154 – 167) zur phänomenologischen Beschreibung verkörperten Soundwahrnehmens in Theateraufführungen heraus; eine theoretisch ähnliche Richtung verfolgt Rost, 2017. Mir geht es in diesem Unterkapitel allerdings nicht um die Theoretisierung von Soundwahrnehmungen, sondern um die Analyse bestimmter soundbasierter Strategien, mit denen Zuschauer*innen involviert werden.

156 Vgl. dazu auch Amy Herzog: »Over the course of two visits, I spent 6 hours within the performance space and made a concerted effort to visit and listen to every space within the installation. Yet, with such a vast amount of territory to cover, and with the sonic elements constantly shifting within each of those rooms as the cast stages multiple, simultaneous encounters across each floor, and with certain areas opening and closing at various points throughout the evening, one individual can only encounter a fraction of the performance and hence only a fraction of the sound design« (Herzog, 2013, S. 4).

157 Hier beziehe ich mich primär auf meine eigenen Aufführungserfahrungen von *Sleep no more* am 3.5.2017 in New York.

158 Wobei man im Falle der Punchdrunk-Arbeiten mit Karen Zaiontz präziser von einer »high-speed anti-flâneurie« (Zaiontz, 2014, S. 412f.) sprechen müsste, angesichts des Tempos, das manche Zuschauer*innen in den Aufführungen an den Tag legen, um einzelnen Tänzer*innen/Figuren durch die Räume zu folgen.

159 Da ich diese Musikstücke freilich nicht alle während meiner einen Aufführungssichtung wahrnehmen und erkennen konnte, beziehe ich mich hier maßgeblich auf die Ausführungen aus dem Fan-Blog »Back to Manderlay«, siehe paisleysweets, 2013.

160 Ähnliches betrifft die Involvierung der Zuschauer*innen auf einer kinästhetischen Ebene, die von der Bewegungssprache und -qualität der Tänzerinnen ausgeht und für komplexe Affizierungsdynamiken mitverantwortlich ist.

161 Das wohl berühmteste Filmbeispiel in dieser Hinsicht – *Fantasia* (USA 1940) – stammt aus dem Produktionshaus Disney. Der Film besetzt insgesamt neun klassische Orchesterwerke, darunter Strawinskis *Le Sacre du Printemps*, Tschaikowskis *Nussknacker-Suite* oder *Der Zauberlehrling* von Paul Dukas mit bestimmten (figuralen wie abstrakten) bildlichen Vorstellungen. Schaut man diesen Film – wie ich selbst auch – in der Kindheit, dann bleiben die verschiedenen Musiken noch lange Zeit mit diesen Bildern besetzt und verhindern damit eine Begegnung mit der Musik.
Dass das Soundscape vor allem die Evokation von Vorstellungs*bildern* unterstützt, könnte auch damit zusammenhängen, dass Stephen Dobbie gelernter Fotograf ist und sein Soundscape sehr stark in Analogie zur visuellen Dramaturgie der szenischen Räume gebaut ist.

162 Aus diesem Grund haben Barrett und sein Team beim Transfer der Inszenierung nach Shanghai zahlreiche Referenzen ausgetauscht. An die Stelle von *Macbeth* tritt z. B. das chinesische Märchen *The white snake* und die Aufführung spielt im fiktiven McKinnon Hotel im Shanghai der dreißiger Jahre, vgl. Machon, 2019, S. 260.

163 Dies verweist darauf, dass trotz der Singularisierung der Aufführungserfahrungen bestimmte Szenen und Situationen transindividuell die stärkste und nachhaltigste Wirkung zeitigen.

164 Beim Betreten des dunklen Labyrinths, an dessen Ende der Zugang zur

Manderlay Bar auf den Gast wartet, werden Zuschauer*innen klanglich mit dem instrumentellen Vorspiel aus Hitchcocks Film *Der Mann, der zu viel wusste* in der Komposition von Bernard Herrmann konfrontiert, vgl. paisleysweets, 2013. LadyMcDuff und ihre dreifachen Reinkarnationen sind musikalisch mit der *Vertigo*-Suite von Bernard Herrmann verknüpft (vgl. ebd.), die Blogger Jonathan Martin auch als »Reset Music« zwischen den Loops identifiziert, vgl. Martin, o. J.b. Für die Bankett-Szene wurden Kompositionen aus dem Soundtrack von David Lynchs *Mulholland Drive* von Angelo Badalamenti verwendet, vgl. Ricci, 2012, S. 5.

165 Ich hielt sie während der Aufführung für Lady Macbeth, habe dann über die Auseinandersetzung mit der Forschung und den Fan-Blogs feststellen müssen, dass es sich um Hekate handelte. Da das Programmheft zu *Sleep no more* kaum Informationen ausweist, siehe für Informationen zur Figur der Hekate den entsprechenden Eintrag in einem Online-Fan-Lexikon, vgl. https://sleepnomore.fandom.com/wiki/Hecate, letzter Zugriff 20.10.2020.

166 Aus dem Erinnerungsprotokoll meines Besuchs von *Sleep no more* am 3.5.2017 in New York.

167 Schauspielerin Careena Melia war von 2009 bis 2013 als Hekate in Punchdrunks *Sleep no more* besetzt; ich habe Tori Sparks in der Rolle gesehen.

168 Weiterer Auszug von Blogger Jonathan Martin, vermutlich von einem anderen Aufführungsbesuch, vgl. Martin, o. J.c. Jonathan Martin hat die Aufführung Julia Ritter zufolge mehr als 150 Mal gesehen, vgl. Ritter, 2017, S. 67.

169 Parallel findet in der McKittrick-Hotelbar die identische Szene mit der Figur des*der Boy Witch statt, welche*r zeitgleich die Peggy-Lee-Version von »Is That All There Is?« lippensynchron performt. Im Anschluss beginnt der Szenenzyklus von vorn, vgl. Ricci, 2012, S. 9.

170 Da Halluzinationen – neben dem in Kap. 4.2.1 beschriebenen Schwindelgefühl und dem Déjà-vu – gleichfalls motivisch mit allen zentralen Referenzstoffen verbunden sind, liegt es wiederum nahe, dass Barrett und Co. dieses Motiv soundbasiert auch in eine somatische Reaktion bei den Zuschauenden zu übersetzen versuchen, was sich in der Hekate-Szene an dieser Stelle zu zeigen vermag.

171 In Thomas Manns Erzählung *Enttäuschung*, die Jerry Leiber zu dem Song inspiriert hat, trifft der Erzähler in Venedig auf einen unbekannten Mann, den er zunächst nur beobachtet, bevor er an einem Abend auch mit ihm ins Gespräch kommt. Der namenlose Unbekannte versucht, dem Erzähler zu vermitteln, was er (und warum) als die große Enttäuschung des Lebens begreift. Alle im Song verarbeiteten Ereignisse (mit Ausnahme des Zirkusbesuchs) kommen auch in der Lebenserzählung des Fremden vor. Ursache seiner Enttäuschung sind dabei häufig zu hohe Erwartungen: »Ich bin in das berühmte Leben hinausgetreten, voll von dieser Begierde nach einem, einem Erlebnis, das meinen großen Ahnungen entspräche. Gott helfe mir, es ist mir nicht zu teil geworden! Ich bin umhergeschweift, um die gepriesensten Gegenden der Erde zu besuchen, um vor die Kunstwerke hinzutreten, um die die Menschheit mit den größten Wörtern tanzt; ich habe davor gestanden und mir gesagt: Es ist schön. Und doch: Schöner ist es nicht? Das ist das Ganze?« (Mann [1896] 2004). Seine titelgebende Enttäuschung erweist sich also primär als ein Enttäuscht-Werden in Relation zu seinen eigenen, zu hoch gesteckten Erwartungshaltungen. Hinter dieser Referenz verbirgt sich insofern auch ein selbstreferentieller wie selbstironischer Metakommentar an die Zuschauer*innen bezüglich ihres Aufführungsbesuchs von *Sleep no more*.

172 Nostalgie kommt aus dem Griechischen (»nostos«, dt. »Rückkehr«; »algos«, dt. »Qual«) und wurde 1688 von dem Schweizer Arzt Johannes Hofer auch als »pathologisches Heimweh« (Sielke, 2017, S. 9) bezeichnet. Im allgemeinen Sprachgebrauch beschreibt Nostalgie in der Regel eine »unbestimmte Sehnsucht nach einer Zeit, in der vermeintlich alles noch klar und übersichtlich war« (ebd.). Heute erleben Nostalgiephänomene – oft im Zusammenhang und ohne differenzierte Abgrenzung mit sogenannten »Retro«-Phänomenen – eine neuerliche Hochkonjunktur. Literatur- und Kulturwissenschaftlerin Sabine Sielke zufolge überwiegen Auseinandersetzungen mit Nostalgie im Kontext psychologischer Forschungen im Sinne ihrer pathologischen Ausprägung,

sowohl eine (Kultur-)Geschichte der Nostalgie wie auch eine Begriffsgeschichte stehen noch aus, vgl. ebd., S. 9f.

173 Vgl. https://mckittrickhotel.com/about/, letzter Zugriff 21.10.2020.

174 In der Einführungssequenz im Fahrstuhl werden den Zuschauer*innen die vier Regeln an die Hand gegeben: »1. Keep your masks on at all time; 2. Do not speak; 3. Do not use smartphones; 4. Things are not what they seem.«

175 »I hope that the audience feel that they have a childlike curiosity as they explore, and you feel you're going further then you should do, so when you come across performers, you want them to be like gods. So you can lose yourself in them, revere them, so they become these all-powerful creatures« (Barrett/Machon, 2007). Von einer Aufführungserfahrung, die analog zu einem »childlike adventure« empfunden wird, berichten auch Bartley, 2012, S. 4, und Biggin, 2015, S. 313.

176 So posten Fans Fotografien von Dingansammlungen aus dem *Sleep no more*-Mikrokosmos wie der Maske, dem Ring, handgeschriebenen Briefen oder Notizen sowie Visitenkarten, Bonbons o. Ä. in verschiedenen Online-Foren.

177 Einschlägig für eine kulturwissenschaftliche Auseinandersetzung mit Düften und Duftwahrnehmungen sind u. a. Corbin, 1984 sowie Claasen/Howes/Synnott, 1994.

178 Ein Dilemma, das für alle ephemeren Kunstformen relevant ist, für den Duft allerdings im Besonderen gilt. Geruchskünstlerin Sissel Tolaas, die seit 1990 ein Duftarchiv zusammenstellt, hat angesichts dieses Umstands mit NASALO Anstoß für die Entwicklung einer eigenen Fantasieprache für die Beschreibung und Benennung von Düften gegeben. Einträge in ihrem »alphabet for the nose« sind z. B. »HAQSE« für den Duft einer Zitrusfrucht, »XC'UTA« für eine würzig-pikante Note und »URSWE« für eine Mischung aus Schweiß und Urin, vgl. Tolaas, 2011.

179 Einige zentrale Beispiele wären die Ausstellungen *Belle Haleine* (2015) in Basel, Arbeiten wie *Odorama* (1995) oder *Hypothèse de grue* (2013) von Carsten Höller, *The FEAR of Smell – The Smell of FEAR* (2006 – 2015) von Sissel Tolaas, Olafur Eliassons *Dufttunnel* (2004) sowie jüngst die Duft-Performances *Osmodrama* der Geruchsorgel von Wolfgang Georgsdorf (2016 und 2018) in Berlin oder die Produktion *Der Duft der Welt* von Markus Jeschaunig beim steirischen Herbst 2016 in Graz. Für weitere Beispiele siehe King, 2016.

180 Zum »Fragrance Marketing« siehe weiterführend Claasen/Howes/Synnott, 1994.

181 Zuschauerin MP erinnert sich in unserem Interview zu *Das halbe Leid*: »Am Anfang, als wir da die Klamotten anziehen mussten und ich wusste, okay, das ist jetzt also mein Bett, oder … na gut, wer hat jetzt vorher wohl schon aus dieser Schale gegessen, also da kam schon so ein Ekelgefühl, aber ich habe versucht, mich darauf nicht zu versteifen« (MP 2018).

182 Aus dem Erinnerungsprotokoll meines Besuchs von *Das halbe Leid* am 8.12.2017 in Hamburg.

183 Aus meinem Erinnerungsprotokoll des zweiten Besuchs von *Das halbe Leid* am 7.1.2018 in Hamburg.
An den Geruch von Wolfgang hat sich in einem Interview auch Zuschauer MV explizit erinnert: »Es gab einmal einen Moment, beim ersten Mal, als Wolfgang seine Schuhe auszieht in der Nacht. Das stank fürchterlich nach Schweiß und Fußpilz. […]« (MV 2018)

184 In der Übersicht »Bleakness Orientierungshilfe«, die SIGNA ihren Performer*innen während der Proben aushändigen und mir für meine Forschungen vorlag, ist in der Kategorie »Gerüche, Lebens- und Genussmittel« vermerkt: Nicht bleak ist »alles, was modern riecht (AXE-Deos, frische Parfums, Blumige Chemie-Seifen), Zigaretten mit modernen Aromen (einige Fruchttabake) […], alles, was zu starke und/oder ›bunte‹ Assoziationen weckt (asiatisches Essen, Curry), Schokolade in unbleaker Form, Farbe und Verpackung«; demgegenüber gelten Gerüche und Düfte mit den Assoziationen: »muffig; schäbig; stickig; Großeltern; klassische Zigarre (ohne moderne Aromen), Lebensmittel mit bleaker Farbe und Form« als bleak.

185 Hierzu ein weiterer Auszug aus dem Interview mit MV: »Dazu muss man sagen, ich habe bei dem ersten Stück einen Freund von mir mitgenommen, habe ihm nicht gesagt, was passiert. Er wusste nichts von dieser Theaterform, er hatte

auch nie etwas von SIGNA gehört. Ich habe ihm gesagt, ›wir verbringen die Nacht zusammen, komm' doch mal mit!‹ Und er hat, glaube ich, fünf Stunden gebraucht, bis ihm klar wurde, er ist in einem Theaterstück« (MV 2018).

186 So beschreibt Simon Salem Müller (alias Schimmel-Peter in *Das halbe Leid*) während des öffentlichen Publikumsgesprächs zur Inszenierung am 16.1.2018 in Hamburg: »Ich muss mich erst mal bedanken, und zwar bei den Leuten, die ich draußen treffen durfte, die sind jetzt leider nicht hier. Ich ging da so zum Penny-Markt bei mir und habe mich länger mit den Leuten unterhalten, habe da Geschichten gehört, habe mir die Zeit genommen, wollte dann auch Musikkassetten hören mit ihnen zusammen – ja, was dann da halt so Phase ist.« Auch Simon Steinhorst alias Blondi gibt an: »Also ich hatte zufällig sehr viel mit einem Junkie zu tun, bei dem ich im Knast zu Besuch war, und mit dem ich auch viel unterwegs war. Das war Zufall, dass ich das gemacht habe, aber von dem habe ich viele Stories geklaut.« Dass sich die Spieler*innen während der Probenphase offenbar auch ›in character‹ unter obdachlose Menschengruppen gemischt haben, zeigt sich in den Worten eines weiteren Performers: »Die Recherche, also das war schon ein bisschen absurd teilweise. [...] Z. B. da auf die Straße oder in diese Ecken zu gehen, die dann irgendwie nicht so schön sind – weil es ist ja wie *Slumming*, das ist dann fast so das, was die Vereinsgründer [innerdiegetisch, TS] gemacht haben, eben so zu tun, als ob, sich Kleider anziehen und als eigentlich sehr privilegierte Leute auf die Straße gehen. Und wir als Schauspieler haben das auch gemacht und es war irgendwie ein bisschen merkwürdig, [...] sich im Kostüm da hinzubewegen.«

187 Zitat aus *Das halbe Leid.*

188 Der Begriff »Stereotyp« kommt aus dem Griechischen (»stereos«, dt. »hart, starr« und »typos«, dt. »feste Form«) und findet im 18. Jahrhundert zunächst im Bereich des Buchdrucks und der frühen Publizistik Anwendung. Hier meint er noch konkret handwerklich das Drucken feststehender Lettern. 1922 thematisiert Walter Lippmann Stereotype eher im übertragenen Sinne als eine Form der Kategorisierung. Ihm zufolge handelt es sich bei Stereotypen um »feste« Vorstellungsbilder, die sich Menschen von Dingen oder anderen Personen aufgrund der Rezeption von massenmedialen Inhalten machen; Stereotype wären demnach generalisierende Bilder und/oder Meinungen, die weniger auf einem Erfahrungswissen beruhen als primär von medial zirkulierenden Repräsentationen und Diskursen hergestellt, kollektiv reproduziert und damit verfestigt werden, vgl. Thiele, 2015, S. 27.

189 Zitat aus *Das halbe Leid.*

190 Für die Thematisierung von Geruch als einem Medium für den Ausdruck von Klassenzugehörigkeit sowie typisch westlicher Strategien von »olfactory management« im Hinblick auf die Korrelation von Hygiene und sozialer Klasse(nzugehörigkeit) siehe Claasen/Howes/Synnott, 1994, insbesondere S. 161.

191 Auf Nachfrage erklärte mir Evi Meinardus, dass sie das Parfum extra auf einem Flohmarkt gekauft habe: »Der Name war nicht mehr auf der Flasche erkennbar. Es war etwas in die Richtung ›Vanderbilt‹; schon etwas abgelaufen.«

192 Um bei der Mentor*innen-Wahl, die einem durchaus problematischen Prinzip eines (ethnifizierenden) *Type-Castings* nachempfunden ist, allerdings auch Personen im Publikum aufzufangen, die sich als non-binär, transgender oder intersexuell identifizieren, gibt es im Frauenschlafsaal die Transgender-Figur Honey (Jan Liefhold).

193 An dieser Stelle kam dem Geruchsdesign mit Sally Banes eher die Funktion einer Verfremdung oder Distanzierung zu, vgl. Banes, 2007, S. 32. Gleiches gilt auch für die Wahrnehmung der wohlduftenden Bettwäsche, auf die ich in Miniatur 1 zu sprechen komme: Der als positiv valorisierte Duft scheint hier nicht zum Bild, das man sich von dieser repräsentierten Lebenswelt macht, zu passen.

194 Zur ausführlicheren Beschreibung und Analyse der Aktivität »Rückenwind« in *Das halbe Leid* siehe Kolesch/Schütz, 2018.

195 In den Rezensionen zu *Das halbe Leid* war dieser Aspekt der am meisten besprochenste: »Dieses Theaterstück macht etwas mit jedem, der dabei ist. Wer demnächst vor einem Lebensmittelmarkt einen Obdachlosen lagern

sieht, wird vielleicht mit anderem Blick auf ihn schauen – weil er in dieser Nacht eine Ahnung davon bekommen hat, was es bedeutet, auf der Straße zu leben« (Oehmsen, 2017); »Ein anderer Effekt, den viele Besucher beschreiben: Wer diese Tortur überstanden hat, hat tatsächlich mehr Mitgefühl mit Obdachlosen.« (Stoppenhagen, 2017); »Man trägt ihre Kleidung, man verbringt die Nacht mit ihnen, man geht mit ihnen im Wortsinn auf Tuchfühlung. Wenn man nach diesem Erlebnis durch die Stadt läuft, hat man jedenfalls einen anderen Blick auf die Junkies am Hauptbahnhof und die Bettler in der U-Bahn« (Schreiber, 2017, S. 8).

196 Zur Präzisierung von Komplizenschaft zur Beschreibung vereinnahmender Zuschauer*innen-Involvierung siehe Kap. 4.4.1.

197 Die Miniatur stammt von Theaterwissenschaftlerin Jessica Piggott. Wir haben die Aufführung *Das halbe Leid* am 8.12.2017 gemeinsam besucht und darüber eine gemeinsame Kritik verfasst, vgl. Schütz/Piggott, 2020, hier: S. 158.

198 Zuschauerin EW kannte ich bereits über SIGNAs *Das Heuvolk*. Sie hatte an meiner Zuschauer*innen-Befragung teilgenommen, woraufhin ich mit ihr im Zuge der Sichtung von *Wir Hunde* in Wien ein Interview geführt habe.

199 Aus meinem Erinnerungsprotokoll der zweiten Sichtung von *Das halbe Leid* am 7.1.2018 in Hamburg.

200 Auszug aus dem Interview mit Zuschauerin HP zu *Das halbe Leid*.

201 Der Ich-Bezug versteckt sich bereits in der gewählten Singularform in den Leidsätzen der Kursist*innen.

202 Nun geht es dem Verein allerdings ja explizit nicht um Mitleid, das ja für seine machtvolle und machtaufrechterhaltende Dimension u. a. von Historikerin Ute Frevert in einer entsprechenden historischen und kritischen Perspektive eingeordnet wurde (vgl. Frevert, 2013), sondern um sozial-relationale Situationen aktiven Mit-Leidens. Um sich also gerade nicht durch die Geste oder den Akt des Mitleids über jemand anderen zu erheben, soll nicht mit-empfunden, sondern qua analoger Erfahrungen selbst (nach-)empfunden werden.

203 So heißt es in der Begrüßungsrede: »Heuvolk, an unserer Liebe dürft ihr teilhaben! Auch wenn ihr nur diesen einen Abend bei uns bleibt, sollt ihr unsere Brüder und Schwestern sein. Und wenn Jake es will, werdet ihr hier bleiben und mit uns gehen aus der Finsternis, aus dem Käfertal. Ja, so sei es, ein Zeichen wird kommen und wer bei uns bleibt, wird keinen Zweifel mehr haben, wird Jake sehen und Trost gibt ihm der Himmel!« (Zitat aus dem Dokument »Anfangsrede« aus den Produktionsmaterialien von Signa Köstler. Es zeigt, dass es insbesondere in den einführenden Passagen von SIGNA-Aufführungen durchaus auch geskriptete Teile gibt.)

204 Zitiert aus den Produktionsmaterialien von Signa Köstler.

205 Mir ist dies während meiner zwei Aufführungsbesuche zweimal passiert: Einmal wollte ich im Schrein der »Twins« nicht ein weiteres Mal die bereits von anderen Zuschauer*innen angefassten und dementsprechend bereits sehr abgegriffen aussehenden Kaubonbons in den Mund nehmen, was zum Ausschluss vom Ritual führte. Und ein anderes Mal, im Schrein der »Lady of 100 Birds«, in dem zu Beginn ein sogenannter Reinheitstest gemacht wird, schlug ein von einer Performerin an den Körpern der Teilnehmer*innen nah geführtes Glöckchen bei mir aus, markierte damit innerfiktional meine ›Unreinheit‹ und begründete meinen Raumverweis. Es zeigt sich hier, dass Performer*innen die Möglichkeit haben, Besucher*innen gezielt zu einem Raumwechsel zu bewegen (z. B. wenn ein Schrein zu voll ist oder ein Gast schon zu oft dabei war), indem sie sich innerfiktional einen Vorwand überlegen und dem*der Zuschauenden gegenüber durchsetzen.

206 Man könnte – wie Joy Kalu dies für SIGNAs *Ventestedet* aufgezeigt hat (vgl. Kalu, 2017, S. 70) – argumentieren, dass *Das Heuvolk* selbst die Struktur eines Übergangsrituals mit den drei Phasen Trennungsphase, Schwellenphase und Wiedereingliederungsphase aufweist. In der Trennungsphase wird »[d]as rituelle Subjekt, sei es ein Einzelner oder eine Gruppe, […] von einer bestimmten sozialen Position und den mit ihr verbundenen Beziehungen, Umgebungen, Regeln und Aufgaben losgelöst« (Warstat, 2014, S. 297). Auf *Das Heuvolk* übertragen, ist die Trennungsphase durch die gemeinsame Busfahrt zum Spielort sowie die aufwendige Begrüßungszeremonie markiert.

In der Schwellenphase befindet sich »[d]as rituelle Subjekt [...] in einem Zwischenstadium, das weder Merkmale des vergangenen noch des künftigen Zustands aufweist und neue, teilweise verstörende Erfahrungen ermöglicht« (ebd.). Beim *Heuvolk*-Besuch ist das die Phase, in dem die Zuschauer*innen die fiktionalisierte Lebenswelt der Himmelfahrer kennenlernen und an ihren Ritualen teilnehmen. In der Wiedereingliederungsphase kehrt »[d]as rituelle Subjekt [...] in einen relativ stabilen Zustand zurück und verfügt nun über eine neue soziale Position mit entsprechend veränderten Beziehungen, Umgebungen, Regeln und Aufgaben« (ebd.). Auf *Das Heuvolk* bezogen, ist hiermit die Auslassphase sowie die Rückfahrt mit dem Shuttle in die Mannheimer Innenstadt angesprochen. Sie gestaltet sich für jene Zuschauer*innen, die sich mit dem Abschlussritual für eine Mitgliedschaft entschieden haben, entsprechend anders, gehorcht aber der Struktur.

207 An dieser Stelle möchte ich darauf hinzuweisen, dass sich die eklektisch entwickelte Fiktion der Himmelsfahrer hinsichtlich der Ausgestaltung ihrer Ritualpraktiken auch Wissen aus außereuropäischen (Ritual-)Kulturen und Religionen aneignet. Wenngleich diese Aneignung innerdiegetisch als Kritik an Jakes synkretistischem Glauben und dessen Verankerung innerhalb einer westlichen kolonialen Matrix gelesen werden kann, haftet ihr in der gemeinsamen Ausführung auch etwas Spektakuläres und Exotisierendes, im Sinne einer pauschalisierenden Feier einer ›anderen‹ Form des (religiösen) Weltbezugs, an.

208 Aus dem Erinnerungsprotokoll meines ersten Besuchs von *Das Heuvolk* am 16.6.2017 in Mannheim.

209 Aus den Materialien von Signa Köstler (»Leitfaden zur ersten Station«).

210 Auszug aus dem Interview mit Mehrfachbesucher AK, der die Inszenierung insgesamt neunmal miterlebt hat.

211 »Die Motivation war: wir waren in einem ›Mitmachtheater‹. Wir mussten etwas tun, weil es sonst blöd war für die Schauspieler. Ich habe die ganze Zeit immer überlegt: Geht es den Schauspielern auch gut, was erwarten sie von uns und das ist ja auch blöd für sie, wenn wir nicht machen und nur zuhören und gucken. Das war also entscheidend für mich. Dieser Gedanke verschwand natürlich zwischendurch auch wieder, aber grundlegend war das so. [...] Ich habe nie aus den Augen verloren: Wir sind eingeladen mitzuspielen und das müssen wir jetzt auch machen (SW 2016).« Oder: »Ich wollte insgesamt ein braver und erfolgreicher Sohn sein. [...] Ich dachte: Das geht jetzt nicht, dass ich nichts preisgebe. [...] Da war ganz klar, dass ich mitspiele, das gehört dazu, das ist höflich (TD 2016).«

212 In den Kunstwissenschaften ist die »Grenzüberschreitung« ein beliebter Topos – sei es für die Aushandlung von Genre- und Disziplingrenzen oder die Thematisierung von Provokationen und Skandalen, sei es zur Aushandlung der Relationen von Kunst und Leben, Kunst und Kommerz oder Autonomie und Heteronomie, vgl. Wenzel, 2011. Für Erika Fischer-Lichte bezeichnet der Begriff u. a. am Beispiel von Schechners *Dionysus in 69* eine für die Aufführung konstitutive Vermischung von Ästhetischem und Sozialem (vgl. Fischer-Lichte, 2004a, S. 89f.), die ihr Publikum in einen Zustand »extremer Liminalität« (ebd., S. 111) zu versetzen vermag, einen Zustand, den sie mit Victor Turner auch als »Schwellenerfahrung« beschreibt. Benjamin Wihstutz überträgt dieses Verständnis einer ästhetischen Erfahrung als Schwellenerfahrung und vertritt die These, dass Zuschauer*innen in einer Performanceinstallation wie SIGNAs *Die Erscheinungen der Martha Rubin* in Situationen gerieten, in denen sie »über die Grenze zwischen einem Innerhalb und Außerhalb der Fiktion bisweilen nicht mehr urteilen [...] könn[t]en« (Wihstutz, 2012, S. 102f.).

213 Auszug aus dem Erinnerungsprotokoll meines zweiten Besuchs von *Das Heuvolk* am 15.7.2017 in Mannheim.

214 Auszug aus dem Interview mit Zuschauer AK.

215 Etwa die Hälfte meiner 27 Interviewpartner*innen gaben auf Nachfrage an, dass sie selbst auch gerne einmal bei SIGNA mitmachen, also mitperformen wollen würden.

216 Mir ist dies als Zuschauerin zuletzt in *This Variation* von Tino Sehgal (Berlin 2015), *An Elegy to the Medium of Film* von Lundahl & Seitl (Göteborg 2016),

*Walk, Hands, Eyes* von Miriam Lefkowitz (Hannover 2017), *Wunderkammer* von Carte Blanche (Kopenhagen 2018), *Co-Touch* von Petrova/Reshetnikova/Shchelkina (Hellerau 2019) sowie *Sensuous Governing* von Sister's Hope (Kopenhagen 2018) widerfahren.

217 Der Verweis auf Agambens *Das Offene. Der Mensch und das Tier* findet sich im Programmheft zu *Wir Hunde*. Die »anthropozentrischen Maschine«, die Agamben als eine beschreibt, die in der modernen Kultur am Werk sei, basiere auf historisch produzierten Differenzierungen zwischen Mensch und Tier. Vom wesentlichen Differenzkriterium der Sprachbegabung, die dem Menschen zu- und dem Tier abgesprochen wurde, gingen weitere binäre Grenzziehungen von »human/inhuman«, »Ausschließung« und »Einschließung« und damit auch Prozesse der Anerkennung bzw. Nicht-Anerkennung aus (vgl. Agamben, 2003, S. 45ff.). Die anthropologische Maschine produziere damit vor allem auch eines: »ein nacktes Lebens« (ebd., S. 48), das zum Objekt biopolitischer Machtausübung werde.

218 Donna Haraway verweist in ihrem *Manifest für Gefährten* darauf, dass Hunde nicht nur vom Menschen mithervorgebrachte »Gefährtentiere« (Haraway, 2003, S. 21) seien, sondern auch eine Spezies, die »in obligatorischer, konstitutiver, historischer, wandelbarer Beziehung mit menschlichen Wesen« (ebd., S. 18) stehe. Sie begreift Hund-Mensch-Beziehungen als »emergente Naturkultur« (ebd., S. 61) und damit auch als Form der Verwandtschaft von *companion species*, in der spezifische Andersheiten miteinander verflochten sind und als solche anerkannt werden müssten.

219 Aus meinem Erinnerungsprotokoll des ersten Besuchs von *Wir Hunde* am 17.5.2016 in Wien. Ich habe mir über die Zeit angewöhnt, bei meinen Aufführungsbesuchen nicht meinen richtigen Namen, sondern den Namen »Lia« anzugeben.

220 Auszug aus dem Interview mit Zuschauerin LS zu *Wir Hunde*.

221 Auszug aus dem Interview mit Zuschauerin AB zu *Wir Hunde*.

222 Auszug aus dem Interview mit Zuschauer AS zu *Wir Hunde*.

223 Auszug aus dem Interview mit Zuschauerin EW zu *Wir Hunde*.

224 Auszug aus dem Interview mit Zuschauerin NA zu *Wir Hunde*.

225 Aus meinem Erinnerungsprotokoll des ersten Besuchs von *Wir Hunde* am 17.5.2016 in Wien.

226 Kurz nach Betreten des Zwingers wird man vom Team der Aufseher*innen mit den geltenden Verhaltensregeln betraut: Betreten auf eigene Gefahr, Anweisungen Folge leisten, gründliche Handreinigung erbeten, nicht in Abrichtungseinheiten eingreifen, im Angriffsfall ruhig bleiben und in eingerollter Haltung auf den Boden legen. Außerdem erhält jede*r Zuschauer*in als »Vorsichts- und Schutzmaßnahme« eine funktionstüchtige Elektroschockpistole ausgehändigt. Wer es ablehnt, sie mitzuführen, dem wird der Zugang zum Zwinger verwehrt.

227 Auszug aus dem Interview mit Zuschauer RK zu *Wir Hunde* und *Alma*.

228 Auch hier gilt es, festzuhalten, dass es freilich nicht *ausschließlich* die taktilen Berührungen sind, über die die Involvierung vorangetrieben wird, sondern dass das visuelle Äußere der Hundsche, wahrgenommene Düfte und Worte situativ mit-wirken.

229 Aus den Produktionsmaterialien zu *Wir Hunde* von Signa Köstler.

230 Hier scheint das Thema der Zoophilie durch. Sie beschreibt die Sexualität zwischen Menschen und Tieren. Sie stellt sowohl in Österreich als auch in Deutschland nach dem Tierschutzgesetz eine Straftat dar. Filme wie z. B. Ulrich Seidls *Tierische Liebe* (1995), die Zoophilie am Beispiel von Hunderassen im häuslichen Umfeld thematisieren, sind, wie sich aus den Probematerialien von Signa Köstler entnehmen lässt, in die eklektische Fiktionsentwicklung eingeflossen.

231 Wenngleich ihre Brüste nicht von einer Box, in die man hineingreifen kann, abgedeckt waren, so erinnert diese Situation durchaus an das ebenfalls in Wien ausgetragene *Tapp- und Tastkino* von Peter Weibel und VALIE EXPORT (1968), bei dem Passant*innen auf der Straße eingeladen wurden, durch eine Box die Brust VALIE EXPORTs zu ertasten. Auch die Assoziation zu *Aus der Mappe der Hündigkeit* (1968), einer anderen feministischen Performance von

EXPORT/Weibel, bei der VALIE EXPORT den auf allen Vieren kriechenden Peter Weibel an einer Leine durch Wien spazieren führt, kann sich insbesondere bei Zuschauer*innen, die mit den Hundschen eine »Special Hours« auswärts erlebten, aufdrängen.

232 Die Liste »Einteilung Gewalt/Sex« ist Teil der bereitgestellten Unterlagen von Signa Köstler. Hieraus geht hervor, dass z. B. von der Hälfte der Darsteller*innen akzeptiert werde, als Hundsch auch komplett nackt aufzutreten. Auch erlauben sie anderen Darsteller*innen das »Schnüffeln im Genitalbereich« sowie das »Aufreiten ohne Kleidung«. Gleiches gelte für Küsse und Berührungen unter der Kleidung, sogar »erzwungener Nähe oder erzwungener sexueller Interaktion« werde stattgegeben. Die andere Hälfte der Darsteller*innen setzte ihre Grenze beim Auftreten mit nacktem Oberkörper, Beschnüffeln, Berühren und Küssen oberhalb der Kleidung sowie der Akzeptanz von »Schnauzenzärtlichkeit«.

233 Visuell-zeichenhaft ist eine gewisse Infantilisierung der Hundsche (durch ihre menschlichen Besitzer*innen) bereits durch die Wahl der Kleidung (bedruckte Kinder-T-Shirts oder Schlafanzüge) und Frisuren (mit kleinen Schleifen im Haar) eingetragen. Sie reicht aber auch bis ins Verhalten, in die Art und Weise, wie sie miteinander umgehen, sprechen und spielen.

234 Ein weiteres Beispiel für eine vereinnahmende Involvierung, die die Zuschauenden zu Kompliz*innen macht, indem gut gemeintes Verhalten die machtasymmetrische Degradierung im Sinne der anthropologischen Maschine bekräftigt, ist die folgende Situation: *Um Hundsch Snoopi (Lino Kleingarn) und zugleich auch dem finanziell schwer angeschlagenen Verein etwas Gutes zu tun, bewirbt Iwan die Option, eine Tüte abgepackter Leckerli zu erwerben, was ich gerne mache, um meinen guten Willen unter Beweis zu stellen. Snoopi, der das mitbekommen hat, kommt vorfreudig auf mich zu und kuschelt sich erwartungsvoll an meine Beine. In dem Moment, in dem ich ihm auf Iwans Vorschlag ein Leckerli zuwerfe und Snoopi es freudig fängt und laut knackend zu beißen versucht, realisiere ich, dass es sich dabei um echtes Hundefutter handelte. Ich habe also dem armen Lino Kleingarn, der Snoopi verkörpert, gerade ein Stück Trockenfleisch in den Mund geworfen.* (Aus dem Erinnerungsprotokoll meines zweiten Besuchs bei *Wir Hunde* am 18.5.2016 in Wien) Im Interview mit Zuschauerin GF berichtet sie, dass sie als Hundeliebhaberin die Leckerlis auch erworben habe, aber gar nicht weiter darüber nachgedacht habe, dass das echtes Hundefutter sein könnte, das die Darsteller*innen dann vor unseren Augen verzehren.

235 Deshalb sind bestimmte Reaktionen nach meinem Dafürhalten auch nie nur psychologisch oder psychoanalytisch über das beteiligte Einzelsubjekt zu erklären, sondern eher über das relationale Gefüge, dessen Teil Letzteres qua Involvierung in die Wirklichkeitssimulation ist. Das ist auch der Grund, warum sich eine affekttheoretische Betrachtung anbietet, die stärker die relationalen Wirkungen zwischen Körpern und ihren sozialen Formierungen fokussiert, um die Komplexität dieser Situationen erfassen zu können.

236 Zitat aus *Wir Hunde*.

237 So haben mir z. B. Zuschauerinnen EW und LS berichtet, wie die Gewalt im Zwinger sie so aufgeregt und belastet habe, dass sie in den Gang der Wolfshundsche gar nicht erst hineingehen konnten. Auch weil sie während ihres Besuchs einen anderen Zuschauer beobachtet hatten, der völlig »zusammengebrochen« aus der Nische von Nina und Pascoal zurückkam, vgl. EW 2018, LS 2018.

238 In meinen Interviews gab es nur eine Zuschauerin, die berichtet hat, wie sie in eine Abrichtung, und zwar die von Schnucki, eingriff: *Dann wurde ein rosa Handtuch genommen, das diesem Hundsch wohl gehörte, und hin und her geworfen in einem Kreis von Leuten. Das war irgendwie ein bisschen wie Mobbing auf dem Schulhof, dass jemandem etwas weggenommen und dann hin und her geworfen wird, damit die Person nicht rankommt. Ich fand diese Szene ganz widerwärtig, weil sie mich eben an dieses Schulhof-Szenario erinnert hat, das ich selbst […] aus meiner Schulzeit kenne und bei dem ich auch eingegriffen habe. […] Ich war der Meinung, dass das nicht sein muss, und habe gefragt, was das soll. Und die Antwort war, dass das gut für sie sei, dass sie das lernen müsse, um härter zu werden. Ich war der Meinung, dass das so nicht gelernt werden muss, und hab dieses Handtuch einem der Zuschauenden entrissen, mich zu dem Hundsch gesetzt und es ihr gegeben. Und dann wurde ich aufgefordert, da*

*wegzugehen. Denn ich würde jetzt hier die Abrichtung stören. [...] Ich wollte aber nicht aufstehen, und dann wurde ich unter Druck gesetzt, dass, wenn ich nicht aufstände, dieser Zwingerbesuch für alle abgebrochen werde und alle wegen mir rausmüssten. Dann kamen natürlich die bösen Blicke der anderen auf mich eingeprasselt, und tatsächlich wurden dann alle rausgeschickt und ich blieb einfach sitzen und wurde dann von einem der Herren herausgetragen, was eine Erfahrung ist, die ich auch von verschiedenen Demonstrationen kenne, d. h., dass passiert mir auch nicht zum ersten Mal* (AB 2016). Alle anderen Zuschauer*innen intervenierten nicht, beschäftigen sich im Nachhinein aber sehr stark mit dem eigenen Verhalten des Nicht-Eingeschritten-Seins.

239 Aus meinen Erinnerungsprotokoll der Sichtung von *3/Fifths – SupremacyLand* am 5.5.2017 in New York; Zitate wurden nach Vorlage des Skripts entsprechend korrigiert und/oder ergänzt.

240 Eine Rezensentin spricht davon abweichend von zehn Supremacy-Dollar für weiß und zwei Supremacy-Dollar für schwarz markierte Zuschauer*innen, vgl. Yong, 2017. Möglicherweise variierte die Startkapital-Aufteilung in den Aufführungen.

241 Da die Produktion englischsprachig ist und ihren Sitz in den Diskursen und der Lebenswelt der US-amerikanischen politischen wie sozialen Realität hat, werde ich viele Begriffe und Konzepte, die sich nicht verlustfrei ins Deutsche übertragen lassen, in diesem Kapitel im englischen Original verwenden. Insbesondere *race* belasse ich – dabei Natasha A. Kelly folgend – im Englischen, weil »der Begriff im Deutschen ausschließlich als biologische und damit einhergehend als rassistische und nicht als soziale Kategorie verstanden w[e]rd[e]« (Kelly, 2019, S. 13). Mit Bonilla-Silva und vielen anderen Autor*innen der postkolonialen Theorie, der Critical Whiteness oder Black Studies begreife ich *race* als eine »socially constructed category that (like gender and class) produces real effects on actors racialized as black/white« (Bonilla-Silva, 2006, S. 8f.).

242 Ein Rezensent weist darauf hin, dass er auf die Selbstbeschreibung »other« insistierte, ihm diese Option allerdings verwehrt wurde, vgl. Rodney, 2017. Im Skript steht dazu die Notiz, dass die »blind women« für den Fall, dass ein Gast sich nicht entscheiden wolle oder auf ein Drittes poche, die Autorität habe, ihn*sie in die Gruppe ›black‹ einzuteilen, denn »›Others‹ will be treated as if they were black in SupremacyLand« (Skript *3/Fifths*, S. 4).

243 An dieser Stelle markiert die Großschreibung, dass die Dichotomie nicht auf »phänotypische[] Merkmale[] im Sinne biologischer Entitäten« (Wachendorfer, 2006, S. 65), sondern auf soziale Konstruktionen, »Praxen und symbolische Ordnungen in gesellschaftlichen Machtverhältnissen« (ebd.) abhebt.

244 Die Bezeichnung »Weiße*r« kommt im 18. Jahrhundert auf den Antillen auf und ist damit selbst eine historische Kategorie, die mit der Geschichte des kolonialen Menschenhandels verknüpft ist, vgl. Röggla, 2012, S. 66.

245 Dem Skript von *3/Fifths* zufolge handelt es sich hierbei um einen alten »Prison Song«.

246 Auch der Theaterkritiker David Barbour beschreibt in seiner Rezension von *3/Fifths* vergnügte Zuschauer*innen, »those who regarded it as a lighthearted charade happily joining« (Barbour, 2017).

247 Parallel zu dieser Szene findet sich das schwarz markierte Publikum im Flur der Begrüßungsszene wieder, welcher nun via Videoprojektion und Lichtarrangement in das Innere eines Sklavenschiffes verwandelt wurde und damit unmittelbar Bezug auf die transatlantische *Middle Passage* nimmt. Eine Performerin of Color auf Stelzen und in blauem Kleid (»Mami Wata«, performt von Marie Donna Davis) führt die Zuschauer*innen-Gruppe und die innerdiegetischen Angestellten von gemeinsamem Gesang begleitet mit den Worten »The Sea ... the Sea ... the Sea brought us here. / The sea will bring us home« langsam durch den Gang. Da ich diesen Teil selbst nicht miterlebt habe, rekurriere ich mit dieser Beschreibung auf das Skript sowie den mir vorliegenden Mitschnitt von *3/Fifths*, welcher beide Szenen inkludiert.

248 Aus meinen Erinnerungsprotokoll der Sichtung von *3/Fifths – SupremacyLand* am 5.5.2017 in New York; nachträglich ergänzt um Zitate aus dem Skript.

249 Bei dieser Station nehmen Besucher*innen mit einem Einsatz von einem

Supremacy-Dollar teil. Das »Wheel of Fortune« wird von einer Angestellten (Natalie Chapman) in Gang gesetzt und kommt dann bei je verschiedenen Jahreszahlen zwischen 1865 und 1960, also jenen fast einhundert Jahren, in denen die Jim-Crow-Gesetze in den USA galten, zum Stehen. Bei meinem Besuch wurde mir und meinem weiß markierten Mitspieler zum Jahr 1930 die Frage gestellt, wofür Schwarze damals gelyncht wurden: Die Antwortoptionen waren a) Steine schmeißen, b) falsche Partei wählen, (an c erinnere ich mich leider nicht mehr) und d) für alle genannten Aspekte. Beide wählen wir die letzte Antwortmöglichkeit und gewinnen für die richtige Antwort jede*r zehn Supremacy-Dollar.

250 »The Incarcerated Man« zeigt einen afroamerikanischen Performancekünstler im Format einer *durational performance* im äußeren Schaufenster des Veranstaltungsgebäudes als Häftling in einer Zelle. Ein Aufsteller mit den Worten »See what 989.000 black men are doing right now« auf der einen und »See a black man in his natural habitat« auf der anderen Seite kommentiert das Arrangement. Mit der eigenständigen Schaufenster-Performance, die unabhängig von der Aufführung stattfindet und damit vor allem auch zufällige Passant*innen ansprechen soll, wird über stellvertretende Sichtbarkeit versucht, der New Yorker Öffentlichkeit ins Bewusstsein zu rufen, dass in den USA, dem Land mit der höchsten Anzahl an Gefängnisinsass*innen weltweit, 2014 – infolge einer Jahrzehnte andauernden Politik der Massenverhaftungen im Kontext eines »Kriegs gegen die Drogen« – insgesamt 2,3 Millionen Schwarze Amerikaner*innen Haftstrafen abbüßten. Michelle Alexander spricht in diesem Zusammenhang von der Herausbildung eines neuen »Kastensystems«, das sie »The New Jim Crow« nennt, vgl. Alexander, 2016.

251 So bindet z. B. Constance Balides die filmische *movie ride*-Ästhetik an Attraktionen in Themen- und Vergnügungsparks zurück, Immersionsapparaturen wie *Hale's Tours* fanden ebendort ihren historischen Einsatzpunkt (vgl. Kap. 1.2) und etliche Film- und Serienbeispiele, die thematisch unter dem Aspekt der Immersion verhandelt werden, spielen mit dem Topos des Themen- oder Vergnügungsparks (oder ihrer Simulation), so. z. B. Woody Allens *A Purple Rose of Cairo* (USA 1985), Robert Stevensons Verfilmung von *Mary Poppins* (USA 1964) – oder aktuell die Serie *Westworld* (USA 2016 –) wie auch die Folge *San Junipero* der dritten Staffel von *Black Mirror* (GB 2016).

252 Die Beschreibungen sind u. a. Steinkrüger, 2013, S. 256 – 265 entlehnt, da ich selbst nie vor Ort war.

253 Siehe dazu anhand ausgewählter literarischer oder filmischer Beispiele aus den USA u. a. hooks, 2018 und Wilder, 2017.

254 In Zeiten des aufkommenden technisch-industriellen Fortschritts waren die ersten Weltausstellungen ab 1851 einerseits Industrieschau, andererseits immer auch Ausstellung von Exponaten aus den jeweiligen Kolonien der Gastgeberländer. So wurden 1873 auf der Weltausstellung in Wien indigene Bevölkerungsgruppen und Lebensformen Südosteuropas in nachgebauten Dörfern der weißen Besucher*innen zur Schau gestellt, vgl. Kretschmer, 1999, S. 91. Zeitgleich veranstaltete Carl Hagenbeck 1874 seine erste Völkerschau in Deutschland, bei der er eine Gruppe Lappländer*innen mit ihren Rentieren, Waffen und ihrem Hausrat ›ausstellte‹, vgl. Steinkrüger, 2013, S. 212. Der auf der Weltausstellung 1904 in St. Louis integrierte Vergnügungspark *The Pike* präsentierte 200 menschliche »Exponate« verschiedenster »Rassen« als »barbarische« und »halbbarbarische« Völker der Welt in ihrer »natürlichen« Umgebung, um Ausstellungsbesucher*innen in einer Zeit vor der Einführung von Film und Fernsehen eine direkte Anschauung »fremder« Menschen und Gebräuche zu ermöglichen, vgl. Kretschmer, 1999, S. 162f. Welt- und Kolonialausstellungen hatten massiven Anteil an der machtvollen Implementierung rassistischer Ideologien in den westlichen Gesellschaften der Kolonialmächte.

255 Insbesondere der zweite Teil von *3/Fifths* erzählt von den Arbeitsbedingungen im Themenpark. Hier erfahren wir, dass eine Gefängniswärterin nebenbei für den General arbeitet und Häftlinge wie Lyle (David Robert) als abhängige Arbeitskräfte anwirbt, deren berufliche Perspektivlosigkeit damit ausgenutzt wird.

256 Die Kulturanthropologin und Dramaturgin Dorinne Kondo geht in ihrer Studie *Worldmaking. Race, Performance, and the Work of Creativity* von der Hypothese aus, dass gerade die Institution Theater als »key cultural site« (Kondo, 2018, S. 6) für die Zirkulation und Stabilisierung hegemonialer Ideologien von *race* (insbesondere in den USA) in hohem Maße mitverantwortlich sei, vgl. ebd., S. 11.

257 Diese Ausführungen basieren auf den entsprechenden Vermerken im Skript von *3/Fifths*.

258 Bei diesem Aufführungsbeispiel hätte sich eine polyperspektivische Betrachtung über Zuschauer*innen-Interviews besonders angeboten, eine solche war für mich 2017 aus verschiedenen Gründen allerdings nicht zu realisieren und ist nun ein Desiderat innerhalb meiner eigenen Forschung.

259 Da sich diese Zuschauer*innen-Perspektiven meinem eigenen Erfahrungshorizont entziehen und sie mir leider auch nachträglich über Gespräche nicht zugänglich wurden, muss diese Äußerung im fragenden Modus (m)einer Zuschreibung verharren, wird aber zumindest von den bereits zitierten Rezensent*innen-Stimmen gestützt.

260 Im Kern geht es Toni Morrison darum, entlang der Analyse von *literary blackness*, der »fabrication of Africanist persona(s)« (Morrison, 1993, S. 9) in der Literatur verschiedener Autor*innen etwas über die »nature of literary ›whiteness‹« zu lernen, vgl. ebd. S. 17.

261 Vgl. dazu am Beispiel der Universität als (weißer) Institution insbesondere Ahmed, 2012.

262 Auf den Involvierungsmodus der Komplizenschaft mit Blick auf den eigenen Anteil an der herrschenden Struktur von *Whiteness* gehen auch einige der Rezensent*innen der Produktion ein, vgl. Small, 2017; Yong, 2017; Cope, 2018. Darüber hinaus vergleichen einige Kritiker*innen ihre Aufführungserfahrung mit einem »Test« (u. a. Collins-Hughes, 2017; Cardoni, 2017) oder einem »Experiment« (u. a. Brune, 2017; Small, 2017).

263 Ein erster Versuch in diese Richtung stellt *Transit* von Mona el Gammal (Futurium Berlin, 2021) dar.

264 Da der Fokus meiner Forschung von Beginn an ein rezeptionsästhetischer war, habe ich selbst keine Einblicke in Probenprozesse gehabt oder über eine Hospitanz oder Forschungsbegleitung die Möglichkeit gesucht, eine komplette Produktion zu begleiten, da dies meine Perspektive signifikant verschoben hätte.
Hier rekurriere ich auf Gespräche mit ehemaligen SIGNA-Performer*innen, die sich mehr zufällig ergeben haben, als dass ich sie aktiv gesucht hätte. Ein Urteil über produktionsinterne Konstellationen will ich nicht fällen. Hier müsste eine Folgestudie, die sich stärker auf produktionsästhetische Aspekte fokussiert, anschließen.

265 Wenngleich nicht im Bereich des Theaters verortet, drängt sich hier doch ein Verweis zum mehrjährigen Projekt *DAU* des russischen Filmemachers Ilya Khrzhanovsky auf. Dieser hat für den Dreh einer Filmbiografie über den sowjetischen Physiker Lew Landau, der in der Hochzeit des Stalinismus am Moskauer Institut an einer Wasserstoffbombe forschte, in Charkiw einen kompletten Forschungscampus als Filmset errichtet. Es entstand eine abgeschlossene totale Institution, die von den beteiligten Darsteller*innen (sowie z. T. von prominenten Gästen aus der Kunst, Kultur und Wissenschaft) für die Dauer der Produktionszeit 2009 bis 2011 als totalitäre Weltversion der fiktionalisierten dreißiger bis sechziger Jahre bewohnt wurde, als sei es ihr Alltag. Dafür mussten sie sich strengen Regeln unterwerfen, sich von der Außenwelt abschotten (die Nutzung von Radio, Internet oder Smartphones war verboten) und permanent bereit sein, dass ihr fiktionalisierter Alltag mit der Kamera aufgezeichnet und als filmisches Material fixiert wird. Es gab kein festgelegtes Drehbuch (und auch keine Wiederholungen oder Schnitte), sondern die Szenen und Situationen sollten sich aus dem Zusammenleben selbst ergeben und so absolut real sein – was am Ende die Wirkung seiner Filme ausmacht. (Ich beziehe mich hier auf die Ausführungen von Khrzhanovsky selbst. Er war mit zwei geschnittenen Filmen zur Berlinale 2020 eingeladen und sprach am 27.2.2020 im HAU über seine Arbeit.)

Für die öffentliche Präsentation seiner Filme verfolgte Khrzhanovsky ab 2018 die Idee, dass man auch für die Zuschauer*innen eine geschlossene Welt errichten müsse. So sollte in Berlin – im Rahmen des Programms *Immersion* der Berliner Festspiele – ein abgeschlossenes Areal in Mitte entworfen werden, für das ein Teilstück der Berliner Mauer wiedererrichtet werden sollte, was aber aus bürokratischen und politischen Gründen scheiterte. In Paris wurden 2019 die beiden Theatergebäude des Théâtre de la Ville und des Théâtre du Châtelet, die sich zu dieser Zeit gerade in Sanierungsprozessen befanden, zu abgeriegelten Orten, die nur mit einem Fake-Visum und ohne Handy besucht werden durften – und auf diese Weise ein kuratorisches Pendant zu realisieren suchten, das vorsah, dass auch Zuschauer*innen für die Sichtungen in eine autoritäre Parallelwelt eingeschlossen werden.

266 Auf die Analogie zwischen einem SIGNA-Besuch und einem Experiment wurde sowohl in den von mir durchgeführten Interviews rekurriert (u. a. GF 2016, AB 2016, RM 2016), als auch von vielen Theaterkritiker*innen abgehoben (vgl. u. a. Trenkler, 2016; Kraliczek, 2016). Theaterwissenschaftler James Frieze spricht im Zusammenhang von *Sleep no more* davon, dass er sich bei seinem Besuch wie eine »proverbial rat, being played with and observed« (Frieze, 2016, S. 23) gefühlt habe.

267 Es gäbe hier zahlreiche Referenzen anzuführen. Für SIGNA hat beispielsweise Rezensent Roland Müller *Das Heuvolk* als eine »totalitäre[], unerbittlich durchkonzipierte[] Parallelwelt« (Müller, 2017) beschrieben, die Zuschauer*innen »in ihren Bann« (ebd.) schlage. Ein anderer Kritiker war mit folgender Begründung erst gar nicht zur Sichtung erschienen: »Colonia Dignidad brauche ich nicht als Fiktion. Nicht weit vom Benjamin Franklin Areal, auf dem ›Das Heuvolk‹ gespielt wird, gab es mal die berühmt-berüchtigte Odenwaldschule. Ein Teil der Lehrerschaft agierte dort unter dem Deckmäntelchen der Reformpädagogik wie die Schweinepriester einer Päderasten-Sekte. Sie befummelten, begrabschten, erniedrigten und penetrierten ihre Schutzbefohlenen zur eigenen Beglückung. Nun also die Beglückung-, Verheißungs- und Unterwerfungsrituale der Signa-Sekte. Die Szenen mögen ja vielleicht ästhetisch arrangiert sein. Aber wie weit sollen solche fiktiven Unterwerfungsrituale unter Beteiligung des Publikums gehen? (Oesterreich, 2017)« Und auch ein interviewter Zuschauer von *Söhne & Söhne* konstatierte, dort »faschistische, diktatorische Sachen gesehen« (MT 2016) zu haben. Wolfgang Behrens verallgemeinert seine Erfahrungen bei Mona el Gammals *Rhizomat* zur Feststellung: »In der immersiven Kunst lauert etwas Totalitäres« (Behrens, 2016). Esther Slevogt stellt SIGNA, Computerspiele und Ikea in eine Reihe mit dem historischen »Immersionsprojekt Nationalsozialismus« (Slevogt, 2016) und für Rüdiger Schaper habe Immersion grundsätzlich »etwas Autoritäres«, ja, es sei eine »inszenierte Vereinnahmung« (Schaper, 2018). Besonders häufig wurde eine solche Assoziation bei der Besprechung des *DAU*-Projekts vorgebracht, vgl. ebd., Altwegg, 2019; Trebing, 2018.

268 Hier könnte sich eine Diskussion darüber anschließen, ob Künstler*innen diesen Schutzraum nicht zuweilen auch missbrauchen, und also auch den Vertrauensvorschuss der Zuschauer*innen, die sich ihren immersiven Aufführungsdispositiven ausliefern – hier denke ich z. B. an die Performance-Installationen der »totalitären Ibsen-Saga« (Oberender, 2017) des norwegischen Künstlerpaars Vegard Vinge und Ida Müller.
Man könnte sich in diesem Zusammenhang auch die Frage stellen, was es bedeutet, dass Künstler*innen und Künstler*innen-Kollektive wie Vinge/Müller, Manker oder SIGNA, die sich in der freien Szene verorten und mit einem gewissen institutionskritischen Anspruch (gegenüber der etablierten Institution Theater) agieren, in ihren Arbeiten dann aber (mindestens) auf der Ebene der Diegese ebenjene autoritären Machtstrukturen, wie sie für die klassische Institution Theater immer noch gang und gäbe sind, reproduzieren.

269 »Es war sehr unangenehm. Wie man da so saß, so auseinander, jeder auf seinem Stuhl, und außen standen überall diese Menschen in grauen Kostümen. Und da ging's mit mir durch, dass ich dachte, so einfach kann man es machen, und so einfach hat es Hitler gemacht. Bei den Bürgerversammlungen in München

kamen die Leute, wurden auf einen Platz geführt, alle in gehörigem Abstand, und außen standen die Offiziere (BE-H 2016).«
»Plötzlich sagte er: ›Habe ich einen Witz gemacht?‹ So wie beim Militär. Wahrscheinlich hatte jemand gelacht in der Reihe. Alle wurden wieder ganz ernst. Wir haben richtig pariert, das war schon eigenartig. Dann guckte er gefühlte zehn Minuten lang die Reihe rauf und runter. Er starrte uns in die Augen und wir sagten nichts mehr (SW 2016).«

270 Daniel Schulze vertritt diesbezüglich die These, dass das ›analoge‹ immersive Theater nicht nur eine Form künstlerischer Gegenbewegung zur grassierenden Kultur des Virtuellen und Digitalen sei (vgl. Schulze, 2017, S. 140), sondern auch als Gegenmittel (»antidote«) zu den zahlreichen Entfremdungserfahrungen in einer globalisierten, vernetzten Gegenwart fungieren könne, vgl. ebd., S. 136.

271 Nach meinen Beobachtungen und Erhebungen haben wir es bei SIGNA mit einem überraschend homogenen Publikum zu tun. Lediglich mit Blick auf die Altersstruktur lässt sich von einer Diversität sprechen. Ansonsten handelt es sich zuvorderst um weiße, nicht-behinderte, mobile Menschen aus der bürgerlichen, akademischen Mittelklasse. Unter den Interviewten waren Studierende, Grafiker*innen, IT-Mitarbeiter*innen, Lehrer*innen, Psycholog*innen sowie Kultur- und Kunstschaffende.

272 Ich rekurriere hier z. B. auf Playlists von Musiktiteln aus den neunziger Jahren, die die Algorithmen von Plattformen wie Spotify mir als Hörerin unter dem Label »Nostalgisches« anbieten, Gleiches gilt für Streaming-Plattformen wie Sky oder Amazon Prime; auch die regelmäßigen Rückblicke, die Apples Foto-App ungefragt erstellt, gehören hierzu. Ebenso würde ich die Neuauflagen bereits abgespielter TV-Formate von US-amerikanischen Serien wie *Friends* oder *Sex and the City* bis zur deutschen *Wetten dass ...?*-Show hierunter subsumieren. Siehe zum Thema Nostalgie und aktuelle Medienkultur(en) insbesondere Schrey, 2017.

273 Der Internetkünstler Arne Vogelgesang hat in seiner Online-Lecture-Performance *This is not a Game* entlang reichhaltigen Materials von sozialen Plattformen dargelegt, inwieweit die Genese von Bewegungen wie QAnon Strukturen eines komplexen Alternate Reality Games aufweist, dessen Wirklichkeitskonstruktionen nach und nach Realitäts- und Wahrheitsansprüche zu stellen begannen.

274 Und um dieses soziale Milieu so glaubwürdig wie möglich darzustellen, arbeitet nicht nur SIGNA, sondern auch *3/Fifths* mit einer nicht unproblematischen Form des (ethnifizierenden, diskriminierenden) *Type-Castings*. Am Beispiel von *Wir Hunde* heißt das: Nicht-weiße Darsteller*innen bilden zusammen die jüdische Familie Marmelstein; in Ostdeutschland geborenen Darsteller*innen, deren Herkunft ihr Dialekt verraten könnte, bilden ebenfalls eine eigene Familie (Familie Saborowski) und in der Biografie von Wolfshundsch Pascoal, gespielt von Raphael Souza Sá, wird von seiner brasilianischen Herkunft auf eine fiktive Zugehörigkeit zu einer indigenen Gemeinschaft geschlossen. D. h., dass für eine Weltversion, die von einer Gruppe marginalisierter Menschen »am Rande der Gesellschaft« erzählt, die Stigmatisierung aufgrund ihres Status als Transspezies erfahren, private Identitätsmerkmale der Darsteller*innen zugunsten hochgradig stereotyper und verandernder Figurenentwicklungen vereinnahmt werden.

275 Immersive Theaterarbeiten wie *Goodbye Kreisky* von Nesterval oder *Diamante* von Mariano Pensotti bauen in ihren Inszenierungen genau zu diesem (ethisch problembehafteten) genealogischen Konnex einen metatheatralen Kommentar ein, indem sie entweder das Publikum darüber abstimmen lassen, ob eine fiktive sozialistische Kommune, die für Jahrzehnte im Untergrund in einer totalen Institution überlebt hat, in einem Themenpark ausgestellt werden soll, damit die Nachwelt sie am eigenen Leib studieren könne (*Goodbye Kreisky*). Oder indem Zuschauer*innen daran teilhaben, wie »Diamante«, eine fiktive Werksiedlung in Argentinien, die von einem deutschen Industriellen für sein Kohleunternehmen gegründet wurde, von neuen Eigentümern mit europäischen Geldern nach der Abkehr von der Kohle in eine Themenpark-»Experience« umgewandelt wird, der die ehemaligen Arbeiter*innen in ihrem natürlichen Umfeld zu interkulturellen Vermittlungszwecken ausstellt (*Diamante*).

# Literatur- und Quellenverzeichnis

## Primärliteratur

*500 Aufführungen Alma (1996 – 2018) – A Show Biz ans Ende.* Programmbuch.

*The McKittick Hotel.* Programmbuch zu Punchdrunks *Sleep no more.*

Lessing, Gotthold Ephraim [1756] (1987): »Brief an Friedrich Nicolai, im Nov. 1756«, in: ders.: *Werke und Briefe in zwölf Bänden*, Bd. II,1: *Briefe von und an Lessing 1743 – 1770*, hrsg. von Wilfried Barner, Helmuth Kiesel et al., Frankfurt am Main, S. 116 – 122.

Mahler-Werfel, Alma [1963] (1990): *Mein Leben*, Frankfurt am Main.

Mann, Thomas [1896] (2004): »Enttäuschung«, in: ders.: *Große kommentierte Frankfurter Ausgabe. Werke – Briefe – Tagebücher*, Bd. II,1: *Frühe Erzählungen 1893 – 1912*, hrsg. von Heinrich Detering, Terence J. Reed et al., Frankfurt am Main, S. 79 – 86.

Scruggs, James (2017): *3/Fifths – SupremacyLand.* Unveröffentlichte Stückfassung.

Sobol, Josua (o. J.): *Alma*, Stückfassung.

Spinoza, Baruch de [1677] (2010): »Dritter Teil der Ethik. Von dem Ursprung und der Natur der Affekte«, in: ders.: *Sämtliche Werke*, Bd. 2: *Ethik in geometrischer Ordnung dargestellt.* 3. Auflage, hrsg. von Carl Gebhardt, Hamburg, S. 219 – 373.

## Einträge in Wörterbüchern, Enzyklopädien und Handbüchern

»immerge«/»immerse«/»immersed«/»immersion«, in: *The Oxford English Dictionary*, Band 7: Hat – Intervacuum, hrsg. von John A. Simpson und Edmund S. C. Weiner, 2. Auflage, Oxford 1989, S. 683 – 684.

»Immersion«, in: *Brockhaus in 30 Bänden*, Band 13: Hurs – Jem. 21. Auflage, Leipzig; Mannheim 2006, S. 134 – 135.

»Immersion«, in: *Dictionnaire culturel en langue française*, Band 2: Détonant – Légumineux, hrsg. von Alain Rey, Paris 2005, S. 1839.

»Immersion«/»immergere«, in: *Französisches Etymologisches Wörterbuch*, Band 4, hrsg. von Walter von Wartburg, Basel 1947, S. 572.

»Immersion«, in: *Meyers Großes Konversationslexikon*, Band 6: Hautgewebe – Jonicus, 6. Auflage, Leipzig; Wien 1908, S. 772.

»Immersion«, in: *Oxford Duden – German Dictionary*, hrsg. von Werner Scholze-Stubenrecht und J. B. Sykes, Oxford 1990, S. 1176.

»Immersion«, in: *PONS Großwörterbuch Engl-Dt/Dt-Engl*, Stuttgart 2006, S. 474.

»involvieren«, in: *Brockhaus. Enzyklopädie in 30 Bänden*, Band 13: Hurs – Jem, 21. Auflage, Leipzig; Mannheim 2006, S. 455.

»involvieren«, in: *Duden online*. Hrsg. von Dudenredaktion (o. J.), einzusehen unter: https://www.duden.de/rechtschreibung/involvieren, letzter Zugriff 9.2.2021.

»multi«, in: *Brockhaus. Enzyklopädie in 30 Bänden*, Band 19: Mosc – Nordd, 21. Auflage, Leipzig; Mannheim 2006, S. 77.

»poly«, in: *Brockhaus. Enzyklopädie in 30 Bänden*, Band 21: Paral – Pos, 21. Auflage, Leipzig; Mannheim 2006, S. 694.

»vereinnahmen«, in: *Deutsches Wörterbuch. Mit einem »Lexikon der deutschen Sprachlehre«* 2. Auflage, Gütersloh; München 1980, S. 3948.

»vereinnahmen«, in: *Duden. Das große Wörterbuch der deutschen Sprache in sechs Bänden*, Band 6: Sp – Z, Mannheim; Wien; Zürich 1981, S. 2742.

»vereinnahmen«, in: *Digitales Wörterbuch der Deutschen Sprache*, hrsg. von Redaktion Digitales Wörterbuch der Deutschen Sprache (o. J.), einzusehen unter: https://www.dwds.de/wb/vereinnahmen, letzter Zugriff 9.2.2021.

»vereinnahmen«, in: *Duden online*, hrsg. von Dudenredaktion (o. J.), einzusehen unter: https://www.duden.de/rechtschreibung/vereinnahmen, letzter Zugriff 9.2.2021.

Allain, Paul; Harvie, Jen (2014): »Immersive Theatre and One-to-One-Performance«, in: dies.: *The Routledge Companion to Theatre and Performance*, 2. Auflage, London; New York, S. 192 – 194.

Becher, Ilse (1972): »Hekate«, in: Johannes Irmscher (Hrsg.): *Lexikon der Antike*, Dresden, S. 228.
Birkenhauer, Theresia (2005): »Fiktion«, in: Fischer-Lichte, Erika/Kolesch, Doris/Warstat, Matthias (Hrsg.): *Metzler Lexikon Theatertheorie*, Stuttgart; Weimar, S. 107 – 109.
Blickstein, Tamar (2019): »Racial Affects«, in: Slaby, Jan/Scheve, Christian von (Hrsg.): *Affective Societies – Key Concepts*, London; New York, S. 152 – 165.
Czirak, Adam (2014): »Partizipation«, in: Fischer-Lichte, Erika/Kolesch, Doris/Warstat, Matthias (Hrsg.): *Metzler Lexikon Theatertheorie*, 2. Auflage, Stuttgart; Weimar, S. 242 – 248.
Dotzler, Bernhard J.; in Zusammenarbeit mit Nils Röller (2003): »Simulation«, in: Barck, Karlheinz/Fontius, Markus (Hrsg.): *Ästhetische Grundbegriffe. Historisches Wörterbuch in Sieben Bänden, Band 5: Postmoderne – Synästhesie*, Stuttgart; Weimar, S. 509 – 534.
Grimm, Hartmut (2000): »Affekt«, in: Barck, Karlheinz/Fontius, Markus/Schlenstedt, Dieter et al. (Hrsg.): *Ästhetische Grundbegriffe. Historisches Wörterbuch in Sieben Bänden, Band 1: Absenz – Darstellung*, Stuttgart; Weimar, S. 16 – 49.
Gronau, Barbara (2014): »Handlung«, in: Fischer-Lichte, Erika/Kolesch, Doris/Warstat, Matthias (Hrsg.): *Metzler-Lexikon Theatertheorie*, 2. Auflage, Stuttgart; Weimar, S. 142 – 146.
Kolesch, Doris (2014). »Gefühl«, in: Fischer-Lichte, Erika/dies./Warstat, Matthias (Hrsg.): *Metzler-Lexikon Theatertheorie*, 2. Auflage, Stuttgart; Weimar, S. 123 – 128.
Mühlhoff, Rainer (2019a): »Affective Disposition«, in: Slaby, Jan/Scheve, Christian von (Hrsg.): *Affective Societies – Key Concepts*, London; New York, S. 119 – 130.
Pavis, Patrice (2014): »Wirkung«, in: Fischer-Lichte, Erika/Kolesch, Doris/Warstat, Matthias (Hrsg.): *Metzler-Lexikon Theatertheorie*, 2. Auflage, Stuttgart; Weimar, S. 417 – 421.
Richardson, Michael; Schankweiler, Kerstin (2019): »Affective Witnessing«, in: Slaby, Jan/Scheve, Christian von (Hrsg.): *Affective Societies – Key Concepts*, London; New York, S. 166 – 177.
Roselt, Jens (2014): »Gemeinschaft/Kollektivität«, in: Fischer-Lichte, Erika/Kolesch, Doris/Warstat, Matthias (Hrsg.): *Metzler-Lexikon Theatertheorie*, 2. Auflage, Stuttgart; Weimar, S. 128 – 131.
Scheve, Christian von; Slaby, Jan (2019): »Emotion, Emotion Concept«, in: Slaby, Jan/ders. (Hrsg.): *Affective Societies – Key Concepts*, London; New York, S. 42 – 51.
Slaby, Jan; Mühlhoff, Rainer (2019): »Affect«, in: ders.; Scheve, Christian von (Hrsg.): *Affective Societies – Key Concepts*, London; New York, S. 27 – 41.
Tripp, Edward (1991): »Hekate«, in: *Lexikon der antiken Mythologie*, Frankfurt am Main; Wien, S. 209.
Warstat, Matthias (2014): »Ritual«, in: Fischer-Lichte, Erika/Kolesch, Doris/ders. (Hrsg.): *Metzler Lexikon Theatertheorie*, 2. Auflage, Stuttgart; Weimar, S. 297 – 300.
Wenninger, Regina (2014): »Fiktionalität in Kunst- und Bildwissenschaften«, in: Klauk, Tobias; Köppe, Tilmann (Hrsg.): *Fiktionalität. Ein interdisziplinäres Handbuch*, Berlin; Boston, S. 467 – 495.

## Sekundärliteratur

Adler, Gary J. (2019): *Empathy Beyond US Borders. The Challenges of Transnational Civic Engagement*, Cambridge.
Agamben, Giorgio (2008): *Was ist ein Dispositiv?*, aus dem Italienischen von Andreas Hiepko, Zürich; Berlin.
Agamben, Giorgio (2003): *Das Offene. Der Mensch und das Tier*, aus dem Italienischen von Davide Giuriato, Frankfurt am Main.
Aggermann, Lorenz (2017): »Die Ordnung der darstellenden Kunst und ihre Materialisation. Eine methodische Skizze zum Forschungsprojekt *Theater als Dispositiv*«, in: ders.; Döcker, Georg; Siegmund, Gerald (Hrsg.): *Theater als Dispositiv. Dysfunktion, Fiktion und Wissen in der Ordnung der Aufführung*, Frankfurt am Main, S. 7 – 32.
Ahmed, Sara [2004] (2014): *The Cultural Politics of Emotion*, 2. Auflage, Edinburgh.

Ahmed, Sara (2012): *On Being Included. Racism and Diversity in Institutional Life*, Durham, London.
Ahmed, Sara (2007): »A Phenomenology of Whiteness«, in: *Feminist Theory*, Vol. 8(2), S. 149 – 168.
Ahmed, Sara (2006): *Queer Phenomenology. Orientations, Objects, Others*, Durham.
Ahmed, Sara (2004): »Affective Economies«, in: *Social Text 79*, Vol. 22(2), S. 117 – 139.
Ahnert, Sven (1995): »Klang der Dunkelheit. Der Film noir und seine Musik«, in: *Neue Zeitschrift für Musik*, Vol. 156(4), S. 40 – 43.
Alexander, Michelle (2016): *The New Jim Crow. Masseninhaftierungen und Rassismus in den USA*, aus dem Englischen von Gabriele Gockel et al., München.
Alston, Adam (2016): *Beyond Immersive Theatre. Aesthetics, Politics and Productive Participation*, London.
Alston, Adam (2013): »Audience Participation and Neoliberal Value: Risk, Agency and Responsibility in Immersive Theatre«, in: *Performance Research*, 18(2), S. 128 – 138.
Alvarez, Natalie (2018): *Immersions in Cultural Difference. Tourism, War, Performance*, Ann Arbor.
Angerer, Marie-Luise (2015): »Affektive Modulationen in Politik, Theorie und Kunst«, in: Emmert, Claudia; Ullrich, Jessica; Kunstpalais Erlangen (Hrsg.): *Affekte*, Berlin, S. 160 – 169.
Angerer, Marie-Luise (2007): *Vom Begehren nach dem Affekt*, Zürich; Berlin.
Bätschmann, Oskar (1997): *Ausstellungskünstler. Kult und Karriere im modernen Kunstsystem*, Köln.
Balides, Constance J. (2003): »Immersion in the Virtual Ornament: Contemporary ›Movie Ride‹ Films«, in: Thorburn, David; Jenkins, Henry; Seawell, Brad (Hrsg.): *Rethinking Media Change. The Aesthetics of Transition*, Cambridge, Mass., S. 315 – 336.
Balme, Christopher (2014): *The Theatrical Public Sphere*, Cambridge.
Balme, Christopher (2008): *Einführung in die Theaterwissenschaft*, Berlin.
Banes, Sally (2007): »Olfactory Performances«, in: dies.; Lepecki, André (Hrsg.): *The Senses in Performance*, London; New York, S. 29 – 37.
Beaufils, Eliane; Holling, Eva (2018): *Being-With in Contemporary Performing Arts*, Berlin.
Beer, Bettina (2000a): »Im Reich der Sinne – Plädoyer für eine Ethnologie der kulturellen Wahrnehmungsweisen«, in: *Ethnoscripts 2*, Hamburg, S. 6 – 15.
Beer, Bettina (2000b): »Geruch und Differenz. Körpergeruch als Kennzeichen konstruierter ›rassischer‹ Grenzen«, in: *Paideuma 46*. Zeitschrift für kulturanthropologische Forschung, Frankfurt am Main, S. 207 – 230.
Bennett, Jane (2020): *Lebhafte Materie. Eine politische Ökologie der Dinge*, aus dem Englischen von Max Henninger, Berlin.
Bennett, Susan (1997): *Theatre Audiences. A Theory of Production and Reception*, London, New York.
Bieger, Laura (2007): *Ästhetik der Immersion. Raum-Erleben zwischen Welt und Bild: Las Vegas, Washington und die White City*, Bielefeld.
Bienia, Rafael; Dombrowski, Karsten (Hrsg.) (2013): *LARP: Nur ein Spiel?* Braunschweig.
Biggin, Rose (2017): *Immersive Theatre and Audience Experience. Space, Game and Story in the Work of Punchdrunk*, London.
Biggin, Rose (2015): »Reading Fan Mail: Communicating Immersive Experience in Punchdrunk's Faust and The Masque of the Red Death«, in: *Participations. Journal of Audience and Reception Studies*, Vol. 12(1), S. 301 – 317.
Birkle, Carmen (2016): »The *Femme Fatale* in American *Film Noir*«, in: Nagl, Ludwig; Zacharasiewicz, Waldemar (Hrsg.): *Ein Filmphilosophie-Symposium mit Robert B. Pippin: Western, Film Noir und das Kino der Brüder Dardenne*, Berlin; Boston, S. 145 – 164.
Bishop, Claire (2012): *Artificial Hells. Participatory Art and the Politics of Spectatorship*, London; New York.
Bleeker, Maaike (2008): *Visuality in the Theatre. The Locus of Looking*, Houndmills.
Bloch, Natalie; Heimböckel, Dieter (2016): *Theater und Ethnologie: Beiträge zu einer produktiven Beziehung*, Tübingen.
Böhme, Hartmut (1996): »Der Tastsinn im Gefüge der Sinne. Anthropologische und historische Ansichten vorsprachlicher Aisthesis«, in: *Tasten*, hrsg. von Kunst- und Ausstellungshalle der BRD GmbH, Göttingen, S. 185 – 210.
Bonilla-Silva, Eduardo (2006): *Racism without Racists. Color-Blind Racism and the Persistence of Racial Inequality in the United States*, Lanham, Maryland.

Boni, Marta (Hrsg.) (2017): *World Building: Transmedia, Fans, Industries*, Amsterdam.
Bourriaud, Nicolas [1998] (2002): *Relational Aesthetics*, aus dem Französischen von Simon Pleasance, Fronza Woods, Dijon.
Bowman, Ruth Laurion (2016): »Troubling Bodies in *Follow the North Star*«, in: Frieze, James (Hrsg.): *Reframing Immersive Theatre. The Politics and Pragmatics of Participatory Performance*, London, S. 63 – 76.
Boym, Svetlana (2001): *The Future of Nostalgia*, New York.
Breel, Astrid (2015): »Audience Agency in Participatory Performance: A Methodology for Examining Aesthetic Experience«, in: *Participations. Journal of Audience & Reception Studies*, Vol. 12(1), S. 368 – 387.
Bregović, Monica (2011): »Transforming Reality in the Magic Mirror of Fiction - From Boal to SIGNA«, in: Brincken, Jörg von; Gröbel, Ute; Schulzki, Irina (Hrsg.): *Fictions/Realities: New Forms and Interactions*, München, S. 39 – 52.
Breithaupt, Fritz (2017): *Die dunklen Seiten der Empathie*, Berlin.
Brill, Manfred (2009): *Virtuelle Realität*, Berlin; Heidelberg.
Brincken, Jörg von; Englhardt, Andreas (2008): *Einführung in die moderne Theaterwissenschaft*, Darmstadt.
Brüggmann, Franziska (2020): *Institutionskritik im Feld der Kunst. Entwicklung – Wirkung – Veränderungen*, Bielefeld.
Bullerjahn, Claudia (2001): *Grundlagen der Wirkung von Filmmusik*, Augsburg.
Burckhardt, Barbara; Behrendt, Eva (2008): »Brave Old World«, Gespräch mit Signa Sørensen und Arthur Köstler, in: *Theater Heute*, Heft 5/2008, S. 31 – 33.
Butler, Judith (2010): *Raster des Krieges. Warum wir nicht jedes Leid beklagen*, aus dem Englischen von Reiner Ansén, Frankfurt am Main.
Butler, Judith (2005): *Gefährdetes Leben. Politische Essays*, aus dem Englischen von Karin Wördemann, Frankfurt am Main.
Calleja, Gordon (2011): *In-Game. From Immersion to Incorporation*, Cambridge, Massachusetts; London.
Cairns, Paul; Cox, Anna; Nordin, A. Imran (2014): »Immersion in Digital Games: Review of Gaming Experience Research», in: Angelides, Marios C.; Agius, Harry (Hrsg.): *Handbook of Digital Games*, New Jersey, S. 339 – 360.
Carlson, Marvin (2012): »Immersive Theatre and the Reception Process«, in: *Forum Modernes Theater*, Vol. 27(1), S. 17 – 25.
Cauvin, Thomas; Cummins, Joan; Dean, David; Etges, Andreas (2018): »Follow the North Star: A Participatory Museum Experience«, in: *Journal of American History*, Vol. 105(3), S. 630 – 636.
Claasen, Constance; Howes, David; Synnott, Anthony (1994): *The Cultural History of Smell*, London; New York.
Clough, Patricia Ticineto mit Jean Halley (2007): *The Affective Turn. Theorizing the Social*, Durham; London.
Coccia, Emanuele (2018): *Die Wurzeln der Welt. Eine Philosophie der Pflanzen*, aus dem Französischen von Elsbeth Ranke, München.
Corbin, Alain (1984): *Pesthauch und Blütenduft. Eine Geschichte des Geruchs*, aus dem Französischen von Grete Osterwald, Berlin.
Coser, Lewis A. (2015): *Gierige Institutionen. Soziologische Studien über totales Engagement*, Berlin.
Couldry, Nick (2005): »The Extended Audience: Scanning the Horizon«, in: Gillespie, Marie (Hrsg.): *Media Audiences*, Maidenhead, S. 183 – 222.
Csikszentmihalyi, Mihaly [1990] (2008): *Flow. The Psychology of Optimal Experience* [eBook].
Curtis, Robin (2008a): »Mit dem ganzen Körper dabei. Immersion als körpereigener Rezeptionsmodus«, in: *Das Magazin des Instituts für Theorie*, Vol. 12/13, S. 77 – 80.
Curtis, Robin (2008b): »Immersion und Einfühlung: Zwischen Repräsentationalität und Materialität bewegter Bilder«, in: *Montage AV: Zeitschrift für Theorie und Geschichte audiovisueller Kommunikation*, Vol. 17(2), S. 89 – 107.
Czirak, Adam (2012): *Partizipation der Blicke. Szenerien des Sehens und Gesehenwerdens in Theater und Performance*, Bielefeld.
Czirak, Adam; Nikoleit, Sophie; Oberkrome, Friederike; Straub, Verena; Walter-Jochum, Robert; Wetzles, Michael (Hrsg.) (2019): *Performances zwischen den Zeiten. Reenactments und Preenactments in Kunst und Wissenschaft*, Bielefeld.
Deck, Jan; Sieburg, Angelika (Hrsg.) (2008): *Paradoxien des Zuschauens. Die Rolle des Publikums im zeitgenössischen Theater*, Bielefeld.

Deleuze, Gilles (1992): *Differenz und Wiederholung*, München.

DiAngelo, Robin (2020): *Wir müssen über Rassismus sprechen. Was es bedeutet, in unserer Gesellschaft weiss zu sein,* aus dem Englischen von Ulrike Bischoff, Hamburg.

Di Benedetto, Stephen (2010): *The Provocation of the Senses in Contemporary Theatre*, New York; London.

Dinesh, Nandita (2018a): *Memos from a Theatre Lab: Spaces, Relationships, and Immersive Theatre*, Abingdon; New York.

Dinesh, Nandita (2018b): *Memos from a Theatre Lab: Immersive Theatre & Time*, Abingdon; New York.

Dinesh, Nandita (2017): *Memos from a Theatre Lab: Exploring What Immersive Theatre «Does»*, Abingdon; New York.

Dogramaci, Burcu; Liptay, Fabienne (2016): »Introduction: Immersion in the Visual Arts and Media«, in: dies. (Hrsg.): *Immersion in the Visual Arts and Media*, Leiden; Boston, S. 1 – 17.

Drees, Danielle (2016): »The Sleeping Spectator. A Sleep Cultures Critique of Punchdrunk's *Sleep No More*«, in: *Performance Research*, Vol. 21(1), S. 101 – 105.

Düttmann, Alexander Garcia (2011*): Teilnahme. Bewußtsein des Scheins*, Konstanz.

Egert, Gerko (2016): *Berührungen. Bewegung, Relation und Affekt im zeitgenössischen Tanz*, Bielefeld.

Ermi, Laura; Mäyrä, Frans (2011): »Fundamental Components of the Gameplay Experience: Analysing Immersion», in: Günzel, Stephan; Liebe, Michael; Mersch, Dieter (Hrsg.): *DIGAREC Keynote-Lectures 2009/10*, Potsdam, S. 88 – 113.

Fauvelle-Aymar, Francois-Xavier (2002): »Les Khoisan: entre science et spectacle«, in: Bancel, Nicolas et al. (Hrsg): *Zoos humains. Au temps des exhibitions humaines*, Paris, S. 111 – 117.

Fielding, Raymond (2008): »Die Hale's Tours: Ultrarealismus im Film vor 1910«, in: *Montage AV: Zeitschrift für Theorie und Geschichte audiovisueller Kommunikation*, Vol. 17(2), S. 17 – 40.

Fischer-Lichte, Erika (2006): »Der Zuschauer als Akteur«, in: dies.; Sollich, Robert; Umathum, Sandra; Warstat, Matthias (Hrsg.): *Auf der Schwelle. Kunst, Risiken und Nebenwirkungen*, München, S. 21 – 41.

Fischer-Lichte, Erika (2004a): *Ästhetik des Performativen*, Frankfurt am Main.

Fischer-Lichte, Erika (2004b): »Einleitende Thesen zum Aufführungsbegriff«, in: dies.; Risi, Clemens; Roselt, Jens (Hrsg.): *Kunst der Aufführung – Aufführung der Kunst*, Berlin, S. 11 – 26.

Fischer-Lichte, Erika (1997): *Die Entdeckung des Zuschauers. Paradigmenwechsel auf dem Theater des 20. Jahrhunderts*, Tübingen; Basel.

Fischer-Lichte, Erika; Warstat, Matthias; Littmann, Anna (2012): *Theater und Fest in Europa. Perspektiven von Identität und Gemeinschaft,* Tübingen; Basel.

Fisher, Judith W. (2003): »Audience Participation in the Eighteenth-Century London Theatre«, in: Kattwinkel, Susan (Hrsg.): *Audience Participation. Essays on Inclusion in Performance*, Westport/Conneticut, London, S. 55 – 69.

Flaherty, Jennifer (2014): »Dreamers and Insomniacs: Audiences in *Sleep No More* and *The Night Circus*«, in: *Comparative Drama*, Vol. 48(1 & 2), S. 135 – 154.

Flick, Uwe (2012): *Qualitative Sozialforschung. Eine Einführung*, Reinbek bei Hamburg.

Foucault, Michel (1978): *Dispositive der Macht. Über Sexualität, Wissen und Wahrheit*, aus dem Französischen von Jutta Kranz u. a., Berlin.

Fraser, Andrea (2005): »From the Critique of Institutions to an Institution of Critique«, in: *Artforum 44* (1), S. 100 – 106.

Frevert, Ute (2020): *Mächtige Gefühle: Von A wie Angst bis Z wie Zuneigung. Deutsche Geschichte seit 1900*, Frankfurt am Main.

Frevert, Ute (2013): *Vergängliche Gefühle,* Göttingen.

Freyermuth, Gundolf S. (2016): »From Analog to Digital Image Space. Toward a Historical Theory of Immersion«, in: Liptay, Fabienne; Dogramaci, Burcu (Hrsg.): *Immersion in the Visual Arts and Media*, Leiden; Boston, S. 165 – 203.

Frieze, James (2016): »Reframing Immersive Theatre: The Politics and Pragmatics of Participatory Performance«, in: ders. (Hrsg): *Reframing Immersive Theatre. The Politics and Pragmatics of Participatory Performance*, London, S. 1 – 25.

Fritz, Elisabeth (2014): *Authentizität, Partizipation, Spektakel. Mediale Experimente mit »echten Menschen« in der zeitgenössischen Kunst*, Köln; Weimar; Wien.

Geldmacher, Pamela (2015): *Re-Writing Avantgarde. Fortschritt, Utopie, Kollektiv und Partizipation in der Performance-Kunst*, Bielefeld.

Geldmacher, Pamela (2014): »Reflexive Manipulation – Strategien der Affektion bei SIGNA«, in: Cseke, Iris et al. (Hrsg.): *produktion Affektion rezeption*, Berlin, S. 57 – 71.

Gerrig, Richard J. (1993): *Experiencing Narrative Worlds. On the Psychological Activities of Reading*, Yale.

Gess, Nicola (2021): *Halbwahrheiten. Zur Manipulation von Wirklichkeit*, Berlin.

Giroud, Françoise (2000): *Alma Mahler oder die Kunst, geliebt zu werden*, aus dem Französischen von Ursel Schäfer, München.

Glogner-Pilz, Patrick (2012): *Publikumsforschung. Grundlagen und Methoden*, Wiesbaden.

Goffman, Erving [1973] (2020): *Asyle. Über die soziale Situation psychiatrischer Patienten und anderer Insassen*, aus dem Amerikanischen von Nils Lindquist, Frankfurt am Main.

Goffman, Erving [1969] (2003): *Wir spielen alle Theater. Die Selbstdarstellung im Alltag*, aus dem Amerikanischen von Peter Weber-Schäfer, München.

Goffman, Erving (1977): *Rahmen-Analyse. Ein Versuch über die Organisation von Alltagserfahrungen*, aus dem Amerikanischen von Hermann Vetter, Frankfurt am Main.

Goodman, Nelson [1984] (1993): *Weisen der Welterzeugung*, aus dem Englischen von Max Looser. Frankfurt am Main.

Gosney, John W. (2005): *Beyond Reality. A Guide to Alternate Reality Gaming*, Boston.

Grau, Oliver (2019): »Telepräsenz. Zu Genealogie und Epistemologie von Interaktion und Simulation«, in: Grabbe, Lars C.; Rupert-Kruse, Patrick; Schmitz, Norbert M. (Hrsg.): *Immersion – Design – Art: Revisited. Transmediale Formprinzipien neuzeitlicher Kunst und Technologie*, Marburg, S. 26 – 42.

Grau, Oliver (2001): *Virtuelle Kunst in Geschichte und Gegenwart. Visuelle Strategien*, Berlin.

Gregg, Melissa; Seigworth, Gregory J. (Hrsg.) (2010): *The Affect Theory Reader*, Durham.

Gronau, Barbara (2019): »Unexpected Encounter. On Installation Art as Immersive Space«, in: Kolesch, Doris; Schütz, Theresa; Nikoleit, Sophie (Hrsg.): *Staging Spectators in Immersive Performances: Commit Yourself!* London; New York, S. 21 – 33.

Gronau, Barbara (2010): *Theaterinstallationen. Performative Räume bei Beuys, Boltanski und Kabakov*, Paderborn.

Groot Nibbelink, Liesbeth (2019). *Nomadic Theatre. Mobilizing Theory and Practice on the European Stage*, London; New York.

Groot Nibbelink, Liesbeth (2012): »Radical Intimacy: Ontroerend Goed Meets The Emancipated Spectator«, in: *Contemporary Theatre Review*, Vol. 22(3), S. 412 – 420.

Günzel, Stephan (2015): »Von der Illusion zur Involvierung. Geschichte und Systematik der Begriffe Präsenz und Immersion«, in: *Jahrbuch immersiver Medien 2015: Die mediatisierte Gesellschaft. Leben und Arbeiten mit immersiven Medien*, hrsg. von Institut für immersive Medien, Marburg, S. 63 – 74.

Häusler, Anna; Prokić, Tanja (2020): »Safety Instructions: Skripte für den Ernstfall. Zu SIGNAs Performance-Installationen«, in: Nissen-Rizvani, Karin; Schäfer, Martin Jörg (Hrsg.): *TogetherText. Prozessual erzeugte Texte im Gegenwartstheater*, Berlin, S. 262 – 279.

Hall, Stuart (2004): »Das Spektakel der Anderen«, in: ders.: *Ideologie Identität Repräsentation. Ausgewählte Schriften*, hrsg. von Juha Koivisto und Andreas Merkens, Hamburg, S. 108 – 165.

Haraway, Donna (2018): *Unruhig bleiben. Die Verwandtschaft der Arten im Chthuluzän*, aus dem Englischen von Karin Harrasser, Frankfurt am Main; New York.

Haraway, Donna (2013): *Das Manifest für Gefährten. Wenn Spezies sich begegnen – Hunde, Menschen und signifikante Andersartigkeit*, aus dem Englischen von Jennifer Sophia Theodor, Berlin.

Harrasser, Karin (2017): »Einleitung«, in: dies. (Hrsg.): *Auf Tuchfühlung. Eine Wissensgeschichte des Tastsinns*, Frankfurt am Main; New York, S. 7 – 13.

Hartman, Saidiya (1997): *Scenes of Subjection. Terror, Slavery, and Self-Making in Nineteenth-Century America*, New York; Oxford.

Harvie, Jen (2013): *Fair Play. Art, Performance and Neoliberalism*, Houndmills, Basingstoke.

Heibach, Christiane; Torpus, Jan; Simon, Andreas (2019): »Immersion und Irritation. Emotionale und kognitive Aneignungsprozesse in der physischen Technosphäre«, in: *Navigationen. Zeitschrift für Medien- und Kulturwissenschaften*,

Vol. 19(1), hrsg. von Thiemo Breyer und Dawid Kasprowicz, S. 49 – 69.
Heim, Caroline (2016): *Audience as Performer. The Changing Role of Theatre Audiences in the Twenty-First Century*, London; New York.
Herrmann, Hans-Christian von (2018): »Zum Planetarium«, in: Goesl, Boris; ders.; Suzuki, Kohei (Hrsg.): *Zum Planetarium. Wissensgeschichtliche Studien*, Paderborn, S. 13 – 41.
Herzog, Amy (2013): »›Charm the Air to Give a Sound‹: The Uncanny Soundscape of Punchdrunk's Sleep no more«, in: dies.; Vernallis, Carol; Richardson, John (Hrsg.): *The Oxford Handbook of Sound and Image in Digital Media*, Oxford, S. 191 – 213.
Hilmes, Oliver (2005): *Witwe im Wahn. Das Leben der Alma Mahler-Werfel*, München.
Hitzler, Ronald; Gothe, Miriam (2015): »Zur Einleitung: Methodologisch-methodische Aspekte ethnographischer Forschungsprojekte«, in: dies. (Hrsg.): *Ethnographische Erkundungen. Methodische Aspekte aktueller Forschungsprojekte*, Wiesbaden, S. 9 – 16.
Hochholdinger-Reiterer, Beate; Boesch, Géraldine; Behn, Marcel (Hrsg.) (2018): *Publikum im Gegenwartstheater*, Berlin.
Hochscherf, Tobias; Kjär, Heidi; Rupert-Kruse, Patrick (2011): »Phänomene und Medien der Immersion«, in: *Jahrbuch immersiver Medien 2011: Immersion – Annäherung, Abgrenzung, Erkundung*, hrsg. von Institut für immersive Medien, Marburg, S. 9 – 18.
Hochschild, Arlie (1979): »Emotion Work, Feeling Rules, and Social Structure«, in: *American Journal of Sociology*, Vol. 85(3), S. 551 – 575.
Hodgson, Geoffrey M. (2006): »What Are Institutions? «, in: *Journal of Economic Issues*, Vol. 40(1), S. 1 – 25.
Höhne, Steffen (2012): »Das Theaterpublikum. Veränderungen von der Aufklärung bis in die Gegenwart«, in: Bekmeier-Feuerhahn, Sigrid; van den Berg, Karen et al. (Hrsg.): *Zukunft Publikum. Jahrbuch für Kulturmanagement 2012*, Bielefeld, S. 29 – 52.
Hogarth, Sarah; Bramley, Emma; Howson-Griffiths, Teri (2018): »Immersive Worlds: An Exploration into How Performers Facilitate the Three Worlds in Immersive Performance«, in: *Theatre, Dance, and Performance Training*, Vol. 9(2), S. 189 – 202.
Holling, Eva (2016): *Übertragung im Theater. Theorie und Praxis theatraler Wirkung*, Berlin.
Home-Cook, George (2015): *Theatre and Aural Attention. Stretching Ourselves*, Houndmills, Basingstoke; New York.
hooks, bell (2018): *Black Looks. Popkultur, Medien, Rassismus*, aus dem Englischen von Karin Meißenburg, Hamburg; Berlin.
Huhtamo, Erkki (2008): »Unterwegs in der Kapsel. Simulatoren und das Bedürfnis nach totaler Immersion«, in: *Montage AV: Zeitschrift für Theorie und Geschichte audiovisueller Kommunikation*, Vol. 17(2), S. 41 – 68.
Husel, Stefanie (2014): *Grenzwerte im Spiel. Die Aufführungspraxis der britischen Kompanie »Forced Entertainment«. Eine Ethnografie*, Bielefeld.
Jacoby, Petra (2007): *Kollektivierung der Phantasie? Künstlergruppen in der DDR zwischen Vereinnahmung und Erfindungsgabe*, Bielefeld.
Jarvis, Liam (2019): *Immersive Embodiment. Theatres of Mislocalized Sensation*, Cham.
Jenkins, Henry (2006): *Convergence Culture. Where Old and New Media Collide*, New York; London.
Kalu, Joy K. (2017): »SIGNAs ganz normaler Wahnsinn. Ein- und ausladende Inszenierung von Alltäglichkeit«, in: *Paragrana. Internationale Zeitschrift für Historische Anthropologie*, Vol. 26(2), S. 67 – 79.
Kasprowicz, Dawid (2019): *Körper auf Tauchstation. Eine Wissensgeschichte der Immersion*, Baden-Baden.
Kasprowicz, Dawid (2015): »Lebenstreue Medien. Von immersierten Körpern zu digitalen Menschmodellen«, in: *Jahrbuch immersiver Medien 2015: Die mediatisierte Gesellschaft – Leben und Arbeiten mit immersiven Medien*, hrsg. von Institut für immersive Medien, Marburg, S. 27 – 39.
Kasprowicz, Dawid; Breyer, Thiemo (2019): »Immersion oder Das Versprechen der Auflösung. Zur Einführung«, in: *Navigationen. Zeitschrift für Medien- und Kulturwissenschaften*, Vol. 19(1), hrsg. von dies., S. 7 – 16.
Kasson, John F. (1978): *Amusing the Million. Coney Island at the Turn of the Century*, New York.

Kelly, Natasha A. (Hrsg.) (2019): *Schwarzer Feminismus. Grundlagentexte*, Münster.
Kemp, Wolfgang (2015): *Der explizite Betrachter. Zur Rezeption zeitgenössischer Kunst*, Konstanz.
Kilch, Rosemary (2016): »Playing a Punchdrunk Game: Immersive Theatre and Videogaming«, in: Frieze, James (Hrsg.): *Reframing Immersive Theatre. The Politics and Pragmatics of Participatory Performance*, London, S. 221 – 228.
Kilomba, Grada (2010): *Plantation Memories. Episodes of Everyday Racism*, Münster.
Kindermann, Heinz (1991): *Das Theaterpublikum der Antike*, Salzburg.
King, Dorothée (2016): *Kunst riechen. Duftproben zur Vermittlung olfaktorisch bildender Werke*, Oberhausen.
Köstler, Signa; el Gammal, Mona im Gespräch mit Döring, Mirka (2015): »Der kognitive Schwindel«, in: *Setting the Stage Vol. 2. Arbeitsbuch Theater der Zeit*, hrsg. von Mirka Döring und Ute Müller-Tischler, Berlin, S. 90 – 99.
Kokai, Jennifer A.; Robson, Tom (Hrsg.) (2019): *Performance and the Disney Theme Parc Experience. The Tourist as Actor*, Cham.
Kolesch, Doris (2019): »Immersion and Spectatorship at the Interface of Theatre, Media Tech and Daily Life«, in: dies.; Schütz, Theresa; Nikoleit, Sophie (Hrsg.) (2019): *Staging Spectators in Immersive Performances: Commit Yourself!* London; New York, S. 1 – 17.
Kolesch, Doris (2017): »Re/produktionsmaschine Theaterwissenschaft. Herausforderungen durch immersive Theaterformen«, in: Kreuder, Friedemann; Koban, Ellen; Voss, Hanna (Hrsg.): *Re/produktionsmaschine Kunst. Kategorisierungen des Körpers in den Darstellenden Künsten*, Bielefeld, S. 31 – 47.
Kolesch, Doris (2010): »Die Geste der Berührung«, in: Wulf, Christoph; Fischer-Lichte, Erika (Hrsg.): *Gesten. Inszenierung, Aufführung, Praxis*, München, S. 225 – 241.
Kolesch, Doris; Schütz, Theresa (2022): »Forced Experiences: Shifting Modes of Audience Involvement in Immersive Performances«, in: Reason, M.; Conner, Lynne et al. (Hrsg.): *Routledge Companion to Audiences and the Performing Arts*, London, im Erscheinen.
Kolesch, Doris; Schütz, Theresa (2020): »Polyperspektivische Aufführungs- und Inszenierungsanalyse am Beispiel von SIGNAs ›Söhne & Söhne‹«, in: Wihstutz, Benjamin; Hoesch, Benjamin (Hrsg.): *Neue Methoden der Theaterwissenschaft*, Bielefeld, S. 25 – 46.
Kolesch, Doris; Schütz, Theresa; Nikoleit, Sophie (Hrsg.) (2019): *Staging Spectators in Immersive Performances: Commit Yourself!* London; New York.
Kolesch, Doris; Warstat, Matthias (2019): »Affective Dynamics in the Theatre: Towards a Relational and Poly-perspectival Performance Analysis«, in: Kahl, Antje (Hrsg.): *Analyzing Affective Societies: Methods and Methodologies*, London; New York, S. 214 – 229.
Kondo, Dorinne (2018): *Worldmaking. Race, Performance and the Work of Creativity*, Durham, London.
Korte, Hermann; Jakob, Hans-Joachim; Dewenter, Bastian (2014): *»Das böse Tier Theaterpublikum«. Zuschauerinnen und Zuschauer in Theater- und Literaturjournalen des 18. und frühen 19. Jahrhunderts. Eine Dokumentation*, Heidelberg.
Koumarianos, Myrto; Silver, Cassandra (2013): »Dashing at a Nightmare: Haunting Macbeth in *Sleep No More*», in: *TDR: The Drama Review*, Vol. 57(1), S. 167 – 175.
Kralicek, Wolfgang: »Wau eins«, in: *Theater Heute*, Heft 7/2016, S. 46 – 48.
Krämer, Sybille; Stahlhut, Marco (2001): »Das ›Performative‹ als Thema der Sprach- und Kulturphilosophie«, in: *Paragrana. Internationale Zeitschrift für Historische Anthropologie*, Vol. 10(1), S. 35 – 64.
Kretschmer, Winfried (1999): *Geschichte der Weltausstellungen*, Frankfurt am Main; New York.
Kreuder, Friedemann (2016): »Schauspieler_innen als Ethnograph_innen«, in: Cairo, Milena; Hannemann, Moritz; Haß, Ulrike; Schäfer, Judith (Hrsg.): *Episteme des Theaters. Aktuelle Kontexte von Wissenschaft, Kunst und Öffentlichkeit*, Bielefeld, S. 539 – 549.
Kup, Johannes (2019): *Theater der Teilhabe. Zum Diskurs um Partizipation in der zeitgenössischen Theaterpädagogik*, Uckerland.
Kwek, Dorothy H. B.; Seyfert, Robert (2015): »Affekt. Macht. Dinge«, in: Göbel, Hanna Katharina; Prinz, Sophie (Hrsg.): *Die Sinnlichkeit des Sozialen. Wahrnehmung und materielle Kultur*, Bielefeld, S. 123 – 146.
Latour, Bruno (2010): *Das Parament der Dinge. Für eine politische Ökologie*, aus dem Französischen von Gustav Roßler, Frankfurt am Main.

Lavender, Andy (2016): *Performance in the Twenty-first Century. Theatres of Engagement*, London; New York.

Le Calvé, Maxime (2017): »Grenzgänger der Kunst: Die Sammlung als plurales Medium in der künstlerischen Praxis von Jonathan Meese«, in: *Paragrana. Internationale Zeitschrift für Historische Anthropologie*, Vol. 26(2), S. 140 – 154.

Legnaro, Aldo (2000): »Subjektivität im Zeitalter ihrer simulativen Reproduzierbarkeit: Das Beispiel des Disney-Kontinents«, in: Bröckling, Ulrich.; Krasmann, Susanne; Lemke, Thomas (Hrsg.): *Gouvernementalität der Gegenwart. Studien zur Ökonomisierung des Sozialen*, Frankfurt am Main, S. 286 – 314.

Lehmann, Hans-Thies (2011a): *Postdramatisches Theater*, 5. Auflage, Frankfurt am Main.

Leitner, Florian (2017): *Medienhorror. Mediale Angst im Film*, Paderborn.

Leitner, Florian (2011): »The Fear of Immersion ... and the Thought of the Big Other«, in: Menrath, Stefanie Kiwi; Schwinghammer, Alexander (Hrsg.): *What Does a Chameleon Look Like? Topographies of Immersion*, Köln, S. 94 – 111.

Lindemann, Uwe (1999): »Die Ungleichzeitigkeit des Gleichzeitigen. Polyperspektivismus, Spannung und der iterative Modus der Narration bei Samuel Richardson, Choderlos de Laclos, Ludwig Tieck, Wilkie Collins und Robert Browning«, in: Röttgers, Kurt; Schmitz-Emans, Monika (Hrsg.): *Perspektive in Literatur und Bildender Kunst*, Essen, S. 48 – 81.

Livingstone, Sonia (Hrsg.) (2005): *Audiences and Publics. When Cultural Engagement Matters For The Public Sphere*, Chicago.

Lukas, Scott A. (2013): *The Immersive Worlds Handbook. Designing Themed Parks and Consumer Spaces*, New York; London.

Machamer, Josh (2017): *Immersive Theatre. Engaging the Audience*, Champaign, Illinois.

Machon, Josephine; Punchdrunk (2019): *The Punchdrunk Encyclopaedia*, Oxon, New York.

Machon, Josephine (2016): »On Being Immersed: The Pleasure of Being: Washing, Feeding, Holding«, in: Frieze, James (Hrsg.): *Reframing Immersive Theatre. The Politics and Pragmatics of Participatory Performance*, London, S. 29 – 42.

Machon, Josephine (2013): *Immersive Theatre(s). Intimacy and Immediacy in Contemporary Performance*, Basingstoke [u. a.].

Magelssen, Scott (2014): *Simming. Participatory Performances and the Making of Meaning*, Ann Arbor.

Magelssen, Scott (2011): »Tourist Performance in the Twenty-first Century«, in: ders.; Justice-Malloy, Rhona (Hrsg.): *Enacting History*, Tuscaloosa, S. 174 – 201.

Magelssen, Scott (2009): »Rehearsing the ›Warrior Ethos‹: ›Theatre Immersion‹ and the Simulation of Theatres of War«, in: *The Drama Review*, Vol. 53(1), S. 47 – 72.

Mandel, Birgit (2013): *Interkulturelles Audience Development. Zukunftsstrategien für öffentlich geförderte Kultureinrichtungen*, Bielefeld.

Marchart, Oliver (2019): »Zeitschleifen. Politisch-theoretische Überlegungen zu Preenactments und realen Utopien«, in: Czirak, Adam; Nikoleit, Sophie; Oberkrome, Friederike; Straub, Verena; Walter-Jochum, Robert; Wetzles, Michael (Hrsg.): *Performances zwischen den Zeiten. Reenactments und Preenactments in Kunst und Wissenschaft*, Bielefeld, S. 129 – 140.

Massumi, Brian (2010): *Ontomacht. Kunst, Affekt und das Ereignis des Politischen*, Berlin.

Masters, Paul (2017): »Site and Seduction: Space, Sensuality, and Use-Value in the Immersive Theater«, in: Machamer, Josh (Hrsg.): *Immersive Theatre. Engaging the Audience*, Champaign, Illinois, S. 17 – 44.

Matzke, Annemarie (2012): *Arbeit am Theater: Eine Diskursgeschichte der Probe*, Bielefeld.

May, Christina Katharina (2020): *Die Szenografie der Wildnis. Immersive Techniken in Zoologischen Gärten im 20. und 21. Jahrhundert*, Berlin.

Mayr, Simon (2014): *Immersion in a Virtual World: Interactive Drama and Affective Sciences*, Hamburg.

Menrath, Stefanie Kiwi; Schwinghammer, Alexander (2011): »Topographies of Immersion«, in: dies. (Hrsg.): *What Does a Chameleon Look Like? Topographies of Immersion*, Köln, S. 11 – 30.

Mitra, Royona (2016): »Decolonizing Immersion«, in: *Performance Research*, Vol. 21(5), S. 89 – 100.

Monson, Karen (1985): *Alma Mahler-Werfel. Die unbezähmbare Muse*, München.

Morgenstern, Erin (2011): *Der Nachtzirkus*, aus dem Amerikanischen von Brigitte Jakobeit, Berlin.

Morrison, Toni (1993): *Playing in the Dark. Whiteness and Literary Imagination*, New York.
Mühlhoff, Rainer (2019b): »Dark Immersion. Some Thoughts on SIGNAs *Wir Hunde/ Us Dogs*«, in: Kolesch, Doris; Schütz, Theresa; Nikoleit, Sophie (Hrsg.): *Staging Spectators in Immersive Performances: Commit Yourself!* London; New York, S. 198 – 204.
Müller, Sven Oliver (2012): »Die Politik des Schweigens. Veränderungen im Publikumsverhalten in der Mitte des 19. Jahrhunderts«, in: *Geschichte und Gesellschaft*, Vol. 38(1), S. 48 – 85.
Murray, Janet Horowitz [1997] (2017): *Hamlet on the Holodeck. The Future of Narrative in Cyberspace*, 2. Auflage, Cambridge, Massachusetts.
Museum Tinguely (Hrsg.) (2015): *Belle Haleine. Der Duft der Kunst*, Basel.
Nam, Sang Sik (1997): *Der Faktor »Publikum« in den Theatertheorien der europäischen Avantgarde zwischen 1890 und 1930*, Frankfurt am Main.
Nancy, Jean-Luc (2004): *Singulär Plural Sein*, aus dem Französischen von Ulrich Müller-Schöll, Zürich.
Neitzel, Britta; Nohr, Rolf F. (Hrsg.) (2006): *Das Spiel mit dem Medium. Partizipation – Immersion – Interaktion*, Marburg.
Nissen-Rizvani, Karin (2020): »Social Fiction. Prozessuale Texterzeugung in SIGNAs *Das halbe Leid*«, in: dies.; Schäfer, Martin Jörg (Hrsg.): *TogetherText. Prozessual erzeugte Texte im Gegenwartstheater*, Berlin, S. 761 – 814. [eBook]
Nisters, Theresa (2019): *Die fiktive Institution als ästhetische Strategie*, Bielefeld.
Nünning, Vera; Nünning, Ansgar (2000): »Von ›der‹ Erzählperspektive zur Perspektivenstruktur narrativer Texte: Überlegungen zur Definition, Konzeptualisierung und Untersuchbarkeit von Multiperspektivität«, in: dies. (Hrsg.): *Multiperspektivisches Erzählen. Zur Theorie und Geschichte der Perspektivenstruktur im englischen Roman des 18. und 20. Jahrhunderts*, Trier.
Oddey, Alison; White, Christine (2009): » Introduction«, in: dies. (Hrsg.): *Modes of Spectating*, Bristol, Chicago, S. 7 – 28.
Oesterreich, Volker (2017): »Geschwänzt«, in: *Rhein-Neckar-Zeitung* vom 20.6.2017. Abschrift aus den Materialien von Signa Köstler.
O'Leary, Deirdre (2013): »Ghosted Dramaturgy: Mapping the Haunted Space in Punchdrunk's *Sleep No More*«, in: *The Irish Journal of Gothic and Horror Studies*, Vol. 12, S. 63 – 86.
Ott, Michaela (2015): *Dividuationen. Theorien der Teilhabe*, Berlin.
Papaioannoua, Spyros (2014): »Immersion, ›Smooth‹ Spaces and Critical Voyeurism in the Work of Punchdrunk«, in: *Studies in Theatre and Performance*, Vol. 34(2), S. 160 – 174.
Pavis, Patrice (2011): »Zum aktuellen Stand der Zuschauerforschung«, in: *Forum Modernes Theater*, Vol. 26, S. 73 – 95.
Peter, Tobias; Alkemeyer, Thomas; Bröckling, Ulrich (2017): »Einführung«, in: dies. (Hrsg.): *Jenseits der Person. Zur Subjektivierung von Kollektiven,* Bielefeld, S. 9 – 13.
Pewny, Katharina (2011): *Das Drama des Prekären: Über die Wiederkehr der Ethik in Theater und Performance*, Bielefeld.
Pfaff-Czarnecka, Johanna (2012): *Zugehörigkeit in der mobilen Welt. Politiken der Verortung*, Göttingen.
Pichler, Klaus; Marschall, Clemens (2016): *Golden Days Before They End*, Zürich.
Pine, Joseph; Gilmore, James H. (1999): *The Experience Economy. Work is Theatre & Every Business a Stage*, Boston, Massachusetts.
Poser, Manfred (2018): *Fear of Missing out. Die Angst, etwas zu verpassen*, Amerang.
Rabinovitz, Lauren (2012): *Electric Dreamland. Amusement Parks, Movies, and American Modernity*, New York.
Rancière, Jacques (2009): »Der emanzipierte Zuschauer«, in: Engelmann, Peter (Hrsg.): Jacques Rancière: *Der emanzipierte Zuschauer*, aus dem Französischen von Richard Steurer, Wien, S. 11 – 34.
Reason, Matthew (2019): »Participatory Audiencing and the Committed Return«, in: Kolesch, Doris; Schütz, Theresa; Nikoleit, Sophie (Hrsg.): *Staging Spectators in Immersive Performances: Commit Yourself!* London; New York, S. 88 – 101.
Reason, Matthew (2010): »Asking the Audience. Audience Research and the Experience of Theatre«, in: *About Performance*, Vol. 10, S. 15 – 34.
Rebentisch, Juliane (2013): *Theorien der Gegenwartskunst zur Einführung,* Hamburg.
Rebentisch, Juliane (2003): *Ästhetik der Installation*, Frankfurt am Main.
Reckwitz, Andreas (2017): *Die Gesellschaft der Singularitäten. Zum Strukturwandel der Moderne*, Berlin.

Reinelt, Janelle; Megson, Chris (2016): »Performance, Experience, Transformation: What do Spectators Value in Theatre?«, in: *Journal of Contemporary Drama in English*, Vol. 4(1), S. 1 – 16.

Reiss, Julie H. (1999): *From Margin to Center. The Spaces of Installation Art*, Cambridge, Massachusetts; London.

Renz, Thomas (2015): *Nicht-Besucherforschung. Die Förderung kultureller Teilhabe durch Audience Development*, Bielefeld.

Ritter, Julia M. (2017): »Fandom and Punchdrunk's *Sleep No More*. Audience Ethnography of Immersive Dance«, in: *TDR: The Drama Review*, Vol. 61(4), S. 59 – 77.

Ritter, Julia M. (2016): »In the Body of the Beholder: Insider Dynamics and Extended Audiencing Transform Dance Spectatorship in *Sleep No More*«, in: Frieze, James (Hrsg.): *Reframing Immersive Theatre. The Politics and Pragmatics of Participatory Performance*, London, S. 43 – 62.

Robson, Tom (2019): »›The Future Is Truly in the Past‹: The Regressive Nostalgia of Tomorrowland«, in: Kokai, Jennifer A.; Robson, Tom (Hrsg.): *Performance and the Disney Theme Parc Experience. The Tourist as Actor*, Cham, S. 23 – 42.

Röben, Katharina (2017): »Die Welt geht unter. Ein Selbstversuch«, in: *SWR2* vom 20.6.2017, Abschrift aus den Materialien von Signa Köstler.

Röggla, Katharina (2012): *Critical Whiteness Studies und ihre politischen Handlungsmöglichkeiten für Weiße AntirassistInnen*, Wien.

Rose, Frank (2011): *The Art of Immersion*, New York; London.

Roselt, Jens (2015): »Zuschaukünste im Theater«, in: Caduff, Marc; Heine, Stefanie; Steiner, Michael (Hrsg.): *Die Kunst der Rezeption*, Bielefeld, S. 111 – 124.

Roselt, Jens (2008): *Phänomenologie des Theaters*, München.

Rost, Katharina (2017). *Sounds That Matter. Dynamiken des Hörens in Theater und Performance*, Bielefeld.

Rupert-Kruse, Patrick (2019): »Phantomatische Ästhetik«, in: Grabbe, Lars; ders.; Schmitz, Norbert M. (Hrsg.): *Immersion – Design – Art: Revisited. Transmediale Formprinzipien neuzeitlicher Kunst und Technologie*, Marburg, S. 78 – 97.

Ryan, Marie-Laure (2001): *Narrative as Virtual Reality. Immersion and Interactivity in Literature and Electronic Media*, Baltimore; London.

Saad, Layla F. (2020): *Me and White Supremacy. Combat Racism, Change the World, and Become a Good Ancestor.* [eBook]

Sauter, Willmar (2002): »Who Reacts When, How and Upon What: From Audience Surveys to the Theatrical Event«, in: *Contemporary Theatre Review*, Vol. 12(3), S. 115 – 129.

Schafaff, Jörn; Wihstutz, Benjamin (Hrsg.) (2015): *Sowohl als auch dazwischen. Erfahrungsräume der Kunst*, Paderborn.

Schafer, R. Murray (1977): *The Soundscape. Our Sonic Environment and the Tuning of the World*, Rochester, Vermont.

Schatz, Edwald (2009): »Ethnographic Immersion and the Study of Politics«, in: ders. (Hrsg.): *Political ethnography. What immersion contributes to the study of power*, Chicago [u. a.], S. 1 – 22.

Schirrmeister, Claudia (2009): »Der Themenpark. Vergnügliche Illusionswelt jenseits des Alltags«, in: Szabo, Sacha (Hrsg.): *Kultur des Vergnügens. Kirmes und Freizeitparks; Schausteller und Fahrgeschäfte; Facetten nicht-alltäglicher Orte*, Bielefeld, S. 227 – 236.

Schlehe, Judith [2003] (2020): »Qualitative ethnographische Interviews», in: Beer, Bettina; König, Anika (Hrsg.): *Methoden ethnologischer Feldforschung*, 3. Auflage, Berlin, S. 91 – 111.

Schlickmann, Gerke (2018): »Verkörperte Phantasie(n): Live-Rollenspiel als Ausdrucks- und Erfahrungsraum«, in: Kreuder, Friedemann; Husel, Stefanie (Hrsg.): *Spiele spielen. Praktiken, Metaphern, Modelle*, Paderborn, S. 21 – 32.

Schlickmann, Gerke (2016) »Wir müssen über SIGNA reden ...«, in: dies.; Bienia, Rafael (Hrsg): *LARP und die (anderen) Künste.* [eBook]

Schmid, Wilhelm (2019): *Von der Kraft der Berührung*, Berlin.

Schouten, Sabine (2011): *Sinnliches Spüren. Wahrnehmung und Erzeugung von Atmosphären im Theater*, Berlin.

Schreiber, Falk (2017): »Der gedankliche Stillstand«, in: *Theater Heute*, Heft 12/2017, S. 6 – 9.

Schrey, Dominik (2017): *Analoge Nostalgie in der digitalen Medienkultur*, Berlin.

Schröter, Jens (2004): *Das Netz und die Virtuelle Realität. Zur Selbstprogrammierung der Gesellschaft durch die universelle Maschine*, Bielefeld.

Schütz, Theresa (2022): »Über Zeitlichkeit(en) der Immersion und Erfahrungsschätze immersiver Künste«, in: Oberender, Thomas; Rabe, Paul (Hrsg.): *Die lebendige Ausstellung*, Leipzig, S. 207 – 221.

Schütz, Theresa (2020): »Techniken der Manipulation im immersiven Theater am Beispiel von SIGNAs ›Söhne & Söhne‹«, in: Dreckmann, Kathrin; Butte, Maren; Vomberg, Elfi (Hrsg.): *Technologien des Performativen. Das Theater und seine Techniken*, Bielefeld, S. 343 – 353.

Schütz, Theresa (2019): »Immersive Guilt Factories«, in: Kolesch, Doris; dies.; Nikoleit, Sophie (Hrsg.): *Staging Spectators in Immersive Performances: Commit Yourself!* London; New York, S. 178 – 197.

Schütz, Theresa; Piggott, Jessica (2020): »The (im)possibility of empathy in SIGNA's *Half the Suffering*«, in: *TDR: The Drama Review*, Vol. 64(1), S. 155 – 161.

Schulze, Daniel (2017): *Authenticity in Contemporary Theatre and Performance. Make it Real*, London [u. a.].

Schweinitz, Jörg (2006): »Totale Immersion, Kino und die Utopien von der virtuellen Realität. Zur Geschichte und Theorie eines Mediengründungsmythos«, in: Neitzel, Britta; Nohr, Rolf F. (Hrsg.): *Das Spiel mit dem Medium. Partizipation – Immersion – Interaktion*, Marburg, S. 136 – 153.

Seele, Astrid (2001): *Alma Mahler-Werfel*, Reinbek bei Hamburg.

Sermon, Julie (2012): »Dispositifs immersifs«, in: dies.; Ryngaert, Jean-Pierre: *Théâtres du XXIe siècle: Commencements*, Paris, S. 182 – 223.

Seyfert, Robert (2019): *Beziehungsweisen. Elemente einer relationalen Soziologie*, Weilerswist.

Siegmund, Gerald (2020): *Theater- und Tanzperformance zur Einführung*, Hamburg.

Siegmund, Gerald; Aggermann, Lorenz (2020): »Von der Aufführung zum Dispositiv«, in: Balme, Christopher; Szymanski-Düll, Berenika (Hrsg.): *Methoden der Theaterwissenschaft*, Tübingen, S. 131 – 152.

Sielke, Sabine (2017): »Nostalgie – die ›Theorie‹: eine Einleitung«, in: dies. (Hrsg.): *Nostalgie. Imaginierte Zeit-Räume in globalen Medienkulturen/Nostalgia. Imagined Time-Spaces in Global Media Cultures*, Frankfurt am Main [u. a.], S. 9 – 31.

Skjoldager-Nielsen, Kim (2008): *Tilskueren som aktør. Interaktivitet som dramaturgisk strategi eksemplificeret ved SIGNA-produktioner*, unveröffentlichte Abschlussarbeit Universität Kopenhagen, Tanz- und Theaterwissenschaft.

Slaby, Jan (2018): »Drei Haltungen der Affect Studies«, in: Pfaller, Larissa; Wiesse, Basil (Hrsg.): *Stimmungen und Atmosphären. Zur Affektivität des Sozialen*, Wiesbaden, S. 53 – 81.

Slater, Mel; Usoh, Martin; Steed, Anthony (1994): »Depth of Presence in Immersive Virtual Environments«, in: *Presence: Teleoperators and Virtual Environments*, Vol. 3(2), S. 130 – 144.

Sloterdijk, Peter (2006): »Architektur als Immersionskunst«, in: *archplus*, Vol. 178, S. 58 – 61.

Sohier, Estelle; Gillet, Alexandre; Staszak, Jean-François (Hrsg.) (2019): *Simulations du Monde. Panoramas, parc à thème et autres dispositifs immersifs*, Genf.

Sprenger, Veit (2005): *Despoten auf der Bühne. Die Inszenierung von Macht und ihre Abstürze*, Bielefeld.

Steinkrüger, Jan-Erik (2013): *Thematisierte Welten. Über Darstellungspraxen in Zoologischen Gärten und Vergnügungsparks*, Bielefeld.

Stender, Daniel (2017): »Zwischen religiöser Ekstase und totalitärer Religion«, in: *SWR 2, Kultur Regional* vom 17.6.2017; Abschrift aus dem Materialien von Signa Köstler.

Sterling, Pamela; McAvoy, Mary (2017): »Art, Pedagogy, and Innovation: Tracing the Roots of Immersive Theatre and Practive«, in: Machamer, Josh (Hrsg.): *Immersive Theatre. Engaging the Audience*, Champaign, Illinois, S. 93 – 107.

Stiegler, Christian (2017): »The Politics of Immersive Storytelling. Virtual Reality and the Logics of Digital Ecosystems«, in: *International Journal of E-Politics*, Vol. 8(3), S. 1 – 15.

Stoppenhagen, Till (2017): »Theatergänger spielen Obdachlose«, in: *Hamburger Morgenpost* vom 19.12.2017.

Tecklenburg, Nina (2014): *Performing Stories. Erzählen in Theater und Performance*, Bielefeld.

Teigland, Robin; Power, Dominic (Hrsg.) (2013): *The Immersive Internet. Reflections on the Entangling of the Virtual with Society, Politics and Economy*, Houndmills, Basingstoke.

Thiel, Sara (2017): »Game/Play: The Five Conceptual Planes of Punchdrunks *Sleep No More*, in: Machamer, Josh (Hrsg.): *Immersive Theatre. Engaging the Audience*, Champaign, Illinois, S. 55 – 64.

Thiele, Martina (2015): *Medien und Stereotype. Konturen eines Forschungsfeldes*, Bielefeld.

Thon, Jan-Noël (2008): »Immersion Revisited. On the Value of a Contested Concept», in: Leino, Olli; Wirman, Hanna; Fernandez, Amyris (Hrsg.): *Extending Experiences: Structure, Analysis and Design of Computer Game Player Experiences*, Rovaniemi, S. 29 – 43.

Thorlacius, Liesbeth (2015): »Salò: A Sublime Experience. Analyzing Interactive Performances, Focusing on the Aesthetic Dimension«, in: Kristiansen, Erik; Harsløf, Olav (Hrsg.), *Engaging Spaces: Sites of Performances, Interaction and Reflection*, Kopenhagen, S. 84 – 127.

Tögl, Gero (2011): »Remediating Theatre. From Grand Theft Auto to The Ruby Town Oracle«, in: Brincken, Jörg von; Gröbel, Ute; Schulzki, Irina (Hrsg.): *Fictions/ Realities. New Forms and Interactions*, München, S. 21 – 38.

Tröndle, Martin (2019): *Nicht-Besucherforschung. Audience Development für Kultur-einrichtungen*, Wiesbaden.

Umathum, Sandra (2011): *Kunst als Aufführungserfahrung. Zum Diskurs intersubjektiver Situationen in der zeitgenössischen Ausstellungskunst. Felix Gonzalez-Torres, Erwin Wurm und Tino Sehgal*, Bielefeld.

Unseld, Melanie (2011): »Alma Mahler. Biographische Lösungen eines unlösbaren Falles«, in: Laferl, Christopher F.; Tippner, Anja (Hrsg.): *Leben als Kunstwerk. Künstlerbiographien im 20. Jahrhundert. Von Alma Mahler und Jean Cocteau zu Thomas Bernhard und Madonna*, Bielefeld, S. 147 – 164.

Vergès, Françoise (2020): *Dekolonialer Feminismus*, aus dem Französischen von Esther von der Osten, Wien.

Voss, Christiane (2019): »Zur Relevanz der Irrelevanz oder: Zur generischen Funktion des McGuffins«, in: Maar, Kirsten; Ruda, Frank; Völker, Jan (Hrsg.): *Generische Formen. Dynamische Konstellationen zwischen den Künsten*, Paderborn, S. 55 – 83.

Voss, Christiane (2009): »Fiktionale Immersion«, in: Koch, Gertrud; dies. (Hrsg.): *»Es ist, als ob«: Fiktionalität in Philosophie, Film- und Medienwissenschaft*, München, S. 127 – 138.

Voss, Christiane (2008): »Fiktionale Immersion«, in: *Montage AV: Zeitschrift für Theorie und Geschichte audiovisueller Kommunikation*, Vol. 17(2), S. 69 – 86.

Voss, Christiane (2004): *Narrative Emotionen. Eine Untersuchung über Möglichkeiten und Grenzen philosophischer Emotionstheorien*, Berlin; New York.

Wachendorfer, Ursula (2006): »Weiß-Sein in Deutschland. Zur Unsichtbarkeit einer herrschenden Normalität«, in: Arndt, Susan (Hrsg.): *Afrikabilder. Studien zu Rassismus in Deutschland*, Münster, S. 57 – 66.

Warstat, Matthias (2012): »Anwendung, Zuwendung, Abwendung. Weltverhältnisse des Theaters«, in: Prinz-Kioesbüye, Myrna-Alice; Schmidt, Yvonne; Strickler, Pia (Hrsg.): *Theater & Öffentlichkeit. Theatervermittlung als Problem*, Zürich, S. 189 – 199.

Warstat, Matthias (2011): *Krise und Heilung. Wirkungsästhetiken des Theaters*, München.

Warstat, Matthias (2005): *Theatrale Gemeinschaften. Zur Festkultur der Arbeiterbewegung 1918 – 1933*, Tübingen [u. a.].

Wehrle, Annika (2015): *Passagenräume. Grenzverläufe alltäglicher und performativer Praxis im Theater der Gegenwart*, Bielefeld.

Weiler, Christel; Roselt, Jens (2017): *Aufführungsanalyse. Eine Einführung*, Tübingen.

Wenzel, Anna-Lena (2011): *Grenzüberschreitungen in der Gegenwartskunst: Ästhetische und philosophische Positionen*, Bielefeld.

Werry, Margaret; Schmidt, Bryan (2014): »Immersion and the Spectator«, in: *Theatre Journal*, Vol. 66(3), S. 467 – 479.

Westling, Carine E. I. (2020): *Immersion and Participation in Punchdrunk's Theatrical Worlds*, London [u. a.].

White, Gareth (2013): *Audience Participation in Theatre. Aesthetics of the Invitation*, Houndmills, Basingstoke.

White, Gareth (2012): »On Immersive Theatre«, in: *Theatre Research International*, Vol. 37(3), S. 221 – 235.

White, Gareth (2009): »Odd Anonymized Needs: Punchdrunk's Masked Spectator«, in: Oddey, Alison; White, Christine (Hrsg.): *Modes of Spectating*, Bristol, Chicago, S. 219 – 229.
Wiesing, Lambert (2005). *Artifizielle Präsenz. Studien zur Philosophie des Bildes*, Frankfurt am Main.
Wihstutz, Benjamin (2019): »Doggies, Masters and the End of the European Union: on immersive theatre installations by SIGNA and Thomas Bellinck», in: Kolesch, Doris; Schütz, Theresa; Nikoleit, Sophie (Hrsg.): *Staging Spectators in Immersive Performances: Commit Yourself!* London; New York, S. 35 – 50.
Wihstutz, Benjamin (2018): »Prekäres Spiel. Beobachtungen zu SIGNAs *Wir Hunde*«, in: Kreuder, Friedemann; Husel, Stefanie (Hrsg.): *Spiele spielen. Praktiken, Metaphern, Modelle*, Paderborn, S. 157 – 172.
Wihstutz, Benjamin (2013): »Ästhetische Relevanz und soziale Kontingenz. Zur Zuschauerpartizipation bei SIGNA und LIGNA«, in: Döhl, Frédéric; Feige, Daniel Martin; Hilgers, Thomas; McGovern, Fiona (Hrsg.): *Konturen des Kunstwerks. Zur Frage von Relevanz und Kontingenz*, München, S. 75 – 92.
Wihstutz, Benjamin (2012): *Der andere Raum. Politiken sozialer Grenzverhandlung im Gegenwartstheater*, Zürich [u. a.].
Wilder, Blake (2017): »Black World/White World. Narrative Worldmaking in Jim Crow America«, in: Donahue, James J.; Ho, Jennifer Ann; Morgan, Shaun (Hrsg.): *Narrative, Race, and Ethnicity in the United States*, Columbus, Ohio, S. 70 – 81.
Wolf, Werner (2013): »Aesthetic Illusion«, in: ders.; Bernhart, Walter; Mahler, Andreas (Hrsg.): *Immersion and Distance: Aesthetic Illusion in Literature and Other Media*, Amsterdam, S. 1 – 63.
Wolfsteiner, Andreas (2018): *Sichtbarkeitsmaschinen. Zum Umgang mit Szenarien*, Berlin.
Worthen, William B. (2012): »The Written Troubles of the Brain: *Sleep No More* and the Space of Character«, in: *Theatre Journal*, Vol. 64(1), S. 79 – 97.
Zaiontz, Keren (2014): »Narcisstic Spectatorship in Immersive and One-on-One Performance«, in: *Theatre Journal*, Vol. 66(3), S. 405 – 425.
Ziemer, Gesa (2013): *Komplizenschaft. Neue Perspektiven auf Kollektivität*, Bielefeld.

## Online-Ressourcen

Anonym [paisleysweets] (2013): »All There Is: The Music of the McKittrick Hotel«, in: tumblr.com [Weblog], 26.1.2013, einzusehen unter: https://paisleysweets.tumblr.com/post/41572547344/all-there-is-the-music-of-the-mckittrick-hotel, letzter Zugriff 19.2.2021.
Anonym (o. J.): »Hecate«, in: fandom.com, einzusehen unter: https://sleepnomore.fandom.com/wiki/Hecate, letzter Zugriff 19.2.2021.
Anonym [deliriumdog] (o. J.): »Digging Deeper Into the Sound of *Sleep No More*«, in: wordpress.com [Weblog], einzusehen unter: https://deliriumdog.wordpress.com/2012/05/19/sounds-of-sleep-no-more-continued/, letzter Zugriff 3.2.2021.
Altwegg, Jürg (2019): »Ein Trip ins Totalitäre«, in: *Frankfurter Allgemeine Zeitung* vom 7.1.2019, einzusehen unter: https://www.faz.net/aktuell/feuilleton/kunst/dau-projekt-paris-bereitet-sich-auf-premiere-vor-15975014.html, letzter Zugriff 19.3.2021.
Barbour, David (2017): »Theatre in Review: 3/Fifths«, einzusehen unter: www.lightingandsoundamerica.com/news/story.asp?ID=1S60D7, letzter Zugriff 26.1.2021.
Barrett, Felix im Interview mit Brigitte Poupart (2017), Centre Phi, 1.11.2017, einzusehen unter: https://www.youtube.com/watch?v=4ZlwMNVKv_M, letzter Zugriff 2.4.2020.
Barrett, Felix im Interview mit Tori White (2015), *BUILD Series*, 28.7.2015, einzusehen unter: https://www.youtube.com/watch?v=CKxtDQl5hfQ, letzter Zugriff 2.4.2020.
Barrett, Felix im Interview mit Josephine Machon (2007), einzusehen unter: https://www.bstjournal.com/articles/10.16995/bst.154/, letzter Zugriff 2.4.2020.
Bartley, Sean (2012): »Punchdrunk: Performance, Permission, Paradox«, in: *Borrowers and Lenders: The Journal of Shakespeare and Appropriation*, Vol. 7(2), einzusehen unter: http://www.borrowers.uga.edu/325/show, letzter Zugriff 9.4.2020.

Beech, Dave (2008): »Include Me Out!«, in: *Art Monthly*, 315, einzusehen unter: https://www.artmonthly.co.uk/magazine/site/article/include-me-out-by-dave-beech-april-2008, letzter Zugriff 11.5.2020.

Behrens, Wolfgang (2016): »Glück verheißende Untersuchung«, in: *nachtkritik*, einzusehen unter: https://nachtkritik.de/index.php?option=com_content&view=article&id=13106:rhizomat-mona-el-gamal-immersive-arts-berlin&catid=58&Itemid=100476, letzter Zugriff 18.3.2021.

Berger, Jürgen (2017): »Zwangsemphase«, in: *Süddeutsche Zeitung* vom 18.6.2017, einzusehen unter: http://www.sueddeutsche.de/kultur/theater-zwangsemphase-1.3549289, letzter Zugriff 7.3.2021.

Bishop, Claire (2004): »Antagonism and Relational Aesthetics«, in: *October 110(Fall)*, S. 51 – 79, einzusehen unter: https://academicworks.cuny.edu/cgi/viewcontent.cgi?article=1095&context=gc_pubs, letzter Zugriff 10.3.2021.

Brown, Emily; Cairns, Paul (2004): »A Grounded Theory of Game Immersion«, in: *CHI 2004 Extended Abstracts on Human Factors in Computing Systems*, S. 1279 – 1300, einzusehen unter: https://dl.acm.org/citation.cfm?id=986048&dl=ACM&coll=DL, letzter Zugriff 18.9.2019.

Brune, Adrian (2017): »The Playwright Setting Fire to the Race Card«, einzusehen unter: https://www.ozy.com/news-and-politics/the-playwright-setting-fire-to-the-race-card/79350/, letzter Zugriff 26.1.2021.

Cardoni, Nicole (2017): »Review: 3/Fifths«, einzusehen unter: https://playstosee.com/3fifths/, letzter Zugriff 26.1.2021.

Cartelli, Thomas (2012): »Punchdrunk's Sleep No More: Masks, Unmaskings, One-on-Ones«, in: *Borrowers and Lenders: The Journal of Shakespeare and Appropriation*, Vol. 7(2), einzusehen unter: https://www.borrowers.uga.edu/316/show, letzter Zugriff 26.1.2021.

Castellano, Deborah (o. J.): »Bloody Hands, Lost Rings, and Speakeasies: *Sleep No More* Revisited«, in: charmedfinishingschool.com, einzusehen unter: https://charmedfinishingschool.com/bloody-hands-lost-rings-and-speakeasies-sleep-no-more-revisited/, letzter Zugriff 19.2.2021.

Cope, Suzanne (2018): »Inside the Theater of Complicity«, in: *Pacific Standard* vom 9.5.2018, einzusehen unter: https://psmag.com/magazine/theater-of-complicity, letzter Zugriff 26.1.2021.

Collins-Hughes (2017): »Step Right Up! ›3/Fifths‹ Takes You on an Ugly Ride«, in: *The New York Times* vom 9.5.2017, einzusehen unter: https://www.nytimes.com/2017/05/09/theater/review-step-right-up-3-fifths-takes-you-on-an-ugly-ride.html, letzter Zugriff 26.1.2021.

Dailey, Alice (2012): »Last Night I Dreamt I Went to *Sleep No More* Again: Intertextuality and Indeterminacy at Punchdrunk's McKittrick Hotel«, in: *Borrowers and Lenders: The Journal of Shakespeare and Appropriation*, Vol. 7(2), einzusehen unter: http://www.borrowers.uga.edu/432/show, letzter Zugriff 9.4.2020.

Dickscheid, Nathalie (2017): »Grausame Schule der Empathie: Performance über Nacht«, in: *Feinschwarz. Theologisches Feuilleton*, einzusehen unter: http://www.feinschwarz.net/grausame-schule-der-empathie-performance-ueber-nacht/, letzter Zugriff 7.2.2021.

Dobbie, Steven (2015): »The Sound of Story. Case Study of The Drowned Man«. Vortrag, Lighthouse Arts, 6.10.2015, einzusehen unter: https://www.youtube.com/watch?v=m--F0UOCaLs, letzter Zugriff 15.2.2021.

Fiala, Freda (2017): *Zur Dramaturgie performativer Angsträume: Wie Hunde/Us dogs von SIGNA.* Unveröffentlichte BA-Arbeit an der Universität Wien, einzusehen unter: https://signa.dk/files/editor/Bibliography/Freda_BA_Wir_Hunde.pdf, letzter Zugriff 28.2.2021.

Freydefont, Marcel (2010): »Les contours d'un théâtre immersif (1990 – 2010)«, in: *Agon. Revue des arts de la scène*, Vol. 3(10), einzusehen unter: http://w7.ens-lsh.fr/agon/index.php?id=1559, letzter Zugriff 7.9.2019.

Fritz-Hoffmann, Christian (2017): *Die Formen des Berührens. Zur vermittelten Unmittelbarkeit sozialer Praxis.* Unveröffentlichte Dissertation; Sozialwissenschaften; Universität Oldenburg, einzusehen unter: http://oops.uni-oldenburg.de/3023/1/frifor17.pdf, letzter Zugriff 21.9.2020.

Grunfeld, Sivan (2012): »Fractured Realities: A Receptive Review of Punchdrunk's *Sleep No More*«, in: *Borrowers and Lenders: The Journal of Shakespeare and Appropriation*, Vol. 7(2), einzusehen unter: http://www.borrowers.uga.edu/310/show, letzter Zugriff 9.4.2020.

Jennett, Charlene; Cox, Anna L.; Cairns, Paul et al. (2008): »Measuring and Defining the Experience of Immersion in Games«, in: *International Journal of Human-Computer Studies*, Vol. 66(9), S. 641 – 661, einzusehen unter: http://citeseerx.ist.psu.edu/viewdoc/download?doi=10.1.1.157.4129&rep=rep1&type=pdf, letzter Zugriff 16.1.2019.

Kohlmann, Alexander (2017): »Manson-Family für Anfänger«, in: *nachtkritik*, einzusehen unter: https://nachtkritik.de/index.php?option=com_content&view=article&id=14147&Itemid=100079, letzter Zugriff 8.3.2021.

Köstler, Signa im Gespräch mit Christian Rakow (2013) im Rahmen des Panels »Interaktivität als Konzept« auf der Tagung »Theater und Netz«, Heinrich-Böll-Stiftung, 10.5.2013, einzusehen unter: https://www.youtube.com/watch?v=CKi5lbMPl7k, letzter Zugriff 1.4.2020.

Köstler, Signa im Interview mit Julia Schmitz (2017), einzusehen unter: https://www.schirn.de/en/magazine/interviews/interview_signa_koestler_arthur_performance_art_installation_immersion_theater/, letzter Zugriff 28.3.2020.

Köstler, Signa (2016): »Constructed Reality or Deconstructed Fiction – Immersive Strategies in the Work of SIGNA«. Vortrag, Summer Scriptwriting Camp Sofia, 22.5.2017, einzusehen unter: https://www.youtube.com/watch?v=5DwUBeT9v8c, letzter Zugriff 15.1.2019.

Kolesch, Doris; Schütz, Theresa (2018): »The Paradox of the Spectator in Performances of SIGNA«. Vortrag im Rahmen der SFB-Jahrestagung 2018, einzusehen unter: https://www.sfb-affetive-societies.de/archiv/dokumentation/2019-05-03-05_public_emotions/t1_kolesch_schuetz/index.html, letzter Zugriff 7.3.2021.

Kolesch, Doris (2017): »Lob der Mittelbarkeit«, in: *Immersion*, Hrsg. von Berliner Festspiele, S. 24 – 28, einzusehen unter: https://issuu.com/berlinerfestspiele/docs/immersion17_magazin, letzter Zugriff 7.3.2020.

Krizanc, John im Interview mit David Boje (2006), in: *Tamara Journal*, einzusehen unter http://tamarajournal.com/index.php/tamara/article/view/265, letzter Zugriff 20.3.2020.

Lehmann, Hans-Thies (2011b): »Get down and party. Together. Partizipation in der Kunst seit den Neunzigern«, Vortrag im Rahmen von Heimspiel Köln 2011, einzusehen unter: https://www.yumpu.com/de/document/read/21257393/statement-von-hans-thies-lehmann-heimspiel-2011, letzter Zugriff 25.2.2021.

Lombard, Matthew; Ditton, Theresa (1997): »At the Heart of It All: The Concept of Presence«, in: *Journal of Computer-Mediated Communication, Vol.* 3(2), einzusehen unter: http://onlinelibrary.wiley.com/doi/10.1111/j.1083-6101.1997.tb00072.x/full, letzter Zugriff 17.9.2019.

Machon, Josephine (2007): »Space and the Senses: the (Syn)aesthetics of Punchdrunk's Site-Sympathetic Work«, in: *Body, Space, & Technology*, Vol. 8, einzusehen unter https://bura.brunel.ac.uk/bitstream/2438/10651/1/FullText.pdf, letzter Zugriff 9.4.2020.

Manker, Paulus im Interview mit Norbert Mayer (2014): »Ich bin immer erobert worden«, in: Die Presse vom 9.8.2014, einzusehen unter: https://www.diepresse.com/3852450/paulus-manker-ich-bin-immer-erobert-worden, letzter Zugriff 8.2.2020.

Manker, Paulus (2012), Vortrag, FeinkostMEDIA 25.5.2012, einzusehen unter: https://www.youtube.com/watch?v=t58CbJPYkO8, letzter Zugriff 20.3.2020.

Marcus, Dorothea (2007): »Ausnahmezustand in Ruby Town«, in: nachtkritik, einzusehen unter: https://www.nachtkritik.de/index.php?option=com_content&view=article&id=551:die-erscheinungen-der-martha-rubin-eine-performance-installation-von-signa&catid=84&Itemid=100190, letzter Zugriff 17.5.2020.

Martin, Jonathan [bloodwillhavebloodtheysay] (o. J.a): »#69, Another Homecoming«, in: tumblr.com [Weblog], einzusehen unter: https://bloodwillhavebloodtheysay.tumblr.com/post/69006203819/69-another-homecoming, letzter Zugriff 19.2.2021.

Martin, Jonathan [bloodwillhavebloodtheysay] (o. J.b): »Anonymous asked«, in: tumblr.com [Weblog], einzusehen unter: https://bloodwillhavebloodtheysay.

tumblr.com/post/100757394800/hi-heading-to-the-show-this-sat-for-my-third, letzter Zugriff 19.2.2021.
Martin, Jonathan [bloodwillhavebloodtheysay] (o. J.c): »#15: The Ring, the Tissue, the Feather, and the Broken Finger«, in: tumblr.com [Weblog], einzusehen unter: https://bloodwillhavebloodtheysay.tumblr.com/post/24173015081/15-the-ring-the-tissue-the-feather-and-the, letzter Zugriff 19.2.2021.
Martin, Jonathan: [bloodwillhavebloodtheysay] (o. J.d): »#30 – When One Door Closes ...«, in: tumblr.com [Weblog], einzusehen unter: https://bloodwillhavebloodtheysay.tumblr.com/post/31404245365/30-when-one-door-closes, letzter Zugriff 19.2.2021.
Mühlhoff, Rainer (2020): »Macht, Autorität, Bewunderung: Affekttheorie des neuen Autoritarismus«, einzusehen unter: https://docs.rainermuehlhoff.de/m%c3%bchlhoff-2020-macht-autorit%c3%a4t-bewunderung_preprint.pdf, letzter Zugriff 20.3.2021.
Mühlhoff, Rainer (2015): »Affective resonance and social interaction«, in: *Phenomenology and the Cognitive Sciences* 14(4), S. 1001 – 1019, einzusehen unter: https://philpapers.org/archive/MHLARA.pdf, letzter Zugriff 15.2.2021.
Mühlhoff, Rainer; Schütz, Theresa (2017): »Verunsichern, Vereinnahmen, Verschmelzen – eine affekttheoretische Perspektive auf Immersion«, *Working Paper SFB 1171 Affective Societies* Vol. 5, einzusehen unter: https://www.sfb-affective-societies.de/publikationen/working_paper_series/wp-2017-05_muhlhoff_schutz_2017/index.html, letzter Zugriff 15.2.2021.
Müller, Roland (2017): »Albtraum in fremden Zungen«, in: *Stuttgarter Zeitung* vom 19.6.2017, einzusehen unter: http://www.stuttgarter-zeitung.de/inhalt.mannheimer-schillertage-albtraum-in-fremden-zungen.5aa47a55-2209-40ef-b4d3-1a20b00a8cfc.html, letzter Zugriff 15.2.2021.
Oberender, Thomas im Interview mit Christine Wahl (2017): »Man tritt selbst in den Raum ein«, einzusehen unter: https://www.goethe.de/de/kul/tut/gen/tup/21047908.html, letzter Zugriff 8.9.2019.
Oberender, Thomas (2017): »Wordbuilding«, in: *Immersion*, Hrsg. von Berliner Festspiele, S. 2 – 3, einzusehen unter: https://issuu.com/berlinerfestspiele/docs/immersion17_magazin, letzter Zugriff 7.3.2020.
Oberender, Thomas (2016): »Was ist immersive Kunst?«, in: *Monopol. Magazin für Kunst und Leben* vom 31.10.2016, einzusehen unter: https://www.monopol-magazin.de/google-und-facebook-wollen-dass-wir-ihre-welt-nicht-mehr-verlassen, letzter Zugriff 8.9.2019.
Oehmsen, Heinrich (2017): »Das halbe Leid: 12 Stunden Theater – das Experiment«, in: *Hamburger Abendblatt* vom 18.11.2017, einzusehen unter: https://www.abendblatt.de/kultur-live/article212583027/Das-halbe-Leid-12-Stunden-Theater-das-Experiment.html, letzter Zugriff 8.9.2019.
Oxblood, J. D. (2012): »Crossing the Line: Liminality and Lies in *Sleep No More*«, in: *Borrowers and Lenders: The Journal of Shakespeare and Appropriation*, Vol. 7(2), einzusehen unter: http://www.borrowers.uga.edu/320/show, letzter Zugriff 9.4.2020.
Rakow, Christian (2013): »Playing Democracy«, in: *nachtkritik.de*, einzusehen unter: https://www.nachtkritik.de/index.php?option=com_content&view=article&id=8724:ein-vortrag-ueber-das-neue-game-theater-bei-der-konferenz-replaycethecity-in-zuerich&catid=53:portraet-a-profil&Itemid=83, letzter Zugriff 10.5.2020.
Ramos, Jorge Lopes; Dunne-Howrie, Joseph; Maravala, Persis Jadé; Simon, Bart (2020): »The post-immersive manifesto«, in: *International Journal of Performance Arts and Digital Media*, einzusehen unter: https://www.tandfonline.com/doi/abs/10.1080/14794713.2020.1766282?journalCode=rpdm20, letzter Zugriff 29.11.2021.
Reason, Matthew (2012): »Writing the Embodied Experience: Ekphrastic and Creative Writing as Audience Research«, in: *Critical Stages*, Vol. 7, einzusehen unter: https://www.critical-stages.org/7/writing-the-embodied-experience-ekphrastic-and-creative-writing-as-audience-research/, letzter Zugriff 20.3.2021.
Ricci, Glenn (2012): »Tracking the Scottish Play: The Sounds of *Sleep No More*«, in: *Borrowers and Lenders: The Journal of Shakespeare and Appropriation*, Vol. 7(2), einzusehen unter: http://www.borrowers.uga.edu/442/show, letzter Zugriff 9.4.2020.

Richardson, Sophia; Shohet, Lauren (2012): »What's Missing in *Sleep No More*«, in: *Borrowers and Lenders: The Journal of Shakespeare and Appropriation*, Vol. 7(2), einzusehen unter: https://www.borrowers.uga.edu/323/show, letzter Zugriff 9.2.2021.

Robin, Natalie (2013): »Stages of *Sleep no More*, Part 3: The Sound«, einzusehen unter: https://www.livedesignonline.com/theatre/stages-sleep-no-more-part-3-sound, letzter Zugriff 15.2.2021.

Rocktäschel, Karina (2017): »Analysen für eine ›Ästhetik des Lebendigen‹. Überlegungen im Umfeld des Posthumanismus und der Performance Studies am Beispiel von Stelarc, Laura Aguilar und SIGNA. Unveröffentlichte Master-Arbeit an der Freien Universität Berlin, einzusehen unter: https://docplayer.org/83561512-Masterarbeit-von-karina-rocktaeschel-im-fach-theaterwissenschaft.html, letzter Zugriff 26.1.2021.

Rodney, Seph (2017): »A Performance Overwhelms the Audience with Racism in an Attempt to Heal«, einzusehen unter: https://hyperallergic.com/377614/a-performance-overwhelms-the-audience-with-racism-in-an-attempt-to-heal/?fbclid=IwAR0FSEucfh_Ot2zGnpxONLf2IreY2jpR0ErQXXYMOv54X_mqZZpau5sl1T4, letzter Zugriff 26.1.2021.

Röttger-Rössler, Birgitt (2016): »Multiple Zugehörigkeiten. Eine emotionstheoretische Perspektive auf Migration«, *Working Paper SFB 1171 Affective Societies*, Vol. 4, einzusehen unter: https://refubium.fu-berlin.de/handle/fub188/19021, letzter Zugriff 7.2.2021.

Rosenberger, Werner (o. J): »Wachgeküsst«, einzusehen unter: https://www.alma-mahler.at/deutsch/presscorner/artikel/freizeit_2005.html, letzter Zugriff 6.3.2021.

Schaper, Rüdiger (2018): »Was eigentlich heißt immersiv?«, in: *Der Tagesspiegel* vom 1.9.2018, einzusehen unter: https://www.tagesspiegel.de/kultur/berliner-festspiele-was-eigentlich-heisst-immersiv/22983050.html, letzter Zugriff 19.3.2021.

Scherer, Jenny (2017): »3/Fifths. Theatre Review«, einzusehen unter: https://www.timeout.com/newyork/theater/3-fifths, letzter Zugriff 9.4.2020.

Schurian, Andreas (2015): »Paulus Manker wird Niederösterreich-Preis aberkannt«, in: *Der Standard* vom 18.11.2015, einzusehen unter: https://www.derstandard.at/story/2000025966271/paulus-manker-noe-preis-aberkannt, letzter Zugriff 8.2.2020.

Scruggs, James (2020): Interview mit Theresa Schütz; via E-Mail.

Scruggs, James im Interview mit Alex Teplitzky (2016), Creative Capital 26.9.2016, einzusehen unter: https://www.youtube.com/watch?v=FghLykOKP1I, letzter Zugriff 6.4.2020.

Scruggs, James (2017) im Podcast »Go see the show«, zu hören unter: http://goseeashowpodcast.com/2017/05/17/james-scruggs-of-3fifths/, letzter Zugriff 6.4.2020.

Scruggs, James (o. J.), Kampagnenvideo seiner Crowdfunding-Aktion, einzusehen unter: https://www.indiegogo.com/projects/3fifths--4#/, letzter Zugriff 6.4.2020.

Slevogt, Esther (2016): »Das Große Eintauchen«, einzusehen unter: https://www.nachtkritik.de/index.php?option=com_content&view=article&id=12602:kolumne-aus-dem-buergerlichen-heldenleben-esther-slevogt-ueber-das-neue-zauberwort-immersion&catid=1506&Itemid=100389, letzter Zugriff 10.5.2020.

Small, Zachary (2017): »Theater of Cruelty: 3-Legged Dog's Racial Spectacle«, in: *Art in America* vom 11.5.2017, einzusehen unter: https://www.artnews.com/art-in-america/features/theater-of-cruelty-3-legged-dogs-racial-spectacle-60049/, letzter Zugriff 26.1.2021.

Sobol, Josua (o. J.): »The Polydrama«, einzusehen unter: https://www.alma-mahler.com/text_deutsch/polydrama.html, letzter Zugriff 20.3.2020.

Soloski, Alexis (2018): »The Problem with Immersive Theatre: Why Actors Need Extra Protection from Sexual Assault«, in: *The Guardian* vom 12.2.2018, einzusehen unter: https://www.theguardian.com/stage/2018/feb/12/immersive-theatre-punchdrunk-sleep-no-more, letzter Zugriff 9.4.2020.

Speidel, Klaus (2016): »Mach Mensch! Die Performance-Installation ›Us Dogs/Wir Hunde‹«, in: *Spike*, einzusehen unter: https://www.spikeartmagazine.com/node/1636, letzter Zugriff am 3.3.2021.

Spiegler, Almuth (2008): »Sechs Stunden im Irrenhaus«, in: *Die Presse* vom 5.10.2008, einzusehen unter: https://www.diepresse.com/420096/steirischer-herbst-sechs-stunden-im-irrenhaus, letzter Zugriff 17.5.2020.

Tolaas, Sissel (2011): *An Alphabet for the Nose*, einzusehen unter: https://www.researchcatalogue.net/view/7344/7350, letzter Zugriff 6.3.2021.

Tragschitz, Eva (2012): *Alma – A Show Biz ans Ende. Entstehungs- und Rezeptionsgeschichte. Stückanalyse auf topografische, historische und biografische Bezüge zwischen Alma Mahler-Werfel und den Spielorten.* Diplomarbeit an der Universität Wien; Theater-, Film- und Medienwissenschaft, einzusehen unter: http://othes.univie.ac.at/17802/1/2012-01-03_0509024.pdf, letzter Zugriff 8.4.2020.

Trautwein, Annabel (2018): »Das halbe Leid: Grenzerfahrung als Theater-Performance«, in: *Hinz & Kunzt.* Das Hamburger Straßenmagazin, einzusehen unter: https://www.hinzundkunzt.de/grenzerfahrung-als-theater-performance/, letzter Zugriff 6.2.2021.

Trebing, Saskia (2018): »Geplanter Mauerbau in Berlin: Wer ist Ilya Khrzhanovsky?«, in: *Monopol. Magazin für Kunst und Leben*, einzusehen unter: https://www.monopol-magazin.de/wer-ist-ilya-khrzhanovsky, letzter Zugriff 19.3.2021.

Trenkler, Thomas (2016): »Erschreckendes Experiment: ›Wir Hunde‹ von SIGNA«, in: *Kurier* vom 17.5.2016, einzusehen unter: https://www.pressreader.com/austria/kurier/20160517/282097750930937, letzter Zugriff 20.3.2021.

Tsianos, Vassilis S.; Karakayali, Serhat (o. J.): »Blackbox Critical Whiteness. Zur Kritik neuer Fallstricke des Antirassismus«, einzusehen unter: https://www.academia.edu/3374581/Blackbox_Critical_Whiteness_Zur_Kritik_neuer_Fallstricke_des_Antirassismus_Eine_Intervention_Vassilis_S_Tsianos_Serhat_Karakayali, letzter Zugriff 26.1.2021.

Yong, Rachel (2017): »3/Fifths«. Theater Review, einzusehen unter https://www.wesee-shows.com/2017/05/3fifths.html, letzter Zugriff am 26.1.2021.

# Anhang

## Durchgeführte Interviews

1. ES, 10.1.2016, Hamburg zu *Söhne & Söhne*; Tonaufnahme [2:02:16]
2. MT, 10.1.2016, Hamburg zu *Söhne & Söhne*; Tonaufnahme [42:00]
3. NF, 11.1.2016, Hamburg zu *Söhne & Söhne*; Tonaufnahme [26:06]
4. LZ, 29.2.2016, Hamburg zu *Söhne & Söhne*; Tonaufnahme [1:13:24]
5. PH, 29.2.2016, Hamburg zu *Söhne & Söhne*; Tonaufnahme [1:17:24]
6. SW, 1.3.2016, Hamburg zu *Söhne & Söhne*; Tonaufnahme [1:05:23]
7. KL, 1.3.2016, Hamburg zu *Söhne & Söhne*; Tonaufnahme [1:10:39]
8. BE-H, 1.3.2016, Hamburg zu *Söhne & Söhne*; Tonaufnahme [1:14:26]
9. TD, 1.3.2016, Hamburg zu *Söhne & Söhne*; Tonaufnahme [50:34]
10. LR/OW, 21.3.2016, Berlin zu *Söhne & Söhne*; Tonaufnahme [1:51:56]
11. GF, 19.6.2016, Wien zu *Wir Hund*e; Tonaufnahme [1:00:52]
12. RM, 27.6.2016, Berlin zu *Wir Hunde*; Tonaufnahme [1:14:04]
13. NA, 14.7.2016, Berlin zu *Wir Hunde*; Tonaufnahme [1:26:26]
14. AB, 25.7.2016, Berlin zu *Wir Hunde*; Tonaufnahme [1:18:41]
15. UF, 26.7.2016, Berlin zu *Wir Hunde*; Tonaufnahme [1:20:38]
16. KR, 27.7.2016, Berlin zu *Wir Hunde*; Tonaufnahme [53:03]
17. AK, 13.8.2017, Hamburg zu *Das Heuvolk* Tonaufnahme [1:26:53]
18. AS, 9.12.2017, Hamburg zu *Das halbe Leid*; Tonaufnahme [43:20]
19. EW/LS, 18.8.2018, Wien zu *Wir Hunde* & *Das halbe Leid*; Tonaufnahme [1:25:38]
20. MK/RK, 18.8.2018, Wien zu *Alma* & *Wir Hunde*; Tonaufnahme [1:36:35]
21. AS, 20.8.2018, Wien zu *Wir Hunde*; Tonaufnahme [1:51:06]
22. HP, 8.1.2018, Hamburg zu *Das halbe Leid*; Tonaufnahme [54:26]
23. MV, 8.1.2018, Hamburg zu *Das halbe Leid*; Tonaufnahme [1:21:46]
24. MP, 8.1.2018, Hamburg zu *Das halbe Leid*; Tonaufnahme [52:31]

## Korpus der gesichteten Aufführungen immersiven Theaters

**2014**

Thomas Bo Nilsson *MEAT*, Schaubühne Berlin, Premiere: 2.4.2014; besucht am 5.4.2014.

SIGNA *Ventestedet*, Republique Kopenhagen (DK), Premiere: 23.10.2014; besucht am 8.2.2014.

**2015**

Jos Porath und Kirsten Brandt *The Shells – Ausflug nach Neu-Friedenwald*, Greenhouse Berlin-Tempelhof, Premiere: 13.6.2015; besucht am 16.6.2015.

SIGNA *Söhne & Söhne*, Schauspielhaus Hamburg, Premiere: 6.11.2015; besucht am 16.11.2015 sowie am 9.1. und 10.1.2016.

**2016**

SIGNA *Wir Hunde*, Volkstheater Wien/Wiener Festwochen, Premiere: 14.5.2016; besucht am 17.5.2016 sowie 18.5. und 18.6.2016.

Mona el Gammal *Rhizomat*, Berliner Festspiele: Immersion, Premiere: 19.10.2016; besucht am 2.11.2016 und 4.12.2016.

**2017**

CoLab Theatre *Montagues versus Carpulets*, CoLab Factory, London, Premiere: 28.3.2017; besucht am 22.4.2017.

Les Enfants Terribles *Alice's Adventures Underground*, The Vaults, London, Premiere: 9.4.2014; besucht am 24.4.2017.

Punchdrunk *Sleep no more*, New York, Premiere: 7.3.2011; besucht am 3.5.2017.

James Scruggs (mit Tamilla Woodard und Kareem Fahmy) *3/Fifths – SupremacyLand*, 3LD Technology Center, New York, Premiere: 1.5.2017; besucht am 4.5.2017.

SIGNA *Das Heuvolk,* Nationaltheater Mannheim, Premiere: 16.6.2017; besucht am 16.6.2017 sowie 15.7 und 16.7.2016.

Jos Porath *Returning Home*, Gelegenheiten e.V., Berlin-Neukölln, Premiere: 25.3.2017; besucht am 25.3.2017.

*Poetry Brothel*, Insomnia Berlin; besucht am 29.9.2017 (einmalige Veranstaltung mit verschiedenen internationalen Künstler*innen).

Nesterval *Dirty Faust*, brut Wien, Premiere: 25.10.2017; besucht am 11.12.2017.

SIGNA *Das halbe Leid*, Schauspielhaus Hamburg, Premiere: 16.11.2017; besucht am 8.12.2017 und 7.1.2018.

**2018**

Jos Porath *Like there's no tomorrow*, Greenhouse Berlin-Tempelhof, Premiere: 7.1.2018; besucht am 10.4.2018.

Paulus Manker *Alma – A Show Biz ans Ende*, Wiener Festspiele, Premiere: 29. Mai 1996; besucht am 18.8. und 19.8.2018.

Thomas Bo Nilsson *Dekameron*, Berliner Ensemble/RambaZamba Theater, Premiere: 1.6.2018; besucht am 6.7.2018.

Nesterval *Das Dorf*, brut Wien, Premiere: 25.10.2018; besucht am 12.11.2018.

**2019**

Bombina Bombast *#ThelmaToo*, Sydhavn Teater Kopenhagen (DK), Premiere: 24.5.2019; besucht am 27.5.2019.

Müller/Neite/Zwintzscher/Vieira *Crystal Heaven Lounge,* Gelegenheiten e.V., Berlin-Neukölln, Premiere: 14.6.2019; besucht am 14.6.2019.

Barbara Lenartz *Parzelle 62*, Ballhaus Ost, Premiere: 9.11.2019; besucht am 29.11.2019.

**2020**

Stevie/Villalba/Lüür/Cuthbertson *Dream World Order*, Gelände diskoBabel e.V. Berlin; Premiere Anfang Juli 2020; besucht am 10.7.2020.

Nesterval *Der Kreisky-Test*, brut Wien; pandemiebedingte Online-Performance, Premiere 15.4.2020; gesichtet am 17.4.2020.

Nesterval *Goodbye Kreisky*, brut Wien/Online-Performance, Premiere: 25.11.2020; gesichtet am 27.11.2020.

**2021** (zum Korpus gehörende Arbeiten, gesichtet *nach* Fertigstellung des Manuskripts)

Mona el Gammal *TRANSIT*, Futurium Berlin, Premiere: 13.4.2021; gesichtet am 22.5.2021.

Nesterval *Sex, Drugs & Budd'n'Brooks*, Kampnagel/Club »Übel & Gefährlich« Hamburg, Premiere: 5.8.2021; besucht am 12.8.2021.

Paulus Manker *Die letzten Tage der Menschheit*, Belgienhalle, Berlin-Spandau, Berlin-Premiere am 20.8.2021; besucht am 20.8.2021.

## Die Autorin

Copyright: Miriam Klingl

**Theresa Schütz**, geb. 1986, ist Theaterwissenschaftlerin und Kulturjournalistin. Neben ihrem Bachelorstudium der Deutschen Literatur und Kulturwissenschaft an der Humboldt-Universität zu Berlin und ihrem Masterstudium der Theaterwissenschaft an der Freien Universität Berlin und Université Paris-8 (Erasmus) arbeitete sie u. a. als Regieassistentin am Deutschen Theater Berlin, als Dramaturgin am Sydhavn Teater Kopenhagen, in der Theaterbuchhandlung Einar & Bert, im Heiner Müller Archiv/Transitraum sowie im Abenddienst der Volksbühne am Rosa-Luxemburg-Platz. Seit 2015 ist sie als wissenschaftliche Mitarbeiterin am Sonderforschungsbereich *Affective Societies. Dynamiken des Zusammenlebens in bewegten Welten* der FU Berlin angestellt. Bereits seit 2013 schreibt sie zudem regelmäßig für das Magazin *Theater der Zeit*, war Teilnehmerin des ersten Jahrgangs der Akademie für zeitgenössischen Theaterjournalismus und ist Online-Redakteurin des Wissenschaftsblogs *Affective Societies*.

# Recherchen

1 Maßnehmen: Die Maßnahme . Kontroverse Perspektive Praxis Brecht/ Eislers Lehrstück
3 Adolf Dresen – Wieviel Freiheit braucht die Kunst? . Reden Briefe Verse Spiele
4 Rot gleich Braun . Brecht-Tage 2000
6 Zersammelt . Die inoffizielle Literaturszene der DDR
7 Martin Linzer – »Ich war immer ein Opportunist ...« . 12 Gespräche über Theater und das Leben in der DDR, über geliebte und ungeliebte Zeitgenossen
8 Jost Hermand – Das Ewig-Bürgerliche widert mich an . Brecht-Aufsätze
9 Die Berliner Ermittlung von Jochen Gerz und Esther Shalev-Gerz – Theater als öffentlicher Raum
10 Friedrich Dieckmann – Die Freiheit ein Augenblick . Texte aus vier Jahrzehnten
11 Brechts Glaube . Brecht-Tage 2002
12 Hans-Thies Lehmann – Das Politische Schreiben . Essays zu Theatertexten
13 Manifeste europäischen Theaters . Theatertexte von Grotowski bis Schleef
14 Jeans, Rock & Vietnam . Amerikanische Kultur in der DDR
15 Szenarien von Theater (und) Wissenschaft
19 Die Insel vor Augen . Festschrift für Frank Hörnigk
22 Falk Richter – Das System . Materialien Gespräche Textfassungen zu »Unter Eis«
23 Brecht und der Krieg . Brecht-Tage 2004
26 Gabriele Brandstetter – BILD-SPRUNG . TanzTheaterBewegung im Wechsel der Medien
27 Johannes Odenthal – Tanz Körper Politik . Texte zur zeitgenössischen Tanzgeschichte
28 Carl Hegemann – Plädoyer für die unglückliche Liebe . Texte über Paradoxien des Theaters 1980 – 2005
30 VOLKSPALAST . Zwischen Aktivismus und Kunst. Aufsätze
31 Brecht und der Sport . Brecht-Tage 2005
32 Theater in Polen . 1990 – 2005
36 Politik der Vorstellung . Theater und Theorie
37 Das Analoge sträubt sich gegen das Digitale? . Materialitäten des deutschen Theaters in einer Welt des Virtuellen
39 Stefanie Carp – Berlin/ Zürich/ Hamburg . Texte zu Theater und Gesellschaft
40 Durchbrochene Linien . Zeitgenössisches Theater in der Slowakei
41 Friedrich Dieckmann – Bilder aus Bayreuth . Festspielberichte 1977 – 2006
42 Sire, das war ich . Lessings Schlaf Traum Schrei Heiner Müller Werkbuch
46 Sabine Schouten – Sinnliches Spüren . Wahrnehmung und Erzeugung von Atmosphären im Theater
48 Die Zukunft der Nachgeborenen . Brecht-Tage 2007
49 Joachim Fiebach – Inszenierte Wirklichkeit . Kapitel einer Kulturgeschichte des Theatralen
52 Angst vor der Zerstörung . Der Meister Künste zwischen Archiv und Erneuerung
54 Strahlkräfte . Festschrift für Erika Fischer-Lichte
55 Martin Maurach – Betrachtungen über den Weltlauf . Kleist 1933 – 1945
56 Im Labyrinth . Theodoros Terzopoulos begegnet Heiner Müller
57 Kleist oder die Ordnung der Welt
58 Helene Varopoulou – Passagen . Reflexionen zum zeitgenössischen Theater
60 Elisabeth Schweeger – Täuschung ist kein Spiel mehr . Nachdenken über Theater
61 Theaterlandschaften in Mittel-, Ost- und Südosteuropa
62 Anja Klöck – Heiße West- und kalte Ost-Schauspieler? . Diskurse, Praxen, Geschichte(n) zur Schauspielausbildung in Deutschland nach 1945
63 Vasco Boenisch . Krise der Kritik? . Was Theaterkritiker denken – und ihre Leser erwarten
64 Theater in Japan
65 Sabine Kebir – »Ich wohne fast so hoch wie er« Steffin und Brecht
66 Das Angesicht der Erde . Brechts Ästhetik der Natur . Brecht-Tage 2008
67 Go West . Theater in Flandern und den Niederlanden
70 Reality Strikes Back II . Tod der Repräsentation
71 per.SPICE! . Wirklichkeit und Relativität des Ästhetischen
72 Radikal weiblich? . Theaterautorinnen heute
74 Frank Raddatz – Der Demetriusplan . Oder wie sich Heiner Müller den Brechtthron erschlich
75 Müller Brecht Theater . Brecht Tage 2009
76 Falk Richter – Trust
79 Woodstock of Political Thinking . Im Spannungsfeld zwischen Kunst und Wissenschaft
81 Die Kunst der Bühne . Positionen des zeitgenössischen Theaters
82 Working for Paradise . Der Lohndrücker. Heiner Müller Werkbuch
83 Die neue Freiheit . Perspektiven des bulgarischen Theaters
84 B. K. Tragelehn – Der fröhliche Sisyphos . Der Übersetzer, die Übersetzung, das Übersetzen
87 Macht Ohnmacht Zufall . Aufführungspraxis, Interpretation und Rezeption im Musiktheater des 19. Jahrhunderts und der Gegenwart
91 Die andere Szene . Theaterarbeit und Theaterproben im Dokumentarfilm

**Theater der Zeit**

# Recherchen

93 Adolf Dresen – Der Einzelne und das Ganze . Zur Kritik der Marxschen Ökonomie
95 Wolfgang Engler – Verspielt . Schriften und Gespräche zu Theater und Gesellschaft
97 Magic Fonds . Berichte über die magische Kraft des Kapitals
98 Das Melodram . Ein Medienbastard
99 Dirk Baecker – Wozu Theater?
100 Rimini Protokoll – ABCD
101 Rainer Simon – Labor oder Fließband? . Produktionsbedingungen freier Musiktheaterprojekte an Opernhäusern
102 Lorenz Aggermann – Der offene Mund . Über ein zentrales Phänomen des Pathischen
103 Ernst Schumacher – Tagebücher 1992–2011
104 Theater im arabischen Sprachraum
105 Wie? Wofür? Wie weiter? . Ausbildung für das Theater von morgen
106 Theater in Afrika – Zwischen Kunst und Entwicklungszusammenarbeit . Geschichten einer deutsch-malawischen Kooperation
107 Roland Schimmelpfennig – Ja und Nein . Vorlesungen über Dramatik
108 Horst Hawemann – Leben üben . Improvisationen und Notate
109 Reenacting History: Theater & Geschichte
110 Dokument, Fälschung, Wirklichkeit . Materialband zum zeitgenössischen Dokumentarischen Theater
111 Theatermachen als Beruf . Hildesheimer Wege
112 Parallele Leben . Ein Dokumentar-Theaterprojekt zum Geheimdienst in Osteuropa
113 Die Zukunft der Oper . Zwischen Hermeneutik und Performativität
114 FIEBACH . Theater. Wissen. Machen
115 Auftreten . Wege auf die Bühne
116 Kathrin Röggla – Die falsche Frage . Theater, Politik und die Kunst, das Fürchten nicht zu verlernen
117 Momentaufnahme Theaterwissenschaft . Leipziger Vorlesungen
118 Italienisches Theater . Geschichte und Gattungen von 1480 bis 1890
119 Infame Perspektiven . Grenzen und Möglichkeiten von Performativität und Imagination
120 Vorwärts zu Goethe? . Faust-Aufführungen im DDR-Theater
121 Theater als Intervention . Politiken ästhetischer Praxis
123 Hans-Thies Lehmann – Brecht lesen
124 Du weißt ja nicht, was die Zukunft bringt . Die Expertengespräche zu »Die Schutzflehenden / Die Schutzbefohlenen« am Schauspiel Leipzig
125 Henning Fülle – Freies Theater . Die Modernisierung der deutschen Theaterlandschaft (1960–2010)
126 Christoph Nix – Theater_Macht_Politik . Zur Situation des deutschsprachigen Theaters im 21. Jahrhundert
127 Darstellende Künste im öffentlichen Raum . Transformationen von Unorten und ästhetische Interventionen
128 Transformationen des Theaters in Ostdeutschland zwischen 1989 und 1995 . Umbrüche und Aufbrüche
129 Applied Theatre . Rahmen und Positionen
130 Günther Heeg – Das Transkulturelle Theater
131 Vorstellung Europa – Performing Europe . Interdisziplinäre Perspektiven auf Europa im Theater der Gegenwart
132 Helmar Schramm – Das verschüttete Schweigen . Texte für und wider das Theater, die Kunst und die Gesellschaft
133 Clemens Risi – Oper in performance . Analysen zur Aufführungsdimension von Operninszenierungen
134 Willkommen Anderswo – sich spielend begegnen . Theaterarbeiten mit Einheimischen und Geflüchteten
135 Flucht und Szene . Perspektiven und Formen eines Theaters der Fliehenden
136 Recycling Brecht . Materialwert, Nachleben, Überleben
137 Jost Hermand – Die aufhaltsame Wirkungslosigkeit eines Klassikers . Brecht-Studien
139 Theater der Selektion . Personalauswahl im Unternehmen als ernstes Spiel
140 Thomas Wieck – Regie: Herbert König . Über die Kunst des Inszenierens in der DDR
141 Praktiken des Sprechens im zeitgenössischen Theater
143 Ist der Osten anders? . Expertengespräche am Schauspiel Leipzig
144 Gold L'Or . Ein Theaterprojekt in Burkina Faso
145 B. K. Tragelehn – Roter Stern in den Wolken 2
146 Theater in der Provinz . Künstlerische Vielfalt und kulturelle Teilhabe als Programm
147 Res publica Europa . Networking the performing arts in a future Europe
148 Julius Heinicke – Sorge um das Offene . Verhandlungen von Vielfalt im und mit Theater
149 Julia Kiesler – Der performative Umgang mit dem Text . Ansätze sprechkünstlerischer Probenarbeit im zeitgenössischen Theater
150 Raimund Hoghe – Wenn keiner singt, ist es still . Porträts, Rezensionen und andere Texte (1979–2019)

**Theater der Zeit**

## Recherchen



**Theater der Zeit**